湖里年鉴

2017

湖里区地方志编纂委员会办公室　编

方志出版社
Publishing House of Local Records

湖里区地图

集美区
龙舟池
厦门大桥
杏林大桥
集美区
宝珠屿
吾屿
猫屿
镜台屿
朝阳水库
狗头山
海沧区
海沧海底隧道(在建)
象屿码头
海沧大桥
海沧湾公园
火烧屿
大兔屿
东渡码头
东渡港区
国际邮轮码头
西港
厦门高崎国际机场
高崎站
高崎中埔长途汽车站
航空港医疗急救中心
市水利局
禾欣
安兜社
博林
北站
神山
高殿
殿前
神山
超强学校
长乐
寨上
寨上小学
殿前街道
马垅长途汽车站
马垅
厦门火炬高技术产业开发区
小东山
徐厝
兴华
怡景
后浦
兴园
湖里街道
象屿路
象屿保税区
塘边
兴隆
塘边小学
湖里区检察院
园山
江头街道
湖里
村里
海天
湖里公园
湖里中心小学
康泰
康乐
松柏山
乌石浦小学
乌石浦路
江村
吕厝
康晖
南山
湖里区招生委员会办公室
厦门出入境检验检疫局
仙岳公园
仙岳山
仙岳山公园
仙岳隧道
濠头
和通
市港务局
东渡小学
金鼎
东荣
东渡
新港
狐尾山
狐尾山公园
厦门市
嘉莲街道
筼筜街道
筼筜湖
海湾公园
思明
梧村街道
开元街道
厦门站
梧村隧道

同安区
翔
安
区
大离浦屿
浔
江
港
五缘大桥
五
缘
湾
五通客运码头
中交二航局
翔安隧道
禾缘
五缘学
厦门五缘实验学校
墩上
骑马山
围里
围里路
县后
钟宅
县后小学
湖里区
禾山司法所
禾山街道
钟宅民族小学
五缘湾音乐岛
天圆大桥
金海
五通灯塔
公园
凤头
崙后
坂美
厦大附属音乐学校
五缘第二实验学校
坂尚
湖里区教师进修学校
岭下
下忠
湖里实中
禾盛
湖里区
五缘湾湿地公园
日圆大桥
高林
金林
西村
浦口
五通
乐安小学
厦金湾渔
五通
泥金
湖里区国税局
禾山
中心
穆厝
前头
高林
东黄厝
田里
洪水头
高林卫生所
金安
蔡坑
厦门海事法院
薛岭山
虎头山公园
薛岭山公园
市司法局
高林第五卫生所
西潘
星光小学
林边
高林中心小学
厦门厦金湾直升机场
金山小学
湖边
林边学校
东宅
祥店
金山
后坑
下湖
莲山头
金林
鸡山
中医院
金山街道
上湖
山中学
湖边水库
洪塘
后坑社
后埔
虎仔山
金尚
金湖
厦门九三技术学校
金尚中学
曙光医院
古地石
光华学校
蔡塘
蔡塘
惠和石
文化公园
北大
生物园
忠仑公园
蔡塘学校
东芳山
莲前街道
区
图例
设区市行政中心
区行政中心
街道办事处
社区居委会
自然村
医院
学校
汽车站
主要企事业单位
山峰
码头
机场
县级行政区域界
街道界
铁路及车站
一级道路
二级道路
三级道路
在建街道
隧道
水库及河流
体育场
公园
街区
比例尺：1:62 000
（注：本图资料截至2016年8月
审图号：闽S(2017) 5号
行政区域界线仅作参考，不作划界依据）

数字湖里

- 湖里区下辖 5 个街道、53 个社区居委会，年末户籍总人口 300550 人。
- 地区生产总值 820.61 亿元，第二产业增加值 349.74 亿元，第三产业 470.87 亿元，三次产业的比重为 0 ∶ 42.6 ∶ 57.4。
- 全区规模以上工业企业 235 家，现价工业总产值 1479.74 亿元，实现现价增加值 311 亿元。
- 财政总收入 171.51 亿元，其中区级财政收入 39.23 亿元。
- 全社会固定资产投资（不含农户）366.97 亿元。
- 社会消费品零售总额 364.49 亿元。
- 合同利用外资 29.11 亿美元，实际利用外资 3.29 亿美元。
- 金融保险业实现增加值 53.88 亿元
- 城镇居民人均可支配收入 45850 元。
- 普通高等学校 2 所，在校生 2610 人。
- 中小学 58 所，在校生 73868 人。
- 幼儿园 105 所，学年初在园 26994 人。

《湖里年鉴（2017）》正、副主编成员

主　　编　洪志伟

副 主 编　魏　炜

执行副主编　张宪敏

《湖里年鉴（2017）》编辑室成员

总　　纂　张宪敏

编　　辑　张宪敏　蔡培育　陈端蓉

《湖里年鉴（2017）》图照提供单位

湖里区委　区人大　区政府　区政协

党派群团　驻区科研、教育、医疗单位

编辑说明

一、《湖里年鉴（2017）》以马克思列宁主义、毛泽东思想、邓小平理论、“三个代表”重要思想、科学发展观、习近平新时代中国特色社会主义思想为指导，坚持辩证唯物主义和历史唯物主义的立场、观点和方法。

二、《湖里年鉴（2017）》主要记载2016年1月1日至12月31日湖里区经济、政治、文化、社会的发展情况。主体内容分为类目、分目、条目3个层次，部分分目下设次分目，以条目为记述的基本形式。全书条目标题统一用黑体加方头括号【 】标示，个别条目包含多方面资料，用楷体加层次性小标题。

三、《湖里年鉴（2017）》采用类目编辑法，卷首设特载，大事记，区情综述，卷中设中共厦门市湖里区委员会，湖里区人民代表大会常务委员会，厦门市湖里区人民政府，政协厦门市湖里区委员会，法治，军事，民主党派，社会团体，城市建设与管理·环境保护，招商引资·商业贸易，工业·交通·信息业，经济管理与监督，财经管理，教育，科技，文化·旅游·体育，卫生，社会事务管理，街道，人物·荣誉20个栏目，卷尾设附录，索引。

四、《湖里年鉴（2017）》辑录的区级领导人履历，湖里区级领导人、区直机关、群众团体、街道、工业园区管委会、国有企业等领导干部名录均由区委组织部提供。

五、《湖里年鉴（2017）》稿件和图片由湖里区辖内各单位提供，文字稿经各单位审核并加盖公章。各单位报送的数据与统计局的数据不一致时，以区统计局数据为准。

六、《湖里年鉴（2017）》配备双重检索系统，书前刊有目录，书后配有索引。索引按汉语拼音字母顺序排列。

目 录

特 载

大 事 记

区情综述

中共厦门市湖里区委员会

厦门市湖里区人民代表大会常务委员会

厦门市湖里区人民政府

政协厦门市湖里区委员会

法　　治

军　　事

民主党派

社会团体

城市建设与管理　环境保护

招商引资　商贸服务业

工业　交通　信息业

经济管理与监督

财经管理

教 育

科　技

文化　旅游　体育

卫 生

社会事务管理

街　道

人物　荣誉

附　　录

2017年湖里区人民政府工作报告

——2016年12月22日在湖里区第八届人民代表大会第一次会议上

湖里区人民政府区长 徐国庆

一、2016年和过去五年工作回顾

2016年，我们在市委、市政府和区委的正确领导下，积极应对经济下行压力，全力抓好稳增长、调结构、促改革、惠民生各项工作，实现经济社会平稳健康发展。全年预计实现地区生产总值820亿元（按可比价），增长7%；财政总收入170.8亿元，增长10.5%，其中区级财政收入41亿元；完成固定资产投资365亿元，增长15.9%；城镇居民人均可支配收入4.6万元，增长8%；完成年度节能减排任务。1—11月，我区规模以上工业增加值、合同利用外资及增速等3项指标名列全市各区第一，地区生产总值、区级财政收入、固定资产投资增速、批发零售贸易额、社会消费品零售额等5项指标名列全市各区第二。

这一年，我区在市对区综合考评中获得全市各区第二，被授予第三届全国节约集约土地模范县（区），获评全国社区教育示范区、首批新一轮全国计划生育优质服务先进单位、全市唯一慢病分级诊疗示范区。特别是面对新中国成立以来登陆闽南地区最强台风“莫兰蒂”的正面袭击，全区上下众志成城、顽强奋战，取得了抗击台风及灾后重建的重大胜利，赢得了“湖里速度”的赞誉。

一年来主要工作和成效：

（一）产业升级步伐加快

高端制造业稳步提升。1—11月，平板显示、计算机及通信设备制造、航空维修等三大高端制造业集群不断壮大，占全区规模以上工业总产值的71%。以太古飞机为龙头的航空维修业高速发展，实现产值107.9亿元，增长23.3%，约占全国航空维修产值的四分之一。同致电子、台和电子等电子设备制造业增长12.2%，发展势头良好。引进恒力盛泰石墨烯等战略性新兴产业。

现代服务业快速发展。1—11月，网络零售额47亿元，占全市比重达42%。建发湾悦城等城市商业综合体开业，香港潮福城等一批品牌项目入驻。引进谷歌体验中心等知名企业，飞鱼科技总部顺利落地，软件信息服务业加快发展。台湾中信银行厦门自贸区分行等一批优质金融项目落户，辖区金融业增加值增长11.5%，占GDP比重提高至6.6%。大力扶持企业上市，鹭燕医药、合诚工程等2家企业在主板上市，合立道、成信绿等14家企业在新三板挂牌。积极培育专业性强、集聚效应明显的产业基地，云创智谷被国台办授予海峡两岸青年创业基地，华美文创园被评为福建省现代服务业集聚示范区，湖里创新园[1]、厦门航空工业服务园区获评厦门市首批服务外包[2]示范园区。

招商引资成效显著。着力招大引强，成功举办北京创业板董事长俱乐部招商对接会，切实加大对央企、总部企业、新兴金融及文化创意产业的引进力度，中建四局、中国华融、蓝色光标、中国文化传媒以及总规模达100亿元的金圆清科母基金等一批大项目签约落户，黄金交易中心、金圆统一证券、网龙云产业、砂之船奥特莱斯、德国红点、凤凰文化等一批优质项目正积极洽谈。预计全年合同利用外资29亿美元，增长334%；引进内资1200亿元，增长51%。

产业创业环境优化。出台促进工业、信息业、商贸业、会展业发展和支持工业、商业、建筑、旅游业灾后恢复重建等一系列政策措施，兑现各项企业和人才扶持奖励资金达2.86亿元；举办第五届中国创新创业（厦门赛区）大赛、首届厦门大数据大赛，吸引了全国各地884个团队和企业参加；培育建成一批特色众创空间，青瓦、派美特获评国家级众创空间，光彩创业园获评省级众创空间，蝌蚪生态空间等28家获评市级众创空间，大众创业万众创新氛围浓厚。

（二）发展动力更为强劲

重点项目加快建设。加快131个省市区重点项目建设，总投资100亿元的英蓝国际金融中心、总投资160亿元的西海湾邮轮城等21个项目按时开工，海峡旅游服务中心、海丝艺术品交易中心等84个项目快速推进，闽南古镇二期、鼎泰和（万科中心）等26个项目竣工。辖区44个省市重点项目完成投资109.3亿元，其中我区作为责任单位的22个重点项目同期投资完成率居全市各区第一。

征拆安置有力推进。1—11月完成征地2808亩，拆迁70万平方米，省市重点项目征地序时进度、拆迁序时进度和拆迁总量均居全市各区第一。攻坚克难推进轨道交通、第二西通道等57个征地拆迁项目，打通环湾路（高林段），后埔—枋湖旧村改造征地拆迁全面提速。加快安置房建设和返迁工作，金林湾花园A区安置房实施验收，集鑫A、马山安置小区提升改造工程基本完工，蔡塘古地石安置房一期配套工程顺利推进，福厦铁路暨公铁大桥项目返迁签约率达98%，成功大道二期、县黄路、安墩路返迁安置历史遗留问题得到妥善解决。

园区建设成效明显。自贸试验区虹吸效应持续扩大，1—11月新增企业7323家、注册资本1404亿元，已成为全国第二大飞机融资租赁聚集区，两岸集成电路产业园入驻企业89家，沃尔玛山姆会员店、红星美凯龙家居名品直营店、风信子和跑街跨境直购商城开业运营。湖里创新园完成创新社区[3]试点建设，建成创新驿站和创享天地，新引进企业916家，预计全年可实现营收400亿元。五通金融商务区建设加速，联手金圆集团成立合资公司负责园区开发建设和招商引资，国贸金融中心、海西金融广场、天地金融港等5个项目封顶并抓紧招商，中国人寿、致同会计师事务所等一批优质项目落户，园区累计注册企业693家。湖里创意产业园[4]蓬勃发展，改造建成联发文创口岸，华美文创园、海峡文创园、海西工业设计中心累计引进企业280家，创意设计产业形成集聚发展态势。

（三）城区面貌持续改善

基础设施日益完善。投入1.6亿元改造提升枋湖东路、悦华路、兴隆路等19条道路，充分利用地下空间、边角地策划推动停车场建设，主动承接自贸区道路管养、改建及港叉回填。建设云顶路空中自行车道，新建88个公共自行车站点。实施五缘湾市政设施修缮工程，启动建设大件垃圾处理厂，建成五缘湾、湖边水库、机场北片区和湖里创新园夜景工程。

城区管理水平提高。高度重视城区综合管理和环境提升，制订《湖里区全面加强城市综合管理总体方案》，构建作为区四套班子“一把手”工程的“大城管”格局。创新城市综合管理机制，携手建发集团合资成立厦门湖里建发城建集团公司，负责实施城市管理相关工作。迅速展开金砖会晤筹备工作，围绕“两线、四片区、五节点”[5]、“四桥一隧”进岛部位及其连接道路、金山路等9条交通干道等三大重点，全力推进“两违”[6]拆除、立面改造、绿化提升等工作。开展“门前三包”[7]，创建海天路、金湖路等示范街。拆除违建37万平方米，全省“两违”综合治理现场会在我区召开并推广湖里经验。强化“村改居”社区环卫保洁，常态化开展占道经营、违章停车等城市顽疾联合整治，在全市两月一次的城市综合管理考评中成绩名列前茅。

生态环境不断优化。投入1.2亿元提升五缘湾片区、自贸区、火炬片区绿化景观，对钟宅路进行海绵城市[8]试验改造，对火炬公园进行海绵公园改造提升。接管五缘湾湿地公园、忠仑公园，薛岭山公园、虎头山公园完成拆迁并动工建设。深入开展扬尘和餐饮油烟污染防治，推进环岛路岸线、五缘湾截污及内湾水体综合整治工程建设，环境空气质量优良率达97.6%。

（四）民生福祉不断增进

社会事业繁荣发展。投入教

育经费11亿元，新扩建蔡塘学校、教师进修学校二附小，建成五缘第二实验幼儿园，开办康乐幼儿园塘边分园，中考学业质量居全市各区第一，高考成绩再创历史新高。完成22个基层综合文化服务中心达标建设，编制实施全民健身五年计划，举办中国俱乐部杯帆船挑战赛等大型赛事，全区开展丰富多彩的文体活动上千场次。完成全市首家区级二甲妇幼保健医院创建，建成康乐、马垅、围里、园山等4个全市首批社区卫生服务站，推行家庭医生签约，落实全面二孩政策，在全市率先出台计生特殊家庭扶助政策，创新实施计生服务员兼任健康管理师，医疗卫生服务水平得到提升。

民生保障持续改善。改造提升盐业宿舍小区等5个老旧小区，加快枋湖社区发展中心等“富民工程”[9]建设。深化“112”[10]就业服务，促进失业人员再就业11663人，其中城镇困难对象再就业2463人，均超额完成市下达任务数。推进社会保险扩面工作，五个基本险种参保人数均突破30万人。积极发展养老服务，开展全省首批医养结合试点工作，在全市率先试点“智慧健康养老”[11]，启动区社会福利中心建设，筹建区新老年活动中心。开展精准帮扶，提高社会救助比例和标准，发放各类救助金2371万元。

社会治理不断加强。完善“一核多元·共治共享”[12]社区治理体系，全面推广社区书院建设，金安社区被评为全国最美志愿服务社区，江头、金山社区获评全国综合减灾示范社区，金安、金尚、禾山社区获评全国社会工作服务示范社区。成立全市首家社区公共法律服务站，在各街道推广设立矛盾纠纷多元化解决服务中心，全区共排查调处纠纷4669件，调解成功率达99.7%。“互联网+群防群治”经验做法被全省推广，刑事案件发案数下降23.1%，刑事案件破案率同比提高6.3%。全面加强重点领域安全治理，安全生产形势总体平稳，人民群众安全感不断增强。

（五）政府建设得到加强

依法行政扎实推进。启动“七五”普法，营造尊法、守法、学法、用法的良好氛围。废止和宣布失效区政府规范性文件21件，主动公开政府信息829件。自觉接受区人大的法律监督和区政协的民主监督，坚持重大事项向人大报告、向政协通报制度，认真办理66件区人大建议、54件区政协提案，办复率、满意率均达100%。

服务效能全面提高。认真开展“两学一做”学习教育，从严治庸治懒，给予效能问责33人次。深入推进“放管服”[13]，深化行政审批制度改革，编制发布街道行政权责清单，17个部门纳入“多规合一”[14]平台，14个部门建立“双随机一公开”[15]事中事后监管机制。结合帮助企业灾后恢复重建，深入开展“人到、心到、政策到”企业大走访活动，有效解决企业实际困难。

廉政建设不断深化。严格落实中央“八项规定”精神，完成公务用车改革工作，“三公”经费和会议费支出同比减少15%。全面开展违规收受红包、领导干部亲属经商办企业专项清理工作。扎实推进公共资源市场化配置，加强对国有资产、政府采购、建设工程招投标等重点领域的监督监管，持续加大源头治腐工作力度。

此外，妇女儿童、民族宗教、外事侨务、人事人才、统计、方志、档案等工作不断加强，双拥优抚、人防海防、民兵预备役、老龄老干等工作全面进步，对口帮扶、山海协作工作扎实推进。

各位代表！过去五年，我们牢牢把握中央支持福建加快发展和自贸试验区建设等重大机遇，积极应对经济下行压力，主动适应和引领经济发展新常态，经济社会发展取得明显进步。

——综合实力持续增强。地区生产总值年均增长9.6%，人均生产总值达7.9万元，规模以上工业增加值年均增长10.7%，财政总收入年均增长17.8%，其中区级财政收入年均增长18.1%，全社会固定资产投资累计完成1483亿元。上市企业和新三板挂牌企业达51家，总部企业达64家，年纳税超亿元楼宇达17幢。以全市4.3%的土地面积，创造出全市22.5%的生产总值、28.9%的工业产值、15.4%的财政收入。

——产业结构更加优化。构建了具有较强竞争力的现代产业体系，高端制造业和现代服务业成为发展“双引擎”，二、三产结构从55.7∶44.3调整为43.1∶56.9。高新技术产业产值占规模以上工业总产值的比重提高至70%，金融服务、创意创新等现代服务业蓬勃发展，厦门泉州（安溪）经济合作区湖里园初具规模，五通金融商务区等重大园区建设日见成效，云创智谷等创新创业平台生机勃发，华美文创园等一批特色产业园相继改造建成，湖里老工业区焕发新的活力。

——城区环境大幅提升。五年累计征地6077亩，征收房屋341万平方米（其中住宅约95万平方米），新建安置房100万平方米。城区面貌日新月异，形成“一环、四横、六纵”[16]城市快速交通网，五缘湾和湖边水库片区已成为厦门的新客厅、新名片。城区管理和环卫保洁进一步精细化、一体化，房前屋后在“美丽厦门·共同缔造”行动中得到美化提升，“两违”整治连续四年全市考评第一。新建棣辽水库公园、灯塔公园等11座公园，建成区绿化覆盖率达到37.2%，人均公共绿地面积达到9.3平方米。

——改革开放迸发活力。完成新一轮政府机构改革，建立“一站式”行政服务大厅，办理事项即办率提高至82.4%。落实“多规合一”改革，主动承接自贸区溢出效应，实行外资准入前国民待遇+负面清单[17]管理，推进对外贸易和投资便利化，加快营造一流营商环境。五年来，累计实际利用外资15亿美元、引进内资3844亿元，24家世界500强企业在湖里投资或增资扩产，辖区企业数达8.8万家，城区开放水平持续提升。

——人民生活不断改善。新增中小学、幼儿园公办学位2.4万个，新增城镇就业5万人，城镇居民人均可支配收入年均增长8.1%，社会保险参保人数增长近50%，“118”和谐劳动关系示范工程[18]建设经验在全省推广。基础教育质量、文化品牌影响力、卫生计生服务水平、公共交通保障大幅提升，获评全国社会工作服务标准化建设示范区、国家慢性病综合防控示范区、省级妇幼健康优质服务示范区、全省义务教育发展基本均衡区、全市创建国家公共文化服务体系示范区先进区等一系列荣誉称号。

以上成绩的取得，是市委、市政府和区委正确领导的结果，是区人大、区政协和社会各界监督支持的结果，是全区人民团结奋斗的结果。在此，我谨代表湖里区人民政府，向全区人民，向区人大代表、政协委员，向各民主党派、工商联、人民团体、离退休老同志，向辖区省部属、市属单位和部队、武警官兵，向所有关心支持湖里发展的社会各界人士，表示崇高的敬意和衷心的感谢！

五年来的工作实践，我们深深体会到：始终坚持党的领导，坚决落实上级各项决策部署，咬住既定目标不放松，是推动湖里发展的根本保证；始终坚持弘扬特区精神，敢闯敢试、先行先试、赢得主动，是推动湖里发展的重要动能；始终坚持从实际出发，着力把区位优势、空间优势转化为发展优势、后发优势，是推动湖里发展的必由之路；始终坚持以人民为中心的发展思想，努力满足人民群众对美好生活的新期盼，是推动湖里发展的根本目的；始终坚持真抓实干的工作作风，锻造一支忠诚干净担当的干部队伍，是推动湖里发展的重要保障。

在看到成绩的同时，我们要清醒看到发展中存在的困难和问题：一是经济发展面临转型阵痛。我区经济增长对工业依存度高，受全市产业布局影响，缺乏新增工业项目，加之存量工业增长有限、时有波动，造成我区经济增速有所放缓；相当部分三产项目尚处于建设、招商阶段，短期内无法接续、无法发挥经济增长的支撑作用；财政收入对房地产的依赖度较高，受房地产调控政策和我区商品房销售临近尾声等影响，从明年起我区房地产行业税收将大幅减少，财政增收压力大。二是城市综合管理和环境提升的任务很重。尚有57个“城中村”，城市管理、市政设施和市容市貌与迎接金砖会晤的要求差距较大，亟待提升。三是维护安全稳定的压力较大。80多万外来人口增加了服务管理难度，公共资源难以满足需求，教育入学、劳资纠纷、社会治安等各类矛盾问题时有发生，“城中村”安全隐患问题也较为突出。四是政府自身建设有待加强。少数干部事业心、责任心不强，吃苦奉献精神不够，个别干部违纪违法造成不良影响。这些都需要我们在今后工作中切实加以解决。

二、今后五年工作展望和2017年工作建议

今后五年，是湖里产业转型发展、城市全面提升的关键时期。区第八次党代会提出了把我区建成厦门现代化中心城区的奋斗目标，我们要坚定信心，把握机遇，战胜困难，补齐短板，实之又实、细之又细地推动经济社会持续健康发展。

未来五年，区政府工作的总体要求是：高举中国特色社会主义伟大旗帜，深入贯彻习近平总书记系列重要讲话精神和对福建、厦门工作的重要指示，紧紧围绕“五位一体”总体布局和“四个全面”战略布局，牢固树立和落实“五大发展”理念，深入实施湖里空间发展战略规划，以金砖会晤在厦举办为契机，以深化供给侧结构性改革[19]为主线，以实施创新驱动为动力，以增进人民福祉为根本，奋力争当“五大发展”示范区，全面建成厦门现代化中心城区。

按照这一总体要求，我们要全面完成“十三五”规划目标，实现地区生产总值年均增长8.5%左右，人均生产总值和人类发展指数[20]达到中等发达国家水平，努力在五大发展上取得新成效。

一是创新发展取得新成效。实施创新驱动发展战略，强化企业创新主体，推动全社会研发经费支出占GDP比重超过4%，科技进步对经济增长贡献率达到65%。推动产业升级，推进服务业高端化，促进传统产业转型提升，大力发展战略性新兴产业，鼓励发展“四新”产业[21]，加快发展未来产业。积极参与、全面服务自贸区和火炬高新区，加快五通金融商务区、国际邮轮母港、湖里创意产业园、湖里创新园、厦门泉州（安溪）经济合作区湖里园等产业园区建设，形成以高端制造业和现代服务业为主体的

产业体系；建设智慧城区，广泛应用互联网、大数据、云计算等先进信息技术，推进信息产业化、产业智能化、城市智慧化；实施人才强区战略，大力引进产业领军人才、科技创新人才、高技能人才和高水平创新团队，打造更具吸引力和竞争力的人才高地。

二是协调发展取得新成效。统筹推进经济和社会协调发展、产业与城区融合发展、“村改居”社区与城市社区均衡发展。推动“城中村”改造提升，加快老旧小区改造。全面加强城市综合管理，加快完善交通路网、公园绿地、市政环卫等各类公共基础设施，合理布局教育、卫生、文体等各类公共服务配套，努力在提升城区形象、规范城区秩序、优化人居环境、提升人文素质等方面实现质的飞跃。

三是绿色发展取得新成效。积极创建国家级生态文明示范城区，建设“八山两水”[22]十字绿廊，形成城市空间和山水环境有机融合的良好生态格局，实现建成区绿化覆盖率达 38.4%，人均公共绿地达 9.6 平方米。按照“市民公园 + 旅游景区”，把五缘湾打造成 AAAAA 级景区。提升湖里滨海岸线，实施湖里环岛路及滨海旅游开发。提升园林绿化，建设一批社区公园。实施垃圾分类和减量管理，发展绿色交通、绿色建筑，建设低碳城区。加快海绵城市和截污工程建设，巩固提高水环境和空气质量，空气质量优良率保持在 95.7% 以上。

四是开放发展取得新成效。坚持引进来与走出去并重、引资引技引智并举，构建对外开放新格局。配合打造自贸试验区升级版，建成综合改革试验区、风险压力测试区、政府职能再造区和国际发展桥头堡。深化对台交流合作，打造与金门便捷的半小时交通圈和一日生活圈，使湖里成为台湾民众了解大陆最直接的窗口和赴大陆工作生活最舒心的城区。对标国内外先进城市，营造国际化、市场化、法治化的营商环境。

五是共享发展取得新成效。实施就业创业工程，落实社区集体发展项目，稳步提高居民收入。补齐民生短板，促进基本公共服务均等化、普惠化。建成民办高端国际性学校、湖里体育公园、忠仑文化公园、五缘湾医疗园等一批重大民生项目，新增中小学、幼儿园公办学位 1 万个以上，新建停车泊位 2 万个以上。深入创建“健康城区”，普及健康生活，优化健康服务，发展健康产业，建设多层次养老体系，提高人民健康水平。加强困难群众精准帮扶，织密民生保障网，更好兜住民生底线。

各位代表！2017 年是党的十九大召开之年，金砖会晤在厦举办之年，也是我区新一届政府履职的第一年，改革发展稳定的任务十分繁重，做好明年工作意义特别重大。我们要认真贯彻落实中央和省市工作部署，立足当前，谋划长远，鼓足干劲，力争上游，为建设“五大发展”示范区和厦门现代化中心城区开好局、起好步。

2017 年经济社会发展主要预期目标为：地区生产总值增长 8.1%、力争达到 8.5%，财政总收入和区级财政收入分别增长 6%、3.6%，固定资产投资 300 亿元，社会消费品零售额增长 11%，城镇居民人均可支配收入增长 8%，完成省、市下达的节能减排任务。

重点做好五大方面工作：

（一）提升环境，内外兼修，全力做好金砖会晤筹备

办好金砖会晤，既是重大政治任务，也是重大发展机遇。我们要举全区之力，以最快速度、最实作风、最好效果做好会晤筹备工作，努力让全区人民享有更好的环境、更好的生活。

高标准整治城区环境。大力开展“两违”整治攻坚，既严控新增“两违”，又重拳拆除历史“两违”，形成严防严打高压态势。对主要道路和主要片区的违法建设、无证广告牌一律拆除、整治到位。加强交通整治工作，打通禾山路、金昌路等一批断头路，实施枋湖北二路等 64 条道路“白改黑”[23]，启动 19 个公共停车场项目建设，建设智能化交通管理系统，加强电动自行车管理，提升辖区道路通达性和安全性。切实加强环境保护，开展扬尘和餐饮油烟污染防治，推进环岛路岸线等截污工程。

高质量改造城区景观。学习杭州经验，实施包括改造建筑立面、统一店牌店招、拆除违法搭盖、规范各类管线等内容的立面提升，打造具有闽南特色、洁净规整的立面风貌。加快飞机航线下屋顶改造，全面提升重点区域在建工地环境。加快绿化改造提升，配合推动 10 条主干道和“四桥一隧”绿化改造，全力做好机场片区、五缘湾片区、国际邮轮中心片区以及重要节点的绿化提升，形成错落有致、连片成势的绿化效果。实施环岛东路、五缘湾片区等 20 个夜景工程，打造主题鲜明、大气雅致的城市夜景。

高水平提升城区管理。坚持疏堵结合、标本兼治，建立“网格化管理、标准化实施、数字化运行、高效化执法、社会化参与”的长效管理机制。构建数字化统一平台，打造智慧城管。全面铺开“门前三包”，持续开展占道经营专项整治。实施精细化环卫作业，实现主次干道机扫率达到 100%，背街小巷和“城中村”环卫保洁全覆盖。大力推行“垃圾不落地”，加快推动垃圾分类。

高要求提升文明素质。以“当

好东道主，办好金砖会晤”为主题，深入开展文明创建和市民素质提升行动，弘扬社会主义核心价值观，发扬抗击“莫兰蒂”强台风的众志成城、顽强奋战精神，营造全民支持和服务金砖会晤的浓厚氛围，展示开放湖里、文明湖里的良好形象。

（二）创新开路，联动发展，推动产业升级换挡提速

推动“2+4+N”发展战略[24]，站位全域发展，坚持创新驱动，打造湖里产业升级版。

深化供给侧结构性改革。优化供给政策，积极落实各项降本减负措施，提高企业市场竞争力。优化供给主体，在做强国有企业的同时，拓宽民间投资领域，促进民营经济发展壮大。优化供给质量，发扬工匠精神，实施增品种、提品质、创品牌，扩大高质量产品和服务供给。优化供给环境，做强产业引导基金，发展种子、天使、风投基金，营造有利于创业创新的良好环境。培育新兴消费热点，大力发展家政养老、教育培训、医疗保健、体育健身等服务消费，合理布局消费网点设施，加快地铁沿线商圈建设。

对接服务两个重大片区。积极参与、全面服务自贸区和火炬高新区发展，切实落实对接服务自贸区的13条具体措施，加快与自贸区在基础设施建设、招商引资、产业集聚提升、审批制度改革等方面的对接合作，着力推进机场北片区、闽台中心渔港片区的开发建设；真正落实对接服务火炬高新区的10条具体措施，统筹产业引导政策，合力引进和发展高端制造业，共建高殿科技园、高崎工业园、龙头山园区等“一区多园”新空间。

大力发展高端制造业。紧盯产业链关键和缺失环节，实施一批补链、强链、扩链关键项目，提升产业效益链和价值链。扶强戴尔、宸鸿、ABB等龙头骨干企业，扶持欣贺、同致电子、星际电器等生根型企业，支持太古、新科宇航等航空维修产业做强做大。

加快发展商贸物流业。着力提升贸易能级，发展大宗商品贸易、高新技术产品贸易、跨境电商、离岸贸易。配合自贸区发展现代物流，打造“物流＋制造”“物流＋商贸”“物流＋金融”等现代物流新模式。加大对华信石油、速传物流等重点商贸物流企业的扶持服务力度。推动闽南古镇全面开业，促进天虹商场、美岁商业、砂之船奥特莱斯名品店尽快运营。

集聚发展新兴金融业。加快五通金融商务区一期10个项目和二期的开发建设、招商洽谈，积极推进金圆统一证券、厦门农商银行金融运营中心、中国华融区域总部等项目落地，加强对接中科招商、中信消费金融、黄金交易中心等一批重点在谈项目。出台促进金融业发展扶持政策，大力引进和培育基金、担保、典当、融资租赁、资产管理、股权投资等各类新兴金融业态。

繁荣创意创新产业。积极打造湖里创意产业园，与联发集团合资成立园区运营公司，推动凤凰文化、红点博物馆、中国文化传媒、中国华录南方总部等项目落地，扶持做强海西工业设计中心等特色文创园，辐射带动枋湖文化旅游产业园，提升创意产业规模化、专业化、集约化水平。加快提升湖里创新园，推动亿联研发大楼、欣贺研发设计中心等项目建设，完善园区配套和优化交通，大力发展研发结算、移动互联等产业。

（三）项目带动，产城融合，不断激发新动能新活力

把项目作为第一抓手，加强谋划和运作，着力抓落地、抓建设、抓投产，为发展提供强力支撑。

加快推进征地拆迁。完善“指挥部＋街道＋社区＋国企”工作机制，全力做好轨道交通2号和3号线、第二西通道、环岛路（鳌山路—高殿2号路段）、五通金融商务区等重点工程征地拆迁，加快美仑花园、金林湾花园B区等安置房项目征地拆迁。打通最后一公里，完成乌石浦、枋湖、薛岭、墩上等旧村拆迁。积极推动57个“城中村”改造提升，探索实施“整村改造、自我改造”的“一村一策”旧村改造新模式；因地制宜建设科创小镇、渔港小镇等兼具产业、文化、旅游功能的特色小镇，实现“城中村”旧貌换新颜。

积极扩大有效投资。围绕产业政策、重大规划、重点投向策划生成一批项目，挖掘投资潜力，大力推进“五个一批”[25]、“四个领域”[26]补短板项目及灾后重建投资工程包。抓紧推动15幅地块出让，加强项目前期工作，强化要素保障，按照“一个项目、一套人马、一抓到底”的工作机制，大力推动我区空间发展战略策划生成的首批16个重大项目（事项），全面加快东宅等安置房建设和老项目返迁，积极落实五通、湖边、江村等5个社区发展用地建设人才公寓，尽快把“满嘴”项目转化成“满地”项目。突出抓好产业项目，加强项目调度和施工组织，实施挂图作战，开工建设住宅集团总部、飞鱼科技总部等10个项目，加快推进西海湾邮轮城、英蓝国际金融中心、海峡旅游服务中心、五缘湾游艇综合体、SM三四期等35个项目建设，力促牡丹港都酒店、海西金融广场等22个项目竣工投用。

全面提升招商实效。围绕我区四大主导产业，大力开展上门招商、中介招商、以商引商、联动招商，加大对世界500强、台湾百强

企业、大型央企和重点民企的招商力度。加强招商队伍建设，提升区街招商洽谈水平。完善招商政策，推动五通金融商务区、湖里创新园等已建成楼宇二次招商，着力引进新兴产业和总部项目。力争实际利用外资完成3.2亿美元。

（四）优化服务，办好实事，人人共享更高质量民生

加快补齐公建短板，努力办好为民实事，进一步提升居民群众的获得感、幸福感。

加快建设教育强区。围绕教育事业量质齐升，积极推动民办高端国际性学校建设，开办五缘第二实验幼儿园，加快五缘实验学校、高林学校、特教学校、湖边小学、东渡和通里幼儿园等9所校园新建扩建；开展民办学校托管试点，推进普惠性幼儿园分级收费，深化公、民办学校结对帮扶机制，创建“全国中小学责任督学挂牌督导创新县”，探索具有湖里特色的教育管理新模式；加强与高校、科研院所合作办学，积极引进优质教育资源，实现我区教育均衡化、特色化、优质化、国际化。

推动文化繁荣发展。加快构建现代公共文化服务体系，做好区文化馆、图书馆迁馆工作，完成高殿等16个社区综合文化服务中心达标建设，实施全民健身工程，推进老年康乐家园创建，打造15分钟文体服务圈。广泛开展群众性文体活动和全民阅读活动，办好元宵民俗文化节、福德文化节、社区文化艺术节、城市诵读节，培育壮大基层文艺团队，推出一批特色文艺精品，不断丰富群众精神文化生活。

提升医疗卫计水平。服务保障复旦中山厦门医院、弘爱医院建成投用，积极推动湖里医院重建和如心妇婴医院建设，加快殿前、禾山社区卫生服务中心新址建设，建成后埔、枋湖等一批社区卫生服务站，不断优化卫生资源配置，提升分级诊疗服务承接能力。推动家庭医生签约服务，实现覆盖户籍人口30%以上，探索民营医疗机构参与提供基本医疗服务，让医改红利更多惠及人民群众。创建国家妇幼健康优质服务示范区及国家级健康素质促进试点区。落实计划生育基本国策，履行人口计生责任制，促进人口均衡发展。

强化民生服务保障。完善“智慧就业”管理服务信息化平台，按需开展职业技能培训，加强低收入人群就业帮扶，多渠道促进就业。高标准建设新老年活动中心，加快区社会福利中心建设，实施22个老旧小区改造，新开通5条社区公交线路，建设虎头山连接薛岭山等7座人行天桥，落实一批为民办实事项目。在全区推广“互联网+居家养老”服务模式，构建具有湖里特色的居家养老服务体系。不断扩大社会保险覆盖面，拓宽政府购买社会服务范围，完善各类社会救助政策，发展老年、妇女儿童、慈善、助残等事业，让广大群众充分共享改革发展成果。

（五）维护稳定，构建和谐，创建更具安全感平安湖里

围绕保障金砖会晤和厦门打造最具安全感城市，深入推进平安湖里建设，努力营造更加和谐稳定的社会环境。

确保盛会安全顺利。严守安全底线，做好金砖会晤安保工作。研究制定治安防控、应急处突、重要场所安保、公共安全风险防范等工作预案，加快完善情报信息、指挥调度、反恐防暴等维稳工作机制，切实提升风险预测预警预防能力。深入开展基础大排查，全面加强实有房屋、实有人口、实有单位、实有物品“四实”管理，有效化解各类矛盾纠纷，维护社会安定稳定。

不断提升社会治理。创新“社区治理单元下沉小区”模式，在城市社区探索把党支部建在业委会的工作机制，在“城中村”社区探索建立“大物业”管理模式，有效提升基层治理水平。健全和规范多元化调解平台，完善“大调解”体系。加快公共安全视频监控系统“雪亮工程”建设，推广出租房屋智能门禁系统，做实“互联网+群防群治”工作，完善立体化治安防控体系。依法严厉打击违法犯罪，努力建设更具安全感城区。

切实加强安全监管。严格落实“党政同责、一岗双责、失职追责”和企业安全生产主体责任，全面加强对重点行业领域及人员密集场所的安全监管，动态做好安全隐患排查、隐患整改，从源头上控制、预防和减少安全生产事故。加强食品药品安全监管，狠抓“餐桌污染”治理，迎接国家食品安全城市创建考评。建立科学的城区应急保障体系，加强地质灾害点、内涝点以及危房排查治理等防灾减灾工作，提升应对自然灾害和突发公共事件的能力，切实保障人民群众生命财产安全。

三、全力建设人民满意政府

站在新的历史起点上，新的五年、新的责任，新一届区政府要牢记使命、不负重托，继承和发扬历届区政府班子的优良作风和光荣传统，恪尽职守，矢志不渝，夙夜在公，殚精竭虑，与全区人民一道，扎实做好经济社会发展、城市建设管理、辖区安定稳定各项工作。

始终坚持正确政治方向。深入学习贯彻习近平总书记系列重要讲话，牢固树立“四个意识”[27]，特别是核心意识、看齐意识，更加自觉地在思想上、政治上、行动上与以习近平同志为核心的党中央保持高度一致。坚决服从区委领导，维

护区委权威，结合实际，把区委各项决策部署落实到政府具体工作之中。

奋力推动湖里新一轮发展。大力实施“2+4+N”发展战略，加快建设现代化中心城区。推进产业发展和城市提升“双轮驱动”，做好“有中生新”“无中生有”两篇文章，努力走出一条质量更高、效益更好、结构更优、城区更美的发展新路。

持续保障和改善民生。坚持把民生作为人民幸福之基、社会和谐之本，践行以人民为中心的发展思想，把发展成果更多惠及人民群众。聚焦基本民生、底线民生、热点民生，持续加大民生投入，扎实办好民生实事，在学有所教、劳有所得、病有所医、老有所养、住有所居上取得新进展。

切实加强政府建设。严格遵守宪法法律，依法行政、从严治政，全面加强区政府党风廉政建设，认真落实中央“八项规定”精神，守住做人、处事、用权红线，努力建设为民、务实、清廉政府。深化效能建设，做到“马上就办”，全面整治庸政、懒政、怠政。健全容错纠错机制，旗帜鲜明支持敢于担当的干部。保持昂扬向上、奋发有为的工作状态，踏石留印、抓铁有痕的工作力度，锲而不舍、一抓到底的工作韧劲，善始善终，善作善成，做到守土尽责、敢于负责。充分发扬民主，重大问题集体讨论决定，主动接受区人大法律监督和工作监督、区政协民主监督以及社会各方面监督，确保政府各项工作依法、规范、高效、透明。

各位代表！回首过去，特区建设的第一声炮响，曾振聋发聩，大家记忆犹新；展望未来，湖里发展的新一轮号角，当催人奋进，我们不用扬鞭。让我们在市委、市政府和区委的坚强领导下，接过历史的接力棒，承前启后，继往开来，团结一致，携手向前，为干出无愧于时代、无愧于人民、无愧于岗位的工作业绩而不懈奋斗！

名词解释

1. 湖里创新园：原湖里高新技术园。

2. 服务外包：是指企业将其非核心的业务外包给专业化团队，使其能够专注于核心业务，从而达到降低成本、提高效率。

3. 创新社区：由产业单元、产业主体与城市社区紧密联系在一起，具备完整的创新产业链、全面的社区功能、完善的政府服务体系、基础的服务平台、良好的营商环境的产业社区。

4. 湖里创意产业园：通过改造提升湖里老工业区成片旧厂房，打造文创与科技融合的示范园区。规划占地面积1.38平方公里，西至长岸路、南至宜宾路、东至华光路、北至悦华路，

5. 两线四片区五节点：“两线”是指枋钟路至环岛路沿线、环岛干道沿线；“四片区”是指飞机航线下片区、机场片区、五缘湾片区、国际邮轮中心片区；“五节点”是指辖区5个重要节点及周边。

6. 两违：违法占地、违法建设。

7. 门前三包：包卫生、包秩序、包设施。

8. 海绵城市：指城市能够像海绵一样，在适应环境变化和应对自然灾害等方面具有良好的“弹性”，下雨时吸水、蓄水、渗水、净水，需要时将蓄存的水“释放”并加以利用。

9. 富民工程：由村民自筹资金、国企代建，在“村改居”社区预留发展用地建成的造福子孙后代的民生工程。

10.112 就业服务：指对全区失业人员、高校毕业生每年至少上门走访1次以上、对有培训意愿的人员每年安排1种以上技能培训、对有就业意愿的人员进行2次以上岗位推荐。

11. 智慧健康养老：利用IT技术手段，建立面向居家老人、社区及养老机构的传感网络系统与信息平台，并在此基础上提供物联化、互联化、智能化的养老服务。

12. 一核多元·共治共享：指发挥社区党组织的核心引领作用，社区居委会、社区社会组织、社区服务站、专业社工力量、社会资源、居民群众等多元主体共同参与社区治理，共享社区治理成果。

13. 放管服：“简政放权、放管结合、优化服务”的简称。

14. 多规合一：指在城乡规划、土地利用总体规划、国民经济和社会发展规划三个规划实现“一张图”的基础上，进一步整合林业、市政、水利、海洋等各专项规划，形成全市空间布局“一张图”，解决多种规划的冲突矛盾。

15. 双随机一公开：即随机抽取检查对象，随机选派执法人员，及时公布查处结果。

16. 一环、四横、六纵：“一环”是指环岛路—鳌山路—长岸路，“四横”是指兴湖路—枋钟路、湖里大道—钟宅路、南山路—园山南路—金湖路、仙岳路，“六纵”是指嘉禾路、成功大道、金尚路、云顶北路、金山路、环岛干道。

17. 负面清单：即明确企业不该干什么的清单，做到“法无禁止皆可为”。

18.“118”和谐劳动关系示范工程：每个街道至少创建1个劳动关系和谐社区、1条劳动关系和谐街道和8家劳动关系和谐企业。

19. 供给侧结构性改革：指从提高供给质量出发，用改革的办法推进结构调整，矫正要素配置扭曲，扩大有效供给，提高供给结构

对需求变化的适应性和灵活性，促进经济社会健康发展。

20. 人类发展指数：又称人文发展指数（HDI），是以预期寿命、教育水准和生活质量等三项基础变量，按照一定的计算方法得出的综合指标。

21.“四新”产业：新材料、新技术、新模式、新业态。

22. 八山两水：八山是指狐尾山、仙岳山、园山、薛岭山、虎头山、虎仔山、金山、东芳山，两水是指五缘湾、湖边水库。

23. 白改黑：道路建筑用语，是指把原来的水泥混凝土路面（灰白色）改建为沥青混凝土路面（黑色），从而达到环保、防尘、降噪和增添行车舒适性的效果。

24.“2+4+N”发展战略：“2”是指积极对接、全面服务自贸试验区、火炬高新区两个国家级重大片区，“4”是指优先发展高端制造、商贸物流、新兴金融、创意创新四大产业，“N”是指实施若干重大项目（事项）。

25. 五个一批：谋划一批、签约一批、开工一批、投产一批、增资一批项目。

26. 四个领域：产业发展、基础设施、社会事业、民生保障等四个领域。

27. 四个意识：政治意识、大局意识、核心意识、看齐意识。

我区超常规做好台风“莫兰蒂”灾后恢复重建工作

为确保台风“莫兰蒂”灾后恢复重建工作有序高效推进，我区高度重视，快速反应，专门下发《关于超常规做好灾后恢复重建工作的通知》，不惜大规模投入人力、物力、财力，确保迅速完成灾后恢复重建工作。具体措施体现在：

一是精心组织周密部署。区里第一时间成立恢复重建工作领导小组，由区委书记林建任组长，区长徐国庆任第一副组长，将基础设施恢复、道路清障清理及绿化扶正、垃圾清理、校园修缮、卫生防疫、维护稳定等各领域工作逐一责任分解到分管区领导和责任部门，以街道为主、以条为辅，全面铺开灾后恢复重建，领导小组每日上午 8:00 集中总结部署工作。

二是联合作战逐街推进。各街道都成立多支由“部队官兵 + 街道社区一线干部 + 城管队员 + 各类专业队员”组成的联合工作队，逐条道路加快推进，现有 560 名部队官兵，4.04 万人次街道、社区一线干部，470 名城管队员，251 支防汛应急抢险队伍 2.24 万人次专业抢险队员投入到灾后恢复重建，确保 3 天内全面完成道路清障、清理及绿化扶正工作。

三是救灾资金优先保障。区财政迅速拨付五个街道、区市政园林局救灾先期经费各 100 万元，合计 600 万元，专门用于道路清障、清理和绿化扶正工作。为确保救灾经费使用快速高效，我区进一步简化审批程序，由各单位主官把关后可直接指定、直接委托、直接开支。

四是物资设备保障充足。积极落实各类防汛物资储备，除了配备卫星电话 7 部，防汛抢险车 2 辆，防汛抢险舟 12 艘，抽水机 108 台，锹、镐 2690 把，报警器 160 台，工作灯 1100 台，救生衣 1960 件，安全帽 1500 顶，雨衣雨鞋 2500 套，编织袋 70000 条等外，还采取租用或购买专业设备的方式，确保有充足的车辆设备保障抢险救灾。

五是水电供应加快恢复。想方设法解决水电供应问题，在供水压力较低的区域，安排在居住小区一楼安装免费供水点，让高楼层的群众免费取用；针对断水居住小区，主动联系水务集团，调集消防车运送水到该区域，并设立 3 个集中取水点；调集 4 辆绿化浇灌车辆保障群众洗漱等非饮用水供应；积极主动与电力公司对接，对辖区尚未恢复供电的小区进行摸底排查，汇总上报数据，供市里制定抢修计划。

六是受灾校园抓紧修缮。全力打响“复课保卫战”，指定专人解决校园修缮问题，组织 50 名消防官兵分四队到各校园清除路障，安排垃圾车清运校内大型垃圾，动员家长义工、老师家属、物业共计 5000 余人携手重建校园，要求全体教师 17 日下午提前结束休假到岗到位。除嘉福花园幼儿园校舍受损严重无法正常开学，拟协调到嘉湖花园安置小区内暂时上课外，其他学校都能如期开学。

七是党员干部沉到一线。区委下发《关于在灾后重建工作中进一步发挥各级党组织和广大党员作用的通知》，要求全区各级党组织和党员行动起来，结合“两学一做”学习教育，在灾后重建工作中做到组织在前、指挥在前、引领在前、帮扶在前“四在前”，目前全区近 10 万人次党员参与灾后重建。区委还下发《关于组织区机关干部职工下街道（社区）帮助做好灾后重建家园的通知》，发动区级机关干部职工 1216 名分片包干到街道、社区直到灾后恢复重建工作结束。

八是区属企业发挥作用。区属两家国企积极参与抢险救灾，区国投公司成立了 10 支救灾突击队，每个街道安排 2 个突击队，共调集 42 台油锯、8 台装载机、30 台运输车；区天地公司成立了公共道路疏通突击队、倒伏树木扶正突击队等，配备吊车、铲车等大型机械 10 多部、油锯 10 余台。辖区 24 家施工单位停工停产投入灾后重建，例如中建四局调集全市及周边地区施工人员630人，投入装载机4台、卡车8台、反铲挖掘机8台、油锯和电锯80台展开抢险救灾。

九是志愿队伍踊跃参与。发动全区志愿者深入社区、深入学校、深入企业、深入背街小巷开展抢险救灾，1万多名党员干部志愿者第一时间冲在抢险救灾第一线，3万多名群众志愿者开展互帮互助的自救活动，1万多名专业志愿者开展温馨服务，区属8家社工机构开展社会秩序恢复、困难个案援助、链接救助资源等专业救援。

十是宣传报道好人好事。坚持传统媒体与新媒体相结合，通过报纸、网站、微信、微博等平台，刊发了《湖里区党员干部群众抗台抢险在一线》《抗台40小时！坚守，我们一直都在；重建，我们携手并肩》《“莫兰蒂”过后，我们看到了彩虹的颜色》共81篇有深度、有影响的抢险救灾报道，广泛宣传全区各级干部合力攻坚抢险救灾的感人事迹，深入挖掘灾后恢复重建中涌现出来的先进典型，向外界及时传送湖里的好声音，有效传播了湖里“正能量”。

十一是组织部门一线考核。区委专门下发了《关于考察了解灾后重建中干部现实表现的通知》，分成5个考核组前往灾后恢复重建现场考察，重点考察了解干部政治敏锐性、政治责任意识和大局意识、工作作风、群众观念、组织协调能力等，全面了解干部在抗击台风和灾后重建中的德才表现，作为全区干部调整使用的重要依据。

十二是严明纪律严格督查。区委专门下发了《关于严明灾后重建有关纪律要求的通知》，区纪检监察机关强化监督执纪问责，确保政令畅通、任务落实、问责到位。与此同时，我区专门成立抢险救灾工作督查组，负责督促、检查各有关部门和各街道、社区抢险救灾和恢复重建工作，每天通报检查评比情况，对表现突出的予以通报表彰，对履职不到位的予以严肃问责。

大事记

1月

6日　上午，由厦门市湖里区人民政府、谷歌广告（上海）有限公司、厦门第一页网络科技有限公司三方联合推进的厦门Google AdWords体验中心正式启动。该项目落户厦门市湖里高新技术园西区梅花大厦Google AdWords体验中心。

21日　“新厦门　新体验”厦门六区巡回推介首站活动在湖里区风信子跨境直购商城拉开帷幕。会上，湖里区8家重点旅游企业向广大媒体和旅行社推介优质旅游产品和旅游路线。风信子跨境直购商城、上古文化园等湖里区旅游企业还与合作单位签订了营销战略协议。

25日　厦门市儿童医院眼科的光太激光器正式投入使用，可用于诊治早产儿视网膜病变。

2月

18日　湖里区重点医药流通企业“鹭燕医药”在深交所挂牌上市，本次公开发行新股3205万股，实际共募集资金5.98亿元。所募集的资金主要用于物流中心、零售连锁门店的建设及补充流动资金。鹭燕医药主营业务包括药品、中药饮片、医疗器械、疫苗的分销以及药品零售连锁。

是月　厦门自贸试验区（湖里片区）统计调查正式启动。这是自贸试验区成立以来首次全面调查，涉及湖里街道、殿前街道和象屿三大片区1.1万家企业。

3月

10日　下午，联合文化版权交易平台厦门运营公司成立暨影视产业界项目推介会在厦门古玩城文化交流中心举行，相关部门领导以及文化界、影视界、金融界、企业界的重要嘉宾150多人出席本次活动。盛世云熙文化控股有限公司和厦门弘煊文化传媒有限公司联合发起影视产业项目推介会。联合文化版权交易平台厦门运营公司宣布成立。本次推介会上，青旅海西云曦影视股权投资基金分别与国台办、厦门重点影视项目方和央视电影频道华诚传媒进行合作签约，联合发起两支影视子基金。同时，亚洲力量之桥（印度）影视制作公司授权弘煊文化为后期制作的中国区总代理，东阳网传天下与联合文化版权交易平台达成战略合作协议，村游网与弘煊文化签署战略合作协议。最后，中央台办重点影视项目、40集大型史诗连续剧《渡东》、由海西商界联合发起的大型系列微电影《商界传》宣布开机。

17日　上午，区环卫处组织全区5个街道环卫所、23个“村改居”社区及环卫物业保洁公司45人开展环卫用工软件系统操作培训，详细介绍了操作流程、注意事项、设备需求等各使用环节，要求各社区每月对物业公司人员基础信息的录入进行监督、汇总上报，建立环卫用工信息逐级报备制，实现信息数据化。

29日　金山街道“音乐教育活动基地”揭牌仪式暨金山少年交响管乐团成立仪式在厦门音乐学校举行。该乐团是全省首支街、校共建少年管弦乐团。

30日　为期一周的“红双喜·四环”杯全国少儿乒乓球比赛圆满结束。湖里区少体校代表队由李乐仪、王莹莹、陈萱萱、黄诗琦组成的女子丙组获团体第三名；李乐仪获女子丙组单打第三名。

30日　厦门跑街（PURCHA）自贸试验区进口商品直购中心正

式揭幕，“跑街”直购中心面积约8000平方米，以“实体店体验、线上下单”的模式经营，通过与韩国新罗免税店、INTIME免税店、日本LAOX免税店、ALEXANDER&SUN免税店等达成战略合作，将日韩免税店里最热销的商品搬进中国自贸区，价格与国外免税店保持一致甚至更优惠。“跑街”主打日韩化妆品、护肤品，同时覆盖3C数码、生活电器、母婴用品、厨房用品、保健品、食品等3000多种商品。

4月

19日　上午，湖里法院分别与厦门仲裁委、厦门贸促会、厦门市知识产权局、厦门市质监局、厦门市保险协会、厦门市银行业协会等6家合作单位的调解机构签订“推进厦门自由贸易区多元化纠纷解决机制建设”合作协议，并向14位特邀调解员颁发了聘书。

是月　湖里区出台《关于鼓励重点高校毕业生到湖里区就业创业意见》，吸引“985”“211”工程高校全日制普通教育本科及以上学历毕业生到湖里区就业、创业。

5月

10日　“法治福建进行时”媒体采风八闽行采访团到湖里法院采访，自贸区法庭登上人民网福建频道头条。

15日　在2016中国旅游产业投融资促进大会上，闽南古镇开发项目入选2016年全国优选旅游项目名录。

29日　由市经信局联合湖里区政府主办的2016厦门大数据大赛在湖里高新技术园正式启动。大赛吸引了中国计算机学会青工委委员和青年精英大会的业界精英参与，更有厦门美亚柏科、易联众、科技谷等一大批知名互联网企业加盟。

是月　湖里区蝌蚪生态空间等25家企业被认定为厦门市2016年第一批众创空间，涉及节能环保、生态农业等领域。

6月

10日　上午，台中市党部书记长任杰率台中市党部及发展协会的理事长等“里长参访团”一行，在湖里区委常委、统战部部长陈岚以及市、区台办和街道领导的陪同下莅临兴隆社区参观交流。

11日　上午，美国维州华商联合会成员到云创智谷参观调研，云创智谷总经理吴小贵携园区部分台湾创业企业代表接待华商联合会一行。

15日　湖里法院行政庭快速执结涉厦门市轨道交通一号线征收房屋腾空系列案件。

29日　由厦门市律师协会、湖里区法院共同设立的“律师调解工作室”签约仪式在湖里法院举行，全市首个律师调解工作室在湖里法院正式设立，首批聘请24名律师为特邀调解员。

是月　湖里区在全市区级妇幼保健院率先启动孕期个体营养检测分析新项，开展孕期个体营养检测分析新项目。该项目是将孕妇体成分监测与个性化膳食营养分析及营养师指导相结合，对孕妇进行全方面、专业化、个性化的科学分析与定量指导，同时以营养曲线的方式图形化显示孕妇膳食营养状况。可有效预防妊娠期各种疾病和新生儿发育不良综合症。

7月

26日　清风进万家——湖里区第八届社区文化艺术节“反腐倡廉”主题小品比赛在湖里文化中心四楼多功能厅举行。湖里街道和禾山街道选送的小品《举杯，为你送行》和《特殊接见》荣获“优秀创作奖”，由金山街道、殿前街道和江头街道选送的小品《请你说清楚》《按规定办事》和《局长办公室的故事》获“优秀表演奖”。

28日　湖里区第八次党代会召开，200多名党代表参会，共谋发展新思路，共绘发展新蓝图。

8月

1日　湖里区开始对全区范围内的机关事业单位开展基本养老保险和职业年金的征收工作。

2日　在湖里区纪念厦门经济特区建设35周年系列活动之《醉美五缘湾》新书首发式暨诗文诵读会上，特区建设者们用诗歌和美文、美图、美景，礼赞特区建设35周年。

11日　由厦门市湖里区司法局、湖里街道、村里社区携手共建的“村里人”公共法律服务站在湖里街道村里社区揭牌成立。这是厦门首个社区公共法律服务站。服务站成立了由53名志愿者参加的社区公共法律服务团，聘请1名律师为社区法律顾问，采取定期预约、轮班坐诊相结合的方式，实现法律咨询、法律援助、纠纷调处、法治宣传和公证等法律服务产品常驻社区，做到法律驻社区服务零距离。

13日　在厦门首届社区志愿服务节的启动仪式上，湖里区江头街道金尚社区书院志愿孵化基地正式挂牌成立。这是全市首个正式挂牌的社区书院志愿孵化基地

18日　云创智谷被国台办授予“海峡两岸青年创业基地”称号，系湖里区在对台工作中获得的首块“国”字招牌。

24日　中央文明办调研组一行到厦，就祥店诚信文明示范一条街建设情况进行调研。调研组一行参观了一条街内的诚信之星商户、公益广告宣传栏、社区书院、社会主义核心价值观长廊等。调研组对社区将诚信教育融入文明创建活动，打造特色社区文化的做法表示赞赏。

是月　湖里区成立婚检、孕检“一站式”服务中心。婚姻登记、免费婚检和孕前优生健康检查“一站式”服务中心设置在湖里区公共卫生综合大楼，共投入资金75万元，业务用房2000平方米，设备设施齐全，温馨舒适。

9月

2日　下午，人民日报社政治文化部副主任袁新文带队走访湖里高新园区，调研非公企业开展“两学一做”学习教育情况。

8—11日　第十九届投洽会举行，湖里区对接签约项目72个，总投资额472亿元。其中，内资项目48个，投资额404亿元；外资项目24个，投资额约9.5亿美元。

15日　第14号台风“莫兰蒂”在厦门登陆，湖里区受灾严重。2天时间湖里区共出动5万多名志愿者展开自救以及灾后重建。

15—17日　湖里城管执法局在“莫兰蒂”台风灾后重建中，共清理断树万余棵、路牌500多块，打通道路30多公里，清理和转运垃圾200多车。

10月

12日　湖里区纪念厦门经济特区建设35周年摄影展开幕。本次展览共征集到近500幅图片。这些图片成为湖里35年来建设成果的一个集中展示。

15日　区总工会在湖里实验中学举办第一届秋季职工趣味运动会，全区60支基层工会队伍、540名职工参加运动会。

17日　上午，由全国人大常委会委员、全国台联会长、中国侨联副主席、台盟中央副主席汪毅夫率领的第十二届全国人大代表一行，莅临云创智谷参观。

17日　下午，人社部宣传中心副巡视员龚南香在省、市、区人社部门相关领导陪同下考察殿前街道“1118”和谐劳动关系创建工作情况。考察团成员以及相关陪同人员首先到殿前街道长虹路，对街道创建和谐劳动关系一条街的情况进行检查。随后到区驻街劳动争议仲裁庭、区劳动保障监察工作站和街道劳动争议调解室调研工作开展情况。

20日　2016年湖里区中小学足球锦标赛在蔡塘学校正式拉开序幕。本次赛事由湖里区教育局和文体出版旅游局主办，湖里区足协承办，厦门本土高科技企业简极科技提供全程赛事的数据采集和技术支持。本届赛事共有34所学校62支球队参赛，涵盖小学、初中、高中三个组别，全程历时一个半月，比赛160场。本次赛事是全国首个实现全程数字化的校园足球联赛。

25日　“台菁创客家厦门基地”在湖里区五缘湾恒安国际中心正式成立，由上海市委常委沙海林、上海市台办主任李文辉、福建省台办主任王玲共同揭幕，上海市、福建省、厦门市、湖里区各级领导及30多位台湾青年创客参加启动仪式。台青创客家为台湾青年创业提供办公、工商注册、法律咨询、政策辅导等“一站式”服务，企业只需“拎包入住”。

27日　作为湖里区重要城市综合体之一——中国华信明天（厦门）广场开工。该项目位于湖里街道，是一个集购物、办公、文化、娱乐等多种功能于一体的大型商业、办公圈。项目占地2.09余万平方米、总建筑面积近9.80万平方米。

29—30日　由福建省医学会眼科学分会联合厦门科宏眼科医院联合举办的“海峡两岸疑难眼科病新进展学习班”在厦门落幕。由两岸著名眼科教授授课，省内100多位眼科医生参加培训，主要研讨当前眼科领域的前沿课题。

是月　湖里区委组织部邀请专业导演和剧组，以金安社区志愿者为原型开拍微电影《血·缘》，该片讲述了志愿者老李如何由一名普通居民成长为志愿者的心路历程和经历，从一个侧面反映了金安社区志愿者“金哥安妹”的感人故事。

11月

1日　湖里建发城建集团有限公司成立。该公司由湖里区与建发集团共同合作设立，为辖区74平

方公里、120万名居民群众提供优质服务。

3日　厦门五缘湾合唱团参加2016琴台音乐节合唱艺术周全国合唱展演，获“十佳合唱团”称号，是福建省入选的唯一合唱团。

5日　“大美五缘”全国青年书法争霸赛总决赛在禾山街道落下帷幕。全国17名青年书法家同台竞技，来自浙江的刘吉强的书法作品获一等奖。

8日　台湾两岸共同市场基金会荣誉董事长、两岸企业家峰会台方理事长箫万长率台湾箫氏宗长团前往厦门湖里区江头街道寻亲谒祖，会见了江头街道江村社区书记肖金海、乌石浦萧氏家庙理事长箫增加，共叙乡情。

13日　区少体校在2016年厦门市中小学生射击锦标赛上获得男女团体双冠军，并在多个项目包揽冠亚军。

14日　上午，澳门闽台总商会副会长谢东方、万佳国际酒店董事长黄朝阳携港澳客商一行9人到湖里区考察交流。

17日　厦门市中级人民法院中国（福建）自贸区厦门片区知识产权巡回审判法庭及湖里法院自贸区知识产权法庭正式挂牌成立，实现对发生在厦门自贸片区内的涉知识产权民事、行政和刑事案件进行集中管辖。

22日　钟宅史上最大的王船出海，该王船长9.6米，高近4米、宽2.1米，由“造王船”传承人钟庆丰耗时1个月纯手工打造。

22日　由湖里区国税局、湖区地税局与湖里区公安分局三方联合设立的“厦门市湖里区公安局派驻税务联络机制办公室”揭牌成立。标志湖里区税警开启“深度合作”的新模式。

12月

7日　湖里区通过“中小学校责任督学挂牌督导创新县”省级评估。

13日　上午，14位来自中国政法大学、复旦大学、对外经济贸易大学、厦门大学、集美大学等知名院校法学院的教授学者们正式受聘为湖里法院自贸区法庭的首批专家顾问团成员。由此，湖里法院自贸区法庭拥有了自己的“专属智库”。

13日　江头街道祥店社区居民、道德模范游文晃家庭被评为“第一届全国文明家庭”，并赴北京参加表彰大会，受到中共中央总书记、国家主席、中央军委主席习近平的亲切接见。

14日　湖里警方端掉一诈骗团伙，告破一起由公安部和最高检督办的诈骗案。

14日　湖里区妇幼保健院获评二级甲等妇幼保健院，这是厦门市唯一一所二级甲等妇幼保健院。

20日　湖里法院联合区公安分局、区检察院、区司法局，在全省率先出台并施行《关于开展刑事案件认罪认罚从宽制度试点工作的实施细则（试行）》。

25日　湖里区人大、区人民政府、区政协选出新领导班子。黄炜当选湖里区人大常委会主任，徐国庆当选湖里区区长，林凡当选湖里区政协主席。

26日　湖里区委开始启动首轮巡察工作，对湖里区委教育工委、厦门市天地开发建设有限公司（简称天地公司）党总支开展巡察，巡察历时1个月。

26日　湖里区人社局组织辖区15家企业参加福建江夏学院专场招聘会，现场与209名学生达成初步就业意向。

27—28日　湖里法院院长高碧青参加全国法院司法责任制改革督察推进会。会上，作为福建法院唯一代表介绍湖里法院司法改革经验作法。

28日　夏商国际水产交易中心正式开业。该项目位于港中路，主要建设培育水产品交易、码头作业、水产品加工进出口及综合配套服务等四个平台。

是月　金山司法所“中和调解工作室”在高林社区调解委员会正式挂牌成立，是湖里区首个乡贤调解工作室。“中和调解工作室”由高林社区具有丰富的基层调解工作经验、群众信任，并热心人民调解工作的孙中和等3名乡贤组成，主要调解邻里关系、劳资纠纷、征地拆迁等方面问题。

27日　湖里区调整区级公共服务事项，保留区级公共服务事项120项、取消区级公共服务事项21项，区级公共服务事项调整为行政权力事项12项、新增区级行政权力事项4项。

（李雪娇）

区情综述

建置　区划

【位置　面积】 湖里区位于福建东南沿海台湾海峡西岸厦门岛的北部。东面濒临浔江港，与翔安区相对；北面通过高集海堤、厦门大桥与集美区毗邻；西面为厦门西港岸线，借助海沧大桥与海沧区相通；南面与思明区接壤。湖里区与思明区区界线西起湖滨北路西端入海处，向东依次穿越狐尾山、仙岳山、仙洞山山脊，连接嘉禾路后南折，至吕岭路后东进，接金尚路后南行，至东芳山后沿山脊往东，穿越古地石、虎仔山山脊，在五通东宅入海。2016年，全区陆地面积73.77平方千米；海域面积约30平方千米。

【行政区划】 2016年，湖里区下辖湖里、殿前、江头、禾山、金山5个街道、53个社区。

自然环境

【地质】 湖里区所在的厦门岛是中新生代断块岛，被数条深大断裂从大陆切割出来。湖里区地属厦门岛北部区域，地质构造位置属于“闽东燕山断坳带”的东缘，“闽东南沿海变质带”的西南部。东面濒临台湾海峡中新生代沉降带。辖区基本构架形成于燕山期。规模巨大的中生代燕山运动，改造了古生代华力西—印支运动形成的基底构造。早侏罗世时以褶皱造山运动作用为主，晚侏罗世至白垩世则以断块造山作用为主。喜马拉雅期构造特点以继承性断裂复活活动和断块差异活动较显著。第四纪以来，地壳运动以断块垂直差异升降运动为主。早更新世—中更新世的地壳以上升为主。晚更新世期间，地壳有两次升降运动，发生两次海进，第一次发生在3万—4万年前，第二次发生在1.6万年前，沉积有上更新统上、下两段海陆过渡相地层，构成第二、三级阶地。全新世境内仍然有两次地壳升降运动，也出现两次海浸，第一次在6000—7000年前，第二次在距今3000—4000年前，从而形成下全新统和上全新统海相地层。构成现今的海蚀阶地（台地）及沿海海积阶地和滩涂。台地形成后经过长期风化，形成几米至几十米厚的红色风化壳（红土残积层），即红土台地。

2016年湖里区行政区划表

表1

街道名称	社区（个）	社区名称
湖里街道	18	湖里、村里、徐厝、濠头、东渡、塘边、后浦、金鼎、南山、东荣、康乐、康晖、康泰、怡景、和通、新港、海天、兴华
殿前街道	7	兴隆、长乐、北站、神山、高殿、马垅、兴园
江头街道	9	江头、吕厝、吕岭、园山、金尚、江村、蔡塘、后埔、祥店
禾山街道	10	枋湖、坂尚、钟宅、岭下、围里、禾欣、禾盛、禾山、禾缘、五缘北社区
金山街道	9	高林、五通、后坑、金山、金林、金安、湖边、金湖、金海

【地貌】 湖里区地貌类型划分原则以形态和成因相结合，根据海拔高度和相对切割深度的差别，可分为5种类型。

高丘陵　海拔高度200—500米，相对切割深度100—300米。分布于辖区南部与思明区交界处，由火山岩和花岗岩构成，受构造和岩性的影响均较明显。由花岗岩构成的高丘陵常呈孤丘状，若地表植被遭受破坏，基岩裸露，山势陡峭。由火山岩构成的高丘陵坡度较为和缓，顶部浑圆，土层较深厚，植被覆盖度也较好。辖区的仙岳山属于火山岩高丘陵，为湖里区唯一的高丘陵。在湖里区与思明区交界处，海拔212米。

低丘陵　海拔高度50—200米，相对切割深度30—100米。辖区内的低丘陵有15座，分别是寨子山、仙洞山、狐尾山、虎山、园山、松柏山、牛头山、石头皮山、赤坡山、薛岭山、金山、风动山、双狮山、安兜山、钟山。

阶地（台地）　海拔高度5—50米，相对切割深度3—30米。广泛分布于海拔高50米以下的山前地带、河谷两侧和沿海地区。辖区有2种类型阶地。二级河流台地高出河流平水位10—15米，分布零散多属基座台地，上部由河流冲积层和残积层组成，下部由基岩构成基座牢固，宜作为工程建设用地如高崎、江头等地的红土台地。

海蚀台地　广泛分布于辖区北部。一般可分为三级：一级海蚀台地的海拔高度为5—10米，分布于沿海地区和平原外侧，如辖区境域的厦门机场就建在一级海蚀台地上；二级海蚀台地海拔高度为10—15米；三级海蚀台地的海拔高度为25—30米。在海蚀台地分布地区，由于流水的侵蚀作用。常形成一些浅坳谷或低洼地，是水土条件较好的耕作区。辖区内台地有15个，分别是马山、神山、鸡山、龙头山、关刀山、百果山、骑马山、虎头山、县后山、大石湖山、后尾山、澳头山、觉性院山、马垅山。

平原　海拔高度2—5米，相对切割深度1—3米。平原分布在钟宅至筼筜港一带。

【土壤类型】湖里境内土壤类型为砖红壤性红壤、红壤、黄壤、稻土、风沙土、盐土和潮土等7个土类、19个亚类、34个土属、5个土种。境内土壤以红壤为主，分布区域自海拔数米低丘或台地至200米左右高丘陵顶部之波状伏丘陵。此外，另有盐渍土，主要分布于江头、钟宅、高林等地。近山丘周围的地区多覆盖着砂，花岗石风化细矿碎粒形成，主要分布于钟宅、高林、五通等地。个别沿海地带有小片风积砂丘。江头的山麓地带及山沟由于长期受泉水浸润，土层糜烂而层次不明显。

砖红壤性红壤　又名“赤壤”。酸性岩赤红壤分布于狐尾山仙洞山—圆山一带，侵蚀赤红壤分布于低丘台地，海拔小于50米如五通角和钟宅岸段临岸海蚀红台地。粗骨性砖红壤性红壤，是土成历史较短的幼年土壤。分布于花岗岩构成的中屿、象屿、虎屿，由酸性火成岩或陆相碎屑岩构成的小岛，如大兔屿、小兔屿等。赤土是由砖红壤性红壤经人工开垦、耕作熟化而成的旱作土壤。分布在马垅、小东山、枋湖、县后、后坑、钟宅、五通、高林等处台地上。

海滨盐土　为盐土属海积相土壤，分布在海岸带的平原海岸、港湾和海岸草木带上，可分为滨海盐土和埭土2个亚类。前者主要分布在辖区沿海原有红树林潮滩上，后者分布在辖区内围垦脱盐及旱作熟化发育的滨海盐土，土体上层已开始脱盐，只有咸土1个属。

风沙土　主要分布在滨海沿岸沙堤、沙丘及沙地上，发育在岛屿迎风浪岸段，是一种非地带性新生土壤，主要分布在五通村浦口、泥金一带至何厝村，长达数公里。该带土壤上生长着以木麻黄为主、台湾相思混交其中的海岸防风沙防护林带。

水稻土　渗育性水稻土主要分布于山地丘陵坡地或岗背上，多系梯田，可分为黄泥田、红土田、白土田、沙质田4个土属。沙质田零星分布在高殿村。潴育型水稻土主要分布在后埔、枋湖、蔡塘、县后、五通等地。盐渍型水稻土分布于北部的海积平原。

【土壤分布】辖区土壤类型空间分布的组合，从高到低垂直分布差异明显，从厦门岛中部湖里区与思明区交界处高丘陵向海岸呈环带状分布。大部分丘陵区为典型赤红壤和粗骨性赤红壤，耕作土壤有少量赤沙土和黄泥土田、灰泥田。台地低丘土壤带的海拔大多在50米以下，地面呈坡状起伏，向海岸倾斜，土壤以粗骨性赤红壤为主。耕作土壤分布于辖区内的旱作和果园，以赤土亚类为主；水田以渗育型水稻土为主，其中以黄泥沙田和红泥沙田居多，是主要水稻土类型。

【海域】湖里区海域包括西部海域、同安湾海域、钟宅湾。

西部海域　湖里西部海域属于厦门西部海湾的一部分，北起高集海堤，南至湖滨北路西侧同益码头水闸。该海域集中了厦门市主要的码头，是厦门市开发程度最高的海域，沿岸经济发达，人口密度大，人类活动频繁，承纳排污量大。部分港域出现淤积，有些航段已成为碍航浅滩。

同安湾海域　湖里东部、北部海域南起五通—澳头、北至高崎、钟宅海面，属同安湾海域。该海域地处厦门岛东海岸，海岸较平直，海域开阔。受外海海水影响较大，盐度较高，营养贫乏，浮游生物量较低，风浪较大，属高能环境。辖区所在沿海区域属于岛岸开阔海域，与西海域海湾型海域有明显差异。湖里区在1949—1979年为“军事要区”，开发程度较低，不少岸段仍保持自然风貌。1980年后，厦门东海岸出现开发热潮，滨海旅游资源遭受不同程度的破坏，海岸普遍受到侵蚀，滨岸生态环境也遭到不同程度的污染和破坏。

钟宅湾　位于湖里区东北部为外大内小的漏斗状海湾，海域面积约4平方千米。历史上海水可涨至洪水桥。1958年，在湾内建国营钟宅盐场，占用港湾面积约0.7平方千米。港湾内有厦门岛唯一出露温泉。1978年，前线人民公社钟宅大队在国营盐场之外再建大队盐场，占用港湾面积约1平方千米。90年代末，钟宅湾被规划为城市湿地公园，更名为五缘湾。

【自然资源】 湖里区主要矿产为花岗岩，有部分锰矿出现于花岗岩中，分布在湖里矿点，钼矿分布在园山矿点，耐火黏土分布在辖区北部和东北部。辖区历史上出现过的陆地野生动物涵盖两栖、爬行、鸟、哺乳四大纲数十种，部分被列入国家重点保护野生动物名录。水生动物较之陆生动物丰富得多，有无脊椎动物，含环节动物、软体动物、节肢动物；脊椎动物，包括鱼等，总计数百种之多。湖里区野生植物主要分布在灌丛和草丛中，灌丛和草丛主要分布在山丘或撂荒地。次生林主要植物群落有马尾松林、相思树林、木麻黄林。野生植物群落红树林已基本绝迹。

（叶　清）

【气候特征】 辖区气候类型属于南亚热带海洋性季风气候。纬度位置处于北回归线偏北约1°，是亚热带中的最南带，为热带向温带的过渡带，具有热带气候的某些特征。辖区受海洋的影响较为显著，气温年较差小，相对湿度大。以张宝堃按候温划分四季的方法（即以五天候平均气温低于10℃为冬季、10℃—22℃为春秋季、高于22℃为夏季）对辖区进行季节划分：则夏季从5月1日至10月25日，长达178天；春季从2月6日至4月30日，共84天；秋季从10月26日至2月5日，共103天。各季气候特点：夏季长而无酷暑，秋春相连而无冬，全年几乎全是无霜期，气温变化不显著，秋温略高于春温；春夏有锋面雨，夏秋有雷雨台风，日照较长；全年多风，深秋季节偏北风而干冷，夏季偏南风而暖湿。海洋性主要表现在：最热月与最冷月平均气温相差不足16℃，9月、10月、11月平均气温高于5月、4月、3月平均气温，盛夏季节海陆风明显。湖里区2月、3月的气候特点是阴冷，这时东北季风已减弱，冷空气强度虽然不如秋季强盛，但仍不时南下影响华南地区，当新的一股冷空气南下与原先控制华南的变性冷高压相遇时形成锋面降水，由于变性冷高压含水量少，所以雨量不大，但天气较冷。如果冷空气较强，就会出现“春寒”或“倒春寒”的天气。到了4月，南方暖空气势力开始加强，当北方有较强冷空气南下影响辖区时，容易引发诸如大风、暴雨、冰雹、雷暴、龙卷风等强对流天气。1984年4月5日，一次飑线天气过程引起强对流天气，瞬间风速超过12级，东渡港区196吨吊车臂被吹折。在冷空气影响之前还极易产生浓雾天气。5—6月，是辖区的梅雨季，此时强盛的“西南季风”已控制华南及以南地区，由于西南季风含有充足的水汽和热量，当北方南下的冷空气与它交绥时，常常形成暴雨或大暴雨天气。有些年份由于北方冷空气较弱或副热带高压提早北跳，使华南在单一的暖气团控制下，雨量偏少，形成“空梅”，容易产生旱情。梅雨季主要灾害性天气是浓雾和大风、暴雨、冰雹、雷暴、龙卷风等强对流天气。7—9月，辖区在副热带高压控制下，天气晴热少雨，有时午后到上半夜由于热力对流，有局地雷阵雨。7—9月也是台风季，此时在西太平洋和南海经常有台风生成影响。台风虽然破坏力强大，但也给炎热少雨的夏季带来充沛的雨量和凉爽的天气。如果台风影响偏少，便很容易发生夏旱。由于湖里东临大海西接漳州平原，受海陆风影响很大，在海陆风影响下，夜里到中午前吹陆风，午后吹海风，因此最高气温不会太高，7月是辖区最热月，月平均最高气温也只有32.6℃。影响辖区的台风每年平均3—4个，严重影响的台风1个左右。台风不仅会带来狂风暴雨、风暴潮等灾害性天气，以及由此引起的次生灾害，而且台风还会破坏海陆风效应，以及台风来临前所引发的“焚风效应”，使之出现36℃—37℃以上的高温天气。辖区极端最高气温38.5℃就是由台风年份引起的。夏季主要灾害性天气是台风、高温、干旱。从10月初开始，高空西风带南压，西太平洋副热带高压已明显南撤，脊线已退回到北纬20度附近，影响辖区的台风已基本结束，但个别年份仍有台风影响，1999年10月9日14号台风在龙海登陆，辖区最大风力达12级以上。到了10月，冷空气从低空向南方移动，占据华南地区，辖区在冷高压控制下，而此时高空仍受副热带高压控制，形成“下冷上暖”，大气层结非常稳定，出现秋高气爽、天高云淡的晴好天气，气温不冷不热，湿度偏小，气候十分宜人。但有些年份，从11月初到12月初冷空气较弱，出现气温较高、湿度较大的“小阳春”天气。12月至翌年1月，蒙古高压占据整个亚洲大陆，中国东部地区盛行东北季风。辖区由于受来自西伯利亚和蒙古干冷气团的影响，气候干燥，降水偏少。如果有强冷空气影响，还会造成“寒潮”天气。辖区由于地处海边，因此即使是深秋，感觉也不是很冷。1月是厦门的最冷月，月平均最低气温为9.9℃，极端最低气温1.8℃。秋季由于受单一的冷气团控制降水稀少。

【气象灾害】影响辖区的气象灾害有风灾、水灾、旱灾、低温寒害和雹灾等。风灾有台风、冷空气大风、龙卷风、飑线等。对辖区产生影响的大风平均3年左右发生一次，主要出现在6月、7月、8月。1959年8月23日的第03号台风、1999年10月9日第14号台风和2016年的“莫兰蒂”台风为历史上居前三位的大风。龙卷风和飑线主要产生局部性灾害。辖区境域水灾主要由热带风暴和台风带来的暴雨所造成。水灾的发生几率与台风的发生几率基本一致，一般每年发生3—4次，重大水灾一年不到一次。但随着城市化进程的加快，局部地区由于地势低洼，排水设施未能跟上或阻塞，降暴雨时较容易受灾。辖区旱情以夏旱和秋旱为主。冻寒灾害多发生在冬至后“三九”期间。辖区境域冻寒主要是对过冬地瓜、香蕉、龙眼等作物产生影响。低洼地方冷空气容易沉积，故洼地冻害要比坡地、高地严重。3月10日以后出现的日平均气温≤12℃且连续日数≥3天的“倒春寒”，严重影响水稻生产。辖区春季3月、4月发生冰雹的频率最高，7月、8月次之。

（全丰军）

人口民族

【人口】截至2016年底，湖里区有常住人口约115.05万人，户籍人口9.35万户、近30.06万人，其中当年出生7113人，出生率2.37%；全年死亡979人，死亡率0.32%；自然净增长人口6134人；户籍人口中，按性别分，男性15.09余万人，女性14.96余万人，性别比为101。按年龄分，18岁以下12.23余万人，占户籍人口40.70%；18—35岁8.87余万人，占户籍人口29.53%；35—60岁11.29余万人，占37.58%；60岁以上3.53余万人，占11.75%。

【民族】2016年，湖里区户籍人口有14个民族，其中：汉族近27.89万人，约占总人口的97.01%；少数民族36个，共8587人，约占总人口的2.98%。少数民族中，畲族最多，5104人；回族次之，1253人；满族第三，554人；其他依次为土家族355人，朝鲜族259人，蒙古族229人，苗族200人，壮族197人，侗族97人，布依族67人，瑶族61人，彝族47人，白族27人，其他137人。

（白倩如）

2016年湖里区户口迁移情况统计表

表2　　单位：人

项目 \ 地区	户口迁移情况			户口迁移类型							村委会成建制改居委会		户口迁往农村人数
	合计	其中		各类投靠人员人数			专业管理人才落户人数	购房落户人数	投资落户人数	其他	个数	人数	
		户口迁入设区市城区人数	户口迁入城镇人数	夫妻投靠	子女投靠父母	父母投靠子女							
禾山所	3806	2182	1624	129	144	129	1397	1710	107	190	0	0	0
殿前所	1721	1183	538	54	43	21	1293	4	19	287	0	0	0
江头所	1174	700	474	148	101	103	451	180	67	124	0	0	0
金山所	2119	1243	876	133	85	61	394	1313	47	86	0	0	0
湖里所	2376	1434	942	242	226	156	1261	52	86	353	0	0	0
五通所	190	135	55	11	10	11	92	47	1	18	0	0	0
高崎所	0	0	0	0	0	0	0	0	0	0	0	0	0
合计	11386	6877	4509	717	609	481	4888	3306	327	1058	0	0	0

说明：1.表中2=3+4=5+6+7+8+9+10+11

2.城镇是指县级市的市区和县城关镇以及县市以下建制镇区（建制镇区与人口年报口径一致）

2016年湖里区农民工进城户口迁移情况调查表

表3　　　　　　　　　　　　　　　　　　　　　　　　　　单位：人

项目 / 地区	本省市、县、区农民工进城人数	其中户口迁入城市、城镇人数	户口迁移类型					省外农民工到我省城市、城镇人数	其中户口迁入我省城市、城镇人数	城市城镇居民回乡落户情况
			各类投靠人员人数	招工人员迁入人数	进城购房落户人数	进城经商办企业落户人数	其他			
禾山所	1396	1396	207	54	814	62	259	228	228	0
殿前所	333	333	80	39	2	9	203	205	205	0
江头所	413	413	151	22	77	30	133	61	61	0
湖里所	824	824	294	57	23	49	401	118	118	0
金山所	803	803	138	37	534	31	63	73	73	0
五通所	45	45	10	2	9	0	24	10	10	0
高崎所	0	0	0	0	0	0	0	0	0	0
合计	3814	3814	880	211	1459	181	1083	695	695	0

说明：1. 表中 3=4+5+6+7+8

2. 城镇是指县级市的市区和县城关镇以及县市以下建制镇区（建制镇区与人口年报口径一致）

3. 农民工指在城市、城镇以外居住的人员

4. 回乡是指回原籍地

2016年湖里区开展直系亲属投靠户口登记迁移工作情况统计表

表4　　　　　　　　　　　　　　　　　　　　　　　　　　单位：人

项目 / 地区	户口迁移情况				户口迁移类型									现役军人子女随父母在部队驻地登记出生落户
	合计	其中			夫妻投靠	未成年子女投靠父母	成年的未婚子女投靠父母	已婚子女投靠父母（/）		父母投靠成年子女	未成年孙子女投靠祖父母或外祖父母	祖父母或外祖父母投靠未成年孙子女	儿媳、女婿投靠公婆、岳父母	
		在设区市城区投靠人数	在县市城区投靠人数	在乡镇投靠人数				户	人					
1	2	3	4	5	6	7	8	9	10	11	12	13	14	15
禾山所	402	195	0	207	129	144	0	0	0	129	0	0	0	0
殿前所	118	38	0	80	54	43	0	0	0	21	0	0	0	0
金山所	279	141	0	138	133	85	0	0	0	61	0	0	0	0
湖里所	624	330	0	294	242	226	0	0	0	156	0	0	0	0
江头所	352	201	0	151	148	101	0	0	0	103	0	0	0	0
五通所	32	22	0	10	11	10	0	0	0	11	0	0	0	0
高崎所	0	0	0	0	0	0	0	0	0	0	0	0	0	0
合计	1807	927	0	880	717	609	0	0	0	481	0	0	0	0

说明：1. 表中 2=3+4+5=6+7+8+10+11+12+13+14

2. 统计时间从当年1月1日起，上报数据为累计数

【方言】 湖里区位于厦门岛的西部至北部。原属厦门岛上“禾山区”的一部分，民间旧称“山场”[sua^{1}tiu^{2}]，或叫“顶禾山”[tin^{1}ho^{2}san^{1}]（禾山的上半部）。湖里区本地人所讲的方言属闽南方言的厦门话，它跟市区的厦门话有一些极小的差异，但跟厦门市区的厦门话能互通无阻。有人将它称之为厦门话的“禾山腔”。这种“禾山腔”语法与闽南话的厦门话相同，语音与词语略有区别。

语音方面有两个很明显的特点：一是厦门市区读“i”韵母的一些字，湖里区多数读“u”韵母。二是厦门市区读“in”韵母的一些字，湖里区读“ai”韵母。词语方面的小差异，也主要表现在两个方面。一是有一些词语的读音跟市区不同。最明显是相当一部分人将“母亲”叫作[au^{3}a^{3}]，这可能是“阿母仔”[a^{1}bu^{3}a^{3}]的合音。二是有一小部分事物的叫法跟市区不同。湖里区内部的差异更小，大概可分为4片：一是以区政府所在地的枋湖为中心，包括原后埔、江头地区；二是五通、高林等地区；三是高殿、寨上等地区；四是钟宅地区。除了钟宅地区外，其他3个地区之间的差异几乎不容易看出来。钟宅的百姓多是畲族，但他们却不说畲语，而是说闽南方言。钟宅百姓所说的闽南方言跟湖里区的闽南方言是比较一致的。其差异也不明显，给人们留下比较深刻印象的是钟宅百姓的口音里常带有一个话尾词“搭[tah]”，相当于普通话的“啦”。另外，个别词语的读音或叫法也有一点不同。

（周长楫）

仙岳山土地公庙（赵建军　摄）

宗教风俗

【宗教和民间信仰】 湖里区宗教有佛教、道教、基督教。佛教活动场所有觉性院、观音寺、天竺岩寺，基督教活动场所有新区堂、寨上堂、钟宅和南山路活动点。湖里区大大小小的民间信仰宫庙161座，其中仙岳山土地庙、湖里凤和宫、泥金兴隆宫、濠头濠沙宫为市级民间信仰联系点，辖区内设有闽南文化保生慈济分会。影响较大的宫庙还有龙湫亭、高崎万寿宫、安兜青辰宫、钟宅澜海宫、后埔禾济宫、薛岭龙源宫、乌石浦洞炫宫、殿前东山寺、后门小厅宫、昭塘观音寺、后坑资福院、坂美五郎庙、霞边凤山宫、浦口瑞云宫。宫庙供奉的神灵五花八门，有佛教的如来、观音，道教的太上老君、王母娘娘、玄天大帝、张天师、土地神，历史圣贤五谷仙祖、关公、开闽王、三忠王，池、李、朱、邢、温、孙、赵、康等姓的王爷，本省俗神妈祖、保生大帝、三平祖师、清水祖师、广泽尊王，本地孙姓祖佛真异大师、林姓祖佛林希元，源自本地的俗神白鹤仙祖、耀生伯、三叔公。物灵信仰有虎相公和榕树王等。土地公在当地颇受尊崇，其次是妈祖、王爷、保生大帝、观音。仙岳山土地庙是全国规模最大的土地庙。居民住家多数设有“佛龛”，供奉观音、土地公、灶君。关帝被视为财神，店家供奉为多。当地宫庙建筑俗称“皇宫起”，前后殿之间有天井，大多为三开间燕尾翘脊典型的闽南建筑，少有山门牌坊。保存最完好的古建筑是薛岭龙源宫，最具纪念意义的是五通万人坑祖庙，奉祀被日寇杀害者的亡灵。祖灵信仰深植当地人心。住家中设有祖宗神位，前置香炉、烛台，清明、七月半、冬至和除夕“四节”以及祖宗的忌日进行祭拜。同姓聚居的村落建有陈、林、黄、孙、王、钟等19个姓氏的46座宗祠，俗称祖厝，奉祀开基祖以及列祖列宗，每年在固定的日子里祭祖，结婚的新人婚后要到祖厝里敬拜。乌石浦萧氏家庙、湖里杨氏宗祠、后浦陈氏宗祠被列为市级涉台文物保护单位，两岸宗亲共同祭拜祖先。民间信仰中，祭品常见的是三牲（猪肉、鸡、鱼）和米龟、米粿。信众以掷筊杯俗称“卜杯”进行占卜，有的宫庙中还备有签枝和签诗。醮事多数是道教的科仪，意在祈福和消灾。许多宫庙在神诞日会组织信众前往祖庙参拜进香，俗称“请火”，奉祀妈祖的三月廿三到湄洲岛或何厝香山妈祖庙请火；奉祀保生大帝的三月十五到白礁、青醮保生大帝慈济宫请火。在元宵节、神诞日或是佐事时，宫庙举办庙会，请出神灵的神像巡游称为“巡境”，接受信众的敬拜俗称“吃香位”，同时设礼酬神、献戏娱神。其中较有特色的是湖里凤和宫、高崎万寿宫、殿前白鹤寺、后埔禾济宫的庙会，岭下、墩上、尚忠和坂上“王爷公坐任”，高林保安殿“妈婆出巡”，薛岭龙源宫“送王”，枋湖、梧桐“请丈公”。农历十月常有举办王爷佐事，请王爷巡境、敬王爷、送王爷，即“迎王、贡王、送王”。钟宅、枋湖、浦口等地还举行“送王船”活动。海峡两岸有着共同的“神缘”，当地许多民间信仰活动会有台湾信众参加。

【风俗】

食俗　湖里区居民一日三餐以干饭为主。稀饭俗称“糜”，大多是番薯糜。也有用芋头、海蚵煮成或者掺有高丽菜、芥菜、南瓜的“咸糜”。除此之外，待客炒米粉、冬粉，坐月子吃面线，丧事吃咸糜、咸饭、红糟肉，小孩满月“戗油饭”，生日吃蛋，做寿吃面，婚嫁吃圆仔，清明吃薄饼，五日节、七月半吃粽子，六月半、冬至吃汤圆；八月半吃红米龟；年兜蒸咸粿、发糕；正月初九吃甜粿。

茶俗　本地把喝茶说成吃茶，茶叶俗称“茶心”，基本是用陶制的茶具泡出的“功夫茶”。家家户户有茶桌（茶几）和一整套茶盘、小茶壶、茶缸、茶盅、茶杯、茶漏、茶铲。“吃茶”的说法已经被“泡茶”所取代。泡“功夫茶”讲究程序和功夫，大多是用紫砂茶壶、白瓷茶杯，程序有孟臣沐浴、水淹七军、乌龙入宫、高山流水、春风拂面、关公巡城、韩信点兵之讲究。待客的最高礼节是白糖水煮2粒鸡蛋的“鸡蛋茶”。新娘“捧茶”待客时，一般用冬瓜糖、桂圆、枸杞泡的“冬瓜茶”。茶俗还表现在各种祭拜的礼仪当中。年节或神明纪念日，拜神拜佛要敬献3杯“清茶”。平常则在佛龛面前摆放茶叶，以代替日常“敬茶（水）”。

酒俗　本地以酒为礼。订婚办酒席，结婚办喜酒；生儿育女办满月酒；送行有“顺风酒”，迎归喝“接风酒”；祭祖敬神和丧事祭拜都要祭酒。但是饮酒不强求，节制自便为主。饮酒以米酒、高粱酒为主。药酒为大多数人所欢迎，“固本药酒”“万全堂药酒”久盛不衰。不少人用当归、党参、枸杞、桂圆等中药泡制药酒，“吃补”时和着鸡、鸭等食物食用。在霜降、立冬、冬至和妇女坐月子时，所吃的滋补食物一定要掺药酒。

服饰习俗　现在的男女服装呈时装化和个性化。不管穿什么样的衣服都忌反穿，因为会联想到为死去的人“套衫”。妇女在节庆和喜事时头发插着用红线和金箔丝缠扎的“春花”。本地把耳环和戒指称为“耳勾”“手子”年轻女子戴的“耳勾”多是有小垂链的，年长女子的“耳勾”大都镶有珍珠或玉石。多数女子戴圆箍形的戒指，俗称“斗箍”戒指。

称呼习俗　祖先和长辈的名字不能直呼。与长辈名字同音的字也要有所避讳。小辈更不能叫长辈的小名。同事之间一般在姓前冠以“老”“小”。邻里之间称呼，对年长者在名字后加上辈分，如伯、叔、兄、姑；对于已婚女性在其丈夫名后加姆、婶、嫂等；对于同辈和下辈则可直呼其名。除了部队和学校点名，人际称呼一般不连名带姓。

婚嫁习俗　结婚时吃喜饼、喜糖，本地俗称“糖仔饼”。出嫁时携带象征吉利的春谷、大麦、芋子、火炭、生铁等“12项”。结婚当天，新郎、新娘都要进行“上头”。新娘出嫁是用彩带花束装饰的花车。结婚时新房要摆汤圆、米糕，要让小男孩先在新床上“翻

看新娘（赵建军　摄）

信徒祭拜（赵建军　摄）

床”。喜筵之后，众宾客闹洞房，本地俗称“哗新娘”。婚礼之后新娘向长辈敬茶，长辈回之以礼品，叫“压茶盘”。

生育习俗　妇女怀孕叫“有身”，产前的一个月称“顺月”。婴儿诞生满月，雅称“弥月”，要修剪婴儿的胎发，所以满月俗称“剃头”。婴儿周岁俗称“度晬”，周岁开始，小孩要穿鞋了，所以周岁又叫着“穿鞋”。

丧葬习俗　丧葬习俗实行火葬，习俗由繁及简，但基本延续了旧时的初丧、小殓、大殓、出殡、下葬、孝祀，既烦且费。逝世本地称“过身”，净身后给死者换衣服俗称“张穿”，古称“小殓”。丧眷围在逝者旁过夜，称“守丧”；封棺之后丧眷守灵柩而眠，叫着“守灵”。出殡本地称“出山”，灵柩移到公众场所，接受送葬亲友的祭奠，称为“谢拜”。来年的正月初三，逝者的家中“烧新床”，祭亡灵。之后逝世周年都要祭拜称“做祭”。

岁令节俗　时序节俗中，民谚称春节“初一早，初二早（早早就去拜年），初三困到饱（不宜出门，可以在家睡懒觉），初四接神，初九天公生，十五上元暝。”大年初一不吃稀饭，不洗衣、不扫地，不汲水。初二女儿携女婿回娘家拜年，俗称“查某团日”。初四摆果品和“三牲”，上香“接神”。初九为“天公生日”，敬拜相当隆重。元宵节本地叫作“上元”，观灯而不吃元宵，近年来政府组织元宵文化踩街活动。本地有的在清明节，有的在三月初三“三日节”扫墓、“压墓纸”。钟宅钟姓扫墓之后在祖墓前架灶煮供品供大家分食，叫“吃祖墓”。端午节用粽子祭祖先，在门户上挂艾草、榕叶避邪。在旧观念中，七月是“鬼月”，忌办喜事、搬新居。七月十五俗称“七月半”，要祭祖，在此前后数日村社轮流“做普度”祭拜鬼神。中秋俗称“八月半”，在家中用红米龟祭拜祖先，近年来本区在仙岳山土地庙举办土地公信仰文化节。立冬和霜降吃药膳补身。冬节隆重地祭祖，主要祭品是汤圆。十二月二十四俗为送神之日。本地称除夕为“廿九暝”。用丰盛的饭菜和发糕、咸粿祭拜祖宗和神灵。吃年饭叫围炉，年饭中要有鱼和血蛤。除夕夜在供桌上摆红柑、春饭、发糕迎春祈福，上面都插红色的“春枝”。

（黄国富）

美丽厦门·共同缔造

【概况】2016年，湖里区按照“普及推广、巩固深化、有机结合、全面提升”的思路，持续深入开展“美丽厦门·共同缔造”行动，注重典范社区培育，推进社区书院建设，探索街道职能转变，助推老旧小区改造，不断完善“纵向到底、横向到边、协商共治”城市治理基本框架。印制200本《美丽厦门·共同缔造“1+9”文件资料汇编》，召开全区共同缔造工作联络员会议。各相应职能部门对照职责制定了详细的落实方案。出台了《湖里区进一步深化美丽厦门·共同缔造行动的指导意见》和《湖里区进一步深化美丽厦门·共同缔造行动2016年工作方案》，编制《湖里区“美丽厦门·共同缔造”创新成果汇编》，部署安排各社区相互参观，促进社区互相学习借鉴，为全面的巩固提升打下基础。进行了先进典型的评比表彰，表彰先进社区社会组织、模范企业商户、杰出贤达和基层共同缔造先进工作者等7类204名先进典型。完善了社会组织培育机制。新选定了12个社区作为区重点培育打造对象。结合社区特点，从组织建设、项目建设、社区治理机制创新、主题活动开展、培育居民共同精神等方面，制定重点培育打造方案，逐步完善软硬件建设。召开全区社区书院建设工作现场推进会，与会人员先后观摩了禾欣、金尚2个社区书院的建设情况，听取了东荣、金安等5个社区的经验介绍。依托禾欣社区成立区社区书院指导中心。着力抓好市级点菜式、区级配菜式、街道加菜式和社区种菜式的四级师资教学菜单式的服务。持续深化湖里区单位党组织和在职党员到社区报到服务“12371工程”活动，贯彻落实“两学一做”学习教育活动要求，推动在职党员在志愿服务中走前头、作表率。积极拓宽“台联小组”和台胞担任社区主任助理的覆盖面，在金山社区成立第二家“台联小组”，再次聘请6位台胞担任社区主任助理。分两批组织新任社区主官30人赴台，学习台湾社区营造、环保和志工服务等先进做法，为助推多元共治的社区建设新模式打下基础。

【召开老旧小区改造提升工作现场推进会】 2月1日，湖里区召开老旧小区改造提升工作现场推进会，四套班子领导带队深入2个改造试点小区调研，现场参观改造成果，学习试点经验，而后集中研究梳理改造提升的思路和方法，动员部署下一步工作。会议要求，全区上下要贯彻落实市委、市政府的决策部署，以老旧小区改造为契机，深化共同缔造理念，有序推进项目建设，切实改善老旧小区环境，让居民“共享”社区发展成果。

【召开信息化创建文明社区现场推进会】 5月5日，区文明办、区缔造办联合区民政局、区经信局等相关部门，在湖里街道兴华社区召开信息化创建文明社区现场推进会。全区各社区主官及街道分管领导参会，观摩了兴华社区“信息化支撑，多元化参与”共同缔造文明社区的成果，使共同缔造与文明创建通过智慧社区建设实现融合。

【市政协主席张健调研社区书院建设】 6月7日，市政协主席张健，市委常委、宣传部部长叶重耕带领市政协常委视察团到禾山街道禾欣社区调研社区书院建设。视察团实地观摩了禾欣社区书院主课堂和分课堂，听取了禾欣社区关于书院建设“五大特点、六大成效”的经验介绍，询问了社区书院课程、师资设置、日常活动开展和群众反馈意见等情况，并与社区书院理事长进行了亲切交谈。张健对禾欣社区书院的办学实践给予充分肯定和积极评价，并提出要充分发挥社区书院理事会的积极作用，当好社区书院与群众之间的“连心桥”，将社区书院打造成基层创新社会治理，居民协商议事的新平台。通过社区书院这一平台逐渐实现由生人社区向熟人社区、由熟人社区向家人社区、由家人社区向主人社区的转变，培育好居民的共同精神和主人翁意识。

6月7日，市政协主席张健（中），市委常委、宣传部部长叶重耕带领市政协常委视察团到禾山街道禾欣社区调研社区书院建设（区缔造办供图）

【召开社区书院建设工作现场推进会】 7月21日，湖里区召开社区书院建设工作现场推进会。区四套班子领导带队深入禾欣、金尚两个典型示范社区书院，现场参观书院建设成果，集中研究梳理书院建设的思路和方法，动员部署下阶段工作，提出将把社区书院建设当成“一把手”工程，力争为全市社区书院建设创造更多可复制可推广的“湖里经验”。会议听取了5个社区关于书院建设的工作汇报，区委常委、宣传部部长潘少銮回顾了社区书院建设取得的工作成效与存在的不足，梳理了创新经验，明确下阶段重点工作。市委宣传部副部长、文明办主任黄鹤麟到会指导点评，充分肯定湖里区在创建社区书院探索实践中，主动作为、积极创新，敢于探索有益机制模式，打造鲜明特色亮点的经验做法。会上，区委书记林建强调，社区书院建设是市委、市政府的重要部署要求，是推进社区治理现代化的客观需要、解决居民群众所需所盼的民心工程，要求各单位各部门从拓展内涵、整合资源、常态运作、打造品牌上下功夫，拓展书院建设的广度和深度。

【市工作督查调研组到湖里区调研检查共同缔造工作】 8月9日下午，市文明办主任黄鹤麟带领由市文明办和市缔造办组成的工作督查调研组到湖里街道村里社区、殿前街道长乐社区和江头街道吕岭社区调研检查共同缔造工作情况，区委副书记林重阳陪同调研。黄鹤麟主任对湖里区在发动群众参与道路环境整治、开展志愿服务活动和创新开办敬老餐厅等方面的特色做法给予积极评价。

（叶 颖）

8月9日下午，由市文明办和市缔造办组成的工作督查调研组到湖里街道村里社区、殿前街道长乐社区和江头街道吕岭社区调研检查共同缔造工作情况（区缔造办供图）

中共厦门市湖里区委员会

区委重要会议

【区第八次党代会】 7月27—29日，中共湖里区第八次代表大会召开。大会肯定了第七届区委的工作，认为区第七次党代会以来，在市委的领导下，湖里区全面贯彻中共党的十八大和十八届三中、四中、五中全会精神，贯彻了总书记习近平系列重要讲话精神和对福建、厦门工作的重要指示精神，落实省委、市委的重大决策部署，把握中央支持福建加快发展和美丽厦门战略规划、自贸试验区建设等重大机遇，推进“美丽厦门·创新湖里”建设，推动经济社会发展和党的建设再上新台阶，完成区第七次党代会提出的目标任务，走出了一条“创新引领、转型提升、拼搏攻坚”的发展之路。大会提出，下个五年要建成充满活力、竞争力强的创新、创业城区，更加全面、更加均衡的协调发展城区，生态良好、环境优美的绿色宜居城区，客商云集、合作共赢的对外开放城区，共有共享、安定稳定的和谐幸福城区。为实现新的目标，必须致力创新驱动，汇聚转型发展新动能；致力品质提升，展现中心城区新面貌；致力差异发展，厚植特区发展新优势；致力统筹协调，提升文明建设新成果；致力社会转型，满足居民群众新期盼。大会强调，全区各级党组织要认真学习贯彻习近平总书记在庆祝中国共产党成立95周年大会上的重要讲话精神，压紧压实全面从严治党主体责任，深入落实管党治党的新要求，为湖里各项事业发展提供坚强保证。大会号召，全区各级党组织和广大党员干部群众，要更加紧密地团结在以习近平同志为总书记的党中央周围，在市委和八届区委的坚强领导下，吹响再出发的号角，抢抓机遇、攻坚克难、开拓创新，为勇当“五大发展”示范区而努力奋斗，拼搏再创特区发祥地新辉煌。

【区委八届一次全会】 7月29日，区委召开八届一次全会，选举产生新的区委常委会，通过区纪委第一次全会的选举结果。区委书记林建在会上作了重要讲话，要求区委领导班子成员要倍加珍惜组织的厚爱和重托，倍加珍惜全区人民的信任和期望，倍加珍惜为湖里加快发展贡献力量的机遇和舞台，不忘初心，不辱使命，团结带领全区广大党员和干部群众继续前进，完成区第八次党代会制定的目标任务，向市委和全区人民交出一份满意的答卷。

【区委常委会会议】 2016年，区委共召开36次常委会（扩大）会议。传达学习了中共十八届六中全会精神、习近平总书记在庆祝中国共产党成立95周年大会上的重要讲话精神，引导全区广大党员干部自觉维护以习近平同志为核心的党中央权威；建立区委常委会常态化研究党风廉政建设工作制度，研究了建立区委巡察制度、实施区纪委综合派驻机构改革、深化区领导办公用房整改等47个党风廉政建设相关议题；讨论通过了《湖里区全面加强城市综合管理总体方案》《湖里区空间发展战略规划》《关于加快推进福建（厦门）自贸区两岸贸易中心核心区建设的实施办法》《关于鼓励和支持台湾青年来我区创业就业的实施办法》《关于加快构建现代公共文化服务体系的实施方案》《湖里区青少年校园足球活动实施方案》等文件，研究开展“我为湖里发展出良策——‘金点子’征集”活动，成立湖里区2017年金砖国家领导人会晤筹备工作领导小组，组建厦门湖里建发城建集团有限公司，成立厦门特区1980发展有限公司，成立区机关效能建设和督查工作领导小组及其办公室，引进高层次社会工作专业人才，整合区妇幼保健院和区计生服务站等事宜。

【区重大项目领导小组会议】2016年，区委召开10次区重大项目领导小组会议、专题会议和经济运行分析会，调整区重大项目领导小组，领导小组下设区重大办作为办事机构，制定出台《湖里区重大项目领导小组议事规则》《湖里区空间发展战略规划》《湖里区积极参与全面服务自贸区发展的若干意见》《湖里区积极参与全面服务厦门火炬高新区发展的若干意见》，研究钟宅棚户区改造、入驻安溪经济合作区湖里园第二批企业名单、忠仑社移交湖里区管理、增加集鑫A和马山安置小区改造工程投资等事宜，讨论通过云顶北路东至虎岭路东北侧地块出让方案以及湖里高新园4幅地块开发建设方案，策划生成湖里区2017年第一批16个重大项目（事项），编撰4期《研究与参考》简报。跟踪推进重大项目，实行每周督办、每月汇总通报重大项目（事项）进展情况，共发出33份督查通知，呈报16份专报件。牵头推动重大项目招商，与北京创业板33家上市企业联合举办招商投资对接会，集中签约3个合作项目。

【区委工作会议】3月25日，中共湖里区委召开区委工作会议，研究部署湖里区组织、宣传、统战工作，区委分管领导总结了2015年工作，部署了2016年工作。区委书记做总结发言，要求在新的一年里，全区各级各部门要牢固树立抓好党建是本职、不抓党建是失职、抓不好党建是不称职的责任意识，认真落实中共中央和省委、市委对组织、宣传、统战工作的部署要求，坚持把党建工作作为主业落实落细，使各级党组织和党员干部始终走在时代和发展的前列，切实把党的政治优势、组织优势转变为推进湖里“五大发展”的强大力量。

办公室工作

【文字综合】2016年，区委办公室共起草和修改文字材料220篇，包括区第八次党代会、区委全会、区委常委会会议、区委工作会议、全区经济工作会议等重要会议材料；完成省委巡视检查、市委工作调研、区委主要领导参加市委常委会会议等重要汇报材料；撰写区委主要领导在区“两会”、纪委全会、政法工作会议、安全生产工作会议、抗御台风“莫兰蒂”和灾后恢复重建总结表彰会、金砖会晤动员部署会、征地拆迁与返迁工作推进会等各类专项会议和重要场合讲话稿；为区委宣传部和新闻媒体提供通讯报道素材，参与重要宣传报道的策划与把关，《五大行动精准发力　开启“十三五”新征程》《勇当“五大发展”示范区　再创特区发祥地新辉煌》多篇文章在《厦门日报》《厦门通讯》等刊物上发表；保障区委常委会高效运转，主动收集议题，认真安排议程，严格把关材料，并做好会议记录，整理会议纪要36份。

【党史研究】年内，区委办公室配合市委党史研究室编撰《厦门经济特区建设35周年纪念文集》，采访了厦门航空公司党委副书记尤祥辉等5位特区建设见证者，编撰了《厦门“试水”民航体制改革》《特事特办　把特区建起来》《筹建全国首个经济特区纪念馆》《跟着特区一起成长》《我亲历了湖里教育事业巨变》等5篇口述记录。

【会务保障】2016年，区委办公室做好区第八次党代会、区委全会、区委常委会会议、全区经济工作会议及区委、区委办主办的各项会议的后勤保障。做好省、市主要领导到湖里区调研和区领导各项调研、检查活动的后勤保障任务。协调开展元宵民俗文化节等有关重大活动的保障工作，做好厦门信达集团、网龙公司等友好单位和客商到湖里区考察的接待工作。精心做好省委巡视组在湖里区开展巡视工作的交通、查档等服务，得到上级领导的肯定。

【文电工作】年内，区委办公室严格遵守工作程序，及时收转、传阅、办理中央、省市和下级来文，并根据实际情况酌情筛选文件，根据文件轻重缓急、领导外出等情况灵活处理公文，加快运转速度，保证公文按时限要求处理，共收到各级文件613件，无一漏办。做好区委、区委办和以区委、区委办名义下发各类文件的印制和管理，共印发文件324份，均按照上级要求认真起草制定说明，并做好向省委、市委报备工作。妥善办理、管理和清退上级密级文件。全年审核办理规范性文件46件，全区党内法规工作进一步增强。

【党建工作】年内，区委办公室起草制定2016年全区党建工作要点，从开展“两学一做”提升党员素质、抓好换届选举加强干部队伍建设、夯实基础提升基层党组织整体功能等七个方面，着力提升党建工作水平。制定印发《关于加强和改进党的群团工作的实施意见》。深入开展基层党建督导工作，督促检查基层党组织开展“两学一做”活动情况。召开2016年度区属党（工）委书记抓基层党建述职评议会议，推动湖里区基层党建各项工作任务全面落实。制定区委、区委班子、区委书记《落实党风廉政建设主体责任2016年度任务清单》，对区委落实党风廉政建设工作实行清单式管理，确保区委党建工作落到实处。

【督查督办】 2016年，区委办全力对全市经济工作会议等重要工作部署进行量化分解，形成较具操作性的跟踪督办任务124项。承办上级督办交办件44件82项，办复率100%，在全市241个行政区和市直单位中排名前列。对区第八次党代会、区委常委会、区重大项目领导小组会议等议定事项进行立项分解，列成督办要点283项。全年共承办区委主要领导批示件114件，下发本级督办单、抄告单72件。落实“3+X”督查工作机制，联合区纪委（监察局）、区政府办开展专项督查，成立台风“莫兰蒂”灾后恢复重建督查工作组，采取每日巡查、定时检查、现场督查等方式，对道路清障、垃圾清理等恢复重建工作进行督查，加快灾后重建速度。成立金砖会晤筹备工作督查组，对筹备工作进展情况进行督查。完成省市拉练检查、上级领导视察和省内外兄弟区县参观学习等活动保障。协调保障区委主要领导下社区、进企业、走工地等生产生活一线，开展调研检查，现场协调解决问题。在开展“人到、心到、政策到”企业大走访活动中，区四套班子领导帮助企业解决困难问题80余项。针对2015年10月省委县（市、区）巡视二组对湖里区巡视反馈的问题，及时制定整改方案，将21项整改内容细化分解给19家牵头单位，一日一督查，一周一汇总，区委主要领导，约谈12位牵头区领导，促使牵头领导和单位压力上肩、责任到位。同时，将整改措施制度化、长效化，修订制度56项，新出台制度61项。

【效能督查】 2016年，湖里区强化效能考评的“指挥棒”作用，研究制定了《湖里区综合效能考评暂行办法》和《2016年度综合效能考评工作方案》，完成2015年度区效能考评工作并进行通报，对排名靠后的单位督促整改。开展“行动计划”督查，按照省、市效能办“一季度一督查”的工作安排，重点督查开、竣工和投资进度滞后的省、市重点项目。开展财政投融资项目、“不作为”问题等专项效能督查，全年共效能问责38人次，其中责令辞退1人，全区通报1名公务员违反机关工作纪律的典型问题。精简优化审批流程，将区行政服务中心的审批事项流程严控在5个环节之内，办结时限压缩至法定办理时限的35%以内。督促20个区直部门和5个街道梳理便民服务事项125项，进一步提高便民服务水平。持续完善“多规合一”建管平台，实现多部门数据共享、串联审批，全年累计收件4500件，限期办结率100%。采取直查快办、效能督办等方式，对群众诉求反映强烈的噪音扰民、违法建设等问题，加大查办力度，全年受理信访投诉120件，办结率100%。

【信息工作】 湖里区委全年共编发《湖里简讯》正刊及各类增刊31期，向上级党委报送信息2000多条，被采用近200多条，形成一批有情况、有分析、有建议的高质量信息，进入上级领导视野或被上级刊物采纳，发挥了参谋助手作用。

【保密工作】 年内，制定《湖里区保密自查自评督查工作方案》，组成3个督导组到各街道、区直各部门和有关单位开展督查工作，对区委办公室、区政府办公室等20家单位进行保密检查，抽查计算机100余台，发现涉密隐患10余处，持续跟踪落实整改工作。收集制作全区互联网门户网站台账，指导网站建设、管理和维护单位做好保密检查。推动湖里区互联网出口检测平台建设，与上级保密部门实现联网，把好互联网出口阀门。加强红机保密电话管理，与市专用通信局密切配合，及时解决因办公用房改造和领导调整出现的“机”“房”分离问题。推广“保密观”微信公众号，广泛动员各单位征订《保密工作》和《保密科学技术》杂志130余份，巩固保密宣传教育主阵地。

【档案工作】 2016年，区档案局接收档案1677卷、11411件，其中专门档案428卷、5826件，馆藏档案累计43577卷、78378件，其中专门档案23889卷、45971件。同时接收档案数字化原文12万页，馆藏档案数字化原文累计229万页。接收26个单位报送的政府信息公开纸质和电子文本742件，并排列上架。全年接待群众和机关查档621人，比上年增长87%，查阅档案资料1084卷（件），比上年增长84%，复印3214页，比上年增长70%。与年度归档工作同步进行，27个单位完成2015年度归档文件的数字化工作，共12952件，约12万页。结合“6·9”国际档案日、“12·4”法制宣传日活动，在江头街道吕岭社区、禾山街道湾悦城广场开展了以“档案与民生”为主题的现场宣传活动，开展有奖问答，解答群众咨询。在区行政大楼电子屏幕播放档案宣传标语、展出档案宣传展板，通过政府短信平台，发送档案宣传短信近300条。全力保障档案安全，全年投入约20万元，对档案保管场所及档案保管保护设施设备进行改造维护，库房纳入行政大楼消防体系，确保能够得到及时响应和更新，增配防汛抗台物资，确保汛期档案安全。

（吴宗元）

组织工作

【概况】 2016年，湖里区有基层党组织1251个，其中党委48个。全区有党员16451人，其中，女党员7249人，占党员总数的44.06%；少数民族党员396人，占党员总数的2.4%；党员35岁及以下7062人，36—45岁3454人，46—55岁2219人，56—65岁1667人，66岁及以上2049人；研究生学历807人，大学本科学历7751人，大专学历3522人，中专学历1153人，高中、中技1482人，初中及以下1736人。

【开展“两学一做”学习教育活动】 2016年，成立区委“两学一做”学习教育领导协调小组，把“两学一做”作为“书记工程”。分类制定或转发机关、学校、国企、社区和非公等5类党组织的学习教育指导意见。全力推进党员组织关系集中排查、党费收缴工作专项检查、非公有制企业和社会组织“两个覆盖”、领导机关党员干部学习教育等7项重点任务。区委中心组先后组织10次专题学习、区四套班子领导带头上党课51场。为全区党员配发“党章”“准则”“条例”和《习近平总书记系列重要讲话读本（2016年版）》，编发《湖里区“两学一做”学习教育应知应会》。开展增强“书记对党建工作的责任感、党员对党组织的归属感、群众对党组织和党员的认同感”主题活动。发挥“互联网+”作用，开发“湖里党建”微信平台、“掌上党校”APP等“两学一做”学习教育平台。开展“三微”系列征集活动，开展抗击“莫兰蒂”台风先进事迹宣传，分类组建10个督导组对口督导，组建优秀社区书记导师库和优秀非公书记导师库、老干部正能量宣讲团巡回宣讲。

【完成换届选举】 年内，成立换届工作领导小组及工作机构，区委常委会先后5次专题研究换届工作。做好民主测评、民主推荐、个别谈话、民意调查等区级班子换届考察工作。会同区人大、区政协、区委统战部等单位，筛选出合格的人大代表、政协委员候选人。同时，征求纪检、检察院、法院、公安、综治、卫计、信访、行政执法等8个部门意见。7月底，选举出区级党代表215人、市级党代表28人，选举产生新一届领导班子和人大代表、政协委员，没有出现重选、补选、二次选举等现象。区委常委会先后4次传达学习严肃换届纪律的有关精神，专门开展4场案例警示教育，通过将《关于加强换届风气监督的通知》函送120多名参会人员。开通换届纪律举报平台，组织观看警示教育片《镜鉴》，专题谈心谈话，印发宣传单，利用宣传滚动屏幕、户外视频党校、湖里党建微信平台等载体，加强换届纪律要求宣传。同时，积极开展谈心谈话，认真做好干部“进退留转”的思想工作。

【领导班子和干部队伍建设】 2016年，出台《湖里区实名推荐区管干部人选办法（试行）》，明确干部实名推荐方式、要求和流程，拓宽推荐渠道，强化推荐责任。对照《党政领导干部选拔任用工作条例》相关要求自查，梳理绘制《湖里区区管干部选拔任用基本流程表》。全年提拔使用干部99人，交流任职105人，其中，11月全区统筹调整处级干部110名。组织19名干部到街道、重点项目指挥部、区直部门和平潭地区挂职锻炼，接收8名干部到湖里区挂职。挑选9名年轻科级干部到街道、重点区直部门柔性挂职，选派11名年轻干部到区直综合、经济、信访、教育等部门的一线岗位跟班培养3个月。落实日常谈心、谈话和提醒、函询、诫勉制度，区委领导和组织部门全年找干部谈心、谈话500多人次，对2名干部开展函询。对全区178名领导干部（含区属国企）个人有关事项进行填报、审核录入和抽查核实，为7名符合条件的干部办理晋升职级待遇手续，办理因公出国（境）政审81人次、因私出国（境）保留党籍415人次。

【推行“一线考察法”考察干部】 年内，湖里区结合抗击“莫兰蒂”台风、“金砖会晤”筹备工作等急难险重工作中考察干部的现实表现，区委组织部派出5个干部考察组，深入一线进行现场考察，重点考察了解干部对当前工作的重要性和紧迫性认识是否到位，看其政治敏锐性强不强；考察了解干部贯彻执行区委在急难险重工作中的重大决策是否坚决，看其政治责任意识和大局意识强不强；考察了解干部是否深入一线、模范带头，看其工作作风强不强；考察了解干部服务群众、为民解难上是否真诚，看其群众观念强不强；考察了解干部在急难险重工作中出谋划策、鼓舞斗志传递正能量、团结和带领群众完成工作等方面是否积极，看其组织协调能力强不强等“五条标准”。对想干事、能干事、干得实的105名干部进行了通报表扬，发挥了激励约束作用。

【加强干部教育培训】 年内，湖里区先后安排各级各类干部参加上级调训472人次。举办主体培训班次12个，培训学员965人次。组织专题辅导讲座1场，576人接受辅导。配合开展“两学一做”学习

9月11日，区委党校在上海举办干部培训班（区委组织部供图）

教育活动开展系列专题讲座，培训3000余人次。在上海交通大学举办2期专题研修班，培训各类干部69人次。

【开展干部人事档案专项审核】 2016年，湖里区委组织部制定《湖里区干部人事档案专项审核工作实施方案》，审核干部“三龄两历一身份”（“三龄”是指年龄、工龄、党龄；“二历”指学历、工作经历；“一身份”指干部身份）信息，及时催缴缺失材料，年内，完成全部776本组织部管理档案的信息审核和组织认定工作。建立干部人事档案检查审核工作长效机制，规范干部人事档案汇总、收集、整理、催缴等工作流程。加强对区人社局、教育局等2家管档单位开展档案专项审核督导。

【强化基层党建责任落实】 2016年，湖里区紧抓基层党建实务设计清单，设立9项目标责任，并细化出34条具体责任和82个量化指标，列举了15条绝不容许出现的行为，以“一图十表”为载体，提高了日常党务工作的规范化和标准化程度。同时，建立跟踪督查反馈机制。持续开展基层党建办实事项目，年初，确定全区全年基层党建办实事项目86件，至年底办结76件，办结率约88.37%。

【夯实社区党建基础】 年内，湖里区出台《加强社区党组织下设党支部（小组）建设指导意见》，明确10项工作职责，组织全区321名社区分支部书记进行业务轮训，为202名普通居民身份的分支部书记发放通讯补贴。开展社区自治单元下沉小区试点工作，选取12个小区试点建立推选党员和党员领导干部担任小区业委会负责人制度，全区成立256个小区党支部。推广社区党建引领社区治理工作，6篇经验材料和15个优秀工作案例被“全市经验、案例汇编”收录。组织2批次36名社区干部交流挂职，举办2期新任社区主干赴台培训班，开展第三届社区工作者文化节，招考83名社区专职工作者。深入推进党建富民强村工作，“蔡塘模式”被全市推广。

【提升非公企业和社会组织党建质量】 2016年，湖里区完成全国园区非公企业党建工作座谈会迎检工作，2个考察点受到与会代表肯定。开展“集中攻坚行动”，新建党组织23家，新覆盖非公企业和社会组织456家。制定3张责任清单推动党建责任落实，全面推广“网格片→“1+X”联建片→党员联络站→党组织”的工作体系。加强非公党务干部队伍建设和非公党组织书记队伍管理培训，打造21家党建

5月26日，全国园区现场会中组部组织二局局长李小新（右三）和来自全国各地的参会代表在湖里区参观（区委组织部供图）

典型，编印《湖里区非公党建工作指导手册》，规范党群中心实体化运作。

【加强党员队伍教育管理】 年内，湖里区强化党代表的管理、服务，制定党代表积分激励标准及实施办法，发挥党代表党建督导作用。开展党费补缴专项检查工作，全区3613名党员补缴约198万元党费，完成率为99.35%，做好党费使用情况审计。组织全区524名入党积极分子培训，落实党员教育培训学时制度和考评制度。推动“双网并播”学用工作，新建7个社区户外“视频党校”。拍摄党建微电影《血·缘》，市组《党的生活》栏目播出湖里区新视线4条，特区先锋3条。做好“一先两优”表彰和困难党员慰问工作。

【人才扶持】 2016年，湖里区完善“550”人才政策，加大创新创业人才扶持力度，增加对重点企业核心技术人才的定向扶持。修订《关于在湖里高新技术园建立人才创业集中区的意见》，鼓励高新技术园企业引进高级人才，鼓励“985”“211”工程高校毕业生到湖里区就业创业。全年引进和培育15名“双百”人才、32名重点产业人才、7名台湾专业人才、5名高层次社工人才。兑现各类扶持资金约2343万元、各类津补贴奖励455.6万元，帮助5名人才解决子女择校、落户等问题。

（谢国任）

宣传工作

【概况】 2016年，全区宣传思想文化系统牢固树立政治意识、大局意识、核心意识、看齐意识，牢牢把握“两个巩固”的根本任务，围绕中央、省委、市委和区委的部署要求，紧紧掌握意识形态领域的主导权，推动理论武装、舆论引导、社会宣传、文化建设等各项工作创新发展，为建设五大发展示范区提供强有力的思想保证、精神动力和舆论支持。

【中心组学习】 2016年，区委中心组率先垂范，始终坚持落实中心组学习制度，每月至少进行1次专题学习、讨论，全年区委中心组集中学习18次，全区各级党委中心组共组织学习180次；始终在读原著、学原文、悟原理上下功夫，坚持每月“书记荐好书”制度，先后发放荐书320本。强化监督考核机制建设，加强对区属各级党（工）委中心组学习情况进行检查、考核、通报，督促学习制度落到实处。

【举办理论大讲堂】 年内，持续深化拓展“湖里星期六”讲堂，开辟了理论大讲堂、科普大讲堂、教育大讲堂、妇幼大讲堂等系列讲堂，打造“主讲堂+分讲堂”“固定讲堂+流动课堂”模式，强化面向基层的大众化理论宣传，全年举办讲座40场，讲堂经验做法被中宣部、省委宣传部作为创新案例收录。大力培育道德讲堂、理论学习示范点、鲁班源工地学堂等品牌，让基层理论学习有阵地。

【理论宣讲】 2016年，建立完善宣讲队伍，形成了区委宣讲团、区属党（工）委业余讲师团、社区宣讲小分队三级网络共63支队伍、382名宣讲骨干，涵盖了党员干部、学者教师、企业员工、各界群众四类人，形成“专家引领”“横向到边”“纵向到底”的宣讲网络。针对重大主题举行专题宣讲，围绕习近平总书记“七一”重要讲话和特区建设35周年，建立“特区建设者宣讲团”，进行集体备课、集中宣讲，深入基层开展7场宣讲，形成了《一名党员就是一面旗帜》《一个青年干部眼中的五缘变迁》等宣讲主题。

【评选优质党课及理论调研】 年内，开展“百名书记讲党课”活动，征集评选优质党课教案，并将全区基层优质党课教案汇编成册。在全市优质党课教案评选活动中，有6篇获奖，占全市获奖教案的1/4，在全市各区、各系统名列第一。深入开展宣传思想文化工作大调研，完成了14个调研课题，为实际工作提供决策参考。区委宣传部撰写的2篇理论调研文章先后刊登在市委主办的《厦门通讯》上，在全市各区、各系统名列前茅。举办核心价值观与书院建设论坛，收到征文78篇，择优编印论文集，推动理论调研深入开展。据不完全统计，全区各级党组织和党员领导干部在《厦门日报》《厦门通讯》《厦门宣传》等刊物发表调研文章30多篇。

【落实意识形态工作责任制】 年内，湖里区全面落实意识形态工作责任制，把责任放在心上、工作抓在手上，做到守土有责、守土负责、守土尽责。成立了意识形态工作领导小组，由区委书记亲自担任组长，区人大主任、区长、区政协主席等担任副组长。完成了2016年度市对区意识形态工作责任制考核，名列6个区前列。加强对辖区范围内的意识形态阵地管理，抓好各类讲座、论坛的审批报备，强化对基层讲座、宣讲报告人的把关，加强对基层意识形态阵地的管理。中宣部领导在湖里区实地调研时对湖里区意识形态有关工作给予充分肯定。区四套班子领导都把意识形态工作作为民主生活会和述职报告的重要内容，较好地落实了党委主要领导的第一责任、分管领导的直接责任、领导班子成员的“一岗双责”。

【意识形态研判】 2016年，湖里区宣传工作强化对意识形态领域情况的分析研判。坚持对湖里区舆情态势、舆论热点问题、干部群众思想动态等意识形态领域情况进行分析研判，围绕中共十八届六中全会、总书记习近平系列讲话等重大政治事件收集群众反响，围绕中国台湾地区领导人选举、美国大选、南海动态等事件报送涉台舆情分析，围绕媒体重组、抗御台风等社会热点事件报送舆情信息，及时反映苗头性、倾向性问题。是年，被中宣部采用舆情信息12条。

【网络舆情监测】 年内，湖里区加强网络舆情监测，全区舆情态势良好，重大突发舆情呈逐年下降趋势，主动开展网络议题引导，牢牢掌握互联网舆论主动权。

【新闻宣传】 2016年，湖里区围绕建设“五大发展”示范区的发展战略，以“团结鼓劲、积极进取、昂扬向上”为主基调，积极壮大健康向上的主流舆论，营造推动发展的正能量。围绕“金砖会晤”“创新湖里　共同缔造”“赢在自贸新时代”以及“两学一做”学习教育等内容精心策划了主题宣传、成就宣传、典型宣传，继续与厦门网、台海网、台海宽频等网络媒体合作开设湖里频道，在厦门广播电台开设“听湖里”专栏。全年在各类平面媒体发表新闻1979篇，播发广播新闻636条，厦门电视台、福建电视台播报电视新闻211条，内容涵盖湖里区党建、经济、民生、社会等方面，充分发挥新闻舆论宣传的战斗力，展现了“美丽厦门·创新湖里”的美好前景和生动实践，为湖里区建设现代化中心城区营造了良好的舆论氛围。

【新媒体应用】 2016年，湖里区积极推动全区各级各部门政务微博、微信开设，着力打造微博、微信、微电影“三微一体”的宣传新模式，全区共开设微信公众号111个。运用网络传播规律，举办“中国腔调”优秀民俗文化微电影大赛、“厦门国际青年微电影节”等主题鲜明的活动，弘扬主旋律、激发正能量。

【抗御台风“莫兰蒂”宣传】 2016年9月，抗御台风“莫兰蒂”期间，湖里区第一时间召开记者通气会确保信息畅通，第一时间多平台发出倡议书，第一时间通过报纸、电视、广播、微信多渠道报道湖里区抗台抢险进展。打破常规编排，统筹力量，推出“同心齐力　重建家园”系列报道，依托微信公众号平台打造“焦点”栏目，组织全区111个微信公众号24小时滚动推送好人好事、先进典型1000多条，形成主流媒体与新媒体呼应，区、街、社区三级联动的矩阵效应。“莫兰蒂”期间的宣传报道得到了副市长张毅恭的高度肯定，他批示“湖里区在抗击莫兰蒂台风中，组织有力，特别是在宣传工作上传播正能量、传递身边故事，为救灾取得胜利作出突出贡献”。

【社区书院】 年内，湖里区全面推进社区书院建设，以社区书院为载体，把社会主义核心价值观基本内容融入经典国学、红色传承、品德修养等各类课程，开展群众喜闻乐见、乐于参与的各类活动1500余场次，参与人数20余万人次，打造社区居民共有的精神家园。

【社会主义核心价值观教育】 2016年，湖里区社会主义核心价值观教育巩固LED屏、户外广告栏、大型宣传栏等传统阵地，同时，推动核心价值观主题公园、社区和街道建设。截至年底，全区建有湖里公园、江头公园2个主题公园，禾盛社区、岭下社区、金安社区3个主题社区，蔡塘一条街、祥店一条街、海天路一条街3条主题街道。持续打造金山社区小白鹭文明示范园、禾山街道东海山庄文明园、湖里街道兴华社区智慧文明社区等示范点，带动全区文明社区建设。加强公益广告宣传，设立“图说我们的价值观”“善行义举榜”、社会主义核心价值观24字标识等公益广告牌，把公益广告做到广场公园、主要街道、社区学校。深入推广普及社区亲子国学班，把爱老孝亲、邻里互助、家风家训、诚实守信作为重要内容，把亲子国学班作为有效途径推动社会主义核心价值观进家庭、进社区。

【文化服务】 年内，湖里区举办第十二届厦门元宵民俗文化节、第八届厦门（湖里）城市诵读节暨湖里悦读季、湖里区第八届社区文化艺术节，先后组织开展了民俗展演、最美读书点评选等特色活动，文化品牌效应持续提升。各街道形成了禾山欢乐季、和美殿前·以文化人、喜乐金山等“一街一品”文化品牌，社区文化多元繁荣发展，基层公共文化活动实现全面覆盖。持续开展文化惠民服务，举办“三下乡”活动，为居民送温暖、送文化、送政策，是年，开展全区性文化活动288场，各街道、社区组织举办各类基层文体活动1289场次。

（徐晓曦）

统战工作

【概况】 2016年，区委统战部有机关干部4名，主要负责分管和联系区台办、区民宗局、区工商联、区侨联4个部门，厦门市知联会湖里分会、湖里区新的社会阶层联谊会、湖里区佛教协会、湖里区福德文化联谊会、湖里区侨乡促进会5个统战社团，以及湖里区8个民主党派近1300名成员。全年向上级报送信息521篇，其中被中央统战部和省委统战部采用的信息103篇。是年，获省委统战部以及省人力资源和社会保障厅联合表彰的"2012年—2015年度全省统战系统先进集体"称号。

【构建大统战工作格局】 2016年，湖里区成立区统一战线工作领导小组，由区委书记担任组长、区相关领导为副组长、有关部门领导为成员，区统一战线工作领导小组先后召开4次会议，主要传达中央统战部和省市委统一战线工作领导小组精神，专题研究湖里区统战工作重要事项，制定出台了《中共湖里区委贯彻〈中国共产党统一战线工作条例（试行）〉的实施意见》，"实施意见"共8点、33条。针对省、市督查八个方面64项内容逐一对照检查，及时改进不足。5—6月，先后迎接市委督查组、中央统战部办公厅调研组和省委督查组的检查。

【巩固多党合作】 年内，湖里区严格按照资源摸底、资格审查、联合审查、组织考察、集体研究的程序开展工作，协助区委圆满完成区人大代表和政协委员选举换届工作，选举产生区八届政协委员193人、区八届人大党外代表40人。指导民盟、民进、农工党、九三学社、台盟5个基层党派完成换届。成立厦门市党外知识分子联谊会湖里分会，吸纳以归国留学人员、新媒体从业人员、网络意见代表人士为主体的高级无党派知识分子参加，首届会员25名。9月，组织23名党外干部各民主党派基层委骨干赴重庆社会主义学院培训。做好对表现突出、群众公认的党外干部进行培养推荐，2名正处级党外干部提拔到正处副局级领导岗位，区法院、区检察院和区监察局3个监督执法部门分别配备1名副处级党外领导干部。就湖里区经济和社会发展、党风廉政建设、综治平安建设等工作中的重大问题先后举行6次通报座谈会，与各党派协商。召开2016年度联合议政工作暨对口联系和共建工作专题会议，围绕厦门自贸区建设和"创新湖里"建设等中心工作，积极协调各街道、区政府有关部门和各民主党派、工商联，反复研究确定选题，提出9个制约经济社会发展瓶颈、本级难以解决的综合性课题进行联合议政，在各党派市委会的大力支持以及共建街道和对口联系部门的积极配合下，其中4个议政课题转化为市人大和政协的提案。协助聘请28名民主党派和无党派人士担任区政府党外行评员、20名民主党派和无党派人士担任区纪委特邀纪检监督员。

【开展同心志愿服务】 1月18日，区委统战部、区台办、区侨办的党员干部牵手湖里区侨促会的代表，和田洋村的党员干部一起，开展"同心共建·美丽田洋"实践活动。湖里区党员干部和田洋村村干部深入结对帮扶困难家庭，倾听困难对象的需求，商讨新一年帮扶计划，并分别送去了2000元慰问金、大米等过年物资；区新阶联谊会的志愿者开展了"迎新春·送春联"活动。区侨乡促进会为田洋村委会捐赠6万元，用于田洋村上坊健身活动场所篮球场塑胶面层建设。3月12日，区委统战部、区工商联联合开展"同心·护绿"义务植树活动。湖里区委常委、统战部部长陈岚带领区工商联（商会）女企业家、各民主党派和统战社团主要负责人及统战部机关党支部党员约80人前往仙岳山义务植树。3月25日，湖里区委统一战线党支部深入共建的金山社区，联合社区党委开展"弘扬雷锋精神、在职党员先行、同心服务暖民心"主题志愿服务活动。统战部党支部的党员干部联手民主党派成员、部分台资企业，开展"同心三送"活动，免费为群众提供法律咨询及统战政策咨询服务，支持社区成立"同心志愿服务维权站"，选派党派成员中的优秀律师驻站为社区居民提供服务；党员干部入户走访结对帮扶4户困难群众和部分失独伤残家庭，为他们送去大米等生活物资，了解需求，认领美丽心愿，帮助解决实际困难；联合辖区部分台资企业，派企业人事代表现场接受就业咨询，提供就业岗位，让居民和企业"双向选择"。

【交友联谊】 2016年春节前，区级党员领导干部与各自联系的30多名党外知名人士开展联谊慰问活动，送去君子兰，并致以新春问候；区海外联谊会为海外理事送去了自制的贺年卡，让海外理事感受浓浓的"年味"和"乡愁"。

【召开区委统战工作领导小组会议】 3月11日，中共湖里区委常委（扩大）会议暨区委统战工作领导小组第一次会议召开，区四套班子领导、区委统战工作领导小组全体成员及各街道主要领导参加会议，区委书记张毅恭主持会议。会议传达学习各级统战部长会议精神和市委统战工作会议精神，研究制定《中共湖里区委关于贯彻〈中国共产党统一战线工作条例（试行）〉的实施意见》。张毅恭充分肯定了全区统战工作取得的成绩，并对下一步统战工作提出要求。

【开展“精准扶贫”】 3月29日，湖里区常委、统战部部长陈岚，统战部副部长、区工商联党组书记林秀瑜，区商会副会长陈节木等一行12人前往龙岩市白沙镇营边村开展“民企联村”精准扶贫行动。一行人详细了解营边村的人口和经济现状，存在的问题和产业分布等情况。林秀瑜代表区委统战部、区工商联与结对营边村村长签订了精准扶贫协议。5月19日，湖里区委常委、统战部部长陈岚，统战部副部长、区工商联党组书记林秀瑜，市工商联经济联络部主任冯佐行及会员企业代表和区统台侨支部党员等一行16人前往莆田市仙游县游洋镇兴山村开展“民企联村”精准扶贫行动暨“两学一做”学习教育活动。一行首先参观了1927年成立的中共仙游县第一党支部——上宫支部，并走访了兴山村小学，慰问了兴山村部分贫困村民代表。随后，听取兴山村的基本人文情况介绍，详细询问了兴山村存在的困难，了解了兴山村的产业特色、产业资源等情况。双方还举行了“精准扶贫”签约仪式。

【召开统战部、组织部联席会议】 4月5日，湖里区委组织部、区委统战部召开工作联席会。湖里区委常委、组织部部长林重阳，区委常委、统战部部长陈岚出席会议。联席会就落实《中共湖里区委贯彻〈中国共产党统一战线工作条例（试行）〉的实施意见》，加强党外干部队伍建设、非公企业党建工作、人才队伍建设和党外干部培训教育工作等事宜进行沟通协调，并就2016年两部重点协作开展的工作达成共识。

【召开联合议政工作暨对口联系和共建工作会议】 4月19日，湖里区召开2016年度联合议政工作暨对口联系和共建工作会议。区四套班子领导，区直各有关部门、街道和各民主党派、工商联负责人参加会议，市委统战部副部长曾庆军和各民主党派市委会、市工商联的领导莅会指导，区政府副区长刘琦龙主持会议。会议总结了2015年工作，并对做好2016年联合议政工作、对口联系和共建工作进行部署，会上还通报表彰了2015年联合议政优秀调研课题，民盟湖里基层委和江头街道分别在会上作经验交流。

【中央统战部到湖里区督查统战工作】 5月17日下午，中央统战部办公厅副巡视员郭焕龙率中央统战部办公厅调研组一行3人到湖里区对贯彻落实中央统一战线重大决策部署自查工作的有关经验做法开展调研，并组织统战系统相关人员召开座谈会，市委统战部常务副部长何秀珍、办公室主任翁荣标陪同调研。区委常委、统战部长陈岚代表湖里区委汇报了贯彻落实中央统一战线重大决策部署自查工作情况，重点介绍了湖里区委在党外干部培养使用上的经验做法。郭焕龙充分肯定了湖里区委开展贯彻落实中央统一战线重大决策部署的自查工作，特别是不拘一格培养选拔党外干部的经验做法。

【参加第九届福德文化节】 5月13—15日，第九届世界（湖里）福德文化节暨第八届马来西亚大伯公节在马来西亚美里市举行，湖里区福德文化联谊会组织代表团参加盛会，与来自中国台湾地区和新加坡、马来西亚等国家的文化学者、宫庙代表以及民间信众等万余人齐聚一堂，同拜土地公。

【省委统战部到湖里区督查统战工作】 5月30日上午，省委统战部副部长陈飞率省委调研检查组一行6人，实地调研湖里区贯彻落实中央、省委统一战线系列重大决策部署情况。区委书记张毅恭，区委副书记黄炜，区委常委、组织部部长林重阳，区委常委、统战部部长陈岚以及统战系统单位领导参加调研

5月13—15日，湖里区派代表参加在马来西亚美里市举办的第九届福德文化节（区委统战部供图）

活动，市委统战部常务副部长何秀珍陪同调研。区委常委、统战部部长陈岚代表区委就湖里区的统战工作作汇报。

【厦门市党外知识分子联谊会湖里分会成立】 6月7日下午，厦门市党外知识分子联谊会湖里分会成立，陈阳海担任首任分会会长，区委常委、统战部部长陈岚，区工商联党组书记、副部长林秀瑜，市知联会秘书长郭庭海莅会指导。

【陈岚带队到福鼎、浙江考察调研畲族文化的保护、传承和开发工作】 7月1—3日，区委常委、统战部部长陈岚带队赴福鼎和浙江景宁畲族自治县考察畲族文化的保护、传承和开发工作。考察团一行先后参观了中国扶贫第一村——福建福鼎赤溪畲族村、浙江景宁马坑畲族村、凤凰古镇、畲族博物馆和城市展览馆等地，受到了当地民宗部门和畲族村领导的热情接待。区民宗局局长陈文约、禾山街道副书记涂进杉和钟宅社区书记钟仁安、主任钟文气等陪同考察。

【开展政党协商】 8月2日上午，湖里区委邀请区各民主党派、工商联负责人和无党派人士代表，就湖里区运用“互联网+”治安防控体系建设情况进行专题视察并召开座谈会，区委常委、统战部部长陈岚，区政法委副书记、综治办主任洪奕文，区委统战部副部长、工商联党组书记林秀瑜，区8个民主党派基层主委或副主委以及区知联会会长等参会。8月25日上午，湖里区委邀请区各民主党派、工商联负责人和无党派代表人士就湖里区2016年党风廉政建设和反腐败工作召开情况通报座谈会。区委常委、纪委书记陈甦帆做情况通报，区委常委、统战部长陈岚主持会议，区纪委副书记、监察局局长纪华国等相关领导参加会议。

湖里区海外联谊会四届二次理事大会全体参会人员合影（区委统战部供图）

【举办党外干部培训班】 9月1—5日，湖里区委组织部、区委统战部共同组织赴重庆社会主义学院举办2016党外干部培训班，区直机关、事业单位部分党外干部及各民主党派基层委骨干共23人参加培训。此次培训邀请重庆社会主义学院教师以及重庆传统文化研究会会长前来授课，讲解了《重庆与民主党派》《学习优秀传统文化》《从旧政协到新政协》等理论知识；参观了中国民主党派历史陈列馆。

【召开湖里区海外联谊会四届二次理事大会】 9月7日，湖里区召开海外联谊会四届二次理事大会，海外联谊会理事会理事以及港澳台海外嘉宾近100人参加会议。市委统战部常务副部长、市海联会副会长何秀珍，区委书记林建，区长徐国庆，区人大主任梁美丽，区政协主席林凡，区委副书记林重阳，区委常委、统战部部长陈岚，副区长黄平南，政协副主席林世裕等市、区领导出席大会。

【抗击“莫兰蒂”台风】 9月15日凌晨，第14号台风“莫兰蒂”在厦门市正面登陆，对湖里区造成严重影响。16日，区委统战部联合各民主党派、工商联和无党派人士发出“‘同心同行·抢险救灾’倡议书”，号召全区广大统一战线成员勇于担当社会责任，在抢险救灾和灾后重建中彰显作为。9月17日，区委统战部有序组织统战机关、各民主党派、工商联、无党派人士180多名成员组成的志愿服务队，由区委常委、统战部部长陈岚带队，全天驻点在金山街道金山社区开展“同心共建，美丽金山”灾后重建志愿服务活动。志愿服务队分成13个小分队分布到社区主干道和急需清理和特别脏乱差的角落展开清扫工作，大家通过打扫清理、人力搬运，尽可能把横在道路中间的树木和垃圾清理干净，经过一天的努力，志愿服务队共清理社区主要干道5条，清运树枝及生活垃圾26车。区委统战部被区委、区政府评为“抗击莫兰蒂台风及灾后重建工作先进单位”。

【赴台考察】 10月20—26日，区委常委、统战部部长陈岚带领新任社区工作干部一行15人赴台考察学习交流。考察团先后赴台北市忠顺里，台中市合作里、十甲里、富仁里以及旱溪里，高雄果贸眷村文创小区、翠华社区以及果贸里等8个社区考察交流，在高雄师范大学接受了“台湾的社区管理”“台湾社区安全管理”“社区营造成功安全介绍”“社区志工注册、组织、培训、管理与发展”“座谈与交流”等5个专题培训，康晖社区与台中合作里、濠头社区与台中十甲里、徐厝社区与台中富仁里、怡景社区与台中旱溪里等4对社区签订两岸社区共建交流协议。

（邱舒密）

名词解释

同心三送：一是同心送法律政策；二是同心送温暖；三是同心送岗位。

纪检　监察

【概况】 2016年，湖里区各级纪检监察机关聚焦监督执纪问责，重视探索实践创新，以担当诠释忠诚，持续推动全面从严治党向基层延伸，取得较好的成效。率先在全市实施区委巡察制度改革和区纪委派驻机构改革等2项改革，构建派驻、巡察、执纪审查“三位一体”监督制度。

【维护党的纪律】 2016年，湖里区各级纪检监察机关结合“两学一做”学习教育，认真抓好党章和两部“准则”、四部“条例”等党内法规的学习宣传贯彻，区委常委会带头学习，班子成员深入基层讲党课、说党纪，各级党组织和广大党员干部学思践悟，形成尊崇党章、严守党纪的思想自觉和行为自觉。坚持把巡视整改作为一项重要政治任务来抓，针对省委巡视组反馈的21个问题，督促落实44条整改措施，办结12件检控类信访件，立案查处7件8人。围绕抗击“莫兰蒂”超强台风和灾后重建、“金砖会晤”筹备等重点工作，明确纪律要求，加强监督检查，严肃政治纪律、组织纪律和工作纪律，对1名工作不力的党员干部予以组织调整。加强对选人用人和换届纪律的监督，认真落实“纪检监察机关意见必听、线索具体的信访举报必查”的要求，严把政治关、廉洁关，全年共回复党风廉政意见征求函664人次，对2人提出不宜使用或重用的认定。

【落实“两个责任”】 年内，区委以上率下，建立区委书记、区纪委书记党风廉政建设“半月谈”和区委常委会常态化研究党风廉政建设工作“两项制度”，先后进行“半月谈”16次，研究党风廉政建设议题47个。出台《深化落实党风廉政建设党委主体责任的实施意见》，将主体责任细化分解为六个方面29项内容，建立党风廉政建设年度分解和季度落实制度，实现“两个责任”菜单式管理、条目化监督、季度化落实。坚持区领导带队开展年度党风廉政建设责任制检查，发现问题88个，提出整改建议207条。完善月巡查制度，开展月巡查95次，跟踪督促问题整改。严肃责任追究，对落实责任制不力的11人次予以追究，其中处级干部3人，通报1起履行主体责任不力的典型案件。

【廉政宣传教育】 2016年，湖里区倡导树立“廉洁也是动力”的理念，坚持挺纪在前、抓早抓小，建立健全早教育、早发现、早提醒、早查处的机制。立足教育为先，定期向区委中心组成员、部门和单位“一把手”推荐党风廉政阅读书籍，设计制作《凤娃湖娃谈责说纪》系列片，运用动漫形式解读党规党纪，会同有关部门开展“创建最美廉洁家庭”“亲清润闽商”活动，举办“清风廉韵”晚会，营造崇廉尚洁的从政氛围。加大谈心谈话力度，建立分级分类常态提醒机制，各级党组织全年共谈心谈话880人次，其中，任前廉政谈话150人次。对苗头性、倾向性、一般性问题及时处置，先后谈话函询167人次，轻处分和组织处理24人，占监督执纪总人数的84.89%，有效减少问题存量、遏制问题增量。坚持宽严相济、治病救人，在全区组织开展违规收受“红包”和领导干部亲属经商办企业两项清理，有1604名党员干部参加了违规收受“红包”自查，16人主动申报上交“红包”12.53万元；394名党员干部参加了亲属经商办企业清理，34名干部主动申报投资兴办52家企业，4名干部完成纠正整改，2名干部承诺限期整改，对主动自查申报人员按政策规定予以从轻处理，对3名未如实填报的党员干部进行立案查处。

【纪律审查】 年内，湖里区推进信访举报件办理“零暂存”，做到“信访零存量、办信高质量”，全年共受理信访举报181件次，对业务内初信、初访81件100%核实和处理。转变办信方式，推行“接访三项制度”，突出直查快办，建立秘密代码制度，探索信访举报件结果回复机制创新。制定重要问题线索报告及管理制度、问责事项移送制度等，多渠道发现问题线索，收到有关单位移送问题线索66条，其中转立案42件42人。严肃查处了区教师进修学校附属小学副校长吴灿生违反政治纪律案、区执法局基层执法人员窝串案、区环卫处窝串案等典型案件，特别是查处有“权力掮客”身影的腐败案件，在全市产生了较大影响。全年立案65件65人（其中处级6件6人），党政纪处分57人，移送司法机关处理2人，重处分和重大职务调整案件数与严重违纪涉嫌违法立案审查案件比为16：1。完善反腐败协调小组职能，建立联席会议、协作配合、检查督办等6项制度，推动形成执纪执法工作合力。按规范建设初核谈话室，建立审查组、巡察组日议制度，在审查组、巡察组设立临时党小组，加强纪律教育和自我监督。

【落实中央“八项规定”精神】 2016年，湖里区建立落实中央“八项规定”精神“1+5+X”专项督查机制，明确各相关职能部门的督查职能，区纪委和派驻纪检组开展再监督、再检查，形成齐抓共管的长效机制。区领导带头整改办公用房，并进而延伸、拓展至全区党政机关、事业单位。紧盯征地拆迁、“三资”监管、扶贫资金等领域的吃拿卡要、以权谋私、执法不公等侵害群众利益的问题，开展专项检查，责任追究2人。打造金安社区“五五融合”品牌，以清风正气引领社区发展，推动基层党风廉政建设。坚持“双线巡查”，加大明察暗访工作力度，组织开展监督检查45次，查处违反中央“八项规定”精神和“四风”问题28起29人，下发通报9份，公开曝光典型问题17起17人，持续形成强有力的震慑效应。

【创新体制机制】 年内，湖里区探索区纪委综合派驻机构改革，撤销10个区直属纪委（纪工委），设立5个派驻纪检组，分别监督1个街道和10个区直部门，实现对全区55个单位的派驻监督全覆盖。截至年底，派驻纪检组共办理信访举报件17件，梳理发现问题线索32条并进行初核，立案查处违纪案件16件16人，其中自办案件3件3人，谈话函询27人次，执纪监督实效明显提升。在全市各区率先建立区委巡察制度，健全巡察领导机构和工作机制，成立2个巡察组，启动首轮巡察，是年，完成对2家单位的驻点巡察，已立案2件2人，发挥了“发现问题、形成震慑”的利剑作用。坚持内涵式发展，在人员编制十分紧张的情况下，探索形成区纪委执纪审查、纪检组派驻监督、巡察组巡察监督的“三位一体、深度融合”的监督格局。

【纪检监察队伍建设】 2016年，湖里区制定新一届区纪委常委会工作规则，组织区纪委委员参观市廉政教育基地，强化领导班子廉政意识，带头遵守党规、党纪。成立纪检监察系统干部监督工作领导小组，加强干部监督工作，完善制度机制。针对省纪委巡察反馈的五类问题，细化并落实35条整改措施。建立派驻纪检组工作制度和监督管理暂行规定，规范内部管理，强化自我约束。举办专题培训、组织观摩法院庭审、派人到市纪委跟班学习锻炼等，提高业务能力。建立工作周例会和支部周学习制度，在内部微信群公布班子成员、纪检组长工作周计划，加强日常管理监督。深入开展“两学一做”学习教育，加强思想作风建设，锻造过硬队伍。

（徐红妤）

精神文明建设

【概况】 湖里区委精神文明建设办公室为独立核算的正处级单位，主要工作职责是组织协调全区精神文明创建工作、公民思想道德建设、志愿服务工作、未成年人思想道德建设，完成上级文明委、文明办、区委、区文明委安排部署的相关工作及区文明委的日常工作等。办公室行政编制3名，其中主任1名，科员2名。下辖正科级事业单位“未成年人思想道德建设中心”，有事业编制5名。2016年，湖里区精神文明建设事业连续夺得多个全市全省第一。

【持续推进文明城市（区）创建工作】 2016年，湖里区持续推进文明城市（区）创建工作。一是动员部署。1月6日，区创建指挥部召开迎接2015年省检再动员再部署大会。4月26日，区创建指挥部召开迎接市未成年人思想道德建设工作季度实地测评部署会。5月11日，区文明办召开了2016年文明创建迎检工作业务会，部署迎2016年国检、省检书面材料收集工作。8月19日，区创建办召开迎接中央文明办调研暗访准备工作紧急会议。10月17日，区文明办召开迎省检实地考察点申报工作部署会。11月14日，区创建办召开2016年度湖里区创建文明城市（城区）工作动员会。会上下发了2016年迎检实地测评指标任务责任分解表。二是强化督查整改。针对城区文明程度专项测评情况，区创建办下发整改通知，整改反馈前三个季度城区测评问题，将检查中发现的问题逐项分解给各街道、各单位。区创建指挥部10个专项整治协调工作组，由区分管领导带队，不间断开展巡查活动，帮助成员单位协调解决各类创建难题。区创建办督查组认真对照测评标准，展开全方位全时段的巡查检查工作，前后共下发整改通知189份。同时，区创建办组织工作人员对全区各主要交通路口语音督导情况开展不间断巡查，向全区通报发现的问题。三是推进信息化建设。区文明办在兴华社区试点信息化工作，运用网格化平台、手机APP等“互联网+”的信息化工具，解决违章搭建、占道经营、卫生脏乱等创建老大难问题。5月5日，区文明办在兴华社区召开区文明创建信息化工作现场推进会。

【开展“莫兰蒂”台风灾后自救志愿服务】 9月15日“莫兰蒂”台风过后，区四套班子领导深入抗台风第一线，全区1万多名党员干部加入灾后自救自建工作，并组织了上百支党员干部志愿者救援突击队，参与清理、打扫垃圾和搬运树木等10万多人次。全区5个街道53个社区3万多名普通志愿者也开展了互帮互助的救援服务活动。

【开展“三关爱”志愿服务活动】 2016年年初，区文明委下发《进一步深化志愿服务工作实施意见》，要求各级文明单位（社区、学校），大力开展“邻里守望情暖湖里”志愿服务活动。禾山街道禾山社区以辖区资源为依托，成立卫生保健服务志愿者分队，定期为社区老人进行身体保健宣传检查。开展关爱社会志愿服务活动。区科协、区教育局、区文体出版旅游局、区卫计局、区司法局、区红十字会、湖里消防大队等单位组织专业人员进社区、进学校、进课堂，广泛传播防灾救灾、急救救护、环境保护等专业知识。开展关爱自然志愿服务活动。各街道、各社区志愿者围绕污染减排、生态保护、遏制违法排污等，深入社区、企业开展环保法律法规普及宣传工作，提高居民群众的环保、法制意识。

【开展网络文明志愿服务活动】 年内，湖里区建立一支300多人的网络文明传播志愿者队伍，配合市里参与了“猴年马月愿望季”话题、“我们的节日·春节”系列、“文明网评”“学雷锋·我的爱岗敬业宣言”等网络文明传播活动，开展缅怀革命先烈、走访慰问、学习优秀共产党员和网上群众性纪念活动情况报道，诵读先烈诗章，践行社会主义核心价值观传播，“好人365”网络传播活动，“拜月话团圆”特色网络文明传播活动。

【提高志愿服务专业化水准】 1月28日，区文明办召开2016年网络文明传播志愿者工作培训会，全区区级以上文明单位共200多名网络志愿者参加了培训。8月、9月，区文明办召开区属文明单位（学校、社区）“志愿厦门”网站使用培训会。各街道持续发展志愿服务组织，广泛成立文化志愿者队伍、敬老志愿者队伍、邻里守望志愿服务队、关爱流动儿童志愿服务队、爱心少年志愿服务队等，同时，招募成立法律志愿者、家庭健康志愿者、家庭理财志愿者、爱心辅导志愿者等专业志愿服务队伍。

【开展未成年人主题教育实践活动】 年内，湖里区开展“我的中国梦”主题教育实践，组织好清明“网上祭英烈”“学习雷锋、做美德少年”“童心向党”歌咏，向国旗敬礼、网上签名寄语等四项活动，开展“道德模范进校园”、优秀童谣征集传唱、文明小白鹭等系列活动，还联合团区委等部门开展节俭养德教育实践活动，引导未成年人崇德向善。

【加强社区未成年人阵地建设】 7月12—27日，湖里区逐一检查全区52个社区的未成年人思想道德阵地建设，并针对问题下发整改通知。加大“小精灵俱乐部”建设力度。各街道投入200多万元资金，整修受台风损毁的阵地。区文明办和区关工委联合开展了全区青少年思想道德建设教育活动示范基地评选活动，惠和石文化园、厦门司法禁毒戒毒教育基地、高殿武术馆等10家基地入选。

【优化未成年人健康成长环境】 2016年，湖里区推动辖区相关的职能部门协同配合，组织联合检查。湖里公安分局、区城市管理行政执法局、区文体出版旅游局等多部门多次联合整治校园周边占道经营、食品安全、文化市场和

7月7日，湖里区心理辅导站开展心理夏令营（区文明办供图）

网吧。全年查处取缔黑网吧 84 家（次），查扣电脑 400 多台；销毁三无玩具 2500 多件，三无文具 1521 件；纠正校园周边跨店、占道经营行为 5500 余起，清理整治“三乱”现象 800 余处，暂扣占道经营物品 668 件。

【抓好未成年人思想道德品牌建设】 年内，湖里区充分发挥各学校自身优势，培育了 11 个品牌项目，并向市文明办申报了 20 个未成年人思想道德建设工作创新案例，其中天安小学的“诚信超市”获得全市“十佳”创新工作案例，进修二附小的“五化”铸就“好习惯”、钟宅民族小学的“弘扬民族文化　培育文明之花”获得市优秀创新工作案例。湖里实小被确认为全市首批“争当文明小白鹭　养成公共生活好习惯”主题实践活动联系点，全市第六届“校园文明博客节”启动仪式在钟宅民族小学举办，系列品牌打造活动全面提升了湖里区未成年人思想道德建设工作水平。

【加强文明单位创建和管理】 年初，湖里区制定了第十九届区级文明单位、学校、社区考评方案，9 月，组织人员抽查了其中 34 个参评对象，将考评合格的对象呈区纪委、区卫计局等 8 个部门进行审核，并递交常委会，审定后形成文件下发。11 月、12 月部署开展了第十三届省级、第十五届市级文明单位考评工作，对 1 家省级文明社区、4 家省级文明单位、9 家市级文明单位、8 个市级文明社区进行了全方位综合检查，对其余单位和社区则根据日常创建工作表现及提交的创建工作报告进行打分。

【推动文明校园常态化创建】 3 月，区文明办召开了全区教育系统文明创建“六化”工作部署会。10 月初，区文明办、区教育局在全区开展文明校园专项督查。12 月中旬，区文明办、区教育局以材料审核与实地考察相结合的方式，对省、市级文明学校申报对象进行了初评。

【推动文明家庭创建】 2016 年，区妇联开展“最美家庭·爱在湖里”家庭文化节、“集家训正家风”等主题活动。区纪委办在全区开展创建“最美廉洁家庭”活动，广泛弘扬优秀家风、家训。先后召开工作部署会、动员大会，发动符合申报条件的各类申报主体积极参加创评申报，努力营造评选氛围。

【做好公共文明行为典范城区创建工作】 年内，区文明办出台 2016 年《湖里区“向十大不文明行为说‘不’”活动实施意见》，开展“市民文明行为示范月”暨“文明小白鹭”进社区系列活动。在继续完善金山社区小白鹭文明示范园打造的基础上，打造禾山街道东海山庄文明园示范点。

【深化文明餐桌行动】 2016 年，湖里区运用公益广告、网络、报纸等媒体的导向作用，开设专题专栏，普及文明用餐礼仪，树立文明饮食观念，全面培育“文明用餐、节俭惜福”良好社会风尚，发动各级文明单位带头参与文明餐桌行动，从餐桌上做起，厉行勤俭节约，反对铺张浪费。全年累计发放文明餐桌宣传单 3000 余张。

【深化文明交通行动】 年内，湖里区发动各级文明单位干部职工、广大志愿者、市民群众参与文明交通行动，协助交警维护交通秩序，引导市民自觉践行文明规范，做文明行车的示范引领者。加强重点行业、单位、学校的宣传阵地教育，通过定期开展交通安全知识讲座、发放文明出行宣传册、张贴交通安全海报等形式，提高广大干部职工、居民群众、中小学生对文明交通的认知度，养成自觉遵守文明交通规范的良好习惯。

【文明旅游宣传】 2016 年，湖里区抓住元旦、春节、“五一”、寒暑假、中秋、国庆节等时间节点，在辖区各主要景点、旅行社营业网点、机场、港口码头等重要场所集中宣传文明旅游理念，运用提示牌、监督岗、电子屏幕、展板挂图等形式播放文明旅游公益广告，教育、引导广大旅客自觉遵守公共秩序。充分利用微信“乐游湖里”平台，向市民定期推送文明旅游知识。区文明办、区文体局对各旅游企业的文明旅游工作落实情况进行督查，先后检查景区（点）、饭店等 20 多处。

【深化道德典型示范引领工作】 年内，湖里区抓好“道德模范”“身边好人”建设活动。深入开展“我推荐、我评议身边好人”活动，不断扩大“好人”评选面，先后向市里推荐了 11 位道德模范、28 位“身边好人”。经过专家和群众评选，湖里区培育的“全国优秀共青团员”张丽、“全国孝老爱亲身边好人”杨伟展、“厦门市十大感动人物”谢启明、厦门市曙光救援队队长王刚等 4 人被评为“第六届厦门市道德模范”，占全市近 1/2。12 月，江头街道祥店社区居民、道德模范游文晃家庭被评为“第一届全国文明家庭”，并赴北京参加表彰大会，受到中共中央总书记、国家主席、中央军委主席习近平的亲切接见。加大对困难道德模范、身边好人的关爱帮扶力度，春节前，区文明办走访了辖区内经济困难的道德楷模并送上慰问金。1 月 29 日，

1 月 29 日，区文明办召开 2016 年关爱礼遇道德楷模迎新春座谈会（区文明办供图）

区文明办召开 2016 年关爱礼遇道德楷模迎新春座谈会，辖区各级道德模范、身边好人近 80 人参加座谈会。

【全面推行“八不”行为规范】 9 月 19 日，省文明委举办推行“八不”行为规范，做文明公民活动启动仪式，要求在全省推行“八不”行为规范。为深入贯彻省、市文明委部署要求，11 月 2 日，湖里区召开全区文明城市（区）创建工作暨“八不”行为规范推进会。会上，区文明办通报了全区精神文明品牌创建工作和全区推行“八不”行为规范、做文明公民活动情况，解读了《湖里区推行“八不”行为规范、做文明公民活动实施细则》，并要求各街道、各系统，区文明委成员单位用十大举措贯彻落实“八不”行为规范。通过印发宣传册、宣传海报、在公共场所播放宣传片、将“八不”行为规范纳入文明城区测评体系责任分解、纳入语音督导内容、纳入社区文明宣传栏、纳入社区书院教育和活动、建立经验交流微信群等形式，推进“八不”行为规范宣传真正内化于心，外化于形，成为人民群众的自觉行为。

【抓好“我们的节日”主题活动】 2016 年，区文明办围绕传统节日，广泛开展传统民俗、经典诵读和文体娱乐活动，大力宣传普及传统节日知识，推动形成节俭过节、敬老过节、绿色过节的良好风气。春节，区委书记与区四套班子主要领导走访困难家庭，送上新春祝福与慰问。元宵节，宣传部组织开展“元宵两岸民俗展演”活动。清明节，殿前街道长乐社区与日新社会服务中心共同举办“传递知识、奉献爱心”亲子义卖活动，倡导文明祭祀，引导居民用鲜花、植树等文明生态的方式表达对先人的怀念之情，并推广网上扫墓和家庭追思会等新型祭奠方式。端午节，禾山街道在湖里区实验小学多功能厅举办“我们的节日——端午”经典诵读活动，百人共读国学经典《论语》。中秋节，江头街道吕厝社区开展“月满中秋·情满吕厝”和谐邻里活动，32 个小区的居民欢聚一堂，共度佳节。重阳节，区老龄办为全区 90 岁以上老人每人发放节日慰问费 500 元，100 岁以上老人每人发放节日慰问费 1500 元，并与市里一起走访部分高龄和困难老人，共发放费用 24.9 万元。

【开展社区书院“六化”建设】 2016 年，湖里区开展社区书院“六化”建设。将社区书院打造成传播文化知识、协商民主共治、培育共同精神、孵化组织团队的“四大平台”，社区书院建设工作持续走在全市前列。是年，全区有 49 个社区开办了社区书院，其中市级试点 4 个，区级试点 6 个，积极培育众多社会组织，共开展红色传承、绿色环保、法制安全、品德修养、科普养生、医疗保健等系列课

7 月 21 日，湖里区召开社区书院建设工作现场推进会（区文明办供图）

程3000多课，开展吹拉弹唱、琴棋书画等各类群众喜闻乐见、乐于参与的活动1500多场次，受益群众达20多万人次。春节期间，社区书院开辟了“雷锋讲堂”，区文明办特邀陶克少将前来宣讲雷锋精神。6月7日，市政协主席张健，市委常委、宣传部部长叶重耕带领市政协常委视察团到湖里区禾欣社区调研社区书院建设情况，对湖里区社区书院建设给予高度评价。7月21日，区文明办召开全区社区书院建设工作现场推进会。区四套班子领导带队参观调研禾欣、金尚2个社区，现场参观书院建设成果，而后集中研究梳理书院建设的思路和方法，提出将把社区书院建设当成“一把手”工程来抓。7月、8月，新闻大篷车进社区书院系列活动在禾欣社区、金安社区举行。8月19日上午，市委常委陈秋雄带队深入金安社区和禾欣社区调研社区书院建设情况。

（刘靖虹）

名词解释

六化建设：标准化建设、精细化服务、常态化运行、品牌化打造、信息化融合和责任化落实

信访工作

【概况】2016年，湖里区群众越级和到区走访102批995人次，比上年走访批次下降了29.1%，走访人次上升13.4%，其中，到京访、到省非正常访均为0批0人次，到市集体访7批286人次，到区集体访20批564人次；群众通过来信、来电、网络表达诉求的有6666件，比上年上升了26.05%，其中：人民网及国家信访网交办55件，省长信箱交办51件，市长专线6093件，区长信箱299件，群众来信168件，占湖里区受理信访总量的98.10%，比上年上升了0.64%。区级领导干部接待群众来访38批499人次。信访事项及时受理率和按期办结率均为100%，名列全市第一；是年，湖里区信访局被省人社厅、省信访局评为“2012—2015年度全省信访系统先进集体”；有1篇调研文章被《福建信访》采用，有2篇调研文章被《厦门信访》采用；湖里区信访工作连续第三年在市对区信访绩效考评“信访事项依法化解率”指标成绩为全市第一名。

区委书记林建（正面左三）接访（区信访局供图）

【强力推动责任信访】2016年，区信访局修订和完善《湖里区信访稳定工作责任书》，报区政府常务会和区委常委会审议后，下发信访联席会议各成员单位执行。细化《湖里区履行信访稳定工作责任书考核实施细则》，年底由区信访联席办组织对各成员单位落实责任书的情况进行量化考核并通报全区。夯实领导干部履行信访稳定工作责任第一责任人的意识，落实信访事项承办单位、包案领导、首办责任人的责任。实时跟踪交办、转办的信访事项，督办重点疑难信访事项，确保“属地管理、分级负责，谁主管、谁负责”原则的落实。落实初信初访的首办责任。做到案件来源清、办理责任明，使每一件信访事项都有具体的承办单位、包案领导、工作班子和首办责任人，依法及时有效地化解初信初访信访事项，减少可能产生的重信、重访甚至信访积案，遏制矛盾纠纷上行；继续通过《信访月报》通报、点评每月信访工作的开展情况，分析当前及今后一段时间的信访态势。

【畅通信访渠道】年内，湖里区将群众反映比较集中、涉及多个部门的群体性信访事项，纳入区领导重点约访和部门联合接访的范围。群众诉求办理完毕后，第一时间通过网络、快递、专人上门或群众自取的形式反馈给信访人。引导对不服责任单位处理意见的信访人向区政府提出复查申请，年内共有33件信访事项申请复查。

【全力推进法治信访】2016年，湖里区印制信访法治化建设宣传册，制作法治信访宣传栏，利用交通路口的广播大力宣传法治信访，同时结合平时的信访工作进行法治信访宣传，将法治信访贯穿信访工作全流程。各责任单位结合本职工作，加强对法治信访的宣传。区司

区长余国庆（正面右二）接访（区信访局供图）

法局充分发挥司法行政主管部门的优势，进一步完善社区法律服务体系，深化法律“六进”活动，全年举办各类法制讲座220场次，开展法治宣传活动125场次，把普及法律知识与培育全民法治理念相结合，营造全民守法、遇事找法、解决问题靠法的良好法治氛围，为信访法治化建设作出了积极贡献。坚持法定途径优先的原则，引导依法应当通过诉讼、仲裁、行政复议等途径化解的信访事项当事人，就其所主张的事项向有权处理的国家机关提出。对《信访条例》第十四条第一款规定的5类信访事项，依法及时按照“5个时间节点”和“9个规定动作”办理；是年，湖里区受理的6795件信访事项均在规定的时间内依法办理完毕并答复信访人，信访事项及时受理率和按时办结率均达到100%，名列全市第一。严格落实“属地管理、分级负责”的信访工作原则，确保各类信访事项得到快速有效的化解。

【依法治理信访环境】 2016年，区信访局积极协调政法机关依法打击缠访、闹访、过激访及进京、赴省非正常访行为。10月1日，乐群广场工地员工46人围堵云顶北路与金湖路交叉路口，湖里公安分局依法及时介入处置，其中警告6人，教育训诫40人。

【拓展信访事项化解渠道】 年内，以在区的人大代表、政协委员、党代表及知名律师、媒体人和社会贤达组成听证评议组，对重点疑难信访事项进行公开听证。是年，为2件信访事项举办公开听证，为6件信访事项办理专案评审。金山街道金安社区整合社区退休法官、律师、社区法律顾问等资源，成立“金哥安妹”法律驿站，采取现场值班、电话预约和微信平台预约等方式为社区群众提供法律咨询、纠纷调处、法律援助等各类法律服务，受到居民群众的一致好评。9月27日，法律驿站退休法官吴秀丹牵头调处的一起婚姻家庭纠纷事项在中央电视台CCTV-12社会与法频道《小区大事》栏目中播出。

【开展“三无”街道创建】 2016年，湖里区大力开展“三无”街道创建活动。以日常矛盾纠纷的排查预警为依托，落实矛盾纠纷月排查、分析例会制度，加强重要节点的矛盾纠纷的预警排查，使问题发现在早；殿前街道按照“小事不出社区、大事不出街道”的要求建立了街道、社区、小组、中心户“四级预警”网络，每半个月排查一次矛盾纠纷，并设立了信访电话，随时接受来信、来访、来电，收集各种矛盾纠纷信息。各责任单位深化矛盾纠纷解决的途径，切实将信访问题解决在小，化解在基层，稳控在当地。是年，禾山街道在全市首创多元化纠纷解决服务中心工作机制，以多元化纠纷解决中心作为处理信访问题的重要平台，推动信访调解有效对接，大幅提升基层信访调处能力。中心涵盖了辖区的派出所、司法所、执法中队、工商所等驻街单位，以及街道各部门和社区等资源，大大拓展了案件分流的载体，形成上下联动、左右协调、运转高效、综合施治的强大合力。全年调处各类案件1175件，调解成功率100%，有力地维护了辖区的安全稳定。逐人落实国家、省、市联席办交办的重点人员稳控方案，定期回访重点人员，为生产生活困难的重点人员提供必要的帮扶，想方设法解决他们的诉求。

【多措并举化解积案】 年内，湖里区开展信访积案化解攻坚活动，做到信访积案“清仓见底”。全面摸查信访积案的底数，逐案落实包案领导、化解方案，明确牵头单位的责任；分期、分批开展专案评审和公开听证评议工作。是年，国家、省信访联席办没有交办湖里区信访积案，市信访联席办交办3件信访积案，区级信访积案6件，10月底均已化解完毕。

【有序推进便民服务】 5月下旬—8月底，区信访局会同区直行政部门和5个街道共梳理出依法可以简化办理流程的事项125项。按照紧急、咨询、投诉三个类别对可以简易办理的信访事项进行分类并设定时间限制，要求紧急类信访事项必须当日或当面予以答复。咨询、投诉类信访事项分别在2—3个工作日内办理完毕。72件便民服务事项均在规定时间内得到办理。

（张　涛）

名词解释

三无： 无进京越级上访、无大规模集体上访、无因信访问题引发极端恶性事件和负面舆论炒作。

机构编制

【概况】 中共厦门市湖里区委机构编制委员会办公室（以下简称“区编办”），主管全区行政管理体制、机构改革及机构编制工作，为区委机构编制委员会（以下简称区编委会）常设办事机构，负责处理区编委会日常工作，既是区委工作部门，又是区政府工作部门，核定人员编制3名，实际在编2人。下设事业单位“厦门市湖里区事业单位登记管理局”，核定人员编制4名，实际在编4人，为副处级参公事业单位。2016年，区编办主要开展机构编制服务保障、行政审批制度改革、事业单位登记管理、统一社会信用代码赋码发（换）证和机构编制日常管理工作。全年共提请区编委会研究核增涉及经济社会发展、统战等方面急需用编7名，审核区属事业单位补充编内人员招考用编22名、区属教师招考用编82名，争取区机关事业单位增设2个内设机构，争取核增正科级领导职数2名、副科级领导职数4名，争取核准区机关参公单位用编申请46件、选调生用编6名、招考公务员用编5名；推动14家区直部门建立“双随机”抽查机制，清理规范前置审批和中介服务事项，前置审批事项保留60项，调整16项，中介服务事项保留42项，调整18项，梳理优化区级公共服务事项，保留120项、取消21项，调整为行政权力事项12项、新增区级行政权力事项4项，编制街道办事处权责清单，确定各街道办相同权责事项142项；办理97家事业单位年度报告公示，办理48家事业单位变更登记公告，办理1家事业单位设立登记公告；完成55家机关群团统一社会信用代码赋码发证工作、117家事业单位统一社会信用代码赋码换证工作；办理机关单位人员增减编223人（次）、本单位职务变动100人（次），办理事业单位人员增减编298人（次），办理工资审核521人（次）。是年，区编办被评为“全区先进基层党组织”，1人被评为“优秀共产党员”，1人被评为抗台救灾“先进个人”，先后在各级刊物和网站上发表信息8篇（次），其中1篇被中编办网站刊登。

【向市编办争取多个编制】 2016年，湖里区向市编办协调，争取在宣传部增设“宣传教育科”并核增正科级领导职数1名，在文化市场综合执法大队增设加强湖里区旅游质量监管的“执法二科”并核增副科级领导职数1名，争取核定自贸区检察室正科级领导职数1名、副科级领导职数1名，争取核增安全生产执法大队、妇幼保健院副科级领导职数各1名，争取核准机关参公单位用编申请46件、选调生用编6名、招考公务员用编5名。

【调整盘活机构编制资源】 年内，湖里区立足区情实际，将有限的机构编制资源向民生、社会建设等重点领域倾斜，调整盘活全区机构编制资源。提请区编委会研究核增涉及经济社会发展、统战等方面急需用编7名，明确区红十字会、区侨联的领导职数，根据上级要求调整改革区纪委（区监察局）内设机构、整合区效能督查机构、完成街道计生办名称变更和职责调整工作。

【保障教育系统用编需求】 2016年上半年，根据区属学校新学年办学计划，区编办提前介入，主动开展教育系统“预核编”工作，共审核教育系统公开招考教师82名（含赴省外重点大学招考14名），其中：中学42名，小学22名，幼儿园18名。下半年，完成2016—2017学年区属各中小学、幼儿园核编工作，有效保障教育系统用编需求。

10月20日，区编办到蔡塘学校核编（刘也凡　摄）

7月8日，区编办举办审批制度改革业务工作培训班（刘也凡　摄）

【事业单位登记管理】 2016年，区编办全面启用事业单位统一社会信用代码，统一换发有“二维码”防伪图片的新版事业单位法人证书，取消组织机构代码证，稳步推进事业单位“三证合一”登记制度改革，减少重复报送材料。是年，全区已赋码的事业单位117家，进行年度报告公示的事业单位97家，进行变更登记公告的事业单位48家，进行设立登记公告的事业单位1家。

【建立“双随机”机制】 4月，湖里区推广随机抽查机制规范事中事后监管工作，组织区直各编制部门随机抽查事项清单，建立“双随机”（随机抽取检查对象、随机选派执法检查人员）抽查机制，制定随机抽查工作实施方案。年内，推动区发改局、卫计局、教育局、民政局、司法局、人社局、建设局、商务局、文体局、审计局、安监局、统计局、市政园林局和档案局等14家部门建立“双随机”工作机制。

【清理规范前置审批和中介服务事项】 6月，湖里区开展前置审批和中介服务事项清理工作，对行政许可、公共服务和行政权力事项中具有核准性质事项的区直单位，存在的前置审批事项和中介服务事项进行梳理。经清理规范，前置审批事项保留60项，调整16项，行政审批中介服务事项保留42项，调整18项，并于6月底对外公布。

【梳理优化区级公共服务事项】 7月，湖里区开展梳理优化区级公共服务事项工作，具有公共服务职能的区直各有关单位，按照“谁实施、谁梳理”的要求，对本单位公共服务事项进行全面梳理，进一步推进“放管服”工作，建设法治政府和服务型政府，方便群众办事。年内，经部门梳理、区法制办审核，保留区级公共服务事项120项、取消区级公共服务事项21项，区级公共服务事项调整为行政权力事项12项、新增区级行政权力事项4项。

【编制街道办事处权责清单】 7月，湖里区组织部署街道办事处权责清单编制工作，对照法律、法规、规章和“三定”规定，以及上级行政机关依照法定程序委托、下放或交办事项，经各街道办梳理、法制办审核、部门反馈意见，确定各街道办相同权责事项142项，经区政府常务会研究确认，各街道办事处于10月30日前对外公布。

【统一社会信用代码赋码发证】 年内，湖里区根据上级统一部署，推进统一社会信用代码赋码发证工作，通过及时制发文件，发放服务指南，明确赋码换证的操作流程，先行受理组织机构代码证已过期、刊载事项已发生变化的单位，凡申请符合要求的均在1个工作日内办结，针对赋码发证工作中遇到的问题，区编办及时与市编办沟通协调，切实做好组织机构代码证与统一社会信用代码证的有序衔接。年内，全区55家机关、群团均已换发统一社会信用代码证书。

【开展“两学一做”学习教育活动】 2016年，区编办认真部署，

8月10日，区编办支部书记许艺艺到金海社区上党课（刘也凡　摄）

深入开展“两学一做”学习教育活动，制定《“两学一做”学习教育活动实施方案》和《“两学一做”学习计划》，将学习篇目、讨论专题及其他活动逐月安排，确定每周集体学习时间，坚持每月集中学习、每季度学习交流讨论。支部书记带头上党课，组织开展“两学一做”知识竞赛，加强与金海社区党支部的联建活动，丰富“两学一做”活动形式。

【抗台救灾】 9月15日，“莫兰蒂”台风正面登陆厦门市，给湖里区造成严重影响。区编办火速与共建社区取得联系，为社区送去竹扫把、手套、草帽、口罩等急需的救灾工具。男女党员分工协作，发挥各自优势，与部队官兵、城管队员、志愿者们加班加点完成校园门口路面和交通要道的清障工作，并通过微信、微博等社交媒体记录身边感人画面，向社会宣传正能量。

（陈媛婷）

区直机关党工委2016年领导班子“两学一做”学习教育民主生活会（何春来　摄）

9月17日，区编办党员志愿服务队在五缘第一幼儿园开展灾后校门口道路清障工作（陈媛婷　摄）

区直机关党的工作

【概况】 中共厦门市湖里区委区直机关工作委员会（以下简称“区直机关党工委”）为湖里区委的派出机构，领导湖里区直机关党的工作。2016年，区直机关党工委下辖37个直属机关党组织，其中：9个党委、党总支，28个党支部，所属83个党支部，有党员1321人。区直机关党工委被厦门市委评为先进基层党组织。

【思想政治建设】 2016年，湖里区举办了2场专题报告会，邀请市委党校专家到机关作专题辅导报告，对党的十八届五中全会公报和《中共中央关于制定国民经济和社会发展第十三个五年规划的建议》进行多角度解读。区分领导干部和普通干部两个层次开展学习教育。深入开展“两学一做”学习教育。组建12个社区干部督导组对机关党组织“两学一做”学习教育开展专项督导检查。以“问题红包”的形式给相应的党组织提出整改意见。同时，机关党工委成立了33个“两学一做”学习教育工作督导组，所属党组织实行一对一的督导，每季度开展1次督导，确保各项教育任务落到实处。

【组织建设】 年内，12个党组织完成换届选举，调整党支部书记7人，增补委员4人，所属82个党支部（只设支部书记的党支部除外）全部配备了纪检委员，成立了区老年大学临时党支部。按照上级要求，对3个没有单位主官担任书记的党组织进行了规范，全面落实了“一岗双责”。经严格考察，全年发展10名党员，批准14名预备党员按期转正。表彰先进基层党组织10个，优秀共产党员52名，优秀党务工作者14名。区委表彰的先进基层党组织4个，优秀共产党员12名，优秀党务工作者6名，优秀党代表2名。在抗击“莫兰蒂”台风中涌现出一批先进党组织和先进个人，3个党组织和19名党员获区委表彰，1名党员获市委表彰。区直机关各党组织推选出41人参加区第八次党代会代表候选人预备人选。其中：有领导干部37名，专业技术人员3名，先进模范1名。其中，妇女代表12名，少数民族代表1名，45岁以下的代表12名，体现了高度的代表性和先进性。并推荐出席市第十二次党代会代表候选人7名。7月14日上午，湖里区委区直机关党工委党员代表大会召开。

【开展“两个专项活动”】 9月—12月底，湖里区开展“两个专项活动”，即开展违规收受“红包”问题专项治理活动和领导干部亲属经商办企业问题专项清理检查。10月13日，召开区直机关专项会议进行动员部署，并传达学习“两个专项活动方案”。要求各机关党组织要将政策告知所有的副科级以上领导干部，采取全覆盖的形式，每名副科级及以上领导干部都要填写“专项治理‘红包’自查自纠情况登记表”，每名副处级及以上领导干部都要填写《领导干部亲属经商办企业信息报告表》，并作出承诺表态，有相关问题的要说明情况。全区有152名副科级及以上领导干部进行了自查，并作出承诺表态。

【为基层办实事】 区直机关党工委全年走访慰问病困党员35名，发放困难慰问金3.5万元。完成党代表选举工作，确保区委换届平稳顺利。指导完成了区委政法委、区人大、区经信局、省国防工业计量站等12个基层党组织的换届选举工作及工商局机构改革后党组织调整工作。举办了以廉政教育为主的纪律讲堂，对区直机关党委（总支、支部）书记、副书记和委员进行宣传教育。11月中旬，在市委党校举办了1期党务干部培训班，58名党务干部参训。举办了“纪念特区成立35周年”主题征文，收到投稿41篇，评出一等奖2篇，二等奖3篇，三等奖5篇。结合“两学一做”学习教育，为所属党组织党员发放了一批党员学习资料和党员学习记录本，共发放《中国共产党章程》三合本、“两学一做”学习教育专用笔记本2570余册。深化党员志愿活动，为所属的党组织配发45面党旗、1285枚党徽。《湖里区机关党的组织工作常用文件汇编》再版，增加了新修订的《中国共产党发展党员工作细则》和新颁布的《中国共产党廉洁自律准则》《中国共产党纪律处分条例》，内容更为丰富，印发100册。

7月14日上午，湖里区委区直机关党工委党员代表大会召开（何春来　摄）

【和谐机关建设】 2016年，机关党工委坚持党建带群团组织建设，不断增强群团组织的工作活力和服务能力，形成党群共建促发展的生动局面。围绕主要节日和区内重要活动，机关工会开展“吉猴闹春”元宵趣味运动会、“快乐三八”亲子趣味游园活动、“端午粽飘香”包粽子比赛、“颂歌献给党”大型合唱表演等文化体育活动11项。为会员办理户外运动卡，其中充值1061张，新办241张。为在编的924名会员、非编638名会员购买了职工医疗保险。

（曾念丽）

台湾事务

【概况】 2016年，湖里区全年解决台胞诉求46件，承办涉台的提案议案3件。举办湖里区涉台干部及台企普法联络员开展涉台法律知识网络竞赛，协助举办第九届福德文化节。组织召开区台联二届九次常务理事会，在金山社区成立台联小组。全年受理台胞台商投诉求助46件，办结率100%，及时解决台胞台商的困难问题。是年，区台办第16次被国台办授予“对台宣传和调研”工作先进单位。云创智谷获国台办授予“海峡两岸青年创业基地”牌匾。

【对台招商引资】 年内，围绕厦门（湖里）自贸试验区建设和湖里区的产业转型升级，区台办全力做好招商项目的推介和台商的接待工作。先后接待基隆驻厦办台湾

10月25日，台菁创客家在五缘湾成立（区台办供图）

嘉宾、台办菁英家企业协会、台耀国际企业有限公司等12批近百名企业家到湖里区考察。5月，组织辖区500多家台资企业参加“营改增”政策解读会，吸引了200多名台商参加。“9·8”中国国际投资贸易洽谈会期间，邀请“我的（厦门）跨境电商、台菁创客家、光合活性炭生物科技以及名津生物科技”4家台企签约近5千万元。10月25日，台菁创客家正式落户五缘湾，有22家近40名台湾青年签约入驻。是年，湖里区新增台资企业156家，投资总额为64350.88万美元，合同外资为47967.54万美元；增资台资企业5家，增资总额240.27万美元。

【信息宣传】 2016年，湖里区台办发动区相关部门订阅《两岸关系》《台湾工作通讯》等宣传刊物200余份。连续16年被国台办授予“对台宣传和调研”工作先进单位；连续8年获区委统战部信息报送先进单位一等奖。4月，区台办设立微信公众号“湖里台胞缘地”。公众号设三个版块：“缘聚湖里”集中展现辖区内台胞台商人才的风采；“缘牵两岸”集中宣传优惠政策；“缘传万家”传递宗亲信息，同胞融合情缘。同时发布和更新区台办举办的各类活动信息。全年推送33期，有近千人关注，在社会上产生了一定的影响。

【两岸社区交流】 年内，湖里区台办参加市台办组织的两岸乡镇对接交流，参访台中多个社区。接待了台中市委员会嘉宾到湖里区兴隆社区座谈交流，并参访了对台交流基地——惠和石文化园。10月20日，组织新任社区主官一行15人赴台考察学习交流，举行座谈、交流等5个专题，两岸11对社区签订共建交流协议，密切了两岸民间往来，加深了对两岸同胞融合的理解。

【两岸教育交流】 2016年，区教育系统于4月7—13日，首派15名小学语文学科教师代表赴台开展调研、座谈和交流。赴台教师与台湾有关方面的专家座谈，实地参观有代表性、有特色的学校，入班听课，开展问卷调查、试题测试、质量分析，互相交流了海峡两岸在教学方面的经验和有效做法。

【两岸宗教、宗亲交流】 2月，林后青龙宫理事会举办厦门市第二十三届保生慈济文化节。仙岳山土地公庙在马来西亚举办第九届福德文化节，邀请台湾各地约40座宫庙1000多人组团参加。7月，台湾秀朗孙氏宗亲会95名台湾孙氏子孙到高林社区西村孙氏宗祠寻根祭祖，与禾山孙氏宗亲会进行座谈交流。11月，台湾萧氏宗亲总会44人到乌石浦萧氏家庙寻根谒祖，与当地萧氏宗亲座谈交流。

【两岸文化体育赛事交流】 2月，湖里区台办与金山街道联合举办“欢乐五缘湾·金山篮球季”三对三篮球公开赛。5月，区台办与禾山街道等单位联合主办第四届“禾山杯”海峡两岸网球联谊赛。7月5日，区台办联合区教育局、区司法局等9个单位举办第十五届海峡两岸青少年夏令营，有来自两岸的35名中小学生参加夏令营；7月12日，区台办与省台联联合举办“2016年海峡西岸台胞青年夏令营”，200多名两岸青年参加。7月26日，湖里区台办配合市台联举办“2016年相聚厦门两岸小学生闽南文化寻根交流”夏令营，有100多名两岸小学生分别参观了惠和石文化园和上古文化博物馆，了解闽南特色文化。

【引导台胞参与社区治理】 4月，湖里区在徐厝、濠头、长乐、江头、禾盛、金山等6个社区新聘请了6位台胞担任社区主任助理，并联合区委组织部、区民政局以及街道，现场观摩兴隆示范社区，并召开座谈交流会。在兴隆社区、金山社区、濠头社区成立了台胞个人调解工作室，开展“沟通、服务、调解以及牵线搭桥”等各项工作，让居住在湖里区的台胞融入湖里的社会生活中。

【开展联谊活动】 2016年，湖里区在元旦、春节期间走访慰问辖区重点台资企业以及台湾部分县、市驻厦办32家和8个宗教团体，慰问

2016 年春节前夕，区长徐国庆（正面左一）走访慰问居住在湖里区的台湾同胞（区台办供图）

贫困台胞、金门同胞、台属 29 人。区台办与区委统战部走访慰问结对帮扶对象。“三八”妇女节期间，组织辖区 30 多位台湾姐妹参观考察龙海市古民居，感受“两岸一家亲”的亲情文化。重阳节慰问辖区 70 岁以上的老台胞、老金门同胞和老台属 113 人，让他们感受到政府的关怀。

【为台胞台商服务】 9 月中旬，台风“莫兰蒂”正面袭击厦门，给厦门造成巨大损失。台风过后，湖里区及时开展救治行动，了解台湾企业受灾情况，奔赴受灾比较严重的厂区察看并动员自救。有 200 多家台资企业的厂房不同程度遭到重创，损失上亿元人民币，但无人员伤亡。湖里区及时开展慰问并动员台企尽快恢复生产，使损失降低到最小程度。台企国宏企业贸易公司因租赁合同与房东发生纠纷，在禾山街道钟宅社区的协助下，妥善处理，达成和解。协助台企罗马制衣公司解决网络被侵、资金诈骗案件。台湾弘基集团总裁率团到湖里区参观考察寻求合适创业环境，区台办协助并带领参观辖区内创业基地，是年，确认在湖里成立弘基集团分公司。

【开展“七五”普法宣传】 2016 年，湖里区重视在台资企业中开展普法教育，区台办联合区司法局、区依法治区办开展全区台资企业普法联络员培训，邀请信实律师事务所资深律师针对台资企业在生产经营过程中遇到的常见问题进行授课。培训中还开展互动问答和讲解，受到台资企业普遍好评。

【做好台湾专业人才工作】 年内，湖里区重视台湾专业人才的引进和培育工作，以台企中、青年台湾优秀专业人才为培育对象，做好建档工作，掌握台湾专业人才情况。是年新评选 8 名台湾专业人才，同时兑现原有 11 名台湾专业人才奖励金 84 万余元，并开展台湾专业人才中期评估工作。推荐台企华信公司总经理和益力康公司总经理参评第三批在闽优秀台湾专业人才，同时推荐华信公司总经理参评第十批厦门荣誉市民，进一步增强台商的荣誉感和归属感。

【做好基地培育工作】 2016 年，湖里区及时对辖区内各基地入驻台资企业、台湾青年创业人数进行统计，建立数据平台。5 月，随市台办到杭州、义乌、昆山、上海等青创基地考察，学习好的经验做法，并转化指导湖里区青创基地建设等各项工作。6 月下旬，邀请 32 名台湾青年参观云创智谷，并联合区商务局进行相关优惠政策宣讲。8 月中旬，云创智谷获中共中央台办、国务院台办授予“海峡两岸青年创业基地”牌匾，是厦门市获得的唯一“国”字招牌。

【鼓励台湾青年到湖里区创业】 年内，湖里区成立了区台湾青年创业工作领导小组，发放《湖里区鼓励和支持台湾青年创业实施办法》1100 多本。5 月，区台办联合区人才办、区工商联青委会组织 37 名两岸青年开展了以“致青春、创未来”青年沙龙活动，考察了海峡两岸建筑设计文创园和云创智谷。8 月，湖里区出台《关于鼓励和支持台湾青年创业实施细则》，对“实施办法”进行细化。吸引了 50 多家 100 多名台湾青年到湖里区创业。是年，兑现 1 家台青创公司申请住房、场租补贴 15 万余元。另有 6 家符合条件的青创企业正在申报各类补贴。

【湖里区台胞金胞台属联谊会】 组织建设 2016 年，湖里区台胞金胞台属联谊会组织学习总书记习近平涉台系列重要讲话精神，学习新时期党的对台方针政策。开展“美丽厦门·创新湖里”和“同胞融合行动计划”工作。在台湾政局发生重大变化后，向台胞理事宣讲对台大政方针，坚持一中原则，坚持“九二共识”政治基础，坚决反对任何形式的“台独”图谋。通过学习，提高台联理事的理论素养和政策水平。要求台胞理事和广大台胞、金门同胞、台属在做好本职工作的同时，发挥在对台工作中的优势，推动两岸经济文化和基层社区的交流。

创新发展 4月，湖里区台胞金胞台属联谊会为金山街道金山社区成立“台联小组”举办授牌仪式，并特聘台胞为台联小组的常务副组长，让台胞参与台联小组的组织领导工作，让台胞在进一步融入社区的管理工作中发挥作用。台联小组在端午节、中秋节、元宵节都开展活动，辖区的台胞、金门同胞、台属和台商都积极参加包粽子、博饼、游园等联谊活动。

主要活动 年初召开区台联常务理事扩大会议，邀请各街道分管领导参加，布置是年台联工作，筹备台联换届工作。在全区范围内开展台胞、金门同胞、台属信息调查，撰写二届台联理事会工作报告，修改台联章程，推选台联代表大会代表和台联理事。台联界别政协委员和台联理事积极参政议政，撰写政协提案和社情民意，台胞法院陪审员积极参与法院案件调解和审判，帮助化解涉台纠纷，有效维护台胞台商的合法权益。

2016的4月，金山社区台联小组成立（区台办供图）

【湖里区台商联谊会】 2016年，湖里区台商联谊会拥有会员115家。联谊会以定期举办餐叙会的活动形式，为会员企业搭建交流、交往平台。台资企业在联谊活动中互相联络感情，增进了解，交流企业经营管理经验，共同为湖里区的社会经济建设做贡献。区台商联谊会积极参与同胞融合行动，成立台商联谊小组，利用传统节日，组织辖区内台胞台商开展活动。推荐台商为“湖里区招商顾问”“法庭人民陪审员”“厦门市荣誉市民”“湖里区海联会理事”，推荐参评在闽优秀台湾专业人才，推荐台商、台胞担任社区主任助理；建立厦门市涉台个人调解工作室，为台胞提供矛盾纠纷调解和法律咨询服务。开展献爱心慈善活动，组织台胞台商义务献血。“莫兰蒂”超强台风袭击厦门，湖里台企积极参与自救与援助，两岸居民自发组成志愿队伍，清理倒伏树木，疏通道路，新华社记者进行了专题报道。区台商联谊会还引导台胞、台商融入厦门生活，进一步增强了台胞台商的荣誉感和成就感。

（李宝龙）

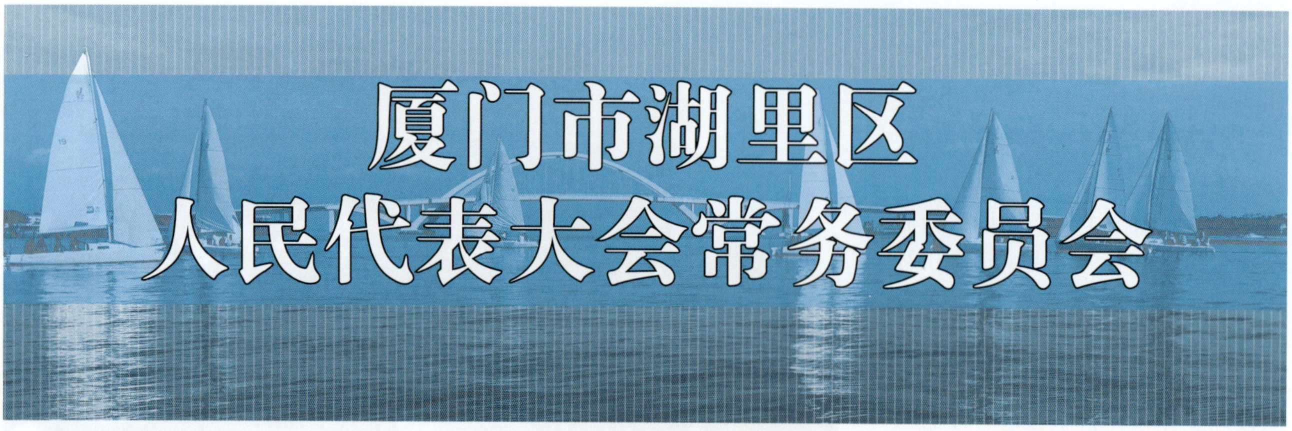

厦门市湖里区人民代表大会常务委员会

【概况】 2016年，湖里区人民代表大会常务委员会（以下简称“区人大常委会”）先后召开区人民代表大会2次，常委会会议16次、主任会议21次；组织人大代表集中视察5场（次）；听取和审议区政府及其部门、区法院、区检察院专项工作报告13项，提出意见建议33条；作出决定、决议16项；开展专题调研7项；督促办理代表建议、批评和意见66件，依法任免国家机关工作人员56人（次）。

1月26—27日，湖里区第七届人民代表大会第六次会议在区行政中心召开（黄绍义 摄）

重要会议

【区七届人民代表大会第六次会议】 区第七届人民代表大会第六次会议于1月26—27日召开。会议听取和审议区长徐国庆作的《湖里区人民政府工作报告》；听取和审议湖里区人民政府关于《厦门市湖里区国民经济和社会发展第十三个五年规划纲要（草案）起草情况的说明》，批准“湖里区国民经济和社会发展第十三个五年规划纲要”；书面审议湖里区2015年预算执行情况和2016年预算草案的报告，批准湖里区2016年区本级预算；听取和审议区人大常委会主任梁美丽作的《湖里区人大常委会工作报告》；听取和审议区人民法院院长高碧青作的《湖里区人民法院工作报告》；听取和审议区人民检察院检察长林育清作的《湖里区人民检察院工作报告》，并表决通过各项决议。大会收到代表提出的议案、建议、批评和意见68件，其中，区属职权范围内的建议、批评和意见49件。

【区八届人民代表大会第一次会议】 区第八届人民代表大会第一次会议于12月22—25日召开。会议听取和审议区长徐国庆作的《湖里区人民政府工作报告》；书面审议《湖里区2016年预算执行情况和2017年预算草案的报告》，审查和批准湖里区2017年区本级预算；听取和审议区人大常委会主任梁美丽作的《湖里区人大常委会工作报告》；听取和审议区人民法院院长高碧青作的《湖里区人民法院工作报告》；听取和审议区人民检察院代检察长吴华峰作的《湖里区人民检察院工作报告》，并表决通过各项决议。会议选举黄炜为区八届人大常委会主任，戴宗垒、曾国建、梁国富、方文群为区八届人大常委会副主任；选举徐国庆为区人民政府区长，林充贺、丁红斌、刘云标、黄平南、洪耀同、李伟宏、陈

12 月 22—25 日湖里区第八届人民代表大会第一次会议在湖里区行政中心召开（区人大供图）

颢颖为区人民政府副区长；选举高碧青为区人民法院院长，吴华峰为区人民检察院检察长（须报经厦门市人民检察院检察长提请厦门市人民代表大会常务委员会批准）；选举向延琼等 22 名同志为区八届人大常委会委员；选举万文蓉等 47 名同志为厦门市第十五届人民代表大会代表。新当选的区人大常委会主任、副主任、委员，区政府区长、副区长，区人民法院院长举行向宪法宣誓仪式。大会收到代表提出的议案、建议、批评和意见 95 件，其中区属职权范围内的建议、批评和意见 84 件。

【政情通报会】 8 月 11 日上午，区人大、区政协联合举办 2016 年上半年政情通报会。全区人大代表参加会议，听取区长徐国庆作的《关于湖里区上半年经济社会发展情况和下半年主要工作安排的报告》，以及区法院、区检察院作的《关于 2016 年上半年工作情况的书面报告》。

【区七届人大常委会会议】 2016 年，区七届人大常委会共召开 16 次会议，即区七届人大常委会第 42 至 57 次会议。

区七届人大常委会第 42 次会议　1 月 4 日，湖里区七届人大常委会召开第 42 次会议，常委会委员 18 人出席会议，区人大办副主任余孙升列席会议。会议研究区七届六次会议有关事项。

区七届人大常委会第 43 次会议　1 月 8 日，湖里区七届人大常委会召开第 43 次会议，常委会委员 18 人出席会议，区人大办副主任余孙升列席会议。会议审议通过关于接受陈海松辞去湖里区第七届人民代表大会代表的决定（草案）。

区七届人大常委会第 44 次会议　1 月 15 日，湖里区七届人大常委会召开第 44 次会议，常委会委员 17 人出席会议，区人民政府区长徐国庆、区法院院长高碧青、区检察院检察长林育清、区政府办主任黄伟、区人大办副主任余孙升、各街道人大工委主任列席会议。会议表决通过人事任免有关事项；审议通过区七届六次会议部分材料。首次举行了人大常委会任命人员就职宣誓仪式，新任命的湖里区人民政府副区长林充贺、湖里区人民检察院副检察长林雪峰分别面向国徽宣誓。

区七届人大常委会第 45 次会议　2 月 25 日，湖里区七届人大常委会召开第 45 次会议，常委会委员 17 人出席会议，区法院院长高碧青、区检察院检察长林育清、区人大办副主任余孙升、各街道人大工委主任列席会议。会议表决通过人事任免有关事项；审议《湖里区人大常委会 2016 年工作要点（草案）》。

区七届人大常委会第 46 次会议　4 月 13 日，湖里区七届人大常委会召开第 46 次会议，常委会委员 16 人出席会议，区人民政府区长徐国庆、区人大党组成员向延琼、区法院院长高碧青、区检察院检察长林育清、区政府办主任黄伟、各街道人大工委主任列席会议。会议表决通过人事任免有关事项。

区七届人大常委会第 47 次会议　5 月 30 日，湖里区七届人大常委会召开第 47 次会议，常委会委员 16 人出席会议，区人民政府区长徐国庆，副区长林充贺、戴宗垒，区人大办主任向延琼，区法院院长高碧青，区检察院检察长林育清，区政府办主任黄伟，区财政局局长辜琦皇，区工业园区管委会主任阳良彬，区教育局副局长吴雪慧，各街道人大工委主任列席会议。会议表决通过人事任免有关事

1 月 15 日，湖里区举行人大常委会任命人员就职宣誓仪式（黄绍义　摄）

项；听取和审议区政府《关于岛外工业园区建设与运营情况的报告》；听取和审议区政府《关于湖里区公办学校校园建设情况的报告》；听取和审议人民检察院关于侦查监督工作情况的报告。

区七届人大常委会第48次会议　8月2日，湖里区七届人大常委会召开第48次会议，常委会委员15人出席会议，区人民政府区长徐国庆，副区长林充贺、刘云标，区人大党组书记黄炜，区人大办主任向延琼，区检察院检察长林育清，区法院副院长王毅，区政府办主任黄伟，区财政局局长辜琦皇，区审计局局长肖德良，区科技局局长吴淑真，各街道人大工委主任列席会议。会议听取和审议区政府关于2015年决算草案报告和关于预算执行和其他财政收支情况的审计报告，批准2015年决算；听取和审议区政府《关于大众创业万众创新工作情况的报告》；表决通过人事任免有关事项。

区七届人大常委会第49次会议　8月2日，湖里区七届人大常委会召开第49次会议，常委会委员15人出席会议，区人大党组书记黄炜、区人大办主任向延琼、区政府办主任黄伟、各街道人大工委主任列席会议。会议表决通过人事任免有关事项。

区七届人大常委会第50次会议　8月25日，湖里区七届人大常委会召开第50次会议，常委会委员17人出席会议，区人大党组书记黄炜、区人大办主任向延琼、区法院院长高碧青、区检察院代检察长吴华峰、区政府办主任黄伟、各街道人大工委主任列席会议。会议审议通过代表资格审查委员会关于补选代表资格审查的报告。

区七届人大常委会第51次会议　9月30日，湖里区七届人大常委会召开第51次会议，常委会委员14人出席会议，区人大党组书记黄炜，副区长林充贺、洪耀同、刘云标，区人大办主任向延琼，区法院院长高碧青，区检察院代检察长吴华峰，区政府办主任黄伟，区财政局局长辜琦皇，区司法局局长林荣福，区建设局副局长孙琦，各街道人大工委主任列席会议。会议听取市人大代表杨映红、陈宏舟履职情况的报告，庄亨浩、杜明聪、张毅恭、陈秋雄、林重阳、梁美丽、燕苏闽、洪碧玲、徐国庆、夏先鹏、王中11位代表向常委会提交了书面履职报告；听取和审议区政府《关于2016年1—8月预算执行情况和预算调整草案的报告》，审查批准预算调整草案；听取和审议区政府《关于老旧小区改造情况的报告》；听取区政府“七五”普法规划及编制说明，并作出决议；表决通过人事任免有关事项。

区七届人大常委会第52次会议　10月26日，湖里区七届人大常委会召开第52次会议，常委会委员14人出席会议，区人大党组书记黄炜、区人大办主任向延琼、区检察院代检察长吴华峰、各街道人大工委主任列席会议。会议研究通过《区第八届人民代表大会换届选举时间的决定（草案）》；研究通过《关于设立区选举委员会的决定（草案）》；研究通过《关于设立区选举委员会办公室及所属各组和街道选举办事处的决定（草案）》。

区七届人大常委会第53次会议　10月26日，湖里区七届人大常委会召开第53次会议，常委会委员14人出席会议，区人大党组书记黄炜、区人大办主任向延琼、区法院院长高碧青、区检察院代检察长吴华峰、各街道人大工委主任列席会议。会议研究通过《湖里区第八届人民代表大会换届选举工作实施方案（草案）》。

区七届人大常委会第54次会议　11月14日，湖里区七届人大常委会召开第54次会议，常委会委员17人出席会议，区人大党组书记黄炜、副区长林充贺、区人大办主任向延琼、区法院院长高碧青、区政府办主任黄伟、各街道人大工委主任列席会议。会议表决通过人事任免有关事项。

区七届人大常委会第55次会议　11月29日，湖里区七届人大常委会召开第55次会议，常委会委员16人出席会议，区人大党组书记黄炜、党组成员方文群、副区长丁红斌、区人大办主任向延琼、区人大法制内司工委主任林颖、区人大财经工委主任吴智明、区人大科教文卫侨工委主任李东、区法院院长高碧青、区政府办主任洪志伟、区市政园林局副局长林赞凯、各街道人大工委主任列席会议。会议听取和审议区政府《关于城市绿化美化工作情况的报告》；听取和审议关于对区人大代表沈木钦依法采取强制措施进行许可的有关事项；听取和审议《关于召开区八届人大一次会议的决定（草案）》。

区七届人大常委会第56次会议　12月9日，湖里区七届人大常委会召开第56次会议，常委会委员17人出席会议，区人大党组书记黄炜、党组成员方文群、区人大办主任向延琼、区人大法制内司工委主任林颖、区人大财经工委主任吴智明、区人大科教文卫侨工委主任李东列席会议。会议听取和审议《关于调整湖里区选举委员会组成人员职务的决定（草案）》。

区七届人大常委会第57次会议　12月15日，湖里区七届人大常委会召开第57次会议，常委会委员14人出席会议，区人大党组书记黄炜，党组成员方文群，副区长林充贺、张金坪，区人大办主任向延琼，区人大法制内司工委主任林颖，区人大财经工委主任吴智明，区人大科教文卫侨工委主任李东，区法院院长高碧青，区政府办主任洪志伟，各街道人大工委主任列席会议。会议表决通过人事任免有关事项；听取和初步审查区政府《关于2016年预算执行情况和2017年预算草案的报告》；听取和审议区政府《关于办理区七届人大六次会议代表建议工作情况的报告》；听取和审议代表资格审查委员会《关于代表资格审查情况的报告》；听取和审议《关于表彰区七届人大代表优秀建议和办理工作先进单位、先进个人的决定（草案）》；审议区八届人大一次会议相关材料。

【区七届人大常委会主任会议】 常委会全年共召开主任会议21次。会议的主要内容包括：研究补选部分区人大代表、区人大代表换届选举、八届人大一次会议筹备等重大事项，研究人事任免有关事项，听取“一府两院”有关工作汇报等。其中，8月25日召开的第68次主任（党组）扩大会议，听取区政府《关于办理区七届人大六次会议代表建议工作进展情况的报告》，以及区政府《关于2012年以来审计发现问题整改情况的报告》；10月25日召开的第71次主任（党组）扩大会议，听取湖里公安分局《关于网络安全管理工作情况的报告》。

主要工作

【审议专项报告】 年内，区人大常委会听取和审议专项工作报告10项：听取和审议区政府《关于岛外工业园区建设与运营情况的报告》《关于湖里区公办学校校园建设情况的报告》；听取和审议《关于2015年决算草案报告和关于预算执行和其他财政收支情况的审计报告》，批准2015年决算；听取和审议《关于大众创业万众创新工作情况的报告》《关于2016年1—8月预算执行情况和预算调整草案的报告》，审查批准预算调整草案；听取和审议《关于老旧小区改造情况的报告》《关于城市绿化美化工作情况的报告》《关于2016年预算执行情况和2017年预算草案的报告》；听取和审议区政府《关于办理区七届人大六次会议代表建议工作情况的报告》；听取和审议人民检察院《关于侦查监督工作情况的报告》等，加强对经济、民生、社会稳定等方面工作的监督。

【决定重大事项】 2016年，区人大常委会全年作出决定、决议16项，即关于更改湖里区第七届人民代表大会第六次会议召开时间的决定、关于接受陈海松辞去湖里区第七届人民代表大会代表职务的决定、关于接受林育清辞去厦门市湖里区人民检察院检察长职务的决定、关于吴华峰代理厦门市湖里区人民检察院检察长职务的决定、关于补选区第七届人民代表大会代表的决定、关于接受戴团源辞职的决定、关于批准2015年区级财政决算的决定、关于批准湖里区2016年度预算调整的决定、关于开展第七个五年法治宣传教育的决议、关于湖里区人大常委会设立区选举委员会的决定、关于召开区第八届人民代表大会换届选举时间的决定、关于设立区选举委员会办公室及所属各组和街道选举办事处的决定、关于许可对区人大代表沈木钦依法采取强制措施的决定、关于召开湖里区第八届人民代表大会第一次会议的决定、关于调整湖里区选举委员会组成人员的决定、关于表彰区七届人大代表优秀建议和办理工作先进单位、先进个人的决定。

【人事任免】 年内，区人大常委会依法任免国家机关工作人员56人（次）。

2016年区七届人大常委会任免国家机关工作人员名表

表5

时间	会议	任免人员
1月8日	区七届人大常委会第43次会议	同意陈海松辞去区人大代表职
1月15日	区七届人大常委会第44次会议	任命：林充贺为区人民政府副区长；林雪峰为区人民检察院副检察长
2月25日	区七届人大常委会第45次会议	任命：陈欢为区人大常委会城建环资工委副主任（挂职，挂职时间自2016年2月至2016年7月）
4月13日	区七届人大常委会第46次会议	任命：向延琼为区人大常委会办公室主任；魏康为区人民检察院检察委员会专职委员，刘桂莲为区人民检察院检察员，刘斌为区人民检察院检察员，黄鹏为区人民检察院检察员 免去：余孙升的区人大常委会办公室副主任职务，王华安的区建设局局长职务
5月30日	区七届人大常委会第47次会议	任命：林菁为区人民检察院检察员 免去：裴再生的区市政园林局局长职务；颜福成的区人民法院禾山法庭庭长、审判员职务，荀毅的区人民法院刑事审判第二庭副庭长、审判员职务

续表 5

时间	会议	任免人员
8 月 2 日	区七届人大常委会第 48 次会议	任命：黄平南为区人民政府副区长；吴华峰为区人民检察院副检察长 同意刘琦龙辞去区人民政府副区长职务 接受林育清辞去区人民检察院检察长职务的请求，同时经市人民检察院检察长提请市人民代表大会常务委员会批准
8 月 2 日	区七届人大常委会第 49 次会议	决定：吴华峰代理区人民检察院检察长 同意戴团源辞去区第七届人民代表大会常务委员会委员、科教文卫侨工作委员会主任职务
11 月 14 日	区七届人大常委会第 54 次会议	免去：周福民的区人大常委会法制内司工作委员会主任职务，郭素芬的区人大常委会财政经济工作委员会主任职务，林乐庆的湖里街道人大工作委员会主任职务，林筱丽的殿前街道人大工作委员会主任职务，陈必山的江头街道人大工作委员会主任职务，陈慈明的禾山街道人大工作委员会主任职务，俞加洪的金山街道人大工作委员会主任职务；黄伟的区人民政府办公室主任职务，洪志彬的区经济和信息化局局长职务，李东的区卫生和计划生育局局长职务，吴淑真的区科学技术局局长职务，辜琦皇的区财政局局长职务，郭漳楚的区文体出版旅游局局长职务，傅伯伟的区安全生产监督管理局局长职务，肖德良的区审计局局长职务，张金坪的区统计局局长职务；林颖的区人民法院审判委员会委员、副院长、审判员职务 任命：林颖为区人大常委会法制内司工作委员会主任，吴智明为区人大常委会财政经济工作委员会主任，李东为区人大常委会科教文卫侨工作委员会主任，黄年生为湖里街道人大工作委员会主任，苏春生为殿前街道人大工作委员会主任，陈天友为江头街道人大工作委员会主任，林志荣为禾山街道人大工作委员会主任，聂保太为金山街道人大工作委员会主任；洪志伟为区人民政府办公室主任，林筱丽为区经济和信息化局局长，王萍为区卫生和计划生育局局长，吴雪慧为区教育局局长，张金坪为区财政局局长，郭晓平为区建设局局长，林秀瑜为区文体出版旅游局局长，辜琦皇为区审计局局长
12 月 15 日	区七届人大常委会第 57 次会议	免去：陈文约的区民族与宗教事务局局长职务；叶青的区人民法院审判委员会委员、审判员职务

【议案建议办理】 2016 年，区人大常委会重视议案、建议的办理，及时将代表建议整理归类，会同区政府召开建议交办会，明确任务要求、责任主体和办理程序；常委会会议专题听取和审议区政府《关于代表建议办理情况的报告》，跟踪监督建议、议案办理进展情况；对群众反映强烈的热点难点问题，有针对性地开展“回头看”。区七届人大六次会议代表提出的 66 件建议，均全部办结并答复代表，其中，满意 64 件，占 97%；基本满意 2 件，占 3%。

【“高枝嫁接”议案、建议】 年内，区人大常委会借助市人大代表湖里团这个平台，提出代表议案、建议。在 1 月召开的市十四届人大五次会议，湖里代表团向大会提交代表议案 9 件、建议 83 件，通过市人大机关交办和持续督办，引起市政府的重视，推动相关问题解决。

7 月 6 日，市人大同安代表小组与部分湖里区人大代表考察自由贸易实验区厦门片区行政服务中心、风信子跨境商品直购体验中心（黄绍义　摄）

【视察检查活动】 2016 年，区人大常委会围绕湖里区经济社会发展中急需解决的重大问题和人民群众关注的热点难点问题，组织市、区人大代表对教育工作情况、金融中心建设等重点议题开展视察活动5次：4月27日，组织部分区人大代表视察湖里区法律援助工作情况；5月20日，组织部分区人大代表视察辖区空气监测点设置和运行情况；6月22日，组织市人大湖里代表团全体代表开展跨区视察活动，视察同安区莲花镇白交祠、军营村建设情况；6月28日，组织部分区人大代表视察湖里区妇幼保健工作情况；7月6日，市人大同安代表小组到湖里区开展“异地视察”活动，与部分湖里区人大代表视察自由贸易实验区厦门片区行政服务中心、风信子跨境商品直购体验中心。

【补选代表】 湖里区七届人大常委会第48次会议审议通过《关于补选区七届人民代表大会代表的决定》，决定在第57选区、第53选区等额补选区第七届人民代表大会代表2名。8月20日，经过第57、53选区选民的直接投票，选举区委书记林建、区人大党组成员向延琼为湖里区第七届人民代表大会代表。

【人大代表换届选举】 湖里区七届人大常委会第52次会议审议通过《关于湖里区人大常委会设立区选举委员会的决定》《关于召开区第八届人民代表大会换届选举时间的决定》和《关于设立区选举委员会办公室及所属各组和街道选举办事处的决定》，决定湖里区第八届人民代表大会换届选举于10月全面展开。12月10日，全区近24万名选民通过105个选区直接选举产生197名区人大代表。12月25日，在区八届人大一次会议上，选举产生47名市第十五届人大代表。

12月10日，选民投票选举人大代表（区人大供图）

【信访工作】 区人大常委会全年受理人民群众来信来访24件次，接待群众来访19批24人次，督促“一府两院”及时研究解决群众反映的各类问题和诉求。

【开展“两学一做”学习教育活动】 年内，区人大常委会深入开展“两学一做”学习教育活动。贯彻落实区委有关文件要求和全区“两学一做”学习教育推进会议精神，结合工作实际，精心制定组织实施方案和细化工作计划。市人大常委会党组副书记、副主任杜明聪以“坚定理想信念，增强四种意识”为主题，为湖里区人大机关上党课。区人大党组领导班子和各委办主要领导按照学习计划的安排，为党员干部上专题党课。截至年底，区人大机关上党课9场。

（孙　娟）

厦门市湖里区人民政府

区政府常务会议

【概况】 2016年，湖里区政府第七届共召开21次常务会议，即第84次至104次，第八届召开1次常务会议。

【区政府第七届第84次常务会议】 1月15日上午，区长徐国庆主持召开区政府第84次常务会议，出席会议的有副区长林充贺、戴宗垒、刘琦龙、丁红斌、张家伟、刘云标、洪耀同，政府办主任黄伟，人武部政委刘仁宇。会议讨论并原则通过了《湖里区区级财政性投资基建项目2015年完成情况及2016年计划安排建议（送审稿）》《湖里区2016年重点项目建议名单（送审稿）》《关于加快构建现代公共文化服务体系的实施方案（送审稿）》《湖里区关于鼓励和支持台湾青年创业就业实施办法（送审稿）》《湖里区促进信息产业发展实施办法（送审稿）》《湖里区老年大学教师授课费和职工酬金管理办法（送审稿）》、区建设局《关于集鑫A、马山安置小区改造工程增加投资的请示》。会议讨论了区文体出版旅游局《关于安排国家乒乓球队莅厦训练专项补助经费的请示》、区城管办《关于城区道路夜景建设有关事宜的请示》、区民政局《关于成立区社会保障性住房管理中心等事宜的请示》、禾山街道办《关于禾山街道老年人日间照护中心项目沿用原施工中标单位的请示》、区行政执法局《关于组建五缘湾执法中队的请示》。

【区政府第七届第85次常务会议】 2月19日上午，区长徐国庆主持召开区政府第85次常务会议，出席会议的有常务副区长林充贺，副区长戴宗垒、刘琦龙、丁红斌、张家伟、刘云标、洪耀同、肖平，政府办主任黄伟，人武部政委刘仁宇。会议讨论并原则通过了《关于推进完善社会治安防控体系建设的实施方案（征求意见稿）》《湖里区政府购买社会工作服务的实施意见（送审稿）》，会议讨论了区食安办《关于建立社区食品药品监管协管员队伍的请示》、区总工会《关于将我区高龄农业劳模参照社区退休劳模给予生活补贴的请示》、区人武部《关于区国防动员民兵训练中心项目前期工作的请示》、东渡海关《关于商请厦门市湖里区人民政府给予改善监管设施财政支持的函》。会议通报了区法制办《关于全区2015年度行政执法统计分析报告》。

【区政府第七届第86次常务会议】 3月9日上午，区长徐国庆主持召开区政府第86次常务会议，出席会议的有副区长林充贺、戴宗垒、刘琦龙、丁红斌、刘云标、洪耀同、肖平，政府办主任黄伟，人武部政委刘仁宇。会议传达了全国、省、市信访工作会议精神，讨论并原则通过了《湖里区2015年度信访工作总结暨2016年度信访工作意见（送审稿）》《关于湖里区信访联席会议各成员单位落实2015年信访稳定工作责任书情况的通报（送审稿）》《2015年信访稳定责任考评结果及奖励情况表（送审稿）》及《湖里区2016年信访稳定工作责任书（送审稿）》。会议讨论了区治违办《关于报请区政府审定湖里区历史遗留“两违”建筑认定标准及分类处置实施办法的请示》、金山街道办《关于恒安（中国）投资有限公司申请2015年税收增量扶持政策的请示》及《关于银鹭集团申请自然人股东利润分红个人所得税扶持资金的请示》、湖里街道办《关于文化企业入驻牛头山文创园政策扶持的申请》。会议听取了湖里环保分局关于湖里区环境保护工作情况的汇报。

【区政府第七届第87次常务会议】 3月11日下午，区长徐国庆主持召开区政府第87次常务会议，出席会议的有副区长林充贺、戴宗垒、刘琦龙、丁红斌、洪耀同、肖平，政府办主任黄伟。会议传达学习市政府常务会议关于安全生产工作的会议精神，听取区安委办"关于湖里区2015年安全生产工作情况及2016年安全生产重点工作安排"的汇报。

【区政府第七届第88次常务会议】 4月1日上午，区长徐国庆主持召开区政府第88次常务会议，出席会议的有常务副区长林充贺，副区长戴宗垒、刘琦龙、丁红斌、刘云标、洪耀同、肖平，政府办主任黄伟，人武部政委刘仁宇。会议讨论并原则通过了《湖里区财政预算资金审批办法（送审稿）》，区经信局《关于兑现2015年度工业企业增产增效奖励金的请示》，禾山街道办《关于给予趣游（厦门）科技有限公司原股东个人所得税奖励的请示》，区教育局《关于开办厦门市五缘第二实验幼儿园的请示》《关于2016年教育系统改善办学条件资金计划预安排的请示》。会议讨论了区民政局《关于湖里区机场片区及金融中心等区域32条道路命名的请示》。

【区政府第七届第89次常务会议】 4月22日上午，区长徐国庆主持召开区政府第89次常务会议，出席会议的还有副区长林充贺、戴宗垒、刘琦龙、丁红斌、刘云标、洪耀同、肖平，政府办主任黄伟，人武部政委刘仁宇。会议听取了区发改局"关于湖里区2016年第一季度经济运行情况及下阶段工作打算"的汇报。会议讨论并原则通过了《2015年全区卫生计生工作汇报和2016年工作要点（送审稿）》《中共湖里区委办公室、湖里区人民政府办公室关于2015年度人口和计划生育工作责任目标考核情况的通报（送审稿）》《2016年各街道人口和计划生育责任书（送审稿）》《区卫生和计划生育局等15个部门2016年计生工作综合治理责任书（送审稿）》《关于进一步做好计划生育特殊家庭帮扶工作的通知（送审稿）》《关于加快推进福建（厦门）自贸区两岸贸易中心核心区建设的实施办法（送审稿）》。会议讨论了区教育局《关于集体办幼儿园园舍租金专项补助的请示》、禾山街道办《关于调整湖里高新技术园区域划分的请示》、金山街道办《关于福建世茂置业有限公司申请2011—2015年度企业所得税财政扶持的请示》、安溪经济开发区湖里园建设指挥部《关于入驻安溪经济合作区湖里区第二批企业建议名单的请示》、区工业园区管委会《关于开发建设湖里高新园4幅地块的请示》、区卫计局《关于区妇幼保健院和区计划生育服务站整合事宜的请示》、湖里公安分局《关于厦门市湖里保安服务公司脱钩移交相关事宜的请示》。

【区政府第七届第90次常务会议】 5月6日下午，区长徐国庆主持召开区政府第90次常务会议，出席会议的还有副区长林充贺、戴宗垒、刘琦龙、丁红斌、刘云标、肖平，政府办主任黄伟，人武部政委刘仁宇。会议讨论并原则通过了湖里公安分局、区行政执法局《关于社会综合管理视频监控系统三期建设的请示》《厦门市湖里区科学技术资金管理办法（修订稿）》《湖里区青少年校园足球活动实施方案（送审稿）》，民政局《关于湖里区机场片区及金融中心等区域32条道路命名修改的请示》，禾山街道办《关于龙湖花园小区电梯改造实施相关事宜的请示》，区市政园林局《关于大件垃圾处理厂建设经费的请示》，区民政局《关于使用国开行发展基金专项建设资金相关事宜的请示》。

【区政府第七届第91次常务会议】 5月20日上午，区长徐国庆主持召开区政府第91次常务会议，出席会议的还有副区长林充贺、戴宗垒、刘琦龙、丁红斌、洪耀同、肖平，政府办主任黄伟，人武部政委刘仁宇。会议讨论并原则通过了《厦门市湖里区人民政府关于下达2016年消防工作主要责任目标的通知（送审稿）》。会议讨论了区综治办《关于采取购买社会服务方式增配流动人口协管员的请示》、区教育局《关于湖里教育综合中心项目相关问题的请示》、区教育局《关于湖里区特殊教育学校项目相关问题的请示》、区市政园林局《关于建设五缘湾路（建发央墅路口）人行地下通道的请示》、殿前街道办《关于给予厦门湖里诚泰小额贷款股份有限公司小微企业贷款风险补偿的请示》、湖里街道办《关于益海嘉里申请区总部企业认定的请示》、区财政局《关于表彰2015年纳税先进企业的报告》、区财政局《关于环东海域湖里工业园项目与同安工业集中区湖里园项目财务收支决算情况的请示》。

【区政府第七届第92次常务会议】 6月20日下午，区长徐国庆主持召开区政府第92次常务会议，会议讨论了区财政局《关于天地股权投资公司参与上汽集团定增项目投资的请示》《关于省审计厅〈审计报告〉涉及厦门银行股份问题整改情况的报告》，湖里公安分局《关于编外补充性工作人员招录计划及经费的请示》、区建设局《关于将集鑫A、马山安置小区改造工程投资列入2016年度财政预算的请示》《关于提请加快治理辖区内地质灾害等险情的请示》、殿前街道办《关于申请拨付福厦铁路暨厦门公铁大桥项目过渡安置费的请示》、江头街道办《关于协调蔡塘学校旧校区移交给蔡塘社区管理及使用的请示》、区发改局《关于兑现湖里高新技术园及两岸金融中心等专项政策扶持和奖励资金的请示》。会议讨论并原则通过了《厦门市湖里区历史遗留违法占地违法建设认定标准及分类处置实施办法（送审稿）》《湖里区机关事业单位非在编雇用人员管理办法（送审稿）》、《湖里区编外人员考勤考核办法（送审稿）》《湖里区燃气安全监管工作实施意见（送审稿）》《湖里区燃气突发事件应急预案（送审稿）》。

【区政府第七届第93次常务会议】 7月7日下午，区长徐国庆主持召开区政府第93次常务会议，出席会议的有副区长林充贺、刘琦龙、丁红斌、张家伟、刘云标、洪耀同、肖平，政府办主任黄伟，人武部政委刘仁宇。会议通报了省、市防台风视频会议精神，研究部署了湖里区防御第1号台风“尼伯特”有关工作。会议讨论了区审改办《关于前置审批和行政审批中介服务事项清理规范工作的请示》、湖里区国税局《关于增补国税局营改增工作人员的请示》、区国投公司《关于拨付清旧征拆项目逾期过渡费的请示》、区市政园林局《关于薛岭山北侧山体滑坡安全隐患防治的请示》《关于五缘湾市政设施修缮重新立项的请示》、区国资办《关于天地公司与国贸地产集团联合竞买合肥庐阳区N1603地块的请示》、区财政局《关于天地股权投资公司向武汉奇致激光技术股份有限公司投资的请示》。

【区政府第七届第94次常务会议】 7月15日下午，区长徐国庆主持召开区政府第94次常务会议，出席会议的还有副区长林充贺、戴宗垒、刘琦龙、丁红斌、张家伟、洪耀同，政府办主任黄伟。会议讨论了市质监第一分局《关于给予特种设备安全监察劳务经费补助的请示》，区工业园区管委会、天地公司《关于确认拨付湖里高新技术园创新社区建设资金的请示》，区市政园林局《关于公园建设项目相关事宜的请示》《关于上湖社雨污改造项目经费的请示》，区城管办《关于海天路环境提升改造有关问题的请示》，区教育局《关于开办厦门康乐新村幼儿园塘边分园的请示》。会议讨论并原则通过了《关于2015年湖里区财政决算的报告（送审稿）》、湖里区审计局《关于2015年度区本级预算执行和其他财政收支情况的审计结果报告（送审稿）》。

【区政府第七届第95次常务会议】 7月22日上午，区长徐国庆主持召开区政府第95次常务会议，出席会议的有副区长林充贺、戴宗垒、丁红斌、张家伟、刘云标、黄平南（区政府党组成员）、洪耀同，政府办主任黄伟。会议听取了区发改局“关于2016年上半年湖里区经济运行情况及下一步工作打算”的汇报。

【区政府第七届第96次常务会议】 8月4日上午，区长徐国庆主持召开区政府第96次常务会议，出席会议的有副区长林充贺、戴宗垒、丁红斌、张家伟、黄平南、洪耀同、肖平，政府办主任黄伟。会议讨论并原则通过了《湖里区食品安全举报奖励办法（送审稿）》《湖里区关于促进商贸业稳定增长的意见（送审稿）》《关于促进工业创新转型增长的暂行办法的补充意见（送审稿）》《湖里区临时救助实施细则（送审稿）》。会议讨论了区财政局《关于恒安公司申请2015年度税收扣除增量部分扶持政策的报告》、区商务局《关于给予紫金矿业集团（厦门）销售有限公司2015年度商贸业扶持资金的请示》、殿前街道办《关于夏商风信子跨境商品直购体验中心营销推广工作资金扶持的报告》《关于实施高殿社区寨上排涝改造项目的请示》、区司法局《关于全区多元化纠纷解决服务中心非在编工作人员配备的请示》。

【区政府第七届第97次常务会议】 8月12日上午，区长徐国庆主持召开区政府第97次常务会议，出席会议的有副区长林充贺、戴宗垒、丁红斌、刘云标、洪耀同，政府办主任黄伟。会议讨论了禾山街道办《关于扶持恒力盛泰（厦门）石墨烯科技有限公司的请示》、区市政园林局《关于申请虎头山公园一期建设用地地上附着物拆除补偿经费的请示》、江头街道办《关于申请江头社区综合服务中心改造工程立项及概算审批的请示》、湖里街道办《关于社区服务中心装修费用的请示》、区教育局《关于金尚中学等三所中学双回路电源改造专项资金的请示》《关于“智慧校园”项目启动经费的请示》。

【区政府第七届第98次常务会议】 8月26日下午，区长徐国庆主持召开区政府第98次常务会议，出席会议的有副区长林充贺、戴宗垒、丁红斌、张家伟、刘云标、黄平南、洪耀同，政府办主任黄伟。会议讨论并原则通过了区安监局《关于下达2016年安全生产目标责任的请示》《2015年度绩效评估工作情况的通报》。会议讨论了区市政园林局《关于金湖路白改黑工程相关事宜的请示》《关于金湖路景观提升相关事宜的请示》《关于园山南路白改黑工程相关事宜的请示》《关于园山南路景观提升相关事宜的请示》、天地公司《关于湖里区第二实验幼儿园项目设计变更超限及追加投资概算的请示》。

【区政府第七届第 99 次常务会议】 9 月 27 日上午，区长徐国庆主持召开区政府第 99 次常务会议，出席会议的有副区长林充贺、戴宗垒、张家伟、刘云标、洪耀同，政府办主任黄伟。会议研究部署了湖里区防御第 17 号台风“鲇鱼”的有关工作。会议讨论并原则通过了《抗台救灾表彰工作方案（送审稿）》《湖里区关于在公民中开展法制宣传教育的第七个五年规划（2016—2020 送审稿）》《关于 2016 年度 1—8 月财政预算执行情况及年度预算调整（草案）的报告（送审稿）》。会议讨论了关于联合成立厦门湖里建发城建集团有限公司有关事宜，区综治办、湖里公安分局《关于全面推广智能门禁系统建设工作的请示》，区财政局《关于天地股权投资公司向当涂鸿新文化产业基金（有限合伙）投资的请示》《关于天地公司向楚商资本（武汉）股权投资基金和福建有孚企业公司投资的请示》、区工业园区管委会《关于湖里高新技术园更名的请示》、区教育局《关于学校台风灾后应急修缮资金的请示》《关于庆祝第 32 个教师节经费安排的请示》、发改局《关于申请兑现企业上市奖励金的请示》。会议听取了区重点办关于湖里区 2016 年 1—8 月重点项目建设情况的汇报。

【区政府第七届第 100 次常务会议】 10 月 21 日上午，区长徐国庆主持召开区政府第 100 次常务会议，出席会议的有副区长林充贺、戴宗垒、丁红斌、张家伟、刘云标、黄平南、洪耀同，党组成员李伟宏，政府办主任黄伟。会议讨论并原则通过了《湖里区加强城市综合管理总体方案（送审稿）》《湖里区城市综合管理 2017 年主要工作任务分解情况（送审稿）》《关于成立湖里区城市综合管理委员会及办公室的通知（送审稿）》《关于开展“送服务、送政策、送温暖”千家企业大走访活动的方案（送审稿）》，区审改办《关于各街道办事处权责清单编制工作的报告》。会议讨论了成立厦门五通金融商务区开发建设领导小组有关事宜，殿前街道办《关于申请拨付福厦铁路暨厦门公铁大桥项目拆迁补偿款的请示》《关于申请拨付福厦铁路、公铁大桥、疏港路高架二期等项目村民返迁安置工作扶助经费的请示》，区财政局《关于区属国企工作重点划分事宜的请示》及《关于建议修订区属国企人事管理相关规定的请示》，区机关事务管理局《关于区行政中心东辅楼大礼堂及配套会议室修复工程相关问题的请示》，天地公司《关于湖里高新技术园二期横一路东段市政道路项目概算超估算的请示》《关于湖里高新技术园二期纵三路（中段）市政道路工程建设的请示》，区委党校《关于中共湖里区委党校项目建设事项的报告》，区发改局《关于申请兑现海西工业设计中心一期一号楼项目老旧厂房改造补助的请示》，区教育局《关于 2016 年秋季分级收费幼儿园财政补助专项经费的请示》《关于进城务工人员随迁子女就读民办中小学学费减免经费的请示》。会议听取了区禁毒办关于 2016 年禁毒工作情况的汇报，区征收办关于湖里区 2016 年 9 月土地房屋征收工作情况的汇报，研究制定了省、市重点项目第四季度征收攻坚目标和措施、湖里公安分局《关于申请 2016 年度公安业务经费补助的请示》、区卫计局《关于区公共卫生综合楼主体工程结算审核的请示》。

【区政府第七届第 101 次常务会议】 10 月 31 日下午，区长徐国庆主持召开区政府第 101 次常务会议，出席会议的有副区长林充贺、戴宗垒、丁红斌、张家伟、刘云标、黄平南、洪耀同，党组成员李伟宏，政府办主任黄伟。会议讨论并原则通过了《湖里区空间发展战略规划（送审稿）》。会议听取并研究了湖里区 2016 年 1—9 月经济运行情况、重点项目建设及财政收入等情况的分析报告。

【区政府第七届第 102 次常务会议】 11 月 11 日下午，区长徐国庆主持召开区政府第 102 次常务会议。出席会议的有副区长林充贺、戴宗垒、丁红斌、刘云标、洪耀同，党组成员李伟宏，政府办主任洪志伟。会议讨论并原则通过了《关于成立积极参与全面服务厦门自贸区发展工作领导小组的通知（送审稿）》《关于成立湖里区积极参与全面服务厦门火炬高新区领导小组的通知（送审稿）》《关于 2015 年度总部企业认定及奖励等有关事宜的请示》。会议讨论并原则通过了《湖里区生活垃圾分类和减量工作实施方案（送审稿）》、天地公司《关于合资成立厦门五通金融商务区开发有限公司的请示》。会议讨论了区财政局《关于帮助解决对口援助西藏左贡县援藏资金的请示》、区建设局《关于金林湾花园 A 区安置房看护费、物业费的请示》、禾山街道办《关于申请调整禾山社区服务中心项目投资概算的请示》、区建设局《关于明确老旧小区改造提升工作有关事宜的请示》、区市政园林局《关于申请追加灾后恢复重建经费的请示》、湖里区国税局《关于申请税务经费补助的请示》。

【区政府第七届第 103 次常务会议】 11 月 25 日上午，区长徐国庆主持召开区政府第103次常务会议，出席会议的有副区长林充贺、戴宗垒、丁红斌、刘云标、洪耀同，党组成员李伟宏，政府办主任洪志伟。会议听取了区征收办关于湖里区10月土地房屋征收工作情况的汇报。会议讨论了区财政局《关于区国地税联合办税服务大厅有关事项的报告》、金山街道办《关于银鹭集团申请自然人股东利润分红个人所得税扶持政策的请示》《关于申请翔安隧道侧接线等项目住宅拆迁安置过渡费的请示》、天地公司《关于天地公司代建工程项目支出追加预算的请示》《关于天地幼儿园增设两层地下停车库增加项目投资额的请示》《关于结清国家开发银行钟宅棚户区改造项目贷款的请示》、区财政局《关于天地股权投资公司向厦门市租租侠信息科技有限公司投资的请示》和《关于天地股权投资公司向武汉奇致激光技术股份有限公司追加投资的请示》、区发改局《关于开展湖里区轨道沿线区域发展与地铁社区构建专题研究的请示》、区国投公司《关于协调集鑫佳园B区配套设施设备改造二期工程资金的请示》、区浦口社返迁工作领导小组办公室《关于五通安置小区改造提升项目的请示》、区商务局《关于开展2016年湖里购物节活动的请示》、区委老干部局《关于区新老年活动中心大楼有关问题的报告》。

【区政府第七届第104次常务会议】 12月13日上午，区长徐国庆主持召开区政府第七届第104次常务会议，出席会议的有副区长林充贺、戴宗垒、丁红斌、刘云标、黄平南、洪耀同，党组成员李伟宏，政府办主任洪志伟。会议讨论并原则通过了《区政府工作报告（送审稿）》、区发改局《关于湖里区2017年主要经济指标安排建议》《湖里区2016年预算执行情况和2017年预算草案的报告》、区安监局《关于全区安全生产工作的报告》、金山街道办《关于环岛路（长尾礁—五通段）岸线整治和沙滩修复项目凤头社海域清滩及退养情况的报告》、区建设局《关于兑现2015年度湖里区建筑业企业扶持资金的请示》、湖里公安分局《关于提升专业警辅人员待遇问题的请示》、厦门火炬高新区管委会《关于烯成公司高管股权转让个人所得税奖励的函》。会议讨论了区统计局《关于加强基层统计队伍建设的请示》、区财政局《关于天地公司向蓝色光标大数据与文化产业投资基金投资的请示》《关于给予厦门恒兴集团有限公司柯希平先生个税奖励的报告》、天地公司《关于区国投公司为我司借款担保的请示》《关于合资成立厦门特区1980发展有限公司的请示》。

【区政府第八届第1次常务会议】 12月30日上午，区长徐国庆主持召开区政府第八届第1次常务会议，出席会议的有副区长林充贺、丁红斌、刘云标、黄平南、洪耀同、李伟宏，政府办主任洪志伟。会议组织学习了新《行政诉讼法》。会议讨论并原则通过了《湖里区人民政府法律顾问工作规则（送审稿）》《湖里区政府兼职法律顾问与法律顾问助理服务计费办法（送审稿）》，同意聘任陈雪等8人为第七届区政府法律顾问，《湖里区关于深化推进社区居家养老服务工作的指导意见（送审稿）》《湖里区关爱专项资金管理使用办法（送审稿）》。会议听取了区发改局关于湖里区1—11月重点项目建设情况的汇报。会议讨论了《厦门市湖里区“十三五”环境保护规划（送审稿）》，区科技局《关于2016年厦门两岸集成电路基地入驻企业租金扶持资金安排的请示》《关于2016年科学技术资金计划安排的请示》，禾山街道办《关于加大扶持恒力盛泰（厦门）石墨烯科技有限公司的请示》《关于奖励趣游（厦门）科技有限公司获得“福建省第八批文化产业示范基地”的请示》，区地铁办《关于确定湖里区轨道沿线区域发展与地铁社区构建研究课题采购方式的请示》，区教育局《关于班主任等级考评奖励金的请示》《关于2016年教育费附加项目安排的意见》。

湖里区人民政府办公室工作

【概况】 2016年，湖里区人民政府办公室（以下简称“区政府办”）加挂区人民政府外事侨务办公室、区人民政府法制办公室牌子，内设综合科、督查科、文秘科、法制科、外侨科5个职能科室，下设区政务信息中心、区应急中心、区行政审批事务管理中心3个事业单位。有在编在岗工作人员38名，其中，行政编制13人，外借1人；在岗事业编制25人。

【办文办会】 2016年，区政府办在文稿起草、信息采编、办文办会等中心工作上，坚持高标准、高质量、出精品、创一流，努力提升政务服务水平。全年撰写领导讲话、工作汇报、典型发言、会议纪要等综合材料近300篇。完成信息报送345条，被采用156条。年内，先后筹备了区经济运行分析会、区政府务虚会、湖里区空气质量提升等重要会议120多场，组织召开区政府常务会议、区政府专题会议和现场工作推进会等360多场。

【政务督查】 年内，区政府办推

行“大督查”工作格局，整合督查科和综合科人员力量，对全区重点项目、10 项重点工作以及市对区考核等区委、区政府的重大决策部署，省、市、区政府工作报告任务分解以及区政府常务会、专题会议确定的事项，领导批示件等 156 项进行专项督查，积极做好分办、转办、催办工作，下达督办通知，做好结果反馈，确保事事有回音、项项有交代、件件有着落。省、市、区人大代表建议和政协委员提案办复率、满意率和基本满意率均达 100%。

【应急处置】 2016 年，落实区政府办领导带班安排和干部值班制度，对于全区应急事件处置，办公室全体成员坚持第一时间、全员到位，由应急中心负责突发事件信息发布与跟踪协调，妥善参与处理中埔水果批发市场管道清污中毒事故等 32 起突发事件的信息报告和应急处置工作。

【电子政务服务】 年内，区政府创新电子政务建设，构建区级业务协同平台、区网格化信息平台等，网站年度访问数累计 27 万人次，通过网络渠道答复群众咨询 100 多人次，获取信息 2564 条。全面推行“马上就办”，全区共梳理即办事项 248 项，即办率比上年提高 12%。建成“多规合一”区级平台，实施行政服务中心标准化建设和网上审批，全区审批服务事项网上预审开通率 100%。所有审批事项流程均严控在 5 个环节之内，办结时限压缩至法定办理时限的 35% 以内。

【地方志工作】 2016 年，湖里区完成《湖里年鉴（2016）》的编纂工作。《湖里年鉴（2016）》记载 2015 年 1 月 1 日至 12 月 31 日湖里区经济、政治、文化、社会的发展情况。采用类目编辑法，卷首设特载，大事记，区情综述，卷中设中共厦门市湖里区地方委员会，湖里区人民代表大会常务委员会，湖里区人民政府，政协湖里区委员会，政法·武装，党派·群团，城市建设与管理·环境保护，工业·交通·信息业，经济管理与监督，财经管理，商贸·服务·旅游，科技，文化·体育·旅游，教育，卫生，社会事务管理，街道，人物·荣誉 18 个栏目，卷尾设附录，索引。全书有 80 余万字。

（张宪敏）

人事人才

【概况】 2016 年末，湖里区行政机关有在编在职工作人员 280 人，其中公务员 270 人、机关工勤人员 10 人；参照公务员法管理事业单位在编在职人员 309 人，其中参照公务员法管理 305 人、工勤人员 4 人；其他事业单位在编在职工作人员 3695 人，其中：管理人员 395 人（含“双肩挑”人员 141 人）、专业技术人员 3188 人、工勤技能人员 112 人；纳入湖里区劳务派遣有限公司统一管理的机关事业单位非在编雇用人员 628 人，编外补充性工作人员 1916 人。

【人员招聘及人才引进】 年内，湖里区人社局以公开招考为主要方式，为湖里区机关事业单位、国有企业及时补充各类优秀人才。全年公开招考录用参照公务员法管理事业单位工作人员 1 人、其他事业单位工作人员 46 人、非在编雇用人员及编外补充性工作人员 184 人；区属国有企业通过公开招考补充工作人员 36 人；办理本市（区外）事业单位编内工作人员简化程序考核聘用 1 人；接收安置营职以下军转干部 39 人；10 月，组织开展补充区属事业单位编内人员公开招考，招聘 7 人，组织开展补充卫生专业编内工作人员公开招考，招聘 9 人。出台《关于鼓励重点高校毕业生到湖里区就业创业的意见》，全年有 8 名符合条件的重点高校毕业生经核准享受住房补贴优惠政策。办理外地人才调入区属企业 84 人，其中硕士 2 人、本科 76 人、大专 6 人。

【人事调配与职务任免】 2016 年，湖里区完成区妇幼保健院和湖里区计划生育服务站机构整合后人员划转相关事宜，涉及在职人员 23 人，退休人员 5 人；行政机关公务员调入本区 4 人，调出本区 2 人，退休 6 人；政府系统参照公务员法管理事业单位工作人员退休 2 人；政府系统事业单位调出本区 13 人，辞职解聘 19 人，退休 15 人（其中干部 14 人，工人 1 人）；办理新录用公务员试用期满考核及任职定级 1 人，新录用参照公务员法管理事业单位工作人员试用期满考核及任职定级 3 人，事业单位新聘用毕业生见习期满转正 105 人；办理行政机关及参照公务员法管理事业单位科级及科以下干部职务任免 115 人次；办理政府系统事业单位岗位设置方案设置或变更申报 65 家，事业单位工作人员岗位聘任 1392 人次。

【干部初任培训】 年内，湖里区组织政府系统 2015 年（含 2014 年以前）经考试新录用公务员和参照公务员法管理事业单位工作人员参加全市行政机关公务员初任培训班，有 4 人参加培训；举办事业单位工作人员初聘培训班，对湖里区新聘用的事业单位工作人员进行岗前集中培训，促进新录聘事业单位编内工作人员更好更快地适应岗位需要，有50人（含党群系统）参加培训。

【考核奖惩】 湖里区严格审核政府系统机关事业单位优秀等次（先进）比例，指导各单位规范开展2016年度考核工作：行政机关和参照公务员法管理事业单位579人参加考核，其中105人被确定为优秀等次；政府系统事业单位3690人参加考核，其中643人被确定为优秀等次；行政机关公务员和参照公务员法管理事业单位工作人员6人因2013—2015年度考核连续三年优秀，给予记三等功。办理机关事业单位工作人员因被采取强制措施和受行政刑事处罚及受处分期间工资待遇处理29人次。

【初级职称确认和评审】 2016年，湖里区职改办（湖里区人社局）结合审改办、效能督查组的有关要求，不断简化和规范毕业生初级专业技术职务任职资格确认办理程序，全年确认653人。指导业务主管部门做好教师系列、工艺美术系列和综合类工程技术系列、土建工程技术系列的初级职务评审工作，共有113人通过评审取得了相应的初级专业技术职务任职资格。

【工资福利和退休待遇】 2016年，湖里区贯彻落实《厦门市人民政府关于印发〈厦门市机关事业单位工作人员养老保险制度改革实施意见〉的通知》（厦府〔2015〕340号），于8月完成湖里区机关事业单位工作人员养老保险参保登记和待遇发放工作。至年底，全区174家单位共4658名在职人员按月缴纳养老保险，801名退休人员的退休待遇改由社保机构发放。10月，调整2015年12月31日前已退休人员（5·12退休干部和中华人民共和国建国前参加工作的退休工人暂缓调整）的基本养老金，由社保机构直接发放，涉及778人。

【编外人员管理】 年内，湖里区人社局按照省委巡视组反馈的意见，牵头负责“编外人员混岗顶岗管理不严格”问题的整改。全面开展非在编雇用人员混岗顶岗情况自查整改，对自查中发现的9家单位（涉及42人）存在的非在编雇用人员混岗顶岗问题全部整改到位。6月，为进一步规范湖里区编外人员管理，遵循从严控制和严格管理的原则，重新修订并以两办名义印发了《湖里区机关事业单位非在编雇用人员管理办法》和《湖里区编外人员考勤考核办法》。

【人事人才代理】 2016年，企业人事代理业务继续保持增长，全年新增立户企业135家，立户企业累计1295家，受理毕业生申报484人，报到422人，外地干部调入84人，办理人才流动手续604人，单纯寄档及个人委托人事代理203人，档案入库2109份，档案出库450份，零星材料归档964份，借阅档案材料186人次，政审查档30人次，户口迁出20人，职称申报54人，出具证明函件341份，网站访问量近18.73万人次。

【促进毕业生就业】 2016年，湖里区人社局完善毕业生就业登记网络共享平台功能，充分共享平台数据，建立本地生源毕业生信息库，多途径开展毕业生就业情况调查。湖里人才微信公众平台发布重要招聘招考信息52条；印发宣传材料1.5万余册。做好职业见习指导及协助申报工作，全年申报发布见习岗位129个，申报职业见习人员49名。宣传重点高校毕业生就业创业优惠政策，征集审核毕业生创业省级资助项目3个。是年，湖里区生源毕业生有1337人，就业1230人，就业率92%。

机关事务管理

【概况】 2016年，区机关事务管理局内设办公室、机关事务服务中心、机关车队、房产管理中心、动力设备（物业）管理中心、会务中心。在做好后勤保障各项工作的同时，也在重大任务和突发状况的处置过程中提高了自身的应急保障能力。第14号台风“莫兰蒂”强势袭击厦门时，全局上下日夜奋战第一线，组织干部职工及时排除险情22处，出动应急保障用车126台次，保障应急用餐。灾后，迅速组织人员抢修设备设施42台，清理倒伏树木280余株，清运垃圾123车，清理渗漏积水180多处，确保了机关办公秩序的正常。

【动力设备保障物业服务】 动力设备组全年共完成各类大小修理维护项目548个，调整安装电话320余部，喷洒农药消杀16次。处理大小上访307次，上访人数1418人。配合厦门供电公司对地下室高压设备进行年检，供电公司对配电室多功能电流电压表、高压电流熔断器、二次回路继电器等进行监测，更换配电柜直流屏所用电池、绝缘鞋等用具；请专业技术施工人员利用假期对行政大楼二次供水进行改造；针对行政大楼西北侧1—11楼消防主水管老化、渗水严重（管道沙眼较多）等情况，利用假期进行了维修更换；对行政大楼中央空调做到用前、用后及时清洗，有故障及时排查、处理，保障了行政中心空调的正常运行。机关事务管理局还协助区委办、区政府办制定了《湖里区行政中心安全保卫规定》，对区行政中心的安保工作提出了进一步的要求。

【公共机构节能】 5月，厦门市机关事务管理局副局长石景一行到湖里区检查“区公共机构‘十二五’期间”节能工作落实情况。石景对湖里区公共机构“十二五”期间节能工作取得的成绩表示肯定。6月，机关事务管理局开展了节能宣传周活动，宣传主题为“节能领跑、绿色发展”。区各公共机构同时举办能源紧缺体验和绿色低碳出行活动，采取停开空调和关闭公共区域照明等方式进行能源紧缺体验。在公共机构办公区粘贴悬挂节能减排宣传标语，设置节能减排宣传专栏，并通过印发宣传画、宣传手册、节能培训等多种形式，广泛开展节能宣传。区公共机构照明用电管理不断规范，“长明灯”现象基本杜绝，景观照明得到合理控制；办公设备用电管理不断规范，计算机、打印机、复印机、传真机等设备待机耗电切实减少；区公共机构供水管网得到有效维护，避免供水管网滴水、漏水现象，办公、生活用水管理逐步规范，用水浪费现象大幅减少；车辆节油措施得到进一步落实。车辆维保得到加强，燃油损耗有效降低。电子政务建设不断加强，文件、材料在网上审阅校对。文件印刷量得到严格控制，打印纸提倡双面使用，切实减少纸张耗费。对日常办公耗材的管理进一步得到加强，真正做到杜绝浪费，物尽其用。

【餐饮保障】 2016年，机关服务中心努力打造职工称心、领导放心、自己安心的“三心”食堂。在日常管理工作中也突出食品安全卫生管理，严把“四关”，即采购、验收、加工制作、菜肴质量，大宗物资采购必须有检验报告和产品合格证。全年保障近40万人次用餐；“莫兰蒂”台风登陆厦门期间，机关食堂工作人员连续几天不分昼夜加班加点，为防洪抗台机关干部职工和救灾的部队子弟兵提供5000人次餐饮保障。是年，机关服务中心获厦门市总工会授予四星级“职工之家”称号。

【办公用房和外围房产管理】 年内，机关事务管理局修缮区属办公用房8处，完成5处。对消防设施、监控系统全方位检查，将出现老化故障、零件损坏的部分及时维修、更换（共更换灭火器两批次），确保系统的正常运行，消除安全隐患。是年，主要更新区文化中心、联谊大厦灭火器206个及新增灭火器箱2个。机关事务管理局在清房领导小组的具体指导下，组成督促检查小组，多次对区行政办公大楼、各街道、区检察院、区法院等部门（单位）的办公用房使用情况进行检查。全区共封存（空置）办公用房7010.25平方米，其中，出租合同到期后收回3296.94平方米，金山街道封存（空置）1687.93平方米，区法院封存（空置）281.9平方米。8月29日，经区委常委会议研究，通过《区领导办公用房深化整改方案》。机关事务管理局根据区委常委《会议纪要》精神，立即展开沟通协调，利用国庆节七天假期，对区领导办公用房进行了全面深化整改，按时保质的完成任务。

【会务保障】 年内，会务中心严格按照中央“八项规定”要求，简化接待、勤俭办会。会务中心工作人员会前半小时到岗，完成卫生、音响、灯光、茶水等准备工作；“会中”按照合理时间加茶倒水，调试空调温度，音响员根据各个领导讲话声音的大小、实时调整音量；会后有序引导退场并做好清场工作。全年共保障会议11231场，其中：大中型会议4656场，小型会议6575场次。

【公务用车专项治理】 2016年，湖里区坚决按编制、标准配备公务用车，进一步纠正超编、超标配车，违规换车和借车，摊派款项购车，豪华装饰公务用车，滥用警车车牌照及公车私用等行为。全面落实“五统一”管理模式即“统一采购、统一定点加油、统一定点维修、统一定点保险、统一入库停放”。同时，重申公务车辆坚持回场统一入库，应急、值班车辆填报“湖里区公务车辆在外停放申请表”的要求，并在“清明节、劳动节、国庆节、元旦、春节”等节假日前下发《关于节假日公务车辆管理的通知》，不定期会同市机关事务管理局、区纪委监察局在节假日检查车辆入库停放情况，遏制公车私用现象发生。由于公车改革涉及到各单位、各部门以及各级领导，为确保公务车辆改革工作扎实有序推进，车改前期对驾驶人员、车辆数据进行统计。机关车队全年共保障区主要领导参加各重大社会活动，调研等工作用车约250多台次；保障各部门、各单位参加各种社会活动工作用车约120多台次。湖里区设有25条路线班车（含检察院4条路线、法院7条路线，政务中心4条路线）。法院因工作需要，下半年增加了2条路线班车。

（杜　蕊）

外事侨务

【概况】 2016年，湖里区接待参访

团3个44人次；接待和受理涉侨来信、来访、来电25件；走访慰问贫困归侨111人次，发放慰问金及物品60151元；落实特困归侨6名和重病特困归侨户7户，发放补助金3.28万元；配合市外侨办落实低保归侨9名和重病特困归侨户3户，发放补助金1.79万元。

【出国（境）报批手续办理】 年内，湖里区报批因公出国（境）团组3个14人次，随市团组出访6人次，出访目的以招商为主。

【外事接待】 9月7日，接待津巴布韦副总统皮莱凯泽拉·穆波科一行26人到湖里区五缘湾参观考察；9月24日，接待厦门市国际友好城市——澳大利亚阳光海岸市议员珍妮·麦凯率领的乡村民谣乐队“丛林火鸡”乐队一行5人，到禾山街道禾盛社区参观，并与社区馨雅乐团在吉家家世界购物广场联合上演一场音乐会；9月26日，接待由印尼东爪哇省省长助理率领的省政府官员代表团一行13人，代表团主要参观考察禾山街道吉家家世界。

【服务经济建设】 2016年，区外侨办走访重点侨资企业15家，送去《福建自贸区厦门湖里片区投资项目手册》，并详细了解企业的生产情况和侨商的生活情况。积极与区发改局、区经信局、区商务局、区台办、区侨联、各个街道协调，做好“第十批厦门市荣誉市民”人选的调查摸底工作。会同区商务局做好菲律宾安泰地产集团中国区域负责人到湖里区洽谈投资总部、金融等项目的有关事宜。会同区发改局、区商务局、区经信局做好辖区企业有意与海外华商合作项目信息表的统计上报工作。利用“9·8”投洽会平台，积极邀请马来西亚厦门商会代表团来厦参会，在接待中有针对性的开展项目推介，宣传湖里良好的投资环境，争取侨商能到湖里区投资创业。

【团结、关怀华侨及归侨】 2016年元旦期间，湖里区向海内外重点侨胞寄送新年贺卡65份；春节前夕，走访慰问贫困归侨32户，发放慰问金2.56万元；“六一”儿童节，走访慰问14户贫困归侨侨眷子女；中秋节，走访慰问贫困归侨33户，发放慰问金1.65万元；重阳节，走访慰问85周岁以上高龄老归侨32名。支持马联会、印联会湖里联谊组开展各种活动，共下拨活动经费1.2万元，为他们开展联谊工作提供经费保障。统计在湖里区就学的华侨学生，全面掌握湖里区华侨学生的分布情况，为以后开展工作打下基础。

9月26日，印尼东爪哇省省长助理率领省政府官员代表团一行到禾山街道吉家家世界参观考察（区外侨办供图）

【深化为侨服务】 2016年，湖里区办理归侨证16本，出具“三侨子女”身份证明5份；出具国外中国公民回闽落户证明30份；行使华侨回闽落户初审权1名。区外侨办全年接待和受理涉侨来信、来访、来电25件，对涉及侨房、华侨子女就学等热点问题及时给予协调处理，维护侨胞的合法权益，维护侨界的和谐稳定。配合市外侨办，落实低保归侨9名，定期给予每人每月100元补助；落实重病特困归侨户3户，分别给予一次性5000元和2000元的补助。为做好湖里区归侨的帮扶工作，区外侨办落实特困归侨6名，定期给予每人每月300元生活补助，对7户重病特困归侨户给予一次性2000元和1000元补助。做好1978—1980年由越南、缅甸、柬埔寨回国人员及在国内出生子女人口及年龄情况的摸底工作，共摸查150人次。开展2016年度华侨、华人捐赠兴办公益事业情况的统计工作，及时了解海外华侨、华人在湖里区捐赠兴办公益事业情况，切实维护捐赠人的合法权益。

【成立外事工作领导小组】 4月，湖里区成立了以区委书记为组长，区长为第一副组长，区委、区政府分管领导为副组长的“区委外事工作领导小组”，加强对全区外事工作的领导。

【举办“2016年厦门国际友好音乐会（湖里专场）”】 6月5日晚，法国尼斯市合唱团到湖里区交流演出，与厦门爱乐乐团、五缘湾合唱团在五缘湾音乐厅举办了一场国际友好音乐会。区外侨办协助区委宣传部做好场地借用、与市外侨办协调等相关工作，此次是湖里区与国外艺术团的第一次联合演出，演出取得圆满成功。

6月5日，法国尼斯市合唱团到湖里区交流演出（区外侨办供图）

【“第五届南洋文化节”的有关协调保障工作】 4月，湖里区积极做好“第五届南洋文化节”南洋商品展外围安保和交通疏导、气氛布置等相关保障工作；与区商务局协调，积极邀请相关企业参加“魅力南洋·商机无限”产业对接会。

（刘慧锦）

政协厦门市湖里区委员会

重要会议

【区政协七届五次会议】1月25—27日，政协第七届厦门市湖里区委员会第五次会议在湖里区行政中心举行。会议审议通过了区政协主席林凡所作的常委会工作报告和副主席陈雄辉所作的常委会提案工作报告；审议通过会议期间的提案初审报告以及大会决议；表彰了2015年度区政协优秀提案和提案承办先进单位；有4个委员在大会上发言。会议期间，全体委员听取并讨论了《政府工作报告》和其他报告，围绕湖里区“十三五”规划纲要（草案）提出的战略目标和2016年开局起步的工作部署展开讨论，就湖里区加快产业、城市和社会转型，着力创新发展、协调发展、绿色发展、开放发展、共享发展各方面坦陈己见、建言献策。会议要求，区政协组织、各参加单位和全体政协委员要深入学习贯彻中共十八届五中全会精神以及习近平总书记系列重要讲话精神，认真落实《中共中央关于加强社会主义协商民主建设的意见》，按照中共湖里区委七届十六次全会的部署，围绕湖里区改革发展稳定大局认真履行职能，充分发挥人民政协智力密集、联系面广、渠道畅通的优势，切实提高政协工作的科学化水平，为建设美丽厦门典范城区和创新创业活力四射新湖里作出新的贡献。会议期间，提案委员会共收到提案76件，其中：民主党派、人民团体、专委会、界别提案20件，委员提案56件。经提案委认真审查，初步确定立案66件，其中本区立案的56件（并案1件），转市政协9件。大会闭幕式上，区委书记张毅恭讲话，对政协工作、政协委员提出新的要求。

【区政协八届一次会议】12月21—23日，政协第八届湖里区委员会第一次会议举行。会议审议通过了政协第七届湖里区委员会常务委员会工作报告、提案工作报告和会议期间的提案初审报告以及大会决议。会议表彰了2016年区政协优秀提案和提案承办先进单位；安排了4个委员作大会发言。会议选举林凡为新一届区政协主席，黄向阳、林世裕、陈雄辉、谢国勇为区政协副主席，黄伟清为区政协秘书长，同时选举产生了25名常务委员会委员。会上，还聘请了10名八届湖里区政协特邀研究员。会议期间，全体委员听取并讨论了《政府工作报告》以及其他工作报告，重点围绕湖里区今后五年的战略目标和2017年开局起步的工作部署展开讨论，就全区科学发展、民生改善和“两院”工作等方面提出了许多建设性的意见、建议。会议要求，区政协各参加单位和全体政协委员要以中共十八大精神为指引，按照中共湖里区第八次代表大会的决策部署，充分发挥人民政协人才荟萃、智力密集的优势，增强人民政协服务科学发展的能力，为建设“五大发展”示范区和厦门现代化中心城区作出新的更大贡献。会议期间，提案审查委员会共收到提案126件，其中：委员提案100件，民主党派、人民团体、界别提案26件。经提案审查委员会认真审查，初步确定立案111件，其中：本区立案88件，转市政协23件。大会闭幕式上，区委书记林建讲话，对新一届政协工作、新一届政协委员提出了新的希望和要求。

【七届区政协常委会议】2016年，七届区政协共召开10次常委会，即第二十八次至三十七次常委会议。

第二十八次常委会议　1月5日上午，区政协主席林凡主持召开湖里区政协七届二十八次常委会议。会议决定政协七届五次会议调整为1月25—27日在湖里区行政中心举行，同时审议通过了会议日程调整安排。

第二十九次常委会议　1月26日上午，区政协主席林凡主持召开湖里区政协七届二十九次常委会议。会议听取七届五次会议各委员小组审议七届区政协常委会工作报告和提案工作报告情况的汇报。委员们对政协常委会工作报告和提案工作报告均给予充分肯定，认为2015年区政协的工作富有成效；2016年的工作思路清晰，目标明确。委员们认同这两份报告，同时对区政协2016年工作提出意见、建议。

第三十次常委会议　1月26日下午，区政协主席林凡主持召开湖里区政协七届三十次常委会议。会议听取各委员小组关于《区政府工作报告》《区国民经济和社会发展第十三个五年规划纲要（草案）》《区2015年预算执行情况和2016年预算（草案）报告》讨论情况的汇报。委员们对区政府在过去五年里牢牢把握中央支持福建加快发展的历史机遇，大力推进“三个转型”，全力推进“十二五”规划纲要提出的目标任务，经济社会发展取得明显的进步给予充分肯定并认同区政府对湖里区“十三五”时期的展望以及2016年工作思路和主要工作安排，同时围绕湖里区五大发展积极建言、献策。会议还听取、审议《区政协七届五次会议决议（草案）》情况的汇报。委员们原则同意该决议（草案）。

第三十一次常委会议　3月11日上午，区政协主席林凡主持召开湖里区政协七届三十一次常委会议。会议审议通过区政协常委会2016年度工作要点。

第三十二次常委会议　6月17日上午，区政协主席林凡主持召开湖里区政协七届三十二次常委会议。会议协商中共湖里区委第八次党代会主题报告和湖里区“七五”普法规划。会议认为湖里区第八次党代会主题报告《开启新征程，湖里再出发，团结全区力量奋勇再创特区发祥地新辉煌》文章结构脉络清晰，总结过去五年的成绩精炼客观，提出的方向目标宏伟可行，实现的措施务实有力。同时，常委会提出协商意见。会议认为《湖里区关于在公民中开展法制宣传教育的第七个五年规划（2016—2020）》全面、详细、具体，同时提出协商意见。

第三十三次常委会议　7月22日上午，区政协主席林凡主持召开湖里区政协七届三十三次常委会议。会议听取《2016年上半年湖里区经济运行情况及下一步工作打算》的通报。会议认为，报告分析客观、透彻。会议对湖里区2016年上半年经济运行总体达到序时进度、呈稳中向好的趋势表示肯定，对下半年紧盯全年目标，注重精准发力、实施创新驱动、推进项目建设、强化企业服务的对策和工作打算表示认同，同时提出意见和建议。

第三十四次常委会议　9月29日上午，区政协主席林凡主持召开湖里区政协七届三十四次常委会议。会议协商《关于湖里区2016年1—8月财政预算执行情况及年度预算调整（草案）的报告（征求意见稿）》。会议对财政预算报告（草案）表示认可，认为湖里区财政预算执行情况总体向好，收入稳中有增，支出逐步优化。针对财政收支双向压力增大问题，会议提出意见和建议。

第三十五次常委会议　11月1日上午，区政协主席林凡主持召开湖里区政协七届三十五次常委会议。会议听取湖里区人民政府《关于湖里区政协七届五次会议提案办理情况的报告》。会议对区政府的提案办理工作表示肯定。会议还听取区政协各专委会关于本届以来工作情况的通报，认为本届专委工作在选题、追踪、抓落实上可圈可点，负责人的工作尽职尽责，希望各专委会要进一步总结经验，推动工作水平再上新台阶。

第三十六次常委会议　11月17日上午，区政协主席林凡主持召开湖里区政协七届三十六次常委会议。会议审议通过了《中国人民政治协商会议第七届厦门市湖里区委员会机关内设机构人事任免名单》，要求政协办公室行文通知。

第三十七次常委会议　12月8日上午，区政协主席林凡主持召开湖里区政协七届三十七次常委会议。会议协商了《湖里区政府工作报告》《关于湖里区2016年预算执行情况和2017年预算草案的报告》等。会议认为，《政府工作报告》内容丰富、层次清晰、措施有力，并提出工作意见和修改意见。会议协商并原则认可《预算报告》。会议还审议并原则通过《中国人民政治协商会议第七届厦门市湖里区委员会常务委员会工作报告》《中国人民政治协商会议第七届湖里区委员会常务委员会提案工作报告》《中国人民政治协商会议第八届湖里区委员会界别设置和委员名单》以及区政协八届一次会议决定、议程、日程、主席团成员、秘书长建议人选名单（草案）、主席团会议主持人名单、提案审查委员会组成人选名单（草案），审议通过三十七次常委会授权主席会审议未尽事宜。

【区政协八届一次会议主席团会议】 2016年，区政协八届一次会议期间共召开4次主席团会议。

主席团第一次会议　12月21日上午，七届区政协主席林凡主持召开了区政协八届一次会议主席团第一次会议。会议通过大会主席团常务主席名单、主席团常务主席会议主持人名单、会议执行主席名单、各委员小组召集人名单，并确定会议期间提案截止时间。

主席团第二次会议　12月21

日下午，七届区政协主席林凡主持召开了区政协八届一次会议主席团第二次会议。会议听取八届一次会议各委员小组审议七届区政协常委会工作报告和提案工作报告情况的报告等。会议审议通过了区政协第八届委员会主席、副主席、秘书长、常务委员候选人建议名单（草案），审议通过了提交区政协八届一次会议酝酿的《选举办法（草案）》，审议通过了提交区政协八届一次会议酝酿的总监票人、监票人建议名单（草案）。

主席团第三次会议　12月22日下午，七届区政协主席林凡主持召开了湖里区政协八届主席团第三次会议。会议听取各委员小组关于区政府工作报告、区2016年预算执行情况和2017年预算（草案）报告讨论情况的汇报。

主席团第四次会议　12月23日下午，七届区政协主席林凡主持召开湖里区政协八届一次会议主席团第四次会议。会议听取了关于区"两院"工作报告讨论情况的汇报。会议听取关于区政协八届一次会议决议（草案）审议情况和《选举办法（草案）》讨论情况的汇报，听取各小组酝酿主席、副主席、秘书长和常务委员候选人建议名单（草案）情况的汇报，听取提案初步审查情况汇报。会议同意大会决议（草案）、提案初步审查情况报告（草案），要求提交八届一次会议第四次全体会议审议通过。会议还协商通过了提交全体会议选举的八届政协主席、副主席、秘书长和常务委员候选人名单，协商通过了提交全体会议通过的"选举办法"（草案）、总监票人、监票人建议名单（草案），并确定本次大会的总计票人、计票人。

【七届区政协主席会议】2016年，七届区政协共召开9次主席会议。

七届三十三次主席会议　1月4日上午，主席林凡主持召开政协第七届湖里区委员会第三十三次主席会议。会议审议通过了召开区政协七届五次会议的决定（草案）、会议日程，要求按程序提交区政协常委会议审议；商定区政协七届二十八次常委会议的时间和议题。

七届三十四次主席会议　3月4日上午，主席林凡主持召开政协第七届湖里区委员会第三十四次主席会议。会议协商了2016年区委、区政府与区政协的协商安排计划；审议通过了《湖里区政协常委会2016年工作要点（草案）》；研究同意将《关于打造五缘湾滨海休闲旅游品牌的建议》等3件提案确定为2016年度重点提案，由区政协领导牵头督办；协商确定了区政协七届三十一次常委会议的时间和议程。

七届三十五次主席会议　4月29日下午，主席林凡主持召开了政协第七届湖里区委员会第三十五次主席会议。会议研究区政协2015年度信息表彰工作。会议确定《关于在湖里区设立"创业投资引导基金"的建议》等2篇社情民意信息为区政协2015年度优秀社情民意信息；郑安安等6名信息员为2015年度反映社情民意信息工作先进个人；方丽铃等6名信息员为2015年度综合信息工作先进个人；区政协办公室等8个单位为信息工作先进单位，要求区政协办公室和研究室共同做好总结表彰工作。

七届三十六次主席会议　6月12日下午，主席林凡主持召开政协第七届湖里区委员会第三十六次主席会议。会议协商确定了区政协七届三十二次常委会议的时间和议程。

七届三十七次主席会议　7月18日上午，主席林凡主持召开了政协第七届湖里区委员会第三十七次主席会议。会议研究关于评选政协湖里区第七届委员会先进集体和优秀个人的方案，协商确定了区政协七届三十三次常委会议的时间和议程。

七届三十八次主席会议　9月28日上午，主席林凡主持召开政协第七届湖里区委员会第三十八次主席会议。确定本届政协先进集体和优秀个人名单，即社会法制委员会等3个专门委员会、民革界别等6个界别活动小组及禾山街道等2个政协委员街道联络组为本届政协先进集体，庄洁等27名政协委员为优秀政协委员、王加山等3人为优秀特邀研究员；协商确定了区政协七届三十四次常委会议的时间和议程。

七届三十九次主席会议　11月15日下午，主席林凡主持召开政协第七届湖里区委员会第三十九次主席会议。会议审议有关人事事项，协商确定了区政协七届三十六次常委会议的时间和议程。

七届四十次主席会议　12月1日上午，主席林凡主持召开了政协第七届湖里区委员会第四十次主席会议。会议原则通过《召开政协第八届湖里区委员会第一次会议的请示》《中国人民政治协商会议第七届厦门市湖里区委员会常务委员会工作报告（草案）》《中国人民政治协商会议第七届厦门市湖里区委员会常务委员会提案工作报告（草案）》，要求按程序提请区政协七届三十七次常委会议审议。会议同意《关于打造五缘湾滨海休闲旅游品牌的建议》等8件提案为2016年区政协优秀提案及湖里区发展和改革局等9个单位为提案承办先进单位，在区政协八届一次会议上进行表彰；同意《打造国际一流营商环境，促进厦门自贸区两岸中心核心区发展》等4篇调研报告作为区政协八届一次会议委员大会发言篇目。会议协商确定了区政协七届三十七次常委会议的时间和议题。

七届四十一次主席会议　12

月7日上午，主席林凡主持召开政协第七届湖里区委员会第四十一次主席会议。会议协商通过《中国人民政治协商会议第八届湖里区委员会界别设置和委员名单》，审议关于召开区政协八届一次会议的决定（草案）、议程（草案）、日程（草案）、主席团、主席团会议主持人和秘书长建议人选名单（草案）、提案审查委员会组成人选名单（草案）、三十七次常委会授权主席会审议未尽事宜等，要求提交区政协七届三十七次常委会议审议。会议审议通过了关于召开区政协八届一次会议特邀和列席人员名单、委员分组名单。会议还审议了主席团常务主席建议人选名单（草案）、各次全体会议执行主席和主持人名单、各委员小组召集人名单、会议期间提案截止时间，同意提交八届一次会议主席团第一次会议审议。

主要工作

【协商议政】 2016年，区政协常委会坚持把事关湖里区经济社会发展的全局性、战略性、关键性问题作为协商议政的重点，组织政协委员对经济社会改革发展中存在的瓶颈问题、民生建设中的短板和重点项目建设中的难点问题，开展调查研究、协商和论证。区政协常委会先后围绕区委第八次党代会主题报告、区政府工作报告、财政预算执行情况及预算调整报告、湖里区经济运行情况、两岸区域性金融中心开发和入驻运营情况、湖里区“七五”普法规划等重大议题广泛开展协商议政，积极建言献策，为区委、区政府科学民主决策提供重要参考。在以全委会、常委会的形式针对综合性、全局性、前瞻性问题开展广泛协商的同时，也运用界别协商和对口协商座谈会等平台对湖里区和谐劳动关系构建工作情况等专业性强的具体问题进行深入议政协商，做到协商议题和协商形式相匹配、视察调研和协商议政相衔接。继续推行开放式专委会工作，进一步完善协商前调研和其他专题调研的开放自助报名平台，邀请基层部门代表、群众代表列席协商会议。在专题协商中增加自由发言的人数和时间，加强委员和政府部门在协商会议上的互动交流，提升协商效果。推行专题协商前开展调研，按课题成立区政协分管领导牵头的调研小组，围绕议题展开深入调研、商讨和论证，抓住需要解决的重点问题，形成比较成熟的协商意见，不断提高协商的针对性和有效性。推行提案工作全程协商机制，深化重点提案办理协商，抓好办前、办中、办后沟通，积极探索同类提案集中协商和热点民生提案开门协商等新的协商形式。对涉及百姓福祉、群众关切的重点提案，主动邀请提案人、提案委委员、委员代表、特邀研究员与承办单位面对面协商，充分吸纳各方意见、建议，凝聚最广泛的共识，有力推进提案的办理落实。

【提案工作】 年内，区政协全体委员、各专门委员会、各界别共提交提案85件，经提案委员会审查，区本级立案、并案的提案63件（3件并案），其中：财政、经贸方面19件，占30.1%；政法、民政方面11件，占17.5%；科教、文卫方面16件，占25.4%；城建、城管方面17件，占27%。内容超出区本级权限，转市政协立案的提案7件。转为社情民意信息的12件，交由相关部门办理。区本级立案的63件提案于3月30日完成交办。《关于打造五缘湾滨海休闲旅游品牌的建议》《关于积极应对财政体制调整，完善我区企业服务体系的建议》和《关于建立湖里区残疾儿童康复保障机制的建议》等3件提案确定为2016年度重点提案，由区政协领导牵头督办。5月19日，区政协谭苏建副主席带队走访区文体出版旅游局，就重点提案《关于打造五缘湾滨海休闲旅游品牌的建议》的办理情况进行督办。会上，主办单位区文体出版旅游局通报了提案办理进展情况，区市政园林局、金山街道办等协办单位对提案的进展情况作了补充。提案人、部分提案委委员和特邀研究员参加了督办，对办理过程中出现的问题提出了意见、建议。区政府挂职副区长肖平到场参加座谈，要求承办单位提高认识，按照提案中所提的建议逐条对照落实。5月26日，区政协副主席陈雄辉带队走访区残联，就重点提案《关于建立湖里区残疾儿童康复保障机制的建议》进行了督办。会上区残联通报了提案办理进展情况，区教育局、区卫计局等协办单位对提案的办理做补充。提案人、部分政协委员、特邀研究员、特教学校和湖里妇幼代表参加了督办，并对办理过程中出现的问题进行了沟通交流。区政府副区长刘云标参加座谈，他要求承办部门进一步梳理委员的建议，加快推进特教学校和残疾儿童康复中心的建设进度。6月2日，区政协副主席林世裕带领提案人、部分提案委委员走访了区经信局、区商务局，跟踪了解年度重点提案《关于积极应对财政体制调整，完善我区企业服务的建议》的办理进展情况。在听取2个主办单位的通报和殿前街道办等5个协办单位的补充后，与会委员与承办单位对提案的持续办理进行了深入的沟通协商，提出了进一步完善《湖里区企业服务体系建设的合理化建议》。8月23日，副主席陈雄辉带队走访区文体局、区建设局、区市政园林局、区台办等单位，跟踪了解区政协提案《关于设立薛令之纪念公园的建议》办理进展情况。参加督办活动的有区政协提案委员会委员、台港澳侨委员会委员、提案人、区政协特邀研究员和薛氏宗亲代表。区政府副区长戴宗垒参加督办活动。同时，提案委加大对委员意见落实情况的监督，注重加强与区委办、区政府办的合作，及时协调解决提案交办过程中出现的问题，按月在区政协委员履职平台通报提案办理进展情况。改版提案办理情况反馈调查表，建立追踪落实机制。经过区委、区政府及其职能部门的认真办理，全部提案均于6月30日前按时向委员作出答复。委员对提案办理总体反馈情况：满意62件，满意率为98.41%；基本满意1件，占1.59%。区政协常委会还专题听取了区政府关于区政协七届四次会议提案办理情况的通报。

【专题考察】 2016年，区政协组织6次专题考察，其中2次专题考察与市政协联合开展。

第一次专题考察　6月1日，湖里区政协与厦门市政协联合开展专题考察活动，市区两级政协部分委员结合2016年世界环境日主题“改善环境质量，推动绿色发展”，就2013年《关于加大污水整治力度改善水资源环境的建议案》办理情况进行“回头看”，专题考察“岛内污水截流工程建设情况”。市政协副主席钟兴国，市政府副秘书长张权，湖里区委书记张毅恭，市政协经建委（人资环委）主任朱奖思，湖里区政协主席林凡、副主席林世裕等参加活动。政协委员们分别考察了中埔截污工程点和正在建设的湖边水库排洪箱涵截污工程点后召开座谈会，听取市市政园林局和市环保局关于厦门本岛雨（污）水排放口截污工程建设情况的介绍，对进一步推进和完成岛内污水截留工程、改善水资源环境建言献策。

第二次专题考察　6月28日，湖里区政协与厦门市政协中共特邀界别一界1组联合开展关于海峡建筑设计文创园、联发华美空间运营情况的考察活动。区政协台港澳侨委员会委员、部分其他专委会委员及部分特邀研究员与市政协委员共同参观了方式装饰设计、台湾常吉建筑设计、吴肖峰画家工作室、锅炉房D-House、唐人在线、简极科技等入驻企业，听取了相关负责人对文创园运营情况的介绍。市政协副主席魏刚、区政协主席林凡、区政府副区长戴宗垒、区政协副主席林世裕参加了活动。

6月1日，市、区政协委员视察岛内污水截污工程建设（区政协供图）

第三次专题考察　5月17日，副主席陈雄辉带领区政协组织社会法制委委员对湖里区和谐劳动关系构建工作情况进行专题考察。委员们实地察看了湖里殿前街道长虹路和谐劳动关系示范街和殿前街道劳动仲裁庭的规范化建设及服务情况，并听取了区人社局关于《湖里区扎实推进“1118”和谐劳动关系示范工程建设情况》的通报。通过考察，委员们对湖里区和谐劳动关系示范工程建设及服务情况有了深入的了解，并针对区人社局在构建和谐劳动关系的经验和做法及存在的问题进行讨论，提出富有建设性的意见和建议。

第四次专题考察　8月2日，区政协社法委委员、特邀研究员对湖里区运用“互联网+”治安防控体系建设情况进行专题考察。委员们实地考察了蔡塘社区“五四三”工程和视频监控系统、金山派出所“互联网+”群防群治建设情况、湖里公安分局一体化指挥调度平台和雄鹰突击队建设情况。通过考察，委员们对区政法委“互联网+”治安立体防控工作取得初步成效表示充分的肯定，对其通过政策指引、机制创新、资源整合，构建现代化的治安防控网络体系表示高度赞赏。同时，委员们了解到湖里区治安防控仍然面临着社会面治安状况相对复杂、突发性公共安全隐患多、警力不足等问题，为此，对深化运用“互联网+”思维全面提升治安立体防控效能提出了意见和建议。

第五次专题考察　8月26日，区政协教文体卫委开展关于区青少年校外体育活动中心运营情况的考察活动。委员们和部分特邀研究员参观了活动中心的功能区，观看了部分区小学生羽毛球队、篮球队和武术队的训练情况，并听取了相关介绍。通过参观、咨询、交流，委员们就充分挖掘、利用、盘活现有的校园体育资源，丰富社区居民体育文化生活，给广大市民提供更多、更便利、常态化的体育活动空间发表了意见和建议。

第六次专题考察　9月1日，区政协副主席林世裕带领区政协经建委委员、部分其他专委会委员、特邀研究员考察两岸区域性金融中心开发和入驻运营情况。委员们考察了厦门国贸金融中心、厦门英蓝国际金融中心项目，听取两岸金融中心工作领导小组办公室关于两岸金融中心（湖里片区）情况汇报。委员们对两岸金融中心指挥部有效推动征地拆迁、招商引资、规划建设等工作取得的成绩表示满意和赞赏，并从园区产业定位、营商环境、招商引资、历史人文等方面提出了意见和建议。

2016年，区政协委员调研湖里区24小时自助书机建设使用情况（区政协供图）

【课题调研】 2016年4月起，由各民主党派、工商联、政协专委会、界别活动小组、委员街道联络组组成的课题组围绕确定的26个年度重点课题深入开展调查研究工作和建言献策活动。区政协委员金山街道联络组联合民盟界别小组开展社区发展用地调研活动，对金山街道辖区内6个“村改居”社区发展用地的选址进行实地考察，了解周边的设施及配套等，针对发展用地的前期筹备、业态选择、开发模式、功能定位及日后可持续经营发展等方面深入开展调研。区政协委员禾山街道联络组和特邀界别活动小组联合对后埔—枋湖片区旧村改造涉及四大公建配套项目建设情况进行调研，察看了湖里区政府周边纵六路、纵四路等市政道路建设、金枋世家和金枋至尊安置房建设以及后埔社区新发展用地项目建设，了解项目建设进展情况，提出了许多宝贵的意见和建议。民建湖里区基层委与政协委员湖里街道联络组围绕区委提出的“把我区建设成为充满活力、竞争力强的创新创业城区”的工作目标开展调研，通过深入调研，分析近年来湖里区创业工作的现状和湖里区的特点，对照其他地区创业工作的先进经验，提出湖里区大众创业工作的新思路和对策建议，并撰写了调研报告“打造‘创新湖里’，开创湖里区大众创业工作新局面的对策建议”。区政协委员殿前街道联络组组织委员参观厦门自贸区机场北片区，深入了解片区和入驻企业情况，针对该片区的吃、住、行等基本配套问题和规划、定位等深层问题进行探讨。区政协教科文卫委调研湖里区若干24小时自助图书机建设使用情况，对如何充分发挥图书机的社会价值建言。区政协台港澳侨委员会前往闽南古镇开展调研，对闽南古镇的动线布局、营销策划、招商运营等方面提出了有见地的意见和建议。区政协经建委员会前往湖里高新技术园区开展调研，对高新技术园区营商环境、园区服务管理水平、公共商务配套中心和公共停车场等方面献策。区政协组织文史学宣委到厦门市信息学校调研职业教育发展情况。各课题组在湖里区经济转型、文创发展、旅游开发、文化传承、社会治理、医疗卫生、教育教学等方面和湖里区群众关心的一些重要民生问题方面提出可行性、前瞻性的意见和建议，形成了26篇调研报告，编辑成《湖里区政协2016年度专题调研报告汇编》，其中《打造国际一流营商环境，促进厦门自贸区两岸贸易中心核心区发展》《打造“创新湖里”，开创湖里区大众创业工作新局面的对策建议》《关于深化运用“互联网+”思维，提升治安立体防控效能的若干建议》《全面二孩政策对湖里区教育的影响及对策》等4篇报告被推荐为政协年会委员大会发言篇目。

【民主监督】 年内，区政协围绕重点项目建设、征地拆迁工作、财政预算执行、国有资产监管和有关法律法规实施以及重大方针政策贯彻落实情况开展民主监督。组织委员深入了解社情民意，广泛征集提案线索和视察调研题目，使委员提案、课题调研、视察内容更加准确、客观地反映人民群众最关心、最直接、最现实的利益问题，并通过组织委员视察、提案督办、社情民意反映、行风巡察等形式履行监督职能，着力加强提案和社情民意信息的办理、跟踪、监督、问效，推动了问题的解决。政协领导亲自督办重点提案，带队走访提案承办单位，针对提案办理过程中存在的问题及时调研协调，强化重点提案的办理力度。是年，区政协委员、信息员反映的社情民意信息150多件，大多得到办理，许多意见建议得到重视和采纳。以推进行风巡察工作多维度、精细化为抓手，组织委员对区职能部门和窗口单位开展行风巡察，加强对行政部门履行职能开展民主监督。区政协委员组成的行风巡察小组对金山街道办事处、区卫计局、区行政执法局等职能部门开展为期4个月的行风巡察。通过明察暗访、问卷测评、座谈了解等方式进行深度巡察监督。被巡察部门高度重视巡察中发现的问题，及时组织专题研究，提出整改方案，巡察工作取得良好效果。同时，区政协推荐部分专业对口委员担任各级各类监督员，参与全市和全区廉政监督、效能监察、行风评议等工作，扩大人民政协履行民主监督职能的实效和影响。

【团结联谊】 2016年，区政协扎实做好团结各界、凝聚人心、汇聚力量的工作。注意发挥党外副主席的优势和作用，视情采用党组扩大会议的形式，邀请他们参加会议一起研究，一起贯彻落实，把党的主张通过民主程序转化为政协班子的决定。在政协履行职能的各个环节和各类活动中，做好与党派团体的协调，整合力量、资源共享，共筑参政议政的工作平台，共同探讨湖里区经济和社会各项事业的发展大计。通过召开座谈会、走访交谈等形式，切实加强与各党派团体、各族各界人士的联系沟通，将区委、区政府的战略决策变为各民主党派和各界人士的共识，从而增强了在共同政治基础上的团结。努力为民主党派和无党派人士知情出力搭建平台、创造条件，鼓励他们为服务全区发展大局履职建言、献计出力。年内，政协的5场专题协商，都有党派团体代表人士作专题发言，3个重点提案有1个来自党派团体，展示了多党合作在人民政协的生动实践。组织开展政协特色鲜明的履职活动，积极做好民族宗教界代表人士工作，对全市最大的基督教堂"新区福音堂"和厦门岛内最早的佛教寺院"觉性院"等宗教及民间信仰场所的新址及建设情况开展调研，对口协商建言；密切与台港澳侨委员的联络联谊，深入开展合作交流，做好凝聚人心、牵线搭桥等工作，为湖里区改革发展添助力、增合力。

【文史宣传】 2016年，区政协积极发挥政协文史工作"存史、资政、团结、育人"的作用，继续坚持立足本土，抢救、挖掘和搜集本地历史文化资源，从地名由来、历史变迁、传奇故事、人物春秋、姓氏源流、民俗文化等几个方面征集编辑了12万字、98幅相关老照片的第21辑《湖里文史资料（湖里卷）》。加大对政协工作的宣传力度，立足办好区政协刊物、网站、微信公众平台，同时密切与各级新闻媒体的联系，拓展宣传交流渠道，委员履职的成果和经验得到了有效的转化和推广，委员在本职岗位上所取得的工作成绩及其参政议政过程中的突出表现得到宣传。全年刊出《湖里政协》14期，被省《政协天地》、市《政协信息》《厦门政协》《厦门日报》及《湖里简讯》等刊物、简报刊用信息50余篇（条）。完善区政协微信公众平台，建立了社情民意信息员微信群、QQ群等，向委员推送政协工作信息。召开信息工作会议，总结表彰2015年度政协信息工作并部署2016年度工作。

【学习培训】 2016年，区政协组织人民政协的各党派团体、各界人士、机关干部认真学习中共十八大和十八届六中全会及总书记习近平系列重要讲话精神。通过大会宣讲、专题辅导、座谈讨论等形式，引领区政协各党派团体、界别、政协委员和政协机关干部深入开展政治、经济、法律知识和科普知识的学习。7月4—7日，区政协在宁德市委党校举办2016年暑期研习班。区政协常委会成员，机关各办室主任，各专委会主任、副主任及各界别活动小组召集人等40多人参加培训。培训期间，学员们听取了《习近平总书记治国理政思想的孕育与实践》专题讲座，并到全国

7月4—7日，区政协在宁德市委党校举办2016年暑期研习班（区政协供图）

扶贫第一村福鼎市赤溪村和福建省廉政教育基地福安市廉村开展现场教学。7月22日，区政协召开常委会议，政协常委、经建委委员、经济界别委员专题听取湖里区2016年上半年经济运行分析。8月11日，组织全体委员、特邀研究员、信息员和政协机关干部听取湖里区政府、区人民检察院、区人民法院2016年上半年工作情况的通报。各专委会不定期以会代训，加强对专委会成员的培训；各界别活动小组也根据自身特色，开展形式多样的学习活动。

【党建工作】 2016年，区政协严格落实党风廉政建设主体责任和监督责任，党组专题组织学习中共廉洁自律准则和纪律处分条例，党支部也组织开展相应的专题学习。政协党组成员严守党的政治纪律和政治规矩，以身作则，引领带动政协委员和机关干部队伍建设。深入开展“两学一做”专题学习活动。根据区委统一部署，及时制定专题教育实施方案，领导具体分工负责。共召开各种学习、讨论、分析会13次，参加各种讲课和学习180人次，全体党员撰写读书心得笔记20多篇。党组成员、党员干部带头上党课、带头交流发言、带头加强品德修养。坚持好“三会一课”制度，积极响应增强“三有感”主题活动，通过问群众、问党员等方式，找准存在问题，及时抓好整改，推动党员受教育、党建有提升，群众得实惠、发展见成效。领导班子成员坚持不懈反对“四风”，不断加强思想建设和作风建设，以身作则，率先垂范，下基层，走企业，开展到社区为群众服务活动。区政协机关党支部组织机关党员到同安区洪塘镇龙泉村开展精准扶贫活动及志愿活动，慰问当地三户特困群众家庭，清理农村生活垃圾。在台风“莫兰蒂”灾后重建中，党组书记和支部书记都发挥先锋模范作用，带领机关党员干部积极投身到帮助重灾区——徐厝社区的灾后自救。同时，区政协积极响应关于迎接“金砖峰会”城区环境整治行动的号召，机关工作人员到相关整治点开展垃圾、废弃物的清理及路面清扫工作。充分发挥机关党组织的作用，通过开展文明志愿活动、社会公益活动、机关文化活动等，营造团结向上、合作共事的良好氛围。区政协机关蝉联“省级文明单位”。

【做好换届工作】 年内，召开政协第七届湖里区委员会工作表彰座谈会，总结本届区政协工作经验，对区政协5年来涌现出的先进单位和优秀个人进行表彰。按照区委的部署要求，认真配合党委有关部门做好换届工作，稳妥开展换届前委员履职综合评价，协助做好委员推荐提名工作，切实把代表性强、议政水平高、群众认可、德才兼备的优秀人士吸收到委员队伍中来。认真总结5年工作经验，积极谋划5年工作重点，为新一届政协工作打好基础。

（方丽铃）

资料链接

区政协七届五次会议优秀提案：九三学社界别活动小组的《关于创新机制建设生态文明城区的建议》、郭明忠委员和黄双全委员的《关于主动对接厦门自贸园区建设，加快我区经济转型提升的建议》、教育界别活动小组的《关于落实湖里教育发展服务中心的规划立项，提升教育资源推进教育强区建设的建议》、谢益民委员的《关于进一步培育我区社会组织，充分发挥社会组织在社区治理中独特作用的建议》、工商联界别活动小组和邱晓龙委员的《关于湖里区发展跨境贸易电子商务的建议》、林秀瑜委员的《关于进一步做强做大我区民营经济的建议》、蔡远游委员的《关于促进湖里区混合型经济发展的建议》、黄双全委员的《关于大力扶持“众创空间”商务楼运营发展的建议》、致公党界别活动小组的《关于以机制建设推进老旧小区改造提升的建议》、吴丽英委员的《关于提升我区主要公园和道路景观的建议》、刘蓓委员的《关于建立突发公共事件应急基金，提高政府处理重大突发事件绩效的建议》

区政协七届五次会议提案先进承办单位：湖里区人民政府办公室、湖里区发展和改革局、湖里区教育局、湖里区民政局、湖里区商务局、湖里区科技局、湖里区人力资源和社会保障局、湖里区人民政府殿前街道办事处

区政协八届一次会议优秀提案：区政协民盟界别的《关于打造五缘湾滨海休闲旅游品牌的建议》、林秀瑜委员的《关于积极应对财政体制调整完善我区企业服务体系的建议》、柳咏枝委员的《关于建立湖里区残疾儿童康复保障机制的建议》、区政协台港澳侨委员会的《关于设立薛令之纪念公园的建议》、陆颂九委员的《关于促进两岸金融中心（湖里片区）发展的建议》、邱晓龙、黄双全、林姵蓁委员的《关于简化办事程序打造湖里区国际化营商环境的建议》、王漫林委员的《关于提前做好放开二胎后的我区医疗教育等配套资源规划及建设的建议》、刘剑颖委员的《关于建立区级判决执行配合机制的建议》

区政协八届一次会议提案先进承办单位：区发展和改革局、区教育局、区经济和信息化局、区建设局、区文体出版旅游局、区商务局、区市政园林局、区人民政府湖里街道办事处、区委政法委员会

法　治

政法委及综治

【概况】 2016年，全区政法各部门和全体干警认真贯彻上级各项决策部署，主动适应经济发展新常态，充分发挥职能作用，一手抓当前，一手谋长远，着力补短板、防风险、促发展，扎实推进平安湖里、法治湖里和过硬队伍建设，全年110刑事警情比上年下降26.75%，群众安全感率93.6%，创历史佳绩，获评全省第三轮平安区，在全市2016年综治责任制考评中获第二名，综治工作连续13年进入全市优秀行列，为实现“十三五”规划良好开局打造了安定和谐的社会环境。

【公检法紧密配合惩罚犯罪分子】 2016年，湖里区继续保持对各类违法犯罪行为的高压态势，全年共破获刑事案件3631起，破案率比上年上升6.75%，打掉各类犯罪团伙86个，7起现行命案全部告破，成功侦破2003年“7·23”抢劫杀人命案积案，巧妙运用DNA比对、指纹比对等技侦手段锁定并抓获潜逃多年的犯罪嫌疑人盛某广。检察机关认真履行批捕、起诉职责，受理审查批准逮捕案件和受理审查提起公诉案件分别比上年上升9%和4.8%。审判机关加大对犯罪的严惩力度，全年审结刑事案件比上年上升3.2%，有力地震慑违法犯罪分子。治安环境持续稳定向好，辖区110刑事类警情比上年下降26.75%，群众安全感率达93.6%，均高于全市平均水平。

【稳步推进司法体制改革】 2016年，湖里区首批法官、检察官入额工作顺利完成，共选拔主审法官39名、主任检察官32名，分别占法院、检察院编制数的28.17%和34%，均低于中央政法委要求的39%的比例。审判机制综合改革成效显著，区法院坚持“精英化法官、专业化审判、扁平化管理”的总体思路推进审判团队改革试点，促进审判工作提质增效，相关做法得到上级有关部门高度肯定并在全国法院司法责任制改革督查推进会推广其先进经验。坚持执法、司法规范化建设，进一步提升队伍忠诚度和责任感。着力打造业务过硬队伍，湖里公安分局启动社区民警大轮训，区法院组织开展“执法办案之星”和“服务保障之星”评选活动，区检察院办理的3起案件被评为“全市检察机关法律监督十佳案件”，展现出良好的业务素养。坚持完善多部门齐抓共管的综治工作格局，区委任命各派出所所长为街道党工委委员，街道党工委任命辖区片警为社区副书记，湖里公安分局分别选派1名民警到区执法局和执法中队挂副局长和副中队长职，完善合作机制，打破行政壁垒，不断凝聚公安部门和行政执法部门在促进经济社会转型升级、跨越发展中的合力。

【创新模式有效管控风险】 年内，湖里区完善重性精神病人管控机制，出台湖里区《实施以奖代补政策落实严重精神障碍患者监护责任暂行办法》。“办法”将危险性评估在3级以上的精神障碍患者纳入以奖代补日常监护。是年，与37户家属签订管护协议，签订率达100%，实现了“不脱管、不失控、不肇事”的目标。着力打造“互联网＋易制毒化学品管理”管控新模式，通过物联网等多种科技手段实现对辖区210家在册易制毒化学品企业的运输、仓储、使用销售情况实施全程监管，既能及时发现关联企业和从业人员的违法违规行为，又有效降低了企业人工和时间成本。

【积极助力经济建设】 2016年，湖里区深入开展“执行难”专项治理，全年执结新受理案件3367件，比上年上升 20.81%，累计清理执行到位标的 2.85 亿元。同时，还将 2633 人纳入失信被执行人名单，司法拘留失信被执行人 3 人，移送公安机关查究拒执罪 5 件，推动诚信体系不断完善。加强自贸区法庭和自贸区检察室建设，自成立以来，自贸区法庭共办理涉自贸区案件 1070 件，诉讼标的总额 13.76 亿元，自贸区检察室共依法批准逮捕 25 件 26 人，起诉 32 件 32 人，有力维护自贸区生产经营秩序。同时，区法院还与厦门市仲裁委等 6 家单位合作搭建涉自贸区商事纠纷多元化解平台，开通法庭中英文双语网站，不断完善适合自贸区特点的司法服务机制。

【不断完善多元调解体系】 年内，湖里区总结禾山街道多元化调解纠纷的经验，并在其他 4 个街道推广，均设立了矛盾纠纷多元化调解服务中心，提升了矛盾纠纷化解科学化、制度化水平。不断壮大调解组织体系，是年，新增湖里区价格纠纷调委会、金山高林中和调解工作室、湖里姑嫂调解工作室等一批调解组织，区法院还设立全市法院首家律师调解工作室，引入律师驻点参与案件调解。截至年底，全区行业性、专业性调委会有 49 家，个人调解工作室有 9 家。年内，调解组织共调解各类纠纷 4449 件，成功率 99.7%，涉及协议金额 7759 万元，调解纠纷量位于全市首位。积极探索“互联网 +”调解工作模式，在禾山司法所建设网络调解工作室，通过 QQ 在线跨省调处 1 起发生在复旦大学附属中山医院项目工地的工伤纠纷案件，有效提升了矛盾纠纷调处的及时性和成功率。

【完善公共法律服务】 2016 年，区司法局、湖里街道、村里社区共同建立了全市首家社区公共法律服务站——“村里人”法律服务站，提供综合性、一站式、便捷化的法律服务。“村里人”法律服务站高度重视对孤残老幼等社会弱势群体的关爱扶持，是年，对生活确有困难的案件当事人发放司法救助金 19 万元，进一步精准落实司法救助工作。全面启动“七五”普法工作，建成厦门司法禁毒、戒毒教育基地，法治宣传阵地不断拓展。创新“互联网 +”普法宣传方式，借助“平安湖里”“法律在线”微信公众号发布平安建设动态资讯。年内，更新信息 1580 条，举办互动普法答题 22 期，11529 人次参与，营造了更加浓厚的法治氛围。

【全面推进“三实管理”】 年内，湖里区全面推进“三实管理”（实有人口、实有房屋、实有单位），做到底数清、情况明、稳控实，不断挤压治安隐患滋生空间，提高风险管控能力。是年，全区抽查登记办证率超 90%，为推进“三实”管理奠定了基础。持续抓好“城中村”治理，推进“大物业”管理模式，吸纳居委会领导、社区民警和出租屋房东参与社区管理，进一步推动“以房管人”向“人、房、业”共管转变。

【加强综治和平安建设】 2016 年，湖里区不断加大综治和平安建设经费投入，全年政法综治工作区级财政预算超过 2.64 亿元，比上年增长 54.4%。各街道预算投入也均在千万元以上，为综治和平安建设工作发展奠定了坚实的财力基础。在严格考评的基础上，年初，发放 2015 度综治考评奖金近 58 万余元，发放“城中村”群防群治队伍考核奖金 300 余万元，进一步激发了各责任单位、各群防队伍参与综治工作的积极性和主动性。将 2015 年度综治工作排名末位的街道列为重点整治对象，要求切实取得整改实效，促进各单位提标提速，全面提升综治平安建设整体水平。

【织密治安防控网络】 年内，湖里区制定出台《关于推进完善社会治安防控体系建设的实施方案》，投入 8600 余万元推进三期视频监控建设，各街道在盲点区域安装监控设备，实现主要公共区域、场所、街道和重点单位视频监控点的全覆盖。同时，加强视频监控系统纵向互联，是年，全区 3121 路视频监控联入市公安局视频共享平台，联网覆盖率 107.62%，超额完成省综治办、省公安厅有关社会治安防控体系建设分解任务要求。安排资金

3 月 5 日，湖里区综治宣传月启动仪式在金安社区文化广场举行（王晓丹 摄）

5454万元，在全区推广智能门禁系统，采用政府出资为主、居民出资为辅的模式，力争实现“城中村”智能门禁系统全覆盖，进一步织密治安防控网络。

【提高应急处突能力】 2016年，区主要领导坚持亲赴现场靠前指挥，依法妥善处置了“8·8”“8·18”海峡出租车司机先后2次共400余人次串联罢运以及“10·11”乐群广场项目200余名工人聚集讨薪冲突等突发事件，有力维护了辖区的稳定。坚持合理引导和依法处置相结合，既严格按照“路线图”依法处理信访事项，努力解决好群众反映的实际困难，又坚决依法处置非法上访等过激行为，决不姑息迁就。在乐群广场项目工人聚集讨薪冲突事件处置过程中，对涉嫌犯罪的人员迅速采取强制措施，其中4名嫌疑人以寻衅滋事罪被刑事拘留，1名嫌疑人以故意伤害罪被取保候审，及时控制了事态发展。

【排查化解有成效】 年内，湖里区健全矛盾纠纷定期排查、情况报告、信息共享、分析研判等工作机制，持续深化治安隐患、矛盾纠纷隐患、安全生产隐患“三查”活动，汇总信息快报专报54期。7月，防止了神州专车厦门分公司260余名司机欲聚集罢运等群体性上访15起1352人次，经受住了各类涉稳风险的考验。是年，为2件重点疑难信访事项举办了公开听证评议，为6件信访事项办理了专案评审，信访事项及时受理率和按期办结率均为100%，名列全市第一。扎实推动信访积案“清仓见底”，年内，市信访联席办移交湖里区的3件信访积案及6件区级信访积案均已化解完毕，其中包括因成功大道、安墩路及县黄路三条道路拆迁安置问题而引发的长达多年之久的信访积案，避免因久拖不决而形成被动局面。

7月18日，湖里区在禾山街道召开全区“互联网+”群防群治工作推进会（郑奕昕 摄）

【政法综治队伍建设】 2016年，湖里区政法队伍扎实开展“两学一做”学习教育活动，邀请厦门市公安局巡回演讲团举办主题为“正气清风 为警有为”的演讲活动，用鲜活的事例感染干警，打造一支信念坚定、执法为民、敢于担当、清正廉洁的政法队伍。是年，新增375名警辅人员，并通过政府购买社会服务的方式，为区法院、区检察院各增加24名编外辅助人员。湖里公安分局启动社区民警大轮训，区法院组织开展“执法办案之星”和“服务保障之星”评选活动，大力营造创先争优氛围；区检察院办理的3件案件被评为“全市检察机关法律监督十佳案件”，并在第三届全市公诉人与律师辩论赛中获得“最佳团队”和“最佳辩手”2个奖项。

【深化群防群治队伍建设】 年内，湖里区积极探索“互联网+”群防群治新模式，制定《湖里区开展“互联网+”群防群治（“厦门百姓”）工作方案》，通过“厦门百姓”APP软件吸引专职群防队员、平安志愿者以及其他热心群众参与治安巡防，实现任务发布、接收、实施、考核一体化运作。出台《湖里区“互联网+群防群治”积分管理办法（试行）》，在全市率先实行奖励积分“三级兑换”机制。是年，全区“厦门百姓”APP用户已达3.5万人，志愿者人均积分570.6分，两项指标均位居全市首位。湖里区“互联网+”群防群治工作被确立为全省社会治安综合治理创新会议现场考察项目之一。会议举办期间，省委常委、政法委书记陈冬、副省长王惠敏等与会领导在禾山街道现场观摩了“互联网+”群防群治开展情况，并给予了高度评价。

【深化平安和谐社区建设】 2016年，湖里区在城市社区，积极构建邻里互动空间，培养邻里间互助友爱的和谐关系。殿前街道兴隆社区开展同胞融合治理创新工作，在社区党组织的引领下，整合社区自治组织、专业社工机构、驻区单位、台湾同胞等力量，健全社区共治机制。金山街道在宣传发动上下功夫，对提供虚假信息诈骗犯罪窝点线索的群众和对成功拦截虚假信息诈骗转账的群防群治人员给予每起200元的现金奖励，全年拦截信息诈骗案17起。在“城中村”社区，加大“五四三”工程建设力度，持续夯实人防、技防、物防基础投入，收到明显成效，城中村刑事警情持续下降。各行业主管部门还牵头开展了“平安交通”“平安校园”“平安家庭”“平安企业”等创建活动，不断完善平安创建各项平台，通过局部的“小平安”促进全区的“大平安”。

【严保政治安全】 年内，湖里区先后2次召开全区反恐工作会议，严格按照《中华人民共和国反恐怖主义法》部署反恐工作，建立健全反恐维稳安保专班运作机制。立足实战，加强公安巡特警反恐大队应急演练，坚持常态化值班备勤与敏感时段、重点场所巡防相结合，着力提高驾驭复杂局势的能力。严格按照“五见四知”的要求，做好对关注人员、反体制重点人员、扬言报复社会人员等86名重点人员的管控，实行一人一专班。反邪教斗争力度持续深入，选派干警参加市公安局“10·7”专案组，捣毁邪教“法轮功”聚会窝点1处，抓获“法轮功”邪教人员5人，其中：3人被批准逮捕，2人被取保候审，实现“零进京、零聚集、零插播”工作目标。

【首创“1+3”海域治安管理新模式】 2016年，湖里区编制《湖里区五缘湾游艇边防管理登记手册》，设立游艇类船舶登记、进出港申报、违法违规记录、日常安全管理检查、法律法规宣传、沿海管防责任状、便民服务措施等，与电子台账同步登记，实现进出港申报和管理防控规范化。投入近280万元，建立游艇“智能申报比对管理、智能多目标跟踪监控、智能防控管理”等三大系统，通过连接公安防控相关数据，快速比对船舶和人员相关资料，实现了快速申报、通关；通过覆盖64个高清摄像头，建立码头人员和船舶自动跟踪抓拍，实现动态管理全覆盖；通过对在册或进入港口码头的游艇船只实时安装防控系统，实现游艇随时集群调度、定位、越线预警等防控功能，有效保障游艇出海安全，防范涉台事件发生。是年，高崎边防所五缘湾执勤点累计审查通关游客23万余人次，游艇进出港申报船舶2583艘，开展联合执法行动24次，完成帆船赛、游艇展等重大安保活动14次。

【推行“阳光信访”】 2016年，湖里区及时分解交办群众来信、来访、“市长专线”和网上信访事项；全区43个责任单位均已接入省信访信息系统，实现了“信息网上录入、流程网上管理、网上督查、绩效网上考评”的工作模式，把信访事项受理办理过程和处理结果等在网上公开，使得整个办件流程和结果在阳光下运行，主动接受群众的监督和评议，确保每一件信访事项都能得到依法及时办理，最大限度维护群众的合法权益。是年，6795件信访事项均在法定期限内办理完毕，信访事项及时受理率和按期办结率达到100%，名列全市第一。

【全力守护百姓平安】 9月，在台风“莫兰蒂”登陆之后，政法各部门3天共接报求助或主动排查处理各类涉灾隐患警情685起，出动警力2695余人次，发动包括“红袖标”队员在内的各级各类平安志愿者21645人次，会同街道、居委会设置临时避灾点40余个，救助转移危险区域群众6300余人，为打造抢险救灾“厦门速度”贡献了一臂之力。灾后，湖里区公证处开辟绿色通道，积极主动提供公证法律服务，工作人员赶赴现场进行损坏事实的证据保全公证3次，9月17日，为后坑社区16辆车办理证据保全。湖里公安分局加强抢险警力与后勤保障力量，协助修复受损房屋700余处、车辆300余辆，清理倒伏树木3万余棵，疏通道路交通300余处。

（易小卉）

9月17日，政法委全体党员干部到兴园社区与武警官兵、社区突击队、居民小组、志愿群众等一起开展灾后重建工作（易小卉 摄）

名词解释

五见四知：“五见”指见人、见证、见随身物品、见住地、见交通工具，“四知”指知基本情况、知来历、知去向、知所行目的。

法治政府建设

【概况】2016年，湖里区坚持“放管服”三管齐下，继续深化行政审批制度改革，创新政府监督管理模式，持续优化政府服务，推进“简政放权”向纵深发展，进一步激发区域市场活力和社会创造力。是年，湖里区新增行政权力事项17项，取消权力事项5项；新增公共服务事项8项，取消公共服务事项2项。

【编制街道权责清单】2016年，湖里区参照省级提供的129项权责事项范本，按照“权责法定、权责健全、权责公开”的原则，组织各街道办事处认真对照法律、法规、规章和“三定”规定，结合上级行政机关依照法定程序委托、下放或交办事项，提出各街道办事处共有的104项权责事项。在此基础上，由区审改办、法制办进行审核把关并形成《街道办事处权责清单（送审稿）》，经区政府常务会议研究，确认各街道办事处保留142项权责事项，并于10月底前在各街道办事处网站公布。

【开展前置审批和行政审批中介服务事项清理】年内，湖里区继续清理、调整前置审批和行政审批中介服务事项。经区政府常务会研究确认，决定保留区级前置审批事项60项、调整区级前置审批事项16项；保留区级行政审批中介服务事项42项、调整区级行政审批中介服务事项18项。

【权责清单系统录入】2016年，湖里区组织区级22个部门（单位）、5个街道办事处开展权责清单、公共服务事项录入厦门市权责清单管理系统工作。截至12月23日，区各相关部门已录入权力事项1025项，公共服务事项46项，责任清单事项1540项。

【建立“双随机”抽查制度】年内，湖里区组织区直各部门梳理本部门随机抽查事项，制定随机抽查工作实施方案。是年，区人社局、审计局、民政局、建设局、文体出版旅游局、卫计局、商务局、统计局、安监局、档案局、教育局、司法局、发改局、市政园林局等14家单位制定了“双随机”抽查工作方案。

【完善“多规平台”建设】2016年，湖里区逐步建立“多规平台”配套制度，相继出台《湖里区建设项目生成管理办法（试行）》《区财政投融资项目可研联评联审办法》《项目备案及报建阶段联评联审办法》《施工许可阶段联评联审办法》；提高市“多规合一”业务协同平台利用率，全区17个部门的相关业务已纳入平台管理，各部门之间实现信息互联互通、业务协同办理，联评联审质量不断提高。是年，通过该平台生成市、区划拨用地项目59个。与市“多规合一”建设项目审批信息管理系统同步，加快并联审批流程改革，完成区“多规合一”建设项目审批信息管理系统升级。

【推进“互联网＋政务”】年内，区法制办制定《湖里区进一步加强和推进网上行政审批服务实施方案》，围绕行政审批服务事项“全程网办”的目标，深化网上办事大厅的应用推广工作，全面推行网上审批服务平台和实体大厅结合、网上服务和网下服务统一的政务服务模式。在市级审批平台的基础上进行延伸部署，改造升级湖里区网上审批业务办公系统，实现审批业务办公系统与省网上办事大厅数据对接。是年，除国税局、地税局等使用自建系统外，18个区直部门、227个行政审批服务事项已按照要求使用区网上审批业务办公系统。升级网上预约服务系统，对市场监督管理局窗口部分办理事项实行全预约服务。

【重大行政决策后评估】2016年，湖里区选取《关于促进厦门两岸集成电路自贸区产业基地发展的办法》《湖里区促进旅游业发展的扶持奖励办法》《湖里区人民政府办公室关于印发缓解企业用工难问题的若干意见的通知》3件实施满1年后的规范性文件作为重大行政决策后评估对象。经评估，实施效果基本符合决策制定的预期目标。

【加强规范性文件监督管理】年内，全面清理2015年12月31日前区政府及区政府办公室发布的55件规范性文件。经审核确认，决定继续有效34件（含待修订8件），废止和失效21件。针对规范性文件审查过程中遇到的疑点、难点，区法制办多次召集部门起草人员和区政府法律顾问进行协商、座谈，以确保制定的政策措施合法、适当、有效。是年，区法制办收到23件部门报送审查的规范性文件，完成审查并提供法制审查意见21件，其中，以区政府、区政府办名义正式印发的规范性文件7件。

【发挥政府法律顾问作用】2016年，湖里区政府法律顾问为区政府及组成部门、各街道办事处重大决策提供意见或进行论证80余件次，对起草或者拟发布的规范性文件提出修改和补充建议8件次，参与处理富贵门花园项目三期用地历史遗留问题等涉及政府的各类纠纷和重大突发性事件70余件。

【开展行政执法主体资格确认和行政执法人员清理】 年内，区政府对全区行政执法主体进行了资格审查，确认湖里区有43家单位具有行政执法主体资格，其中：行政机关17家，法律法规授权的组织6家，受委托的行政机关或组织20家；全区有302名工作人员持有执法证。

【加强重大行政处罚案件备案审查】 截至12月底，全区有127件重大行政处罚报送区法制办备案审查，其中：区行政执法局96件，卫计局28件，安监局2件，人社局1件。区行政执法局重大处罚案件占比达75.59%，主要集中在对违反《厦门市物业管理若干规定》的处罚。

【确保行政执法平台和“两法衔接”平台有效运行】 截至年底，区直各执法单位均已完成行政执法平台和“两法衔接”平台2个平台的端口接入及数据录入工作，并建立了平台管理责任制，明确责任科室和责任人，负责开展两个平台的日常应用管理、案件信息录入和文件资料上传工作。行政执法平台和“两法衔接”平台的运行情况已纳入区级依法行政绩效考核范围。

【全区行政执法案卷评查】 2016年，由区法制办牵头，抽调具有丰富执法经验的法制工作联络员、邀请区政府法律顾问成立案卷质量评查小组，对照省法制办《行政处罚案卷评查标准》《行政许可案卷评查标准》，根据全区各行政执法部门报送的行政执法案卷目录，抽取47卷案卷进行质量评查，其中：行政许可32卷，行政处罚15卷。经评查，相关执法案卷基本做到事实清楚、证据充分，实体合法、程序正当，适用法律准确、运用行政处罚自由裁量适当，但仍然存在案件处理审批文书填写不规范、送达方式不规范等问题，评查小组将问题逐一反馈，并要求限期整改。

【依法办理行政复议案件】 年内，湖里区收到46件行政复议申请，其中：受理37件，不予受理9件。受理的复议申请涉及城市管理、公安、物价、社会抚养费征收等领域，经审理已结案31件。结案的复议案件中维持6件，撤销1件，调解7件，当事人申请撤回终止复议2件，转送15件。是年，因不服市场监督投诉举报处理决定而提起行政复议申请的有14件，比上年新增13件；因违法占地、违法建造、擅自改动房屋建筑主体和承重结构、改变建筑设计使用功能被城市管理部门查处提起行政复议的有21件，比上年新增5件。1件行政复议案件在作出不予受理决定后申请人不服提起行政诉讼，一审判决予以维持。

【行政机关负责人出庭应诉】 2016年，以区政府为被告的行政诉讼案件17件，其中：未开庭审理原告主动撤诉结案11件，开庭审理结案4件，尚有2件未开庭审理。在已开庭审理的4起行政诉讼案件中，区政府负责人均出庭应诉，出庭应诉率100%。是年，以区政府工作部门及街道办为被告的行政诉讼案件11件，其中：未开庭审理原告主动撤诉结案1件，开庭审理结案4件（含1件庭审后原告主动撤诉），还有6件尚未开庭。在已开庭审理的4件行政诉讼案件中，3件案件的部门负责人主动出庭应诉，出庭应诉率为75%。

【强化对行政权力的制约和监督】 2016年，湖里区强化对行政权力的制约和监督。一是增强政府信息公开实效。制定《湖里区人民政府办公室关于印发2016年政务公开工作主要任务责任分工的通知》，明确各相关单位信息公开责任。二是加强政策解读。重要政策的解读材料在政策公开后3个工作日在政府网站发布，对于涉及面广、社会关注度高或专业性较强的重要政策，每季度安排1名部门主要领导在线与网民进行交流。全年发布政策解读文件6件，通过领导在线访谈形式公开解读政策25件。三是及时回应群众信息公开申请。是年区政府（含区政府办）共受理依申请公开政府信息18件，其中：网上申请4件，纸质申请14件。经审核，依法公开5件，不予公开13件。

【全面提高政府工作人员法治思维和依法行政能力】 年内，区政府常务会议安排会前学法议题，邀请湖里区法院行政庭负责人讲解行政机关如何适应新《中华人民共和国行政诉讼法》要求、切实提高依法行政水平。同时对湖里区法院、集美区法院提交的《2015年度行政案件司法审查情况》进行了研究、讨论。举办全区干部法治培训，邀请厦门大学法学院行政法学专家做《依法行政，建设法治政府》专题讲座。开展政府信息公开工作法制培训，由政府法律顾问主讲，以案释法，现场答疑，不断规范新形势下政府信息公开工作。

（张宪敏）

公 安

【综述】 2016年，湖里公安分局有12个内设机构，下辖7个派出所，其中：5个行政所，2个边防所，有民警503人（不含边防现役人员）、警辅1342人，民警数占全区实有人口总数的0.44‰。是年，该分局破获刑事案件3634起，破获经济案件47起，涉案总金额近1亿元。全年协助党委、政府成功处置各类群体性事件173起，完成95项215场次大型活动安全保卫工作，在人员密集场所开展反恐处突、消防演练43场。年内，湖里公安分局15个集体、268名个人，受到各类表彰奖励，有3个集体立三等功，5人立二等功、17人立三等功。

惩罚犯罪

【概况】 2016年，湖里公安分局积极开展打击“盗抢骗”、打击防范电信诈骗新型犯罪、“飓风肃毒”等专项行动，共破获刑事案件3634起、抓获刑事作案人员2441人、逮捕872人、公诉1434人、追回赃款395.2万元；现行命案立8起破8起，破案率100%；破获毒品案件441起，抓获毒品犯罪嫌疑人473名，缴获各类毒品8566.85克；破获经济案件47起，涉案总值近1亿元。

【惩罚刑事犯罪】 年内，湖里刑事打击工作坚持依法严打方针不动摇，以“更快地破大案、更多地破小案、更准地办好案、更好地控发案”为目标，以创建打击犯罪新机制为抓手，进一步改革和加强刑事侦查工作，全力推进落实打击犯罪新机制，不断提升破案打击质效，全年共接110刑事报警9038起，破获年内刑事案件3634起，抓获刑事作案成员2441人，打掉团伙82个，逮捕872人，公诉1434人，追赃395.2万元。其中，命案现案发8起破8起，命案破案率达100%，充分体现了侦查破案专业水平，推动全区打击刑事犯罪工作的开展。

【开展各项打击专项行动】 2016年，湖里公安分局适时开展各类专项打击行动，严打各类违法犯罪活动。其中，年度打黑除恶专项斗争，全区涉恶“九类案件”破案率86.52%，打击涉“九类”犯罪嫌疑人446人，其中生效判决134人，完成年度指标的60.9%。累计打击“地下出警队”以及建设工程领域违法犯罪嫌疑人员103人；按照“飓风肃毒”专项行动工作部署，全力摸排涉毒线索，先后抓获涉毒犯罪嫌疑人473人，破获涉毒案件441起，其中部目标案件7起、省目标案件6起，缴获各类毒品686.52千克；根据厦门市公安局部署要求，着眼“破大案、管小案”，扎实开展“盗抢骗”专项打击行动，广泛开展打两抢、打入盗、打盗窃“两车”等小专打行动，实现了“打突发、打系列、压案件”的预期目标，辖区“两抢”、入室盗窃、扒窃、撬砸车窗盗窃等高发警情出现不同程度的下降。年内，先后破获盗抢骗案件1431起，其中：盗窃1033起、抢夺30起、普通诈骗349起、掩饰、隐瞒犯罪所得案19起，打掉团伙20个，抓获嫌疑人578人，成功侦破福隆国际华昌珠宝店特大盗窃金店案等一批省、市挂牌督办大要案。侦破电信网络新型诈骗案件480起。打掉诈骗窝点79个（本地窝点68个，外地窝点11个）、抓获犯罪嫌疑人146人，其中，伪基站嫌疑人9人，查获伪基站设备5套。全年分局共抓获在逃人员78名，其中命案在逃人员4名，台湾在逃人员7名，完成年度指标的101.30%。

【“打四黑除四害”专项】 年内，湖里公安分局以开展食药打假的“利剑”“闽剑”专项行动和“食安2号”为重点，积极会同农林、工商、质监等部门对辖区生产经营食品药品的企业、加工点进行“地毯式”排查，严厉打击食品药品违法犯罪活动，集中开展了打击统一行动，全力推动“打四黑除四害”专项行动深入有效开展，有力维护辖区群众切身利益。全局共破涉及食品违法犯罪的刑事案件70起，捣毁窝点6个，现场查获伪劣茅台1万多瓶、散装酒近10吨以及大量假药，涉案金额近1亿元，抓获犯罪嫌疑人52名。

【开展禁毒工作】 2016年，湖里公安机关依托“飓风肃毒”等专项行动，重拳打击毒品违法犯罪活动，共破获毒品刑事案件441起，抓获毒品犯罪嫌疑人473名，缴获各类毒品8566.85克，查处吸毒人员1249人次，侦破省级毒品目标案件6起、部级毒品目标案件7起。“飓风肃毒”会战中，湖里公安分局总成绩位列全省25个重点县（区）局第二名，受到省禁毒委的充分肯定。年内，区、街、社区、区禁毒委成员单位各级各部门，举办大小禁毒宣传活动数十场，通过禁毒短信、禁毒微博、禁毒微信进行宣传，扩大宣传覆盖面。区禁毒办、区教育局充分发挥学校禁毒宣传教育的主阵地作用，按照青少年毒品预防教育“6·27”工程建设要求，在禾山中学创建“毒品预防教育示范学校”，按照“五个一”标准建立禁毒展室、禁毒电脑室，并在学生中开展手抄报、征文等多种形式禁毒宣传教育。是年6月，禾山中学被厦门市禁毒委员会、团市委授予“厦门市毒品预防教育示范学校”。

【惩罚经济犯罪】 2016年，湖里公安分局深入开展各项经侦专项行动。受理各类经济案件164起，立案158起，抓获各类经济犯罪嫌疑人65人，破获案件47起，涉案总金额近1亿元。其中，破获全国首例特大利用第三方支付漏洞团伙信用卡诈骗系列案，并对第三方支付平台代扣管理存在的重大漏洞提出预警，引起了中国人民银行、中国银监会、中国银联等部门的高度重视。是年12月，公安部经侦局向福建省经侦总队发来贺电。

治安管理

【概况】 2016年，湖里区不断健全完善社会治安防控体系，在全市率先建设二、三级指挥情报中心，建立触点预警、“三项建议书”“1+N”综合情报会商等工作机制。有针对性地指导开展警情打防和区域整治，积极打造情报信息为主导的“大巡防”工作格局，全面推动视频监控、WiFi热点、智能门禁系统等智能化信息采集终端建设，进一步夯实全区的防范基础。全年110刑事类报警总数比上年下降23.9%，群众对社会治安工作的满意率进一步提升。

【危险物品管控】 年内，湖里公安分局进一步加强涉危、涉爆单位和重点行业安全监管，强化枪支弹药、爆炸物品等危险物品的安全管理。年初，在全区范围内开展“禁放查非”专项行动，共查处非法销售、储存、燃放烟花爆竹案件8起12人，行政拘留7人，实现无火灾、无伤亡、无事故的预期目标。认真组织开展“缉枪治爆”专项行动，收缴仿军用枪1支、仿真汽枪7把、弩1把、各类子弹149发，管制器具2721件。开展“缉枪治爆”专项行动，严厉打击涉枪涉爆违法犯罪活动，肃清辖区安全隐患。

【人员密集场所反恐维稳】 2016年，湖里公安分局落实重点单位、重要部位驻点勤务，万达商圈应急屯兵点建成并投入使用，同时划定枋湖客运中心、蔡塘广场、万达广场3个重点单位为3分钟处置圈，最大限度把警力摆在路面，将应急快速反应落到实处。深化人员密集场所“多位一体”的反恐处突机制，加强人员密集场所群防群治工作日常管理，完善各项保障制度，强化日常性督促检查。先后在SM商场、万达商场、蔡塘商场、特易购商场、风信子商场、禾山中学等人员密集场所开展反恐处突、消防演练43场。在节假日、重大活动期间，督促指导各派出所组织民警对大型商场各类促销活动进行排查，仔细收集各类不稳定和倾向性信息，开展风险点评估，并制定相应的对策，掌握工作主动权。

【开展流动人口信息采集】 年内，湖里公安分局以流动人口宣传服务管理执法专项活动为载体，采集登记流动人口近86.34万人，刊发专题宣传报道10条，张贴墙报标语703处，发布微博宣传330条，召开各类会议98场，6800人次参加。组织统一清查64次，出动警力1674人，发现案件线索115条，从中破获刑案206起，查处治安案件827起，抓获违法犯罪嫌疑人734人，逃犯18人。处罚单位39家，房东210户，外来人口406名，发出整改通知67份。提供案件线索867条，破获刑事案件1067起，查处治安案件7450起，抓获违法犯罪嫌疑人3198名，抓获逃犯107名；处罚单位292家，处罚房东1094户，处罚暂住人口8052名，发放整改通知书7320份。

【推进“互联网+”群防群治】 7月，湖里公安分局在全区各派出所全面启动“互联网+”群防群治工作，对所有社区民警、社区防控协警、护村队员、治安志愿者组织培训。年内，平台注册并激活34821人，共采集人口、房屋、车辆等各类信息16.30余万条，平台发布任务5.23余万条，采集信息58.65余万人，线索举报719条。其中，禾山派出所“禾山厝边”群防群治APP成效突出，10月26日，全省社会治安综合治理创新工作推进会现场演示汇报会在禾山街道召开。

【治安热点整治】 2016年，结合湖里辖区治安特点，湖里公安分局深入开展“城中村”治安整治工作。按照“发案少、秩序好、社会稳定、群众满意”的总目标，不断加大整治力度。是年，全区“城中村”110刑事类报警7923起，比上年下降5.9%。湖里公安分局结合日常群众举报及管理中掌握的线索，积极组织开展了打击黄赌“断链”行动、“扫黄打非”专项整治行动，打击查处涉黄涉赌案件1110起，其中，涉赌刑事案件86起、行政案件553起，卖淫嫖娼刑事案件73起、行政案件398起，抓获违法犯罪嫌疑人1912名，其中，刑事拘留215人，取保候审93人，逮捕48人，治安拘留594人，辖区社会治安面貌明显改善。

安全保卫

【概况】 2016年，湖里公安分局严格举办大型活动安全条件审核，明确并落实主办单位安全责任和安全措施，认真制定大型活动保卫工作方案及预防处置突发事件的预案，加强组织指导。是年，顺利完成国际马拉松赛、清明节、端午节、“五一”劳动节、海峡论坛、G20杭州峰会、“9·8”投洽会等大型活动安保和警卫任务95项215场次，受到了各级领导的好评。

（白倩如）

4月19日，在全省消防安全社会管理现场会上，吉家家世界微型消防站联合周边社区微型消防站开展消防演练（苏雯　摄）

消　防

【概况】2016年，湖里消防大队共接出警1109起，出动车辆1658辆次，出动警力10513人次，疏散被困人员2170人，抢救被困人员300人，抢救财产价值4798.7万元，圆满完成抗击台风“莫兰蒂”及各项重大节日、活动消防安保工作，23名官兵受到各级表彰。在防火监督工作中，先后开展冬春火灾防控、夏季消防检查、劳动密集型企业等多个消防安全专项整治工作，持续落实消防网格化排查工作机制，积极推动各街道安监站结合日常安全巡查，深入开展出租房屋、小作坊等各类场所火灾隐患排查，全年，各街道、公安派出排查各类单位、场所近3万家次，填发各类隐患整改通知书8000余份，网格化工作进一步规范。是年，大队共出动检查人员5477人次，检查单位2737家次，发现火灾隐患1981处，发出责令改正通知书813份，临时查封14个场所，下发行政处罚决定书83份，其中责令三停25家，处罚金额合计60.26万元。

【微型消防站建设】2016年，湖里区进一步整合各社区、重点单位依托志愿消防队伍和专兼职人员，全面推行微型消防站建设。4月，全省消防社会管理创新工作现场会在湖里区召开，吉家家世界家居广场和殿前街道高殿社区微型消防站建设经验得到省、市领导的高度肯定，并被选定为试点进行推广。辖区53个社区均初步建成社区微型消防站，建成率100%；142家二级消防安全重点单位初步建成微型消防站。是年，辖区微型消防站已协助消防中队参与灭火救援近50起，并在抗击“莫兰蒂”台风救援排险工作中发挥重要作用。

9月16日“莫兰蒂”台风后，湖里消防大队官兵高空拆除坍塌铁皮（苏雯　摄）

【抗击“莫兰蒂”台风】9月15日，台风“莫兰蒂”过境后，湖里消防大队全体官兵始终战斗在抢险救灾一线，为民排忧解难，先后出动车辆251辆次，出动消防官兵1445人次，抢救、疏散被困人员520人；先后为16个断水居民区送水92次，累计送水265吨；为辖区20余处积水区域进行排水作业。组织官兵对辖区内道路倒伏树木进行紧急切割、清障，第一时间恢复基本交通；及时处理高空大型广告牌、铁皮搭建倒伏占压高压电线、道路等100余处；出动水罐消防车冲洗辖区主要交通道路45条；对辖区15个废树枝、垃圾堆场进行喷水，防止火灾发生。

（蓝　淳）

道路安全整治

【概况】 2016年，区道安办按照“政府牵头，部门联动，社会各界共同参与”的工作思路，在省、市道安办的统筹指导下，积极作为、强化源头管控，全面加强人、车、路、环境的安全管理。1月1日至12月31日，湖里区道路交通事故立案178起，因交通事故造成死亡31人，受伤176人，直接经济损失近44.03万元。与上年同期相比，交通事故立案总起数上升9.20%、死亡人数上升19.23%、受伤人数上升1.73%，直接经济损失下降43.08%。是年，区政府拨付30万元作为区道安办日常办公经费，投入350万元作为道路交通安全综合整治专项经费；各街道投入约820万元，用于保障道路交通安全综合整治工作人员、办公场所、工作经费等。是年，在钟宅西二路及钟智西二路新增4套电子警察违法抓拍系统，完善标志66套，施划标线571.57平方米、振荡线150平方米、水清除35平方米，安装护栏15片、警示柱3支、拆护栏2片；对学校周边道路交通安全隐患进行治理整改，消除道路交通安全隐患。

【解决群众出行难题】 2016年，区道安办牵头各街道从解决群众日常出行困难角度出发，在全市先后开通了禾山、殿前、湖里、金山等街道7条社区公交，投入50部金龙客车，运行里程达83.5公里。“社区公交”开通系厦门市首创破解“城中村”公共交通难题的一次积极尝试和探索，自“社区公交”开通以来，有效挤压了摩托车及其他机动车非法营运市场，满足了居民群众和企业员工的便捷出行，使人民群众对政府满意度得到了提升。

【湖里区青少年交通安全宣教基地揭牌】 2016年，湖里区把道路交通安全宣传教育作为重要的基础工作，区政府专门拨付150万元用于建设湖里区青少年交通安全宣教基地，该基地面积约220平方米，主要面向全区少年儿童开展交通安全宣传教育体验，自9月1日起已分期、分批接待全区中小学生、幼儿园学生，向青少年儿童普及道路交通安全常识。

（王晓兰）

2016年，湖里区青少年交通安全宣教基地举行揭牌仪式（区道安办供图）

检 察

【概况】 2016年，湖里区人民检察院着力打造“实干型、创新型、示范型”的基层检察院，为建设创新创业活力四射的湖里创造良好的法治环境。全年全院集体和个人获得各级表彰48次，其中：省级以上表彰11次，市级表彰19次，区级表彰18次。

【刑事检察工作】 2016年，湖里区人民检察院受理各类提请批准逮捕案件976件1293人，经审查，批准逮捕696件876人；受理移送审查起诉案件1474件1739人，提起公诉1281件1504人。持续保持对“城中村”内多发性刑事犯罪惩办的高压态势，批捕“两抢一盗”、敲诈勒索、聚众斗殴、毒品犯罪嫌疑人476人，提起公诉461人。立足维护市场经济秩序，依法起诉非法集资、金融诈骗、强迫交易等破坏社会主义市场经济秩序犯罪案件32起44人，涉案总额925.7万余元。立足维护网络安全，依法起诉利用网络实施的传播淫秽信息、窃取个人信息和赌博等案件9件22人，协同推进打击治理电信诈骗、网络投资诈骗等新型违法犯罪专项行动，依法批准逮捕此类案件33件45人。同时，继续深入落实轻缓刑事政策，依法不捕423人、不诉51人、促成刑事和解25人。

【查办和预防职务犯罪】 年内，湖里区受理贪污贿赂、渎职侵权等案件线索35条，立案侦查16件16

人，其中，处级以上干部3人（正处副局级1人），科级干部1人，依法介入4起安全生产责任事故调查。查办福建兆翔临港置业有限公司窝串系列受贿案11件11人，实现滚动深挖、抓窝带串的办案目标。推行网络预约、快速查询等便民措施，提高行贿犯罪档案查询的效率，受理行贿犯罪档案查询5449件，41家单位被查出具有行贿犯罪记录。深入区司法局、区教育局、厦门世贸地产公司等单位开展法制讲座14场，营造清正廉洁的政治生态。

【强化法律监督】 2016年，区检察机关发出《要求说明不立案理由》通知书7件；发出《补充提纲》184份、《逮捕案件继续侦查取证意见书》293份，改变定性34件76人；依法追诉2人；对侦查活动、刑事审判中的违法情况提出纠正意见14件次，发出检察建议13份；向审判机关提出量刑建议657件670人；提出刑事抗诉2件。成立羁押必要性审查办案组，受理审查82起，发出羁押必要性审查建议书59份。开展“基层民事行政检察工作推进年”专项活动，受理各类民行申请监督案件13件。经审查，提出改进法院执行工作检察建议2件，督促行政机关履行职责检察建议4件，审判违法监督检察建议1件。

【创新检察工作】 年内，区检察院创新开展检调对接，律师参与矛盾纠纷化解、司法救助等，有效促进了控告申诉检察工作质量和效能的提升。区人民检察院被最高人民检察院评为“全国检察机关文明接待室”，并被区信访局联席会议评为优秀等级。探索试行“3+N”未成年人检察工作办案模式，创新引入专业社工、心理咨询师参与案件的办理，即由1名检察官负责同一起未成年人刑事案件的捕、诉、监。是年，通过“3+N”未成年人检察办案模式处理的案件中，3人不批准逮捕，6人不起诉，其中5人顺利就业。着力构建多元化涉案信息公开平台，运用网上公开、电话预约、自助查询终端等案件信息公开方式，全年共发布终结性法律文书1131篇，上传程序性查询信息3445条。

【自贸试验区检察工作】 年内，市编办核定区人民检察院工作室领导职数2名，其中，主任1名（正科级）、副主任1名（副科级）。是年，将办案重点放在与自贸区建设相关的国家重点投资领域、资金密集行业、重大基础工程及市场资源配置等过程中的权钱交易，依法办理涉自贸区案件，查办自贸区内职务贪污腐败犯罪。继续保持与其他自贸区检察机关的工作交流。

【检察队伍建设】 2016年，区检察机关开展“学党章党规、学系列讲话，做合格党员”学习教育活动，并坚持把深化“两提升五过硬”建设作为“两学一做”学习教育的重点内容和特色载体，切实提升干警的政治素养、规矩意识和党性修养。坚持以司法改革优化队伍，把检察官入额考试、遴选面试等作为提升干警素能的有利契机，至年底，经省法官、检察官遴选（惩戒）委员会第四次全体会议审议通过，区人民检察院有32名干警纳入检察官员额管理。坚持以检察文化涵养队伍，以干警读书会为载体，大力推进以“奉法为民、臻于至善”为核心内容的检察文化建设，通过开展《半亩书园》内刊采编、检察官茶座、“晒书节”、户外拓展、亲子读书等活动促进学习型检察院建设，提升干警的文化涵养。“晒书节”系列主题读书活动参评区委宣传部主办的湖里区人民阅读奖项评选，被评为“全民阅读创新奖”。“半亩苑”读书点被评为2016年“悦读湖里·最美读书点”。

【接受外部监督】 年内，区人民检察院凡是重大决策部署、重要改革措施、重要工作情况，都向区委报告，听取指示、意见和要求。自觉接受人大的法律监督、政协的民主监督，加强与人大代表、政协委员的联系，通过走访座谈、发函征求意见，赠阅《半亩书园》内刊，举办“检察开放日”活动，邀请参与嫌疑人提审及案件公开审查、公开答复等形式，拓宽接受监督的渠道，推动实现代表联络工作常态化。借助新型媒介搭建检民互动平台，截至年底，湖里区青少年维权网点击率突破700万人次，“湖检人”发布微博8000多条，“湖里检察”微信公众号发布信息136期。

（林惠嫔）

法　院

【概况】 2016年，区人民法院全年受理各类案件19902件，办结15572件，比上年分别上升25.54%和22.32%，结案量比上年增加2841件。审结各类刑事犯罪1293件，判处罪犯1539人。探索完善刑事案件速裁机制，适用刑事速裁程序审结案件393件，占审结刑事案件的30.35%，案件平均审理时间为3.5天。依法审结各类民商事案件9613件，标的总额21.82亿元。组建金融破产案件专业审判团队，依法审查破产申请案件2件。围绕案件审理中发现的问题和漏洞，向市公交集团、银行、邮政、

12 月 27 日，湖里法院院长高碧青作为福建法院唯一代表在全国法院司法责任制改革督察推进会作经验介绍（郭顺强　摄）

市政等单位发出司法建议 9 件，回复率 88.89%。物业纠纷案件专业化审理的做法得到省人大常委会调研组的肯定。受理执行案件 5618 件，执结 4490 件，执行到位金额 2.38 亿元。稳步推进人员分类管理改革，合理配置审判团队的入额法官和其他法官，补充审判辅助人员 49 名，将司法行政人员的比例压缩到 14%，全市最低。加强审判辅助事务集约管理，审判辅助中心全年送达率 84%。充分发挥院庭长办案的示范带动作用，全年院庭长办结案件 3729 件，占全部结案数的 23.95%，位居全市基层法院第一。加强法官助理工作模式探索实践，刑庭和民一庭法官助理工作取得较好效果。坚持有序放权和控权监督相结合，健全完善审判权运行机制。专业化审判效果渐显，案件法定（正常）审限内结案率、一审判决案件改判发回重审率均位居全市第一。司法体制改革工作受到了上级法院的充分肯定，12 月底，区法院在全国法院司法责任制改革督察推进会做经验介绍。加强立案登记制的实施，案件当场立案率 97.18%。落实省法院“清理信访积案”行动部署，严格落实涉诉信访案件清案责任制，坚持院领导周一接访、中层领导轮值接访工作制度，全年办理群众来信、来访 141 件。大力加强三大公开平台建设，上网裁判文书 9416 件，庭审直播 21 场，“12368”短信平台发出短信 17025 条。结合节日积极开展普法宣传和法律咨询活动，坚持举行法院开放日、新闻发布会等。拍摄首部自贸区案件题材的微电影《彼此》，官方微信公众号发布信息 42 期 72 条，发表宣传报道 121 篇。是年，区法院深入开展“两学一做”学习教育活动，举行首批员额法官入额宣誓仪式，严肃队伍纪律作风，建立勤政廉政约谈制度，持续开展审务督查。每季度开展“执法办案之星”和“服务保障之星”评选活动，营造创先争优氛围，全年有 8 个集体、34 名个人受到各级表彰，湖里法院被评为“全省法院系统先进集体”。

【参加全国法院司法责任制改革督察推进会并作经验介绍】 12 月 27—28 日，最高法院在云南昆明召开全国法院司法责任制改革督察推进会。湖里法院作为福建法院系统唯一代表，在会上介绍了审判团队改革的做法。

【运用单兵作战指挥系统现场腾房】 申请执行人厦门银行股份有限公司与被执行人厦门晨中建设科技有限公司、杨某、洪某公证债权文书纠纷一案，执行局在依法对被执行人杨某位于厦门市湖里区祥店里的房产进行查封并司法拍卖过程

12 月 19 日，湖里法院执行局局长何如男带队运用单兵作战指挥系统现场腾房并接受省高院马新岚院长现场连线指示（林添森　摄）

中，发现该房产被案外人王某等人非法占用。执行法官多次沟通未果后，经过周密部署，于12月19日开展集中行动，法警大队到场支援，并邀请区人大代表、社区工作人员到场见证，开展强制腾房行动。现场对非法占用该房产的案外人采取强制驱离措施，并腾空房产，顺利将该房产移交买受人。此次现场腾房行动运用单兵作战指挥系统与省高院执行指挥中心实现同步影音传输。17时，省高院马新岚院长通过单兵作战指挥系统与执行现场的执行局局长何如男连线，何如男向马新岚院长报告现场情况并接受指示。

【审理厦门市市政园林局公交与燃气处原副调研员许某玩忽职守、受贿案】 12月7日，院长高碧青担任审判长公开开庭审理原厦门市市政园林局公交与燃气处副调研员许某玩忽职守、受贿一案。新浪网法院频道进行了网络庭审同步直播。被告人许某在担任厦门市市政园林局公交与燃气处工作人员期间（2003年—2014年10月），履行全市燃气安全监管职责不到位，对集顺公司及其东浦路供应站长期存在的安全管理制度不落实等问题未及时查处，致使液化石油气经营和使用环节安全监管存在漏洞，导致“9·19”特大燃气爆炸事故的发生。同时，被告人还被控利用职务之便，收受燃气经营企业贿赂，在监管工作中为其提供便利。庭审依序进行了法庭调查、法庭询问、举证质证、法庭辩论等环节，充分听取控辩双方意见，并根据双方的发言及时询问，归纳庭审重点和控辩争议焦点。最终被告许某被判处有期徒刑四年零九个月并处罚金人民币10万元。厦门市市政园林局、湖里区纪委、湖里区检察院、湖里区各街道纪检工作人员等40余人旁听庭审。《福建法治报》《厦门日报》、厦门电视台等10余家媒体到场报道。

【执结涉轨道交通一号线6户承租户拆迁安置补偿纠纷腾空案件】 2016年6月，厦门市湖里区人民政府申请强制执行涉轨道交通一号线一期工程（湖里段）建设项目的6户承租户拆迁安置补偿纠纷腾空案件。受理案件后，湖里法院迅速行动，6月15日，被执行人卢某某与申请人湖里区人民政府达成搬迁协议书。至此，该案件在法院与区政府、街道等相关部门的共同努力下，仅历时半个月就顺利执结。

【审结全市首例侵犯公民个人信息案】 被告人黄某系安溪人，2015年11月，他通过网络向他人出售含有新生儿家庭情况的公民个人信息1050条，非法获利2200元。2016年3月，在厦门暂住处被抓获。其间一直在网上发布出售隐私资料的广告，但没有达成其他交易。公安机关还从缴获的电脑中提取到其通过网络购买的公民个人信息56万余条。法院经审理认为，被告人黄某违反国家有关规定，非法获取公民个人信息，并向他人出售，情节严重。鉴于其归案后能如实供述犯罪事实，当庭认罪，遂以侵犯公民个人信息罪判处黄某有期徒刑一年，并处罚金。该案系《刑法修正案（九）》施行后审结的全市首例侵犯公民个人信息案。

【调解黄某某与厦门市中医院医疗损害责任纠纷案】 黄某某与厦门市中医院医疗损害责任纠纷一案，前后经过区、市、省三级法院多次诉讼，历时近14年，双方矛盾十分尖锐。2016年初，湖里法院再次受理该案。法官通过进一步研析案情，厘清主要争议焦点，并根据案件的实际情况和当事人需求提前拟定双方当事人相对可能接受的调解方案。针对调解的差距分别做双方当事人的工作，就一次性调解与多次诉讼向当事人分析利弊，帮助当事人理智做权衡、适当作让步。在调解前分别与当事人沟通，了解其心理需求，争取当事人的信任和认可；在调解过程中不断与黄某某沟通联系，稳定其情绪，防止因其情绪激化导致调解破裂。经过法官长达半年的不懈努力，双方最终于12月14日达成调解协议，由厦门市中医院一次性支付黄某某补偿款，黄某某不再就双方当事人之间的医疗损害赔偿纠纷主张权利。

【审结“9·19”江头特大燃气爆炸事故财产损害赔偿系列案】 2016年11月，禾山法庭集中开庭审理了“9·19”江头特大燃气爆炸事故的财产损害赔偿系列案。该事故造成多名人员伤亡和周边店面、住宅大面积受损，涉及人数多，影响范围广，审理难度大。特别是其中的财产损害赔偿纠纷，因爆炸现场面目全非，相关损失只有受害人的单方陈述以及现场照片佐证，法院委托鉴定机构评估又遭到退鉴，相关行业协会等也无法提供可参照的数据，损失认定存在相当大的困难。自立案受理后，禾山法庭采取多种措施积极审理，未出现信访、群体性上访、闹事等矛盾激化现象。该案于12月底顺利审结。

【加强自贸区法庭建设】 2016年，自贸区法庭与厦门仲裁委“一院一中心”、贸促会、知识产权局、质监局、保险协会、银行业协会等6家单位的调解机构签订合作协议，聘请14位特邀调解员，搭建涉自贸区商事纠纷多元化解平台。开通法庭中英文双语网站，为当事人提供线上线下综合性诉讼服务。挂牌设立省高院自贸区（厦门）司法保障研究基地和自贸区知识产权法庭，聘请 14 名专家顾问。自贸区法庭全年受理包括涉外、涉港澳、知识产权等各类案件 1307 件，审结 788 件。其中，受理涉自贸区案件 1070 件，诉讼标的额 13.76 亿元，审结 639 件。

【开展“执行难”专项治理】 年内，区法院通过“点对点”网络查控系统，查询、冻结银行存款 2 亿元，查询土地、房产等 12 万次，通过网络司法拍卖，成交拍品 85 件，成交金额 1.5 亿元。在查询被执行人身份、住宿、航空、出入境及车辆、房产信息等方面取得进展。运用网站、微博、微信、悬赏公告等形式加大失信被执行人曝光力度，将 3085 人纳入失信被执行人名单，司法拘留失信被执行人 4 人，移送公安机关查究拒执罪 6 件。增设 1 个执行实施团队和 1 个保全团队，加强执行工作保障。是年，区法院累计清理执行积案 9091 件，结案标的 2.85 亿元。

【启动认罪认罚从宽制度试点工作】 12 月 20 日，在区政法委领导下，湖里法院充分吸收前期开展刑事案件速裁程序试点工作经验，结合工作实际，联合公安、检察、司法，在全省率先出台《关于开展刑事案件认罪认罚从宽制度试点工作的实施细则（试行）》，正式启动认罪认罚从宽制度试点工作。

【设立厦门市首个律师调解工作室】 6 月 29 日，湖里法院与厦门市律师协会合作，设立全市首个律师调解工作室，引入律师驻点法院参与案件调解，聘请首批 24 名律师为特邀调解员。律师调解工作室设立后，在当事人同意的前提下，在诉讼前和诉讼中的案件均可委托派驻法院的律师先行调解。年内，工作室共调结案件 204 件。

7 月 1 日，湖里法院首批 39 名入额法官身穿法袍，面向国旗和国徽宣誓（林添森 摄）

【完善审判权运行机制】 2016 年，湖里法院修订《法律文书签发规则（试行）》，明确除法定四类案件及部分程序性事项需要院庭长审批外，案件的实体裁判权交由法官全权行使。完善审判委员会的职能定位，审委会全年审议案件 8 件，占全部结案数的 0.05%，再创新低。推进院庭长审判监督管理方式转型，业务庭召开法官会议讨论案件 169 件，分管院长根据需要召集专业法官会议，为复杂疑难案件审理提供帮助。制定独任庭、合议庭运作规则，细化法官、法官助理、书记员职责分工，进一步厘清审判权、审判管理权、审判监督权三者的关系，在审判权运行“去行政化”的同时强化对审判权的监督和管理，做到放权而不放任。

【完善法官助理制度】 2016 年，湖里法院继续落实已制定的《法官助理制度实施办法（试行）》和《法官助理选任办法（试行）》，综合考量业务素质、调研信息宣传、奖励、工作年限等因素的基础上，再次择优选任 2 名法官助理。进一步加强对法官助理如何辅助法官办案的摸索实践，在人员紧张的情况下，被任命为法官助理的助理审判员不再独立承办案件，组成“庭长 + 法官助理 + 书记员”审判组合。刑事审判庭实施法官助理制度成效明显，3 个“1+1+1”组合和 2 个“1+1”组合共审结案件 1293 件，法官人均结案 258.6 件，结案率 93.56%。

【完善人员分类管理】 年内，湖里法院从 81 名法官中择优选任 39 名法官首批入额，仅占编制数的 27.46%。坚持“入额者须到一线办案”的原则，将个别原未在一线办案的入额法官调整到一线办案岗位，将入额的院领导编入审判团队，审理复杂疑难案件，院长挂钩刑事审判团队办案，其他院领导挂钩分管部门的审判团队办案。在区司法体制改革领导小组的大力支持下，湖里法院再次通过购买社会服务方式招录审判辅助人员 24 名，并优先配置到审判团队，从事书记员工作，尽量填补因书记员转任法官助理造成的人员空缺。在将行政人员精简至 14% 的基础上，稳步推进内设机构改革，着力建立精简高效的后勤保障队伍。

【适用小额诉讼程序审理案件】 2016年，湖里法院制定《民事案件适用小额诉讼程序的规定》，明确对事实清楚、权利义务关系明确、争议不大，目标的额为省上年度就业人员年平均工资30%以下的简单民事案件适用小额诉讼程序；对符合适用小额诉讼程序其他条件，但案件标的额在规定标准以上、10万元以下的案件，经双方当事人同意可参照适用小额诉讼程序。全年适用小额诉讼程序审结案件1188件。

【做好跨域立案工作】 根据省高院部署，在全省范围内，对属于省内异地法院管辖的一审民商事案件、行政和申请执行案件，当事人可以就近选择法院办理立案申请、收转材料、代为送达立案法律文书等跨域立案服务。2016年，湖里法院由专人负责跨域立案工作，全年共办理跨域立案271件。

【拍摄首部自贸区案件题材的微电影《彼此》】 7月，首部自贸区案件题材的微电影《彼此》正式开机。《彼此》由自贸区法庭真实案例改编，既展示了自贸区法庭通过司法便民举措和提升法官能力素质护航自贸区建设，又歌颂了特区基层法院青年法官与家庭之间彼此依靠、彼此支撑的和谐家风。该片主创及主演均为法院干警，利用周末及业余时间，历时3天紧张拍摄完成，真实还原法官审判生活场景，得到观众广泛好评，在福建法院“公平正义守护者”微电影作品主题创作大赛中获二等奖。

（丁雅萍）

司法行政

【概况】 2016年，湖里区司法工作大力推进法治湖里建设，着力夯实平安湖里基础，全力打造过硬队伍，为经济社会发展提供优质、高效的法律服务和法律保障，各项工作取得新进展、新成效，得到上级领导的充分肯定，获评“2011—2015年全国法治宣传教育先进单位”“全市先进基层党组织”，全区司法行政系统各单位和个人获得全国荣誉7项、省级荣誉3项、市级荣誉6项。是年，全区各级调解组织成功调处各类纠纷4436件，涉当事人9580人，协议涉及金额7759.43万元，防止群体性上访15起1352人次，化解了殿前“6·15”事故人身损害赔偿纠纷等19件有重大社会影响的疑难纠纷。全年新入矫社区服刑人员471名，解除社区矫正409名，截至年底，全区在册社区服刑人员有412名；在册安置帮教对象580人，安置率为99.83%，帮教率100%。全年办理各类法律援助案件2491件，其中办理群体性案件81件，涉案2002人次，解答群众咨询6522人次。全年办理各类公证4225件，比上年增长8.39%。年内，各类新媒体平台发布法治资讯2065条，举办互动普法答题22期，有1529人参与。

江头街道调解委员会调解张某与电力公司纠纷（区司法局供图）

【创新法治宣传方式】 2016年，湖里区着力推进“互联网＋普法”工作。积极探索新兴普法宣传渠道，在原有的网站、微信、微博等平台的基础上，拓展H5页面、微电影、微视频等第三方普法形式，交织出点面结合、高效便捷的法治宣传网络。在司法部等单位联合举办的“中国普法五项微活动”中，湖里区选送的《法律援助帮你忙》《专业调解促和谐》分获第十二届全国法治动漫微电影作品征集展播二、三等奖，《突出载体创新打造特色普法》《蔡塘夜市法制宣传一条街》分获“H5讲述‘六五’普法”新媒体创意大赛三等奖和优秀奖，区依法治区办获评活动优秀组织奖。

【高标准启动“七五”普法规划起草工作】 2016年，依托“湖里法律在线”和“平安湖里”微信公众号、区司法局官方网站、专属电子邮箱、活动调查问卷等线上、线下平台，面向社会大众公开征集“七五”普法规划建议，收到意见建议222条，区依法治区办从建议中评选出30条“金点子”并送出奖品，实现普法规划全民设计、全程参与、全线回应。向辖区各行政事业单位发出“七五”规划征集意见书65份，围绕如何创新普法队伍建设、如何落实“以案释法”“谁执法谁普法”责任制度、如何利用“互联网+”开展普法活动、如何更好更快地建设“法治湖里”等核心问题，进一步提升普法工作的针对性和可操作性。全面回顾湖里区“六五”普法规划的落实情况，梳理总结法治宣传教育开展过程中存在的难点和问题，为高标准规划“七五”普法打牢坚实基础。

【詹沧洲调研禾山街道多元化纠纷解决服务中心】 3月29日上午，市委常委、政法委书记詹沧洲带队到禾山街道多元化纠纷解决服务中心调研。詹沧洲详细查看了中心接待窗口、金牌调解室、人大代表调解工作室、劳动人事争议仲裁院驻禾山街道仲裁庭等各个功能室，认真听取中心运行机制及各功能调解室调处情况汇报，对湖里区率先创建街道多元化纠纷解决服务中心及工作亮点、运行成效给予肯定，并对下阶段工作提出要求。

【区司法局获评全国法治宣传教育先进单位】 5月26日，中央宣传部、司法部在北京召开第八次全国法治宣传教育工作会议，湖里区司法局被评为“2011—2015年全国法治宣传教育先进单位”。

【“村里人”公共法律服务站成立】 8月11日，由湖里区司法局、湖里街道、村里社区共建的厦门首家社区公共法律服务站——“村里人”公共法律服务站在湖里街道村里社区正式揭牌成立。市司法局副局长贺菊英、湖里区委政法委副书记朱绍峰、湖里区司法局局长林荣福、湖里街道副主任曾朝军参加了揭牌仪式。“村里人”公共法律服务站由区司法党员、青年干部、社区法律顾问、社区警官、社区人民调解员、社区党员志愿者等组建了一支53人的志愿者队伍，实现了法律咨询、法律援助、纠纷调处、公证服务和法治宣传5种公共法律服务产品常驻社区。

【市政协副主席詹沧洲到“村里人”公共法律服务站调研】 9月6日，市政协副主席詹沧洲率队到湖里区“村里人”公共法律服务站调研。市委政法委副书记姚新民，市司法局局长叶勇义，区政协主席林凡，区委常委、政法委书记钟伟东、区司法局局长林荣福等陪同调研。调研中，詹沧洲副主席详细了解“村里人”公共法律服务站的建设情况，并与驻点提供法律服务的律师、公证员亲切交谈。

9月6日，市政协副主席詹沧州（前排左三）到“村里人”公共法律服务站调研（区司法局供图）

【出台《厦门市湖里区社区法律顾问考评办法（试行）》】 2016年，湖里区出台《厦门市湖里区社区法律顾问考评办法（试行）》，明确社区法律顾问聘任资格、基本职责、考评内容，强化考评结果及其运用。考评结果划分优秀、良好、一般、不合格四个等次，规定98分以上为优秀，80分以下为不合格。明确规定考核优秀且排名前15名的社区法律顾问可获得奖励，考核不合格的将减少或者不支付法律顾问费用，并且规定年度考评不合格的，或者连续2年考评结果为一般的，不再推荐与社区续签法律顾问协议。

【秀丹调解室调解案例在中央电视台播出】 10月，央视“社会与法”频道的《小区大事》栏目（CCTV-12）播出了由“金哥安妹”法律驿站“秀丹调解室”吴秀丹牵头调解的一起婚姻家庭纠纷案例。吴秀丹累计成功调解90多起民间纠纷，参与社区普法宣传活动70多场次，协助社区培养和发展专业法律志愿者8名。

【延伸帮教】 2016年春节前夕，区司法局组织各司法所赴厦门监狱，对湖里籍58名服刑人员进行延伸帮教，将安置帮教与社区矫正工作端口前移，把党和政府的温暖送进大墙之内。司法所工作人员与本辖区服刑人员面对面座谈交流，了解服刑改造情况，讲解安置帮教新政，帮助解决反映的问题与困难。将《湖里区籍服刑人员困难调查表》发放给服刑人员填写，充分了解个人困难，收集整理具有普遍性的问题。各司法所提前走访服刑人员家庭，了解其家中情况，并把家中情况及亲人的愿望及时向服刑人员反馈，让其安心改造，争取早日回归社会。区司法局领导给每位服刑人员送去生活用品，鼓励他们认真改造，争取早日重归社会。

【强化对服刑人员的管控】 2016年，湖里区司法局强化对社区服刑人员的管控。一是全面实行“带机入矫”。从2月起，湖里区对新入矫社区服刑人员定位手机改由自带手机接收定位监管。8月，又集中为全区268名社区服刑人员办理了旧卡更换业务，不仅全区实现了“带机入矫”，而且定位管理功能也得到有效的提升。二是启用电子实时监管措施，引进30台电子腕带，对二次违反社区矫正管理规定的社区服刑人员使用电子腕带进行实时监管，提高威慑效果，实现社区矫正监管工作的信息化、标准化、智能化。

【法律援助】 2016年，湖里区健全法律援助案件庭审旁听制度。由湖里区法律援助中心从具有典型意义的援助案件中挑选15起，包括劳动争议案件、工伤赔偿、人身损害案件等多种类型案件。旁听人员着重旁听原被告双方的诉求和答辩，同时，关注在庭审中法律援助律师的仪表、庭审举止等，就证据材料是否齐备、举证是否有力、法庭辩论切入点是否准确、阐述观点是否明晰、说理是否透彻等各方面法律援助律师办案质量进行监督。根据旁听结果，向法援律师提出改进意见。同时，区法援中心还结合受援人回访制度、受援人质量监督卡等，把质量监督贯穿到整个法律援助的每个环节中，做到查实情、办实事、求实效。

【创新公证办理方式】 年内，湖里区公证处在微信城市服务中上线，将公证行业与“互联网+”相结合，成为全市首家事业体制微信在线公证机构。面向当事人，开放了探亲旅游、出国留学、定居移民、商务劳务、涉港澳台业务的公证申请，当事人打开微信城市服务即可直接办证，将证明材料拍照上传并在线支付公证费用，整个过程只需要5分钟。公证处审核办理，核验原件领取公证书。

【党建工作】 4月起，区司法局党支部在全体党员中开展了“两学一做”教育活动、“学习雷锋精神·在职党员先行”系列活动。全体党员到共建的村里社区报到，为社区服务。党支部书记带队到社区开展普法宣传活动1场，发放各类法治读物1万余册，解答法治咨询50余条。与村里社区共建特房华苑小区法治长廊。购置一批实用易读的法律书籍，免费赠送给社区图书馆，以书本为媒介，传递法治正能量。在职党员通过“一对一”结对的方式，认领社区群众的美丽心愿，第一批共认领兑现心愿10个。社区群众与党员一齐动手包制爱心水饺，并将饺子送到社区居民手中，密切了党群干群关系。

（涂　黎）

名词解释

H5页面： H5是指第5代HTML，也指用H5语言制作的一切数字产品。所谓HTML是“超文本标记语言”的英文缩写。

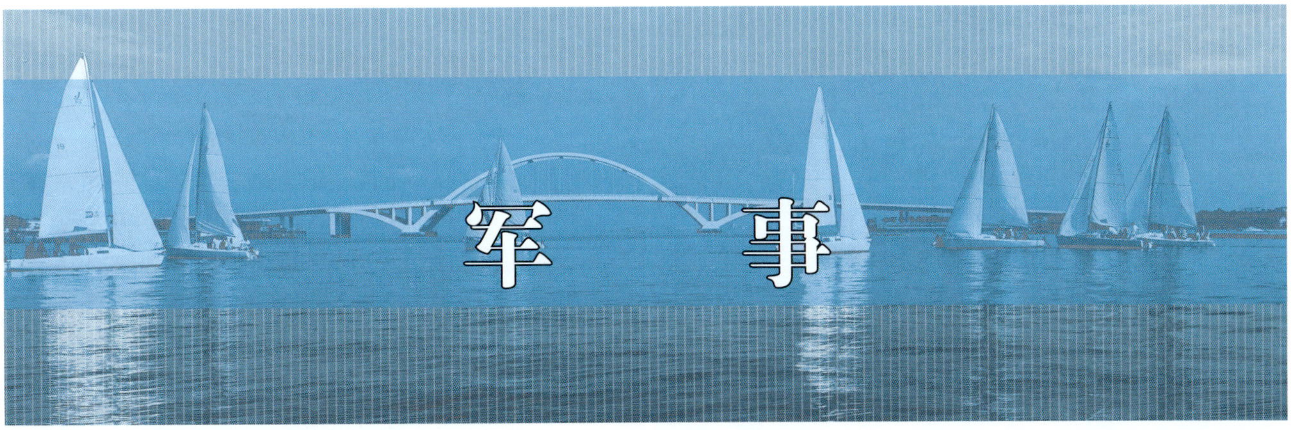

军 事

人民武装

【概况】 2016年，湖里区人民武装部（以下简称“区人武部”）以《国防动员条例》《民兵军事训练大纲》和《警备区规范化实施细则》为依据，紧紧围绕建设“全面过硬单位”的目标，聚焦强军主题，突出改革主线，把握稳定主调，深化正风肃纪，着力抓好凝神聚气筑军魂，深耕细作促备战，民兵训练质量有效提升，国防动员和民兵工作有力落实，单位全面建设稳中向好取得长足进步。

【主题教育】 2016年，区人武部顺应改革强军大形势、大背景，注重思想引领，统一思想、凝聚共识。突出学习贯彻习近平系列重要讲话这条主线，抓好改革强军主题教育和“两学一做”专题教育这两项重大教育，始终把两项重大教育作为头等重大政治任务。结合建设实际，联系担负任务和岗位职责，围绕“以什么姿态参加学习，以什么样的认识查找解决问题，以什么样的标准进行整改落实”为中心，以党小组会形式逐人谈认识、表决心、定措施。采取理论测试、笔记检查、体会展评等方法，帮助党员掌握基本理论、基本知识。组织党员围绕加强学习、履职尽责、改进作风、遵章守纪等四个方面，对照改革强军目标、对照党员标准、对照岗位职责、对照规定要求，填写《党员承诺践诺书》22份。另外，把两项重大教育与支持“四区”建设结合起来，积极开展扶贫帮困工作，先后投入万余元，为安兜小学学生购买图书，建设金山社区国防教育园地。

【整组工作】 2016年，湖里区5个街道52个社区，共编三大类32支民兵分队，坚持走实民兵整组13个步骤和点验9项内容的落实，整理完成各类资料231份，整组过程中，采取逐点完善、逐步推进的方法，组织了25个民兵营（连）、分队整组点验，整组工作得到警备区首长的肯定和好评，其经验做法在全警备区推广。

【战备训练】 年内，区人武部抓好节假日及重要时期的战备工作，在

2016年，民兵整组点验（区人武部供图）

2016 年，征兵工作（区人武部供图）

军队改革期间、G20 杭州峰会等重要时节，加强值班执勤，突出各类情况监侦，加强辖区社情监控。是年，湖里区民兵情报信息员队伍报送信息 1.37 万条，其中，被省军区定为四级印证类信息 9 条。深入开展日常战备综合整治，加强重点部位快速反应能力建设，为 5 个民兵营连部拨款 17 万元用于补充战备物资器材。认真组织“实爆实投”训练，落实现役军官和民兵营连长轻武器实弹射击。组织专武干部和民兵分队专业骨干 15 批 170 人次集训。6 月 1—9 日，湖里区参加全省组织的民兵导弹分队集训并参与实弹射击演习。12 月 21 日，辖区民兵导弹分队在接受警备区组织的民兵专业考核中，成绩优异，江头街道邓厂宝等 2 人，成绩突出，受到上级通报表扬。

【征兵工作】 年内，湖里区征兵工作按照省、市征兵工作有关规定要求，坚持早计划、早安排，走实规定程序，建立国防动员暨征兵工作网页和微信公众号，组织网上兵役登记现场观摩，推进兵役登记工作有效落实。8 月 7 日，组织应征青年上站体检。经上站体检、专家抽检、复查和复检四轮筛选，挑选出双合格人员 ×× 人，其中，大学以上学历约占 49.35%。

【民兵营连长集训】 2016 年，区人武部为提高专武干部和社区人武办主任任职能力，于 4 月 7—8 日、6 月 14—18 日，分两个阶段，组织全区 75 名民兵营（连）长、人武办主任进行为期 7 天的集训。集训突出新《中华人民共和国国防动员法》学习、民兵组织建设和军事训练、抢险救灾的组织与实施、民兵军事训练组织与实施、兵役登记统记和征兵工作等内容。通过集训，强化了参训人员武装工作意识，提高了专武干部和人武办主任业务水平和工作能力。

【防抗“莫兰蒂”】 2016 年，区人武部在防抗台风“莫兰蒂”期间，第一时间协调驻地部队、武警配合各街道抢险救灾。9 月 15—24 日，先后组织民兵分队、协调驻地部队、武警官兵 3850 余人次配合区政府、各街道开展道路清障、抢险救灾等工作。10 天共清理倒伏树木 3 万余棵、恢复道路交通 100 余

4 月 7—8 日，民兵营连长集训（区人武部供图）

公里，有效保护人民群众生命财产安全，得到军地领导高度肯定和群众广泛赞誉。

9 月 15—24 日“莫兰蒂”台风后，区人武部参与抢险救灾（区人武部供图）

【国防宣教】 2016 年，区人武部结合纪念中国共产党成立 95 周年和中国工农红军长征胜利 80 周年，深入开展“传承红色基因，共建巩固国防”主题宣传教育和第 16 个全民国防教育日系列配套活动。年初，成立了国防教育网络小组，在区政府网站开设国防教育网页，注册湖里区人民武装部微信公众号，积极运用新媒体宣传国防知识，增强国防教育实效。利用专武干部培训及民兵整组训练等时机下发《2016 年度民兵整组政治工作指示》和民兵整组教育提纲 100 多份，组织各街道社区人武办深入开展人民战争思想、民兵性质和任务、形势战备、爱国主义、革命英雄主义及社会主义荣辱观等国防教育。征兵期间，积极购印 3000 多份宣传画和宣传手册，组织 5 台宣传车，张挂横幅 80 条、宣传板报 23 块，真正做到征兵工作家喻户晓、人人皆知。11 月，在金尚小学建立了国防教育园地。

【双拥工作】 6 月，区人武部赠予安兜小学价值 10000 元的图书。为辖区各街道定购《东海民兵》《中国民兵》和《国防》等期刊杂志 180 多份。围绕厦门市开展争创全国双拥模范城和争创“全国文明城市”目标，积极推进军地共建和双拥工作，组织辖区驻军部队参加地方文明城区创建活动。春节、“八一”建军节期间，牵头协调地方相关单位慰问驻军部队和住在湖里区的基层主官和困难家庭。并先后协调驻军为辖区学校军训 360 人次，协调军人子女转学 5 人次。

【国防动员民兵训练中心建设】 年内，厦门市湖里区国防动员民兵训练中心项目正式立项。该项目总投资 10882.07 万元，总用地面积 4500 平方米，建设面积 15338 平方米，其中地上建筑面积 9000 多平方米，地下室建筑 6000 多平方米。

（潘大全）

人民防空

【开展人防知识和法规宣传】 2016 年，湖里区充分利用知识橱窗、社区专栏、横幅标语、咨询网点、宣传手册等形式，开展丰富多彩的宣传教育活动。利用“3·1”人防宣传日、国防教育日、“5·10”防空警报试鸣日演练等契机组织辖区群众开展大型露天宣传活动，取得较好效果。是年，全区悬挂人防横幅标语 136 条，发放《人民防空知识宣传手册》及《市民防空防灾手册》等各类宣传材料 3 万余册，人防法规宣传挂图 2500 余册，展出“两防”知识展板 56 块，并向报刊、人防网站投稿 10 篇，被采用 6 篇。

【“5·10”人防警报试鸣暨疏散演练】 5 月 10 日，湖里区在江头街道祥店社区举行了湖里区防空警报试鸣暨社区居民防空、防灾疏散演练，3000 多名居民积极参与活动，试鸣防空警报器 46 台，鸣响率 100%，城区覆盖率 95%。并向社区居民发放民防宣传袋 600 余个，《中华人民共和国人民防空法》《防震避灾手册》《人民防空》等宣传材料 1500 余册，举行防空避灾知识问答，居民踊跃参加，收到了良好的社会效果。

【人防地下工程建设】 年内，协助市人防办加强对辖区人防工程建设的检查和指导，组织对竣工结建工程检查 32 人次，检查竣工结建工程 2 处，验收竣工合格工程 2 处，面积 1193 平方米。

（辜丹红）

民主党派

民革湖里总支委员会

【概况】 截至2016年底，湖里总支3个支部共有党员93名，其中，本年度发展新党员2人，联系对象5人。是年，湖里总支有13位党员新当选市、区两级人大代表或政协委员。分别是市人大代表黄向阳，市政协委员郑硕，区人大代表杨迎芳（常委）、林桂星、杨钢；区政协委员黄向阳（副主席）、陈俊骐（常委）、陈建文、吴爱英、王迎春、陈建民、焦莉、康忠民、范小萍。

【参政议政】 2016年，民革湖里总支党员围绕区委、区政府中心工作，积极开展课题调研，相关调研成果转化为人大建议案、政协提案或通过社情民意直接报送有关领导，推动了相关工作。湖里总支有4位党员被民革厦门市委评为“参政议政工作先进个人”，其中，黄向阳获一等奖，林日清获二等奖，杨迎芳和陈建文获三等奖。湖里区民革界别被评为“第七届区政协参政议政优秀界别”，杨迎芳被评为“第七届湖里区优秀政协委员”。是年，湖里总支10位同志完成33篇信息撰写。其中：杨迎芳15篇，黄向阳2篇，陈建文5篇，胡德智3篇，向岿3篇，张晓杰1篇，黄生荣1篇，焦莉1篇，方捷1篇，张弥1篇。胡德智被被厦门市湖里区纪委聘请担任2016—2021年湖里区特邀纪检监察员。

【社会服务】 2016年，民革湖里总支成员积极开展社会服务活动。1月7日下午，在主委杨迎芳的带领下，洪艺玲、张晓杰、胡德智等一行数人会同民革市委副调研员游秀凤，走访湖里区禾山街道残疾人职业援助中心，拜会湖里区残联理事长陈文其，向中心30名残疾人士赠送大米、食用油和慰问金，并向他们致以新年的祝福。3月12日上午，在主委杨迎芳的带领下，湖里总支部分党员参与区委统战部组织的仙岳山义务植树活动，种下100多株小树苗。3月14日，湖里总支积极响应民革市委号召，向思明五支部委员张宗锋的遗属捐款，32位党员捐款25405.25元。9月15日“莫兰蒂”台风后，民革湖里总支积极响应湖里区统战部“同心共建、美丽金山”的号召，由总支副主委黄生荣带队，部分党员参与了金山社区志愿救灾活动。

【组织建设】 年内，湖里总支组织了产业调研、参观考察、学习培训等。1月16日，召开组织生活会，参观考察集美区宝生元果蔬合作

“莫兰蒂”台风后，民革湖里总支部分党员参与金山社区救灾活动（民革湖里总支供图）

社，传达民革市委十二届六次全体（扩大）会议精神，讨论2016年支部调研事宜。5月7日，总支组织全体党员到漳州市平和县，就乡村旅游、蜜柚产业发展等方面进行调研。7月23—24日，湖里总支组织全体党员参观军营村，了解军营村的乡村建设，感受省市国家对边远山村发展的关怀。在军营村高山党校开展了“社情民意信息撰写培训会”。10月22日，总支全体党员参观了厦门规划展览馆，美丽厦门的发展让参观的党员们充满自豪，同时也激发了全体党员爱我厦门，积极参政议政的意愿。

【党员建功立业】 2016年，党员蔡伟智获国家科技进步奖及“厦门市第七批拔尖人才”称号；杨迎芳获“全国绿化奖章”；王迎春被福建省高级人民法院评为“全省优秀法官”称号；黄生荣入选市“双百”计划人才名单；洪艺玲被评为省级优秀辅导员，其课题《少先队员自主能力在少先队活动课中塑造的策略研究》是厦门市唯一省级重点课题。

（胡德智）

民盟湖里区基层委员会

【概况】 2016年，民盟湖里区基层委员会（以下简称基层委）下设综合、科技、经济、火炬园区、三中、禾山中学、信息学校7个支部及调研宣传和老龄工作2个跨支部的工作委员会，截至年末共有盟员218人，其中，市人大代表4人，市政协委员1人、区人大代表2人（其中，常委1人）、区政协委员11人（其中，常委2人）。主委林红星，副主委吴金狮、郑安安、吕伟红、李春福。

8月28日，民盟湖里基层委员会召开盟员大会暨换届大会（陈施超　摄）

【组织建设】 8月28日，基层委召开盟员大会暨换届大会，选举产生第四届委员会，林红星担任主任委员。是年，发展新盟员24人，比上年增长11.8%。盟员总数达到218人，其中：综合支部31人、科技支部42人、三中支部47人、火炬园支部27人、禾山中学支部24人、经济支部34人、信息学校支部13人。

【参政议政】 2016年，民盟湖里区基层委员会在广泛征集课题调研线索的基础上，分别向民盟厦门市委会、湖里区统战部和区政协申请课题立项7个。全部课题都在两会上转化为市、区政协提案，其中3个课题获得民盟厦门市委一类课题，4个课题入选湖里区政协八届一次会议课题汇编，《全面二孩政策对湖里区教育的影响及对策》课题被选为区政协八届一次会议的大会发言。是年，基层委全年向湖里区政协、区委统战部、民盟市委会等提交信息90余条，多篇信息被盟省委、盟中央、市政协、省政协采纳。

【民主监督】 年内，基层委有“特约监督员”6人。其中：省级1人，市级3人，区级2人。“特约监督员”在省市区纪检监察部门、纠风办和特约单位的领导下，积极开展工作、认真履行职责。

【主要活动】 2016年，基层委开展形式多样、内容丰富的基层活动。1月，基层委组织盟员考察五缘湾。2月，春节前与金山街道共同慰问社区的困难户。5月，基层委与厦门信息学校、金山街道办、金山社区联合举办了以“弘扬工匠精神，造就成长人才”为主题的科技文化下（金山）社区活动。7月，在禾山中学承办了民盟市委会主办的厦门市基础教育研讨会。9月，组织多位盟员响应湖里区委统战部“同心同行·抢险救灾”倡议，积极参与金山社区台风“莫兰蒂”灾后重建活动。11月，基层委组织一批盟员参加26公里公益徒步活动，每周天上午，在区少体校进行气排球训练。

【取得成绩】 2016，湖里区基层委在组织建设和盟务工作方面表现优异，盟员们立足本职岗位，积极作为，受到各级表彰。11月10日，在民盟中央在古田召开的民盟思想宣传工作会议上，湖里区基层委员

5月，基层委与厦门信息学校、金山街道办、金山社区联合举办了以“弘扬工匠精神，造就成长人才”为主题的科技文化下社区活动（陈施超 摄）

会获民盟中央颁发的“坚持和发展中国特色社会主义学习实践活动先进集体”称号。11月17日，民盟界别获得政协湖里区第七届委员会“先进界别活动小组”称号。湖里区基层委、三中支部、科技支部被民盟厦门市委评为“2016年度课题调研、提案工作先进集体”。湖里区综合支部、科技支部、三中支部被民盟厦门市委评为“2016年度宣传、信息工作先进集体”。苏秀凤指导学生分获生物奥赛省一、二、三等奖；曹静获厦门市课堂创新大赛二等奖并指导学生获全国青少年五好小公民主题教育活动全国特等奖及演讲比赛全国三等奖；林志坚被评为2016年福建省“铁路春运优秀志愿者”和全国“铁道志愿者优秀个人”；韩毅红获2016年厦门市优秀教师；温丽滨被评为“厦门市优秀段长”；林再福、陈中兴的美术作品参加由市文联主办的《美丽盛夏·水秀彩韵》主题画展及民盟市委美术院组织的《魅力海沧》书画展；林君伟入选中国文化部文化产业创业创意人才库人才；孙秋毅获湖里区抗击“莫兰蒂”先进个人。

（陈施超）

民建湖里区基层委

【概况】 截至2016年底，民建湖里区基层委有会员182人。其中，湖里区政协委员15人（政协常委2人），湖里区人大代表2人（人大常委1人），市政协委员1人，市人大代表3人。此外，被特邀为厦门市土地与房产管理局监督员1人，厦门市人民政府机关效能监督员1人，厦门市劳动与社会保障局监督员1人，厦门市城市行政管理执法局监督员1人，厦门市人民检察院特约检察员1人，有1人任民建福建省委企业委员会副主任，1人任民建福建省委企业家联谊会副会长。基层委下辖5个支部、2个专业委员会。基层委与各支部重点组织会员参与湖里区经济建设和社会发展重大专题的调研和议政周活动。基层委每1个月或每2个月召开一次基层委常委会议或全委扩大会，结合中央最新精神学习、讨论，研究和落实基层委的各项具体工作。下属各支部组织的政治学习，一年不低于8次。

【重要活动】 5月7日，民建湖里区基层委组织到厦门老院子艺术文化区，实地调研“发展闽南文化演出，增色厦门旅游产业”相关课题项目。基层委5个支部近100人参

5月18日，民建湖里区基层委与辽宁省营口大石桥市基层委开展学习交流座谈会（民建湖里区基层委供图）

加了调研。5月18日，民建湖里区基层委与辽宁省营口大石桥市基层委开展学习交流座谈会。在参政议政、社情民意及基层组织发展等多个方面进行交流，相互借鉴提高。7月2日，民建湖里一、二支部携手共建单位——湖里街道办以及湖里区民进、民革等同仁前往翔安区新店镇澳头村，实地调研美丽乡村社区文化建设。9月15日，民建湖里区基层委主委吴江彬发出倡议，紧急成立湖里民建志愿者服务队，积极投入台风“莫兰蒂”灾后重建工作。

（董　婧）

12月11日，湖里民进基层委参加民进市委第六次代表大会（民进湖里区基层委供图）

民进湖里区基层委

【概况】 2016年，中国民主促进会湖里区基层委（以下简称民进基层委）发展或从外部调入曾理琳，马超、聂菁、金能鹏等9名新会员，至年底，基层委共有会员109名，其中：经济界会员46名，教育界32名，科技界11名，法律界5名，其他界别15名；会员中女性会员有38名，已退休会员9名，中青年会员占多数。5月28日换届，新一届民进基层委增设湖里教育支部，共有5个支部，即湖里经济支部（会员26名）、湖里科技支部（会员26名）、湖里综合支部（会员22名），湖里教育支部（17人）和厦门信息学校（会员18名）支部。

【主要活动】 1月25日，民进基层委在金桥路101号召开总支大会，总结上年总支工作，讨论和布署2016年民进湖里总支参政议政、联合共建和社会服务等工作，市政协副主席、民进厦门市委主委魏刚，专职副主委吴丽冰莅临指导。5月28日换届选举，成立民进厦门市湖里区基层委员会，新成立民进湖里教育支部，选举邱晓龙为民进厦门市湖里区基层委主委。厦门市政协副主席、民进厦门市委主委魏刚，民进厦门市委专职副主委吴丽冰，中共湖里区委常委、统战部长陈岚和湖里区政协副主席谭苏建到会指导。6月11日，基层委召开换届后第一次基层委委员会议，明确主委和副主委工作分工，表决通过《民进湖里区基层委议事规则》《民进湖里区基层委关于课题经费管理的决定》《民进湖里区基层委信息表彰和奖励细则》《关于建设民进湖里区基层委“3+1”平台的决议》和《民进湖里区基层委年度评优评先决议》。6月30日与民进思明区基层委和海沧区基层委联合开展“庆祝党的生日，民进会员走进自贸区”活动。8月30日，基层委召开中期参政议政工作会议。12月4日，基层委召开第二次基层委委员会议，增选杨喜爱为基层委副主委。12月11日，基层委11名代表参加民进厦门市委第六次代表大会，董清木和王静当选新一届民进厦门市委常委，邱晓龙当选民进市委委员。在12月21—25日湖里区“两会”上，董清木当选第8届湖里区人大常委，陈昱、陈志鸿当选区人大代表，杨喜爱当选第8届湖里区政协常委，李坤辉、邓迦郇、罗家永、刘美珍，朱敬恩、林屹当选区政协委员。王静当选市人大代表。

【参政议政】 2016年，基层委完成民进福建省委课题3个，民进厦门市委课题16个，其中，重点课题1个，重要课题6个，《加强水源安全智能监测预警系统建设，构建智慧城市供水安全保障体系》和《军民两用无人机产业的调研和建议》被推荐为市政协大会书面发言。完成湖里区课题3个。是年，基层委两级人大代表提交建议案3件，区政协委员提交提案7件，团体提案2件，董清木代表《以信息消费城市建设为契机，进一步加快我区电子商务产业发展的建议》被评为湖里区第七届人大代表优秀建议，邱晓龙等的联合提案《关于简化程序打造湖里区国际化营商环境的建议》获评湖里区政协2016年度优秀提案。

9月8日，湖里教育支部前往连城新泉中学和新湖小学开展心理拓展支教活动（民进湖里区基层委供图）

【社会服务】 6月6日，湖里教育支部主委罗家永赴新江中心小学开展心理拓展送教活动。9月8日，前往连城新泉中学和新湖小学开展心理拓展支教活动，民进湖里科技支部为2所学校农村留守儿童捐赠书籍和心理拓展器材。9月21日湖里经济支部和教育支部联合到安溪县湖头镇尚贤小学关心农村留守儿童。8月13日，湖里教育支部和思教一支部签订共建协议，共建“S.H.E.”组合，争创教育合作传奇。9月17日参加区统战部组织的“灾后重建，美丽金山”志愿公益活动。开展“凤凰绿萌助学行动”，连续4年结对帮扶吕岭社区家庭困难学子，8月22日，湖里科技支部与受帮扶对象签订帮扶协议，资助吕岭社区2位社区贫困大学生各3000元，并将建立受助对象微信群，开展捐助工作回头看，将爱心接力持续下去。

【获得荣誉奖励】 年内，基层委获评“2016年度民进厦门调研工作突出贡献”奖，湖里科技支部获评先进集体一等奖，湖里经济支部获评先进集体二等奖，湖里经济支部和教育支部获评先进集体三等奖，杨喜爱，刘欣欣等9人获评调研工作先进个人。基层委获评2015年度民进厦门信息工作二等奖，朱敬恩等3人获评信息先进个人二等奖，王静获评信息工作先进个人三等奖。朱敬恩提交的信息《借鉴俄罗斯反恐经验，设置专门关押极端宗教思想分子的监狱》被中央统战部《零讯》单篇采用，并得到厦门市领导批示。朱敬恩的《对修改〈城市民族工作条例〉的意见和建议》获评民进中央2016年参政议政成果三等奖。陈智强和邱晓龙被评为湖里区第七届政协优秀政协委员。

（民进编写组）

农工党湖里区基层委

【概况】 截至2016年底，农工党湖里区基层委有9个支部，分别是综合支部、双十中学支部、六中支部、二中支部、中医院支部、儿童医院支部、口腔医院支部、卫计支部、教科支部；有基层委委员13名，主任委员王萍萍，副主任委员柯友升、张建新、林香、庄丽卿、柳咏枝，组织委员余声生、周湘斌，宣传委员郭俊芳、张敏，委员有林国平、吴毅琳、陈晓玲。有党员234名，其中：男党员105名，女党员129名。

【农工党湖里区基层委第三届换届大会召开】 8月7日，农工党湖里区基层委第三届换届大会在湖里

8月7日，召开农工党湖里区基层委第三届换届大会（农工党湖里区基层委供图）

区行政中心胜利召开。出席会议的有湖里区统战部部长陈岚、湖里区副区长戴宗垒、农工党市委会副主任委员黄格成、区政协副主席谭苏建、农工党湖里基层委第二届主任委员王萍萍、湖里区各民主党派代表。大会选举产生了新一届基层委委员13名，选举王萍萍为主任委员，并对委员的工作进行了明确分工。新增二中支部、口腔医院支部。

【参政议政】 2016年，正值厦门市、湖里区人大、政协换届，农工党湖里区基层委推荐产生第十五届厦门市人大代表1名、政协委员1名，第八届湖里区人大代表4名，政协委员10名。新一届人大代表、政协委员给基层委的党员做好先锋表率作用，带领党员积极为国家、社会履行好党员职责。

【获得荣誉奖励】 2016年，农工党湖里基层委被被评为2015年度农工党全国先进基层组织；农工党厦门市六中支部、厦门市中医院支部被评为2015年度农工党福建省优秀支部；柳咏枝被评为2015年度湖里区统战优秀信息员、2015年度湖里区政协反映社情民意信息工作先进个人、政协第七届湖里区委员会优秀政协委员；陈涌泉被评为福建省2014—2015年食品安全风险监测先进个人；郭丹萍被评为农工党福建省优秀党务工作者；吴秀菊获全国优秀指导老师奖，她指导郑宇欣的《那些抹不去的记忆》获第十九届全国青少年五好小公民“老师您好　我的好老师”主题教育征文比赛全国一等奖；陈琳获“福建省中学生物学竞赛优秀指导教师”称号；梁兆华获“福建省中学英语演讲比赛优秀指导教师”称号。柳咏枝的《关于建立湖里区残疾儿童康复保障机制的建议》被评为2016年度区政协优秀提案；方睿的《开展校园足球运动　弘扬学校体育文化》获全国第二十七届学校体育教学观摩研讨大会三等奖；邹强进入第三批全国优秀中医临床人才，张建新任福建省中医药学会针刀分会副主委，卢林峰在2013—2015年度工作中做出较大贡献，被中共厦门市委组织部、厦门市人力资源和社会保障局授予个人三等功。

10月13日，农工党厦门六中支部到东渡养老院慰问驻院老人（农工党湖里区基层委供图）

【服务社会】 在厦门14号台风“莫兰蒂”肆虐期间，农工党湖里基层委的党员在各自战线上积极投入参加抢险救灾工作。9月18日，儿童医院支部7名党员到宜宾路路段进行路障清理和垃圾清扫。10月13日，农工党厦门六中支部到东渡养老院慰问驻院老人。湖里基层委充分发挥党员优势，积极开展街道联合议政活动、开展助残义诊、送医送药、慰问爱心护理院、东渡养老院驻院老人等活动。

（吴　毅）

中国致公党厦门市委会湖里总支部

【概况】 2016年，中国致公党厦门市委会湖里总支部（以下称湖里总支）下设3个支部，分别是湖里第一支部、湖里第二支部和湖里第三支部，有党员78人。有8位党员进入人大、政协，其中市政协委员1人，市特约研究员1人；区人大代表2人（常委1人），区政协委员5人（常委1人），区政协特约研究员1人。湖里总支有3人进入致公党福建省委和厦门市委，其中：省委委员1人（常委），市委副主委1人，常委1人；2人担任厦门市委各专门委员会主任和副主任。

【参政议政】 2016年，厦门市两会期间，湖里总支《共筑桥隧安全屏障，确保城市安全》提案是大会口头发言材料及重点提案，入选《重要提案摘报》，获时任市长裴金佳批示，被评为市政协优秀提案。《立足宜业宜居补短板，提升

致公党厦门市委会湖里总支部参加湖里区两会代表（致公党供图）

厦门城市国际化水平》《打造宜业宜居环境激发人才活力，提升厦门国际化城市建设软实力》《健全我市城市管理综合平台，为提升我市国际化水平提供安全保障》《借鉴深圳补短板，构建我市国际化“大交通”》入选常委会发言材料。1月25—28日湖里区人大和政协第七届五次会议期间，提交人大建议7件，团体提案3件，委员个人提案5件。其中，《关于运用法治思维方式化解社会矛盾纠纷的若干建议》在湖里区政协第七届五次会议上作大会发言。致公党界别提案《统筹运作　共建共管　以机制建设推进老旧小区改造提升》被评为优秀提案。12月21—25日，湖里区人大和政协第八届一次会议期间，提交人大建议案1件；政协团体提案4件，政协个人提案6件，最终政协提案立项8件，2件转为社情民意。代表台港澳侨界别的提案《关于设立薛令之墓纪念公园的建议》提案被评为湖里区政协优秀提案奖。是年，湖里第二支部获评致公党厦门市委会参政议政工作先进集体。

【建言献策】 年内，湖里总支共完成致公党福建省委调研课题1项，致公党厦门市委调研课题4项，市委统战部重点课题2项，以及多项市政协、市侨联、区政协等部门的调研工作；在反映社情民意信息方面，《关于发挥海外高层次人才智力作用的五点建议》被致公党中央采用，《弘扬武夷山朱子文化　建设文化自信大课堂》《“健康中国”应注重“亚健康”的预防和早期干预》《关于从严治党加强党风廉政建设的建议》等3篇被省政协信息采用，《立足宜业宜居补短板，提升厦门城市国际化水平》《建议支持航空维修产业和飞机融资租赁发展》等3篇被选为市领导专报件。党员扬扬名被中国海警局评为“7·29专项行动”先进个人。党员黄霓裳获福建省侨联2016年度全省侨联系统信息宣传工作先进个人二等奖。

【联谊交流】 2016年，湖里总支广泛开展海外联谊交流，热情为侨胞提供各种服务和方便，并努力为招商引资牵线搭桥，服务党和政府的各项中心工作，发挥了侨党的独特作用。是年，总支接待印尼、马来西亚、新加坡、菲律宾及中国台湾、香港地区等海内外亲友、客商50多人次。郑一泓率团出访菲律宾等多个国家，参加象棋比赛。

【特色活动】 5月14日，组织青年党员参加市委青委会在体育中心举办的趣味运动会，湖里三支部获得了集体跳绳第一名。9月17日上午，为响应湖里区统战部“同心共建　美丽金山”莫兰蒂台风灾后重建志愿者服务活动，湖里总支党员义务参加了湖里区金山街道辖区主干道倒伏树木花草整理工作。10月16日，总支部举办重阳节爱老敬老活动。发挥福建省致公书画院厦门分院院长、第一支部党员庄德义的优势，开展一系列社会活动：5月，举办“以爱同行”书画义拍活动，拍卖所得全部捐献给翔安和长汀两地儿童院；11月，“同心·致公讲坛”，邀请高级花艺师、中国农业大学对外合作讲师陈良晖讲授“最居家的国家级非物质文化遗产——中国传统插花”；12月，市委会主办的“海外华裔青少年寻根之旅”冬令营部分活动及闭幕式在书画院举办。

（孙　怡）

九三学社湖里区委员会

【概况】 截至2016年底，九三学社湖里区委员会（以下简称“九三学社”）共有10个支社，有社员279人，其中，是年新发展社员8人。社员中本科以上学历255人，占社员总数的91%，有副高以上职称的社员173人，占62%。社员主要分布在科技、教育、医卫界别，界别分布符合九三学社以科技界为主的特点。

【开展活动】 2016年，各支社积极参加“九三学社厦门市委员会第四届气排球比赛”，湖里区囊括了比赛前三名。在社市委举办的羽毛球比赛、八十分比赛中也取得了良好成绩。组织社员踊跃为抗战死难者纪念碑捐款，参加“厦门抗日死难者名录碑补刻揭碑暨九三学社新社员入社仪式”。社员创作原创作品参加纪念中国共产党建党95周年、中国工农红军长征胜利80周年活动，参加“同心同行风雨同舟——庆祝中国共产党成立95周年书画摄影展”等。参加学术交流、考察、培训等专业活动35人次。

7月28日，社市委志愿者服务团水产养殖专家组前往位于海沧区鳌冠村的“同心·科技服务基地（水产）”开展水产养殖技术服务活动（魏锦成　摄）

【获得荣誉奖励】 年内，九三学社界别被评为政协湖里区第七届委员会“先进界别活动小组”，另有庄洁、杨朝玮、陈重、林炳玲、郭清敦5位政协委员被评为“优秀政协委员”。社员有2人获得2015年度福建省科技进步三等奖，1人获得厦门市科技进步奖；1人被聘为省检察院“人民监督员”，1人被省司法厅评为优秀人民调解员和厦门市“六五”普法先进个人，1人获厦门市第四届中小学杰出教师称号，2人获得2013—2016年度厦门市优秀教师称号，1人获得厦门市五一劳动奖章。社员发表论文17篇，其中被SCI收录13篇。

【参政议政】 2016年，在湖里区八届人大一次会议和八届政协一次会议上，九三学社社员当选区人大代表5人、区政协委员14人、政协特邀研究员1人，其中1人当选人大常委、2人当选政协常委。另外，水产所支社1人、检验检疫支社1人分别当选新一届市人大代表和市政协委员。8月14日，九三学社湖里区委46人在湖里云创智谷产业园区“蝌蚪生态空间”召开了全体支社委员工作会议，集中讨论了调研提案、信息宣传、组织建设和社会服务等中心议题。11月19—20日，主办了九三学社厦门市委员会第二期信息员培训班，以不断创新工作方式，推动信息工作稳步前进，进一步提高社员参政议政水平。12月18日，九三学社湖里区委召集新一届由九三学社推荐当选的湖里区人大代表和政协委员，以及即将卸任的上一届代表和委员，参加议案、提案工作座谈会。是年，九三学社提交了有关经济建设、市政管理、社会管理、社会服务、法制建设等相关建议、提案14项，完成11个调研课题。被各级有关部门采用信息47篇，获得社市委、区政协等机构的多种奖励21人次。

8月14日，九三学社湖里区委在湖里云创智谷产业园区“蝌蚪生态空间”召开了全体支社委员工作会议（赵蔚东　摄）

【服务社会】 7月28日，社市委志愿者服务团水产养殖专家组，前往位于海沧区鳌冠村的“同心·科技服务基地（水产）”，开展水产养殖技术服务活动。福建省水产研究所支社社员、专家组杨章武、林克冰、李正良、郑雅友、苏新红等，分别报告了对虾育种、虾病防治、海参养殖、东风螺繁育等各自从事的科研工作和相关的实用技术，回答了学员的提问。培训班实习前由杨章武研究员授课2天，学习对虾育种、育苗及生态养殖的相关理论和知识。水产所支社在“同心·科技服务基地”为突尼斯海水养殖培训班学员讲授刺参养殖、东风螺养殖和虾病防治等知识，指导学员在“同心基地”实习。10月10日，在中山路步行街举办“2016精神康复作品义卖会”。在医卫支社主委黄淑兰等人推动下，仙岳医院收集精神科康复病人的手工、书画作品、社会知名人员捐赠的书画作品360件参与义卖宣传。九三学社社员万峰、郭清敦、魏思东、曾仁森等也捐献了十几件书画作品，义卖所得将用于精神病人的康复活动。10月29日，中医院支社带着便携式医疗设备，到位于翔安新圩“同心·医卫基地”开展义诊，送医送药，为大帽山等偏远山区提供上门服务。年内，还参加在中山路举办的“世界自闭症日”主题宣传活动；与中华街道文安社区联创共建，每年春节前给社区困难家庭送温暖；组织书法工作者走进以外来员工子女为主的学校，开设生动活泼的书法课；担任厦门华侨博物院“南洋华侨机工回国抗战纪念展”义务讲解员，宣传海外华侨和华侨领袖陈嘉庚为抗日战争和世界反法西斯战争胜利做出的巨大贡献。

9月3日，九三学社湖里区委会参加在灯塔公园举行的“厦门抗日死难者名录碑补刻揭碑暨九三学社新社员入社仪式”（魏锦成　摄）

【抢险救灾】　9月17日上午，33位九三学社社员加入到统战部组织的灾后清障志愿者服务队伍。在场的九三园林绿化专家和环保专家就倒伏树木的拯救工作、灾后防止疾病传播和大量城市垃圾处理等问题向统战部部长陈岚提出建设性的建议。并派出社内植物学和园林专家到现场提供技术咨询，指导倒伏树木的后期处理。

【主办信息培训】　11月19—20日，九三学社厦门市委第二期信息员培训班在南靖县和溪镇举行。本期培训班由九三学社湖里区委会主办，全市共有42名基层组织信息员参训。

【参加厦门抗日死难者名录碑补刻揭碑暨九三学社新社员入社仪式】　9月3日，九三学社厦门市委、市红十字会、厦门晚报社在灯塔公园厦门抗战死难者纪念雕塑旁，共同举办“厦门抗日死难者名录碑补刻揭碑暨九三学社新社员入社仪式”。九三学社湖里区委为新收集的厦门抗战死难者名单补刻工程捐款。8名新社员参加入社仪式。

（郑国防）

9月17日，九三学社湖里区委组织灾后清障志愿者服务队，参加“同心共建·美丽金山”灾后重建活动（赵蔚东　摄）

台盟湖里支部

【概况】　2016年，台盟湖里支部有盟员57人，其中，高级职称10人，中级职称13人。担任区人大代表1人，区政协委员5人。

【台盟厦门市委湖里基层组织换届暨台盟湖里总支成立大会召开】　5月，台盟厦门市委湖里基层组织换届暨台盟湖里总支成立大会在湖里

5月，台盟湖里总支召开成立大会，与会嘉宾、领导及湖里总支盟员合影留念（台盟湖里总支供图）

区政府会务中心召开。会议选举产生台盟厦门市湖里总支委员会委员，选举产生总支主委许文懿，副主委张蓁、李丽莎、陶卉以及下设3个支部的主委、副主委。

【参政议政】 12月24日，湖里区召开了第八届人大一次会议，台盟湖里总支的盟员陶卉作为人大代表，参加会议。12月21日，政协第八届厦门市湖里区委员会第一次会议召开。台盟湖里总支盟员许文懿、黄安盛、张蓁、李丽莎、刘锦莹作为政协委员参加大会。

【服务社会】 2016年，台盟湖里支部部分盟员子女与共建社区同安溪声小学的部分学生骨干共同参观厦门市科技馆，共度“六一”儿童节。9月15日中秋节，厦门遭遇特大台风“莫兰蒂”袭击。风灾过后，湖里支部盟员响应厦门市委机关号召，走上街头，就近为受灾严重区域的道路清障，为恢复供水、供电提供帮助。

【主要活动】 4月23日“世界图书日”当天，湖里支部部分青年盟员代表出席了由台盟厦门市委组织的青年盟员赴上海与上海市委联合举办“弘扬优良传统，同心实践中国特色社会主义事业”青年盟员主题读书和青年盟员交流会。会后还共同就青委会工作经验相互交流。读书班还赴绍兴周恩来纪念馆、鲁迅纪念馆、蔡元培纪念馆等爱国主义教育基地参观学习。7月28日，湖里支部部分盟员赴广州与台盟广州市委共同举办盟员培训班。此次培训邀请台盟广东省委原主委林东海为大家做盟史讲座，邀请广州市政协提案委主任陈云嫦就如何写好提案做专题辅导。在“重温盟史，不忘初心”的主题下，培训班还前往黄埔军校、黄花岗七十二烈士陵园、广州起义纪念公园、毛泽东同志主办农民运动讲习所旧址纪念馆参观，并与当地盟员就如何进一步做好基层工作进行交流和探讨。11月19日，台盟湖里支部组织盟员赴漳州双鱼岛参观学习。一行还参观了当年对金炮战的炮台遗迹。

（台盟编写组）

11月19日，台盟湖里支部组织盟员参观漳州双鱼岛（台盟湖里总支供图）

社会团体

湖里区总工会

【概况】 2016年，湖里区总工会在规范组织建设、协调劳动关系、完善帮扶系统、企业文化建设等方面有较明显的发展。有4个单位获市五一劳动奖状、19人获市五一劳动奖章、1个单位获省五一劳动奖状、1人获省五一劳动奖章，推荐1名优秀职工代表任市总工会常委。在全市率先参照社区退休劳模待遇给予高龄农业劳模生活补贴。落实劳模创新工作室创建工作，带动职工素质提升和企业技术创新，湖里区10家劳模创新工作室在推动职工素质提升和企业技术创新方面发挥了积极作用。组织2批11位劳模参加市总工会组织的劳模疗休养，重阳节前夕慰问36位70岁以上高龄劳模，发放慰问金3.6万元。

【工会职工医疗互助全额补助】 2016年，区总工会就职工医疗互助保障补助向区政府提出了全额补助的申请。是年，在保职工11万人，为职工2114人次补助481.19万元，其中，重大疾病补助64人次、186万元，一般住院补助1410人次73.09万元。

【维护职工权益】 年内，湖里区举办6期工会法律知识讲座，700余名工会干部参加。联合相关部门在SM城市广场、中山路、万达广场开展4场“依法维权工会在行动”法律宣传活动。加强与人劳、司法、商会等部门的密切联系，健全劳动关系矛盾调处机制。与信实等律师事务所合作，通过购买法律服务推进公益性维权。配合区法院、区劳动争议仲裁院及驻街仲裁庭处理涉及劳动争议、劳务合同案件。区总工会专干到基层、到一线为职工“点对点”维权，通过建章立制、资源整合，有力地维护了职工合法权益。为厦门施纳康电子有限公司500多名职工追讨到267万元劳动报酬的案例，被《工人日报》报道。区总工会全年主动参加劳动争议调解、仲裁、执行60起，帮助1591名工人追讨2183.48万元劳动报酬。

【大力推进安全生产】 年内，湖里区坚持推动安康建设工程，广泛组织辖区内职工参与，把安康杯打造为强化安全生产的重要平台，共组织468家企业、5万名职工参加。坚持开展“安全生产月”活动，联合安监、劳动等部门，深入重点工程建设工地、窗口服务单位，扩大排查面，发动职工参与“安全隐患随手拍”活动，有效消除安全隐患。以环卫、路桥等高温作业单位为主，广泛普及防暑降温等劳动保护知识，关爱职工身体健康，在基层工会举办《中暑急救与刮痧预防》和《颈肩腰腿痛的防治》专题培训18场，近1000人次参加，印刷发放5万册《中暑急救与刮痧预防简易读本》。

【打造工会服务品牌】 2016年，区总工会打造“两节”送温暖活动品牌，慰问困难职工156名，发放慰问金20.1万元。组织开展外来务工人员平安返厦活动，为1.62万名职工补助返厦车票221.9万元。拓展工会卡优惠服务项目，新采集会员信息2.85万人，累计采集信息14.58万人，在第一季度已提前完成全年发卡任务。积极开展“夏送清凉”活动，慰问农民工较多的建筑、物流、环卫等企业334家，发放慰问品148.54万元。深入开展“金秋助学”活动，为54名困难职工子女发放助学金11.5万元。

【推进非公企业民主管理】 年内，湖里区加强建设企业民主管理工作队伍，明确9名专干担任18家百人以上非公企业特别代表，指导非公企业逐步开展民主管理工作。优佳丽服饰公司工会顺利通过全国厂

1月26日，湖里区总工会、团区委、区妇联等三部门开展关爱礼遇公交出租车司机活动（区总工会供图）

务公开协调小组第九次全国企事业单位民主管理工作的调研检查；向省总民管部报送4家企业2016年度集体协商示范点建设情况，并得到认可；13件提案成为市总工会表彰的年度全市企业职代会优秀提案，其中一等奖2件。以职代会为基本形式，进一步完善企事业单位民主管理制度，推动区域性、行业性职代会建设。建立健全企业职工董事、职工监事制度，推动企事业单位形成职代会、厂务公开与工资集体协商“三位一体”的民主管理工作模式。

【区工青妇共同关爱礼遇公交、出租车司机】 1月26日下午，区总工会、团区委、区妇联等三部门先后到厦门坤驰出租车公司、公交集团湖里分公司、海峡出租车公司开展关爱行动，慰问93名困难司机，其中包括党员10名、共青团员3名、女职工14名，为他们送上了油、米、泡面和罐头等生活必需品，并提醒广大司机注意春运安全，过好安定祥和的新年。

【区总工会全面开展2016年高温慰问工作】 6月20日上午，区总工会常务副主席林志荣一行，先后慰问了厦门海峡出租车有限公司、湖里区环卫处、湖里边防大队、厦门坤驰出租车有限公司和预备役高炮团，湖里区2016年的高温慰问工作全面开展。是年，全区共安排防暑降温经费120万元，其中近60万元下拨到各街道，由各街道根据日常调查摸底后的实际情况进行慰问，区本级安排60万元用于慰问200多家高温作业企业，全区慰问高温企业近600家，涵盖职工9万多人。

【区总工会完成2016年“平安返厦”路费补助发放】 6月27日下午，随着第12批网银“批量代发”操作系统显示“复核完毕，等待账务系统处理”，湖里区总工会完成了2016年“平安返厦”路费补助发放工作，全区共有1021家单位的16159名基层职工，享受到了近221.88万元的路费补助。

【区总工会“职工电子书屋”开通上线】 7月1日，湖里区总工会精准服务职工，创建“湖里区总工会职工电子书屋”。“职工电子书屋”每期提供电子书3000册（10万册轮放）涵盖人文、历史、经济、社科、励志、政治、艺术、健康、生活等门类的图书，用以丰富职工的业余文化生活。

【湖里区举办第一届插花艺术比赛】 10月15日下午，湖里区在市政园林管理中心停车场举办了第一届职工插花艺术比赛，来自基层工会的52名插花爱好者参加比赛。比赛主要分为四项：主题创意、整体构图造型、色彩搭配、技巧做工。在三位专业评委的认真评判下，来自市政园林管理中心董雪娥的作品“虚花司”获得一等奖，陈俐娜的作品“嫁衣”、陈鹭祥的作品“春江水暖”获得二等奖，陈小英的作品“秋韵”、胡金顶的作品“相逢”、吕冬梅的作品“劫后余生”获得三等奖。

（林舒婕）

共青团湖里区委员会

【概况】 2016年，共青团湖里区委员会下设基层团支部800个，团委26个、团总支29个、有团员13630人。全区共有先进基层团组织8个，先进个人7名。是年，共青团湖里区委员会分别获得团省委、团市委授予的“五四青年奖章”“五四红旗团委”“五四红旗团（总）支部”“优秀共青团干部”“优秀共青团员”等称号。

【打造青年干部成长新平台】 年内，湖里区结合世界读书日，举办湖里区青年干部读书讲座，发行《悦读青春》期刊，邀请区领导为青年干部推荐书籍，设立“图书漂流岛”，定期组织专题阅读、读书沙龙活动，在机关大力倡导读书风气，激励青年干部勤读书、善读书、读好书。5月4日，举办“新青年 泛创新”——2016年湖里区五四青年创新论坛，邀请厦门大学传播学院教授黄合水、厦门弘信创业股份有限公司董事长李强、深圳十习创始人兼CEO刘琼雄，以“创新的广义化”为重要主题，从城市治理创新、传统企业融合创新、跨界创新三个区位来拓宽创新的界限，树立青年的立体思维，深化青年对“创新”概念、需求与运用的认识。组织青年干部到角美龙佳户外素质拓展基地开展以“凝心聚力、开拓创新”为主题的拓展学习活动，青年干部不仅进行了团队拓展训练，而且还进行了小组讨论和大团队分享。

12月25日，外来青年文学社在忠仑公园举行外来青年文学社20周年庆（共青团区委供图）

【抓好青少年思想政治引领】 2016年，湖里区深化“我的中国梦”主题教育实践活动，深入开展大学生“与信仰对话”、中学生“与人生对话”、中职学生“彩虹人生”、少年儿童“红领巾相约中国梦”等活动，激发团员青年投身美丽厦门建设的参与热情。“五四”青年节期间，全区各级团组织集中开展“入团宣誓”活动121场，约3000人参加。携手区教育局、金尚中学在暑假期间举办“美丽厦门行 写意中国梦”中学生团干夏令营。联合区台办举办第15届海峡两岸青少年夏令营，深化海峡两岸青少年间的联络、联谊和交流交往。

【促进青年成长成才】 年内，在华茂光学有限公司建立了见习基地，联系太古可口可乐、五润餐饮管理等企业为辖区青年提供见习岗位；向农商行推荐优质青年创业项目，帮助青年争取创业贷款，促进青年创业致富；联合恩派开展红杉营第三期活动，开设财务状况分析，营销与沟通等课程；联合爱特众创空间开办电商0-1进阶训练营，开展融资、产品等课程；联合创业树众创空间邀请香港浸会大学会计与金融理学硕士、云学堂峰云财务实战课程首席顾问王峰，为大家解读创业必须掌握的11个财务命题。

【维护青少年合法权益】 2016年，共青团湖里区委员会履行好区综治委预防青少年违法犯罪专项组办公室职责，牵头建立重点青少年群体工作联席会议、动态摸排等制度，全面摸清湖里区重点青少年群体底数并建立相关档案。8月29日，成立区青少年权益中心，对处于危机状态下的青少年（逃学辍学，滥用药物，性危机，校园欺凌等问题）提供辅导、支援及关怀服务。

【基层团组织建设】 年内，湖里区联合华侨大学组织22名大学生团干部到13个基层团组织挂职锻炼，为基层团的工作注入新鲜血液。办好湖里团区委微博、微信，是年，微博粉丝已突破1.2万余名。联合区民政局通过政府购买服务方式在禾山街道禾盛社区打造厦门市首个社区少先队——乐行先锋团，为少年儿童的健康成长提供重要阵地；推荐“塘边社区新厦门人守望队”“兴隆社区童携社”等6个项目参评厦门市“一团一品一特色”，其中“兴隆社区童携社”获评第六届厦门市“一团一品一特色”优秀项目。以兴趣导向为切入点，深入挖掘湖里区青年社会组织，是年，已对接联系了厦门我爱户外、樊登读书会等6家青年社会组织。联合恩派共同举办2016年第二届福建民间公益组织年会，组织“厦门新青年”“十方书友会”等8家青年社会组织参加，集中向社区居民宣传“新湖里，新公益”，引导更多的青年参与公益活动。年内，全区发展团员2382名，通过福建数字共青团系统进行入团流程。建立“1+100”团干部直接联系青年制度。建立团干部常态培训制度，每名基层团干部每年必须参加不少于3天的脱产培训，切实提高团干部业务水平及综合素质。

【举办外来青年文学社20周年庆典】 12月25日，外来青年文学社在厦门市忠伦公园举办了以“不忘初心，为梦前行”为主题的二十周年庆典活动。100多位文学爱好者和外来青年文学社的新老社员参加庆典。活动先由太极拳表演开场，主持人回顾了外来青年文学社20年历程、团区委副书记致辞，庆典上表彰了冯建明、钟贵瑞、谢祯、刘有斌、王应武、莫伟、陈金龙、冯珊萍、林春荣、周大伟等10位“特别贡献奖”社员，郑小青、黄小殷、闫兴战、汪鹏、吴想华、周平、许志仁、曹江华、莫琛、危助武等10位“十佳社员”。开展了以“审美坚守与价值创新、文学创作如何与新媒体时代共舞”为主题的论坛，邀请市作协副主席吴尔芬，作家、《厦门日报》资深编辑南宋，文学社首任社长冯建明担任论坛嘉宾。

【参与“莫兰蒂”台风灾后重建家园行动】 9月17日，团区委通过微信公众号及联络同心义工服务中心、厦门义工俱乐部等民间公益组织，招募了近200名青年志愿者奔赴进修附属小学、安兜小学、湖里街道嘉园路、禾山街道枋湖北二路等地开展校园清理、清除路障等志愿服务活动。同时，联络北极星救援队开展专业救援。9月24日，团区委又组织区疾病预防控制中心、西梓（厦门）服饰有限公司、厦门执觉文化传媒有限公司、厦门虫洞VR科技有限公司、厦门卡西地律动俱乐部、厦门绍博人力资源有限公司、厦门雨瑶居休闲会所、新东方厦门学校等企事业单位到博林、育青等湖里区民办学校开展中秋关爱外来务工人员子女公益活动。青年志愿者们先上1堂健康教育课。随后，心理专家了解了外来务工人员子女受灾心理状况，开展心理健康辅导。活动的最后，志愿者们向外来务工人员子女代表赠送了100多个书包和50多份文具用品。此外，还赠送了3600张市场价值18万元的厦门VR科技有限公司SM一期VR体验中心门票。

9月20日，共青团区委组织青年志愿者清理枋湖北二路倒伏树木（共青团区委供图）

【“厝边E哥”微信公众号运营】 6月，经过公开招投标，湖里区委托厦门市朗克瑞文化传媒有限公司运营“厝边E哥”微信公众号。截至12月底，公众号推送文章112篇，总阅读47497人次。通过以青年喜闻乐见的方式，将“厝边E哥”微信公众号打造成引导青年树立积极向上生活方式的平台。

（蔡晓丹）

区妇女联合会

【概况】 2016年底，全区有女性14.96余万人。有街道妇工委5个，社区妇联53个，区级机关妇工委3个，专兼职妇联干部83人。创建“巾帼文明岗”132家，其中：全国级4家，省级31家，市级97家。“最美家庭”全国级1户，全国“五好文明家庭”1户、省级7户、市级33户，5户获提名奖，累计有五好文明家庭22919户。

【巾帼创先争优活动】 2016年“三八”节前夕，湖里区结合“美丽厦门　创新湖里　Women同行”健步走活动暨湖里区第二届家庭文化节、2016年“三八”维权周系列启动仪式，召开了湖里区纪念“三八”国际妇女节106周年表彰大会，表彰了区级“最美家庭”50户、“三八红旗集体”5个、“巾帼文明岗”13个、“三八红旗手”12人；市级“十佳最美家庭”暨“五好文明家庭标兵户”1户、市级“最美家庭”暨“五好文明家庭”14户、市级“巾帼文明岗”5个；省级“最美家庭”1户、省级“最美家庭”提名奖3户、省级“五好文明家庭”2户。祥店社区游文晃家庭获全国“五好文明家庭”称号。金安社区吴丽敏获全国“三八”红旗手称号。

【妇女创业就业培训】 年内，湖里区在市妇女儿童活动中心开设“妇女创业就业培训超市”，开展妇女创业就业培训。组织辖区50名有转移就业意愿和创业意愿的下岗失业妇女参加市妇联“2016春风送岗女性专场招聘会”。区各级妇联组织通过培训超市，全年举办烘焙、家政服务、育婴师、保健刮痧师等各类培训班32期，1796人参加培训，推荐就业689人。

【关爱辖区妇女儿童】 2016年，湖里区继续做好贫困妇女“四癌”和其他大病救助工作。协助上级妇联为7名“四癌”妇女提供3.6万元大病救助。结合春节、母亲节、“六一”儿童节等节日，开展关心慰问贫困母亲、困难女童，携手特困妇女家庭共渡难关活动，慰问210名贫困母亲及困难儿童，送去12.6万慰问金（市、区两级）。与区卫计局联合举办“关爱母亲身心健康”公益讲座；与区保健办联合开展“健康送红颜”女性保健知识讲座。联合区妇幼保健院举办家庭母婴护理培训班，全年举办3期，深受辖区妇女家庭的欢迎。截至年底，全区共举办200多场家庭教育讲座，为近万名妇女及家庭成员提供科学育子、家风建设等知识。并先后在和通社区、五缘湾北社区、云创智谷、仙岳山举办“共建同携手，敢爱你就来”“幸福湾北+”美好家庭联谊活动、“重返17岁”“蒙面上上签”单身精英联谊会，为青年男女提供婚恋平台。

【儿童思想道德建设】 年内，湖里区开展以“我心目中的美好家庭”为主题的活动，结合拒绝毒品、拒绝家暴、建设平安家庭等宣传活动，牵头联合区司法局、教育局在全区各中小学开展弘扬家庭美德班会课。并于6月21日以“我心目中的美好家庭”为主题，在江头第三小学开展系列活动，学生们通过书法、漫画、手抄报、黑板报等20儿幅作品展现了他们对美好家庭的向往。

【关爱外来妇女儿童】 2016年，湖里区利用社区“妇女之家”“儿童之家”“流动妇女平安之家”“留守流动儿童之家”等平台，为辖区到厦务工人员子女（包括其留在老家寒暑假到厦门探亲的留守子女）提供各类知识讲座、文体娱乐、参观学习、夏令营等机会。区妇联先后投入60万元购买“幸福家缘”女性社工服务项目，通过整合“女性—家庭—社会—政府”四方资源，以“引导→学习→创新→共建”的方式帮助辖区女性更好地处理工作与生活上的问题。率先在全市婚姻登记处设立婚姻指导服务中心，着重为辖区妇女提供婚前指导、婚姻辅导、离异调试、亲子教育、法律援助等服务。购买维权心理服务等社工服务项目，建立心理咨询服务长效机制，主要是对社区妇联干部、街道工作人员、社区居民以及信访人员进行心理安抚和分析。通过心理测量、婚姻关系、亲子教育等方面的心理辅导，进行专业疏导，截至年底，共为48个社区、418人次提供服务。联合殿前街道购买“小红帽”女童保护项目。开设的性教育课堂为街道辖区内3所民办学校1214名女童提供服务，包括“青春期生理变化”“识别坏的接触敢于说‘不’”和“我的身体我做主”三个主题，分别针对小学高中低三个年龄段学生。项目开展6个小组，服务60人，4次社区宣传活动，为244名社区居民提供服务，帮助家长意识到预防儿童性侵害的重要性。结合全面二孩政策，联合禾山街道开展“家长素质提升工程”。先后在禾山街道、湖里区进修学校附属小学、钟宅民族幼儿园等开展家长素质提升培训班、亲子拓展训练营、家庭教育高端论坛等系列课程19场，约有9000多位家长参与培训。

【实施妇女儿童纲要】 年内，湖里区召开“两纲”(《中国妇女发展纲要（2011—2020）》《中国儿童发展纲要（2011—2020年）》）监测统计会议，协调各成员单位修订调整“两纲”监测指标体系，征求各成员单位意见建议，更好地完成“两纲”监测统计。争取区委、区政府在人员编制、阵地建设加大对妇儿工委支持的力度。推动妇女儿童发展纳入“十三五”发展规划，顺利通过全国“两纲”中期督查评估。

【维护妇女儿童合法权益】 2016年，湖里区推进妇女议事制、妇女信访代理制和帮扶互助制工作，建立和完善由区法院、区检察院、湖里公安分局、区司法局等部门联动合作的妇女“大维权”工作机制，构建信访接待、法律援助、人民调解、心理疏导“四位一体”的维权服务模式。区各级妇联组织共受理来信、来访452件。组织开展“建设法治湖里，巾帼有行动”主题维权月活动，各级妇联组织认真制作“平安家庭”及妇女维权宣传栏板，参与区“综治宣传月”“六五”普法宣传、禁毒等大型法制宣传活动，分发各种宣传材料13.4万份。

【提升妇女干部能力】 年内，湖里区“女性大讲堂”创新开设100场婚姻与家庭教育暨“女性优势力”系列提升课程，开展妇联干部婚姻咨询调解能力提升实操训练课程，培训惠及湖里区工业园区、教育工会、区直机关、各街道、各社区等方方面面近千名妇女干部。同时，通过团队建设、形象提升、亲职能力、实务培训，不断提升妇联干部各方面的能力优势。截至年底，共开展“女性优势力”两岸妇女儿童工作经验分享沙龙、“爱的五种语言”家庭关系讲座、“女王变身记”职业女性形象提升小组、“智慧妈妈·美食令”古早味学习坊等等活动14次，累计服务400人次以上。

【开展妇女联谊交流活动】 年内，湖里区组织六届执委及全区处级以上女干部35人，前往同安莲花镇军营村开展调研活动。与禾山街道妇工委开展“我幸福，我快乐”靓妈旗袍时尚秀；与区老体协联合举办湖里区第十届“巾帼杯”门球赛，11支代表队参赛；整合“女性—家庭—社会—政府”四方资源，以“引导→学习→创新→共建”的方式开展大型相亲活动5次，惠及厦门市单身男女近1000人次。

【开展《中华人民共和国反家庭暴力法》系列宣传】 5月，湖里区在全区中小学开展《中华人民共和国反家庭暴力法》系列宣传活动。一

2016 年，湖里区在江头小学开展《中华人民共和国反家庭暴力法》宣传活动（区妇联供图）

是开展“送法进学校”活动。联合区司法局制作《中华人民共和国反家庭暴力法》小读本 8.4 万份，送至全区中小学。二是开展“把法带回家”活动。组织各中小学校学生将《中华人民共和国反家庭暴力法》小读本送到家长的手中，和家长一起学法。三是组织一场反“家暴”课堂。以学习《中华人民共和国反家庭暴力法》为主题，开展一场弘扬家庭美德和反对家庭暴力的法治教育课堂、主题班会或者是家长会。四是营造“反家暴法”学法氛围。各中小学学校要充分利用校园 LED 大屏幕、校园广播、宣传横幅、板报等新媒体，在学校中开展好《中华人民共和国反家庭暴力法》的宣传教育活动。五是开展反家暴法培训讲座。聘请福建联合信实律师事务所的彭俐娟为现场 200 余名家长和学生举办了一场“弘扬家庭美德，反对家庭暴力”的讲座。邀请厦大教授蒋月为全区 200 多名公、检、法、司、妇联系统工作人员开展国家反家庭暴力法相关知识培训。

【举行最美家庭·诗意阳台评选】 5 月，区妇女联合会联合区市政园林局开展“最美家庭·诗意阳台（庭院）”征集评选活动，推选近 100 户家庭参与评选，通过《海西晨报》及区妇联微信公众号等媒体将征集的入围家庭作品进行线上、线下评选，并通过网络投票评出 30 户，由专家评审打分，评选出 10 户“十佳最美家庭·诗意阳台（庭院）”，并纳入 2017 年三八节“最美家庭”表彰。

【创建最美廉洁家庭】 5 月，区妇联联合区纪委、区直机关党工委，开展创建“最美廉洁家庭”系列活动。一是面向机关党员干部及家庭发放了 2000 多份《争创“最美廉洁家庭”》倡议书。倡导广大党员干部家属当好家庭“廉内助”，共筑家庭廉政墙。二是组织各单位班子成员家属签订《“家庭助廉”承诺书》，让各家庭建立起良好的家庭风尚。三是向机关党员干部及家属发送廉洁从政的名言警句。及时提醒告诫党员干部及家属有所为和有所不为。四是开展科级以上领导干部廉贤内助座谈会和廉政文化进家庭宣传教育活动。组织党员干部家庭成员学习家庭助廉读本，观看助廉宣传片，并邀请纪检干部做警示教育现场报告会，推出家庭反腐倡廉标语和口号，营造家庭反腐倡廉的浓厚氛围。五是从湖里区各机关党组织的推荐中评选出一批“最美廉洁家庭”。

【举办“诵家训学家道传家风”主题夏令营】 6 月，区妇联结合“留守流动儿童特别关爱月”活动，联合区科协在省级科普教育基地惠和石文化园先后举办了 5 场以“诵家训学家道　传家风　创最美家庭”为主题的夏令营活动，每场邀请 30 对亲子家庭参加。对象包括辖区街道的少年儿童和家长、到厦门务工

5 月，湖里区开展“最美家庭·诗意阳台（庭院）”征集评选并进行表彰（区妇联供图）

人员家庭、暑假到厦门探亲的留守子女。活动主要有三个环节：一是通过科普课堂，让家长与孩子了解非遗影雕历史文化和工艺流程。二是通过影雕技师、辅导员的指导，参与“家”字雕刻，对雕刻好的黑胆石进行上色，加强对“家”字的深刻理解。三是让家长与孩子们在《跪羊图》的伴奏下，齐声诵读《百孝篇》，学习尊老爱幼的孝道。

（刘艺梅）

区计生协会

【概况】 2016年，全区累计有各级各类计生协会332个，其中：区级协会1个、街道协会5个、社区协会53个、企事业流动人口协会273个，会员31321人。继续深化“四联创”和“六好”示范社区的创建工作。经评估，全区确立41个“一流社区计生协会”，占全区社区总数的77.36%；771个“五好小组”，占全区总数的82.2%；新增4个“六好”示范社区创建单位（和通、金尚、禾欣、金山社区），截至年底，共创示范点17个，创建率32%，超过省创建达标率要求。帮助计划生育困难家庭，解决生产、生活中的困难。全年共投入“生育关怀”经费433万元，开展节日慰问、幸福工程、意外伤害保险、金秋助学、计生特殊家庭帮扶、紧急救助、不孕不育症治疗资助等项目，帮助困难家庭2.4万元/户次。5月，禾山街道、厦门市万利达集团有限公司被评为全国计划生育协会先进单位。6月，省计生协会通报表扬湖里区计生协会2014—2015年度“四联创”工作，保持省级“一类先进单位”称号。

【召开六届四次常务理事会】 11月25日，根据区干部人事调整，区计生协会组织召开了第六届第四次常务理事会，按照《福建省计划生育协会章程》规定，会议以举手投票、鼓掌通过的形式，选举了区委常委、副书记林重阳为协会新一任会长，聘任刘水荣为区计生协会秘书长，进一步充实区级计生协会队伍。

【计生特殊家庭帮扶】 2016年，区计生协会围绕计生特殊家庭的困难和需求，着眼贴心持久、精准高效的帮扶目标，从节日慰问、紧急救助、保险保障、心理疏导、联谊活动等方面积极开展计生特殊家庭帮扶，帮助他们早日走出心理阴霾，重建生活空间，融入社会大家庭。一是在春节、母亲节、重阳节期间发放慰问金16.02万元，为计生特殊家庭送上节日慰问，送去党和政府的关怀；为遭遇突发事故的家庭实施紧急救助，全年救助4户1.4万元，其中2户为丧葬补助费。二是继续完善做好计生特殊家庭保险服务，投入6.04万元，为每户家庭购买保费400元的“意外伤害险”和“重大疾病险”。是年，完成计生特殊家庭案件24例，赔付11.11万元。三是与“开心社工”签定服务委托合同，投入7.8万元，为60岁以下的失独家庭购买专业的社工服务。社工组织通过设计科学合理的介入计划，开展个案辅导，有针对性地进行系统心理干预，撰写相关服务记录和报告，形成完善的个案工作档案材料，帮助计生特殊家庭成员尽快走出悲痛，重建生活信心。社工组织开展家庭探访323人次，建立个人档案55份，通过电话、微信互动，跟踪探访2312人次，个案辅导3个，组织联谊活动235人次。通过专业的心理慰藉、个案服务，已有10位服务对象由排斥型、游离型向稳定型转变。

【幸福工程】 2016年，全区投入113万元帮扶69户计生贫困母亲，其中流动人口17户。截至年底，幸福工程项目已运作11批，累计投入544万元帮扶535户计生贫困家庭发展生产（其中流动人口90户），直接惠及人口1600多人。江头街道幸福母亲杨孟喜，用幸福工程帮扶款开起了油画网店，承接海内外订单，月销售额10几万，不仅自己创业成功，还热心社区志愿服务，是年被授予全国计生协会先

春节前夕，区委副书记黄炜（正面左一）慰问计生困难家庭（区计生协会供图）

进个人称号。9月，省计生协会专职副会长到湖里区调研幸福工程项目，对湖里区的计生工作给予高度的评价和肯定。

（徐宇平）

区科技协会

【概况】2016年，全区5个街道均建立科协组织，配备了专（兼）职科协秘书长，52个社区成立了科协分会，并配有专人负责科普工作。全区有45家企业建立企业科协。是年，湖里区被中国科协授予“2016—2020年全国科普示范区”，获第四、五、六届福建省科普示范区。金尚、江村、兴隆、金山、祥店、金安、吕岭、长乐、禾欣9个社区获中国科协“基层科普行动计划”暨“全国科普示范社区”先进单位称号，获奖补经费180万元；怡景、禾山、吕厝、园山、康泰、兴园6个社区获2016年福建省“基层科普行动计划”优秀项目，获得全国和省基层科普先进社区的总数占全区28%。

【建设科普人才队伍】年内，辖区有9个科普教育基地，建有30余人的专家科技讲师团，并有由市科协科普大学教研组提供的37名讲师、科普志愿者加入。有245人的区、街道科普志愿者队伍，由科技工作者、医疗界人士、教育界人士、文化界人士和退休干部组成，为全区科普工作发展发挥了积极的作用。

【科普设施建设】2016年，全区已有17所市级社区青少年科学工作室、5所区级社区青少年科学工作室，另有4个社区正在筹建新的青少年科学工作室，辖区有14个特色科普体验室；市、区级社区青少年科学工作室总数占52个社区的一半。5个街道均建有市级科普大学，另有10所区级科普大学，3所社区科普学堂，共18所科普学校，占全区社区总数近25%。社区青少年科学工作室和科普大学总数居市各区之首。另建有6个区级科普实践基地，8个区级文化科普活动（节）。年内，实现53个社区高标准10米以上科普宣传栏全覆盖，做到宣传栏每2个月更新一次，展示内容涵盖防震减灾、食品安全、健康保健、生态环保、自然知识等。53个社区均建有科普图书角（柜），实现社区全覆盖；建有30座科普电子画廊，占全区社区总数的二分之一以上。区科协与中国知网合作，建有湖里“科普网络书屋”，对社区居民免费开放；鼓励下辖街道、社区开通各自社区网络书屋；支持社区利用微博、微信等社交媒体开展网络科普宣传。是年，区科协受邀参加CNKI科普网络书屋（新版）发布经验交流会。

2月，湖里区科普“超市”走进怡景社区（区科协供图）

【保障科普经费】年内，湖里区科普经费为295万元，达到人均2.9元以上。区科协每年对各社区科普宣传栏拨付5000元经费，用于更新内容以及修护保养，对各社区青少年科学工作室拨付1万元用于日常运行，对各社区科普大学拨付2万元用于教学活动，向各社区赠送科普图书、科普挂图，以及拨付专款用于支持部分科普教育基地开展科普活动。

【创新科普内容形式】2016年，湖里区不断创新科普工作内容和形式，社区创建科普益民品牌，科普“超市”进社区、社区科普大学、社区青少年工作室、区级科普知识竞赛等活动已成为区科普精品活动和常态性活动，起到示范引领和辐射带动作用。经常性地开展各类特色竞赛活动，有力推动社区青少年科普活动开展。区、街道、社区三级科协，每年投入30余万元，用于组织青少年科学工作室开展创意搭建、万能机床、趣味机器人以及航模比赛等，吸引青少年参与，激发青少年探索实践的热情。在（寒）暑期组织学校、社区开展科普（冬）夏令营活动和青少年科学调查体验活动。各中小学每年组织学生到科技馆、科技类博物馆、科研院所、青少年科技中心、社区科普活动室参观学习，积极响应市科协组织的科普基地一日游活动。

（蔡景旋）

区红十字会

【概况】 2016年，湖里区开展应急救护持证培训8场，250人参与培训，应急救护普及培训214场，培训35841人，占全区常住人口的13.13%，开展应急演练69场；救助困难和患大病群众4315人（含申报市级救助），救助金额为人民币142.47余万元；捐赠收入近3.95万元，捐赠支出人民币90.75余万元；各类网站报刊采用稿件33篇；登记遗体器官捐献志愿者3名；参加市红十字会关于省红十字会进行重点工作暨“八大”筹备综合调研会，区级备灾救灾仓库、应急救护培训基地、吕厝社区红十字会接受省红十字会常务副会长黄毅敏一行检查，相关工作获得省红十字会领导的肯定。

【参与灾后自救】 9月16—19日，全区53个社区的红十字志愿服务队伍、4支区级志愿服务队伍共581人，在社区内外、在最需要的地段清障排险，在清障工作中，红十字应急救护志愿者还发挥所长，为在抢险救灾时受伤人员包扎伤口。此外，区红十字会还接受社会爱心人士的捐赠，把所接受的1000箱矿泉水和4000份爱心盒饭送到抗台救灾第一线。

【在东渡社区举办红十字基本知识讲座】 5月6日下午，湖里区在东渡社区组织了一场题为“红十字运动基本知识”的讲座。讲座采用大量真实感人的图片、生活中的鲜活事例，讲授了红十字运动的起源、组织机构、标志、宗旨、原则和发展历程。

【人道救助】 2016年，湖里区人道救助主要有：大病救助，继续开展区级大病救助工作，救助群众293人，救助金额73.7万元；帮助符合条件的外来务工人员申请市级大病救助32人，救助金额9.6万元；办理省城乡困难居民大病救助5人，救助金额8.2万元。节日慰问，结合传统节日，针对不同人群开展慰问活动，元旦、春节开展“博爱送万家”活动，端午节慰问困难老人，儿童节慰问困难儿童，中秋节慰问大病困难户，重阳节慰问孤寡老人等4000多人次。发挥博爱超市救助功能，每季度为博爱超市更新物资，为困难群众发放慰问物资950份，价值6.5万元，困难群众可凭“博爱超市卡”按分值选择日常生活用品。

【创建“博爱家园”示范社区】 2016年，湖里区开展红十字“博爱家园”创建工作，制订实施意见，成立领导小组，组织各街道红十字会工作人员召开“博爱社区”创建专题会议，围绕“健全1个理事会和系列工作管理制度，具有1个相对固定的活动场所，发展1支以上志愿服务队，搭建1个人道传播与救助平台，设立1个红十字爱心互助金”的“五个一”的基本要求，指导7个社区（东渡、东荣、长乐、吕厝、江头、禾山、金林）按照红十字博爱社区基本要求开展创建工作，是年，7个社区均基本完成了创建工作。

【扎实开展志愿服务活动】 年内，湖里区依托57支红十字志愿服务队在辖区开展志愿服务活动，4支区属志愿服务队进社区、进学校、进企业，开展水上安全知识讲座、心理危机干预、应急救护培训、小家电维修、理发等志愿服务，53支“社区应急救护志愿服务队”在社区组织群众开展应急救护知识和技能的普及培训。

【加强红十字人道宣传】 2016年，湖里区加强红十字人道宣传。一是日常宣传，充分利用宣传栏、报刊杂志、电视、网络、宣传品等各种载体，宣传红十字精神、国际人道法、无偿献血、遗体（器官）捐献、造血干细胞捐献，制作宣传板报192版，发放宣传材料3万余份。二是纪念日宣传，在“5·8”世界红十字日、世界急救日、世界志愿者日等重要纪念日开展义诊、应急救护培训等系列宣传活动。在禾山街道五缘湾北社区举行湖里区“5·8”世界红十字日系列活动启动仪式暨应急救护安全综合演练。在红五月期间组织各街道、社区、学

5月12日，湖里区举行“5·8”世界红十字系列活动启动仪式暨应急救护综合演练（李汪洋　摄）

校红十字会开展应急救护培训、演练、宣传、筹资以及志愿服务活动等五大类型共30场活动，活动期间《海西晨报》的记者对活动情况进行跟踪报道，刊登3个专版。纪念世界急救日活动期间，选派4名应急救护师资和40名应急救护志愿者参加福建省红十字会和厦门市红十字会联合举办的演练宣传活动。各基层红十字会开展以应急救护技能演示、社区志愿服务、红十字知识与精神传播为主题的纪念活动17场，张贴宣传板报103版。三是加强宣传阵地建设，在湖里街道2个社区设立红十字宣传栏，全区有红十字专用宣传栏31个。

【区红十字会和火炬高新创业中心慰问困难群众】 1月28日上午，在殿前街道长乐社区2楼会议室，厦门高新技术创业中心的爱心代表、湖里区红十字会的工作人员及长乐社区负责人为殿前街道长乐社区15户困难家庭定向捐助人民币4500元。

（陈炯懿）

侨　联

【概况】 2016年，区侨联致力于“一带一路”建设和厦门自贸试验区建设，以凝聚侨心、汇集侨智、发挥侨力、为侨服务为工作宗旨，开展一系列工作。被福建省侨联授予“福建省侨联系统信息工作先进集体”，被厦门市侨联授予“厦门市侨联系统信息工作先进集体”及“厦门市侨联系统侨情平台数据录入工作先进集体”。

【帮扶特困归侨】 2016年，湖里区助侨基金帮助辖区内11户特困归侨，每月给予生活补助金，补助金额从200元提高到300元，全年发放补助金3.63万元；协同厦门汇景集团开展“慈善惠侨”精准扶贫活动。厦门汇景集团公司从“汇景慈善基金”拨出2万元，专款扶持湖里区4户重点特困归侨户，每户给予5000元帮扶；捐出5000元作为“侨爱心慈善基金·帮扶林璞玉老人专款”；与金山社区刘黔闽和同安村民陈翠刚两户因病致贫的家庭结对帮扶，每年分别给予每户3000元和3500元帮扶金，旨在助学、助困。

【参政议政】 年内，区侨联完成《重视食品安全　维护群众利益》和《关于加快公共文化体育设施建设的若干建议》2个符合当前热点、难点问题的调研课题。在省侨青会换届时，2名侨商当选福建省侨联青年总会副会长；在市政协换届时，2名侨界人士当选市政协委员；在市侨商会换届时，26名侨界人士加入厦门市侨商联合会；在区政协换届时，7名侨界人士当选为区政协委员。区侨界政协委员积极参政议政，全年撰写《关于重视新常态下民营企业家队伍建设的建议》《关于优化湖里区政府信息公开工作的建议》《关于加快我区基础教育信息化建设，推进信息技术与教学融合的建议》《关于解决湖里区垃圾分类回收处理的建议》《关于将仙岳公园中的针叶林逐步替换成阔叶林的建议》5个提案，反映4条社情民意。

【海内外交流】 春节期间，湖里区走访慰问有名望、有贡献的侨界人士和侨联老领导，走访辖区内侨资企业，以及邮寄新年贺卡祝福海外名誉主席、顾问及热心侨联工作的华侨华人；1月16日，在台湾“中华侨联总会”第16届新任理事长就职典礼之际，发送贺电，祝贺庆典圆满成功；8月25日，在菲律宾东棉省菲华工商联合会举行成立30周年暨第16届理事会职员就职典礼之际，邮寄贺信和纪念品（熊猫刺绣图）祝贺庆典成功；“9·8”国际投资贸易洽谈会期间热情接待菲律宾东棉省菲华工商联合会及菲律宾荣尼海鲜商业中心等返乡探亲的侨商，向他们推介湖里区的投资环境，鼓励他们回乡创业；9月24日，在澳大利亚墨尔本厦门同乡会成立之际，邮寄贺信和厦门特色纪念品（鼓浪屿全景图）遥祝庆贺；10月20日，接待马来西亚参访团，双方互相交流经贸与文化方面的特色，并与马来西亚砂拉越诗巫永安亭大伯公庙建立友好关系；12月19日，邀请福建省侨界青年代表参观考察湖里区高新技术园创新驿站、哥们网科技有限公司和湖里区华美文创园，并就商务运营、技术研发、企业超市、服务驿站等进行交流，敦睦侨谊，共谋发展。

【关爱归侨、侨眷】 春节前夕，湖里区走访慰问69户贫困归侨；“六一”儿童节，深入社区，走访慰问14户贫困归侨侨眷子女，送去儿童需要的学习用品和玩具等；中秋节，走访慰问66户贫困归侨，重阳节走访慰问62名85岁以上的高龄老归侨，给予每户500元慰问金；组织辖区内30多名老归侨参加市侨联组织的免费眼科体检；帮助康泰社区莫本成和金安社区王玉婷2名困难归侨家庭的在读大学生获得市侨联“侨爱心基金”6000元助学金；帮助患重病致困的东荣社区归侨翁书法向市侨联申请补助金3000元；帮助缅甸华裔林芳燕寻找到失联10多年的祖籍亲人——居住湖里区后埔社区的表妹李腰治。

【开展侨界联谊活动】 5月7日，湖里区发动辖区内侨界人士以及归侨、侨眷300多人参加厦门市侨联举办的“海丝·侨音·乡情”第四届侨界联欢节活动，区侨联舞蹈小组表演的《传灯》参与联欢节的文艺演出；5月25日，区侨联与濠头社区、区台办及相关部门联合举办“侨台融合发展·缔造美丽濠头”为主题的大型综合活动，社区的归侨侨眷、台胞金胞及居民200多人参与其中。活动安排了文艺会演、侨法知识抢答等内容；6月25日，组织辖区内归侨侨眷乒乓球爱好者参加2016年“国鼎杯”厦门侨商会第三届乒乓球比赛，在全市25个团队的角逐比赛中夺得第七名；7月，区侨联与区台办等部门联合举办第15届海峡两岸青少年夏令营，围绕“生活美学，让生活遇见美好”为主题，以“科技、闽南茶道和花艺美学”为内容，吸引了来自台湾和湖里区的30多名侨、台胞子女参加活动；10月22日，筹办由市侨联主办、区侨联承办的“健康运动·活力侨界”——2016厦门市侨界健步行活动的全程筹划工作，湖里区5个街道侨联以及印尼、马来西亚各归侨联谊会等侨团组织的650多名侨、港澳界群众参加活动；区侨联与华侨大学协作在4月和11月组织“归根情”志愿服务，服务队多次走进社区，开展关爱独居老归侨活动。

9月13日，湖里区钟宅民族小学“‘互联网+’侨爱心教室”揭牌（区侨联供图）

【创建“侨胞之家”】 2016年，区侨联积极发动、指导街道、社区侨联开展创建“侨胞之家”活动以及创建“五好”示范点侨胞之家活动，努力把基层侨联组织建设成“党政支持、组织活跃、侨界信赖”的侨胞之家。是年，共有9个社区侨联获省侨联授牌“侨胞之家”。同时选择2个社区侨联申报省级“五好”示范点侨胞之家。

【设立“侨爱心教室”】 9月13日，湖里区钟宅民族小学“‘互联网+’侨爱心教室”揭牌。由厦门市侨商会的“侨爱心慈善基金·侨商会公益金”捐助的侨爱心教室，经区侨联与区教育局协商后，选定建校较早、校舍老旧、设施设备无法满足“互联网+”教育时代要求的钟宅小学作为扶持学校，市侨商会捐助10万元购置25台电脑设立“‘互联网+’侨爱心教室”，进一步改善钟宅民族小学信息化水平，提高信息技术教学质量。

（熊秀密）

10月22日，湖里区侨界参加厦门市组织的健步行活动（区侨联供图）

区工商联

【概况】 2016年，湖里区工商联在区委、区政府的正确领导下，在市工商联的关心指导下，深入学习贯彻中共十八大和十八届三中、四中、五中、六中全会精神，紧紧围绕党和政府的中心工作，按照“五好”标准，加强自身建设，充分发挥职能优势，认真履行职责，取得显著成效。先后荣获全国“五好”县级工商联、福建省“五好”县级工商联、福建省工商联光彩事业组织奖和福建省工商联非公有制经济人士理想信念教育先进集体。

【区工商联与区人民法院签订诉调对接共建协议】 3月23日，区工商联与区人民法院签订诉调对接共建协议。根据协议区商会会员企业在民商事纠纷发生后，除当事人直接向商会民企人民调解委员会申请调解外，其他纠纷在人民法院案件受理后、裁判作出前，经当事人同意可以委托区商会民企人民调解委员会参与、委派和直接进行调解。经区商会民企人民调解委员会主持调解达成的调解协议，经人民法院予以司法确认即具有法律效力。该共建协议的调解活动适用于人民法院在审判和执行的各个阶段。

2016 年，湖里区商会开展“民企联村”精准扶贫（区商会供图）

【区纪委、区委统战部、区工商联联合召开“亲清政商关系”座谈会】 8 月 3 日，区纪委、区委统战部、区工商联联合召开“亲清政商关系”座谈会。市工商联副主席蔡素卿，区委常委、区纪委书记陈甦帆，区委常委、统战部部长陈岚出席座谈会。会议由区委常委、区纪委书记陈甦帆主持。区发改局、区经信局、区财政局、区商务局、区检察院、湖里公安分局、湖里消防大队、监察局、国税局、地税局等 15 个职能部门领导，17 名非公经济代表人士参加座谈会。会上传达了省、市“亲清政商大家谈”专题座谈会精神，并简要介绍了湖里区开展“亲清润闽商，促进两健康”系列宣传教育活动贯彻意见的安排部署。最后，陈岚代表区委就湖里区如何构建新型亲清政商关系提出三点要求：一是党员领导干部要清正廉洁，坦荡亲商；二是民营企业家要清正守法，主动亲政；三是区委统战部、工商联（商会）要完善机制，正确引导。

【区工商联召开第六次会员大会】 12 月 19 日，湖里区工商联（商会）召开第六次会员代表大会，近 300 名会员代表参会。市委统战部副部长、市工商联（总商会）党组书记王沁，湖里区委书记林建，区长徐国庆，人大主任梁美丽，政协主席林凡及区相关部门领导、兄弟区商会领导受邀出席会议。会议审议通过第六届执委（理事）会工作报告；选举产生湖里区工商联（商会）第六届执委（理事）会、监事会；宣读《构建亲清政商共融助力湖里五大发展》倡议书。大会选举产生了工商联主席 1 名、常务副主席 1 名，副主席 11 名、副会长 28 名、秘书长 1 名、常委 45 名、执委 128 名，商会监事长 1 名、副监事长 11 名，聘请荣誉会长 5 名、名誉会长 19 名。中绿食品集团有限公司董事局主席孙少锋当选新一届湖里区工商联（商会）主席，厦门新景地集团有限公司董事长钟江波当选监事会监事长，区委统战部副部长、区工商联党组书记王华安当选常务副主席。

12 月 19 日，湖里区工商联（商会）召开第六次会员代表大会（区工商联供图）

【湖里区商会开展“民企联村”精准扶贫】 2016 年，湖里区商会积极推进“民企联村”精准扶贫行动。成立“民企联村”精准扶贫行动领导小组，制定帮扶计划，并责任到人。在对莆田市仙游县游洋镇兴山村和龙岩市白沙镇营边村 2 个扶贫村走访、座谈中，认真听取了两个村的基本人文情况介绍，详细询问了村经济现状和产业分布，了解村产业特色和产业资源最期待解决的问题，与当地村委会领导交流研究扶贫方案。

（林　澜）

城市建设与管理　环境保护

城市建设与管理

城区建设

【概况】 2016年，湖里区完成《湖里区棚户区改造规划》等6个规划项目的编制。出台并积极落实《湖里区建设项目生成管理办法（试行）》，参与项目生成4个，完成可研协调3个，完成意见征集22个。公开出让4幅地块，出让土地面积10.35万平方米，建筑面积9.21万平方米，出让总收入4.39亿元。3个在建安置房项目累计完成投资约10300万元，金林湾花园A区年底完成验收，集鑫A、马山安置房地下车库改扩建工程年底完工。完成福厦铁路暨公铁大桥项目返迁安置243户256套，成功大道二期、县黄路A3穆厝段、安墩路等3个项目返迁签约22户。先行启动22个市级下达的老旧小区改造任务。制订主次干道立面改造3年工作计划，推动13条市管道路和航空视线下屋顶立面改造前期工作，计划改造道路8.8万米、屋顶面积39.7万平方米。策划生成天安小学地下停车库等12个公共停车场项目，基本完成洪塘地面停车场、马山安置小区地下停车库建设，提供车位854个。在“莫兰蒂”台风防御和灾后恢复重建工作中，组织辖区49家建安企业、2985人、出动救援车辆1756辆次、投入大型机械设备1220台次参与抢险救灾，落实治理资金3000多万元，启动18个危险性大、危害程度高的地灾点、高堆土土石方工程、小区围墙安全隐患整治项目的治理。开展联合执法检查49次，查处违法渣土车426辆。清理前置审批和行政审批中介服务事项，办理行政审批事项28件，公共服务事项250件。办理施工企业工资保证金返拨17件，返拨金额385.85万元。协调处理工程款及工资拖欠纠纷10余起，涉及金额2000余万元。组织开展2016年建筑业企业奖励扶持资金申报工作，申请给予扶持资金1400多万元。是年，监管工程项目59个，竣（预）验收项目40个，受理质量安全监督申报22个工程项目（总建筑面积49.99万平方米，造价16.37亿元），开展“双随机”监督执法与站级巡查80次，发出改正通知单220份。

【物业管理矛盾纠纷调处】 2016年，全区接到物业信访118件，矛盾纠纷主要集中在小区停车位的分配、小区物业公司的更换移交等问题。区建设局从政府监管部门的角度入手，组织宣传学习《厦门市物业管理若干规定实施细则》，与各街道建立月度物业工作联席会议制度，积极探索解决物业管理矛盾的有效路子，增强调处物业纠纷能力。是年，江头街道东方巴黎广场业委会成立、福满园停车位分配、禾山街道新景国际外滩外立面改造、鑫海湾小区业委会成立等矛盾纠纷得到了有效处置。

【湖里区住宅小区物业管理现场“双随机”检查】 年内，湖里区开展辖区物业企业资质双随机检查工作。抽查辖区内物业企业以及项目40余家，邀请市物业协会相关专家对物业服务项目的内业、外业、设施设备等三大方面的服务内容进行全面细致地检查，发出整改通知单20份，督促各物业服务企业重视企业资质管理和项目管理，落实企业、项目履约责任。

【发放建筑业企业奖励扶持金】 2016年，湖里区组织开展了2015年建筑业企业奖励扶持资金申报工作，经审查并报区政府批准，对36家建筑业企业申报新引进企业新增产值补助、产值增长补助、资质升级补助、创优良工程补助、新引进高资质等级企业补助等五类50项次补助予以兑现发放奖励扶持资金1362万元。

【开展抗击“莫兰蒂”台风抢险救灾工作】 9月14日，区建设局召开全局抗台专题部署会。会后，全局干部职工分组深入一线，认真摸排，并书面通知责任单位做好加固和人员撤离等抗台各项工作。同时，从9月14日起加强值班力量，在局值班室通宵值班，随时待命。提前向辖区区管在建工地下发紧急通知，要求45个建设项目责任主体提前对施工现场进行全面细致检查，并分组分片对高边坡、深基坑等重大危险源开展拉网式防台检查，督促1800多名建筑施工人员全部及时撤离到安全地点。“莫兰蒂”台风登陆后，湖里区建设系统受灾严重，45个区管在建工地不同程度受损，施工工地工棚倒塌560间，围档倒塌16168米；新增地灾滑坡点9处，危房受损受淹219处；安置房出现4处地下车库积水；辖区物业小区玻璃破损、绿化苗木损失问题严重。面对灾情，区建设局全员动员积极投入灾后恢复重建工作，按照职责分工，设立了12个恢复重建工作组，每天召开1次中层以上干部碰头会，并根据灾情的不断变化，及时调整救灾工作重心，局主要领导率队深入建筑工地、地灾点、物业小区等受灾一线，参与救灾工作。集结湖里区建设系统常备应急救援队伍400人，直奔辖区受灾道路第一线进行抢险清障。此后，继续发动辖区内35家建安企业、组织11009人次参与抢险救灾，累计出动救援车辆957台、投入装载机、钩机、铲车、油锯等大型机械设备1591台，参与抢险清障工作。组织成立各施工工地救灾抢险队45支，抢险队成员1000多人次，开展自救和恢复生产工作。配合市国土局，组织协调有关专家深入台风后新增的9个地灾点进行勘察，转移新灾点所涉危房居住人员，协调灾后降险工作，科学制定排险方案和整治措施，及时开展整治工作。深入安置房建设现场，组织210余人次抽排地下室及低洼地积水，清点受损设施设备，排查安全隐患，开展道路清障。抽调专业人员分成5个物业督导组，深入辖区各物业小区，指导社区、业委会、物业公司发动群众开展自救，协调各部门、各施工单位提供帮助。9月16日，区建设局全局60余人，调派旷博、铭泰、鲁班源3支建设系统行业抢险队伍150余人，自带设备，赶赴殿前街道、神山社区、五通社区，与街道、社区工作人员挑灯夜战，清除各类垃圾60多车次，于9月20日黎明时分，圆满完成小区垃圾清运、树枝清理及道路清障等工作。同时，利用微信平台、短信群发平台督促物业企业做好积水区域的清淤排水，进一步排查次生灾害的发生，协助卫生防疫部门做好小区卫生防疫工作，协助居民做好窗户破损、渗水漏水等修复工作，增强居民对恢复秩序的信心。

9月，区建设系统各应急分队积极投入灾后重建（陈静阳　摄）

地质灾害防治

【概况】 2016年，湖里区加大地质灾害防治力度，组织各街道和相关责任单位对地质灾害、高堆土、物业小区等各类安全隐患点进行全面深入排查，同时，根据专家咨询意见，牵头协调各有关部门对发生地质灾害险情的兴湖路南侧2007C24储备用地边坡、吉家家世界屋后高陡边坡进行应急抢险。同时，区建设局积极协调区财政局、区发改局等部门落实治理资金、优化建设程序，经区委常委会、区政府常务会议研究通过，牵头组织各街道、相关责任单位启动2批地质灾害、高堆土土石方工程、小区围墙安全隐患共18个整治项目的治理，投资约4000多万元。

【兴湖路广本4S店后侧山体地质灾害险情应急处置】 5月11日下午，位于兴湖路南侧的2007C24储备用地的水泥护坡塌陷约6平方米的大洞，内侧的沙土大量流出，且险情还在不断扩大，严重威胁坡下广本盛元4S店维修车间工人及坡上别墅居住人员的生命财产安全。险情发生后，区委、区政府主要领导、分管领导及各相关部门领导赶赴现场，组织应急抢险工作。市国土局、市国土直属分局湖里工作处、区建设局、区行政执法局、湖里街道、所在社区居委会各司其责、形成合力，启动应急抢险工作，设置警戒线，责令别墅违建业主停工，组织坡下广本盛元4S店维修车间工人及别墅内人员撤离，并组织地质灾害专家组到现场勘察、评估，按照专家建议，立即组织地质灾害专业技术人员和应急抢险施工单位进行专业安全监测和应急降险施工，地质灾害险情得到有效控制。

安置房建设与管理

【概况】2016年，湖里区在建安置房项目3个，总建筑面积为33.3万平方米，2280套，累计完成投资约5300万元，其中蔡塘古地石安置房一期进行配套工程建设，金林湾花园A区进行验收工作，乌石浦花园二期进行基础施工。金林湾花园B区、东宅安置房、美仑花园一期、乌石浦花园一期4个安置房项目开展前期工作。

【马山安置小区形象优化工程建设】2016年，区建设局作为业主开展集鑫A、马山安置小区形象优化工程的建设实施工作。工程内容包含地下停车场改扩建、外立面翻新、室内工程改造、室外工程改造等，项目总投资约1.5亿元，所需资金由区财政解决。马山安置小区地下停车场改扩建工程利用马山安置小区中庭的地下空间进行开发，扩建两层地下停车场，并连接原有地下室，新增地下室面积约1.85万平方米，新增停车位602个。

【新增安置房地点】年内，湖里区针对成功大道二期、安墩路、县黄路A3段三个项目因安置房原因未能返迁的问题，制定新增安置房地点现房安置实施方案及操作实施细则，并通过多渠道调集安置房源，完成3个项目新增安置房安置协议的签订，多年的历史遗留问题得以圆满解决。

建筑业

【概况】2016年，湖里区建筑业增加值42.19亿元，比上年增长2.5%。全区具有资质等级的218家建筑业企业完成建筑业总产值344.82亿元，比上年增长45.8%。其中，建筑工程产值330.69亿元，比上年增长49.5%；安装工程产值10.94亿元，比上年增长46.3%。全年房屋建筑施工面积1839.04万平方米，比上年增长26.7%。建筑企业当年新签合同价款485.20亿元，比上年增长104.2%。

6月，湖里区举行2016"安全生产月"走进工地系列活动启动仪式（陈璐嘉 摄）

征地拆迁

【概况】2016年，全区征地48.60万平方米，房屋征收79万平方米，完成海域退养142.14万平方米。其中，列入市对区考核的11个省市重点项目全年完成征地176.60万平方米（含海域退养142.14万平方米），征收房屋面积65.6万平方米，超额完成市下达的年度土地房屋征收总体目标任务，重点项目房屋拆除面积排名居全市各区首位，年度实际交地完成率和年度实际拆除房屋完成率均位居全市各区第二。市对区考核的重点项目中，轨道交通1号线工程、轨道交通2号线工程、环岛路（长尾礁至五通段）岸线整治和沙滩修复工程、厦门眼科中心扩建项目、后埔—枋湖旧村改造、两岸区域性金融服务中心核心启动区（一、二期）、五缘湾片区110千伏—220千伏高压架空线缆化改造工程、海沧隧道本岛段接线及五缘湾片区配套市政工程等9个项目均完成下达的土地房屋征收任务。

【实施目标责任考核】年初，湖里区委、区政府合理确定并下达征地任务112.17万平方米（含海域退养约70万平方米）、房屋征收任务70.38余万平方米。各片区指挥部、街道、社区及国有企业强化责任落实，明确职责分工，将目标任务层层细化、责任到人，形成一级抓一级、层层抓落实的工作格局。年底按照任务完成情况实施奖惩，严格执行年度目标考核，充分调动了各单位的积极性和工作热情。

【联合执法显成效】年内，湖里区实行多部门协作联动，坚持将打击"两违"与推进征收有机结合。由区征收办牵头，区国税、地税、市场监督管理局、安监局、消防大队等单位组成联合强查组，对各项目中拒不配合商谈、搬迁的企业进行强查促签；将区行政执法局各执法中队中队长充实到所在片区指挥部，配合组织开展强查行动；湖里公安分局在各征收片区设立警务室，配备警力保障征地拆迁和重点项目施工；完成了两岸金融中心核心区、轨道交通2号线等重点项目内违章建筑的行政强制拆除。

轨道交通2号线泥金盾构点拆除现场（陈静阳 摄）

【优化“大包干”资金补偿办法】 2016年，区征收办主动与市有关部门积极沟通，提出合理化建议，并报市政府会议研究通过，在原非住宅房屋征收补偿费用按用地面积包干的基础上，实行住宅房屋容积率2.0以上的，补偿安置费用按750万元/亩包干（含安置房费用120万元/亩）；容积率2.0以下的（含2.0），补偿安置费用按540万元/亩包干（含安置房费用120万元/亩），该办法节约了“大包干”测算审核时间，有效提高了工作效率。

【探索征迁平行工作法】 年内，湖里区实施依法办理前期手续与征收实施平行作业，提高了工作成效。一方面，在市委、市政府明确项目后，业主单位尚未将征迁工作委托湖里区时，提前与业主单位对接前期工作，共同研究前期计划，明确各自工作职责、工作内容、关键节点及时限，做到前期手续办理环环相扣，统筹并进。另一方面，在项目征收公告发布前，在政策允许范围内提前开展工作，组织测绘公司对建筑物进行测绘及附属物清点，进行住宅人口及权属情况调档，对企业进行预评估及预商谈，对部分企业及非住宅房屋先行搬迁及拆除，优先提供项目用地需求，努力实现征拆交地与项目施工无缝对接。

【调整区征收工作领导小组和片区指挥部】 年初，湖里区调整全区征收工作领导小组和片区指挥部，除各街道设立一个片区指挥部外，还根据机制和项目特点，设置了五缘湾南片区指挥部、后埔—枋湖指挥部和轨道交通指挥部。同时，将各相关职能部门人员纳入征收队伍，深入征迁一线，与基层工作人员并肩作战，有效推进征迁工作，解决征迁难题。

【建立土地房屋征收“云平台”】 2016年，湖里区进一步完善土地房屋征收管理系统，开通网络、微信窗口，建立微信公众号，完善征收补偿信息录入、查阅相关功能，打造湖里区土地房屋征收系统“云平台”，实现土地房屋征收工作的科学管理。

【湖里街道片区以房屋征收促土地出让】 年内，湖里街道片区全年完成征地5.99余万平方米，拆迁6.2万平方米。顺利完成湖里影剧院及文化俱乐部地块征收工作。

【殿前街道片区保障重点交通项目用地需求】 殿前街道片区全年完成征地10.79余万平方米，拆迁4.9万平方米。圆满完成轨道交通1号线（殿前段）和海沧隧道本岛端接线工程（殿前段）的征收任务并提交施工用地。

【江头街道片区乌石浦旧村改造项目完成签约】 江头街道片区全年完成征地4.48余万平方米，拆迁4.3万平方米，完成乌石浦旧村改造项目的签约工作。

【禾山街道片区完成“断头路”征收工作】 禾山街道片区全年完成征地约2.52万平方米，拆迁5.8万平方米。完成厦门市机动车排气检测中心进出道路、高新技术园纵三路等“断头路”的征收任务，进一步完善城市路网建设。

【金山街道超额完成征收任务】 禾山街道全年共完成征地近22.07万平方米，完成年度任务的111%，拆迁34万平方米，完成年度任务量的133%。市重点项目两岸金融中心核心区、轨道交通1号线、2号线等均取得突破性进展，及时保障重点项目建设用地需求。

【后埔—枋湖片区积极推进旧村改造】 2016年，后埔—枋湖片区完成征地约2.80万平方米，拆迁27.6万平方米，提前超额完成年度任务。基本完成后埔社区薛岭社及枋湖社区梧桐社的房屋征收工作，为下一步片区土地出让和开发建设提供了用地保障。

【土地房屋征收与补偿信息公开工作再创佳绩】 12月1日，市国土资源与房产管理局对各区2016年土地房屋征收与补偿信息公开情况进行了检查和评比，湖里区以总分95分位列全市各区之首。

【福厦铁路暨公铁大桥项目返迁工作启动】 7月30日，福厦铁路暨公铁大桥返迁工作启动，项目安置房位于殿前街道嘉福花园小区。截至年底，250户被拆迁户完成返迁247户，完成率98%。

【表彰征收工作先进单位和个人】 2016年，经区委、区政府研究，决定授予后埔—枋湖片区土地房屋征收、返迁安置与开发建设指挥部“2016年度湖里区土地房屋征收与返迁工作突出贡献奖”，授予金山街道片区土地房屋征收、返迁安置与开发建设指挥部等3个单位“2016年度湖里区土地房屋征收与返迁工作先进单位”，授予方文群等12人“2016年度湖里区土地房屋征收与返迁工作攻坚标兵”称号，授予林景等50人“2016年度湖里区土地房屋征收与返迁工作先进个人”称号。

（辜丹红）

城市综合管理

【概况】 2016年，湖里区将城市综合管理工作细化为绿化工作、立面改造、屋面改造、“两违”整治、夜景工程、在建工程、交通改善等方面。全年组织10次市容环境卫生考评，日常巡查100余次。办理市长专线59件，各类投诉电话及信访件225起，均做到件件有落实、事事有回音，整改办结率100%。

【研究制定《湖里区加强城市综合管理总体方案》】 年内，湖里区将城市综合管理内容细化为八个方面25项具体内容，8月下旬至9月底，先后分三个阶段，组织相关职能单位和各街道办召开7场次讨论会，广泛听取意见建议；在先后2次以书面形式再次征求收集各单位意见建议基础上，对方案意见稿进行修订完善，形成了《湖里区加强城市综合管理总体方案》，于11月由区委办公室、区政府办公室正式印发实施。

【市容管理创佳绩】 2016年，厦门市重点对9个市容管理考评项目组织5次市容考评，湖里区年度综合平均分89.33分，位列全市第二。其中，“村改居”、在建工地、“两违”治理3个项目列全市全年单项平均成绩第一，特别是村改居社区项目，连续4年（2013—2016）位列全市第一名；“两违”治理连续2年位列全市第一（2015年才纳入市容考评）；在建工地由2015年的年度平均成绩第三上升为年度第一。城区社区、海岸线项目位列全市单项平均成绩第二。

【创新市容考评手段】 年内，为提高以考促管实效，城管办不断创新考评手段：一是考评智能化。投入40万元，采购一套智能化考评管理系统，考评巡查现场拍照，立即下发，限期整改，快速反馈。二是督查常态化。除每月组织区考评（全年11次）、每单月组织迎接市考评（今年5次）外，城管办工作人员经常开展日常市容管理巡查和督查督办，全年巡查100余次。印发《考评通报》282份、《巡查通报》250余份，整改内容1200余项，经逐一督查，问题整改率100%。三是成绩评定实效化。无论是区考评还是市考评，都把整改、反馈考评中发现的问题作为考评成绩评定的一个重要指标，整改分占总分的15%，凡是整改到位，反馈及时的，整改分得满分，否则将视整改程度扣分。

【“门前三包”示范商业街创建】 6月14日，湖里区召开了“门前三包”工作部署会，就“门前三包”工作具体要干什么、怎么干、干到什么标准都进行了明确，并提出了具体要求，投入900余万元对湖里街道海天路立面进行全面改造。着力打造南山路、长虹路、兴园路（兴隆新村段）、金湖路、安兜一条街、祥店路、蔡塘一条街、枋湖东路（金山段）、金山西路等10条“门前三包”示范商业街。全区共发放宣传单5000余份，制作横幅标语30余条；与沿街店家、单位签订《承诺书》1.5万余份，印发“门前三包”宣传动漫光盘58份，成立商家联盟60余家，“门前三包”工作取得了一定成效。

【城市道路景观实现新提升】 年内，湖里区城市道路景观项目完成2个，完成投资约704.1万元，其中，自贸区（长岸路）周边景观改造项目投资约617.89万元，分四个部分：高架桥底景观提升部分（兴湖路—殿前一路段）；寨上村边侧绿化提升部分（长歌路—殿前一路段）；铁路边侧自行车道改造部分（长歌路路口—湖里大道路口段）；铁路道路边侧改造部分（长歌路口—长浩路路口段）。软件园二期（洪塘安置房周边）道路景观整治项目，累计完成投资86.81万元，虎仔山西路两侧绿化提升及围墙、金山路西侧围墙和金湫路南端节点改造已验收完工。

【夜景亮化工程建设】 2016年，湖里区有夜景亮化建设工程项目2个，其中五缘湾、湖边水库片区夜景C标段（五缘湾文展苑A、B区、高林廉政长廊、金汤宫及高林社区办公楼等37栋建筑）建设竣工亮灯，完成投资915万元。高新技术园区（一期）夜景、仙岳路金山段夜景、湖边水库库区夜景工程、机场北片区段和仙岳路江头段夜景工程项目，于1月启动，3月底完成前期各项准备工作，分3个标段施工。截至年底，高新技术园区夜景亮化建设（一期），仙岳路金山段、湖边水库库区，机场北片区段和仙岳路江头段夜景37幢建筑、海堤公园均已通电亮灯。督促街道做好城区主干道夜景建设工作，以殿前街道为业主单位，对殿前街道办公楼进行夜景亮化建设及对自贸区周边殿前街道辖区内主要道路节点进行景观改造提升，主要对殿前一路、长岸路、嘉禾路、花屿路、长乐路、长治路、长兴路、长虹路、鳌山路等道路节点进行围墙美化、彩绘、翻新，广告店招整治，树池盖板等项目改造，年底前已全部完工，整治成效明显。

【道路违停车辆整治】 年内，城管办在公安、执法局等部门协同下，共整治违停车辆31.4万辆，摩托车3835辆，拖曳车551辆，增加小区停车位98个，清除台湾街、后浦二路45个停车位。从9月1日开始，结合海天路“门前三包”示范街创建，开展停车秩序整治专项行动，通过多种宣传手段，营造整治舆论氛围，共发放“温馨提示”7000余份，在《厦门日报》等市级以上媒体刊登稿件15篇，坚持“疏导为主，处罚为辅”原则，对全路段的违停现象进行动态执法，对反复劝导无效的，报由交警开具处罚单，通过整治，海天路的停车秩序有了极大的改善，共划机动车停车位84个，非机动停车位105个，暂扣僵尸车7部，开具罚单2792张，道路违停车辆整治取得显著效果。

（贺小虎）

行政执法

【概况】 2016年，湖里区以创新网格管理为抓手，以“两违”综合治理、市容环境整治为重点，专项整治解决民生问题。强化教育培训，提升队伍素质，强力推进城市管理综合治理工作显成效，湖里区取得全市城市管理综合治理考评第一名，其中城市综合管理、“两违”综合治理、基层执法中队规范化建设、城管系统事件办理和督查督办分别获得4个单项全市第一。湖里区获得了全省“无违建”县（市、区）创建工作示范点，湖里区人民政府也被评为全省“两违”综合治理表现突出单位，区行政执法局局长范金炉被评为全省“两违”综合治理表现突出个人。

【提升队伍综合素质】 2016年，湖里区开展教育培训，提升行政执法队伍综合素质。严格落实“两学一做”学习教育活动，制作“两学一做”学习教育知识60问“口袋书”，印发工作简报11期，发送廉政信息1186条，开展廉政谈话2人次，教育引导党员干部爱岗敬业、廉洁自律。全年组织新招干部、协查员参加各级培训11期260人次。强化督查督办。由局领导带队的局督查队每日组织3次到基层中队督查，每日以短信（微信）、每月以《督查通报》的形式通报督查情况，全年共对履行网格责任不到位的5名执法人员给予不同程度的处理。

【健全“大城管”机制】 年内，湖里区成立城市综合管理委员会，举全区之力，全力推进城市综合管理水平提升。提升改造数字城管系统，拓展“数字城管”功能，全年通过“城管通”快速上报执法信息9969件，电子监控第一时间发现楼顶搭建83处并全部拆除。在年底的全市城市管理综合治理工作考评中，湖里区获得全市城市综合管理第一名。

【强力推进“两违”治理】 2016年，湖里区通过创新建立网格巡查、科技防控、联合执法、宣传劝导、群众参与、司法裁决、分类处置、装备保障、督查考评、高位协调等十大常态化的治违长效管理机制，强力推进“两违”综合治理工作，全区共拆除“两违”248处、40.48万平方米，完成年度拆违目标任务202.44%，其中拆除历史违建243处、39.97万平方米，拆除新增“两违”5处、0.46万平方米，比上年下降83.3%，涉及国土卫片案件6起，全市占比最低，自行拆除违建10.2万平方米，占全区总拆除面积的30%，拆后利用土地5.98万平方米，利用率为100%。

【开展市容联合整治】 年内，区行政执法局联合相关街道、公安等部门，集中整治自贸区铁路沿线，拖离33个违停集装箱、拆除5000多平方米简易违建搭盖，腾出1550多平方米用地进行绿化改造，建成铁路公园。开展以露天烧烤为重点的占道经营、占道洗车等群众反映强烈的专项民生整治，对湖里街道塘边社区等5个城中村开展综合秩序整治，将占道经营整治由主次干道、重点区域向城中村延伸。大力推进海天路等10条“示范街”环境提升改造工作。全年共纠正劝导各类市容违章违法行为6.6万余起，暂扣占道经营物品6468件，查扣无证经营燃气422瓶，查扣渣土车61辆。

1月21日，副省长洪捷序等参加全省“两违”现场会的人员参观区行政执法局城管执法装备（张世通　摄）

【信访办理】 湖里区全年受理各类信访举报3万余件，办结率99.97%，完结率86.2%；接待群众来访95批163人次、满意率90%。在年底的全市城市管理综合治理工作考评中，区行政执法局获得全市城管系统投诉事件办理第一名。

【住建部副部长倪虹到湖里区调研城市综合管理情况】 8月4日，住建部副部长倪虹一行10余人，到湖里区调研城市综合管理的经验做法和城市管理中需要解决的问题。倪虹一行参观了区行政执法局的执法装备展示和祥店路“门前三包”开展情况，听取了基层城管执法中队规范化建设和数字城管在城市综合管理中运用的经验做法，倪虹充分肯定了湖里区城市管理基层规范化建设、数字城管等城市综合管理的经验和做法，并提出了三点要求：一是要强基础。二是要转作风。三是要树形象。

8月4日，住建部副部长倪虹在副市长黄文辉、区长徐国庆等市区领导的陪同下参观区行政执法局的执法装备（张世通　摄）

【参与台风救灾】 “莫兰蒂”台风后，区行政执法局积极参与辖区防抗台风暨灾后重建工作，仅1周时间共出动执法队员、协查员3000余人次，清理折断树木2万余棵，打通路障道路60余公里，清理垃圾800余车，劝离安全隐患工地、危房群众和五缘湾海边危险游客3000余人，排查被台风吹倒、损坏的“两违”建筑物1000余处、20余万平方米，拆除损坏“两违”建筑物100余处、3万余平方米，拆除安全隐患广告牌、路牌60块。

【湖里区承担全省“两违”综合治理现场会2个观摩课目】 1月21日，全省“两违”综合治理现场会在厦门市召开，区行政执法局承担了现场会的2个观摩课目——数字城管系统在“两违”综合治理中的应用和城管执法装备展示，副省长洪捷序等与会的省、市、区、县各级领导，对区行政执法局的数字城管建设、执法装备建设等“两违”综合治理的经验做法和成效给予了充分的肯定。

【获全市城市管理综合治理考评第一名】 在2016年底开展的全市城市管理综合治理情况指标考评中，湖里区以总分29.26分（满分30分）的成绩取得全市第一名，其中城市综合管理5.58分、“两违”综合治理专项行动12.93分、基层规范化建设5.87分、事件办理和督查督办4.88分，分别获得4个单项第一。

【成立最高级别城管委】 11月，湖里区成立以区委书记任主任，常务副区长任办公室主任的最高级别城市综合管理委员会，研究制定《湖里区全面加强城市综合管理总体方案》，提出“拆出一个新湖里”的口号，把“两违”综合治理作为湖里区城市综合管理的重中之重，作为区四套班子“一把手”工作来抓，举全区之力，全力推进城区综合管理水平。

（张世通）

景观提升后的埭辽公园（杨艺端　摄）

市容环境

【概况】 2016年，湖里区根据“美丽厦门·创新湖里”的发展定位，完善基础设施建设，继续推进市政、园林管理工作。全年完成市政基础设施固定资产投资约27884.01万元，至年底，全区完成228条市政道路的维护改造、228条道路绿化的养护管理；785万平方米道路的清扫保洁、117座公厕和50座清洁楼的管理服务；新增园林绿地5.74余公顷，完成全年任务的114.89%，9.32余万人参加义务植树，植树29.81万株，完成全年任务的110.42%。

【市政道路建设】 2016年，湖里区投入900多万元新建中央天成西侧道路，投入9867.01万元，提升改造21条路况较差的市政道路设施。

【绿化及海绵城市改造】 年内，湖里区投入约9720万元，对五缘湾片区、自贸区、文创园片区、火炬片区等绿化基础薄弱道路进行提升改造；投入900万元对钟宅路进行海绵城市试验改造建设；投入900万元对火炬公园进行海绵公园改造提升。

【公园提升改造】 2016年，湖里区投入约5000万元对区管公园提升改造。仙岳公园紫荆园、果林片区、文化广场绿化提升均已完成施工并竣工验收；湖里公园变配电设施工程、埭辽水库景观提升工程已完成建设，灯塔公园、虎头山公园、薛岭山公园景观提升项目施工单位已进场施工。

【环卫设施建设】 年内，湖里区新建3座清洁楼、12座公厕；清洁楼设备改造更新16座。

【餐厨垃圾收运】 2016年，湖里区投入500多万元，开展9条线路的餐厨垃圾收运工作，日收运量从2

改造后的鳌山路（杨艺端　摄）

吨多增至36吨；签约156家餐饮单位，其中已收运154家。

【道路卫生、果皮箱专项整治】 年内，湖里区环卫处开展绿化带及责任外卫生死角专项清理，出动人员约150人次，清掏垃圾约60吨；利用雨季开展道路专项清洗；强化季节性落叶道路清扫保洁，清运垃圾700余吨；开展果皮箱专项整治，累计维修果皮箱1766套、更换（含新安装）1223套。

【道路清洗】 2016年，湖里区环卫处共清洗道路面积近9120万平方米，清洗、洒水作业14470车次，用水量53314车（约41万吨），应急处理各类突发污染133次。

【开展垃圾分类试点工作】 年内，湖里区继续以康乐新村二期、康泰源昌豪庭一期、欣悦园和裕发花园4个小区作为垃圾分类试点工作的推行区域并草拟《湖里区生活分类及减量工作方案（征求意见稿）》等相关文件。

【防灾减灾救灾】 2016年，湖里区先后启动了14次（Ⅲ级13次、Ⅱ级1次）防暴雨洪水应急响应和18次（Ⅳ级6次、Ⅲ级7次、Ⅱ级4次、Ⅰ级1次）防台风应急响应，紧急转移人员18048人次；投入462万元用于防汛物资的储备；调整充实210支4520人应急抢险队伍。在抗击“莫兰蒂”台风过程中，及时启动防台风Ⅰ级应急响应；深入防汛隐患点检查；针对低洼地带、易涝点等进行全面排查，对高层建筑上的广告牌等进行加固；通过气象信息服务系统、手机短信等普及台风知识，并做好宣传发动，全区实现“零死亡，少损失”的目标。

【打击牲畜私屠滥宰】 年内，湖里区共出动2520人次开展私宰窝点巡查工作，成功取缔33处私宰窝点，组织执法行动200余次，查获待宰存栏生猪398头53834公斤，并进行无害化处理。

【“莫兰蒂”台风灾后重建】 2016年，台风“莫兰蒂”给湖里区的市政设施、绿化造成严重损坏，湖里区投入绿化恢复救灾人员13.81万余人，发动志愿者7.11余万人，投入车辆近5.03万辆，投入机械设备1629台，完成绿化清障道路212条，累计扶植树木4.9万株，清运绿化垃圾3.34余万车（60000吨）；投入市容保障人员8976人，发动志愿者240人，投入车辆399辆，清运生活垃圾1367车、20421吨；投入市政设施恢复人员70人，处理积涝点27处。

（林晓莉）

10月19日，多部门联合执法打击马厝私宰点（钱振宁 摄）

环境保护

【概况】 2016年，湖里区区域环境噪声为55.9分贝，道路交通噪声为67.3分贝，均优于功能区划标准。湖边水库水质现状为二类流域水体。五缘湾水质现状为劣四类，污染程度有所改善，其中磷酸盐和无机氮平均浓度较上年有不同程度下降。

【开展危险废物“清水蓝天”专项行动】 1月4—25日，湖里环保分局联合湖里公安分局开展了危险废物“清水蓝天”专项行动。专项行动采取打破地域界限的形式进行交叉检查，行动期间检查组对辖区内的18家危废产生单位和经营单位进行了检查，出动人员78人（次），对5家存在的问题企业进行立案查处，发出11份限期整改通知书。

【湖里区顺利通过2015年度ISO 14001环境管理体系外审】 2月2—3日，中环北京认证中心组织对湖里区2015年度ISO 14001环境管理体系运行情况进行年度外审，湖里区顺利通过外审。在2天的审核时间里，外审员们通过抽样调查、现场提问、查阅文件、正面取证等形式，先后审核了湖里环保分局、区市政园林局、区卫计局、区教育局等部门。审核组在充分肯定了湖里区环境管理工作取得的显著成效的同时，也指出了体系运行需改进的方向，提出了改进建议和要求。

【湖里环保分局开展“双随机”执法】 2016年第一季度，湖里环保分局对69家工业及三产类企业开展“双随机”（随机抽取被检查对象、随机选派检查人员）执法检查。经现场检查，厦门胜昌工贸有限公司、厦门群励电子科技有限公司、厦门市湖里区明太塑胶五金制品有限公司、厦门鑫文安彩印有限公司、厦门中外运裕丰冷冻工程有限公司违反了环保法律法规的有关规定，为促进企业履行环保义务，分局依法对5家企业立案进行处罚。

【强化大气污染应急管理】 2016年，湖里区出台《湖里区大气重污染应急预案》。根据“预案”内容，湖里区实行大气污染分级预警机制，及时向社会发布空气质量预警信息和健康出行建议，提醒群众做好自我防护。一旦发生大气重污染情况，湖里区将立即启动应急处置措施：由交通局对出行机动车辆实行单双号限行；由建设局要求所有施工工地暂停施工，配备的雾炮车、喷淋设施全部24小时不间断作业，裸露土地加强洒水；由区市政园林局加大道路清扫保洁力度，城区具备机械化清扫条件的主要街道每日清扫4次以上等。

【湖里区编制完成全省首个港口大气污染物排放清单】 2016年，湖里环保分局联合江苏省交通规划设计院，在全省率先开展东渡港区大气污染物排放清单课题研究。该课题通过对港区大气污染源调查、分析测算港区大气污染物排放种类、数量和影响范围等方面的研究，建立了第一份港口大气污染物排放清单，并提出港区大气污染控制对策和措施建议，取得了初步的成果。6月23日，该课题研究成果通过了专家评审论证。

【五缘湾湿地公园水环境治理】 年内，湖里区出台了《湖里区水污染防治行动计划实施方案》，本着“污水不见天”和海淡分离的生态建设理念，利用分散式生态水处理站，重点对五缘湾湿地公园的污水进行截流整治。该处理站日处理污水1.7万吨，污水处理后的出水水质可达到湖泊类景观用水水质标准，甚至高于地表水准四类标准，处理完的生态水直接流入五缘湾湿地公园，再经过迷宫栈桥一带种植的大量水生植物的微生物分解，更为清澈。不仅改善了五缘湾湿地公园的水体水质，还实现了污水再生循环利用和“补水”湿地公园，达到人与自然的和谐相处。

【多部门联合依法查封违法排污塑料加工厂】 9月2日上午，湖里环保分局、金山街道、浦口社区联合工作组到湖里区胜炜塑料回收加工厂检查。经查，该加工厂主要回收废塑料瓶、废机油瓶等加工处理，营业面积3000平方米，每月加工塑料用品100吨左右，厂区有2台生产设备，2台烧木柴锅炉，产生的废水未经处理，直接排入浦口水池外的明渠，最终进入大海。经现场监测，该厂外排的废水中含有重金属污染物，违反了国家环保法律法规规定。在街道和社区工作人员的共同见证下，湖里环保分局执法人员在该厂涉嫌违法处置危险废物、重金属排污的2台烧水锅炉和1台分拣机上贴上封条，并向当事人送达了查封通知书和查封清单。

【湖里环保分局利用无人机航拍空气站点和重点企业受灾情况】 9月18—19日，湖里环保分局环境监察大队联合市环境监察支队航拍湖里辖区国控空气站点和重点企业。在无人机的拍摄下，湖里中学空气站点的设备基本完好，未受到“莫兰蒂”台风的严重影响，能够保持持续对空气的不间断监测及数据传输，未见周边企业排放影响空气质量的废气。在港务集团下属的石湖山煤码头现场，无人机拍摄到该码头受到台风“莫兰蒂”的一定影响，围墙的柔性防尘网全部被掀，部分覆盖煤堆的防护网被吹走，煤堆因涨潮进水或流失。

莫兰蒂台风过后，湖里环保分局采用无人机航拍空气站点和重点企业受灾情况（湖里环保分局供图）

【湖里区首个“生态文明大讲堂”举行授牌仪式】 11月11日上午，湖里区殿前街道依托蝌蚪生态空间创办首个“环保科普教育基地——生态文明大讲堂”创办签约授牌仪式在湖里区云创智谷内举行。签约仪式后，首期课堂“从环境保护迈向生态文明”正式开讲，殿前街道各部门工作人员、环保专管员、网格员等50多名学员听讲。

【举办首期企业环保管理人员培训班】 11月29日，首期企业环保管理人员培训班在湖里区蝌蚪生态大讲堂顺利举办，湖里区近百名产废单位管理人员参加了培训。主要培训厦门市固体废物动态管理信息系统如何使用。该系统涵盖了产废单位、运输单位和处置经营单位的所有工作流程，各单位可以通过该系统顺利地完成申报、登记、审批和查询等一系列工作，转移报批和联单管理不必再在多个单位之间奔走，缩短了工作时间，更加便民。同时，整个系统也为环保部门全程监管提供了实时数据信息，执法人员可以通过系统全面掌握危险废物的产生转移处置情况，一旦发现问题能够第一时间进行执法查处。

【召开清违项目事后监管现场调研会】 12月22日，市环保局环评处牵头，组织市环境监察支队、湖里分局等相关工作人员在湖里区召开清违项目事后监管现场调研会。湖里分局领导陪同检查。调研组一行到湖里区清违项目的相关企业实地检查。工作人员深入企业检查环保违规项目备案情况，听取企业整改情况介绍，详细了解企业污染防治设施建设及运行情况，认真核对备案内容与实际建设是否相符，并指出企业环保管理存在的问题。现场调研会上，市局环评处领导提出了四点要求：一是要根据淘汰关闭、完善备案、整顿规范等清违类型的不同侧重点，有针对性地开展项目事后监管；二是要在事后监管前对项目进行初步了解，监管中要检查企业污染防治设施是否符合经批准的环境影响评价文件或备案文件的要求；三是要将事后监管中发现的环境问题记录在事后监管表上，及时督促企业整改；四是要总结此次现场调研成果，及时汇总问题，为厦门市全面开展清违项目事后监管工作提供强有力指导。

【湖里区智慧环保网格化监管平台正式试运行】 12月，湖里区智慧环保网格化监管平台正式试运行，区—街道—社区三级网格239名网格员开始进行环保事件的巡查、记录、上报和反馈。工作人员集中录入辖区污染源环境管理信息，进一步实现智慧环保功能。

（李雪娇）

招商引资　商贸服务业

招商引资

【概况】 2016年，湖里区商务局内设商贸科和投资促进科2个科室、下属2个事业单位，分别是区招商中心和区商务综合执法大队，区自贸办挂靠区商务局。商务局拥有行政编制5名，其中：局长1名、副局长1名、科长2名、科员1名，事业编制14名，其中：招商中心有编制9名（主任1名，副主任2名，职员6名）；商务综合执法大队有编制5名，在职4名，副大队长一职暂缺。是年，湖里区引进合同外资29.11亿美元，完成全年指标3.8亿美元的766.05%，比上年增长335.21%，完成额及增幅均居全市各区之首。实际利用外资3.29亿美元，完成全年指标3.2亿美元的102.74%，完成额及完成率均居全市各区第二。引进内资1342亿元，完成年度任务的526%，比上年增长69.4%，完成额居全市各区第一。限额以上批发零售企业销售额2436.1亿元，比上年增长8.39%。销售额总量居全市各区第二。实现社会消费品零售总额365亿元，比上年增长5%，零售总额居全市各区第二。其中，限额以上商贸企业网络零售50.38亿元，位居全市各区第二。年内，自贸区新增企业5417家，占全市32.91%，新增注册资本873.33亿元，占全市的32.00%。其中，新增内资企业5149家，占全市新增内资企业的33.22%；新增外资及台资企业268家，占全市新增外资、台资企业的27.92%，新增合同利用外资及台资194.48亿元，其中，包含台资32.33亿元，占全市新增合同利用外资的45.44%。

【内外资考核指标包揽全市第一】 2016年，湖里区在全市招商引资考核中，内、外资综合分值包揽全市第一。在合同利用外资、内资招商引资及民企对接目标等考核各方面均居前列。在全市内资项目品质排名中，湖里区厦门航空有限公司、厦门西海湾邮轮城投资有限公司、厦门粗粮王饮品科技有限公司等3个项目分值包揽全市前三名。外资项目品质排名亦有3个项目入选，其中，中国信托商业银行股份有限公司厦门分行项目分值位列全市第三。

【金融项目招商】 年内，湖里区引进中国人寿保险、金圆清科母基金、漳龙金圆融资租赁、蓝色光标基金等金融项目，对接洽谈金圆统一证券、黄金投资公司及后续拟筹建的黄金交易中心项目。自两岸金融中心开发建设以来，湖里区累计引进金融类企业1500多家。

【总部项目招商】 2016年，湖里区推动飞鱼科技厦门营运中心项目、住宅集团总部地块项目成功落地；完成中建四局东南区域总部项目的选址和入驻条件洽谈工作，待市国土局启动土地挂牌程序；积极对接厦钨总部、蓝色光标集团区域总部、中影区域院线总部、网龙公司AR及云产业总部等一批在谈总部项目。

【商贸服务产业招商】 2016年，湖里区成功引进红星美凯龙家居名品店、沃尔玛山姆会员店、跑街跨境电商等一批项目入驻自贸区；引进天虹商场入驻枋湖社区发展中心7.3万平方米商业空间；促成湾悦城、闽南古镇（部分）开业，引进香港潮福城、永辉精品超市、奥斯卡国际影院等项目。积极推动砂之船奥特莱斯项目入驻海峡新岸7.2万平方米商业空间。

【特色产业园区招商】 年内，湖里区依托华美文创园、海峡文创园、联发文创口岸和海西工业设计中心，盘活提升湖里老工业厂房，累计引进220多家文创类企业入驻创意园，对接洽谈中国文化传媒丝路艺术中心、德国“红点”设计、凤凰时尚产业等一批重点项目。跟进西海湾邮轮城旅游文化产业招商，引进大连圣亚旅游“魔幻海洋王国”项目、北京零度阳光体育文化“冰雪世界”主题乐园项目，对接洽谈华谊兄弟影院等项目。引进飞鱼科技、长城宽带、骑记科技等成长型新兴企业累计1200多家。

【高新企业招商】 2016年，湖里区成功引进智久机器人项目落户湖里老工业厂房；引进华用新材料科技项目入驻湖里高新园；引进恒力盛泰（厦门）石墨烯科技有限公司投建单层石墨烯量产基地，引进芯阳科技、大容触控、极元科技等90多家IC设计研发企业入驻两岸集成电路自贸区产业基地。

【“9·8”国际贸易投资洽谈会招商】 “9·8”投洽会期间，湖里区成立了厦门代表团湖里分团，下设联络接待、项目签约、开工开业、宣传推介、后勤会务及安全保障等6个工作小组。项目签约组依托自贸区、火炬高新区、两岸金融中心、国际邮轮母港、湖里高新技术园等重点产业园区，共推动落实72个项目于投洽会期间成功签约，总投资额472亿元。其中，内资项目48个，投资额404亿元；外资项目24个，投资额约9.5亿美元。项目涵盖金融商务、总部经济、商贸服务、软件信息、休闲旅游、文化创意等领域，集中体现了湖里区“2+3+N”发展思路和产业方向。

【展会招商】 2016年，湖里区先后组织、引导辖区内的40余家商贸企业参加厦门市自贸委、厦门市外办举办的南洋文化节商品交易会；省商务厅举办的家具闽货华夏行、省电子商务大会等各类发展论坛、商品交易展览会等，有效助推辖区企业提升知名度，扩大市场份额。

【“走出去”招商】 3—4月，湖里区以北京、天津、上海、深圳、广州、成都、重庆等核心城市为基点，设计全年外出招商线路，组团赴深圳、广州、苏州、无锡、福州等地考察，走访深圳前海金融控股、福州泰禾商业广场、网龙科技、苏州第六空间高端家居商场等项目，对接一批意向企业、推动一批在谈项目。

【中介平台招商】 2016年，湖里区强化开放招商意识，加强与招商顾问及专业中介公司合作，发挥各地商会、知名会计事务所、律师事务所等中介平台的作用，充分利用社会力量为自贸区招商引商，形成全区支持招商、投身招商、促进招商的热潮，已接洽普华永道、戴德梁行、毕马威、天衡及各地商会等。

【创新招商方式】 年内，湖里区创新招商方式。一是创新政策宣传机制。通过走访，建立与企业的直接联系，集齐企业对口工作人员的手机、邮箱、QQ、微信号等联系方式，建立QQ群和微信群，将企业、街道、相关部门具体负责人放在同一个平台上，使得信息可以及时沟通反馈。二是设立微信公众号。及时发布商贸政策、工作动态、企业安全生产等信息，提高商贸相关知识的普及程度。三是创新服务模式。首创“互联网＋商务”政务服务模式，开通商务信息APP，让企业随时随地通过手机掌握湖里区产业发展、商贸动态、优惠政策、投资成本等最新信息。

【谷歌厦门AdWords体验中心启动运营】 此条具体内容见“信息业”相关条目。

【自贸区金融服务业招商】 年内，湖里区引进外资融资租赁公司51家，引进资产管理类公司437家，股权投资企业143家，商业保理公司15家，典当公司3家，平台拍卖企业1家。其中，第一家福建自贸区厦门片区的台湾地区银行——台湾中国信托商业银行厦门自贸区分行已于7月正式开业；中国华融资产管理股份有限公司在厦门自贸片区设立“华融福建自贸区投资股份有限公司”。

【自贸区新兴产业招商】 2016年，IC集成电路确定入驻园区企业70家；打造云创智谷电商产业园，启动蝌蚪生态环保主题空间等8个众创空间建设。加快引进具有国际竞争力的医疗产业，台湾丽宝机构拟在自贸区打造台湾医疗、医药专业园区。

【邮轮产业招商】 9月8日，厦门邮轮母港举行开工奠基仪式，香港招商局集团和厦门邮轮母港集团联合开发，总投资160亿元；厦门港东渡港区0#—4#泊位改建成邮轮停泊码头工程与邮轮母港共同开工。出台《关于加快推进福建（厦门）自贸区两岸贸易中心核心区建设的实施办法》，对入驻自贸区的重点产业给予场所租金、装修补助、企业奖励、高管人员奖励等扶持，至年底，第一年度的扶持资金兑现完毕。

【跨境电商产业发展】 截至2016年底，厦门自贸试验片区有进口商品展示交易平台企业25家，开业16家。其中，风信子、跑街等大型跨境直购商城相继开业；欣维发、福莱克斯等传统外贸企业利用网络拓展新的出口渠道取得成功；邮立达等跨境电商服务企业成功在国外建仓，为湖里区跨境电商的长远发展奠定了较好的基础。

【自贸区创新服务】 2016年，厦门海关采用航空维修“修理物品+保税仓库”监管模式，推动飞机发动机维修业发展。片区还引进近100家租赁企业，开展融资租赁、商业保理、贸易“三合一”混业经营。在金融产业方面，推出多项金融创新案例，初步建成集两岸人民币跨境贷款、清算、现钞调运与反假币于一体的两岸货币业务合作支点，首创航运金融互联网服务，实现银行、货代、船代企业信息互联互通。

商贸业

【概况】 2016年，湖里区社会消费品零售总额364.49亿元，比上年增长5.0%。限额以上企业零售额269.30亿元，比上年增长3.5%，占全区社会消费品零售总额的73.9%；限额以下单位实现零售额95.19亿元，比上年增长9.6%。全年零售额超亿元的批发零售贸易企业55家，合计零售额235.22亿元，净增15.79亿元，比上年增长7.2%；零售额超千万元的住宿餐饮企业18家，合计零售额7.57亿元，比上年减少0.28亿元，下降3.5%。全年外贸进出口总值2129.69亿美元，比上年增长1.0%，其中，出口1142.06亿美元，比上年下降9.5%；进口987.63亿美元，比上年增长16.5%。

【走访调研批零企业】 2016年，湖里区分类别走访批零企业，对辖区龙头骨干批发、大型商超专业市场、汽车销售、电子商务等专业类型40余家重点企业走访调研，着重解决企业提出的困难问题，助力企业发展。牵头组织3场大型商贸企业座谈会及数场企业专题辅导会。

【开展“2016湖里魅力购”】 11月26日，湖里区联合万达、SM城市广场、蔡塘广场、闽南古镇等重点商圈启动“湖里魅力购”，整合资源连片宣传，在自贸区、商圈等重要领域推出不同主题的活动。活动期限由以往的1个月延长至2个月，创新活动形式，百货、汽车、电商三大板块优惠让利，力度空前，覆盖面广。参与本次湖里汽车圆梦季的10家4S店共销售汽车4800台，平均比上年增长16.14%。借力新型支付手段，优惠即时到达。线上线下同时开展活动，整个购物节持续至年底。

11月26日，“湖里魅力购”开幕（区商务局供图）

【电子商务发展】 年内，湖里区新注册电商企业3337家，注册资金100亿元，比上年增长52.3%。限额以上商贸企业网络零售50.4亿元，占全市同类企业网络零售额的40%。具备口岸通商功能的厦门跨境电商产业园已成为厦门自贸区的特色产业平台、区域产业创新及发展的试验基地之一。开展2015年度促进商贸业及电子商务扶持资金的兑现工作，累计兑现奖金1700多万元。

【酒类市场监督管理】 2016年，湖里区酒类市场监督管理重点检查文明城市迎检工作中关于证照齐全及禁酒标识摆放两项必查项。纠正没办理酒类零售商品备案登记证及未按要求摆放“禁止向未成年人销售酒类商品”标识的行为。全年巡查相关酒类经营户101家次，开具限期整改责任书7份。开展酒类溯源二维码工作机制建设工作，宣传、督促酒类经营商家落实二维码溯源制度；重点检查酒类经营者是否办理酒类商品零售登记证，是否按法规要求建立酒类随附单制度，是否做到一酒一单，单随酒走。受理酒类商品举报投拆2起，接办市酒类流通管理局转办酒类随附单违规查处3起，均按相关法律、法规要求妥善处理，将违规商家纳入重点监管对象，加强日常巡查抽检力度。

【商贸企业安全生产】 6月8日上午，湖里区举行商贸行业安全生产

6月8日，湖里区举办商贸行业安全生产标准化建设暨消防安全教育培训（区商务局供图）

标准化建设暨消防安全教育培训专题会议。街道的分管领导及辖区的80余家大型商贸类企业的安全生产工作负责人参加培训。区商务局联合街道办安监站起草《湖里区商贸安全生产告知书》，向专业市场，连锁便利店、生鲜超市，大型商超、购物中心等重点商贸企业分发了告知书，并建立了相应的发放记录。配合市商务局在SM广场举行了商贸企业消防安全现场会，完善检验灭火疏散应急预案，切实提升商贸企业的消防安全能力。对辖区20余家大型商场、超市进行文明经营的宣传指导，同时，深入商超经营现场进行督促检查，提升商超的文明经营水平。

【北京创业板董事长俱乐部到湖里投资】 12月17日，湖里区举行的招商投资对接会上，北京创业板董事长俱乐部旗下投资平台、成员企业与湖里区政府以及区属国企厦门天地开发有限公司签署了战略合作协议。创业板董事长俱乐部由北京30余家创业板上市公司的负责人组成，成员涵盖IT通讯、传媒、环保、金融、健康医疗等多个产业领域，成员企业的总市值已超过5000亿元。该俱乐部主席赵文权的蓝色光标传播集团与湖里区区属企业已经开展实质性合作，共同设立10亿元的产业投资基金，重点投资发展文化创意、城市品牌营销等领域。

【出台关于促进商贸业稳定增长的意见】 8月10日，湖里区印发《关于促进商贸业稳定增长的意见》。该意见主要从培育龙头批发零售企业、培育龙头社会消费品零售企业、鼓励新增限额以上商贸企业等方面对辖区内的商贸企业进行扶持，推动商贸流通企业发展壮大。

【电商盈拓商务与国家商务部共同运作的国际展览平台成功启动】 1月1日，电商盈拓商务与国家商务部共同运作的国际展览平台正式上线。该平台是在厦门盈拓“国际展览导航”平台的基础上改版完成，平台除了提供国际展览海量资讯外，还为中国企业的出国参展提供各种咨询服务，网站还陆续上线国家外展政策信息、国外展览机构及商协会组织与中国的商务活动、交流信息。

【行政审批提速增效】 2016年，湖里区充分授权进驻区行政服务中心的首席代表和工作人员，实现窗口收件，首席代表审批发文的二级审批流程。区商务局所有的审批事项均已进驻区政务中心，其中，五类公共服务事项已全部实现即来即办。区商务局在区直部门办事窗口中率先制作完成了申请资料填写要点式指南，主动改变以往只有清单、材料、范本简单堆砌的办事程序导引方法，创造性地以场景式导航为制作思路，将行政许可的办事材料归为外资设立、中外合资设立及变更等三类。是年，区商务局在巩固档案电子化成果的基础上，继续上传相关的数据和电子档案，从1988—2016年1400余家外资企业设立、变更申请的资料都已扫描存档，提高审批效率。全年共受理办结行政审批1181项，其中：外商投资设立及变更99项；加工贸易批准证530项；加工贸易保税料件内销批准证88项，酒类商品零售登记证办理461项，再生资源回收登记证备案3项。

【参与灾后重建】 9月14日，台风“莫兰蒂”登陆前，区商务局严格按照防台预案做好防抗台风的人员布置、企业防抗协调。15日台风登陆后，商务局立即组织人员对辖区大型商场、超市企业、专业市场及大型汽车4S企业的受灾情况进行摸排调查。据统计，辖区共有20余家商贸企业不同程度出现营业场所进水、设备损坏情况。湖里区商务局积极组织受灾企业进行自救，同时协调防汛办、爱卫办、所属街道等相关部门对企业提供援助，做

9月18日，区商务局工作人员在祥店社区参与灾后重建（区商务局供图）

好灾后垃圾清运和疾病防控，推动20余家受灾企业中的16家企业于台风登陆后第二天快速恢复经营。湖里区积极摸排辖区内企业受灾情况并上报市商务局，组织兑现由区级承担的扶持款项。商务局从9月17—20日每天组织全局干部职工（有专项工作安排的留守）下到挂点的祥店社区，听从街道和社区的统一安排，帮助社区进行灾后重建。期间，累计出动人员约150人次，道路清障约3公里，喷洒卫生防疫制剂10余次，有效推动社区总体卫生面貌及交通秩序全面恢复。

【扶持受灾商贸企业】 9月，"莫兰蒂"台风过后，湖里区在深入了解企业受灾情况，做好受灾企业情况的摸查后，于灾后积极对接市商务局，收集了解国家、省、市等各级灾后重建政策并及时通知受灾企业，推动企业尽快克服困难、将经营情况恢复至灾害前的水平。辖区内申报省级扶持政策的企业11家，申报市级扶持政策的企业25家，申请重建固定资产投入补助1410万元，申请享受贴息的贷款总额11.9亿元。湖里区上报相关情况至市商务局，并组织兑现由区级承担的扶持款项。

服务业

【概况】 2016年末，全区有重点服务业企业245家，实现营业收入622.15亿元，较上年同期增长24.8%。其中，亿元以上企业51家，较上年减少2家，实现营业收入549.91亿元。辖内企业分布在8个行业，其中，交通运输、仓储和邮政业企业共有153家，是年，实现营业收入564.05亿元，占服务业总营业收入90.7%。营利性服务业分布在3个行业，分别是信息传输、软件和信息技术服务业（14家），租赁和商务服务业（33家）和居民服务、修理和其他服务业（5家），分别实现营业收入10.20亿元、22.07亿元和2.13亿元。

（何玲玲）

工　业

【概况】 2016年，湖里区有规上工业企业249家，完成工业总产值1470.72亿元，比上年增长3.9%，占全市规上工业总产值的28%，其中区属企业160家，完成产值313.93亿元，比上年增长6.91%。完成年度发展考核目标的99.34%，比上年增长6.91%。完善区属规上工业企业数据库。兑现拨付创新转型增长扶持资金1288万元，增产增效奖励1211万元，惠及71家规上工业企业。突出发展航空维修业，2016年实现产值119.7亿元，比上年增长22.6%，占全区规上工业企业总产值的8.1%。航空工业产业园区于5月被认定为厦门市首批市级服务外包示范园区。

【鼓励企业增产增效转型升级】 2016年，湖里区对7—12月累计完成工业产值比上年增加600万元（含）以上的规上工业企业，按其7—12月实际增加工业产值的5‰予以奖励。是年，对完成工业产值新达到亿元以上的规上工业企业，按其当年度工业产值超出1亿元部分的实际增加工业产值的2%予以奖励。经核准或备案技术改造投资额超100万元（含）的工业企业项目，按企业技术改造项目设备（含技术、软件）投资额的10%给予补助，单家企业最高不超过1000万元。对是年获得国家、省、市技术改造项目奖励扶持资金的工业企业，按其获得奖励扶持金总额的30%给予配套补助，单家企业最高不超过200万元。

【出台《关于进一步促进工业企业灾后恢复生产的实施办法》】 12月14日，湖里区印发《关于进一步促进工业企业灾后恢复生产的实施办法》。“办法”规定：一是支持企业恢复生产，对根据市级政策获得灾后重建固投项目补助的企业，设备投入达200万元（含）以上的，区级再按该企业已获得的设备补助金额的20%予以补助，每家企业不超过200万元。在第四季度固定资产投资超过500万元（含）且有合法手续的企业，按照其在第四季度固定资产投资额的10%予以补助，每家企业不超过200万元。二是给予流动资金贷款贴息，对根据市级政策获得灾后重建流动资金贷款贴息的企业，区级再按该企业已获得的补助金额的30%予以补助，贴息补助最长期限不超过2年。

【发展航空维修业】 2016年，航空维修业实现产值119.7亿元，比上年增长22.6%，占全区规上工业总

航空维修机库

产值的 8%。有维修技术人员 3295 人，占行业从业人员的 57.2%，已形成地理集中、产业链相对完善、技术先进的世界级民航维修基地，具备了飞机结构维修、老龄客机改货机、发动机维修、辅助动力系统的维修能力。客户以大型客机、境外客机为主，有 35 家基本客户，遍布全球五大洲，维修业务量占中国航空维修产业 1/4。先后引进美国波音、通用电气、港机、日航、霍尼韦尔、豪富、麦科特等一大批跨国公司，形成了以太古飞机工程有限公司为龙头，若干相互关联的公司组成的航空维修产业集群。

【工业龙头企业支撑作用凸显】 年内，工业以戴尔、宸鸿、ABB 为龙头，企业单体量大，稍有波动，影响整个工业产值。戴尔系企业（戴尔中国、戴尔厦门）实现年产值 426.97 亿元，占全区工业总产值的 29%；宸鸿系企业（宸鸿、宸美）实现年产值 426.99 亿元，占全区工业总产值的 29%；ABB 系企业（ABB 开关、低压、高压、电控、振威）实现年产值 67.73 亿元，占全区工业总产值的 5%；三大系企业占全区规上产值 63%。是年，以戴尔、宸鸿为龙头的计算机、通信和其他电子设备制造业完成工业总产值 1006.74 亿元，占全行业的 68.5%；以 ABB 为龙头的电气机械和器材制造业完成工业总产值 135.32 亿元，占全行业的 9.2%，2 个行业合计占比 77.7%。

【扶持厦门火炬高新区发展】 2016 年，湖里区成立领导小组，主要从产业创新发展、资源融合共享、城市综合管理、政策全面覆盖等方面，强化与火炬高新区更加紧密的联动发展。派遣 3 人分别在火炬经发处、计财处、招商中心挂职，开展对接服务工作。选择毗邻火炬高新区区域，腾出闲置、低效厂房优先发展高端制造业；发展服务外包，提升产业龙头与中小企业协作配套水平；发展物联网、集成电路、新能源、新材料、生物医药研发和孵化等新兴特色产业；发展大数据、云计算、“互联网 +”等新兴业态。

【刘琦龙一行考察外地工业产品展示中心】 4 月 23—27 日，副区长刘琦龙带领区经信局、区财政局、区商务局、湖里街道办、厦门万天合创资产管理有限公司等人员赴无锡、广州等地考察橡塑展、工业产品展示中心、上海创丰、清华同方、盛世投资等项目。

【厦门太古可口可乐公司举办 20 周年庆典】 1 月 9 日，厦门太古可口可乐公司举办 20 周年庆典。湖里区政府区长徐国庆、市经信局局长柯继安、湖里区政府副区长刘琦龙、太古饮料行政总裁 Patrick Healy 等领导、嘉宾共同为升级修整后的参观基地启动揭幕，而后，徐国庆为厦门太古可口可乐公司颁发“工业企业突出贡献奖”。

【厦门太古飞机工程有限公司】 厦门太古飞机工程有限公司位于高崎机场东侧埭辽路 20 号，成立于 1993 年 7 月。主要股东包括香港飞机工程有限公司、厦门航空工业公司、香港国泰航空公司、日本航空公司、波音商用飞机集团等。在厦门建立了亚洲首个获得波音和空客批准的公务机及私人飞机客舱整装中心，填补了国内此项业务的空白。太古飞机工程拥有六座双宽体机位机库，大修及改装能力涵盖波音 737、747、757、767、777，空客 320 系列、330、340 及麦道 MD11 机型。太古飞机工程分别在厦门、上海、北京、天津、南京和重庆 6 地为 80 多家海内外的航空公司提供航线维修服务，也是中国第一家为 A380 飞机提供航线维修服务的维修机构。太古飞机工程拥有一系列飞机零部件维修企业：厦门霍尼韦尔太古宇航有限公司、厦门豪富太古宇航有限公司、厦门太古起落架维修服务有限公司、厦门太古发动机服务有限公司、晋江太古势必锐复合材料有限公司和晋江邓禄普太古飞机轮胎有限公司。还在济南和成都两地建立了专精于窄

1 月 9 日，厦门太古可口可乐公司举办二十周年庆典（区经信局供图）

厦门太古飞机工程有限公司航空维修零部件制造车间（区经信局供图）

体飞机维修及改造的合资企业：山东太古飞机工程有限公司和四川飞机维修工程有限公司。太古飞机拥有可同时容纳1000名学员进行技术培训的中国最大的飞机工程技术培训中心。

【厦门新科宇航科技有限公司】厦门新科宇航科技有限公司（STATCO）位于厦门市湖里区花屿路2号，于2011年10月11日正式投产，由新加坡科技宇航和厦门航空工业合资组建，注册资本5200万美元。新科宇航已获得中国民航局颁发的145部维修许可证，同时拥有美国联邦航空局、欧洲民航局等维修许可证。新科宇航维修基地占地2.3万平方米，发动机维修车间内装备有高科技、自动化工艺流程与设备：全自动发动机零部件清洗线，高速叶尖打磨设备等，并拥有集成控制、仪器仪表、数据采集和分析系统于一体的9万磅推力试车台，极大缩短发动机维修周期。

【开展针对城中村电力法规专项宣传活动】4月15日，湖里区联合厦门市电力执法办、厦门市公安局、国网厦门供电公司等部门在蔡塘广场开展包括电力设施保护、反窃电等在内的系列电力法律、法规专题宣传活动。通过向群众分发“窃电与违约处理”“安全用电常识”“电力设施保护”等宣传资料，为咨询群众普及窃电的危害性、安全用电常识、低碳生活小常识等，让群众了解到窃电遭严惩的真实案例，并向群众公布举报电话，鼓励群众举报窃电，以形成社会合力让窃电者无可遁形。

【推行“零一二三四”服务企业工作法】2016年，湖里区推行沟通“零距离”。建立座谈会制度以及工业、规上工业、软件、物流等企业QQ群、微信群4个，每家企业建立1个即时联络员，随时随地了解企业情况，沟通有关信息。倡导“一条龙”保姆式服务。建立常态化走访重点企业工作机制，深入企业一线，协调了解企业在用工、用电、发展环境、政策支持等方面存在困难，全力为企业、项目提供“一条龙”保姆式服务。优化“两个环境”。一是营商环境，二是发展环境。开展“三送一帮”活动。为企业送政策、送信息、送服务、帮减负，送上政策汇编，及时将符合招工需求人员信息送到企业，缓解企业用工难问题。落实兑现政策，帮助企业减轻负担。建立“四项”制度。经济运行分析会制度，政银企对接制度，督办落实、回访制，建立服务企业的诉求台账制。

【开展万家企业大走访活动】2016年，湖里区开展“人到、心到、政策到”万家企业大走访活动。活动重点针对纳税大户、固投大户、重点商贸服务业、重点“规上”工业企业、新进重点企业、在谈重大项目等六大类型企业全面铺开。区四套班子领导每位走访10—15家企业，区直各部门领导班子成员及工作人员走访所对应的行业企业，各街道领导班子成员及工作人员走访辖区内企业。活动分为调查摸底阶段、集中走访阶段、信息汇总分析及政策研究阶段。活动内容包含宣传政策法规、了解动态信息、帮助解决困难、听取意见建议。

【召开总部、软件信息服务、物流企业座谈会】6月，区发改局、区经信局牵头组织辖区主要总部企业、软件信息服务企业和物流企业代表参加专题座谈会，常务副区长林充贺主持会议。企业代表在发展湖里区总部经济，加速软件信息、大数据等新兴产业聚集，建立湖里区物流产业园等方面提出建议意见。

（戴静静）

工业行业

【纺织服装、服饰业】2016年，纺织服装、服饰业拥有规模以上工业企业24家，其中：机制服装制造企业20家，针织或钩针编织服装制造企业3家，服饰制造企业1家；年末固定资产原值5.65亿元，年平均用工0.95万人；年完成工业总产值36.25亿元，实现出口交货值5.23亿元，实现主营业务收入

30.39亿元，利润总额3.49亿元，创利税6.48亿元。纺织服装、服饰业外商投资及港澳台商投资企业有12家，拥有固定资产原值5.01亿元，完成现价工业总产值29.82亿元，实现主营业务收入24.38亿元，分别占全行业的88.67%、82.26%和80.22%。从企业规模上看，该行业有3家大中型企业，合计完成工业总产值25.88亿元，占全行业的71.39%。

【计算机、通信和其他电子设备制造业】 计算机、通信和其他电子设备制造业全年完成工业总产值1007.75亿元，占全区工业产值68.1%；实现销售产值919.56亿元，产销率91.25%；实现出口交货值497.4亿元，占全区工业出口交货值的69.02%，出口交货值率54.09%；全行业拥有资产994.31亿元，完成主营业务收入925.11亿元，创造利润总额39.81亿元，创利税总额44.82亿元；年平均用工5.03万人，占全部规模以上工业行业平均用工人数的45.81%。该行业中，计算机制造企业3家，完成工业产值427.78亿元；通信设备制造企业10家，完成工业产值59.67亿元；视听设备制造企业3家，完成工业产值4.74亿元；电子器件制造企业16家，完成工业产值473.53亿元；电子元件制造企业10家，完成工业产值25.91亿元；其他电子设备制造企业3家，完成工业产值15.08亿元。计算机、通信和其他电子设备制造业拥有规模以上工业企业47家，其中大型企业9家，中型企业9家；产值上亿元企业27家，完成产值998.33亿元，占全行业的99.07%，其中：产值1亿—10亿元的企业有18家，产值10亿—100亿元的企业有6家，产值超100亿元的企业有3家。该行业有外商投资及港澳台商投资企业23家，完成产值938.15亿元，占全行业的93.09%，实现出口交货值450.26亿元，占全行业的90.52%。

【电气机械及器材制造业】 2016年，电气机械及器材制造业完成工业总产值133.29亿元，位居年度分行业产值第二位，实现工业销售产值136.47亿元，产销率102.39%；实现出口交货值33.14亿元，出口交货值率24.28%。该行业拥有资产132.21亿元，完成主营业务收入136.42亿元，实现利润总额22.33亿元，创利税总额27.48亿元，年平均用工1.27万人。电气机械及器材制造业共有规模以上工业企业34家，其中，输配电及控制设备制造企业21家，完成工业产值99.94亿元；照明器具制造企业7家，完成工业产值10.77亿元。该行业有大中型企业12家，其中大型企业4家；产值上亿元企业15家，完成产值125.29亿元，占全行业的94%，其中产值超10亿元的企业有5家。该行业有外商投资及港澳台商投资企业13家，年完成产值102.46亿元，占全行业的76.87%，实现出口交货值24.03亿元，占全行业的72.51%。

【橡胶和塑料制品业】 年内，橡胶和塑料制品业完成工业总产值9.25亿元；实现工业销售产值9.14亿元，产销率98.81%；实现出口交货值5.28亿元，出口交货值率57.77%。全行业拥有资产12.17亿元，完成主营业务收入9.12亿元，实现利润总额0.4亿元，创利税总额0.85亿元，年平均用工0.31万人。全行业有规模以上工业企业15家，其中：橡胶制品企业3家，完成工业产值1.44亿元；塑料制品企业12家，完成工业产值7.81亿元。该行业有中型企业3家，有产值上亿元企业2家，完成产值2.73亿元。有外商投资及港澳台商投资企业9家，全年完成产值5.78亿元，占全行业的62.49%，实现出口交货值4.05亿元，占全行业的76.7%。

【金属制品、机械和设备修理业】 2016年，金属制品、机械和设备修理业产值位居规模以上工业分行业第三位，完成工业总产值119.84亿元，实现工业销售产值119.84亿元，产销率100%；实现出口交货值112.36亿元，出口交货值率93.76%。全行业拥有资产60.21亿元，完成主营业务收入119.84亿元，实现利润总额4.56亿元，创利税总额5.93亿元，年平均用工0.53万人。该行业有规模以上工业企业7家，均为航空航天器修理业，其中大中型企业2家。产值上亿的企业有5家，完成产值118.42亿元，占全行业的98.82%。该行业有外商投资及港澳台商投资企业6家。

【通用设备制造业】 年内，通用设备制造业完成工业总产值45.11亿元，实现工业销售产值39.8亿元，产销率88.23%；实现出口交货值35.49亿元，出口交货值率89.17%。全行业资产总计35.02亿元；完成主营业务收入39.82亿元，实现利润总额2.27亿元，创利税总额3.48亿元，年平均用工0.88万人。该行业共有规模以上工业企业10家，其中：大型企业2家，小型企业8家；有产值上亿元企业2家，完成产值41.88亿元，占全行业92.84%。该行业有外商投资及港澳台商投资企业5家，完成产值43.11亿元，占全行业的95.57%，实现出口交货值35.07亿元，占全行业出口的98.82%。

【专用设备制造业】 2016年，专用设备制造业完成工业总产值21.44亿元，实现工业销售产值22.88亿元，产销率 106.72%；实现出口交货值 8.38 亿元，出口交货值率 36.63%。全行业拥有资产 32.76 亿元，完成主营业务收入 22.3 亿元，实现利润总额 2.3 亿元，创利税总额 3.12 亿元，年平均用工 0.36 万人。该行业有规模以上的工业企业 21 家，其中，大中型企业 2 家；有产值上亿元企业 5 家，完成产值 14.05 亿元，占全行业的 65.53%。

【其他工业行业】 2016 年，农副食品加工业年末资产总计 4.77 亿元，固定资产原值 2.01 亿元，年平均用工 0.07 万人。全年完成工业总产值 12.15 亿元，出口交货值 2.75 亿元，实现主营业务收入 12.46 亿元。仪器仪表制造业完成工业总产值 19.87 亿元，实现工业销售产值 16.56 亿元，产销率 83.34%；实现出口交货值 6.08 亿元，出口交货值率 36.71%。该行业全年拥有资产总计 17.3 亿元，完成主营业务收入 16.54 亿元，实现利润总额 1.57 亿元，创利税总额 2.06 亿元。非金属矿物制品业完成工业总产值 14.81 亿元，实现工业销售产值 14.8 亿元，产销率 99.93%。全行业拥有资产 21.52 亿元，完成主营业务收入 14.8 亿元，实现利润总额 4.15 亿元，创利税总额 5.24 亿元。金属制品业完成工业总产值 6.86 亿元；实现工业销售产值 6.69 亿元，产销率 97.52%；实现出口交货值 2.38 亿元，出口交货值率 35.58%。全行业拥有资产 5.5 亿元，完成主营业务收入 6.54 亿元，实现利润总额 0.16 亿元，创利税总额 0.43 亿元。文教、工美、体育和娱乐用品制造业完成工业总产值 4.01 亿元，实现工业销售产值 3.67 亿元，产销率 91.52%；实现出口交货值 2.29 亿元，出口交货值率 62.4%。全行业拥有资产 4.71 亿元，完成主营业务收入 3.65 亿元，实现利润总额 0.14 亿元，创利税总额 0.23 亿元。

（陈豪伟）

工业园区

【概况】 湖里创新园（原名湖里高新技术园）位于厦门本岛北部、集美大桥南端，紧邻高崎国际机场，东至环岛干道，南至枋湖北二路，西至云顶北路 BRT 沿线，北至枋钟路。规划用地面积 1.8 平方公里，可开发面积 1.58 平方公里，规划总建筑面积约 280 万平方米。园区总体布局结构为“一心、三区”，即商务配套中心、商务运营区、技术研发区、生活配套区。是年，东南部研发结算区、北部居住区已初具规模，中心创意设计区、西部移动互联区实时推进。2016 年，园区累计有注册企业 3800 余家，当年新注册企业 900 家，园区全年实现产值 400 亿元，总税收 12.5 亿元。是年，园区新上市企业 5 家，累计有上市企业 17 家。建成园区综合服务中心创新驿站、开发线上智慧服务平台、实施热点区域免费 WiFi 覆盖，形成线上线下联动服务。建成党群活动服务中心，成为园区党组织和党员的活动阵地和“党员之家”。在中央商务区建成集羽毛球、乒乓球、篮球和 400 米塑胶跑道等室内外体育锻炼设施，以及生活配套为一体的创享天地，保障园区企业员工的工作生活。年内，经市服务外包发展领导小组认定，湖里创新园被认定为“厦门市首批服务外包示范园区”并授牌。

【“湖里高新技术园”更名为“湖里创新园”】 2016 年 1 月，按照全市创新社区建设现场推进会要求，湖里高新技术园作为湖里区创新社区建设试点，聚焦移动互联、创意设计、研发结算三大产业领域，建设创新驿站、创享天地、开发线上智慧服务平台、实施交通改善工程等，强化创新功能配套需求。10 月，经区政府常务会议研究决定，“湖里高新技术园”正式更名为“湖里创新园”。

【湖里创新园党群活动服务中心、五华产业园入选市级党建典型点】 5 月 26—27 日，全国园区非

5 月 20 日，湖里区委书记张毅恭（前排左二）、区长徐国庆（前排左三）调研园区创新驿站（林佳铭　摄）

公企业党建工作座谈会在厦门市举行。湖里创新园党群活动服务中心、五华产业园作为全国园区非公党建工作座谈会参观点，入选市级党建典型点，中组部领导到党群活动中心和五华产业园参观调研，对园区非公党建工作的做法成效给予充分肯定。截至12月31日，湖里创新园党群活动服务中心共接待全国各省市参观团52批次、1053人次。

【湖里创新园入选首批厦门市服务外包示范园区】 5月21日，厦门市服务外包发展领导小组组长、市长裴金佳批复认定了厦门市首批7个市级服务外包示范园区。湖里高新技术园（信息技术服务ITO、研发服务外包KPO）入选首批厦门市服务外包示范园区。

【提供创新服务保障】 2016年，湖里创新园园区管委会依托创新驿站，举办企业座谈会、信息产业政策宣讲对接会、人力资源管理培训说明会、服务外包政策宣讲会、软件企业所得税优惠政策说明会等各类活动52场，参加人员近4000人次；通过湖里创新园智慧平台、湖里创新园微信服务号、湖里创新园创新驿站微信订阅号共发布文章及信息400余篇，覆盖近3万人次，逾1500家企业在线上注册使用，有效提升园区的创新、创业氛围。

【推进创新社区建设】 2016年，区政府和天地公司综合投入2500万元，建成园区综合服务中心"创新驿站"、园区公建配套服务中心"创享天地"，导入企业绿地认养举措，开发绿廊休闲区，实施交通改善工程，打造绿色生态办公环境。成立由园区互联网新兴企业组成的湖里创新园产业创新联盟，园区各地块物业管理单位组成的物业联盟。发动成立园区龙头企业组成的发展战略咨询委员会，园区员工代表组成的园区事务协商委员会，形成联动互惠的园区共建、共管、共享机制。

【推进重点项目建设】 2016年，园区管委会采取建立园区企业信息互动机制、召开项目推进会、约谈企业等形式，高效推动园区项目建设进程。截至12月，已建成项目60个、在建项目10个，累计总建筑面积258.3万平方米，是年在建项目总建筑面积合计52.9万平方米；累计完成固定资产投资91.43亿元，年内，累计投资6.57亿元。

【完善园区配套】 2016年，湖里创新园管委会完成园区内15个楼宇顶层LOGO和外墙轮廓夜景建设；投入约1300万元，提升改造园区7条主干道，并对企业地块内部绿化进行巡查整顿；协调公交公司增设1个公交站点，方便园区企业员工上下班和出行；建设园区慢行系统，已建成自行车专用道13公里，自行车停放点22个。

【做好防抗"莫兰蒂"台风及灾后重建工作】 9月的台风"莫兰蒂"，严重破坏了园区的生态和环境秩序，造成直接经济损失约3.25亿元，未造成人员伤亡。灾后园区管委会迅速启动重建工作，在厦门公安边防支队机动大队及其下属中队、武警水电第六支队官兵和广大党员志愿者的大力支持下，投入大型抢险设备71台次，投入运输设备870班次，有近300家企业，27家非公企业党组织，约2000多名志愿者参与重建工作，园区短时间内迅速恢复正常秩序。

【助力企业发展】 2016年，开展园区用工专场招聘会，为479家企业招聘员工3394人，并与厦门大学等33个高校的就业中心达成长期合作意向。深入园区纳税大户和新开工、新投产企业，了解企业增资扩产、产销及税收变动情况，及时帮助企业解决困难和问题。是年，共协助29家企业办理约4亿元的抵押贷款手续。依托QQ工作群、电子邮件、微信公众号等网络平台，将惠企政策及相关活动信息宣传到企业。成立建设项目督导和入驻企业服务两支小分队，贴近企业一线开展工作。对前来办理的各类申请实行信息化管理，1—12月共办结各类申请求助事项180件。与友邻单位建立专门的调解机构，共受理应急事件2起，成功调解2起；受理信访件2起，均按时办结并得到信访者认可。

【园区非公党建服务中心实体化运作】 年内，依托党群中心多功能会议室开设"园区党校"，组建非公党建讲师团，每月开展"党建讲堂""人文论坛"等教学交流活动，加强园区非公企业书记及广大党员思想政治教育，提升党员业务素质、党性修养。同时，中心图书室每季度确定不同主题，引导非公党组织开展读书分享、好书推荐、图书漂流等活动，提高党员学习热情，抓实、抓好"两学一做"学习教育活动。是年，开展党课教育、党建交流、素质拓展活动23场，受益党员1300多人次。园区党群活动服务中心，免费为园区非公党组织、企业及广大党员群众提供活动场地和活动保障。通过开展企业党组织生活、政策宣讲、主题沙龙及各类文体活动强化核心作用；通过党建成果展览室、书记驿站、党员谈心室等搭建交流互动、答疑解惑平台，强化导向作用。中心自建成以来，举办支部党员大会、企业高峰论坛、人才沙龙、政策咨询、谈心疏导、业务研讨以及乒乓球赛、健身沙龙等各类活动89场，成为园区名副其实的活动基地。通过开办“部长会客厅”、设立党代表服务站、开通“非公书记绿色通道”、成立发展共建理事会及各行业联盟等多种方式，建立和畅通企业与党委政府、企业与企业间不同形式的沟通渠道。中心全年受理意见、建议35条并全面推动解决，群众满意率100%；通过“非公书记绿色通道”帮助企业解决难题12个，涉及金额2000万元；连续举办6场产业联盟座谈研讨会，共商园区大事，统筹资源推动建成“宜行、宜居、宜业”的创新型园区。

（王佳宁）

【与浦城县召开共建产业园区招商引资项目推介会】 5月19日，召开湖里区—浦城县共建产业园区招商引资项目推介会。湖里区重点工业企业、商贸企业参加推荐会。浦城县副县长李敏飞为企业详细介绍浦城县的地理位置、招商项目以及土地税收方面的优惠政策。中绿、正大、鹭燕、夏商等企业参会代表纷纷发言表达看法及咨询相关政策。

【湖里区和蒲城县签订山海协作共建产业园区协议书】 12月26日，湖里区和浦城县两地政府就共建产业园区达成协议：根据双方各自的山海优势特点，利用浦城具有传统优势的产业基础和土地资源优势，共建产业园区。对园区在发展方向选择、规划制定、运营管理等方面进行共建，深化两地协作，实现优势互补。两地推介园区建设情况及产业政策、招商条件。园区建设资金由蒲城县政府投入为主，湖里区对口帮扶资金纳入全年预算，年拨付浦城资金1200万元，支持浦城项目建设。

（戴静静）

交通　物流

【概况】 2016年，全区有规上物流及交通运输企业153家，实现营收564亿元，比上年增长24.9%；区属规上物流及交通运输企业94家实现营收86.7亿元，占全区规上物流企业营收的15.4%。年内，湖里区建立规上物流及交通运输企业数据库，其中，区属规上物流企业94家，区属亿元以上物流企业20家，加强跟踪服务，协调解决顺丰等企业问题。成立湖里区发展现代物流产业协调领导小组，出台《湖里区促进物流产业发展实施办法》，推动物流业降本增效，发展物流新业态新模式。推动邮政速递邮件处理中心建成，并于7月投入使用。加快推进高崎畜禽蛋批发市场大型冷藏配送中心、海峡收藏品交易中心等重点项目的建设。

【湖里区出台《促进现代物流业发展实施办法》】 12月30日，湖里区印发《促进现代物流业发展实施办法》，该办法主要内容有：一是扶持物流企业发展壮大。对市级重点、“规下”转“规上”物流企业分别给予50万元、20万元奖励；对于物流企业2016年营业收入额分别达1000万元及以上、1亿元以下，且2017年同比增长30%以上的，1亿元及以上、5亿元以下，且2017年同比增长20%及以上，5亿元及以上、10亿元以下，且2017年同比增长10%及以上，10亿元及以上，且2017年同比增长6%及以上，分别给予相应的奖励。二是支持物流企业技术创新。鼓励企业利用先进物流技术、设备或业务模式，对利用或建设信息化、物联网、大数据等物流公共信息平台，获得市商务局评审通过的物流标准化试点项目，按照市级补助标准的10%给予配套补助，且不超过当年区级贡献总额。三是推动建设区域物流总部。对物流区域总部企业（仅指独立核算企业，且在湖里区外设立三个及以上分支机构企业），在湖里区年物流营业收入达到3亿元、5亿元、10亿元及以上的企业，分别给予50万元、100万元、150万元的奖励。企业已获得市级奖励的，仍可获得本条款的奖励。四是奖励航空货运代理企业。对规模以上航空货运代理公司，在厦门空港年度处理国际出港货物量分别达：5000吨及以上10000吨以下，且同比增长10%及以上的，给予一次性20万元奖励；10000吨及以上，且同比增长8%及以上的，给予一次性50万元奖励。以上奖励均不超过当年区级贡献总额。五是奖励国有控股企业高管。对年缴纳个人所得税5万元以上的国有及国有控股企业骨干人才给予奖励。

【迎接省物流安全管理工作年度考核】 12月15日，由福建省交通运输厅、经信委、商务厅、运管局、交通执法总队等组成的考评组一行5人对湖里区2016年物流安全管理工作进行考核。考核的主要内容是落实安全监管责任、专项治理工作方案、清理整顿情况、实名收寄制、安全防范措施和宣传等物流安全管理工作要求。省考评组对湖里区在物流安全工作中，领导重视、全方位宣传、部门联合联动机制和取得的成效等给予了肯定。

【厦门进出境邮件快件监管中心二期投入使用】 7月，厦门进出境邮件快件监管中心二期投入使用。该项目于2014年7月开工建设，2015年8月竣工。二期建筑总面积为1.75余万平方米，总投资为1亿多元，其中，土建投资5436万元，监管设施投资2670万元，场所改造装修投资1175万元。

【圆满完成2016年春运任务】 湖里区2016年春运工作，从1月24日开始至3月3日结束，历时40天。春运期间，区长徐国庆率领分管领导、相关职能部门和街道领导深入枋湖客运站、空港快线运输有限公司等相关运输企业检查指导，安全顺利完成了2016年春运任务。全区陆路、水路、航空等运输方式共完成旅客运送4312031人次，比上年增长9.86%。

【提升公交服务水平】 年内，湖里区完善公交系统配套建设，配合区城管委、市交通局推动湖里区公交配套保障工作，起草《优化湖里区公交网络近期工作实施方案》《提升湖里区公交服务保障水平工作方案》，着力在推进公交场站建设、优化调整公交线网、发展社区公交等方面开展工作；调整133路、24路等5条公交线路，新增4条进出岛大站快线及1条B4专线，五通社区泥金临时公交场站投入使用，五缘西公交场站进入收尾阶段，T4候机楼公交场站开工建设。

信息业

【概况】 2016年，湖里区有规上软件信息服务企业14家，实现营收10.2亿元，其中，区属企业4家，全年实现营收4.5亿元。出台《湖里区促进信息产业发展实施办法》并召开多场政策宣讲会，开展受理企业申报工作。建立1187家软件企业数据库。与市经信局共同举办首届厦门大数据大赛，助推信息产业升级。壮大软件信息企业，飞鱼科技、哥们网等总部项目已入驻湖里区，新游网络、仙侠网络、淘金互动、亿能电力等4家软件企业在新三板挂牌。湖里区各大酒店、医院、人流量较大的公共场所均已实现WiFi信号覆盖。推进辖区百兆光纤入户改造及三网融合工作，全区7万余户宽带用户已实现光纤接入，无线4G信号覆盖率95%。

【厦门信息产业和信息化研究院开展活动】 2016年，厦门信息产业和信息化研究院培育10家软件信息化企业落户湖里区。主办或协办了大数据技术与产业观察研讨会、第11届国际计算机新科技与教育学术会议、“VR与大数据”海峡信息赛系列创业论坛、2016厦门大数据大赛等7场活动。

【Google AdWords体验中心正式启动】 1月6日，Google AdWords中小企业扬帆出海行动计划峰会暨Google AdWords体验中心在湖里区高新技术园正式开启，助力外贸企业实现转型突破。集产品服务、培训、客服、营销为一体的谷歌体验中心，年营业5000万元—1亿元，顺应“互联网+”大时代发展。

【出台《湖里区促进信息产业发展实施办法》】 1月29日，湖里区出台《促进信息产业发展实施办法》。“办法”通过对信息产业园运营机构奖励、大数据产业园内数据企业租金补贴以及IDC企业实际运营成本奖励方式推进园区建设。首次年营业收入3000万（含）以上的新增规上企业，补助企业融资额、宽带费用等，个税奖励企业高管。对入选“全国软件百强”，获评国家集成电路设计“中国芯”等荣誉品牌企业奖励扶持。以奖励参加市级以上信息产业大赛企业、补贴参展企业展位费、论坛场地租金等形式鼓励企业参展参赛、举办论坛。

【召开软件产业政策宣讲暨统计工作会】 3月，湖里区联合市经信局、市软件行业协会在湖里高新技术园召开软件产业政策宣讲暨统计工作会。落实工业和信息化部、福建省经济和信息化委员会关于软件和信息技术服务业统计工作要求精神，加强行业统计，准确、及时地反映厦门市软件和信息技术服务业的基本情况，同时强化对企业的服务，让企业及时、准确地了解相关产业扶持政策，增强产业政策的效益、促进产业发展。

【“微软”代表到访湖里区】 4月，微软公司及厦门市大数据领域相关企业代表齐聚湖里区共建单位——厦门信息产业和信息化研究院，就大数据技术与产业发展进行交流。微软全球数据科学卓越中心的博士何致亿从微软的视角，对Azure云生态、大数据产业与企业之间的进一步合作契机、应用推广、大数据产业公共平台等方面发表意见。厦门信息产业和信息化研究院博士洪文兴介绍了研究院在大数据公共服务平台所做的前期准备工作，希望能借助微软在数据分析、机器学习方面的能力，更好的为湖里的企事业单位服务，共同打造大数据“厦门品牌”。

【湖里区举办厦门大数据大赛】 5月，2016厦门大数据大赛在湖里创新园举行。赛事由厦门市经济和信息化局、湖里区人民政府主办，湖里区经济和信息化局、禾山街道办事处、厦门信息产业和信息化研究院（厦门大学）承办，湖里工业园区管委会协办。大赛以数据开放为切入点，由优秀企业出题，参赛团队提交作品，专家评审。大赛共收到参赛作品119组42件，15件作

5月，湖里区举办厦门大数据大赛（区经信局供图）

品入围决赛，评选出一等奖1名，奖金5万元；二等奖2名，奖金3万元；三等奖3名，奖金1万元；优胜奖3名，最佳组织奖5名，奖金5000元；累计奖金总额18万元。

【第九届厦门国际动漫节圆满落幕】 8月12—15日，第九届厦门国际动漫节圆满落幕。600个展位153家企业参展，其中：境内参展企业111家，境外9个国家和地区42家企业及协会，8万人次参加本次动漫节各项活动。本次动漫节首次设立的新技术展区内，包括湖里区的优立公司在内的多家专业的VR/AR内容开发团队将最新潮的VR/AR设备带到现场，为动漫游戏产业及其上下游企业提供了一个集中展示新产品、新技术、增进业界的交流平台。

【渝厦大数据产业交流会在重庆举行】 7月，由市经信局软件处、湖里区经信局、禾山街道办事处组织，厦门信息产业和信息化研究院和重庆生产力促进中心联合举办的“渝厦大数据产业交流会”在重庆举行。渝厦两地的优秀大数据产业相关企业代表通过介绍企业的发展情况，展示其核心优势，分析典型案例，促进了双方互动，增强了业务合作和技术交流。

（戴静静）

第九届厦门国际动漫节（区经信局供图）

经济管理与监督

宏观经济管理

【概况】 2016年，湖里区积极应对经济下行压力，克服转型阵痛，面对抗击台风、灾后重建、金砖会晤筹备、班子换届等繁重任务，统筹兼顾，攻坚克难，经济保持平稳较快发展。是年，湖里区完成GDP（国内生产总值）820.61亿元，比上年增长7.5%。批发零售贸易业销售额2569.28亿元，比上年增长7.4%，社会消费品零售总额364.49亿元，比上年增长5.0%。固定资产投资完成366.97亿元，比上年增长16.4%。合同外资完成29.11亿美元，比上年增长335.2%，实际利用外资完成3.29亿美元，比上年增长1.4%。财政总收入完成171.51亿元，跃居全省各县（市、区）第七，比上年增长10.3%，区级财政收入完成39.23亿元。年内，湖里区有3个指标位居全市各区第一（规模以上工业增加值、合同利用外资总额及增速），有6个指标位居全市第二（地区生产总值、批发零售贸易销售业销售总额、社会消费品零售总额、财政总收入、区级财政收入、实际利用外资），2个指标位居全市第三（规模以上工业增加值增速、固定资产投资增速）。

【产业转型深入发展】 2016年，湖里区产业结构更加优化，二、三产比重从上年的45.3：54.7提升到42.6：57.4，第三产业占GDP比重比上年提高2.7个百分点。第二产业方面，坚持把工业作为全区经济发展的根基，服务好占全区工业总量近八成的平板显示、计算机及通讯设备、航空维修三大高端制造业产业集群，促进以太古飞机为龙头的航空维修业高速增长，增幅达22.6%，产值约占全国的1/4；推动同致电子、台和电子等一批成长型企业快速发展；引进恒力盛泰石墨烯项目，高新技术企业250家，高新技术产业产值占规模以上工业总产值的70%。第三产业方面，加快现代服务业发展，推动建发湾悦城、闽南古镇等商贸综合体、沃尔玛山姆会员店、红星美凯龙家居名品直营店、风信子和跑街跨境直购商城开业运营，网络零售额占全市的42.0%；引进飞鱼科技总部等知名软件信息服务业企业；金融业占GDP比重提高至6.6%，中国华融等一批新兴金融项目落户辖区内；引导企业利用多层次资本市场，鹭燕医药、合诚工程等2家企业在主板上市，合立道、成信绿等14家企业在新三板挂牌；总部经济效益进一步显现，亿元楼宇增至18幢，区级总部企业从54家增至64家，总部企业纳税额24.4亿元，占财政总收入14.2%。

【加快推进重点项目】 年内，湖里区继续完善区委、区政府主要领导每月主持召开项目调度例会制度，进一步增强“一个重点项目、一名区领导负责、一抓到底”责任意识，区政府主要领导和分管领导召开调度会16次，共协调项目53个，协调解决106项问题。湖里辖区44个省市重点项目，项目总投资937亿元，年度投资计划约90.7亿元，完成投资128亿元，完成年度投资计划141.12%，超额完成投资20.6亿元。英蓝国际金融中心、西海湾邮轮城等项目开工；海峡旅游服务中心、海丝艺术品交易中心等项目加快推进；闽南古镇二期、鼎泰和（万科中心）等项目竣工。

【确保项目生成质量齐升】 2016年，湖里区成立以区委书记为组长的“多规合一”工作领导小组，负责统筹全区“多规合一”工作。领导小组下设办公室，挂靠在区发改局，负责全区“多规合一”工作的具体实施，其中区发改局负责项目生成，区政府办（区行政审批中心）负责项目审批和督办。制定《湖里区建设项目生成管理办法（试行）》，对划拨用地项目和出让用地项目的生成机制作出明确具体的规定，提高项目生成质量和水平。制定《区财政投融资项目可研联评联审办法》，明确项目联评联审的发起主体、评审流程、评审资料等内容，从机制上保证可研策划共同论证决策。依托“多规合一”平台，主动对接市发改、规划、国土等部门，加强市区协同联动。通过“多规合一”协同平台提前反馈高新区310、405、408等地块土地房屋征收、用地收储等方面的项目策划生成意见。将全部基建项目纳入“多规合一”协同平台项目库，进行统一策划，共同论证。至年底，湖里区共有52个划拨项目纳入储备库中，64个项目进入项目策划生成阶段。

（柳子昂）

资料链接

湖里区部分重点项目

一、厦门泉州（安溪）经济合作区（湖里园）

厦门泉州（安溪）经济合作区（湖里园）总规划面积约8.5平方公里，分二期进行开发，其中一期规划面积约3344.66万平方米，二期规划面积为515.33万平方米。包括通用厂房、市政配套道路、商业配套用地、企业自建用地等，主要以标准厂房、自建厂房及中试研发楼为主，辅以相应商业、物流中心等商服配套设施。项目总投资50亿元。至2016年底，累计完成投资30800万元，二期标准化厂房及附属配套设施项目和天地金谷商务中心（一期）完工；安溪湖里园工业配套设施用房（员工宿舍楼）项目单体结构验收。

二、欣贺研发设计中心

欣贺研发设计中心址设湖里区高新技术园区中心商务区；用地面积15624平方米；总建筑面积61381平方米，主要为商业、办公使用。项目总投资60000万元。至2016年底，累计完成投资42000万元主体封顶，幕墙进场施工，所有机电专业进场施工。

三、亿联研发大楼

亿联研发大楼址设湖里区禾山街道。项目用地面积6666.6平方米，总建筑面积17963.53平方米，其中地上部分12913.9平方米，地下5000平方米。本项目包含商业、办公、自行车停车场、园区管理用房、开闭所、三合一环卫设施。项目总投资12000万元。至2016年底，累计投资10000万元，主体工程施工完成，消防、强电及电梯等设备安装完成。

四、理源物联网科技产业园工程

理源物联网科技产业园工程址设湖里区厦门航空港工业与物流园区内、港中路南侧、纵二路东侧、纵四路西侧。项目用地33333平方米，总建筑面积91373平方米，其中：地上面积66992平方米，分六幢建筑，每幢6层高7.2米。地下面积24381平方米，层高4.5米，可提供停车位1150个。项目总投资57400万元，其中：建筑投入36500万元，装修装饰投入20900万元。至2016年年底，累计完成投入10000万元，主要是规划设计及项目前期筹备工作，完成项目建设方案审批，取得建设工程规划许可证，施工许可证。

五、厦门英蓝国际金融中心

厦门英蓝国际金融中心址设湖里区金山街道。项目用地面积约5万平方米，含09—1和09—2两个地块，项目总建筑面积约50万平方米。其中09—1地块总占地约3.73万平方米，地上总建筑面积32.5万平方米，办公22.3万平方米（其中多功能厅3000平方米）；酒店7.9万平方米（其中公寓式酒店5.8万平方米）；商业2.3万平方米，地下商业建筑面积1.5万平方米，容积率8.7，建筑密度不超过55%，绿地率不低于10%；09—2地块占地约1.16万平方米，地下建筑面积约4.63万平方米以下。项目总投资60亿元。至2016年底，累计完成投资13亿元，完成项目前期手续、项目基坑支护及土方开挖工程、部分桩基工程。

价格监督管理

【概况】 2016年，湖里区开展物价执法检查350次，开展自来水价格调整检查、教育收费春季检查、海鲜大排档专项整治行动、邮轮码头周边旅游市场价格秩序检查等专项检查6次；共受理价格投诉举报案件324件，其中：市长热线投诉案件45件，市价格举报“12358”案件273件，省、市来信来访6件。对厦门金多元贸易有限公司不正当标价、厦门裕信达商贸有限公司多收价款、厦门市鹭发美食大庄园娱乐有限公司未明码标价等3件违法案件作出行政处罚，处罚金6000元。

【召开价格政策提醒会】 4月20日，湖里区在厦门吉家·家世界装修建材家居广场召开价格政策提醒会，有500多商家店铺参加。提醒会要求厦门吉家·家世界装修建材家居广场要认真贯彻执行《中华人民共和国价格法》等法律、法规，完善内部管理，强化自律意识，自觉维护正常的市场价格秩序。要自觉履行明码标价义务，推行收费公示制度。销售商品做到有货有签、货签对立、价目齐全、标志醒目，标价内容真实、准确、规范。

【创新价格投诉处理机制】 年内，湖里区依托区价格纠纷调解委员会，积极开展价格投诉的调解工作，推进价格部门职能转变。全年调解处理价格争议 26 起，涉及商场购物、网络购物、水电费、物业费和停车收费等各类民生纠纷。

（柳子昂）

统　　计

【人口】 该条目详见“区情综述”相关内容。

【民生】 2016 年，湖里区城镇居民人均可支配收入 45850 元，比上年增长 8.4%。城镇居民人均消费性支出 29607 元，增长 6.5%。

（杨　菲）

【企业一套表联网直报】 年内，湖里区严格实施一套表联网直报制度，企业直接向国家统计网络平台报送数据，各级实现统计数据实时共享。全区有 160 家区属规上工业企业、455 家限上商贸及餐饮住宿业企业、218 家资质以上建安企业和 64 家房地产开发企业、245 家重点服务业企业通过“一套表”联网直报系统报送统计数据，同时还有各类企业 1190 家通过“一套表”联网直报劳动工资情况。“一套表”企业约占全市的 1/4 强；截至 2016 年末，湖里区基本单位名录库中共有 42018 家法人单位，7571 家产业活动单位。

【统计服务】 年内，湖里区统计工作为全区经济服务。在工业方面，关注工业数据变化，既做好存量企业的挖潜，又做好增量企业的储备。在商贸方面，盯住重点大户、盯住重点区域，做好专业指导；加强对各街道的统计业务指导和统计业务培训，帮助他们找准工作着力点，分析经济的产业、行业状况，提出方向性指导建议，促进统计工作水平的提升；将统计从事后统计推向前期介入，全方位加强与企业、与部门的互动交流培训，强化业务指导，让部门知道具体统计制度是怎么回事，让企业知道怎么做统计。

【统计监测】 2016 年，湖里区加强统计监测，对辖区内主要指标波动较大的“一套表”企业进行数据质量监督检查，若有违法情况，严格依照统计法律法规查处，改变以往对违法行为人仅限于责令整改、通报批评等“隔靴搔痒”的处罚力度，增加违法成本，提高执法震慑力；拓展统计普法角度视野，不局限于对企业等调查对象普法宣传，更以“数据造假、以数谋私”专项治理整顿为契机，增强统计系统内部以及政府机关内部对统计法律法规和统计方面的党纪政纪规定等的学习认识，从讲政治的高度，把反对查处统计上弄虚作假行为作为切实加强改进党的作风建设的重要任务常抓不懈。

【统计执法】 年内，湖里区开展“数据造假、以数谋私”专项治理工作，进行全面自查，深入查摆问题，形成问题清单，加强法治教育，对统计资料的合法使用提出了更严格的要求。全面清理纠正为各项评比、资格认定提供个体统计资料的文件和做法，坚决杜绝各种形式“数字上的腐败”，努力形成独立统计、如实调查、清正廉洁的良好风气；同时，对主要指标波动较大的 10 家工业企业和 10 家商贸业企业进行了执法监督检查，确保企业依法填报统计数据。制定“双随机”工作方案，包括随机抽查工作实施方案、执法检查人员名录库等，有助于进一步规范统计执法行为，并减轻统计监管对象负担。

【做好农业普查前期工作】 2016 年，湖里区从人、财、物等方面做好农业普查各项准备工作，包括落实普查人员，建立岗位责任制，明确职责分工；做好普查经费的编制、申请和使用管理；选聘普查指导员，划分普查区并绘图；积极参加省市普查业务培训；领取注册 PDA，进行数据应用程序的安装和普查制度的加载；12 月底前，对普查对象全面摸底、清查，填写清查摸底表，整理汇总单位名录，完成《普查小区示意图》。

（张明琳）

【统计“双随机”抽查】 2016 年，区统计工作“双随机”抽查内容包括，依法提供统计资料情况；依法建立原始记录、统计台账和统计资料管理制度情况；依法为履行法定填报职责提供保障情况；依法配合统计调查和统计监督情况。

（杨　菲）

【开展自贸区统计调查】 年内，湖里区开展了自贸区统计调查，调查自贸区湖里片区四至范围内涉及到的 2 个街道、11 个社区近万家企业（含空挂户、非法人企业等），调查内容包括企业注册情况、贸易投资便利化情况及金融创新活动等，收取有效调查表 7552 份。统计调查结果为 2015 年区内经营企业 6186 户，企业数量和营业收入均超福建自贸区 1/2 以上。在汇总整理的基础上，区统计局对相关数据资料进行处理分析，并印发《厦门自贸片区两岸贸易中心核心区调查汇编》小册子。

【全国 1% 人口抽样调查】 2016

年，全国1%人口变动情况抽样调查共涉及湖里区5个街道21个社区21个调查小区。区统计局下发了《湖里区统计局关于认真做好2016年人口变动情况抽样调查工作的通知》，全面部署和抽调人员开展人口抽样调查各阶段工作。9月底前选聘指导员和调查员60名。10月13—14日，召开了2016年人口变动抽样调查业务培训会议，街道、社区指导员和调查员70人参加了培训。于10月16—24日进行摸底工作。全面采用PDA入户调查方式。11月11—13日，湖里区组织10个质量验收小组，一组3人，对区辖的5个街道、21个调查小区进行了全面的质量验收，抽查面达到100%。11月18日，市级验收检查组对湖里区5个调查小区进行验收检查，整体情况较好，没有存在较大的出入。

（柯　蔚）

审　计

【概况】 湖里区全年完成17项审计项目，查出违规金额105.02万元，管理不规范金额10685.72万元，上缴违规金额1万元，归还原渠道金额50万元，提出审计建议74条，移送案件3件。是年，区审计局选送的审计项目分别被厦门市审计局评为“区级优秀审计项目”和“审计项目OA考核区级三等奖”，区审计局所在党支部被区直机关党工委授予“先进基层党组织”。

【建立审计整改督查机制】 2016年，湖里区转变“重审计、轻整改”的观念，完善审计整改落实督查联动机制，首次专题向区人大主任会报告审计整改落实情况，建立审计查出问题整改台账，梳理出2012年—2016年底审计发现的问题400多个，归纳为5类68个问题，罗列整改落实清单，明确责任主体、整改要求和整改期限等具体事项，由各项目主审负责跟踪落实，对账销号，实行集中动态管理，进一步促进审计整改落实。

【探索绩效审计模式】 年内，湖里区率先开展“2013—2015年度湖里区市政道路提升改造项目”绩效审计，从项目立项开始追踪项目全过程，涉及项目概算、预算编制、设计勘察、施工进度、工程量核算及监理、审核等方面。通过对立项文件、工程档案、会计资料的检查，查找导致工程建设支出损失浪费原因，从经济性、效益性和效果性对市政道路提升改造项目进行绩效评价，并从规范工程建设程序管理、建立问责制度、建立风险约束机制等方面提出审计建议，进一步提高湖里区工程项目管理水平。

【开展民生审计多项调查】 2016年，湖里区开展稳增长、促改革、调结构、惠民生防风险专项审计。湖里区“美丽厦门·共同缔造”行动“以奖代补”项目资金使用情况和湖里区垃圾处理费收支情况等专项审计，为区委、区政府领导提供政策参与。同时，加强项目资金监管，强化专项程序规范性，督促相关单位严格执行，促进项目资金使用合规、高效。

【预算执行审计】 年内，湖里区审计关注财政资金安全性、流动性和效益性管理，建议区财政局彻底清理财政存量资金，并将盘活的存量资金及时转回国库；关注决算草案编制存在的问题，建议区财政局加大对本级各部门决算草案的审核力度，确保决算草案真实、准确、完整；关注地方性债务存在的问题，建议区财政局和天地公司认真贯彻《国务院关于加强地方政府性债务管理的意见》精神，完善债务管理制度，加快建立规范的地方政府举债融资机制。

【经济责任审计】 2016年，湖里区首次提出街道在政策制定执行方面存在的问题，从体制机制上分析产生问题的原因，并提出了相关的审计建议；关注街道内部管理的规范性，审计建议强化制度建设，规范街社财务管理，建立内部审计机构，从源头上杜绝违反财经法规行为并强化财政收支管理；积极推动街道和社区领导班子议事规则和重大事项集体决策机制的落实，进一步提高决策的科学化、民主化。

【审计队伍建设】 年内，区审计局积极开展支部“两学一做”学习教育，认真制定实施方案，定期组织专题学习讨论，做到规定动作和自选动作相结合；注重业务技能培训，坚持业务周例会制度，积极派员参加市审计局的“青年讲堂”、行业研究交流会和全国计算机审计培训班等；定期组织志愿者到徐厝社区开展敬老帮扶、法律宣传、洁净家园等活动，选派干部到社区兼职副书记，到街道兼职主任助理。

（曾冠芸）

市场监督管理

【概况】 2016年，湖里辖区的监管经济户口134854户，比上年增加35%。新登记各类商事主体22616户，新设量比上年增长28%。发放新设电子执照11245户，个体户执照11357户。发放食品经营许可证

2016年，湖里监督管理所执法人员检查邮轮码头旅游市场规范经营情况（仕贤 摄）

7987件。换发“一照一码”营业执照37569户，换照率83%。年报商事主体69804户，公示率82.51%。是年，区市场监督管理局不断加大市场监管力度，突出执法重点。共立案查处各类违法案件421起，占系统总量的34.06%，比上年增加341%，罚没款总额503.55万元，比上年增加242%。各所立案数比上年增长240%—550%不等，超额完成年初制定的工作目标。是年，继续开展“守合同重信用”工作，辖区内有59家企业获市级、11家企业获省级、3家企业获工商总局“守合同重信用”企业公示称号。区局消委会及各市场监管所，共受理各类消费者咨询1517件，消费投诉举报7942件，其中：投诉6738件、举报1204件，办结7514件，办结投诉6378件、举报1136件，投诉办结率为94.61%；区消委会受理投诉1953件，办结1856件，办结率为95.03%；各市场监管所受理投诉4785件，办结4522件，办结率为94.50%；全区局调解成功率91.14%，群众满意率98%，涉案总金额10377.89万元，为消费者挽回经济损失2544.82万元，加倍赔偿85.36万元。受理市长专线及信访件68件，办结65件；受理职业打假案件376件，移交1件。

【审批监督管理】 2016年，区市场监督管理局开通网上预约系统，实行注册、变更、备案等业务网络预约，解决了群众排长队、取号难、等候久的问题。在区局办事大厅设置餐饮临时窗口引导办证，引导4565余家无证餐饮主体取得餐饮许可。助推中小企业办理股权出质企业26家，出质股权1.6亿元，被担保债权12.6亿元；办理动产抵押25件，金额5.38亿元。完成对3383家商事主体“双随机”抽查。对286户住所无法联系及2015年11101户未按期年报公示的商事主体，分别载入异常经营名录。

【市场监督管理】 年内，湖里区在市场监督管理方面，转变监管理念，创新监管方式，严防履职风险，提升执法水平，不断增强监管执法效能。树立“以执法思维促进日常监管工作”的理念，通过法律手段震慑违法经营者，实现以案促管，以案促调的目的，提升部门执法权威。每月定期在OA发布《案件情况通报》，对立案销案、办案期限等重点环节加强监督；召开典型案例评析会暨执法推进会，评选区局年度十大典型案例，交流好的经验与做法，提升办案水平。开发“湖里区食品药品网格化监管平台”软件，按照每个网格300户，将54个社区划分为68个监管网格，并将食药协管员全部下放社区网格，实现网格化监管辖区全覆盖。增加硬件投入，在各所询问室、调解室安装摄像录音同步监控探头，为执法人员配备执法记录仪、执法包、录音电话等，强化“黑匣子”制度落实，将每一项监管执法内容、环节都纳入“黑匣子”管理，强调执法留痕，规避执法风险。开展婴幼儿奶粉、化妆品专项整治行动，有针对性进行法规宣讲、约谈相关责任人，对相关公司仍存在的轻微违法行为，开具行政指导书108份，立案查处19起，引导自贸区主体规范经营。采取反复巡查、不定时抽查、违法必查等举措加大校园周边整治力度，年初，在金尚中学附近一家食杂店内检查，发现4种过期零食，根据“新食安法”规定，对当事人处以5万元罚款，并主动邀请媒体进行报道。全年共查处该类型案件6起，校园周边有关投诉明显减少。

【食药监督管理】 2016年，湖里区立案处罚食品类案件154起，占全系统总量的31.24%。紧盯中埔蔬菜、水产批发等源头市场质量监管，督促开办单位做好食用农产品上市前抽检及不合格产品销毁两个关键环节。积极做好食品抽样检验工作，对不合格食品进行后处理，

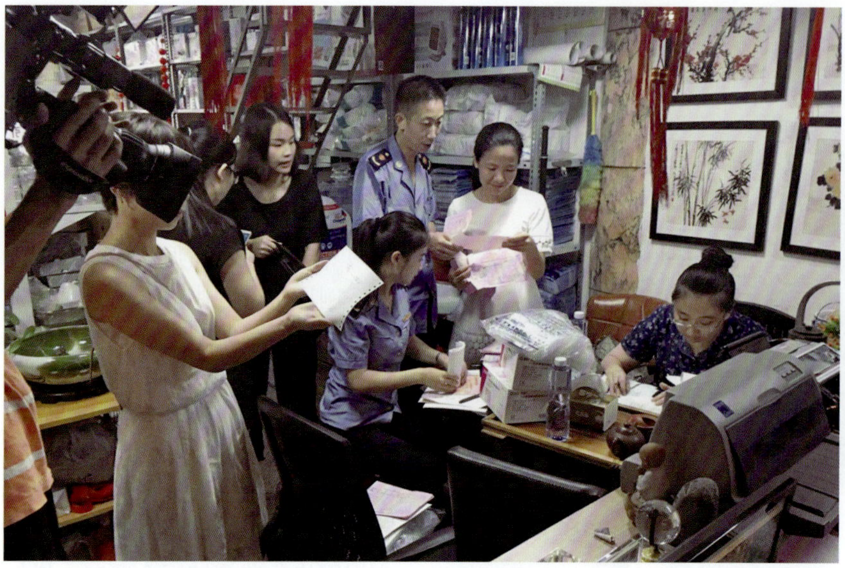

2016 年，区市场监督管理局会同江头所执法人员查处无证医疗经营单位（胡里　摄）

核查处置 185 例。立案查处肉类案件 21 起，查没涉嫌问题猪肉产品 2137.2 公斤。利用食药网格化监管平台优势，对具备整改条件无证餐饮逐户上门指导，引导办理餐饮服务许可 4565 户。是年，药品器械监管有序开展。出台《关于落实“三品一械”层级监管实施意见》，明确各科所事权划分，初步建立起高效运转监管工作机制。立案查处药械类案件 79 起，比上年增长 900%；继续密切与公安海关等部门协作，经办假药函件 99 份，占市局全年假药认定总量的 50%；与卫计局打击“两非”及无证行医等方面协同合作，共同抓好医疗机构药械安全。

【商标广告监督管理】 年内，湖里区继续培育商标品牌，持续强化企业护牌意识和强化企业创牌意识，通过积极走访调研，精心培育引导，推荐 73 家企业申请省、市著名商标认定及延续认定。新认定福建省著名商标 12 件；新认定厦门市著名商标 13 件。欣贺股份有限公司“JORYA”注册商标被工商总局评定为“中国驰名商标”。另外开展“双打”行动，查处产品质量案件 39 起，商标侵权案件 64 起。继续做好违法广告整治行动，拆除广告 537 块，约 1.68 万平方米。

2016 年湖里区新认定福建省著名商标名单

表 6

序号	申请人名称	商标	类别	商品（服务）项目
1	厦门厦华投资有限公司 （被许可企业：厦门厦华科技有限公司）	PRIMA	9	电视机
2	华茂光学工业（厦门）有限公司	第 11361163 号图形	9	眼镜、太阳镜、眼镜框
3	厦门超凡建材有限公司 （被许可企业：厦门艾迪建材工业有限公司）	SAGA 及图	19	玻璃马赛克、人造石、大理石
4	厦门东港环美家居有限公司	东港环美及图	20	学校用家具、办公家具、家具
5	厦门鑫活力工贸有限公司	鑫活力及图形	20	办公家具
6	欣贺股份有限公司	ANMANI 恩曼琳	25	服装
7	厦门鹭岩茶业有限公司	第 11117045 号图形	30	茶、冰茶、茶饮料
8	鹭燕（福建）药业股份有限公司	LUYAN 及图	35	药品零售或批发服务、药用制剂零售或批发服务、医疗用品零售或批发服务
9	厦门航空有限公司	第 10348344 号图形	39	运送乘客、空中运输、旅行社（不包括预定旅馆）
10	厦门倾国倾城婚纱摄影有限公司	倾国倾城及图	41	录像带制作、数字成像服务、摄影
11	厦门航空有限公司 （被许可企业：厦门航空酒店管理有限公司）	第 10358149 号图形	43	住所（旅馆、供膳寄宿处），餐厅，饭店
12	厦门鲁班环境艺术工程有限公司	第 11614161 号图形	44	风景设计

2016年湖里区新认定厦门市著名商标名单

表7

序号	企业名称	申请认定商标名称	类别	申请认定的商品（或服务）
1	（江山荣）福建科荣家具有限公司	KRONG 科荣	20	办公家具、家具、椅子
2	欣贺股份有限公司	CAROLINE	25	服装
3	卓影（厦门）服饰有限公司	JOEM	25	服装、鞋、帽
4	厦门佳迅装饰建筑工程有限公司	第7849994号图形	37	安装门窗
5	厦门厦华投资有限公司	PRIMA	9	电视机
6	厦门鹭建发水产冻品有限公司	第12259024号图形	29	肉、鱼制食品、鱼（非活）
7	厦门航空有限公司	第10348344号图形	39	运送乘客、空中运输、旅行社
8	厦门航空有限公司	第10358149号图形	43	住所（旅馆、供膳寄宿处）、餐厅、饭店
9	厦门超凡建材有限公司	SAGA 及图	19	玻璃马赛克、人造石、大理石．
10	厦门德家和实验室设备工程有限公司	DJH 及图	20	学校用家具、家具
11	厦门鲁班环境艺术工程有限公司	第11614161号图形	44	风景设计
12	华茂光学工业（厦门）有限公司	Mi!M	9	眼镜（光学）、太阳镜、眼镜框
13	厦门常春藤物业管理有限公司	第9043697号图形	36	不动产管理、公寓管理、不动产出租

【消费权益保护】 2016年，区市场监督管理局消费维权工作，呈现出“6+2”消费维权特色。区局消委会对“消费调解”和“投诉接待”两处场所进行了规范整改。根据参加调解人员多少（5人/5人以上），对应设置了调解一室和调解二室，设立了投诉举报接待处和信息档案资料室，达到投诉温馨、档案资料齐全。同时，制定完善了“场所使用与资料管理规范”“电话录音与视频监控规范”，使调解达到应有规范和高度。年初，区市场监督管理局制定了“区市场监督管理局值班制度”，从3月起，规定“每日值班由1名局领导带班、机关值班及监督管理所备勤组成”，实行三级联合负责制度。11月，区局进一步完善值班制度。年内，创建了“舆情共享”平台，通常每月发布一期“消费维权舆情”，以综评的形式权威发布最新的维权动态、都市时尚消费及依法维权理念，并摘录分享消费维权典型案例。对消费权威、消费论坛、都市消费、维权一线等相关维权知识和调解案例，通过内部OA网发布，向市局分管领导、投诉处理中心及区局领导、科室所传递正能量，努力使之成为消费维权工作人员，舆情共享、学习交流、研究思考、提升能力平台。全年发布消费维权舆情12期，并编印成汇编。

【宣传报道】 年内，区市场监督管理局发布新闻宣传及政务信息1222篇，是上年的5倍，其中，被国家级、省级媒体采用308篇，各所发

区消委会平息房产纠纷，消费者送来锦旗（美娜　摄）

布数也均有显著提升。通过采取“请进来”模式，主动邀请新闻媒体到区局报道，制作“市场监管视点”1期。

（丁宏山）

名词解释

“6+2”：“6”即“六项机制”；“2”即“维权共治”“舆情共享”。

质量技术监督

【开展节前特种设备安全检查】 春节前夕，市质监一分局对12家人员密集场所开展特种设备安全检查。执法人员除了查看“两证一报告”，还仔细查看各单位关于特种设备安全管理制度的落实情况，对发现的日常巡检记录不全，应急救援未定期开展等情况认真做好记录，并要求企业落实整改。要求各单位成立应急领导小组，做好分工协作，确保突发情况出现时做好应急处置工作，将损害降到最低点。

【开展综合特色检查】 3月，市质监一分局组织对辖区大型超市和社区医院开展电梯、计量综合特色检查。此次主要检查电梯使用登记、定期检验、日常维护保养、作业人员持证上岗等情况，以及计量器具是否在检定合格周期内、是否贴有强检合格标识等。执法人员逐家核实，查看管理制度建立和执行落实情况，要求使用单位遵章守则，按照标准、制度和要求抓好抓实日常管理工作，档案整理做到专人专管。

【开展住宅电梯安全联合检查】 3月，市质监局第一分局参与湖里区禾山街道组织的住宅小区电梯安全专项联合执法检查。此次检查对象由街道办事处确定，检查内容严格按照“三落实、两有证、一检验、一预案”的要求进行。检查中发现部分小区的物业管理处未按照相关法律法规要求进行规范化管理。分局执法人员现场开出整改通知，责令相关单位限期改正，检查的同时，执法人员还对今年3月1日起正式实施的《厦门市电梯安全管理办法》进行现场宣传。

【开展“五一”节前检查】 4月，市质监第一分局开展“五一”节前检查。此次检查不仅涉及车站码头、酒店宾馆、商场超市、游乐设施等11家公共领域特种设备使用单位，还分别对14家食品用包装、人造板等消费品生产企业、6家计量器具使用单位开展监督检查，抽查了3批次定量包装商品净含量。检查中发现，部分特种设备使用单位存在日常巡查记录不规范、人员培训缺失等情况，部分消费品生产企业存在生产、检验记录不全、计量器具超期未检等问题。市质监一分局对7家企业发出整改通知，要求相关单位按照规定限期改正。

【完成首次“双随机”定量包装商品净含量监督抽检】 5月，市质监局第一分局首次按照“双随机”模式在辖区内开展定量包装商品净含量监督抽检。抽检工作遵循备检企业及执法人员随机抽取“双随机”、抽检过程全程留痕“可追溯”的原则，首轮共抽取5家生产企业4个批次产品。抽检中执法人员发现其中1家生产企业未生产，随即按照既定方案对递补名单中的企业执行了抽检。

【开展燃煤锅炉整治“回头看”】 5月，市质监第一分局与湖里区经信局、环保局、市场监督管理局等部门联合开展燃煤锅炉整治“回头看”工作。分局对企业依法开展锅炉改造、使用提出了具体要求，对部分使用单位的承压燃煤锅炉改造、拆除情况进行再督导。全区纳入整治范围的有16家企业20台锅炉，其中14家企业的18台锅炉已完成淘汰工作，2家企业的2台锅炉正督促改造中。

【开展液氨制冷专项整治】 5月，市质监局第一分局持续跟进液氨制冷专项整治涉及的6家企业，更新数据库，健全基础台账。联合区安监、公安、消防等部门，深入重点液氨使用企业，突出部门职责，督促企业严格落实主体责任。通过编发手机短信、发放宣传资料等方式，开展液氨储存、使用安全知识宣传教育，增强相关单位事故防范和应急处置能力，切实保障人民群众生命健康安全。发送安全知识信息近300条，发放资料100余份。

【开展土制升降机联合整治】 5月，市质监局第一分局联合湖里区江头街道办、区安监、公安等部门，对非法使用土制载货升降机行为开展专项整治行动。通过街道和社区的反复排查，将14家土制升降机使用单位列入整治名单。组成由江头街道牵头，质监、安监、公安、市场监管等多部门联合整治小组，开展现场执法检查。检查中，市质监局第一分局执法人员对其中11家使用登记的土制载货升降机现场开具监察指令书，责令立即停止使用未办理使用登记的土制载货升降机，并限期整改，消除隐患。江头街道负责持续跟进整改情况，督促落实封停措施。

【开展游乐设施安全检查】 在“六一”儿童节、端午节期间，市质监局第一分局组织执法人员对辖区部分游乐设施单位开展全面监督检查。执法人员重点检查使用单位是否对游乐设施进行定期检验，大型游乐设施是否采用安全带、安全杆双保险，游乐场地入口处是否张贴检验合格证书、设备安全警示标志和《乘客须知》等内容。对辖区内3家单位20余台游乐设施开展检查，对检查中发现的管理制度不完善、安全警示标志不规范等问题，责令企业立即整改。同时，执法人员要求企业严格落实主体责任，加强对节日期间游乐设施管理，发现问题，及时整改，确保特种设备安全有效。

【查封3台“三无”电梯】 6月，市质监局第一分局执法人员在湖里区相关单位的配合下，依法对某小区3台“三无”电梯采取封停措施。该小区3台电梯超过检验有效期仍在使用，且无责任主体管理、无维保单位对电梯进行维护保养、无维修资金，属于典型的“三无”电梯，存在重大安全隐患。分局多次沟通，但小区责任主体一直无法落实，为消除隐患、确保出行安全，分局执法人员在街道、社区和小区业主代表的见证下，封停这3台电梯。

【开展食品安全宣传周活动】 2016年食品安全宣传周期间，市质监局第一分局围绕“尚德守法　共治共享食品安全”主题，开展活动，助推食品安全宣传周活动。召开辖区所有食品相关产品获证企业负责人参与的座谈会。通报是年日常监管情况，同时对新修订的法律法规进行宣传，强化企业主体责任意识和法规意识。活动期间集中检查企业11家次，出动检查人员46人次，发现部分企业进货等台账记录不全，标识不完整等问题，现场开具问题反馈清单，责令企业限期整改。联合区食安办、区市场监管局举办“尚德守法　共治共享食品安全”广场宣传活动。分发《中华人民共和国食品安全法》小册子、《食品质量安全小常识》等宣传材料200余份，进一步普及公众的食品安全知识。

【三举措推进食品相关产品生产企业监督检查工作】 2016年，市质监局第一分局积极主动，有序推进企业自我声明及生产状况报告等工作。通过QQ工作群、发送短信、电话联系等多种途径，及时告知辖区企业总局开展监督检查工作等有关事项。指导企业规范填写《食品相关产品生产企业自我声明书》和《食品相关产品生产企业生产状况报告》，详细说明填报注意事项和材料报送要求，并及时对企业提出的疑问进行解释，确保填报内容完整、信息齐全、格式规范。要求企业重视此项工作，认真填报并按时提交材料，积极配合做好监督检查工作，并以此为契机认真自查，加强质量意识，严格履行企业主体责任。辖区14家生产企业均在规定时限内完成自我声明及生产状况报告。

【参与液氨使用专项治理“回头看”】 2016年，市质监局第一分局积极参与液氨使用专项治理“回头看”，检查中，分局执法人员重点对4家液氨使用企业的设备、压力管道及安全附件（安全阀、压力表）的检验情况进行查验，督促使用单位认真落实安全生产责任制，完善应急预案，定期组织人员开展应急演练，做好应急救援装备物资的调配，加强应急值守和信息报送工作，确保发生重要险情能应急处置到位。

【多措并举防抗第14号台风确保特种设备安全】 “莫兰蒂”台风前夕，市质监局第一分局采取多项措施防抗台风，确保特种设备安全。台风来临前，通过短信平台，向各特种设备使用单位发送预警信息400余条，要求各单位切实落实主体责任，做好隐患排查，实施科学应急处置。分局领导亲自带队，对火车站、码头、学校、游乐场等公众聚集场所的电梯、大型游乐设施实施重点检查，督促其按照要求采取有效防护措施、台风期间暂停营业并做好游客劝导工作。台风期间，除按照上级规定取消休假外，还安排特种设备应急处置小组进行值守，以应对可能发生的特种设备突发事件。台风过后，分局按照市局统一部署，立即对公共聚集场所的自动扶梯、大型游乐设施开展检查，检查包括BRT（快速公交）、火车站、汽车站、商城12台套。要求各电梯使用单位、维保单位立即组织排查，对受台风影响的设备设施进行检修和维护保养。凡受影响严重不能保证乘梯安全的，一律予以停用。

【完成食品相关产品生产领域首次“双随机”抽查】 9月，市质监局第一分局首次对辖区食品相关产品获证企业开展随机抽查。此次名单由市质监局组织按照“随机抽取检查对象、随机分配检查人员”的要求，通过综合监管信息平台对全市食品相关产品获证企业按照10%的比例进行随机抽取产生，并现场公布，最后抽取分局执法人员2名，辖区企业2家。分局联合厦门市质量技术评审服务中心、厦门市质检院对企业进行检查，在对企业生产状况进行检查的同时对产品进行监督抽检。检查人员书面查阅有关文件及台账记录，实地查看车间现场设施设备及产品，重点对企业的生产资源提供、过程质量管理、产品质量检验、技术文件管理等情况进行检查，并制作综合监管信息记录表，检查发现企业部分台账记录不全，责令其整改。

【开展国庆节前加油站专项检查】 9月，市质监局第一分局对辖区内各主要交通干线加油站开展计量专项整治，主要针对在用加油机是否做好强制检定、是否存在使用未经检定、超过检定周期或者经检定不合格的计量器具的情况；是否存在破坏计量器具及其铅封，擅自改动、拆装加油机，或使用未经批准而改动的加油机等违法违规行为，并要求加油站配备专（兼）职计量人员，负责加油站的计量管理工作。分局共检查加油站15家，检查中发现2家加油站存在标准金属量器超期未检行为，执法人员责令其限期整改。

【市质监局第一分局开展国庆节前特种设备安全大检查】 国庆前夕，市质监局第一分局开展特种设备系列安全大检查。一是分局联合特检院对公共场所人流密集的室外扶梯开展现场检查，重点对灾后扶梯受损情况进行安全评估，全面排查安全隐患。二是重点对游乐设施的运行记录、日常维护、设备检验、人员持证、应急预案、安全管理制度及人员操作规范开展检查，切实杜绝设备“带病”运行。三是对危险化学品相关特种设备展开安全检查，检查中发现辖区1家锅炉压力管道企业未办理使用登记证，即责令限期整改。期间，共检查汽车站、火车站等公共领域特种设备使用单位16家次，排查隐患21条。

【召开食品相关产品生产企业法人座谈会】 12月，市质监局第一分局组织召开食品相关产品生产企业法定代表人座谈会，辖区14家企业参会。会上，分局监管人员介绍了获证企业的监管工作情况，通报了是年巡查的情况和发现的问题，宣传解读了新修订的《中华人民共和国食品安全法》《工业产品生产许可证管理条例》及其实施办法等对企业的要求及相应法律责任，要求企业强化主体责任和法规意识，严格按照“三个环节、两本台账、四份文件”规范生产，并开展自查。

【开展电梯维保单位信用评定】 2016年，市质监局第一分局四举措开展电梯维保单位信用评定。一是统筹谋划，统一思想，做好“部署”和“宣传”双同步。此次开展评定前夕，组织分局人员配合市局信用评定现场检查，进行学习与实践，提高分局评定质量；召开评定动员会议，邀请市局人员共同解析评定项目，要求各维保单位切实开展内部自查工作。二是突出重点，全面推进，加强“规范”和“效率”双提升。为确保工作的顺利开展，分局成立2个检查组，两线并行，提高效率。通过查施工现场、查体系运行、查资料建档、查应急救援、查违法违规等，逐家进行公开公正的全面考核、量化评分。三是优化构建，全面发力，引入“行业”和“专业”力量双支撑，统筹协调评定过程。一方面聘请维保同行技术专家，对维保质量现场检查，随机抽一部电梯进现场检查；另一方面聘请专业的评审专家，对内部体系运转情况及应急救援等部分内容，进行系统性评定。实行全方位、全过程的多方监督。四是落实主体责任，抓好“品牌”和“服务”双升级。一方面通过评定工作的开展，及时发现存在的问题，提出整改意见和指导措施。另一方面通过加分政策导向，鼓励各维保单位发挥主观能动性，进一步加大品牌供给力度，引导服务质量再升级。

（李雪娇）

安全生产监督管理

【概况】 2016年，全区发生生产安全事故64起，死亡22人，除1起3人为较大生产安全事故外，其余63起19人均为一般生产安全事故。其中，道路运输业发生事故58起，死亡15人；各类工程建设施工发生事故2起，死亡2人；冶金机械等8行业发生事故2起，死亡1人；铁路运输业发生事故1起，死亡1人；其他行业发生事故1起，死亡3人。

【健全安全生产工作机制】 2016年，湖里区进一步健全安全生产“党政同责、一岗双责”工作机制。制定了《湖里区安全生产“党政同责、一岗双责”工作机制》，梳理出7个方面工作机制、23项制度措施；6月23日，制定《企业安全生产信用体系建设方案》，提出2018年底前在全区建立各相关行业领域的安全生产信用体系。同日，印发实施《生产经营单位安全生产不良记录“黑名单”管理暂行规定》，提出14条具体规定，贯穿了从严从实推进依法治安的内在要求。对纳入“黑名单”管理的生产经营单位，采取限制或禁止其新增项目的核准、土地使用、参与工程招投标、矿业权取得、政府采购、证券融资、政策性资金和财税政策扶持等措施，实行多部门联合惩戒，真正做到“一处失信，处处受限”。是年，对1起安全生产事故进行通报，并上报市安全生产办公室。

【推进企业安全生产标准化建设】 年内，湖里区制定企业培训工作计划方案，组织相关人员、企业进行安全生产标准化创建工作培训。加强区、街、社区、企业和专

9月2日，湖里区召开季度防范重特大事故会议（区安监局供图）

家沟通协调，通过各种信息平台，及时、有效地将标准化工作延伸到每个“部落”。利用信息平台，建立了区街微信群、QQ群，并在街企微信群、QQ群中大力宣传企业标准化工作与行业规范等。加强对达标企业的检查，确保标准化工作运营稳定；为确保标准化企业达标质量，实施动态监控，对标准化达标企业进行抽查，对发现的问题，进行梳理，及时通报，并督促企业组织落实整改。着力在示范引领上下功夫。推广兴隆社区在个体工商户标准化创建工作中好的做法，组织街道、社区全体创建人员到兴隆社区参观学习，有力地促进了全区标准化创建工作质量和效率。截至年底，冶金等7行业大中型企业累计达标64家，总达标率100%；小微企业累计达标87家，总达标率100%；个体工商户累计创建3.1万多家，创建率100%；危化企业应达标110家，已达标110家，达标率100%。

【预防和遏制重特大事故】 9月2日，召开全区安全生产工作专题会议，部署防范和遏制重特大生产安全事故工作。制定了《湖里区防范和遏制重特大生产安全事故工作方案》。各街道、各部门也制定工作方案，细化工作任务，并结合“党政同责、一岗双责”规定和工作机制抓贯彻落实。全面排查企业风险，明确风险类别和风险等级，按照危险程度及可能造成后果的严重性，将风险分为4个等级，企业针对风险类别和等级逐一明确风险点管控层级，落实具体的责任单位、责任人和管控措施，形成“一企一册”，确保消除隐患。

【道路交通安全】 2016年，湖里区加强“三车一行人”、涉酒驾驶、超速超载等严重交通违法乱象常态清查，查扣汽车3000多辆，摩托车4000多部、电动自行车6000多部。每月常态展开交通运输源头“点对点”排查，每季度开展一次规模性运输安全联合检查，向相关企业下发限期整改通知书78份、处罚单21份，网上检索比对大中型客货运输车辆348辆；对454家相关运输企业进行抄告督检，累积抄告逾期未检验客货车3500多辆次。排查道路交通设施缺损及隐患路段37处。

【加强危险化学品等监管】 年内，湖里区加强危险化学品等监管。一是加强液氨制冷企业和加油站安全监管。对液氨制冷企业进行风险评估，督促辖区4家液氨制冷企业全面整改存在的34处安全风险，年底全部整改到位。对20家加油站集中开展了合法合规性排查，督促加油站切实落实安全生产主体责任，严厉打击非法、违法行为，督促加油站严格落实散装汽油灌装的安全规定，严防不法人员违规购买散装汽油从事违法犯罪活动。二是推动危险化学品“一体化”安全监管机制。对全区118家危险化学品企业和29家易制毒经营企业进行全面检查，督促企业落实安全生产主体责任，督促企业建立危险化学品经营台账，严查危险化学品尤其是易制毒化学品的流向。共检查316家次，做出执法检查记录

2016年，执法人员检查涉氨制冷企业（区安监局供图）

316份，督促整改隐患167处。三是开展油气输送管道安全隐患整治。全面整改管线沿线存在的安全隐患，并协调解决航空油库输油管线的改迁工作，航空油库输油管线的新建管线已建设完工，并通过专家审核，正在进行与老管线的对接工作。

【建筑施工领域安全整治】 2016年，湖里区开展建筑施工领域安全整治。一是开展危险性较大部分工程专项检查行动，有效防范和遏制建筑施工起重机械、模板支撑系统、深基坑、脚手架等坍塌事故的发生。二是加强建筑起重机械的监督检测。委托有资质的检测单位对施工现场的建筑起重机械进行抽检。开展“双随机”监督执法与区级巡查96次，发出改正通知单246份；对64名违规责任人按动态记分管理记2468分，对60家责任单位按动态记分管理记1499分；共约谈责任人111人次，对18家次施工、监理企业记录为不良行为。

【特种设备安全检查】 年内，湖里区指导76家电梯维保单位完成自查及材料报送工作。做好隐患电梯的台账确认，对未及时整改的问题电梯督促整治；加大对维保单位的监督力度，对发现的违法问题进行立案查处。在国庆、中秋等节假日前夕，将大型游乐设施、商场超市电梯和宾馆酒店列入检查重点。共处理投诉举报104件，检查101家（次）企事业单位，发出《特种设备安全监察指令书》21份，消除安全隐患150处。持续加强校园、有限空间、粉尘涉爆、职业病防治等安全监管。是年，共完成职业卫生职业病危害因素初次申报及变更申报8家；开展用人单位职业卫生基础建设，已有25家企业完成建设；对全区有限空间企业进行全面摸底，组织1次专场培训，印发宣传材料1万份。

【燃气安全管理】 年内，湖里区建立餐饮场所燃气用户电子监管档案6605份，组建专门的餐饮场所燃气用户巡检队伍，并根据区域监管机制，派员全程参与安全检查，严格落实餐饮场所每半年不少于一次的安检工作。全年检查餐饮场所13841家次，发现安全隐患4502处，整改3326处，限期整改1176处，隐患数比上年下降37%。建立燃气供应站点巡查通报机制，对存在重大安全隐患的供气站点通报批评，坚决消除各类安全隐患。共开展供气站点巡查331次，发现安全隐患200处，发布巡查通报14次，开具整改通知单78份，并跟踪整改。在全市率先建立区行政执法局进驻区燃气管理中心工作点，认真组织开展打击非法违法经营（销售）、充装、运输、储存瓶装燃气行为的联合执法行动。联合查处非法违法经营（销售）、充装、使用瓶装燃气案件15起，收缴黑气瓶536个；查处违法运输瓶装燃气案件4起，扣押非法运输车辆7辆，收缴黑气瓶197个。

2016年，区长徐国庆（正面前排右二）带队检查安全生产工作（区安监局供图）

【加强安全生产宣传教育】 2016年，湖里区在元旦、春节、两会、清明、五一劳动节、端午等时间节点，通过现场宣讲、义务咨询、陈列展板、播放宣教片、印发“不干胶宣传贴”及“易拉宝宣传画”、悬挂宣传标语、张贴海报挂图、发放宣传单、利用网络、利用LED屏滚动播放宣传标语等形式，广泛开展安全生产法律法规、制度和知识等系列宣传活动。是年，在人员密集场所开展40多场户外宣传教育活动，发放宣传材料50多万份；定期、不定期向40多万手机用户发送安全生产信息。年内，湖里区新开设了《厦门广播电视报——湖里安监》专版，面向近6万读者全面展示湖里区安全生产工作的成就，重点推介安全生产的主要做法、经验和主要特色，由点及面地宣传辖区涌现出来的平安企业、先进单位。

【安全社区创建】 年内，湖里区加快推进安全社区创建工作，投入1000余万元完善消防等公共基础设施；组织开展安全生产应急演练50余场，营造安全和谐的社区环境。

截至年底，辖区5个街道已全部通过省级安全社区验收；湖里街道正在推进“全国安全社区”创建工作，其余4个街道已全部完成“全国安全社区”备案工作。

【加强业务培训及应急能力建设】 2016年，湖里区开展区、街二级安全监管人员和安全协管员培训57场。坚决执行24小时领导带班值班制度，严格落实岗位责任制。是年，全区各街道、各部门组织相关企业200余家开展应急救援演练180多场次，组织全区50所公、民办中小学约7万名师生开展以防暴、防火、防空、防震、防汛等为背景的综合应急演练。汛期，先后多次组织对低洼地带、易涝点、建筑工地、广告牌、围墙、出租屋、简易工棚、地质灾害点、高堆土、旅游景点、学校等薄弱部位进行拉网式排查整改，启动防御暴雨三级应急响应13次，防御暴雨二级应急响应1次，顺利防范了影响较大的“尼伯特”“妮妲”“莫兰蒂”“鲇鱼”等4个台风，紧急转移人员18048人次，将灾害损失降到最低程度。

【建设全覆盖、专兼结合、业务精通的安全监管队伍】 2016年，湖里区各行业主管部门、工业园区均明确承担安全监管职责的机构并配备与监管任务相适应的专兼职监管人员。设立火炬高新区（湖里片区）安监站，并为安监站配备5名安全协管员，由区安全生产执法大队负责指导安监站监督检查工作。为辖区53个社区分别配备2—4名安全协管员，培养建设基层安全协管员队伍。全区53个社区初步建成社区微型消防站，135家消防安全重点单位初步建成社会单位消防站。其中，吉家家世界家居广场、殿前街道高殿社区等微型消防站建设被选定为全省消防社会管理创新工作试点进行推广。编印《湖里区消防安全区域联防工作手册》，以工业园区为试点，划定区域推行联勤联防工作制度。年内，辖区微型消防站已成功扑救近50起初起火灾，减少大量的经济和财产损失，并在抗击“莫兰蒂”台风工作中发挥重要作用。

（许溪圳）

财　政

【概况】 2016年，湖里区财政局下设4个科室：综合科、预算科、行财科、监督科；有行政编制10个，在编10人，其中，局长1名、副局长1名、副调研员3名。下属3个事业单位，有事业编制49个，在编48人，其中：湖里区国库集中支付中心（参照公务员管理）有20人，湖里区公共资源市场配置中心14人，湖里区财政审核中心14人。是年，湖里区财政局主动适应经济发展新常态，坚持依法科学理财，努力克服经济下行压力，多渠道、全方位挖掘财政增收潜力，在区国税、地税等部门的共同努力下，湖里区实现一般公共预算总收入171.17亿元，比上年增长10.10%，完成预算数的100.23%；区级一般公共预算收入39.11亿元，比上年下降3.72%，完成预算数的95.31%。区级一般公共预算支出41.57亿元，比上年增长14.24%，完成预算数的98.81%。

【引导企业转型升级】 2016年，湖里区围绕提升经济发展质量，充分利用财政资金的杠杆作用，推动产业转型升级。安排5亿元资本金用于设立区产业引导基金，引导辖区产业转型升级，加大企业研发经费补助力度，深化科技与金融融合，优化创新创业环境。是年，兑现总部和民营经济、高新技术等扶持资金1.17亿元，个人限售股减持财政扶持0.53亿元，其他各类扶持资金0.25亿元。引进华用新材料、智久机器人、恒力盛泰等一批优质项目落户，纳税超亿元的企业达到23家。积极打造以湖里高新技术园、湖里老工业区、湖里文创园为代表的创新创业平台，扶持爱特咖啡、青瓦空间、华美空间等众创空间，建设创新创业集聚区，推动小微企业、新兴行业发展。

【多方筹集资金力促项目建设】 年内，湖里区积极与厦门市财政局及各有关单位联系、对接，争取各有关单位的资金支持，收到国有土地出让收益分成4.76亿元，安排各种盘活资金15.11亿元用于产业和重点项目建设。是年，下拨1.6亿元财政备用金用于蔡岭路、厦门第二西通道项目和后埔电信机房置换用地建设。

【提升民生保障水平】 2016年，区财力重点向民生和社会事业领域倾斜，大力发展教育、社会保障和就业、医疗卫生事业，加快推进绿化景观提升、老旧小区改造、公建设施完善、社区网格化信息化建设，着力提升城区品质和创新社区治理，致力城市、社会转型升级。是年，民生与社会保障投入30.86亿元，占总支出的74.24%，比上年增长11.30%。在学校建设、社会保障和就业、医疗卫生、城乡社区事务和住房保障建设方面支出达29.05亿元。

【科学理财】 年内，湖里区制定《湖里区财政预算资金审批办法》，规范审批权限，硬化预算约束，锲入财政支出进度通报和预算绩效评价，加强债务管理，建立政府性债务风险应急处置机制。出台《湖里区财政专户开户银行选择办法》，规范资金调拨，把政府收支事项全盘纳入预算管理，完善财政信息化系统建设，推进街道集中支付改革，改进财政资金调拨关系，增强街道预算指标管理和财务管理能力。完善国资监管制度，依法实施监管，从国企法人治理结构、风险管理等方面完善企业国有资产监督管理体系，进一步明确企业业务招待、差旅费等各项履职待遇及业务支出标准，建立相关支出预算管理制度。加强湖里区国企日常监督指导，提升国企效益，督促湖里区属国企按期足额上缴国有资本收益。

是年，湖里区属国企上缴2015年度国有资本经营收益3489.98万元，比上年增长25.54%。

【第一季度财政收入实现开门红】 2016年第一季度，湖里区实现财政总收入45.27亿元，比上年增长23.98%，完成预算27.33%，增幅排名全市第一，高于厦门市平均水平7.78个百分点；实现区级地方财政收入10.43亿元，比上年增长9.3%，完成预算23.99%；其中税收收入10.27亿元，比上年增长22.17%，增幅排名全市第二。第一季度湖里区财政总收入和区级财政收入增长势头良好，区级财政收入增量8877万元，占厦门市增量比重2.97%，6个行政区中收入增量贡献排名第三。

【在厦门市率先推进街道财政信息化建设】 年内，湖里区在厦门市率先完成街道国库集中支付改革，各街道财政预算资金全部纳入国库集中支付平台。将5个街道总预算会计账和街道行政事业单位财务账全部纳入财政一体化平台，实现街道财务核算软件、核算要素、核算标准统一。利用财政一体化系统资源，将平时文件传输纳入专网邮件系统，既避免了外网邮件系统的不安全性，又提高了区街业务沟通效率。

【创新方式助力产业转型升级】 2016年，湖里区创新方式助力产业转型升级。一是积极支持“一核四圈五区”产业区建设，以厦门自贸区两岸贸易核心区、邮轮母港、两岸金融中心等为中心构筑产业发展平台，完善体制机制，配套扶持政策，着力构建以商贸物流、现代金融、软件信息、休闲旅游、航空维修为重点的现代产业支撑体系。二是积极打造以湖里高新技术园、湖里老工业区、湖里文创园为代表的创新、创业平台，扶持爱特咖啡、青瓦空间、华美空间等众创空间，建设创新、创业集聚区，推动小微企业、新兴行业发展。三是创新财政扶持方式，成立产业投资公司，带动社会资本对重点产业项目进行投资，促进产业转型升级。

【多措并举确保完成收入任务】 年内，湖里区多措并举确保完成收入任务。加强各部门联动协作，强化协税、护税机制，做好企业纳税管控和服务，促进优质企业落地生根；紧跟税制改革步伐，加强“营改增”后税源结构分析，加大对重点行业、重点企业税收变动分析监控力度，做好收入预测研判；摸排存量税源，加快个人限售股、企业股权转让等资本市场所得税入库，积极引入域外税源，拓展增收空间；落实各项优惠扶持政策和减税降费政策，减轻企业负担，增强经济发展后劲，培育财政增收基础。

【2016年上半年实现公共资源市场配置规模5700多万元】 2016年上半年，湖里区实现公共资源市场配置预算6658.7万元，实际配置规模5755.63万元，节约资金903.06万元，综合节约率为13.56%。其中，货物与服务政府采购实现金额4749万元，约占总规模的82.51%，小额建设工程采购金额为1006.63万元，约占总规模的17.49%。

【小额建设工程预选承包商库发展量质并举】 年内，湖里区小额建设工程预选承包商库有企业155家，比上年增加31家，6个预选承包商的专业库总数为300家，其中资质等级达到一级（甲级）、二级（乙级）的比重约占总数的55%。

【三举措提升单位内控水平】 2016年，湖里区三举措提升单位内控水平。一是加强安全保密工作。要求区属各行政事业单位开展资产系统涉密自查自纠工作，加强对涉密资产数据及涉密文件的管理，严禁在资产管理信息系统中上传及操作涉密资产信息、涉密文件。二是夯实政府资产管理基础。举办区属行政事业单位资产管理专题培训，开展各行政事业单位国有资产清查工作，夯实湖里区政府资产管理基础，提升各行政事业单位政府资产管理水平和管理效率。三是开展量化评价单位内控基础性工作。组织开展区属行政事业单位内部控制基础性评价工作，促使各单位明确单位内控的基本要求和重点内容，针对单位存在的薄弱环节进行有效改进，进一步提高单位的内控水平。

【简化资金审核流程】 8月1日起，区级投资基建项目进度款拨付实行由建设单位申请，主管部门根据合同约定、项目进度、监理单位意见和用款需求等情况进行审核，在预算额度内核定后，由建设单位直接支付给合同约定的对方单位的模式。简化了资金审核流程，提高了资金的拨付进度。

【召开预算编制布置暨预算绩效管理培训会议】 9月20日，湖里区召开预算编制布置暨预算绩效管理培训会议。会议强调各部门对预算编制应具备前瞻性、规划性，转变传统的预算管理理念和预算管理模式。各部门应树立预算执行主体责任意识，尽早谋划，提前做好储备项目的前期工作，发挥项目库在预算管理中的基础性作用，建立事权与支出责任相适应的管理体制。对资金需求量较大的部门，应根据项目数量、金额、周期做好3年及以上支出规划，实现项目滚动预算，

10月25日，湖里区举办基本建设竣工财务决算培训班（姚志斌　摄）

提高财政资金使用效益，保障区委、区政府重大项目落到实处。各部门应重视预算编制工作，不漏编不虚编，预算批复后不再随意追加预算；确实需要追加的，按预算变更流程严格审批，并报人大备案、审查，强化预算执行的约束性。

【举办基本建设竣工财务决算培训】 10月25日，湖里区召开基本建设竣工财务决算培训会。此次培训邀请了市财政局和市财政审核中心的专家对《基本建设项目竣工财务决算管理办法》《基本建设项目建设成本管理规定》等相关内容进行详细解读，内容丰富，切合实际工作要求。各街道、各行政事业单位和区属国有企业的相关财务人员和工程项目管理人员230多人参加培训。

【开展财政资金安全检查】 年内，湖里区开展财政资金安全检查。对湖里区财政资金安全进行统计摸底，掌握岗位和人员管理、账户管理、财政资金收付管理、会计核算管理和会计集中核算向国库集中支付转轨等情况。召集湖里区5个街道办事处等相关单位开会，对检查工作进行动员部署。各相关单位对岗位和人员管理、账户管理、财政资金收付管理、会计核算管理和会计集中核算向国库集中支付转轨等五个方面情况开展自查自纠，查找财政资金安全管理过程中存在的问题，列出问题清单，及时制定整改措施。湖里区财政局组织相关业务科室人员对5个街道办事处和湖里区国库集中支付中心等单位财政资金安全进行全面检查，并对检查中发现的问题及时反馈给被检查单位，督促被检查单位整改。

【国库支付改革】 2016年，湖里区创新国库支付改革，确保资金高效运转。将征地拆迁资金纳入国库集中支付，由项目业主单位按征地拆迁进度从单位“零余额”账户支付给具体实施单位，财政专户再与单位“零余额”账户进行清算。将5个街道的预算按功能科目导入国库支付系统，街道开设“零余额”账户，按预算项目和单位的实际用款需求将资金支付到实际用款单位或个人。通过区财政、清算银行、代理银行、预算单位之间的财政支付全业务电子化管理，实现财政业务数据“无纸化”运行，减少预算单位往返银行和财政的时间，大大方便了预算单位的资金支付。

【湖里区严把“三关”落实中央“八项规定”】 年内，湖里区严把“三关”落实中央“八项规定”。对违反区委、区政府规定的奖金、津补贴发放以及“三公”经费支出，从预算指标系统予以冻结，杜绝单位违规使用经费；及时转发相关制度规定，通过一体化系统及电话解答等方式统一制度解读、宣传，形成全区共识；按文件要求严格审核把关，涉及发文后继续违规发放或支出的，一律退回单位，不予报账。

【印发《湖里区财政局关于进一步加强政府采购管理的通知》】 2016年，湖里区印发《湖里区财政局关于进一步加强政府采购管理的通知》，“通知”一是强化主体责任，落实分级监管。强调各采购单位和预算管理部门在采购需求制定、履约情况验收、内控机制建设、政策功能落实、采购信息公开等方面的主体责任；各采购主体应对照政府采购目录落实分级管理。二是简化采购流程，严格审批管理。改革政府采购计划审批制度为备案制；简化政府采购控制价审核程序；严格非公开招标审批、进口产品采购审批。三是加强监督检查，规范采购行为。严格政府采购评审，严格依法及时公示政府采购合同，严格依法进行监督检查，对监督检查中发现问题出具《政府采购监督意见书》，明确整改期限和逾期不改的责任后果。四是开放代理准入，促进公平竞争。向凡获得厦门市财政局准入备案的代理机构开放业务准入，促进采购人、代理机构和评审委员会在评审工作中相互监督和制约，并自觉接受财政部门和有关部门的监督；鼓励有条件的代理机构采用电子招标，方便网络监督。

【强化工作联动推动财政稳步增收】 年内，湖里区加强与国地税、经济部门联动，强化收入分析研判力度，提高组织收入工作预见性；借助区领导挂钩联系企业制度平台，主动靠前服务，帮助企业解决实际困难，增强企业创税能力，实现财政收入稳步增长。是年，湖里区实现一般公共预算总收入171.17亿元，比上年增长10.10%，完成预算数的100.23%；区级一般公共预算收入39.11亿元，比上年下降3.72%，完成预算数的95.31%。

【财政审核中心2016年度节约财政资金上亿元】 2016年，区财政审核中心完成工程项目预决算审核427个，送审值117919.19万元，审核值109283.1万元，核减值8636.07万元，核减率7.32%。其中，审核工程决算项目288项，送审值51804.86万元，审核值50032.72万元，核减值1772.13万元，核减率3.42%；审核工程控制价项目139项，送审值66114.33万元，审核值59250.38万元，核减值6863.94万元，核减率10.38%。完成审核评估报告104份，送审金额9714.77余万元，初审金额6982.21余万元，出具审核结论41份，核减1783.23万元。工程进度款审批245单，已拨金额8975.89万元。完成审核征地拆迁项目6个，审核金额1529.6万元。

（周家根）

名词解释

一核四圈五区：“一核”即两岸贸易中心核心区，“四圈”即湖里商圈、江头商圈、东部商圈、机场商圈，“五区”即邮轮产业区、金融商务区、滨海休闲区、临空产业区和高新技术区。

厦门市湖里区国有资产投资有限公司

【概况】 2016年，厦门市湖里区国有资产投资有限公司（以下简称湖里国投公司）承担了湖里区征地拆迁、新发展用地建设、道路景观整治、老旧小区改造提升、市政配套工程代建、自营项目建设、资产管理等工作，完成投资额13.73亿元，完成同期计划的106.57%，实现经营收入2亿元（含投资收益），上缴利税2000万元，利润总额5400万元。其中：征地拆迁项目30项，完成投资额6.35亿元；代建项目160余项，完成投资额6.48亿元；自营项目1项，完成投资额0.9亿元。

【征地拆迁】 2016年，湖里国投公司参与并具体实施的征迁项目涉及湖里区6大片区征地拆迁指挥部、5个街道办，包含轨道交通（1、2号线）、两岸金融中心核心启动区（一、二、三期）、鳌山路、第二西通道、弘爱医院、心脏中心、湖里影剧院等新旧征迁项目30余个，基本实现了“超序时进度完成任务”的总体目标。是年，片区计划征地35.85余万平方米，完成34.08万平方米。公司完成总征地任务近38.35万平方米，占全年任务的106.96%；完成拆迁43.62万平方米，占全年任务的127.99%，支付补偿款等约6.35亿元。

【社区新发展用地建设】 2016年，湖里国投公司负责8个社区新发展用地项目的前期手续报批、设计及后期建设等工作，完成投资18000万元。其中：枋湖社区发展中心项目（一期）正进行室内外装饰工程施工；后埔社区发展中心（一期）南楼已完成招商，北楼及三期施工中；五通社区发展中心、湖边社区发展中心、高林—金林社区发展中心等6个新发展用地项目配合社区陆续展开工作。

【房建工程项目建设】 年内，湖里国投公司有房建工程项目12个，完成投资11075.88万元。其中，马山安置小区地下停车场改扩建工程项目完成竣工验收；区职工文体中心项目基本完成围护桩施工；禾盛社区服务中心项目完成土建部分工程量约90%；仙岳山公园西北入口停车场项目正进行地上青苗补偿洽谈工作；湖里特殊教育项目正在办理红线、方案批复；禾山街道党群活动服务中心、社会组织服务园项目已完成装修部分初验工作；老

5月，国投市政公司代建的鳌山路景观综合整治项目完工（官珊珊　摄）

年日间照护中心项目已完成工程量50%，因居民阻挠暂停施工；枋湖社区服务中心项目已取得划拨决定书，正办理工程规划许可证；坂尚社区服务中心项目正配合社区开展拆迁工作。

【市政道路工程项目建设】 2016年，湖里国投公司负责21个市政道路工程，完成投资7171.10万元。其中，枋湖东路、枋湖西路、兴隆路、悦华路、长岸路等17个项目完成竣工验收；两岸金融中心（湖里片区）A组团启动区市政道路一、二期工程2个项目施工中；仙岳公园西侧道路正在进行前期准备工作。

3月，国投市政公司代建的湖里区首条道路（兴隆路）绿地喷灌系统投入使用（江海霞　摄）

【绿化提升】 年内，湖里国投公司负责的绿化提升工程有18个，完成投资6856.43万元。其中，岐山路、安岭路、木浦路、马卢奇路、钟宅西二路、钟智西三路，缔元社区公园，儿童医院二期及鳌山路等项目施工基本完成；兴隆路、华昌路景观提升等项目正在施工中。

【老旧小区改造项目】 2016年，湖里区老旧小区改造项目有12个，完成投资655.57万元。金鸿花园、吕岭花园、吕岭小区等改造工作有序推进。

【夜景工程建设】 年内，湖里国投公司负责夜景工程9个，完成投资3722.68万元。其中：五缘湾、湖边水库片区夜景工程C标段，湖里高新技术园区夜景工程一期，机场北片区、仙岳路沿线（江头段）夜景工程，仙岳路沿线（金山段）、湖边水库及高林居住区夜景工程等4个项目已完工。

2016年1月，国投市政公司代建的湖里区首个利用居民房前屋后绿地建设的民生公园——缔元社区公园正式投入使用（詹泽春　摄）

【道路绿化带和绿化雾喷系统建设】 2016年，湖里国投公司有道路绿化带和绿化雾喷系统建设工程6个，完成投资354万元。其中：海天路、南山路、南山西路4个道路绿化雾喷系统建设工程完成竣工验收；枋钟路、环岛干道2个喷灌改造项目暂缓。

【公园景观改造提升】 2016年，湖里区公园景观改造提升工程有15个，完成投资3028.65万元。其中：龙头山公园等2个项目正办理前期手续；虎头山公园等6个项目施工中；佛祖山公园绿化、休闲设施提升等4个项目完成竣工验收；薛岭山公园管理用房及书院（含地下停车场）项目正开展前期工作；2个项目暂未启动。

【景观综合整治】 年内，湖里区景观综合整治工程有4处，完成投资302.95万元，均完成竣工验收。

【绿化、市政及夜景管养】2016年，湖里区绿化、市政及夜景管养等工程有11项，完成投资3740.08万元。涉及市政道路200多条，绿地管养163条。

【自营项目建设】年内，湖里国投公司自营项目——国投商务中心完成投资9000万元。至年底已施工至地上14层。项目招商工作同步推进，已完成招商方案初稿、《商品房买卖合同》条款内容初稿、预售方案初稿，并多渠道进行项目招商宣传，就项目商业部分合作事宜，与意向客商进行深入洽谈。此外，密切跟进湖里创新园408地块、两岸金融中心核心区启动区11-1地块挂牌事宜。

【资产管理】2016年，自贸区内已收储办公楼、厂房9.97万平方米。全力推进收储区域的改造及招商引资工作，其中，两岸集成电路产业基地已入驻或待入驻企业有90家，意向企业67家，总注册资金7.41亿元。是年，管理经营性资产198处，租金总收入3692万元。其中，自有资产6处，建筑面积6.2万平方米，租金收入1791万元，比上年增长5.85%；代管资产192处，建筑面积10.7万平方米，租金收入1901万元，比上年增长17.42%。

【子公司运行】年内，湖里国投公司下属全资子公司运行平稳，不断发展壮大。其中：禾丰征迁公司经营收入1000万元，利润277万元；物业公司经营收入1340万元，利润146万元；停车公司经营收入990万元，利润53.6万元；金融城公司经营收入396万元，利润173万元；水上乐园公司经营收入199.93万元，利润103.32万元；国投市政公司经营收入813万元，利润91万元；国投旅游公司经营收入19.08万元。湖里保安公司经营收入15000万元，利润798万元。

（施维娟）

厦门市天地开发建设有限公司

【概况】厦门市天地开发建设有限公司（以下简称天地公司）于1993年6月随着厦门市政府对江头片区进行旧城改造应运而生，是湖里区区属国有企业、国家二级房地产开发企业，主要从事旧城改造、新城区建设、重点项目代建和商品房开发。2016年，累计完成投资8.3亿元，上缴税收4.05亿元，取得较好的经济效益和社会效益。

【转型发展】2016年，天地公司的组织机构、业务和人员发生了一些重大变化，将钟宅旧村改造项目整体移交禾山建发公司管理，将同安工业集中区湖里园项目整体移交同安区政府管理，将下属征迁公司业务和人员整体移交区国投公司管理；同时，成立厦门市天地股权投资有限公司、厦门天地产业园区管理有限公司、厦门天地供应链管理有限公司，合作成立了合肥天沐房地产有限公司、厦门五通金融商务区开发有限公司，厦门金融城开发有限公司业务和人员由区国投公司整体移交天地公司管理。

【乌石浦旧村改造】年内，乌石浦旧村改造除倪氏祖墓未迁移交地，许素华等2户房屋和陈延海4间店面未搬迁交房外，其余拆迁扫尾工作基本完成。乌石浦花园一期施工图审查完成；乌石浦花园二期施工许可证办理完成，施工单位已进场。22万伏缆化完成环评、节能报审工作，进入施工图审查阶段；11万伏缆化除台湾山庄内接头工井未施工外，其余管线埋设完成。乌石浦拟出让地块土方外运顺利完成，为后续该地块挂牌出让奠定基础。乌石浦一号路、乌石浦路（西段）8月复工，基本完成主要专业管线迁改。因区政府提出天地幼儿园项目增建两层地下室，项目估算总投资从原来的2800万元增加到1亿元，需重新办理立项。

【征地拆迁】2016年，区政府下达给公司征迁任务17项，涉及应征地5.11余万平方米，应拆迁房屋6.74余万平方米。截至12月底，累计完成征地近7万平方米，完成任务的137%；累计完成拆迁房屋7.3万平方米，完成任务的108%；其中高新园纵三路、忠仑公园BRT应急匝道等6个项目完成本年度征迁任务，乌石浦旧村改造项目也基本完成；剩余10个征迁项目于11月15日随天地征迁公司划转移交区国投公司负责实施。

【湖里创新园建设】5月初，创享天地、创新驿站两个重要公建配套建设完成并投入运营，园区封闭管理试运行基本正常。园区交通组织提升规划成果已确认，东西大门潮汐车道改造完成，车流、人流通行更加有序；中水处理站试运行正常，基本满足公共景观带及道路绿化浇灌用水要求。“莫兰蒂”台风后，在工程部、物业公司等部门的共同努力下，各项灾后重建工作快速展开，园区在最短时间内恢复正常生产、生活秩序。纵三路中段已取得用地红线批复，并完成施工图审查。横一路东段完成前期报建手续和施工、监理招标。

【大力发展湖里创意园】2016年，湖里创意园签约及意向入驻企业36个，众创空间入驻团队16个，业态包括工业创意与设计、服装设计、家居设计等。兴隆创客公社签约房间280间，商铺6间，办公室

2间。天地公司与联发集团联合成立创意园运营公司，致力于把园区打造为有底蕴、有创意、有活力、有魅力的现代化综合新城区。

【五通金融商务区建设】 1月，天地金融港主体工程完成结构封顶，土建、水电安装分部工程完成工程量的95%。项目招商工作也已提前谋划。天地公司与金圆集团合作成立“厦门五通金融商务区开发有限公司”，双方的合作将增强国有企业活力，开启厦门五通金融商务区建设的“加速度”。核心区（一期）项目征迁工作全部完成；核心区（二期）项目进入扫尾阶段。五通金融商务区一期市政道路横二路（国贸段）路面年底开放通车。

【推进安溪工业集中区湖里园建设】 2016年，安溪工业集中区湖里园开发建设4个项目，总投资2.5亿元，已投入2.15亿元。其中，一、二期通用厂房和配套的天地金谷商务中心一期完成竣工验收；蓝领公寓一期1#、2#楼主体完成砌体工程。首批签约6家企业中，3家完成工商注册，其中2家进场施工，1家启动地勘。S206省道拓宽改造，4条区间道路已经完工，横二路开工建设，同时，供水管网启动改造，配电站已经建成。

【代建项目】 2016年，金林湾花园A区A1、A2完成主体预验收。殿前卫生综合楼工程11月开标，12月底完成施工许可证办理工作。县后小学二期扩建项目11月开标，12月底完成施工许可证办理工作。金福缘安置房配套项目主体工程10月竣工验收，准备进行单体移交。

【自营项目】 天地公司与国贸集团合作项目国贸新天地全年认购住宅1套、店面34间、车位183个；国贸天悦全年认购住宅725套、车位581个。6月，天地公司再次携手国贸集团联合竞得合肥市庐阳区四里河N1603号地块使用权（土地面积约12.8万平方米），双方在合肥市合资注册“合肥天沐房地产有限公司”，并取得“国贸天成”立项批复。

【基金股权投资】 年初，“厦门市天地股权投资有限公司”正式成立，在最短时间内组建和充实了投资管理团队，投资团队多次赴上海、北京、武汉等地实地调研，寻找优质投资项目。年内，直投业务共投资5个项目，投资额4876万元，实际出资4723.5万元。是年，投资2个基金，合计认缴出资6000万元，实际出资4000万元。

【资产运营】 年内，公司管理经营资产总租赁面积17万平方米，资产租金及其他收入6319.79万元，比上年增加约205万元。以天地雅园为试点打造湖里创新园配套“互联网+”青年创客公寓。11月15日，Uone天地样板房正式上线，市场反响强烈，备受多方瞩目。

【金砖会晤筹备】 2016年，天地公司成立了金砖会晤筹备工作领导小组和项目工作组，全力推进殿前坡屋顶改造提升项目。该项目涉及房屋2454栋，需改造的屋顶面积约25万平方米。天地公司作为国企代建单位，不等不靠、主动作为，举全公司之力做好金砖筹备工作。

【子公司经营】 2016年，厦门天地物业公司、厦门市湖里和诚物业公司重点推进改制合并工作，11月8日召开职工代表大会，审议通过了2家物业的《改制方案》及《职工安置方案》，2家物业于12月改制完成，分别更名为厦门天地物业有限公司、厦门市湖里和诚物业有限公司。2家物业公司是年营业收入7233万元，比上年增长23%；全年利润总额1883万元，超额完成了总公司下达的考核指标。是年，厦门市开江建材开发有限公司营业收入2223万元，比上年增长14%；全年利润总额1296万元；继续推进APP商城及公众号营销，手机商城的消费参与客户达到3200余人，微官网达到5万的粉丝量。

【抗击“莫兰蒂”台风】 9月15日，“莫兰蒂”台风袭境后，天地公司在党总支牵头下，党员、干部员工清理树枝及生活垃圾1600车，扶正倒伏树木2万株，抢救电梯100部，解救电梯受困人员10起32人，完成475万平方米受灾区域的抢险救灾工作，并派出油锯突击队支援湖里区各街道救援工作。在区委、区政府，区委宣传部，区财政国资党委等各级表彰大会上，天地公司及物业公司多次被授予抗击“莫兰蒂”台风及灾后重建工作先进单位称号，陈圣志等34位同志被授予“先进个人”。

【党群建设】 2016年，天地公司认真组织，积极开展“两学一做”学习教育活动。组织广大党员深入学习“党章”“准则”和“条例”等党的法规，推动“两学一做”向纵深发展，提升基层党建工作整体水平。健全党建责任考核机制，推动基层党组织建设，积极开展各类党支部党员活动，进一步强化党员责任担当。深化提醒教育，对干部存在的苗头性问题早发现、早提醒、早纠正。进一步规范“三公”经费使用及企业负责人履职待遇和业务支出。在公司中层以上干部范围内开展违规收受红包和领导干部亲属经商办企业问题专项清理检查工作，并及时上报上级党委和区纪委。完成党费补缴工作。

（蔡蕾薇）

国家税务

【概况】厦门市湖里区国家税务局（以下简称“区国税局”）负责湖里辖区国税纳税人的税收征管与服务，行使辖区内全职能税务征收管理职责。2016年，区局设立1个副处级稽查局和16个科室，其中：7个机关职能科室、1个纳税服务科、3个基础税源管理科室、3个应对风险管理科室，稽查局下设执行科和检查科。区国税局有在职在岗人员278人，其中：干部159人、职工117人、非编2人，平均年龄39.4岁，本科及以上学历150人。是年，组织税收直接收入558539万元，比上年增收175554万元，增长45.84%，税收收入再创历史新高。年内，国家税务局党总支获“全市国税系统先进基层党组织”称号。

【服务经济发展】2016年，区国税局大力支持总部经济发展，配合政府招商引资，为总部经济提供绿色通道，提供预约定制化涉税服务，进一步落实国家结构性减税和各项税收优惠政策。欣贺、乔丹、中绿、恒安投资、361度公司共入库6.51亿元，仅5家企业就占全部税收收入的11.66%，总部经济发展态势良好，极大带动地方经济发展。积极落实小微企业税收优惠政策，按季度筛选小微企业申报数据，对应享未享情况及时核实办理退税，是年，落实小微企业增值税优惠71451户次，减免税7491万元；落实小微企业所得税优惠2171户次，减免税1385万元，政策实际受惠面达100%。落实出口退（免）税管理工作规范和分类管理办法，强化生产企业免抵退税审核工作，做到出口退税“当月申报、当月审结”，办理出口退税6亿元。坚持依法征税、应收尽收，坚决不收过头税，坚决防止和制止越权减免税的组织收入原则，按照税法及有关规定办理减免退税、误收退税、汇算清缴退税等各项其他退税8181万元。

【依法治税】年内，区国税局立案105件，查办结案83件，查补入库税款1132万元，着力打造公平公正税收法治环境。11月，区国税局与区地税局、湖里公安分局联合设立“区公安局派驻税务联络机制办公室”，加强税警信息资源共享，强力打击涉税违法犯罪，有效维护税收秩序。年内，税收执法督察开展过程中发现问题36户次，税收执法疑点核查开展过程中核查609条执法疑点，追究相关执法过错责任，给予批评教育81人次。加强内控机制建设，开展金税三期工程内控内生化情况调查，组织相关科室对1731条流程监控，按要求进行逐项检查。

【推进“便民办税　春风行动”】2016年，区国税局持续优化办税服务厅环境建设，为缓解“营改增”申报、金税三期上线等业务带来的压力，区局充分利用资源推进办税服务厅建设，加强纳税服务工作，增设了营改增专项厅、自助申报厅、应急服务厅等3个办税厅。在“营改增”专项厅，增设13个办税窗口，“营改增”期间为纳税人一次办结文书受理审批、税控发行、发票发售等工作，“营改增”后期增设申报预审专岗、申报辅导岗，为纳税人提供便捷高效的服务。取得区政府支持，在湖里创新园区内积极筹建国地税联合办税厅，从最大化便利全市纳税人的角度出发，深度整合湖里区国地税办税服务资源。完善“同城通办”服务体系，在原有49项涉税业务同城通办的基础上扩大到136项，对照纳税服务规范和征管规范要求，落实全市通办业务范围。向辖区内“营改增”纳税人邮寄“大礼包”，送出政策解读宣传册、办税温馨提示、办税流程图等材料，邮寄派送累计52382件次。围绕“营改增”政策解读、“纳税信用管理”、无纸化办税等内容，开设67场纳税人

11月22日上午，湖里区公安分局派驻税务联络机制办公室揭牌成立（蔡令晗　摄）

学堂以及纳税人学堂直播互动课。

【创新税收服务举措】 2016年，区国家税务局推进“互联网+税务”，从纳税人体验出发，大力推行限时办结、预约办理、延时服务、24小时自助办税等便民举措，并完善配套设施。全面推行无纸化办税系统、电子发票，鼓励纳税人通过网络途径申报纳税，辅导网上办税操作流程，发放申报表填报指引，打造居家型、网络化、自助式办税新模式。推行“二维码”一次性告知制度，在全市推行“二维码一次性告知”的服务中，梳理6项“非业务事项”，236项“业务事项”，并推出“大厅流量扫码早知道”服务，实现纳税人指尖办税。在营改增专项厅推出“自助发行一体机”，对原自助办税终端进行了硬件改造和软件升级，实现税控设备发行业务自助服务，大大提高办税效率。纳税人申报、缴税、发票领用以及90%以上的文书审批，均可全程网上办理。提高预约服务室服务水平，分批次将辖区1032户纳税信用较高的重点税源企业和区政府表彰企业列为预约服务对象，为企业“量体裁衣”，制定个性化的咨询辅导服务，吸引更多的重点税源企业落户湖里。联合区地税局设立区商会、航空商务广场、红星美凯龙商场等8个纳税人权益保护中心，受理纳税人建议和诉求。打造集电话、现场辅导、微信公众号宣传和实地走访辅导为一体的服务体系。在联合建设银行厦门分行、光大银行厦门分行的基础上，进一步与厦门多家中资商业银行开展“税银互动”服务合作项目，扩大“税易贷”税银合作金融服务平台。与区地税局联合在云创智谷移动互联·智慧电商产业园成立支持创业创新税收服务基地，设有创业创新志愿服务站、纳税人学堂、纳税人维权分中心、税收服务工作室等四大功能，为创客提供综合式服务。

【队伍建设】 年内，区国税局以队伍建设为核心，培植国税特色文化，强化领导班子和队伍建设，把加强干部职工队伍建设放在重要位置，全面加强教育培训、充实干部队伍、规范选拔任用。搭建内部学习交流平台。积极创新教育培训方式，制定多层次、多渠道的干部培育计划。重视青年税务干部的思想引导，通过搭建“青蓝助苗工程”青年干部成长平台和“师带徒”培育平台，实行干部个人业绩等级制度和青年成长积分计划，制定关于加强年轻干部培养选拔工作的意见，加大年轻干部的培养。同时，采取挂职锻炼、轮岗交流和交叉使用等方式，促进干部实践锻炼，有效激发了干部队伍活力。以理念引导推进组织建设，以税务文化浸染思想，注重体现人文关怀，通过开辟湖里国税文化园地、开设核心理念工作展示厅、组织各类兴趣小组、加强阅览室建设等方式，引导干部积累学习兴趣，提高综合素质。以党组织为核心，建立党群工作协调机制，进一步发挥党组织的号召力和群团组织的创新活力，积极调动党、团、工、妇等组织力量，组织趣味运动会，篮球赛、羽毛球赛等活动，丰富干部业余生活，倡导健康向上的生活理念。

（钱晓筱）

8月3日，湖里国税局与地税局联合在云创智谷设立税收服务基地（刘一婷 摄）

地方税务

【概况】 2016年，湖里区地税局以组织收入工作为中心，坚持依法征税，不断提高税费征管质效，圆满完成全面“营改增”、金税三期上线运行、深化国地税合作等重点工作任务，全年累计组织各项收入96.91亿元，比上年增收5.71亿元，增长6.26%。其中，税收收入60.19亿元，比上年增收2.13亿元，增长3.68%；社保费收入34.01亿元，比上年增收3.61亿元，增长11.87%。地税部门组织入库的湖里区级财政收入15.55亿元，占区级财政收入的39.63%。12月26日，区地税局深汇办税服务厅停止对外服务，所

2月26日，举行厦门地税局金税三期试点业务培训（刘宏达　摄）

有涉税费业务合并到枋湖办税服务厅办理；湖里分局的办公地址搬迁至区地税局业务综合楼。

【税收法治】 2016年，区地税局规范行使行政处罚自由裁量权，共查处各类处罚案件1190件。开展重大涉税事项审理12户次。规范审批行政许可类事项，加强对取消和下放税务行政审批项目落实情况的监督，做好后续管理和备案工作。开展规范性文件清理，失效和废止规范性文件4份。是年，共办结涉税举报案件9件，补缴滞纳金和罚款合计0.7万元。开展打击发票违法犯罪活动，查处非法取得发票违法户70户，非法发票6417份，补缴滞纳金和罚款合计28.76万元。

【全面开展“营改增”工作】 年内，区地税局依托国地税征管联动机制扎实做好管户信息移交，推进征管衔接、地税发票清理缴销等各项工作，在办税服务厅设置“代开发票”专用柜台和增值税发票销售专柜，专门负责私房出租增值税发票代开和“营改增”纳税人增值税发票销售工作，顺利实现全面营改增试点的衔接过渡。全年共代开增值税发票8310份，代征私房出租增值税款389.26万元。

【成为金税三期系统双轨试点】 2016年，市地税局将湖里区地税局定为金税三期双轨运行的试点单位，自3月起，全面开展试点工作。区局全员动员，全面保障，强化人员培训，坚持改革创新，积极主动完成双轨工作的业务量要求，及时提炼总结试点过程中遇到的问题，整理出双轨工作注意要点，作为其他单位上线的参考指导，充分发挥试点单位的示范作用，为金税三期在全系统正式上线运行奠定了坚实的基础。在双轨试点顺利实施的基础上，7月1日实现金税三期系统单轨上线、平稳运行。

【落实税费减免政策】 2016年，区地税局落实支持结构调整、创新创业、困难帮扶等税费优惠政策，全力支持企业发展和供给侧结构性改革。是年，全区有7295户纳税人享受各类税收优惠政策，减免税款86341.26万元，其中，企业所得税减免75660.51万元，土地增值税减免4953.82万元，营业税减免1711.30万元。执行社保费减负政策，全年为企业减负46629万元，服务民生保障，帮扶企业可持续发展。

【国地税合作】 年内，湖里区国地税围绕营改增、金税三期、国地税征管体制改革等重点工作任务，立足于纳税人的实际需求，以扩展合作内容为主线，以整合服务管理资源为载体，落实联席会议制度，共同制定工作规划和实施方案，及时协调解决合作中遇到的困难和问题，共建立六方面18项联合举措，共同推动服务深度融合、执法适度整合、信息高度聚合，有效提升税务干部和纳税人的认同感和获得感。

【纳税服务】 2016年，区地税局加强办税服务厅规范化、标准化建设，整合枋湖、深汇办税服务厅，通过合理配置窗口人员提高办税效率。落实二维码一次性告知制度，实现一次性电子化告知。加强税费宣传辅导，积极打造“互联网+”的宣传渠道，充分运用微信、微博等公众平台，加大政策推送力度，全年共推送微信274期。举办各类培训49场，受训纳税人8000多人次。开展第25个全国税收宣传月税收宣传活动，以“聚焦营改增试点　助力供给侧改革”为主题开展了10项宣传活动。结合“问需求、优服务、促改革”活动，深入了解纳税人的意见和建议，收集纳税人正当需求52件，其中46件已办理。完成对辖区内25821户纳税人的等级评定，共评出A级纳税人1465户。

【税收征管】 2016年，区地税局强化税源管控力度，全程监控房地产开发企业的土地增值税申报入库情况，完成9个清算项目的审核，入库土地增值税119323.14万元；组织开展2015年度企业所得税汇算清缴工作，汇算清缴率达97.93%，入库71399.3万元，比上年增收45714.93万元，增长178%；开展2015年独资合伙企业个人所得税汇算清缴，汇算清缴455户，入库个人所得税230.52万元；完成年所得12万元以上个人所得税自行纳税申报工作，受理6281人，申报率达100%。深化税收风险防控，推行《纳税评估预案书》制度，建立纳税评估机构与风险控制中心协调反馈机制，团队式纳税评估机制，评估成果运用机制，全年开展纳税评估471户次，发现存在问题的172户，补缴滞纳金及罚款入库3877.31万元。加强欠税欠费清缴，联合区国税局发布欠税公告，对欠税企业积极采取检查银行账户余额、扣缴存款等措施，至年底，欠税余额比年初压缩15.08%。

6月3日，湖里区地税局在全市地税系统率先组织“两学一做”知识竞赛（陈向群　摄）

【社保费征缴管理】 年内，辖内有社保重点费源户34户，社保费入库29841万元，占全区社保费总收入的8.77%。城乡医疗保险参保2753人，缴费收入1981.75万元；城乡养老保险参保近15.25万人，缴费收入110.16万元。组织残疾人就业保障金入库2876万元；工会费代征入库4260万元。从8月开始，对全区范围内的机关事业单位开展基本养老保险和职业年金的征收工作。结合保障参保职工缴费权益，进一步加大社保欠费清缴力度，清理社保欠费19178万元。

【队伍建设】 2016年，区地税局创新管理方法持续推进绩效管理，分类制定个人绩效管理办法实现绩效全员管理，启用《工作任务推送单》强化绩效全过程管理，并建立共性与个性相结合的全方位个人考评体系，被市地税系统评为2014—2016年度绩效管理标杆单位。区地税系统一批单位和个人分别获得总局、省局、市局和区委、区政府授予的荣誉，其中办税服务厅被总局评为“全国税务系统先进集体”，郑重被总局评为“2015年度打击非法发票违法犯罪活动工作成绩突出个人”；江头分局获评“全省地税系统先进集体”、甘倩获评“全省地税系统先进工作者”；杨伟展被授予“第六届厦门市道德模范”；邓奕获评“2015年度厦门市五一劳动奖章”。

（熊金华）

教育

教 育

【概况】 2016年，全区有公民办幼儿园105所，在园幼儿26994人，小学44所（含九年一贯制学校5所），其中民办17所，在校生53188人，全区小学学龄人口入学率100%；中学7所（其中完中2所），在校学生16057人。全区教师2998人，研究生学历4.7%，大学学历72.7%，大专学历19%。高级职称9.6%，一级职称39.8%，二级职称42%，三级职称3%。是年，新增康乐新村幼儿园塘边分园、五缘第二实验幼儿园，新增学位900个。推动高林中心小学、县后小学二期、湖里区特教学校等5个中小学新改扩建项目和东渡和通里幼儿园、金林湾配套幼儿园等6所幼儿园项目前期工作。投入1180万元对民办学校实行办学绩效考评。投入300万元扶持校园足球学校、250万元用于各项校园体育活动、100万元用于校园艺术活动，至年底，湖里区有国家级校园足球特色学校14所。康乐小学、禾山中学、湖里中学等学校多次代表厦门市和福建省参加各级各类的体育赛事并取得了优异成绩。中考质量评估值居各区首位。4月，获教育部“全国社区教育示范区”称号。

【聘请华东师大、福师大专家团队把脉湖里区教育】 2016年，湖里区聘请华东师大、福师大专家团队对13所中小学进行跟踪指导，主要通过学校反馈、专家诊断、专题讲座、教学示范、课堂指导等形式展开，帮助学校提炼办学思想，推动品牌学校建设。是年，接受指导的学校理清办学思路，提炼出办学指导思想，初步呈现出教改主题校本化、学科化、多模化。

【教学管理】 年内，湖里区教学管理采取多项新举措。出台《湖里区中小学教学研训先进校评估方案（试行）》。是年，评选产生康乐小学、湖里第二实验小学、湖里实验小学、江头中心小学、翔鹭小学、康乐第二小学、蔡塘学校、湖里区教师进修学校附属小学、江头第三小学、乌石浦小学、钟宅民族小学、湖里中心小学12所“湖里区首届小学教学研训工作先进校”并进行了表彰。制定出台《湖里区中小学教师校际交流实施方案》，是年，完成98名中小学教师的校际交流工作。10月，通过“全国义务教育发展基本均衡区”的国家复检。12月，顺利通过全省首家“全国中小学校责任督学挂牌督导创新区”的省级评估验收。

【党建宣传】 2016年，湖里区开展教育系统“两学一做”学习教育活动，集中学习148场，专家辅导25场。开展“三微”征集活动，收集上报微党课86场、微心语186条、微故事75个、手抄入党誓词70份。是年，投入90万元宣传经费加强区教育工作宣传。截至年底，在《厦门日报》《厦门晚报》发表20版专题报道，区教育系统各公民办中小学、幼儿园、区教育局微信公众号推送微信216条，学校在其他自媒体宣传89条。组织机关干部、校（园）长、书记、校园总务主任等重要岗位、关键岗位人员3批166人，参观厦门市党风廉政建设教育基地。对省委巡视组、区委第七检查组反馈的问题及时整改，明确责任单位及整改时限。起草完成《关于修订落实党风廉洁建设主体责任和监督责任实施意见的通知》《中共湖里区委教育工作委员会中心组理论学习制度》《关于重要岗位干部定期轮换实施办法》《财务管理制度》《教育系统车辆管理制度》《关于规范校长书记职责分工的意见》《关于调整内部控制规范领导小组的通知》等7项管理制度。加强对学校采购修缮工作的管理，完善内控机制，制定出台《湖里区教

1月26日，省教育厅综治安全考评组一行莅临湖里区考评2015年校园综治安全工作（区教育局供图）

育局加强修缮工程与设备采购管理办法（试行）》并印发各学校。

【省教育厅考评组莅临湖里检查校园安全工作】 1月26日，省教育厅综治安全考评组一行在市教育局安全保卫处处长徐金生的陪同下，莅临湖里区考评2015年校园综治安全工作，区政府副区长戴宗垒，区教育局副局长吴雪慧、朱觉及机关各科室负责人参加汇报会。汇报会上，戴宗垒首先作情况介绍，朱觉围绕2015年校园安全工作进行全面汇报，随后考评组详细查阅了安全内页资料。汇报会结束后，考评组一行来到湖里实验中学、禾山中学，检查学校安全内页资料，实地查看了保安室、食堂等重点部位安全防范情况。

【金尚中学被评为2016全国百所最具特色中学】 1月16日，2016《全国百所最具特色中学》暨第三届“全国最具特色中学”发布会在北京大学举行，湖里区的金尚中学以心理健康教育的特色入选。其入选的标准是：“学校特色突出、学生覆盖面广、特色具有内涵，特色有利于素质教育、特色具有推荐价值”。本次活动由中国百强中学网、全国特色中学联盟、教育品牌实验室联合国内十余家教育媒体共同推出。

【区长徐国庆带队调研教育工作】 3月9日下午，区长徐国庆带队在教育局长吴雪慧的陪同下，调研走访了蔡塘学校、金安小学和秀德幼儿园。一同调研的还有湖里区委副书记黄炜，副区长林充贺、戴宗垒以及区政府办、区财政局、区编办、区发改局等单位的主要领导。

【湖里区少体校在全国少儿乒乓球比赛中获得优异成绩】 3月30日，为期一周的“红双喜·四环杯”全国少儿乒乓球比赛结束。湖里区少体校代表队获得了优异成绩。由李乐仪（湖里中心小学）、王莹莹（进修二附小）、陈萱萱（江头中心小学）、黄诗琦（安兜小学）组成的女子丙组获团体第三名；由林子龙（湖里中心小学）、罗伟仁（江头中心小学）、李海扬（湖里实验小学）组成的男子丙组获团体第七名；李乐仪获女子丙组单打第三名、陈萱萱获第八名。

【湖里幼儿园在湖里公园开展学前教育宣传月活动】 5月26日，湖里幼儿园在湖里公园开展学前教育宣传月活动。本次活动与湖里街道社区宣传服务活动相结合，由厦门市湖里幼儿园副园长、园级专业教

3月9日，区长徐国庆带队走访了蔡塘学校、金安小学和秀德幼儿园（区教育局供图）

9月9日，湖里区召开庆祝第32个教师节表彰大会（区教育局供图）

师和团支部组织开展。活动现场张贴了宣传海报，设立了“幼小衔接”主题咨询台。

【举办2016暑假校长、书记培训班】 7月5—7日，区委教育工委在厦门市委党校组织了一场全区中小学、幼儿园校（园）长、书记培训班，有110名书记、校长参加培训。7月6日上午，市委党校老师牛君作《全面推进从严治党，构建正风肃纪新常态——新“准则”“条例”修订解读》专题讲座。市教育局纪检监察室向雪生讲授《基层学校如何落实党风廉政建设主体责任和监督责任》。

【召开庆祝第32个教师节表彰大会】 9月9日，湖里区在区政府信访大楼四楼会议室召开了庆祝第32个教师节表彰大会。湖里区委书记林建，区委副书记、区长徐国庆，区政协主席林凡，区人大党组书记黄炜，区委副书记林重阳，副区长戴宗垒及各相关部门领导及公民办中小学幼儿园校、园长出席大会。大会表彰582名先进个人和19个先进单位。

【裴金佳市长视察湖里区教育系统灾后重建工作】 9月17日，厦门市市长裴金佳一行在厦门市教育局局长赖函、湖里区委书记林建、区长徐国庆、区政协主席林凡、副书记林重阳、副区长戴宗垒以及湖里区教育局局长吴雪慧陪同下，来到厦门市湖里第二实验小学了解“莫兰蒂”台风受灾及灾后自救重建情况。首先市长一行听取了校长吴丽凤对灾后重建情况的汇报。灾情发生后，在吴丽凤的带领下，共有50多名教师及家属，100多名爱心人士投入到抗灾重建的工作中，另有10余名义务交警也积极帮忙重建。截至16日下午，学校被毁树木及玻璃碎渣已基本清理完毕。听完汇报，市长对湖里区灾后反应迅速，积极组织广大党员干部开展自救重建工作给予充分肯定和高度评价。

【区教育局召开学校防御第17号台风“鲇鱼”工作部署会】 9月27日，湖里区召开教育系统防台工作会议。会议要求：14号台风过后，部分校园文化设施松动，一些学校窗户还未加固完成，要加强力量，对各类户外牌匾、窗户、幕墙、阳台物品进一步做好加固清理，避免坠落伤人。在建工地的塔吊和脚手架要适时停止作业，按规范要求处理。区长徐国庆表扬了湖里区教育局工作的及时性及前瞻性。

【2016—2017学年第一学期湖里区幼教工作会议召开】 9月29日上午，湖里区2016—2017学年第一学期幼教工作现场会在五缘实验幼儿园召开。区教育局、区教师进修学校部分领导、教师以及来自全区公、民办园园长、老师200多人参加会议。与会人员首先参观了五缘实验幼儿园的园所环境与功能馆、游戏室。与会领导为湖里区新增的4所片区公办基地园授牌，同时为16个片区的片长和副片长颁发新一

9月29日上午，湖里区2016—2017学年第一学期幼教工作现场会在五缘实验幼儿园召开（区教育局供图）

10 月 14 日下午，湖里区委教育工委、区教育局，在区行政中心召开了区教育系统抗台救灾工作总结表彰大会（区教育局供图）

轮聘书。

【湖里区教育系统召开抗台救灾工作总结表彰大会】 10 月 14 日下午，湖里区委教育工委、区教育局，在区行政中心召开了区教育系统抗台救灾工作总结表彰大会。会议由区教育局副局长吴雪慧主持，区政府副区长戴宗垒宣读了表彰决定，区委副书记林重阳作了重要指示。根据《中共湖里区委教育工委 湖里区教育局关于表彰区教育系统抗台救灾先进个人的决定》(厦湖教工委〔2016〕48 号)，授予杨耀东等 70 名同志“湖里区教育系统抗台救灾先进个人”称号。

【湖里区接受“全国义务教育发展基本均衡区”复检】 10 月 14 日上午，湖里区接受了“全国义务教育发展基本均衡区”的复检。国家督学、中国教育装备行业协会会长王富带着检查组成员通过召开座谈会、实地抽查学校、随机访谈和网络问卷调查等渠道对湖里区推进义务教育均衡发展工作做了全面的检查。参加座谈会和网络问卷调查的有人大代表、政协委员、校长、教师和家长代表。检查组从湖里区完中校、九年一贯制学校、初中校和小学中随机抽查了禾山中学、蔡塘学校、湖里实验中学和湖里第二实验小学。检查组成员对各受检校的办学条件和办学水平给予了充分的肯定，对湖里区推进义务教育均衡发展工作所取得的成绩给予高度评价，同时也对湖里区进一步提高区域均衡发展水平提出了宝贵的意见和建议。

【教育部部长陈宝生一行到湖里区调研】 10 月 17 日，教育部党组书记、部长陈宝生一行到湖里区调研。随行调研的有教育部教育督导局局长、国务院教育督导委员会办公室主任何秀超，省政府副秘书长赖碧涛，省委教育工委书记、省教育厅厅长黄红武。市委副书记、代市长庄稼汉，副市长国桂荣，市委教育工委书记、市教育局局长赖菡、湖里区委副书记、区长徐国庆陪同调研。调研组一行到厦门五缘实验幼儿园调研了解湖里区学前教育的办学情况。调研过程中，陈宝生对湖里区幼儿园的办园条件和办园成果表示充分肯定，对湖里区学前教育事业的快速、优质发展给予了高度的评价。

【区教育系统召开“两学一做”学习教育推进会】 10 月 21 日下午，湖里区教育系统召开了“两学一做”学习教育推进会。在推进会上，厦门三中校长、书记陈增武，安兜小学书记何明俊及乌石浦小学校长、书记杨志杰分别从各自学校、各自层面介绍了开展“两学一做”学习教育以来的好做法、好经验。湖里区教育纪工委书记桂德智提了三点意见：一是全面落实基层党建七项重点任务。二是从严从实

10 月 17 日，教育部党组书记、部长陈宝生（前排右二）一行到湖里区调研（区教育局供图）

抓好第三专题学习教育。三是切实加强学校党的建设。四是切实把握好“做的关键”。

【安兜小学场馆“录播室”投入使用】 10月25日上午，安兜小学新的“录播室”投入使用，迎来了湖里区“信息技术能力提升工程”小学语文实践研讨活动。这是一个集会议、舞蹈、录播等功能为一体的高大上场馆，为建设智慧课堂提供了有效依据。

【厦门市火炬学校举办建校15周年庆祝活动】 10月28日上午，厦门市火炬学校举办建校十五周年庆祝活动。活动分为仪式和文艺汇演两部分，市属有关单位领导、联办校一中、湖里区人大、区政府办、区政协、区发改局、区教育局、区财政局、区委统战部、区非公企业工委、区妇联、区商会等各相关部门领导，厦门武警支队、殿前街道办、各兄弟学校、友好单位领导，曾经在火炬学校为教育事业做出贡献的老师和各届校友、学生家长们以及全校师生4000多人参加了活动，《厦门日报》《厦门晚报》《海峡导报》等多家媒体记者也进行了现场采访报道。

10月25—28日，邵庆德在上数学观摩课（区教育局供图）

【举办2016年入伍新教师“我与名师面对面”系列通识培训】 10月5日下午，湖里区2016年新教师们在天安小学图书馆参加了“我与名师面对面”系列通识培训，本次培训特别邀请了福建省名师、厦门市首届专家型教师林睿和福建省特级教师唐晴晓为新入伍的教师作通识培训，培训以亲切自然的“面对面”交流形式进行。出席本次培训的还有湖里区教师进修学校老师王维、天安小学副校长粘雪英、郑红祥与天安小学的教师等，培训由湖里区教师进修学校的王维老师主持。

10月28日上午，厦门市火炬学校举办建校十五周年庆祝活动（区教育局供图）

【邵庆德获福建省2016年小学数学课堂教学优质课堂观摩评选活动第二学段一等奖第一名】 福建省2016年小学数学课堂教学优质课堂观摩评选活动于10月25—28日在泉州市举行，全省各市区选送的20位当地本年度优质课比赛第一名的老师角逐本次竞技，来自全国各地1600多位老师参与本次观摩评选活动。湖里第二实验小学教师邵庆德代表厦门竞逐本次省赛，在20位优秀选手中脱颖而出，以92.33分的高分获小学数学第二学段一等奖第一名。

【举行中国女子围棋甲级联赛组委会捐建湖里实验小学希望围棋教室授牌仪式】 10月30日下午，中国女子围棋甲级联赛组委会捐建湖里实验小学希望围棋教室授牌仪式在湖里实验小学举行，棋圣聂卫平、厦门市政协副主席陈永裕、山西人民出版社总编姚军、洛阳双龙棋局董事长吴亚伟、女子围甲组委会副

10月30日下午，中国女子围棋甲级联赛组委会捐建湖里实验小学希望围棋教室授牌仪式在湖里实验小学举行（区教育局供图）

主任马小曼、厦门市湖里区区委书记林建、厦门市湖里区教育局副局长吴雪慧、湖里实验小学校长陈荣艺、厦门晓丹棋院院长余晓丹以及於之莹、黑嘉嘉、陈一鸣3位女棋手出席了仪式。

【2016年校长培训班在南京举行】 10月26—28日，湖里区在南京启动2016年度湖里中小学校长专项能力提升培训。培训总体由福建师范大学专家指导团队负责课程设置、活动安排与组织实施。主要课程有校长如何确立学校的办学主张——以湖里区4所小学为例，南京金陵中学河西分校、南师大附中新城初中、南京市拉萨路小学、南师大附中4所学校分别介绍了各自的办学特色与管理经验。

【湖里校园开展“11·9”防火疏散演练】 11月9日，湖里区教育局组织区属50所学校7万名师生开展防火疏散演练，幼儿园也同步组织适应性疏散练习。演练前，湖里区教育局机关领导和挂钩干部下校指导。演练过程中，各学校高度重视，开展形式多样的避险教育，按照预案精心组织，3分钟之内基本完成疏散，未发生任何拥挤踩踏，确保安全有序。

【成功举办第13届中学生暨第28届小学生田径运动会】 11月16日上午，中小学生田径运动会在厦门三中田径赛场开幕，湖里区教育局局长吴雪慧，湖里区文体出版旅游局副调研员丁学洲，湖里区教育局副局长朱觉、李可可及机关各科室、中心负责人出席开幕式。全区共有公民办39所学校1000余名学生参加了比赛。经过3天的激烈角逐，最终天安小学、金尚中学、禾山中学分别获得了小学组、初中组、高中组团体总分第一名。

【金尚小学参加市建模竞赛喜获佳绩】 11月13日，金尚小学科学组老师王良英和汪净带领中高段15位学生参加2016年厦门市青少年建筑模型竞赛。“绿野春天”别墅、“巴黎春天”别墅和“缤纷童年”项目参加本次角逐，获一等奖2个，二等奖3个，三等奖4个。

【湖里二实小老师邵庆德获得第18届华东六省一市小学数学课堂教学评比一等奖】 11月16—18日，以“深入开展小学数学课程改革，优化小学数学课堂教学”为主题的第十八届华东六省一市小学数学课堂教学观摩研讨活动在南京举行。来自华东各省、市的专家领导、小学数学教研员和3000多名教师代表参加了观摩研讨活动。湖里第二实

11月13日，金尚小学参加2016年厦门市青少年建筑模型竞赛全体师生（区教育局供图）

验小学老师邵庆德经过层层选拔，以第二学段全省第一名的身份，代表福建省在会上展示了《角的度量》一课。邵庆德语言幽默风趣，课堂灵动自然，设计巧妙精细、富有思想。最终获得了第18届华东六省一市小学数学课堂教学评比一等奖。

【湖里区通过“中小学校责任督学挂牌督导创新县”省级评估】 12月7日，省政府教育督导办副主任、教育厅督导处处长黄建顺带领专家评估组一行8人，对湖里区申报“全国中小学校责任督学挂牌督导创新县”开展省级评估。专家评估组在听取湖里区教育局局长、教育督导室主任吴雪慧关于湖里区创建中小学校责任督学挂牌督导创新县工作情况汇报和厦门市人民政府教育督导室常务副主任陈宏瑶的市级复查情况汇报的基础上，通过查阅相关资料、与责任督学座谈交流、实地走访康乐二小等5所公民办中小学等方式，对湖里区责任督学挂牌督导工作进行全面检查评估。专家评估组认定：湖里区责任督学挂牌督导工作达到省级评估指标要求，建议由省厅推荐上报国家级中小学校责任督学挂牌督导创新县。

（卢欣欣）

福建省厦门第六中学

【概况】 福建省厦门第六中学（以下简称“六中”）占地面积9.76余万平方米，总建筑面积约8.5万平方米。2016年，全校有教职工390人，其中教师350人，特级教师5名、正高教师1名、高级教师128名、中级教师133名；省、市学科带头人23名，省市骨干教师94名，硕士44名。有教学班级102个，在校学生4689名。

【教育教学成果】 2016年，六中围绕“先学后教，少教多学”的课堂教学核心理念，以级备组为单位，研发富有学科特点的课堂教学改革策略。5月27日《厦门日报》报道六中课堂改革成果《“少教多学”不让学生当容器》。是年，高考本一上线率57.8%，本科上线率99.4%；高中会考中信息、政治、历史、地理、物理、化学等学科的及格率均为100%，优良率均为98%以上，其中，地理科优良率100%。

【实施校本研发】 2016年，六中引进现代教育信息技术，把智慧课堂的大数据应用到校本作业的设计、批改和反馈中，实现校本作业的高效运用和精准反馈，为教育教学提供有利抓手。《厦门日报》6月1日报道《改完作业扫一扫，自动生成错题集》，宣传了六中校本作业设计和反馈的新突破。根据学生发展需要和学校、社区的资源条件，制定校本课程建设方案，开发实施创造思维、素质舞蹈、闽南语、生活中的数学、书法、影评、电工、心理健康等十几门校本课程，其中心理健康、英语的外教听说课和素质舞蹈课深受学生的欢迎和社会各界的认可，是校本课程的亮点。

【营造书香校园】 年内，六中盘活图书馆资源，开展丰富多彩的阅读主题活动，营造书香校园。在非毕业班年段开设图书馆阅读课，每周1节，创造各种机会让学生走进图书馆，亲近图书馆，大幅度提升图书的借阅率。依托语文课开展“共读一本书”活动，搭建读书平台，渗透阅读方法，有针对性地培养学生的阅读习惯和能力。举办“读书沙龙”，由学生策划主持，或诵读精彩片断，或交流读书感悟，或品评书中人物，形式多样。每半学期评选一次“阅读之星”和“悦读班级”，激发学生的阅读热情，将阅读活动常态化。

【德育工作】 2016年，通过纪念中国工农红军长征胜利80周年、弘扬“嘉庚精神”为契机开展系列教育活动，解读核心价值观的内涵，促进师生共同成长。以“美丽厦门·共同缔造进六中”系列活动为推手，打造美丽六中。教室、楼道、墙壁悬挂张贴着老师及学生最新撰写的格言警句。六中把“过程评价”与福建省正在推行的综合素质评价改革结合起来，利用正在推进的“智慧校园”契机，研发和完善综合素质评价网络化平台。本学期，六中迎接大批到校参观的省内外学校参观团，来宾对过程评价产生浓厚的兴趣。由德育处主笔的《过程评价让学生从文明他律走向文明自律》一文在《福建基础教育研究》上发表。学校开展“书香校园”读书节系列活动：经典诵读比赛、学生格言创作、家训家风、姓氏源流知识征集比赛。本学年根据学生的阅读数量和内容评选“阅读之星”，教师党员和学生结成读书小组，指导学生读书，作为校长助理的学生开读书报告会，分享读书心得。继续推进学生素质N个百分百的认证制度。

【艺术教育】 2016年，学校设有舞蹈队、话剧社、合唱队、管弦乐队。4月，在全国第五届中学生艺术展演上，舞蹈《小草》和朗诵《八声甘州》分获舞蹈和朗诵一等奖。5月，六中混声合唱团举办专场音乐会及2017元旦鼓浪屿新年音乐会。

【体育教育】 年内，高中女子足球队获得2016年市校园足球中学联赛高中女子组冠军；高中女子健美

8月，蔡炜桢获得第十届中国青少年科技创新奖（六中供图）

操队获“青岛2016亚洲大众体操第五界全国全民健身舞大赛”的中学组自选有氧操第一名；在厦门市中小学篮球锦标赛上，六中高中女子篮球队获得高中组全市第三，同时参加省联赛，获得三等奖。六中成为厦门市首批“足球特色校”。10月，在福建省啦啦操花球规定和自选两项比赛中，六中代表队双双获得冠军。

【教研工作】 年内，六中举办了10场青骨班教师论坛，青骨班二期已经结业，第三期进入结业材料整理阶段，第四期已经进行8期的教师论坛，即将进入实践整理阶段。获“一师一优课”部优7人，省级课题结题5个，区级（市属）结题6项；是年，省级立项2个，市级立项12项。有100篇论文在CN级刊物发表，其中有5篇论文在核心期刊发表。

【科技比赛获奖】 2016年，六中获得科技创新和机器人比赛奖项50项，其中：国际级奖3项、国家级奖7项、省级奖10项、市级奖30项，获得专利6项。在5月15日结束的第67届国际青少年英特尔工程与科学大奖赛（ISEF）上，蔡炜桢、颜明的高中集体项目《带碟刹无线蓝牙遥控电驱动滑板》（Electric Skateboard with Disk Brake and Bluetooth Remote Control）获机械工程学三等奖。这是本次大赛中国大陆代表队获得的最好成绩。8月，蔡炜桢获第十届中国青少年科技创新奖。学校科技节团体比赛保留项目——报纸建房子被评为2015年度中学中职科技创新示范竞赛项目（全国46项，福建4项）。

（张慧珍）

名词解释

N个百分百：百分百参加一项德育活动、学会一项技能，参加一项社会实践等。

厦门市音乐学校（厦门大学附属音乐学校）

【概况】 厦门市音乐学校是一所实施十二年制（含小学、中学、高中、中专）教育的全日制教育机构。2016年，学校有62个教学班，学生2300多人，教职工280多人。学校开设键盘乐（钢琴、手风琴）、弦乐（小提琴、大提琴、中提琴、低音提琴、竖琴等）、管乐（长笛、单簧管、双簧管、大管、长号、小号、圆号、大号、次中音号、萨克斯等）、民乐（古筝、琵琶、阮、二胡、竹笛、扬琴、柳琴、笙、唢呐等）、声乐、作曲、音乐教育、打击乐等特色专业课程。4月，面向国内外及港澳台地区招收有音乐特长的小学、初中生、高中生和中专生。五通校区小学、初中招收湖里片区九年义务教育普通生。学校先后荣获厦门市小学教学常规管理先进校、厦门市初中教学质量优胜奖、福建省实施素质教育工作先进校、全国学校艺术教育先进单位、全国巾帼文明岗、福建省文明学校、福建省素质教育先进校、福建省先进基层党组织等荣誉称号，师生在国际、国内各类音乐比赛中荣获上千个奖项，其中国家级以上的有数十项，国内外新闻媒体多方报道音乐学校办学成绩。

【举行金山街道办事处“音乐教育活动基地”揭牌暨厦门金山少年交响管乐团成立仪式】 3月26日下午，金山街道办事处“音乐教育活动基地”揭牌暨厦门金山少年交响管乐团成立仪式在厦门市音乐学校五通校区音乐厅举行，湖里区副区长戴宗垒、湖里区文体出版旅游局局长郭漳楚、区教育局副局长吴雪慧、区招生办主任胡万友，金山街道办党委书记方文群、主任陈滨、副主任郑高良，市教育局体卫处处长洪建军等领导出席。金海社区、五通社区等社区代表，湖里区高林小学、乐安小学、金山小学、金安小学和市音乐学校领导、老师，金山少年交响管乐团团员及学生家长，湖里中心小学学生及家长，共

金山少年交响管乐团（厦门音乐学校供图）

200多人参加了活动，并观看了演出。

【厦门市音乐学校学生管弦乐团跻身全国四强】 4月14日，在青岛举行的全国第五届中小学生艺术展演中，厦门市音乐学校管弦乐团参加展演。在傅人长大师的指挥棒下，精彩演绎柴可夫斯基《第四交响曲第四乐章》，技惊全场，征服了评委、观众，以优异的成绩荣获器乐类比赛一等奖，跻身全国四大交响管弦乐团的行列。福建省委教育工委书记、福建省教育厅厅长黄红武，厦门市委教育工委书记、市教育局局长赖菡亲临现场观看演出。

【厦门市音乐学校教职工积极投入抢险救灾工作】 台风“莫兰蒂”过后，厦门市音乐学校树木伏倒470多棵，围墙倒塌400多米，护栏倾倒400多米，9栋教学楼顶楼扣板全部刮落，LED屏幕损失2块。学校各部门第一时间投入到抢险救灾中，校区的物业、施工队加班加点抢修。9月16日，教职工50多人提前结束中秋假期组成抢险突击队打扫走廊，清理垃圾、断树。9月17日上午，中秋返校的其他职工与原来的50多人抢险突击队员组成180多人的志愿服务队继续抢修和清理。在众人的努力下，9月18日学生得以正常上课。

【党员到社区、村居报到】 4月18日，厦门音乐学校党总支书记、校长谢慧与五通校区文科第二党支部书记周勤及党员教师郭燕燕一行到家住湖里区五通村店里社的初一年级2位贫困学生家中走访慰问，了解其在家庭的学习情况和存在的困难，并送上学习用品和助学金。副校长李忠玉、办公室主任陈广照、艺教科主任陈英一行到湖里区金海社区报到。双方就青少年教育培养，在社区开展音乐普及，提升社区居民素养等展开热烈讨论。是年，厦门音乐学校有80多名党员参加到党员到社区、村居报到的活动中。

（陈广照）

科 技

科 技

【概况】 2016年，湖里区围绕落实创新驱动发展的战略，以科技成果转化为主线，优化科技资源配置，以重点产业需求为牵引，大力提升企业自主创新能力，积极营造大众创业、万众创新的良好环境，为全区经济发展提供有力支撑。年内，安排科技资金3756万元，全区有众创空间42家，有高新技术企业250家，申请国内专利4109件。

【厦门两岸集成电路自贸区产业基地建设】 2016年，湖里区加快厦门两岸集成电路自贸区产业基地（下称IC基地）建设。基地内的集成电路保税交易公共服务平台及厦门集成电路产品测试服务认证平台建设有序进行中。截至年底，园区实际入驻办公企业24家，待装修完工入驻办公企业72家，全年实现总产值3亿元。年内，湖里区组织召开两批IC基地入驻企业租金扶持评审会，共有20家入驻企业获得租金补贴的扶持。

【推动众创空间发展】 截至年底，湖里区共有市级众创空间37家，省级众创空间3家（青瓦、派美特、光彩），国家级众创空间2家（青瓦、派美特），全区众创空间7.22余万平方米，入驻小微企业228家，其中台湾企业21家；入驻团队231个，其中台湾团队20个；入驻空间1449人，其中台湾人45名；空间孵化成功企业81家。

【科技投入】 2016年，根据财政预算支出，全区安排科技资金3756万元，其中，科技计划及双百项目2695.38万元，科普374.5万元，市级专利兑现534.48万元，中央小微资金30万元。扶持科技计划项目23项、资金1568万元，其中：产业项目7项，中试项目11项，资金565万元；专项奖励4项，资金385万元；社会发展项目1项，资金618万元。引导企业投入研发资金约10197.3万元。

【高新技术企业】 年内，辖区（含湖里火炬园）高新技术企业250家，其中，湖里火炬园117家，占全市25%。高新技术企业发展稳定，辖区规上高新技术企业64家，其中：湖里区25家，湖里火炬园39家；实现工业产值358.66亿

3月30日下午，区科技局在湖里高新技术园的爱特众创空间开展知识产权宣传活动（区科技局供图）

6月14日下午，在华美文创园锅炉咖啡厅举行湖里区“双创”沙龙暨第二届科技企业项目投融资对接会（区科技局供图）

元，比上年增长14.47%，完成工业增加值45.33亿元，其中，湖里区规上高新技术企业实现工业产值37.14亿元，比上年增长6.72%，湖里火炬园规上高新技术企业实现工业产值321.52亿元，比上年增长15.43%；规上高新技术企业工业产值增速领先全区规上工业产值增速。

【科技园区发展】 2016年，科技创业中心收集并组织2场企业申请入驻项目评审会，有16个项目参评，评审通过14项，共安排入驻13家企业，毕业离园7家，有1家企业项目自动放弃。截至12月31日，在孵企业33家，完成销售额276.57余万元，税收93万，提供就业219人。全年收缴租金近78.13万元。配合承接集成电路基地过度周转项目企业2家。

【科技交流与合作】 年内，区科技局联合区商会、区投融资协会及辖区内各众创空间共同组织4场科技项目与金融的对接，其中有1场在华美空间锅炉咖啡厅举办，推荐22个项目参会，并从中择优选出5个项目进行现场路演。邀请全市60多家投融资机构参加及进行现场互动。开展湖里区“双创”沙龙暨第二届科技企业项目投融资对接会，有70家金融投资机构，30余家企业参加对接会。

【科技人才管理与建设】 年内，湖里区深入实施“双百计划”“海纳百川”人才计划，引进高层次双创人才企业40家，签约38家，兑现扶持政策28家，拨付区级扶持资金1036.55万元，还有2家正在办理落户手续。新引进双创人才企业13家，正式签约11家，其中，A类人才2名，B类人才3名，C类人才8名。

【知识产权管理】 2016年，湖里区共申请国内专利4109件，其中发明专利申请919件；国内专利授权2610件，其中发明专利授权390件；PCT国际专利申请28件。兑现专利申请资助专项资金、企业获得首件专利奖励、小微企业专利资助，配套奖励获得市专利奖3家6万元，奖励获得2016年国内发展专利授权的单位（个人）38个19万元。

【科学普及】 2016年，全区继续开展科技活动周、全国科普日、防震减灾日等大型活动，同时还组织开展一系列日常性科普活动。举办2016年湖里区科技周街道和企业全民科学素质知识竞赛。在科技周、科普日期间赠送给53个社区科普图书、科普挂图、科普墙报6585余册；更换53座宣传画廊的科普内容；全区科普基地、青少年科学工作室面向辖区居民开放，社

12月21日下午，祥店社区携手观园急救志愿服务中心共同举办一场以急症应急救护为主题的公益培训活动（区科技局供图）

区青少年科学工作室开展活动38场，接待青少年1620余人次。全区6个部门、5个街道、53个社区的288名科普工作者参与培训。各部门发放各类科普资料约8.54万份（册）。为2457名社区居民、外来人员提供义诊、科技咨询等各类科普活动。在“5·12”防灾减灾日，联合市地震局，在禾山社区组织百人开展了2016年防震减灾演练活动。开展“减少灾害风险　建设安全城市”为主题的防震减灾科普宣传专栏制作活动，其中，江头街道、怡景社区获得市地震局通报表彰。

（柯雅劝）

福建省水产研究所

【概况】 2016年，福建省水产研究所新增各级各类项目32项，其中，省自然科学基金1项，省发改委种业工程研究中心建设项目1项，省农业五新工程建设项目1项，省海洋高新产业发展专项2项，省属公益类科研院所基本专项15项，省水产品质量安全专项1项，厦门市海洋经济发展专项资金项目1项，另有多项资源、环境、病害、水产品检测等专项任务，实现新增科研经费3425.86万元。承接科技服务项目52项，实现新增项目经费2225万元，全年累计完成项目24项，到位经费1722.7万元。全年全所共发表科技论文59篇，其中SCI（科学引文索引）收入5篇，EI（工程索引）收入2篇。申请专利8项，授权专利5项。在“6·18”中国·海峡项目成果交易会上，推荐10项对接项目参会，现场签约2项。组织科技人员参加“渔博会”60人次，展出水产研究所“金蛎1号”“石斑鱼种业创新与产业化工程”“凡纳滨对虾选育”等多项科技成果及其转化应用结果。承办2016年水产科技活动周启动仪式、第六届闽台水产学术研讨会、第七届“全国石斑鱼类繁育与养殖产业化”论坛、省水产学会八届二次常务理事会、省海洋学会2016年学术年会等重要学术交流活动，积极鼓励和支持科研人员参与学术交流活动，组织举办科技学术专题讲座。组织科技人员深入全省渔业乡镇和渔村开展海水健康养殖技术、病害防治、水产品质量安全等方面的技术培训、咨询和科普宣传。以科技活动周、科普教育基地和福建海洋渔业科学馆为平台，开展海洋生物科普宣传，制作水产食品的安全与健康知识手册向市民和中小学生发放。

【承办第六届闽台水产学术研讨会】 6月11日，福建省水产研究所承办了福建省水产学会与台湾水产学会联合主办的第六届闽台水产学术研讨会暨2016海峡两岸水产增养殖与病害学术研讨会。本届研讨会作为第八届海峡论坛·2016海峡科技专家论坛的分会场，系第八届海峡论坛之“两岸科教交流活动”的重要内容之一，60余名来自海峡两岸的水产科技专家齐聚一堂，共同探讨水产增产养殖难题的破解之道。活动期间，福建省水产研究所和台湾海洋大学还共同签署了“石斑鱼抗病选育分子基础及NNV免疫防治基础研究”技术合作意向书，双方将在石斑鱼抗病选育分子基础及NNV免疫防治基础研究方面展开合作，构建两岸科技合作创新平台以及两岸水产科技合作人才的培育与科技交流平台，带动两岸石斑鱼科技研发，从而实现两岸石斑鱼产业的优势互补。

【加强对外学术交流】 2016年，福建省水产研究所特聘澳大利亚詹姆斯库克大学海洋与热带生物学院教授曾朝曙为客座研究员，到水产研究所工作3个月，举办了“澳大利亚海洋渔业和相关研究机构概况”“热带海洋珊瑚礁水族观赏类繁育技术研发的现状，难点与进展”等专题讲座，指导海水观赏鱼虾类、澳洲龙虾、石斑鱼的人工繁育技术、养殖技术、营养需求、消化生理、幼体饲料研发及环境毒理学等方面的相关项目科研工作，分享科研思路和持之以恒的探索精神，解决项目难点问题，为科研事业注入了新活力。

【设立福建省海洋渔业种业工程研究中心】 年内，经省发展和改革委员会批复同意，福建省水产研究所设立福建省海洋渔业种业工程研究中心，建成鱼类、虾类、贝类、藻类4个分中心和良种繁育中试车间，其中海洋鱼类种业分中心位于厦门小嶝水产科技有限公司厂区内，中试实验室面积300平方米，良种繁育中试车间新建2800平方米；海洋虾类种业分中心位于厦门市厦兴龙水产种苗有限公司厂区内，中试实验室面积300平方米，良种繁育中试车间新建1700平方米；海洋贝类种业分中心位于中海东壁岛（福建）投资实业有限公司，中试实验室面积200平方米，良种繁育中试车间新建1000平方米；海洋藻类种业分中心位于连江县官坞海产开发有限公司内，中试实验室面积约200平方米，良种繁育中试车间改造2500平方米。

【福建海洋生物繁殖科技研发中心成立】 6月25日，福建省水产研究所与福建天柱山欢乐海洋大世界开发有限公司及日本名古屋港水族馆签属了成立“福建海洋生物繁殖科技研发中心”的战略合作协议。福建海洋生物繁殖科技研发中心依托福建省水产研究所丰富的科研资

6月25日，福建省水产研究所与福建天柱山欢乐海洋大世界开发有限公司及日本名古屋港水族馆举行签属成立“福建海洋生物繁殖科技研发中心”的战略合作签约仪式（福建省水产研究所供图）

源、日本名古屋水族馆的管理经验科研成果和福建天柱山欢乐海洋大世界开发有限公司在海洋文化旅游推广平台的优势，旨在搭建海洋渔业生物研发、繁殖训养、渔业展示、文化传播、科普教育、专业培训、管理经验、科研成果及文化旅游产业链的交流互动平台，实现政府主管部门与旅游运营企业，以及文化旅游产业链上下游之间的深入交流与合作，推动世界海洋文化主题旅游的快速、健康发展。

【开展水产品安全监测与评估工作】 2016年，福建省水产研究所承担农业部及省海洋与渔业厅下达的水产品质量安全监督抽查、例行监测、专项监测、风险监测、风险评估、贝类产品卫生监测和生产区域划型、水产苗种质量安全监督抽查、无公害产地产品认证检测及监督、织纹螺毒素检测及预警等11项专项任务，并承接生产企业和社会的多项委托检验，共检测样品1522批次，出具检测数据6300多个、检验报告700多份，为中国及福建省的海洋与渔业行政管理和产业发展提供重要的技术支持。在风险监测和监督抽查领域范围方面，首次参与了福建省食品安全风险监测任务，承担福建省产地藻类、甲壳类、贝类、头足类、养殖鱼类等水产品中主要污染因子的残留水平和趋势风险监测；根据国家级水产苗种监督抽查和市场例行监测发现的问题，开展超标案件的应急专项监督抽查任务。

【拓展海域使用论证和测绘工作】 年内，福建省水产研究所承接海域使用论证和测绘服务项目48项，包括论证任务31项，测量任务9项，数模任务8项。顺利通过国家海洋局组织的2015年度海域使用论证报告书质量抽查和年审，海图绘制与坐标、面积准确率进一步提升。开展测绘资质系统维护、测绘信用管理平台维护、测绘仪器检定及维护、作业证管理、地图法宣传等工作，圆满完成厦门市国土局测绘资质年度审核工作。

【省政府种业工程建设项目进展良好】 2016年，福建省水产研究所主持的福建省政府种业工程建设项目“福建重要经济贝类品种创新与种苗繁育产业化工程”完成年度任务目标，收集保存牡蛎良种和种质资源500份以上，保有鲍家系200个、选育群15个，收集和保存各种类鲍精子25份以上。按照《福建省水产苗种场认定管理办法》的标准要求建立省级牡蛎良种场1个，鲍鱼良种场2个，菲律宾蛤仔良种场1个。为福建省牡蛎、鲍鱼种苗生产企业提供牡蛎、鲍鱼良种亲贝20万粒。培育优质牡蛎苗种7.67万平方米；生产优质健康鲍苗3000余万粒；生产优质健康菲律宾蛤仔沙粒苗2582.6亿粒。制订牡蛎、鲍和菲律宾蛤仔种苗繁育技术规范3项。在全省辐射推广牡蛎种苗繁育近400万平方米，鲍鱼种苗繁育2亿粒，菲律宾蛤仔种苗繁育面积4000万平方米。示范养殖牡蛎良种7.67万平方米、鲍良种3000万粒。在全省辐射推广牡蛎高效健康养殖400万平方米，鲍鱼健康养殖3800万粒。举办技术培训班3次，编制和发放相关技术手册与视频光盘200份，培训贝类产业相关从业人员200人次。

【强化科技创新平台建设】 年内，福建省水产研究所大力完善科研条件设施，有效拓展科技创新平台。闽台重要海洋生物资源高值化开发技术公共服务平台完成建设石斑鱼活体保存库2000平方米、凡纳滨对虾活体保存库2000平方米及海上活体保存库1000平方米、牡蛎等贝类种贝培育及苗种繁育车间1000平方米、海洋生物精子库及大型藻类配子库100平方米、大型藻类活体保存库200平方米、闽台标本库300平方米、闽台重要海洋经济生物种质资源信息库100平方米；建设海洋生物精深加工产业化开发技术工程中心实验室，完成基本设施安装及相关设备调试；建设质量安全评价实验室、活性评价实验室、生态毒理实验室的基础改造，并完成相关仪器设备采购与安装调试；全面建成科研成果展示和信息化服务平台，已正式运行并对外开放。福建省远洋渔业资源调查与信息技术服务重大研发平台完成信息系统硬件和软件的安装、调试，包括远洋渔船北斗定位、专家在线、渔业数据库，已完成一个航次探捕调查，探捕网次178网，渔场范围4.8万平方公里，生物学测定1250尾。

【获“湖里区青少年思想道德建设教育活动示范基地”称号】 12月8日，厦门市湖里区文明办授予福建省水产研究所“湖里区青少年思想道德建设教育活动示范基地”称号。福建省水产研究所充分利用福建海洋渔业科学馆科普教育示范基地，营造科普教育氛围。全年科学馆接待了农业部、高校、省内外海洋与渔业系统及当地社区、企事业单位、协会、学会、外宾、公众等50批1200余人次参观，向青少年开展水产科普教育工作。福建海洋渔业科学馆同时入选《厦门市湖里区青少年思想道德建设教育活动示范基地手册》。

【积极与媒体开展宣传合作】 2016年，福建省水产研究所与《厦门日报》开展宣传合作，推出“关注海洋生态·聚焦蓝色经济”专栏，全年推出25期专栏，共使用16个版面，制作宣传集锦，并将石斑鱼、河鲀、海洋观赏鱼、金牡蛎等科研成果亮相厦门日报社举办的“蓝色海洋”主题第十六届读者节，协调厦门大学生物博物馆等单位配合展出大型海洋生物标本，让科研成果走进媒体视野，向公众开展水产科普教育，提升研究所的科技影响力。

（郭书悦）

福建省亚热带植物研究所

【概况】 2016年，福建省亚热带植物研究所（简称省亚植所）承担运行各类研发项目43项，其中，国家级科研项目7个、市级重大科技创新平台项目1个、市级研发项目25个、其他单位委托项目2项、自选课题8项。全年新增研发项目13项，新增项目经费560万元。申请发明专利3项，获发明专利授权6项，完成结题验收项目8项，发表研究论文28篇。年内，“拟南芥保卫细胞质体醌介导气孔关闭的叶绿体基质pH相关胁迫应激启动机制”项目获国家自然科学基金资助，至年底，亚植所累计获资助的基础理论研究项目10个。

【“新资源食品——辣木种苗繁育及栽培技术示范推广”通过验收】 2016年，国家星火项目“新资源食品——辣木种苗繁育及栽培技术示范推广”通过验收。辣木种苗繁育及栽培技术示范推广项目开展了辣木种子贮存温度、实生苗猝倒病防治、苗木扦插繁育技术及无公害栽培技术的研究，形成一套完整的辣木实生苗、扦插苗培育及无公害栽培技术，共培育了实生苗5.8万株，扦插育苗1.62万株，营建PKM2采穗圃3333.3平方米及改良辣木（PKM2）示范林26.67万平方米；在福建及广东等地推广种植辣木林3466.66万平方米。

【“葡萄一年两季高效栽培新模式研究”通过验收】 年内，“葡萄一年两季高效栽培新模式研究”通过验收。该项目引进了巨玫瑰、夏黑、阳光玫瑰、巨峰等葡萄优良品种，经筛选，提出一年两季栽培新模式的最适宜品种夏黑，较适宜的品种巨玫瑰、巨峰。项目建立葡萄栽培试验园及应用示范基地，完成一年两季葡萄生产的示范栽培，两季平均株产总和超过10公斤，可溶性固形物含量超过18%，提出整形修剪、破眠催芽技术参数，并从花期调控、保花保果、肥水管理、病虫害防治等方面总结提出两季栽培的配套技术，建立了厦门地区大棚葡萄一年两季栽培新模式。

【“海西植物天然产物提取纯化中试基地”建设】 2016年，由省亚植所承担的厦门市重大科技创新平台项目“海西植物天然产物提取纯化中试基地”取得阶段性进展，已基本完成对中试车间建设的所有申报手续，截至年底，已经完成工程招投标，进场施工前准备完成。海西平台项目中试车间的设备也已经完成招标，开始仪器定制生产工作，预计在明年上半年完成所有中试车间建设任务。

【产学研合作】 2016年，省亚植所与华侨大学和福建农林大学联合培养6名硕士研究生，联合培养华侨大学1名2016届硕士毕业研究生，联合培养博士生1名；承接华侨大学生物技术专业45人的生产实习，集美大学15人的校本科生的生产实习；与厦门大学嘉庚学院合作建立校外本科实习基地，有4所高校相关学院在园区建立学生实习基地。研究生科研方向与进驻所内企业相结合，项目与台湾丰山生态园、益生（台湾）种苗有限公司等联合研发，在金线莲、牛樟等组织培养与细胞培养领域取得研发成果，发挥对台科技合作交流基地作用。

【为社会提供技术服务】 年内，省亚植所继续完善实验室计量计证管理体系，建立标准化分析测试实验室。全年为福建三炬生物科技股份公司、厦门市集美区市政园林有限公司、厦门市绿化管理中心等30家公司或单位提供测试服务，完成检测数据380个，服务收入有所提高；为本所课题组提供检测服务527份，提供有效数据1686个。年内，在翔安区进行火龙果、胡萝卜优质品种栽培管理技术推广；在厦门同安区和漳州东山进行莲雾产期调节技术推广；在厦门同安区、漳州进行葡萄一年两季避雨栽培技术推广；在平潭岛进行造林保水袋在风口沙地造林推广。

【科普工作】 2016年，省亚植所围绕“有效利用植物资源，致力人类美好生活”工作主题，举办各种果树、蔬菜、茶叶实用技术培训会，开展种植技术现场会、科技咨询会，发放各种技术、宣传资料，展出科普挂图、展板等，收到了良好的宣传效果。接待大中小学来所开展科普活动近5000人次。

（李　影）

文化 旅游 体育

文 化

【概况】 2016年，湖里区出台了《关于加快构建现代公共文化服务体系的实施方案》《关于推进基层综合性文化服务中心建设的实施方案》并认真贯彻落实。打造15分钟文化服务圈，指导殿前、禾山街道综合文化站和20个社区基层综合文化服务中心完成达标建设，在首批、第二批公共文化服务市对区考评中均以全市唯一100%优秀率通过验收。年内，区文化馆开办2期公益培训班，主要培训项目有越剧、声乐、形体舞蹈基础训练、主持人、舞蹈、声乐、南音、太极拳，共培训881人次，进一步挖掘和培育草根文化达人。五缘湾合唱团在2016全国合唱展演中获“十佳合唱团”称号。继续深化四大品牌活动，“一街一品”文化氛围愈发浓厚。全年开展全区性文化活动288场，各街道、社区组织举办各类基层文体活动1289场次。创作反腐倡廉小品《家庭会议》、歌曲《五缘湾之帆》、女声小组唱《躺在小渔村的梦里》等一批文艺精品。《家庭会议》获第十三届华东六省一市戏剧小品大赛银奖。

文化产业方面 湖里区文化产业市对区考核首次跃居全市第一。文化企业营业收入及法人单位的规模、增速均居全市前列。2016年底，有已建、已批、在建文创园区项目10个，分别为海峡建筑设计文创园、厦门古玩城、联发华美空间文创园、海西工业设计中心、客家大厦、文创口岸、枋湖文化旅游大厦、五洲汇、华夏轻工文创园、海丝艺术品中心。闽台（厦门）文化产业试验园核心区二期暨湖里老工业厂房文创园区建成运营项目含海峡建筑设计文创园、联发华美空间文创园、海西工业设计中心一期、客家大厦、联发文创口岸等，入驻企业265家，产值近25亿元，兑现2015年度财政扶持资金1360万元。园区开展大型文化产业活动4场，包括“文化产业与城市更新”活动周、“极限挑战之暖心湖里”主题活动、国人生活美学节、梵高艺术展等。启动国家级文化产业示范园区的创建工作，根据湖里区空间调整战略布局，致力于推动特区发祥地的2.5平方公里区域为湖里创意产业园（“特区·1980”）。第九届海峡文博会，湖里区组织主会场参展展位71个，开办惠和石文化园、厦门古玩城、海峡文创园、枋湖旅游大厦、海峡风5个分会场，签约项目金额20.1亿元，获第九届文博会组织奖。辖区11家企业获评2016—2017年度市重点文化企业。

文化市场方面 湖里区做好简政放权工作，有16项审批事项办理时限压缩为当场办结。完成7家民营实体书店扶持资金申报工作。全年办理行政审批84件。创新监管方法，坚持常态化、网格化管理模式，建立切实可行的“双随机”抽查机制，积极探索文化市场管理新模式，坚持执法与教育并行、管理与服务同步，助力网吧等文化经营场所转型升级。2016年，出动执法人员2477人次，检查各类文化经营场所997家次，受理投诉举报199件。重拳出击开展专项整治行动。健全联合联动工作机制，全年查处取缔黑网吧88家（次），其中劝导关停黑网吧69家（次），立案查处黑网吧19家，查扣电脑400多台。发挥行业协会作用，建立协调机制，指导、督促网吧规范经营，全区有13家网吧经营单位被授予2016年市“放心网吧”。

文化遗产保护方面 湖里区继续开展第一次可移动文物普查，对新公布的第六批市级文物保护单位和第三批涉台文物保护单位聘请文保员，签订托管协议。积极配合市文广新局推进“薛令之墓”迁建。认真开展文物安全检查，落实日常管理职责和巡查制度，建筑类文保单位全部更新灭火器，其中4处安装了监控系统。认真贯彻落实《闽南文化生态保护区建设规划》，进一步健全保护机制，公布首批3个区级非物质文化遗产代表性项目及5位项目代表性传承人保护名录。组织“惠和影雕”“滕派蝶画”“福船模技艺”等6个项目参加市第11个文化遗产日宣传活动“振兴传统工艺技艺成果展”，宣传展示湖里区非遗项目。

【开展文化下乡活动】 1月12日下午，由中共湖里区委宣传部、区文体出版旅游局联合主办的以“创新湖里·文化惠民”为主题的文艺演出和义务书写春联等文化下乡活动在湖里街道华美空间文化广场启动，跨至金山街道湖边社区文化广场、禾山街道钟宅社区澜海宫、江头街道华永天地广场，于1月19日在殿前街道兴隆社区圆满结束。其中，5场文艺会演部分节目是从湖里区各艺术团和各街道推荐的优秀社区节目中精选出来的，由湖里区外来青年艺术团表演的街舞《Dance》和湖里街道选送的女声独唱《祖国之恋》等12个歌舞、二胡、小品等组成一台形式多样、丰富多彩的文艺节目。在演出过程中穿插中共十八届五中全会精神有奖问答，同时组织湖里区书法协会5位书法家分别在湖里等5个街道的社区义务为居民书写春联。

【举办“浓墨重彩 一带一路”书画展】 1月24—31日，由湖里区文学艺术界联合会主办，湖里区书画协会承办的“浓墨重彩 一带一路”湖里区书画展在湖里区文化馆展览厅展出。本次展览共展出书画作品90余幅，作者大多是国家、省市和湖里区书画协会的会员，参展作品注重笔墨精神、求真求美，又不失时代旋律、兼容并蓄。

【海峡两岸优秀民俗展演】 2月21日上午，由中共厦门市委宣传部、中共湖里区委、湖里区人民政府主办，中共湖里区委宣传部、湖里区文体出版旅游局承办的第十二届厦门元宵民俗文化节系列活动之“海峡两岸优秀民俗展演”活动，在五缘湾海天爱家·红星美凯龙广场隆重举办。展演活动以展示两岸优秀民俗文化为主线，以优秀传统民俗节目为元素，融民俗性、视觉性、互动性为一体，17个具有地方特色的民风民俗节目现场展示，节目除高甲戏、歌仔戏、车鼓弄和高殿龙狮队、五祖拳和湖里区老体协广场舞等精彩的表演外，还特邀了台南西来庵家吉兴堂的《家将》和金门县浯岛Q版电音《千顺神将闹上元》2个民俗节目助兴和交流。同时，民俗节目展演过程中还有一个“中国腔调”优秀民俗文化为主题的原创微电影作品颁奖环节，嘉奖以中国传统节日习俗、各民族民俗风情、各地区地方民俗、民间信仰习俗和非物质文化遗产等内容为拍摄主题的优秀作品。

【少儿现场书画比赛获奖作品展】 2月6—15日，由湖里区文体出版旅游局、湖里区教育局主办的“环保小卫士”湖里区第二十二届少儿现场绘画比赛、湖里区第十五届少儿现场书法比赛的获奖佳作，在湖里区文化馆展览厅展出。此次展览展出美术作品80幅、书法作品69幅。

【举办《两岸情·中国年》摄影比赛】 2月10日，《两岸情·中国年》摄影比赛启动征稿，有500多幅作品参赛，经过专业评审团的精心评选，最终90幅佳作脱颖而出。3月25日上午，“索尼α摄友会·影色杯”湖里区2016年《两岸情·中国年》摄影比赛点评会暨颁奖仪式在湖里区文化馆四楼举办，同时，《两岸情·中国年》摄

3月25日—4月3日，2016《两岸情·中国年》摄影展在湖里区文化馆一楼展厅举办（陈冰　摄）

影展在区文化馆一楼开展。点评会由厦门市著名摄影家赵建军主讲，赵建军以获奖作品为例，向大家解析了创作思路、用光技巧等。点评会后进行了简短而隆重的颁奖仪式。随后影友们参观了《两岸情·中国年》摄影展。

【成立版权交易公司】 3月，湖里区联合文化版权交易平台厦门运营公司成立版权交易公司。公司立足厦门，充分挖掘优质的文化版权内容，整合影视投资方、运营方和制作方的资源优势，为厦门带来一批影视项目落地。

【开启全民阅读新时代】 2016年，湖里区以“互联网＋悦读”形式，开启全民阅读新时代。上线“湖里悦读时光”微信公众号。设微书坊、微活动、微乐读等三大板块，构筑了一个便利的读书交流平台，缔造服务群众的新媒体纽带。推出“湖里微乐读”APP。设置免费下载海量正版图书、零门槛获取优质学术资源等功能，发挥APP特有的精准性、互动性、创意性、用户粘性等优势，为群众提供更优质的阅读体验。推出全市首家“真人图书馆”。邀请各个行业的人物作为“真人图书”，面对面与读者分享自己的故事和见解。

【举办主持人培训班】 4月16日下午，湖里区文化馆举办主持人兴趣培训班。此次培训活动面向基层主持爱好者，以文化协管员、文化志愿者和社区各艺术团的骨干优先，招收了40余名学员，为期2个月，共21个课时。主办方特别邀请专注于科学发声与普通话语音训练多年、中国婚礼宴会高端主持人、福建省普通话测试员耿超授课，分别从主持人科学发声与普通话语音、主持人声台形表及实操演练、主持策略及实战演练和模拟主持及即兴评述练习四个板块进行培训。6月11日下午，在湖里区文化中心四楼举行主持人培训班结业汇报，来自辖区的30余名学员参与汇报表演。

【促进老工业厂房文创园区发展】 年内，湖里区开展论坛活动，多维度把脉湖里区文创产业发展，举办湖里时尚产业对接会、厦门湖里国际时尚周等重大产业活动，推动辖区文化产业发展。成立湖里老工业厂房文创园区建设协调领导小组，成立园区专业运营公司，制定园区管理办法及改造建设审核审批办法，规范园区改造、建设和运营管理。截至年底，建成运营的文创园区项目包括联发华美空间文创园、海峡建筑设计文创园、海西工业设计中心、客家大厦、文创口岸，入驻企业265家，产值逾25亿元。出台普惠性降成本政策，汇编文化产业政策，强化产业政策宣传。开展文创企业认定和政策申报工作，建立企业名录库，理顺入园企业200多家。指导园区招商引资逐步向招才引智方向转化，吸引行业顶尖人才入驻。

【在湖里区图书馆举办黄春林书画展】 5月13—23日，由湖里区文化馆、湖里区老年大学书画学会、湖里区书画协会主办的“读万卷书　行万里路”黄春林书画展在区文化馆一楼展厅开展。主题展览当天就吸引了众多书画爱好者观展。

【举办纪念中国共产党建党95周年书画展】 6月28日，由湖里区老年大学主办，湖里区文化馆、湖里区老年大学专业学会书画、摄影分会协办的“纪念中国共产党建党95周年书画摄影展”在湖里区文化馆展览厅举办。活动得到了湖里区老年大学书画爱好者的积极响应，他们满怀豪情，以翰墨丹青绘就对党、对祖国的无限忠诚和热爱。经过认真筛选，有100幅作品入展。此次展览通过一幅幅书画作品讴歌改革开放和社会主义现代化建设成就。

【第23届少儿现场绘画比赛】 5月28日，在蔡塘学校举办了第23届少儿现场绘画比赛。此次比赛由湖里区文体出版旅游局、湖里区教育局主办，湖里区文化馆、湖里区教师进修学校承办，厦门市蔡塘学校协办。本届比赛有来自辖区公民办44所学校的250名小画家参赛。以“我与特区共成长”为主题，分小学低年级组、小学中年级组、小学高年级组、中学组、民办校组五大组别进行，孩子们围绕主题发挥各自的想象力。参赛作品健康向上、活泼生动，作画形式多样，绘画主题丰富，获得评委老师的高度评价。赛后评委们本着公开、公平、公正的原则，对小朋友们的作品进行认真地评选，最终评出一、二、三等奖96名，优秀辅导教师奖12名。

【组织非遗项目参加市“振兴传统工艺技艺成果展”】 6月11日，湖里区组织“惠和影雕”“漆宝斋漆艺”“闽南传统民居营造技艺”“滕派蝶画”“福船模技艺”“送王船造王船技艺”等6个非遗项目参加厦门市文化广电新闻出版局主办的中国第11个文化遗产日宣传活动——“振兴传统工艺技艺成果展”。

【第八届社区文化艺术节亮点纷呈】 6—12月举办的第八届社区文化艺术节有三大亮点：一是围绕中心工作，结合中国共产党建党95周年、特区建设35周年的时间节点，开展湖里区庆祝建党95周年

6月24日，在蔡塘学校举办第八届社区文化艺术节开幕式暨颂歌献给党大型歌会（陈冰 摄）

6月5日，在五缘湾音乐厅举办2016年厦门国际友好音乐会（湖里专场）（陈冰 摄）

暨厦门经济特区建设35周年“颂歌献给党”大型歌会暨第八届社区文化艺术节开幕式，来自湖里各个党委、党工委的10支代表队600多名党员参加歌会；二是淡化评奖机制，改变往年从街道、社区“调节目”“调作品”的机制，转换成各街道承办艺术门类齐全、主题鲜明并有较高艺术质量的综合文艺展演和书画摄影展，同时鼓励基层优秀社区艺术团举办专场展演，进一步发挥了基层的积极性和主动性，让更多的居民在这方“草根”舞台展示自己的风采；三是凝聚原创力量，新增了“反腐倡廉”主题小品专场比赛，由各街道开展主题小品创作，基层鲜活的反腐倡廉实例被搬上舞台，通过文艺的形式宣传《中国共产党廉洁自律准则》和《中国共产党纪律处分条例》。

【五缘湾合唱团与法国尼斯歌剧院合唱团同台献艺】 6月5日晚，五缘湾合唱团与法国尼斯歌剧院合唱团在五缘音乐厅同台献艺。本场音乐会由法国尼斯市政府、湖里区人民政府、厦门市人民政府外事侨务办公室、厦门市人民对外友好协会主办，中共湖里区委宣传部、湖里区文体出版旅游局、湖里区外侨办承办。音乐会上，法国尼斯歌剧院合唱团为观众带来舒伯特、勃拉姆斯以及福莱的经典名篇，五缘湾合唱团为观众带来了极具湖里地域元素的作品《五缘月夜》和闽台民歌《丢丢铜仔》等。中法合唱团最后共同演绎的《茉莉花》，把音乐会推向高潮。

【市人大常委会考察殿前街道综合文化站】 7月20日，市人大常委会开展“厦门市构建现代公共文化服务体系情况”代表集中考察，莅临湖里区考察殿前街道综合文化站。市人大常委会主任郑道溪，副主任杜明聪、陈昭扬、陈紫萱、陈津、黄锦坤、刘育生、陈琛，秘书长胡家榕参加考察。副市长国桂荣、区委书记林建、区人大常委会主任梁美丽、副区长戴宗垒陪同考

7月20日，市人大常委会考察殿前街道综合文化站（陈冰 摄）

察。郑道溪对殿前街道综合文化站多年来的建设成效给予肯定，认为其体现出三大“融合”特色，即以文化站为载体促进外来人口与本地居民相融合；办公区域与群众活动区域相融合，更加贴近群众；市一区优势资源相融合，增强文化供给多样性。

【丁伟莅临联发华美空间文创园参观】 7月23日上午，文化部党组成员、副部长丁伟莅临国家级闽台（厦门）文化产业园核心区启动项目——联发华美空间文创园参观，重点参观了DHOUSE、唐人在线、旧物仓、简极科技、安吉努等特色企业，对联发华美空间的转型表示了极大的认可，对园区在时尚、创意等新兴产业集聚上发挥的重要作用给予赞赏，特别肯定了华美空间在对台文化交流方面做出的特殊贡献。厦门市委常委、市委宣传部部长叶重耕，福建省文化厅副厅长黄苇洲，湖里区区委书记林建，联发集团总经理赵胜华等相关领导陪同参观。

【举办第五届外来员工子女艺术夏令营】 7月5—8日，湖里区第五届外来员工子女艺术夏令营在湖里区文化中心举行。本次夏令营由湖里区文体出版旅游局、湖里区教育局联合主办，湖里区文化馆具体承办，湖里区老年大学后埔分校协办。全区12所民办学校的74名学生参加了本次活动。本次夏令营免费开设了舞蹈、美术、越剧和小主持人4个班别，以购买服务的方式，聘请厦门创新今天管理咨询有限公司的MBC拓训团队，开展了旨在“开发艺术感，打造孩子自信心”的团队心理拓展课程。

【保障农民工基本文化权益】 2016年，在全国公共文化服务体系示范区的基础上，制定《湖里区关于推进基层综合性文化服务中心建设的实施方案》，大力推进基本公共文化服务标准化、均等化建设，满足包括外来务工人员等各类群体在内的基本文化需求。区、街、社区三级文化设施对包括农民工群体在内的广大居民群众“零门槛”开放。依托全国文化信息资源共享工程，长年开办免费的计算机基础知识培训班，优先为外来农民工、老年人、下岗人员及残障人员等弱势群体服务。举办闽南语公益培训班，培育外来员工艺术团队，支持外来青年艺术团、外来青年合唱团发展。结合春节、元宵节、“五一”劳动节、国庆节等节日，广泛开展群众文化活动，将专题文艺晚会、书画摄影比赛与展览、培训、文化下乡、“温馨家园”社区公益电影放映工程等活动融入农民工的生活，举办外来员工子女夏令营，使部分民办学校的孩子受到艺术启蒙。

【李勇辉举办朗诵讲座】 8月21日上午，著名朗诵表演艺术家李勇辉应厦门市文联和湖里区文化馆邀请，在湖里区文化馆4楼合唱厅举办了题为《朗诵基础与创作》的讲座。厦门市50多位朗读爱好者参加讲座。李勇辉讲述了朗诵的意义。将朗诵发声的基本功练习，普通话的基础性练习，以及舞台表演的设计，借助实例讲解。李勇辉还邀请现场的朗诵爱好者进行表演展示，并针对其表演与大家进行点评和交流，现场气氛极其热烈。

【举办越剧戏迷沙龙】 8月20日，在湖里文化中心4楼多功能厅举办厦门越剧戏迷沙龙。该沙龙由湖里文化馆主办，芳草越剧团承办。吸引50多名越剧爱好者参加沙龙，演唱的曲目有20多个，其间，更有专业老师助兴演唱“十八相送”等曲目。以老伉俪的“天上掉下个林妹妹”经典名段结束沙龙。

【五缘湾合唱团应邀参加鼓浪屿合唱节】 8月3日晚，厦门五缘湾合唱团作为本地优秀合唱团之一应邀参加鼓浪屿合唱节闭幕式及厦门本地合唱团联合音乐会。音乐会上，五缘湾合唱团演唱了4首不同风格的合唱曲目，其中《五缘夜月》《路边的野花不能采》是该团团长兼指挥阙全安创作和改编的。

【组织参加2016看厦门“群星风采”广场舞决赛】 7月15日下午，由厦门市文化广电新闻出版局、厦门市体育局、厦门市总工会、厦门广播电视集团、厦门市老年人体育协会等5家单位联合主办的2016看厦门“群星风采”广场舞大赛决赛在厦门市工人文化宫体育馆举行。湖里区组织了区老体协广场舞队和金山街道青年广场舞队2支队伍分别参加了中老年组和青年组的决赛。经过近3个小时的激烈角逐，金山街道青年广场舞队获青年组优秀表演奖（总决赛第二名）、区老体协获中老年组表演奖，区文体出版旅游局获组织奖。

【暑期文化市场专项整治】 2016年夏，湖里区多措并举扎实开展暑期文化市场专项整治。联合消防大队组织文化旅游市场经营者开展消防安全应急疏散演练，强化暑期文化经营场所的安全管理。加大正规门店的管理力度，深入开展安全检查，切实消除各类安全隐患、做好防台、防汛工作，出动执法人员495人次，检查文化市场经营单位近200家次。开展“黑网吧”专项整治行动，核查回复“黑网吧”投诉举报件50件，其中劝导关停21家（次），联合公安部门、各街道对4家无证经营的黑网吧进行查处取缔，查扣电脑121台（套）。开展了以“护苗”“净网”“清源”为主要内容的“扫黄打非2016”专项系列行动，加大巡查力度，对校园周边1家涉嫌经营盗版出版物的门店立案查处，收缴非法出版物200余册，联合城管部门清理校园周边占道非法经营的游戏机，坚决遏制淫秽色情等违法有害信息的传播，净化校园周边文化环境。

【传承发展闽南文化】 2016年，湖里区大力传承发展闽南文化。成立“湖里区闽南文化生态保护实验区工作领导小组”和“湖里区非物质文化遗产专家组”，安排闽南文化生态保护资金，纳入财政预算，保证专款专用。公布首批区级非物质文化遗产保护名录及代表性传承人名单，组织惠和影雕等6个项目参加市“振兴传统工艺技艺成果展”，非遗传习中心、传承人走进校园、社区，推动非遗项目传播传承。编印《趣味闽南语300句》，针对外来务工人员开办闽南语公益培训班，先后培训900多人次，举办多场闽南文化专题讲座、闽南语亲子公益夏令营等活动，普及闽南文化、闽南方言。

【举办纪念特区建设35周年大型摄影展】 10月12—19日，在联发华美空间文创园广场举办了纪念特区建设35周年大型摄影展。本次大型摄影展由区委宣传部、区文体出版旅游局、区总工会等单位联合主办，在湖里区第八届社区文化艺术节摄影展、湖里区“百业百工”摄影作品征集活动的基础上，从近2000篇投稿中挑选了170多幅摄影作品，集中展示了特区建设35年丰硕成果和特区发祥地湖里所取得的辉煌成就，充分反映了湖里各行各业蓬勃向上、开拓进取的精神面貌，为特区建设35周年生日献上一份厚礼。主办单位在4月发出征集令，全市广大摄影爱好者积极响应，进社区、走工地、下企业，用镜头聚焦特区建设者，用相机记录特区建设成就，从不同层面、不同角度反映了特区建设35年来湖里各行各业、湖里经济社会事业的发展变化。特别是这次展示的部分作品定格了全区干群一心、众志成城抗击“莫兰蒂”台风暨灾后恢复重建的经典瞬间，还有些作品聚焦湖里区各行各业的基层劳动者。这些图片成为特区建设35年发展最真切的记录、最真实的民间脉动。展览分别于10月12—15日在特区纪念馆、10月16日在华美空间文创园、10月17—19日在湖里区政府展出，吸引上万人观看展览。

【湖里区11家企业获评2016—2017年度市重点文化企业】 9月，全市共评出50家市重点文化企业，湖里区有11家企业上榜，其中：创意设计类企业3家，动漫游戏类企业2家，艺术品类企业2家，出版发行类企业2家，会议展览类企业1家，文创运营类企业1家。分别是：辉煌装修、威扬广告、凤飞服饰、趣游（厦门）科技、大黑科技、法兰瓷实业、惠和股份、航空文化传媒、厦门外图集团、盈拓商务、联发商置。此次评选申报对象为2014年12月31日前在厦门行政区域内依法设立、具有独立法人资格、履行依法统计义务的文化企业。

【参加第九届海峡两岸文博会】 11月4—7日，厦门市举办第九届海峡两岸文博会。文博会期间，湖里区签约6个项目，包括联发文创口岸、飞鱼科技、冰雪世界海洋馆文创坊等重量级文化产业项目，总签约额达20.1亿元。

【五缘湾合唱团获全国展演“十佳合唱团”称号】 11月10日晚，2016琴台音乐节合唱艺术周全国合唱展演在武汉市琴台音乐厅隆重举行。厦门五缘湾合唱团演唱原创作品《白云深处》和毛主席诗词《沁园春·雪》这两首风格迥异的作品，获得专家评委和大众评审的一致认可，以第四名的总成绩荣获“十佳合唱团”称号。该项活动由中国文化馆协会和武汉市文化局共同举办，来自深圳、上海、重庆、杭州、哈尔滨、厦门以及湖北省各地市的14支优秀合唱团参加决赛。最后，深圳市文化馆群声合唱团、武汉群星合唱团、重庆市群众艺术馆星海合唱团、厦门五缘湾合唱团等10支队伍获得“十佳合唱团”称号。

（蔡晓悦）

图　　书

【概况】 区图书馆每周开放75.5小时，全年365天无休开放，为群众免费提供图书借阅、资料查询等服务。2016年，共借阅图书60万册次，接待读者48万人次，举办读者活动240场次，馆藏文献资源总量达45万册。图书馆流动图书车每周定期送书下基层，全年共开展送书下基层活动77场次，服务18037人次。是年，成立了全市首家“真人图书馆”。打造“闽南文化”阅读品牌，印制《趣味闽南语300句》1000册，获“湖里区全民阅读创新项目”称号。辖区2个家庭获省级书香之家称号。

【暑期未成年人读书活动丰富多彩】 2016年暑假，区图书馆先后举办亲子夏令营、魔法数学营、创意绘本、趣味成语课堂等活动，将阅读与传统文化、儿童思维、绘画、表演等多种形式相结合，引领孩子们走出课堂，开阔视野。暑期区图书馆共开展了4期亲子夏令营活动，其中“闽南好滋味　欢乐享童趣”“我说你猜”亲子谚语夏令营围绕闽南文化，让孩子们学习闽南方言传统谚语，感受闽南传统工艺的精髓。读书公园的趣味成语课堂，通过绘画的方式，教孩子们学习成语。农民工子女参加亲子阅读活动，带动家长一起读书。80名学生读者参加图书馆社会实践，开展志愿服务活动。

【区图书馆挂牌“厦门卫视快乐闽南话诵读传习拍摄基地”】11月8日上午，湖里区图书馆挂牌“厦门卫视·快乐闽南话·诵读传习拍摄基地”。是年，湖里区图书馆以“阅读更多精彩·开讲闽南文化”为主题，开展“闽南语专题讲座”“闽南语外来务工人员公益培训班”“闽南语亲子公益沙龙”“闽南语亲子公益夏令营”系列活动，充分发挥“城市教室”的独特魅力，运用不同形式，让各个层面的市民理解及学习闽南文化。这些活动长期持续开展，在厦门卫视“快乐闽南话”栏目中陆续播出。

（蔡晓悦）

厦门经济特区纪念馆

【概况】厦门经济特区纪念馆（以下简称“特区纪念馆”）是为纪念改革开放30周年和厦门经济特区建设27周年而设立的历史专题纪念馆，总占地面积5000平方米，建筑面积6000平方米，内设办公室、资料室、宣教部，有工作人员12名。特区馆设有基本陈列“辉煌岁月——厦门经济特区建设历史陈列”，展览分为四大部分，即开创阶段（1978—1984）、发展阶段（1984—1991）、增创新优势阶段（1992—2005）、科学发展新跨越阶段（2006—2008）。馆内附设有“小平同志视察厦门陈列室”和“鹭江号游艇陈列”两个展区。展览以大量珍贵的历史图片和史料实物，结合场景、模型制作和多媒体声光技术，全方位地展示了厦门经济特区建设以来翻天覆地的变化和取得的辉煌成就。特区纪念馆是厦门市重要的爱国主义教育基地，被命名为“市级爱国主义教育基地”“市第二批社会科学普及教育基地”“福建省党史教育基地”和“湖里区爱国主义教育基地”。特区纪念馆重点收集与厦门经济特区发展相关的实物、档案、照片等资料，有实物藏品300余件，档案文件700余份，照片资料1万多张，图书1000余册，其中“鹭江号”游艇是馆内体量最大的馆藏实物。

鹭江号游艇（特区纪念馆供图）

【举办纪念特区建设35周年大型摄影展】此条内容详见“文化”相关条目。

【湖里街道成立三十五周年暨特区发祥地摄影绘画作品展】11月8日，湖里街道联合《厦门晚报》策划了“扬帆再起航——湖里街道成立35周年暨寻找特区发祥地摄影绘画作品展”，本次展览在厦门经济特区纪念馆内展出。主办方通过征集图片、绘画作品，举办夏令营以及摄影比赛等一系列富有特色的活动，数十位摄影师、近百名小艺术家用他们的镜头和画笔，定格了湖里街道的一景一物、一段历史，而后挑选出部分绘画、摄影作品向广大市民展出。

【接待省、市领导到馆调研】2016年，特区纪念馆全力做好省、市领导来馆考察调研的接待工作，重要接待有：10月14日，邹尔均、江平等原市委老领导及党史研究室一行人到特区馆参观及调研；10月23日，市政协主席张健及湖里区委书记林健一行人到特区馆参观并调研；12月1日，福建省军区司令员熊安东一行人，在厦门警备区政委的陪同下，参观特区馆。

【做好各项爱国主义教育基地工作】年内，特区纪念馆做好国主义教育基地（以下简称“爱教”）的接待、讲解任务，提升爱教基

特区纪念馆走进高殿中心小学，讲解员为同学们讲述邓小平视察厦门的故事（特区纪念馆供图）

地的服务品质。年内，特区馆免费接待观众50394人次，其中，未成年人7071人次；接待各机关、企事业单位、学校、部队、社会团体共246场次。在做好接待及讲解工作的同时，特区馆走出去，发挥爱教基地的作用，送展板进社区、进学校。年内，特区馆文化送展下乡活动达到15场次。在下乡活动中，新增加知识问答环节，通过抢答和赠予奖品的形式提高了群众及学生参与的积极性。

【改扩建工程项目及“鹭江号”游艇维修】 年内，特区纪念馆改扩建工程项目筹建工作完成特区馆改造升级任务书、改扩建成本估算表、前期筹建工作进度安排表以及展馆的策展大纲。8月30日，“鹭江号”游艇的复原陈列工作以及二次维修主体工程全部验收完毕。“鹭江号”游艇船舱内部陈列分别增加邓小平、江泽民、胡锦涛、习近平四代党中央领导人登临“鹭江号”游艇的图片，并对“鹭江号”游艇进行全船除锈、重新刷漆、更换甲板。

（谢典均）

旅　游

【概况】 2016年，全区旅游总收入208.86亿元，比上年增长270.9%，占厦门市旅游收入的21.57%。其中，接待国内游客1428.84万人次、入境游客83.83万人次，国内旅游收入150.36亿元、入境旅游收入58.50亿元。出台《湖里区会展业发展扶持奖励若干意见》，编制完成湖里区“十三五”旅游规划，继续推动东渡邮轮母港、海峡旅游服务中心、闽南古镇、环五缘湾高星级酒店群等重大旅游项目建设。建成乌石浦油画街、五缘湾商业街2条市级特色商业街和湖里观光夜市、海天路海洋风情商业街等5条区级特色商业街，风信子厦门跨境商品直购体验中心、跑街进口商品直销中心已在自贸区开业。全年新建旅游厕所5座，改建3座，其中AA级3座，A级5座。

【举行“新厦门·新体验”旅游推介活动】 1月21日上午，“美丽厦门　新厦门·新体验”湖里区旅游推介活动在风信子跨境直购商城举行，市旅游局副局长张国良，湖里区政府副区长肖平、湖里区文体出版旅游局局长郭漳楚等领导出席推介活动。厦门20多家主流媒体和50余家旅游企业的代表应邀参加此次活动。本次旅游推介活动由湖里区旅游推介会和采风踩线活动两部分组成。旅游推介会上，湖里区8家重点旅游企业向广大媒体和旅行社推介优质旅游产品和旅游路

1月21日，“美丽厦门　新厦门·新体验”湖里区旅游推介活动在风信子跨境直购商城举行（钟秀梅　摄）

线。风信子跨境直购商城、上古文化园等湖里区旅游企业间还与合作单位签订了营销战略协议，实现强强联合。在采风踩线活动中，厦门40家重点旅行社代表参观了风信子跨境直购商城、湖里国投航海会及其水上运动项目、上古文化馆、张汀美术馆、希尔顿逸林酒店、灯塔公园和惠和石文化园，并在五缘湾帆船游艇港体验了特色旅游项目“帆船体验游”，旅行社一行赞赏有加，一致认为湖里区旅游项目亮点众多，拥有很多市民和游客不应错过的极佳去处。

【春节黄金周旅游】 2016年春节期间，湖里区共接待国内外游客52.64万人次，占厦门市总接待人数的27.0%；旅游总收入5.10亿元，占厦门市旅游总收入的25.0%。其中，接待过夜游客15.22万人次，占接待总人数的29.92%；一日游游客37.42万人次，占接待总人数的71.08%。全区旅游市场文明有序，未发生旅游安全事故和重大旅游投诉案件。

【国际邮轮母港年旅客吞吐量突破20万人次】 厦门国际邮轮母港全年接待邮轮79艘次，游客吞吐量首次突破20万人次大关，达到200876人次，比上年增长14%，创下新的历史纪录。是年，厦门国际邮轮母港始发邮轮旅客吞吐量14.37万人次，比上年增长46.13%；首次引入10万吨级以上的邮轮——公主邮轮公司旗下的“蓝宝石公主”号邮轮以厦门港为母港运营；母港先后完成3日4船5艘次的密集靠泊、3轮同靠、双母港邮轮同靠作业，接待能力再上一层楼；母港首开“海丝”航次和国际友城航次等特色航次。

【旅游服务设施建设】 2016年，湖里区旅游服务设施大幅改善。在海沧大桥牛头山景区建立自驾游服务中心，占地2万平方米，一期划定大小停车位400个，服务中心距离厦鼓码头仅1000米，地处海沧大桥、杏林大桥、厦门大桥以及接连翔安隧道的仙岳路交汇口，有效缓解东渡厦鼓码头及其周边的通车和停车压力，极大方便全国各个方向来厦自驾游客，提升自驾游客的旅行质量和满意度。全年新建、改建旅游厕所12座，其中7座位于闽南古镇（3座按AA级标准建设）；2座位于东渡邮轮码头（按A级标准建设）。按照A级标准改建旅游厕所3座，分别位于五缘湾、仙岳山和江头公园。12座厕所全部建设完成，已投入使用，极大地方便了游客。新建成2个停车场，增加停车位859个。其中：洪塘地面停车场新增停车位252个；马山安置小区地下停车场新增停车位607个。薛岭山公园南门地下公共停车库、仙岳山公园西北入口停车场、忠仑公园西南园区二期工程地下公共停车库项目已编入全区公共停车设施建设规划。

（蔡晓悦）

厦门国际邮轮母港（东荣社区黄梅 摄）

体　育

【概况】 2016年，湖里区编制完成《湖里区全民健身实施计划（2016—2020年）》。不断完善体育设施建设，青少年校外体育活动中心正式投入使用，积极推进湖里体育公园建设项目，下拨体彩公益金用于基层全民健身设施建设和活动开展。全民健身网络初步建立，新建全民健身路径26条，全区人均体育面积2.06平方米，“15分钟健身圈”基本形成。各街道“一街一品”全民健身品牌活动持续深化，老年康乐家园建设走在全市前列，各体育协会踊跃开展“新春健步行”“时尚三人篮球挑战赛”等活动，青少年体育活动竞赛成绩显著，是年，在全国、省、市各类比赛中先后取得180多个名次。举办第十二届中国俱乐部杯帆船挑战赛等区级品牌赛事，引入厦门文广传媒集团，加大宣传力度，提高赛事知名度和影响力。保障厦门国际马拉松赛、厦门世界半程铁人三项赛暨铁人世锦赛资格赛顺利举行。

【福建省第五届冬泳锦标赛暨海峡两岸冬泳邀请赛在双十中学举行】 3月13日，福建省第五届冬泳锦标赛暨海峡两岸冬泳邀请赛在湖里双十中学韩振东游泳馆举行。本次赛事由福建省游泳协会主办，湖里区游泳协会和厦门畅游世界游泳俱乐部共同承办，是省内最高规格的泳池冬泳比赛。此次大赛特设70岁以上组别，运动员中年龄最大的81岁。比赛吸引40余支代表队500人参赛。获得团体前三名的队伍分别是泉州海峡游泳俱乐部、厦门畅游世界游泳俱乐部、福州悠然冬泳俱乐部。

【国乒男队到厦门备战里约奥运会】 5月25日，中国乒乓球男队在总教练刘国梁的带领下在福隆体育公园的“中国乒乓球训练基地”开始为期50天的封闭集训，这是国乒男队第15次到厦进行赛前集训。此次到厦门备战的中国乒乓球男队共有教练员和运动员40人左右，包括参加奥运会的运动员、体能教练和科研人员等。

8月8日，在金尚广场举办2016年湖里区“8·8”全民健身日启动仪式暨“江头同乐汇”趣味体育健身游园活动（钟秀梅　摄）

【举行“8·8”全民健身日启动仪式】 8月8日下午，湖里区在金尚广场举行2016年湖里区“8·8”全民健身日启动仪式暨“江头同乐汇”趣味体育健身游园活动。副区长戴宗垒致辞并宣布全民健身日启动，辖区体育协会进行了精彩的健身展示，随后各街道、各系统的代表队及周边社区居民群众参加了趣味体育健身游园活动。

（蔡晓悦）

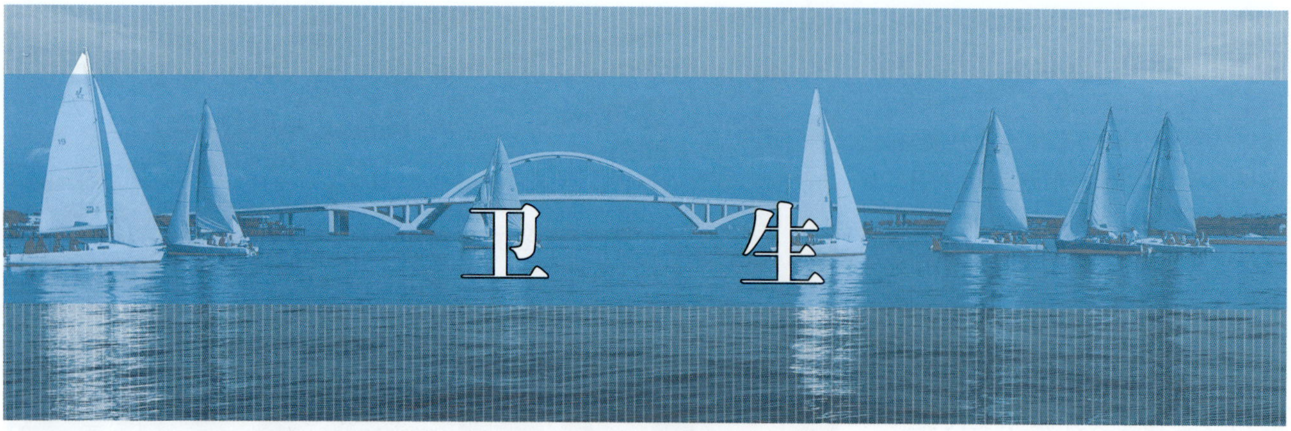

卫　生

【概况】 2016年，湖里区卫生和计划生育局（以下简称“区卫计局”）区机关及下属事业单位共有编制166个，在编164人。截至年底，全区共有医疗卫生机构340家，其中：区级公共卫生机构3家（区卫生和计划生育监督所、区疾病预防控制中心、区妇幼保健院），民营医院8家，门诊部68家，诊所194家，医务室卫生所67家。是年，持续开展的“百名专家进社区”义诊活动被中共福建省委宣传部、组织部、文明办等9部门表彰为“最佳志愿服务项目”；区卫计局的微信公众平台获得“2016年全国卫生计生系统摄影大赛官方支持媒体”称号；湖里区获评国家级妇幼健康优质服务示范县（市、区）。

【推动家庭医生签约】 9月，湖里区在全市率先启动家庭医生签约服务工作。在禾盛社区试点的基础上，优化建立了“1+2+n”工作模式，按照网格分布开展家庭医生签约服务，将“慢病先行，三师共管”的触角延伸到基层，延伸到每一户居民家中。截至12月31日，全区共完成家庭医生签约7.47余万人，总签约覆盖率达25.8%，65岁以上老年人签约近1.12万人，覆盖率41.47%；高血压患者签约近1.66万人，覆盖率38.01%；糖尿病患者签约8282人，覆盖率36.86%，知晓率72.22%，满意率93.81%，基层首诊意向率87.50%。

【开展智慧养老试点工作】 2016年，湖里区从5个街道选取禾欣、金尚、金山、兴华、兴园等5个社区，下拨20万元启动经费，依托厦门市市民养老服务中心的“12349”平台等“互联网+”新技术平台，建设社区智慧健康养老服务平台，建立老年人基础信息库和健康档案，及时掌握老年人健康情况，向老年人提供健康、关爱服务。3月，省卫计委副主任阮诗玮在市卫计委副主任吴再阳的陪同下，到禾山、金尚等社区调研时，对禾山社区智慧养老、金尚社区与齐安门诊部协作成立护理院等做法给予充分肯定。

【开展“百名专家进社区”活动】 年内，湖里区针对群众看病难、就医不方便等问题，邀请全市各大医院多学科专家，利用星期六上午到社区为群众义诊和健康宣教，全年开展百名专家进社区活动71次，邀请专家533人次，服务群

6月4日，专家到北站社区坐诊（黄文选　摄）

4 月 28 日，湖里区向区公安分局、检察院、法院等 6 家单位赠送价值 1.2 万元台式电子血压仪（黄文选　摄）

众近 1.8 万人次。

【探索宣传服务新途径】 2016 年，湖里区与福建东南网、厦门网、厦门电视台签订协议开辟专栏，定期进行人口计生内容宣传。是年，在《中国人口报》《人口与计划生育》《福建日报》《厦门日报》《厦门晚报》等市级以上媒体上发表稿件 400 多篇。依托不断涌现的互联网新媒体，创新宣传工作理念，搭建了湖里区卫生计生微信公众平台，群众只要搜索微信号“湖里卫计局”并添加关注，就能享受全方位的卫生计生咨询服务，该微信公众平台还被全国卫生计生系统摄影大赛组委会授予“2016 年全国卫生计生系统摄影大赛官方支持媒体”称号。

【开展便民服务】 年内，湖里区开展卫生计生行政审批改革，实行网上审批。全面实施一孩、两孩生育服务网上登记，利用微信公众号平台实行网上预约，实现从“走马路”到“走网路”。规范“一窗受理”服务事项，办件均在承诺时限内办结，按时办结率 100%。在区公共卫生大楼完成婚检与婚姻登记“一站式”服务建设。

【干部保健】 2016 年，区卫计局举办巡诊咨询服务 66 场，为 1166 人次机关干部提供优质、便捷的送医送药服务；区行政中心健康小屋为 811 人次干部群众提供保健服务。组织区疾病预防控制中心、湖里街道社区卫生服务中心医务人员上门为区行政执法局、区检察院、区法院、国投公司、湖里公安分局及各派出所等 14 家单位提供流动健康小屋检测服务 52 场，检测 1700 余人次。其中，血压检测异常 170 人、血糖检测异常 135 人、胆固醇检测异常 210 人、甘油三脂检测异常 537 人、高密度脂蛋白检测异常 831 人、低密度脂蛋白检测异常 159 人。开展“送健康·送爱心”活动，为在区行政中心大楼外办公的区行政执法局、区公安分局、区检察院、区法院、国投公司、天地公司 6 家工作人员多、工作强度大的机关、企事业单位各赠送 1 台价值 1.2 万元的台式全自动电子血压计；赠送价值 15 万多元的健康小屋相关仪器设备给区公安分局，并指导其做好健康小屋规范化建设及工作人员操作培训。

【深入开展爱国卫生运动】 2016 年，湖里区制定印发《湖里区“中国控烟伙伴——无烟城市合作项目”实施方案（2015—2017 年）及任务清单的通知》，重点开展无烟场站的创建工作，枋湖长途汽车站、五通码头、邮轮码头、厦门高崎机场等通过评审；上年度新申报的 9 家无烟学校和 1 家无烟单位

3 月 3 日，副市长国桂荣（右二）参加湖里区组织的春季爱国卫生运动（黄文选　摄）

均通过评审；联合区教育局开展了“无烟校园·健康湖里”控烟系列活动，有28所中小学、幼儿园参与活动，累计收集到参赛作品280份，其中绘画作品76幅、手抄报108份、征文96份，评选绘画等单项奖各12名、鼓励奖各20名、优秀指导老师奖12名、优秀组织奖6个；在区教师进修学校附属第二小学举办世界无烟日宣传活动暨无烟城市合作项目启动仪式，开展“拒吸第一支烟，做不吸烟新一代”签名活动，共有1300多名师生参与签名。着力开展第28个爱国卫生月活动。活动期间举办大型宣传活动60次，制作黑板报200期，制作宣传展板150块，发放宣传材料近12.14万份，利用手机短信、微信公众号等方式向30余所学校宣传“勤洗手、保健康”卫生知识，覆盖全区约48.21万人次，有效处理大中型孳生地123个，累计使用灭鼠药物7800千克、灭蟑药1.1万包、灭蚊药物1万千克。各街道清除卫生死角563处，清除乱堆杂物322处，清理垃圾约1125吨。

【开展民营医疗机构与社区“手牵手”共建活动】 2016年，在民营医疗机构与社区自愿基础上，区卫生计生局力促辖区内民营医疗机构与社区“手牵手”共建。民营医疗机构在重大活动医疗保障、院前急救、居家（养老）医疗关怀、扶贫救困等方面给予社区及社区群众无偿服务，社区在综治、宣传、协调等方面给予医疗机构必要支持，促进双方共同发展。截至年底，已签约23对共建体，开展活动228场次，服务社区群众14660人次，投入人力901人次、资金58937元；通过第三方评估，有19对共建体被综合评价为“满意”。10月12日，召开湖里区医疗机构与基层社区“手牵手”共建评估工作通报会，宣布“手牵手”共建活动补偿决定；同时，为取得“满意A级”“满意B级”“满意C级”三个等级的19家医疗机构颁发荣誉证书和奖杯。

“莫兰蒂”台风后，湖里区开展灾后消杀（黄文选 摄）

【开展医疗卫生初级急救员培训】 12月15日，湖里区卫计局与厦门市医疗急救中心共同举办的“湖里区医疗卫生初级急救员培训班”在厦门市医疗急救中心正式开班，辖区各社区卫生服务中心、门诊部、诊所等机构约410名基层医务人员参加了此次培训。是年，该类培训共举办2期。

【强化依法行政】 2016年，湖里区严厉查处“两非”行为。深入开展联合执法专项整治活动，检查医疗机构1100多家次，查处各类违法医疗案件79件，罚款110.7万元，没收违法所得2.24余万元，没收B超机18台，立案查处“两非”案件18件，超额完成市里下达的打击“两非”指标任务。严格社会抚养费征收，是年，立案32件，结案25件（其中往年结案13件），征收到位金额约360万元，全部直接上缴国库。严格实行“一票否决”制，全年共审核把关评先评优集体177个，个人320人，干部任免131人，否决5人。

【参与“莫兰蒂”台风灾后重建及环境消杀】 9月15日，“莫兰蒂”台风过后，区卫计局全体党员干部职工下街道社区，组织灾后环境消杀和重建工作，累计走访查看社区45个，学校、幼儿园18所，市场23个，医疗机构8家，垃圾中转站（集中点）35处；重点消杀生活垃圾集中点、垃圾桶、积水点、污水井、雨水井、绿化带等区域1万余处；发放台风灾后防病指南折页5.5万张，累计发送灾后防疫短信20万条，检测151家二次供水单位，84口水井，消毒物品总量为漂白粉19.38吨、含氯消毒液1.46万瓶、凯素灵粉23.5吨、杀虫剂5530瓶。在大家的齐心努力下，抗击“莫兰蒂”台风灾后重建工作赢得了各级领导的高度认可，被厦门市委、市政府授予“抗击‘莫兰蒂’先进单位”。

（连凌琳）

名词解释

“1+2+n”：1名家庭医生、2名健康管理师、若干名专科医师

卫生监督

【概况】 厦门市湖里区卫生和计划生育监督所（以下简称“卫生监督所”）为湖里区区属参照公务员法管理正科级事业单位，是湖里区卫生和计划生育局行使卫生监督执法职能的执行机构。2016年，卫生监督所有在编人员35名，主要职责是接受湖里区卫生和计划生育局的委托，依照《中华人民共和国传染病防治法》《中华人民共和国执业医师法》等卫生法律法规规定的职责范围，承担辖区医疗卫生和母婴保健、公共场所卫生、生活饮用水卫生相关的行政许可事务和医疗机构监督、传染病防治监督、公共场所和学校卫生监督、生活饮用水卫生监督、计划生育监督等卫生监督执法任务。下设综合科、医疗卫生监督科、公共卫生监督科、法制稽查科、许可科5个职能科室。

【医疗机构监督】 区卫生监督所全年共检查医疗机构1000多家次，立案查处各类违法医疗案件64件，其中：涉及医疗机构违法行医案件16件、涉及“两非”18件、涉及无证行医30件，共罚款136.7万元，没收违法所得2.36余万元，没收B超机18台及一批药品器械。全年实施行政处罚7件。对25起医疗机构不良执业行为给予记分。调查处理医疗相关投诉148件。开展放射诊疗专项整治、消毒产品专项整治、医疗废弃物处置专项整治、院感专项整治、餐饮具集中消毒单位专项监督、疫苗预防接种专项检查、传染病专项整治等各项专项监督检查。举办医疗机构与社区“手牵手”共建活动；举办区管医院、门诊部满意度初评活动；全面推广医疗机构监督信息二维码查询系统等医疗机构规范管理措施。

【公共卫生监督】 2016年，区卫生监督所检查二次供水单位143家，开具监督意见书123份。处理公共场所及二次供水投诉30件，处理完毕后能够及时向投诉人进行反馈。对辖区内娱乐场所、游泳场所进行专项监督检查；联合区疾病预防控制中心对辖区内14所学校进行了学校卫生抽检工作及学校卫生综合评价；分别专题培训67家美容场所、21家娱乐场所、33家游泳场所、251家二次供水单位；开展“莫兰蒂”台风灾后生活饮用水安全监督检查工作，检查203家二次供水单位、117口水井及30家学校幼儿园的饮用水，现场快速检测水质73份，委托疾控实验室检测水质106份，对2口水井进行消毒，通过发放宣传单、发送短信等方式对供水单位和市民群众进行安全用水指导，为台风灾后居民的饮用水安全提供了有力保障。

【行政许可办理】 区卫生监督所全年受理许可申请3074件，办结3074件，其中当场办结1632件。1—12月下基层2698人次，现场审查指导许可单位1762家次。修订新办事指南，新指南包括行政许可与公共服务共49事项，需提交的各项申请材料减少134项，平均减幅达33.6%，切实为群众提供了便利。

【拓展卫生监督、便民服务新渠道】 1月，湖里区“智慧卫监”信息系统自正式启用，打破了传统执法的束缚，在福建省内先行先试，为卫生和计划生育监督开启了新的执法模式。“智慧卫监”信息系统通过移动执法终端，实现卫生监督检查、行政许可审批和行政处罚即时信息化。7月初，在办事窗口推出EMS代领证件业务。办事群众在受理完毕后，持受理凭证到邮政EMS窗口办理代领证件委托，领证和送证的事就交给了EMS，快递员会在第一时间内“送证上门”。免去二次领证环节，省却奔波之苦。自8月中旬起，公共场所卫生行政许可项目率先开展网上预审服务，让群众少跑路，节约办事时间。

（谢玉霞）

9月15日，超强台风“莫兰蒂”正面袭击厦门后，区卫生监督所卫生监督员联合疾控中心对湖里区5个街道开展药物消杀及除“四害”工作（谢玉霞　摄）

疾病预防与控制

【概况】 2016年，湖里区疾病预防控制中心（以下简称“区疾控中心”）内设办公室、业务质量管理科、传染病预防控制科、应急处置与信息管理科、卫生监测科、检验科、免疫规划管理科、地方病与慢性病防制科、健康教育科9个科室。核定编制39个（其中，4个为区卫计局干部保健和医改办编制），在编38人。其中，卫生专业技术人员高级职称7人、中级职称13人；硕士学位11人，本科及以上学历29人，本科以上学历占76.3%。

【健康教育】 2016年，湖里区立足结核病日、世界卫生日、世界无烟日等特殊日子组织各种大型宣传活动。参与多部门组织的文化、科技、卫生“三下乡”活动，科普超市进社区活动等。是年，组织参与宣传活动100余场，制作发放宣传折页、海报20余万份。利用社区宣传栏、公交站台、海报、横幅等传统媒体，以及中心网站、微信平台、新闻媒体等新型媒介大力开展宣传，首次与移动公司结合卫生日与应急性事件（防控“莫兰蒂”台风、防控人感染H7N9流感等）发送健康知识短信100余万条。是年，新创9家无烟学校及1家无烟单位，截至年底，湖里区已创建无烟单位66家。首次对湖里枋湖长途汽车站、五通客运码头、厦门高崎国际机场、东渡邮轮码头开展无烟测评。年内，开展厦门市烟草流行情况调查及三类目标人群（工人、学生、居民）重点卫生知识问卷调查，收回有效问卷300份。继续开展居民健康素养监测工作，全年入户调查1000户。

【卫生应急】 年内，湖里区完善传染病应急预案，健全突发公共卫生应急防控体系。截至年底，区疾控中心根据卫生应急工作需要制定33个相关技术方案或应急预案，涉及12个类别的突发公共卫生事件，预案体系完整率100%。每月开展突发公共卫生事件风险评估，为政府决策提供依据。积极防控各类传染病，做好应急仓库物资储备工作。是年，共处置辖区中小学、托幼机构发生的传染病疫情和聚集性事件84起，其中，因疫情控制需要，建议托幼机构班级停课1起。全年上报未分级突发公共卫生事件4起和一般事件级别突发公共卫生事件1起。全年共调查处置传染病自动预警信息260起，发现其中30起为疑似事件，采取控制措施并进行密切跟踪，有效阻止事态发展。调查处置7起食物中毒事件，查明原因，为食品安全监管部门提供依据。

【传染病防控】 2016年，全区各级医疗机构共报告6455例法定传染病病例，发病率为636.52/10万人，其中：乙类传染病17种2912例，发病数前三位为乙肝、肺结核、淋病；丙类传染病计4种3543例，发病数前三位为手足口病、其他感染性腹泻、流感；无甲类传染病、SARS、炭疽等及以上疑似病例报告。

艾滋病防治 2016年，全区有进行随访管理的艾滋病病例及感染者375例，转出344例，死亡19例，查无此人8例。开展艾滋病自愿咨询检测1256人次，发现初筛阳性28例。开展国家流动人口、男男性行为人群哨点监测，完成问卷和采集血样各577份，检出HIV阳性5例。开展流动人口、娱乐场所工作人员、男男性行为人群宣传干预工作，覆盖9886人次，采集血样701份，检出HIV阳性13例，检出梅毒阳性3例。与司法强制隔离戒毒所合作，开展羁押吸毒人群宣教，覆盖1349人次，检测549人，无HIV阳性病例。在厦门信息学校试点开展学生同伴教育工作，发展同伴教育员33人。与NGO组织合作等多渠道开展大众人群宣传，覆盖约5000人。4月8日，湖里区开展了艾滋病职业暴露应急演练，各医疗卫生机构专业技术人员现场观摩，市疾控中心专家对演练进行评估。

结核病防治 2016年，辖区内发现疑似肺结核患者852人，经追

疾控中心工作人员组织“3·24”世界防治结核病日宣传活动（湖里区疾控中心供图）

2016年，湖里区疾控中心检验科人员开展应急水质检测（湖里区疾控中心供图）

踪总体到位率为98%。发现活动性肺结核患者403例，均对其进行规范督导管理。其中治疗满1年的新涂阳患者158例，治愈率89%；治疗满1年肺结核患者387例，系统管理率94%。组织开展结核病患者交流及慰问关怀活动。病媒传染病防治和病媒生物防制。年内，湖里区共报告2例流行性出血热病例、2例布鲁氏菌病病例。以上病例经流行病学调查后确认为输入性病例，及时采取防控措施，疫情得到有效控制。是年，按计划开展鼠密度、蚊密度监测。全年共布放384个诱蚊灯、2400个捕鼠笼，监测结果湖里区蚊虫密度0.41只/盏·小时、笼捕鼠密度3%。对市消毒站在辖区开展的2轮“生物防治（PCO）”工作进行技术指导并开展消杀前后四害密度监测。

霍乱监测　2016年，开展医院肠道门诊监测，市中医院报告肠道门诊146例，粪检率70%，未发现霍乱弧菌阳性患者。开展水产品、外环境检测，全年在湖里区超市和农贸市场采集257份水产品和180份养殖水进行霍乱弧菌检测，检出6份非产毒株霍乱弧菌。

【免疫规划】 年内，全区开展预防接种近36.15万剂次，各类免疫规划程序内疫苗接种率均达到99%以上。开展计免相关传染病流行病调查48例，疑似预防接种异常反应调查处置158例。狂犬病暴露处置门诊接诊患者6808例，全程接种疫苗5978人，未全程830人，接种被动免疫制剂141人。规范疫苗冷链管理，全年下发一类疫苗近25.65万支，采购下发二类疫苗10.50余万支。是年，湖里区报告麻疹监测病例37例，经流行病学调查和实验室检测，检出麻疹阳性病例9例，麻疹发病率为6.99/10万人，符合疑似麻疹病例监测指标的要求。全区报告15岁以下儿童疑似乙肝病例7例，确诊病例1例，慢性病例6例，及时调查率100%。无新生儿破伤风病例，无发生百日咳病例。医院报15岁以下儿童急性弛缓性麻痹（AFP）4例，均及时流调，已经实验室检测排除脊灰病例，采集率、及时率均达到监测指标要求；每旬主动搜寻辖区医院急性弛缓性麻痹、乙脑、新生儿破伤风、麻疹，未发现漏报病例。截至12月31日，湖里区报告免疫接种疑似异常反应158例，其中，异常反应33例，偶合症1例，其余为一般反应。其中2例病例经预防接种异常反应专家诊断组讨论，分别诊断为预防接种异常反应一级甲等和四级，已协助家属向省卫生计生委申请补偿。年内，开展全区免疫规划针对传染病人群免疫水平调查，在5个街道的10个社区入户抽查415人，涉及11个年龄组，各病种全人群免疫水平情况调查抗体阳性率分别为麻疹93.98%、腮腺炎80.24%、风疹76.39%、破伤风44.10%、白喉58.55%、百日咳35.90%、A群流脑98.31%、C群流脑93.49%、乙脑50.12%、甲肝86.27%、乙肝71.08%、脊髓灰质炎Ⅰ型98.9%、脊髓灰质炎Ⅱ型97.67%、脊髓灰质炎Ⅲ型96.55%。4月，在全区范围内开展国家免疫规划疫苗查漏补种月活动。优先补种麻疹、脊髓灰质炎疫苗，后补种其他疫苗。无发生异常反应和投诉。全区麻疹疫苗补种2925人，脊髓灰质炎疫苗补种4403人，接种率均超过95%。年内，对湖里区的本地户口儿童及居住满3个月以上外来儿童开展接种率调查，共调查540名儿童，调查结果显示所有免疫规划疫苗接种率均达到国家要求标准。

【慢性非传染性疾病防控】 2016年，全区累计建立电子健康档案85.09余万份，建档率83.77%，其中，是年新建合格健康档案3.88余万份。为65岁以上老年人开展健康体检14420人，健康管理率64.82%。管理高血压患者33325例，健康管理率29.46%；管理糖尿病患者17275例，健康管理率45.23%。全区严重精神障碍在册患者3587例，报告患病率3.58‰，年度在管患者2978例，年在管患者管理率83.49%，年在管患者稳定

湖里区开展"万步有约"职业人群健走激励大奖赛实地健走活动（湖里区疾控中心供图）

率99.09%。

【开展全民健康生活方式行动】 年内，湖里区新增2个健康小屋。组织全区卫计系统140名干部职工参加全国首届"万步有约"职业人群健走激励大奖赛，坚持100天每天完成万步的目标。湖里区获得全省第1名、全国赛第63名。健走行进里程9741.43公里，日人均12686步，万步率达到96.49%，名列全国第49名。全国赛参赛个人有60人万步率达到100%，并有43人行进里程达到10000公里。

【开展居民死亡信息报告及死因统计分析】 2016年，湖里区户籍年平均总人口为29.80余万人，共报告死亡病例1019例，其中公安部门报告1001例，报告率为101.8%，报告死亡率为3.42‰。死因前五位为恶性肿瘤、心脏病、脑血管病、呼吸系统疾病、损伤中毒。是年，湖里区人均期望寿命为82.12岁，其中男性79.12岁，女性85.85岁。

【开展急性心脑血管事件报告及肿瘤病例登记随访】 年内，湖里区共报告急性心脑血管事件481例次，报告肿瘤新发病例542例。开展随访肿瘤病例2560例，其中，存活847例，死亡108例，非湖里户籍482例，其中转厦门其他区241例，失访338例。

【卫生监测与检验检测】 2016年，湖里区疾控中心实验室开展食品类、公共场所类、生活饮用水、病原微生物等检测，共出具检测报告2183份。是年，湖里区参与开展国家重大公共卫生服务项目——中国儿童与乳母营养健康监测。对辖区4个社区居委会、4所幼儿园、2所小学、3所中学，共560名儿童青少年及100名乳母开展了营养健康调查与监测。对辖区内38所学校开展教学环境卫生监测，其中民办中小学8所、公办中学6所、公办小学24所。年内，湖里区累计报告产品伤害病例4.73余万例，其中：中医院报告41684例，儿童医院报告5622例，报告典型案例78例。采集盐样210份，发现2份无碘盐，2份不合格碘盐。碘盐食用率为99.05%，碘盐合格率为99.04%，合格碘盐食用率98.10%。

【开展实验室生物安全管理工作】 年内，湖里区完善公卫大楼检验检测、安全保障等配套设施建设，加强生物安全管理体系运作及完善生物安全风险评估，完善危险品样本特别是感染性样本的采集、包装和运输工具的保障机制，落实实验室检验人员、感染性样本运输技术人员和管理人员的培训与教育。建立实验室生物恐怖防范制度及措施，配置反恐装备。

【防抗"莫兰蒂"台风】 "莫兰蒂"台风正面袭击厦门后，区疾控中心立即启动灾后应急预案，投入到紧张的灾后防疫工作中：一是指导各街道开展灾后防疫工作，落实重点区域或单位消杀工作，消杀面积约

9月，湖里区疾控中心职工在党支部共建单位——兴隆社区支援灾后清障工作（湖里区疾控中心供图）

28万平方米，对全区9个临时垃圾堆放点进行2天1次的消杀；二是组建5支卫生防疫小分队，驻点5个街道开展卫生防病巡查，指导街道、社区展开消杀工作；三是紧急印制“灾后防病小常识”“台风灾后防病指南”10万张发放到灾民手中，发送短信提醒20万条，并通过微信公众平台发布灾后防病信息，阅读量达5000多人次；四是启动灾后传染病应急监测及风险评估，实行每日一报制度，未发生任何灾后相关的传染病聚集性疫情；五是开展应急水质监测97份，检测结果均符合安全生活饮用水卫生标准；六是开展病媒密度监测，结果显示，湖里区蚊蝇鼠密度并未明显高于以往数据；七是到党支部共建单位——兴隆社区支援灾后清障工作，保障灾后环境卫生。在广大干部职工的共同努力下，确保了湖里区在经历台风后无大疫。

（李锦阳　柯素容）

妇幼保健

【概况】 2016年5月，湖里区妇幼保健院与原计划生育服务站完成整合，资源整合后的区妇幼保健院分为妇女保健部、儿童保健部、围产保健部和计划生育服务部四个部分。有业务用房1.49万平方米，在职职工334人，其中卫生技术人员277人，中高级职称114人，本硕以上学历121人。内设42个特色专科和门诊。引进德国西门子乳腺钼靶检测仪、宫腹腔镜等先进的医疗设备。年内，门（急）诊服务79.45万人次（含集体保健），比上年增长12.38%；住院3157人次，病床平均使用率90%。业务收入近1.09亿元，比上年增长22.79%。是年，湖里区妇幼保健院正式挂牌成为全市唯一一家二级甲等妇幼保健院和爱婴医院。

【孕产妇保健服务】 2016年，全区有户籍产妇4366人，活产4421人，孕产妇系统管理率96.92%，早孕检查率97.40%，建卡率98.95%，产前检查率98.76%，产后访视率97.69%，住院分娩率100%，高危孕妇检出率78.86%，低出生体重儿发生率5.13%，出生缺陷发生率13.53‰，围产儿死亡率4.51‰，孕产期中重度贫血发生率7.21%，孕产妇剖宫产率33.30%，孕产妇死亡率为0。孕产妇产前筛查率96.95%，婚前医学检查率98.73%，妇科病普查率99.15%。

【儿童保健服务】 年内，全区7岁以下儿童近2.75万人，3岁以下儿童1.34余万人，7岁以下儿童保健覆盖率98.74%，3岁以下儿童系统管理率96.11%，高危儿检出率5.05%，5岁以下低体重儿患病率1.70%，6个月母乳喂养率94.78%，6个月纯母乳喂养率67.06%，新生儿访视率99.19%，新生儿听力筛查率99.73%，新生儿疾病筛查率99.73%，5岁以下儿童中重度贫血患病率0.32%，5岁以下儿童死亡率3.62‰，婴儿死亡率2.26‰，新生儿死亡率1.58‰，新生儿破伤风发生率为0。

【托幼机构管理】 2016年，区妇幼保健院走进辖区203所公、民办幼儿园开展儿童健康体检、眼保健、口腔保健、托幼园所卫生保健指导（包含膳食营养、疾病预防、体弱儿管理、安全管理等）。托幼机构全年儿童健康体检3.73余万人次，入园入托指导率100%。儿童口腔保健近8.08万人次，口腔检查约5.04万人次，防龋率98.8%；眼保健3.67余万人次，保健率达98.8%；儿童心理保健8738人次，听力保健近3.67万人次。

【落实公共卫生项目】 年内，根据《国家基本公共卫生服务规范》和《厦门市孕产妇系统管理规范》要求，为首次孕妇建卡提供免费保健服务1.67余万人，为已建卡孕妇提供5次免费产检4.51余万人次，并协助社区卫生服务中心开展建卡服务，让孕妇在家门口就能完成产检。

【落实惠民利民项目】 2016年，区妇幼保健院推进多项惠民措施的实施，让全区上万名妇女儿童受益：一是对常住人口孕妇实施免费产前筛查（180元/人），免费检测3142人。二是免费为全区婚检及孕妇进行艾滋病抗体检测近2.13万人次，为每位受检者节约费用40元，免费梅毒检测2.73余万人次，为每位受检者节约50元，免费乙肝检测近2.74万人次，为每位受检者节约40元；全年确诊HIV阳性2例，梅毒阳性28例，全区共为767名乙肝表面抗原阳性产妇所生婴儿提供免费乙肝免疫球蛋白疫苗注射。三是配合区婚姻登记处，开展免费婚前体检，全年检查3423对，为每对夫妻减免200元。四是为计划怀孕的夫妇提供免费孕前优生检查，检测3910对，为每对夫妻减免450元。五是免费为全区近1.12万名育龄妇女进行妇科病普查，检出疾病6725例，免费“两癌”筛查5844人次，检出疾病1961例，对发现病变者给予定期追防及后续治疗，获得社区居民的好评。六是为全区已婚低保妇女普查127人，检出妇女病80人，检查率100%，患病率62.30%。七是合理规划布局计划生育药具免费发放网点，在全区设置户外发放网点60个，社区发放点58个，流动人口药具发放可及率202%。是年，发放避孕套88.16万只，发放避孕药1348板，女性外用避孕药6340盒，宫内节育器720套；避孕药具不良反应年百万人口报告343例，免费计划生育手术1387人次，免费双查近1.05万人次。育龄群众获得规范的避孕节育服务，术后随访率100%。八是开展免费叶酸检测1118人次，大大降低了胎儿宫内发育迟缓、早产及新生儿低出生体重的发生概率；主动降低医疗费用，减免三维彩超6597人次，每人减免200元；减免超声骨密度检测4.25万人次，每人减免30元；免除挂号费8.65万人次，每人减免10元。全年开展各项利民惠民项目，减免费用达1347.12万元。

【保健知识宣教】 年内，区妇幼保健院发挥妇幼保健职能与优势，大力开展妇幼保健健康知识传播，提升辖区妇女儿童自我保健能力与健康水平。联合中共湖里区委宣传部、湖里区社科联共同举办“湖里星期六·妇幼大讲堂”活动12场，惠及群众3000多人次；联合营养师协会开展营养知识讲座49场，为孕产妇提供孕期营养指导4000余人次；分别组织开展了“5·20”全国母乳喂养日、8月1—7日世界母乳喂养周、预防出生缺陷、百名孕妇瑜伽表演等健康宣传日系列宣传活动，传播母乳喂养、孕期瑜伽的好处、预防出生缺陷等的先进知识理念与方式方法，惠及群众10万多人次；每月组织志愿者开展“百名专家进社区”、健康服务进社区、科普“超市”进社区、文明服务超市“五下乡”等健康义诊咨询活动，出动医务人员200人次。全年共为辖区群众近4万人提供义诊咨询服务，发放妇幼保健知识宣传材料近11万份；在院内每天开展孕妇大学、家长学校、宝宝课堂宣教，2.60万人听讲，在各科室宣传栏发放妇幼健康教育宣传材料40多万份；制作印刷妇幼保健健康教育宣传材料20万余份在院外发放；每天微信公众平台编辑推送妇幼保健知识，全年共推送280多条，单条阅读点击量达3000多次。与厦门移动电视台合作录制母婴保健知识宣传视频12期，并在全市2700多台公交车、楼宇等电视上滚动播放；与闽南之声广播电台合作开展妇幼保健知识移动讲堂2期；利用网站、院报、健康教育视频进行妇幼保健知识宣传，形式多样，受众面广，健康宣教效果好；举办了全区妇幼健康教育演讲大赛，提升辖区保健人员宣教技能。

【加强医疗质量管理】 2016年，区妇幼保健院通过狠抓医疗质量管理，全年处方合格率超95%，入院诊断符合率100%，手术前后诊断符合率100%，急危重症抢救成功率100%，无菌手术切口感染率0，开展成分输血比例100%。全年接收住院病人3157人，出生2279人，顺产1868人，剖宫产408人，剖宫产率17.6%，会阴侧切率11.4%。

【强化医疗技术安全】 年内，区妇幼保健院多举措强化医疗技术安全，创建平安医院。一是加大对医疗核心制度的考核力度，制度落到实处；二是重视病情告知，强化医患沟通；三是加强对重点科室监管，消除医疗安全隐患；四是加强院感管理，防控院内感染。是年，妇幼保健院上报传染病477例，无新发传染病，无漏报、错报及迟报现象；五是加大对全院职工的培训考核，选派优秀骨干青年外出进修培训，举办危重症孕妇急救及转诊、羊水栓塞、艾滋病孕产妇接生等演练3场，提高医疗水平。

【技术创新及新设备引入】 2016年，区妇幼保健院鼓励技术创新，积极开展院级新技术、新项目，规范新技术、新项目管理制度，严格医疗准入，包括宫、腹腔镜在妇科的应用技术、腹式全子宫切除术、超声引导下乳腺肿物微创旋切术、无痛分娩等10项，同时引进德国西门子全数字化乳腺钼靶摄影机、腹腔镜、美国欧美达麻醉呼吸机等先进的医疗设备，提高妇幼保健院诊疗服务水平。

【加强院际合作】 年内，区妇幼保健院加强院际合作，提升诊疗水平，满足辖区群众医疗保健需求。与厦门大学附属第一医院、厦门眼科中心、厦门口腔医院等三甲医院签订合作协议，邀请产科、妇科、乳腺外科、儿科、口腔科专家轮流到妇幼保健院坐诊，提高诊疗水平，满足群众需求。

【开设再生育咨询门诊和不孕不育门诊】 1月4日，区妇幼保健院在全市区级妇幼保健院中设立第一家再生育咨询门诊和不孕不育门诊，为计划生育二胎的家庭提供专业咨询和指导。

【开展妇女保健知识讲座和义诊活动】 3月，区妇幼保健院组织妇科、产科、乳腺科、中医科、儿童保健科专家深入社区，开展妇女保健知识讲座和义诊活动。此次系列送健康活动持续2周，走进9个社区，开展8场健康讲座、3场义诊咨询。

【新进员工及青年医护人员在林巧稚像前举行就职宣誓】 4月1日，区妇幼保健院组织28名新进员工及青年医护人员，在鼓浪屿毓园林巧稚大夫汉白玉塑像前宣读希波克拉底誓词，进行了庄严的就职宣誓，誓当一名德技双馨的当代白衣天使，并向林巧稚大夫汉白玉塑像

5月7日，区妇幼保健院举办了以快乐“孕”动为主题的百名孕妇瑜伽表演（区妇幼保健院供图）

敬献花篮，深切缅怀伟大的人民医学家林巧稚大夫。之后组织参观了林巧稚纪念馆，学习林巧稚生平事迹，激发青年医护人员以林巧稚大夫为榜样，救死扶伤，为人民的妇幼卫生事业贡献力量。

【举办百名孕妇瑜伽表演及孕期答疑解惑】 5月7日，区妇幼保健院举办了以快乐“孕”动为主题的百名孕妇瑜伽表演。140余名准妈妈在专业瑜伽老师的带领下，学做孕期瑜伽，迎接属于自己的第一个母亲节。表演结束，产科专家还现场免费为孕妈妈们提供孕期营养、孕期体重管理、孕期疾病预防以及分娩方式的选择等方面的咨询，解答孕妈们在孕期遇到的各种问题，同时为孕妈妈们送上康乃馨等节日礼物。

【完成区妇幼保健院与计划生育服务站整合】 5月，湖里区妇幼保健院与原计划生育服务站完成整合，资源整合后的区妇幼保健院分为妇女保健部、儿童保健部、围产保健部和计划生育服务部4个部分，主要职能是贯彻落实《中华人民共和国母婴保健法》和妇女、儿童两个发展纲要的主要发展目标，以及新时期妇幼卫生工作方针；承担辖区内妇女保健、儿童保健、围产保健等妇幼保健服务和妇女儿童常见病防治、助产技术服务、出生缺陷综合防治服务等医疗保健服务，承担计划生育宣传教育、技术服务、优生指导、药具发放、信息咨询、随访服务、生殖保健、人员培训等任务；开展婚前医学检查、孕前优生健康检查等工作。并受区卫生和计划生育局委托承担辖区妇幼保健和计划生育技术服务管理、项目管理、培训和技术支持工作。

【湖里区免费母婴护理师培训中心成立】 5月，区妇幼保健院与区卫计局、区妇联、中国妇幼保健协会、厦门市营养师协会联合成立湖里区免费母婴护理师培训中心，是全省首个母婴护理师免费培训中心。是年，成功举办3期培训，为辖区培养输送184名合格母婴护理师。

【举行护士节表彰大会】 5月12日，湖里区妇幼保健院举办了一场以“专业、人文、融合、创新”为主题的“5·12”护士节表彰大会。区卫计局副局长王萍，妇幼保健院院长李淑莲，副院长许维森、傅国栋，各科室主任和全院护士120余人参加大会。

【引进真空辅助乳腺微创旋切系统】 6月，湖里区妇幼保健院引进了国际先进的真空辅助乳腺微创旋切系统，并成功开展了数例乳腺微创手术，填补了区妇幼保健院乳腺疾病微创手术的空白。

【成立湖里区婚检孕检一站式服务中心】 7月，湖里区成立婚姻登

举行“5·12”护士节表彰大会（区妇幼保健院供图）

记、免费婚检和孕前优生健康检查“一站式”服务中心。服务中心设在湖里区公共卫生综合大楼，共投入资金75万元，业务用房2000平方米，设备设施齐全，温馨舒适。群众在湖里区就可以实现“进一道门、抽一次血、办三件事”，可以享受到体格检查、血常规、尿常规、白带常规、甲状腺及肝肾功能、优生优育、传染病、彩超、胸透等29项免费婚前医学检查和孕前优生健康检查服务项目。

【举办母乳喂养周系列宣传活动】 8月1—7日，湖里区妇幼保健院举办了母乳喂养周系列宣传活动。进一步促进社会和公众对母乳喂养重要性的正确认识，鼓励和支持母乳喂养，拓宽母乳喂养内涵，宣传和引导群众提高母乳喂养意识，普及母乳喂养技能，营造支持母乳喂养良好社会氛围。

【通过爱婴医院和二级甲等妇幼保健院复审】 8月，区妇幼保健院顺利通过爱婴医院和二级甲等妇幼保健院复审，并于12月14日正式挂牌。区妇幼保健院成为厦门市唯一一所区级二级甲等妇幼保健院和爱婴医院。

【举办出生缺陷预防日宣传活动】 9月，区妇幼保健院举办了以“防治出生缺陷，生命健康启航”为主题的出生缺陷预防日宣传活动。此次宣传活动向群众普及了出生缺陷防治科普知识，增强优生意识和风险防范能力，实现出生缺陷防治宣传的常态化，引导群众接受知识、转变态度、改变行为。

【获“国家级妇幼健康优质服务示范区”称号】 10月，湖里区通过福建省卫计委妇幼健康优质服务示范区考核组“国优”复审，获“国家级妇幼健康优质服务示范区”称号。

【举行全院职工抗击台风“莫兰蒂”表彰大会】 10月10日，区妇幼保健院举行了全院职工抗击台风“莫兰蒂”表彰大会，对本次抗击“莫兰蒂”台风和灾后修复工作中表现突出的人员进行表彰。

【举办首届湖里区健康教育演讲大赛】 10月27日，湖里区妇幼保健院与湖里区卫生和计划生育局联合举办首届湖里区健康教育演讲大赛，来自湖里区卫计系统的14名选手参加比赛。此次大赛旨在促进辖区妇幼保健人员健康教育水平提高，激励广大妇幼健康教育工作者努力学习专业知识和演讲技能技巧，进一步提升湖里区妇幼健康教育课堂授课质量。

12月14日，区妇幼保健院通过“爱婴医院”和“二级甲等妇幼保健院”复审（区妇幼保健院供图）

【举办儿童早期综合发展适宜技术培训】 10月28—29日，区妇幼保健院举办了儿童早期综合发展适宜技术培训班，全省170余名儿童早期综合发展项目专家、学员参加了培训。本次培训由区卫生和计划生育局主办，区妇幼保健院承办，主要针对儿童早期发展工作中新技术、新项目开展经验交流。培训为期一天，邀请了徐秀、欧萍、刘文龙、江瑞芬等多名国内知名专家授课，就儿童早期综合发展示范基地建设、自闭症研究、孤独症研究、婴幼儿早期心理发育等进行了专业的分析解读。区妇幼保健院院长李淑莲和早期儿童综合发展中心的专家结合湖里区儿童早期综合发展实际工作情况，分别就儿童早期综合发展学科建设、感统训练、儿童沙盘心理干预、脑瘫的诊断与治疗、语言发育迟缓和构音障碍等重点内容进行了详细讲解，与参会人员进行了互动交流。培训结束后组织实地观摩了区妇幼保健院儿童早期综合发展中心。

【举办第四届圣诞亲子游园会暨义诊咨询活动】 12月25日，区妇幼保健院举办了第四届圣诞亲子游园会暨义诊咨询活动。本次活动分“游园”和“义诊”两个会场。主会场由早教中心组织，分别开展了1—3岁组和3—6组的亲子游戏，均根据儿童身心素质发展情况量身设计游戏活动。分会场安排了妇科、儿保科、口腔科、眼科、外科、优生优育科等8位中高级职称专家开展现场义诊咨询，为社区广大群众进行疾病义诊与保健知识咨

12 月 25 日，区妇幼保健院举办了第四届圣诞亲子游园会暨义诊咨询活动（区妇幼保健院供图）

询，宣传妇幼保健知识，提高群众保健意识与健康水平。

（朱春雷）

厦门市中医院

【概况】 厦门市中医院占地面积 7.25 万平方米，建筑面积 9.6 万平方米，编制床位 1200 张。下设禾祥东门诊部，并管辖江头、禾山、金山和殿前 4 个社区卫生服务中心。2016 年，拥有职工 1701 人，其中卫生专业技术人员 1466 人。其中，高级专业技术人员 251 名，享受国务院特殊津贴专家 3 名，全国名老中医药专家 4 名，省级名老中医药专家 8 名，硕士生导师 26 名。博士 20 名，硕士 229 名。设有临床科室 31 个、医技科室 11 个、职能科室 18 个、中医特色专病门诊 39 个、开放专科门诊 67 个，拥有一批国家级省级重点专科和重点学科。是年，固定资产总值 6.85 亿元，其中医疗设备总值 3.31 亿元，配置了 DSA、64 排螺旋 CT、核磁共振、DR、贝克曼自动生化分析仪、实验室流水线信息系统等大型精密设备。全年门诊 279.76 万人次，出院 4.12 万人次。

【成立厦门市中医肛肠病医院】 7 月 29 日，厦门市中医院在肛肠科基础上成立福建省首家中西医结合肛肠病医院，授牌仪式在厦门宾馆举行。厦门市政府副市长国桂荣，中国中西医结合学会秘书长吕文良，中山大学附属第六医院院长兰平、副院长任东林，市卫生计生委主任杨叔禹等出席仪式。新成立的肛肠病医院拥有教授 2 人、博士生导师 1 名、硕士生导师 2 名、主任医师 5 名、副主任医师 3 名、副主任护师 2 名、主治医师 11 名、住院医师 1 名，博、硕士 11 名，全国中医肛肠病知名专家 4 名，厦门市优秀青年中医后备人才指导老师 1 名，厦门市优秀中青年中医后备人才 4 名。

【中医院儿科入选第二轮厦门市医学领先学科建设项目】 12 月 30 日，中医院儿科入选第二轮厦门市医学领先学科建设项目。重点推进儿童“治未病”中心、儿童呼吸系统疾病中西医结合防治中心、小儿神经（脑瘫）康复中心、新生儿专业组等项目，以“袋泡茶”式中药煮散及传统中医外治疗法规范化研究、中医特色鲜明的神经康复、“积常有”理论的临床“治未病”实践与技术推广、提升呼吸危重救治能力扩容新生儿病房接诊能力为主攻方向。

【承办“第三届厦门国际心脏康复论坛”暨“中国医师协会心脏康复专家委员会第二次全委会会议”】 2 月 27 日，“第三届厦门国际心脏康复论坛”暨“中国医师协会心脏康复专家委员会第二次全委会会议”在厦门召开。此次会议由中国医师协会中西医结合医师分会

7 月 29 日，厦门市中医肛肠病医院授牌仪式在厦门宾馆举行（中医院供图）

心脏康复专家委员会、海峡两岸医药卫生交流协会心脏康复专业委员会、厦门医学会、厦门市中西医结合学会、中国中医科学院西苑医院、中国医学科学院阜外医院主办，由福建中医药大学附属厦门中医院承办。

【PICC及造口伤口护理门诊正式开诊】 3月7日，医院成立PICC（经外周静脉置入的中心静脉导管Peripherally Inserted Central Venous Catheters简写PICC）护理及造口伤口护理门诊，拥有PICC专科护士6名，国际造口伤口护理师1名，为PICC、CVC（经皮穿刺中心静脉导管）、PORT（输液港）置管及伤口患者提供连续、高效的护理服务。

【任东林、赖仁胜2位知名专家分别加盟医院肛肠科、病理科】 2016年上半年，医院引进教授任东林与赖仁胜为肛肠科、病理科特聘主任。任东林教授是中山大学附属第六医院主任医师、副院长、中西医结合肛肠外科学科带头人，擅长结直肠原属或复发肿瘤的中西医结合治疗，对结直肠肛门少见良恶性肿瘤、会阴损伤与肛门畸形的修复重建、复杂性肛瘘的外科治疗及盆底脱垂等疾病的综合治疗均处于全国领先地位。赖仁胜为著名病理专家、南京中医药大学教授、原南京市中医院病理科主任教授，在国家精准医疗分子病理基因测序领域有着卓越贡献。

【举办中医适宜技术体验展】 6月14日，中医院举办大型中医临床技能及特色疗法展示。有14个中医免费体验项目向广大市民开放，由中医院和厦门大学附属成功医院的专家现场展示各种中医适宜技术，有270位市民和近百位海峡两岸中医药发展与合作研究会参会人员前来现场体验和参观。

【中医院新一届领导班子产生】 7月27日，中医院成立新一届领导班子。耿学斯任院长、党委副书记，周文任党委书记、副院长，周仁武、高树彬、蓝志杰任副院长，林宗猛任党委副书记，陈学勤任副院长兼党委副书记，李志兰任总会计师。

【中医院抗击台风“莫兰蒂”】 9月15日，超强台风“莫兰蒂”在厦门登陆，给中医院造成极大的破坏。面对天灾，厦门市中医院急诊部、住院部、后勤保障部医务人员和工作人员彻夜未眠驻守医院，保障医疗急救、水电、信息系统正常运行。在风力最强劲的时候，几位医生扛着斧头到路边劈开树木，保证急救安全通道的顺畅，用行动践行了“愿将人病犹己病，救得他生是我生”的院训。18日，在院领导带队下，医院工作人员对院内进行排险清障，清理院区内断木枯枝，清理道路，使医院恢复了畅通整洁。20日，医院组织医护人员携带药品前往市公路局、湖里区环卫处一线救治伤员。21日，党委书记周文带队组织医护人员，携带药品为参与“莫兰蒂”台风灾后重建的海军、警备区、31军的官兵治疗。因抗击台风，市中心血站的血液库存告急。29日，医院党委与市中心血站携手在门诊大厅开展无偿献血活动，全院109名志愿者参与献血，献血总量达2.9万毫升。

【大型中医医院巡查专家组到中医院巡查督导】 12月7—9日，国家中医药管理局委托福建省卫生计生委组织专家对医院进行大型中医医院巡查督导。专家组领队为福建省卫生计生委中医处处长钱新春，组长为福建中医药大学附属第三人民医院副院长肖绍坚。经过3天全面巡查，专家组对中医院的工作给予了较高的评价。

【2种慢性病加入本院分级诊疗】 2016年，中医院全面推进分级诊疗，社区门诊量比上年增长22.72%。在湖里区政府的支持下，6月1日起，医院及所辖社区卫生服务中心正式启动了“小儿反复呼吸道感染全程关照网”和“脂肪肝病友全程关照网”，把小儿反复呼吸道感染和脂肪肝病纳入医院

中医院举行两种慢性病加入本院分级诊疗启动仪式（中医院供图）

分级疹疗。医院除安排专家到社区门诊外，还利用社区卫生服务站的优势，对这2种慢性病提供规范诊疗、干预和健康咨询，并提供便捷的转诊服务。

（李　沫）

湖里街道社区卫生服务中心

【概况】2016年，湖里街道社区卫生服务中心设有3个服务点，分别为海天路53号海天中心、东渡路93号东渡分中心、仙洞路9号康乐社区卫生服务站，业务用房总面积5075.08平方米，其中，海天点2671.14平方米，东渡点1885平方米，康乐点518.94平方米。年内，完成兴华社区卫生服务站建设，业务用房使用面积324平方米，暂未投入使用。湖里街道社区卫生服务中心服务范围为湖里街道。是年，补充编内工作人员8名，截至12月31日，湖里社区卫生服务中心领导职数为1正3副，核定人员编制107个，在岗编制内人员95人，设有行政主任1人，副主任2人，副书记1人；编制外人员6名（其中4名退休返聘人员）。研究生学历2人，本科学历74人，大专及以下学历25人；在岗卫生专业技术人员92人，其他专业人员9人。有高级职称6人，中级职称53人，初级职称42人。年内，湖里社区卫生服务中心设有全科医疗科、中医科、妇产科、儿科、口腔科、康复医学科、急诊科、内科、外科、公共卫生科（健康教育、精神病管理、慢性病管理、传染病管理等）、预防保健接种科、妇女保健科、儿童保健科、医学检验科、医学影像科（B超、放射）等科室。

湖里街道社区卫生服务中心海天分中心（湖里街道社区卫生服务中心供图）

【基本医疗服务】2016年，湖里街道社区卫生服务中心完成门诊量28.10余万人次，比上年增长19.11%。其中，内科近6.43万人次，中医科近9.09万人次，全科4.21余万人次，外科近1.35万人次，妇产科近0.99万人次，口腔科近0.37万人次，儿科近2.29万人次，预防保健科近0.80万人次，五官科1.74余万人次。中山医院协同合作派驻8名专家及高年资主治医师下社区坐诊，累计出诊289次，为3265人次看诊。双向转诊及诊间预约521人次，心电转诊2441人次，讲课培训12次；医疗收入（不含基药）1299.98万元，比上年增长145%；药品收入（含二类疫苗）2323.25万元，比上年增长49.50%。参与各项义诊活动33次，参与人员99人次；配合区卫计局及居委会参加社会医疗保障工作10次；上门出诊服务6次；双向转诊122人次（转出105人次，转入17人次），诊间预约214人次；配合湖里区干部保健办工作人员上门为兄弟单位干部检测血脂、血糖等体检1700余人次。

【家庭医生签约】年内，湖里街道社区卫生服务中心开展“一对一”家庭签约服务，即全科医师与居民一对一签约，全科医生背后还有一个服务团队。全科医生负责居民的全面、全程健康管理，基本医疗，预约转诊等服务，服务团队包括健康管理师、健康管理员，负责信息收集、健康教育、康复指导，家庭护理等。截至12月31日，已签约居民约2.39万人，覆盖率25.86%；重点人群签约1.16万人，其中，高血压患者5322人，覆盖率38.28%，糖尿病患者2634人，覆盖率36.72%；65岁老年人3638人，覆盖率42.28%。为80岁以上老年人上门服务314人次。糖尿病精细化管理完成125人，完成率41.67%。为配合好家庭医生签约工作，湖里街道社区卫生服务中心“高友网”“糖友网”转网率82.72%。规范化管理高糖友1139人，其中：高友625人，糖友514人。针对糖尿病人还开展了一系列特色的健康管理活动。对辖区2000位居民进行了脑卒中风险筛查，并对其中300多名的高危患者进行免费复筛。与厦门大学附属中山医院建立了脑卒中双向转诊绿色通道。

【中医专家下社区】2016年，湖里街道社区卫生服务中心积极配合市卫生局开展“中医专家下社区”工作，提升社区中医药服务水平；做好中医师带徒工作，参与基层中医药服务能力提升工程；开展中医药健康管理服务规范技术培训，为社区居民提供中医药健康管理服务及讲座；截至12月31日，完成老年人中医药健康保健指导3886人次，0—36月龄儿童中医药健康保健指导6126人次；开展“三伏贴”中医特色疗法，治疗300余人；为370名患者提供艾灸治疗。

【健康宣教】 2016年，湖里街道社区卫生服务中心以健康知识、中医保健、疾病预防为主题，制作张贴健康教育宣传板报91版（包括人与健康48版）；制作19种健康教育处方、折页、小册共10万册（张），累计发放健康教育处方16万余册（张）。结合卫生宣传日，与社区居委会及辖区单位配合开展了33场健康教育宣传和健康咨询活动，受众1万余人次；深入辖区内中小学、幼儿园及各居委会开展健康知识讲座34次，2500余人次接受教育。社区张贴禁烟标志、禁烟条例及宣传单，对社区医护人员进行禁烟知识培训，要求医护人员对就诊患者进行禁烟知识宣传。

【设立健康管理师门诊】 年内，已有1139名糖尿病、高血压患者加入湖里街道社区卫生服务中心高友网、糖友网进行精细化管理，健康管理师对患者开展面对面的健康教育指导，从饮食、运动、监测、不良反应及生活干预方面进行个体化的指导，并教会患者学会自我管理。

【完成居民健康素养调查】 7—8月，社区卫生服务中心对湖里街道辖区抽取的4个居委会（兴华、怡景、康晖、徐厝）进行《居民健康素养调查问卷》的入户调查，收集抽样居委会小区住户信息情况并列表，采用简单随机抽样方法，每个样本居委会随机抽取30—100户，共190户，较好完成居民健康素养调查。

【计划免疫】 湖里街道社区卫生服务中心全年常规接种6.49余万人次，其中一类疫苗：卡介苗2388人次，乙肝7515人次，脊髓灰质炎近1.16万人次，百白破近1.09万人次，麻风（8月龄）2782人次，麻腮风（1岁6月龄）2815人次，乙脑5628人次，流脑9795人次，白百破二联2081人次，甲肝2952人次。二类疫苗：乙肝1580人次，脊髓灰质炎灭活1005人次，甲肝灭活120人次，水痘1619人次，流感243人次，23价肺炎38人次，流脑A+C结合41人次、HIB20人次，五联1833人次。查证查卡1.85余万人，其中：幼儿园7835人，小学10685人。是年，办证3486本，建卡3486张，其中外来儿童办证2008张，建卡2008本，接种证卡符合率100%，及时做好内外卡登记管理工作，保证了内外卡一致，内卡定期查阅登记，并预约下一次接种日期，利用下班时间或节假日电话通知未及时接种的儿童家长，周岁儿童的建卡率100%，办证率100%，七苗全程接种率99.7%，新生儿乙肝第一针及时接种率99.9%。

【妇幼保健】 2016年，户籍人口产妇有1146人，活产1163人，孕产妇系统管理率97.08%，早孕检查率98.02%，建卡率98.52%，产前检查率98.54%，产后访视率97.33%，住院分娩率100%，高危孕妇筛查率82.20%，高危孕妇管理率100%，低出生体重儿发生率5.93%，出生缺陷发生率16.24‰，孕产期中重度贫血发生率0.09%，孕产妇死亡率为0，围产儿死亡率7.69‰。做好4-2-1儿童健康体格检查。是年，3岁以下儿童系统管理率96.05%，体弱儿筛查率4.71%，体弱儿管理率100%。5岁以下儿童中重度贫血发生率0.31%。6个月母乳喂养率93.84%，6个月纯母乳喂养率60.28%。新生儿访视率98.62%。5岁以下儿童死亡率3.44‰，婴儿死亡率1.72‰，新生儿死亡率1.72‰，新生儿破伤风发生率为0。在做好儿童体检的同时，还进行血铅及微量元素（铜、锌、铁、钙、镁）等的测定。

【传染病防治】 年内，湖里街道社区卫生服务中心新登记肺结核病例45例，其中新涂阳病例17例；累计督导管理肺结核病例80例，涂阳42例，涂阴38例；仍在督导管理肺结核病例44例，涂阳19例，涂阴25例。是年，结核病三师管理系统登记结核病例52例，其中上年开始治疗21例。开展入户随访52例，密切接触者筛查52例。累计管理艾滋病88例，转出5例，死亡2例。艾滋病病毒感染者/病人随访检测比例100%，结核筛查率100%，配偶/固定性伴HIV抗体检测率100%，抗病毒治疗率100%。年内，发现传染病16例。每月进行自查，无漏报、迟报现象，报告率为100%，及时报告率100%。

【慢性非传染性疾病管理】 截至12月31日，慢性非传染性疾病累计建档近12.15万份，其中是年新纳入管理档案1.90余万份，建档管理率76.26%，比上年增加18.58%。高血压规范管理6995人，完成随访49271人次；糖尿病规范管理3266人，完成随访26759人次。同时对原纳入管理“两病”人群进行真实性甄别，并筛查纳入新的“两病”病人，“两病”管理的真实性、完善性和年度体检率也有明显的提高。

【老年人健康管理】 年内，卫生服务中心与湖里街道办事处、辖区社区居委会等单位配合，为辖区 7619 位 65 岁以上老年人进行免费健康体检及建立健康档案。体检项目包括血常规、尿常规、肝功能、肾功能、血脂、血糖及心电图等。

【重症精神病管理】 截至 12 月 31 日，湖里社区卫生服务中心辖区重性精神疾病线索调查 748 人，进入国家严重精神障碍疾病管理网络录入 754 人，检出率为 0.44%，累计日常管理率为 81%，达到了国家的考核要求。湖里街道社区卫生服务中心管理的精神分裂症 445 人，偏执型精神障碍 26 人，癫痫所致精神障碍 21 人，严重精神发育迟滞 47 人，双向情感障碍 81 人，分裂情感性精神障碍 24 人，躁狂发作 69 人。应急医疗处置 2 人。每月按时发送居住在本社区的出院患者名单，并由社区精卫人员进行后续随访及管理。全年共下传出院患者信息 89 人，落实 89 人，落实率 100%；加强节日和重大活动期间对精神病患者的监护和管理，严防精神病人肇事、肇祸的发生，确保社区治安稳定。与儿童接种门诊合作发放精神卫生宣传纸册 300 余本。在居委会的帮助下精心组织了 2 次严重精神障碍患者家属的社区健康宣教及康复指导，普及严重精神障碍知识，加强法制观念，反对歧视严重精神障碍患者，为严重精神障碍患者回归社会提供良好的氛围。

【人员培训】 湖里街道社区卫生服务中心全年参与院外培训 133 人次；参与规范化培训 3 人、转岗培训 2 人；组织业务知识培训 4 次，“三基”理论知识及技能培训 4 次，医疗安全质量管理培训 2 次，参与医务人员 60 余人。全年在社区举行的培训有：住院医师规范化社区实习生 6 人，转岗培训 4 人，护理专业实习生 64 人。

（张少阳）

殿前街道社区卫生服务中心

【概况】 2016 年，殿前街道社区卫生服务中心服务管理范围有 26 平方公里，共有 7 个居委会。所辖区域总服务人口 21.72 余万人，其中户籍人口 3.68 余万人，外来人口 18.04 余万人。中心有编制 102 个，在编在岗 83 人，到编率约 81.37%，其中，研究生 4 人，本科生 63 人，含高级职称 3 人，中级职称 51 人，初级职称 29 人；临床医师 24 人，其中，全科医师 15 人（含 2 名正在转岗培训），公卫医师 9 人，护士 32 人；药师（含中药师）5 人，财务收费 6 人，检验 3 人，信息工程师 1 人。是年月平均职工数 74.5 人。

【基本医疗服务】 殿前街道社区卫生服务中心全年门诊量近 14.28 万人次，比上年增长 26.75%；门诊收入 1489.55 万元，比上年增长 35.14%；自由结余 436.47 万元，比上年增长 103.33%。总处方量 12.72 万张，其中，中药处方 5.41 余万张，占 42.56%，比上年增长 22.42%；中药非药物处方 2376 张。药品种类齐全，西药 282 种，中成药 159 种，中草药（中药饮片）301 种。

【家庭医生签约服务】 2016 年，殿前街道社区卫生服务中心组建家庭签约团队 5 支，每支团队分片区签约，由全科医生及健康管理师协调各片区计生管理员进行分片区签约工作，优先安排失独、失能、残疾人等重点关护人群签约，并作为日常管理重点；结合计生工作，关注二胎人群，管理好该人群的优生优育工作。是年，签约 1.08 余万人，签约覆盖率 29.40%，其中高血压签约 2153 人，签约覆盖率 38.88%；糖尿病签约 1088 人，签约覆盖率 38.08%；65 岁以上老年人签约 1468 人，签约覆盖率 42.82%。开展家庭医生签约体检 601 人。

【中医专家下社区】 年内，殿前社区卫生服务中心共有 13 位专家坐诊，全年专家下社区 549 人次，门诊量 6849 人次，比上年增长 180.70%。

【三师两网建设】 2016 年，三师两网签约 1400 人，“糖友网”入网 891 人，“高友网”入网 509 人。慢病扩大病种分级诊疗开展以来，分别有肝病主任杨嘉恩、副主任梁惠卿，以及中医儿科主任陈四文 3 位专家，成立三师共管团队，其中脂肪肝管理 54 人，慢性乙肝管理 31 人，小儿关照网管理 53 人。结核病累计管理病人 154 人。是年，在治病人 69 人。

【居民健康档案管理】 至 2016 年底，殿前街道社区卫生服务中心建立居民健康档案 16.79 余万份，全部建成电子档，居民建档率 77.30%，上门入户 3708 人次，电话随访近 1.87 万人次。

【健康教育】 殿前街道社区卫生服务中心全年举办健康教育活动 24 次，更换宣传栏 17 期，发放印刷材料 5.28 万份，近 1.19 万人次参加健康宣传活动及接受健康教育咨询。

【预防接种】 2016 年，辖区应预防接种 4993 人，已预防接种 4956

人，常规免疫接种近 6.67 万人次。实行预防接种全覆盖，保障辖区 0—6 岁儿童低疾病发生率，辖区托幼机构、小学等儿童聚集地无流行病发生事件。

【传染病及突发公共卫生事件报告和处理】 年内，殿前街道社区卫生服务中心登记上报传染病 32 人，填报传染病报告卡 32 张，协助管理非住院结核病患者 62 人。

【妇女儿童保健】 2016 年，殿前街道社区卫生服务中心应管理孕产妇 3643 人，全部纳入规范管理。按规范要求在孕期接受相应频次产前随访 3643 人次，产后 28 天内接受产后访视的产妇有 1648 人次。辖区累计活产 3643 人，已接受访视的新生儿 1648 人，应管理的 0—6 岁儿童 6025 人，纳入规范管理的 5725 人，规范管理率 95.02%，开展儿童体检 9925 人次。

【老年人体检】 年内，辖区常驻人口 65 岁以上老年人有 3524 名，建档 3962 份，规范健康管理 3962 人，其中参加 65 岁以上老年人体检的有 2666 人次。

【慢性病管理】 2016 年，辖区内 35 岁以上门诊首诊测血压的近 1.12 万人次，登记高血压 5474 人，纳入规范管理 5474 人，随访管理高血压患者近 5.95 万人次；登记糖尿病患者 3150 人，纳入规范管理 3150 人，随访糖尿病患者 35525 人次。

【重度精神病人管理】 年内，殿前街道社区卫生服务中心登记重性精神疾病患者 844 人，其中纳入规范管理 672 人，规范管理率约 79.62%。

【中医药健康管理】 2016 年，65 岁以上老年人纳入中医药健康管理服务 2666 人次，应管理 0—36 个月儿童 1968 人，0—36 个月儿童纳入中医药健康管理服务 3132 人次。

5 月 24 日，马垅社区卫生服务站投入使用（殿前街道社区卫生服务中心供图）

【肺结核患者管理】 年内，辖区内经上级定点医疗机构确诊并通知基层医疗卫生机构管理的肺结核病患者 159 人，已管理肺结核患者 159 人，完成治疗的肺结核患者 56 人，按要求规范服药的肺结核患者 146 人。

【马垅社区卫生服务站投用】 5 月 24 日，马垅社区卫生服务站投入使用，设置有全科、中医科、儿科、妇科、专家诊室、中医理疗科、慢性病管理室、护理站、检验科、中西药房等科室，提供诊疗、化验、检验、雾化、注射、输液、换药等医疗服务。是年，专家门诊诊治 784 人，为驾驶员体检 2495 人次，家庭签约服务 2600 人。

【提升中医药服务能力】 2016 年，殿前街道社区卫生服务中心设立中医药综合服务区，设置中医科、中医专家门诊、中药房、针灸理疗科、康复室和马垅社区服务站中医针灸理疗科等科室，有 6 名中医医师，2 名中药师。配置了 10 种以上中医康复诊疗设备。运用针刺、艾灸、火针、拔罐、刺络放血、刮痧、穴位贴敷、中药外敷、推拿、中药、微波治疗仪、小关节复位等 10 几种中医适宜技术，开展常见病多发病的治疗和预防保健服务。

（郭樱樟）

江头街道社区卫生服务中心

【概况】 江头街道社区卫生服务中心是厦门市预防接种规范化门诊，服务范围为江头街道辖区。中心设有全科、中医内科、针灸科、骨伤科、口腔科、康复理疗科、疼痛科、妇科、预防保健科、儿童保健科、妇女保健科、慢病管理科、健康教育科、结核病防治科、精神病防治科、检验科、B 超心电图室、放射科、中西药房等 19 个临床和医技科室，承担辖区人口的居民健康档案建立、预防接种、0—6 岁儿童健康管理、孕产妇健康管理、健康教育、老年人以及慢性病患者健康管理、重性精神疾病患者管理、传染病和突发公共卫生事件报告和处理、中医药健康管理、卫生监督协助。2016 年，江头街道社区卫生服务中心有职工 92 人，其中，卫生技术人员 86 人，研究生 14 人，副主任以上职称 2 人。中心总建筑面积 4997 平方米，有西药及成药 403 余种，中草药 300 余味。开展血常规、尿常规、粪便常规、白带常规、尿 HCG 检测、尿微量蛋白检查、生化全套、乙肝两对半、糖化血红蛋白、血流变、肿瘤标志物检查、风湿三项、X 光 DR、彩超、常规心电图、动态血压、动态心电图等系列常规项目检测服务。

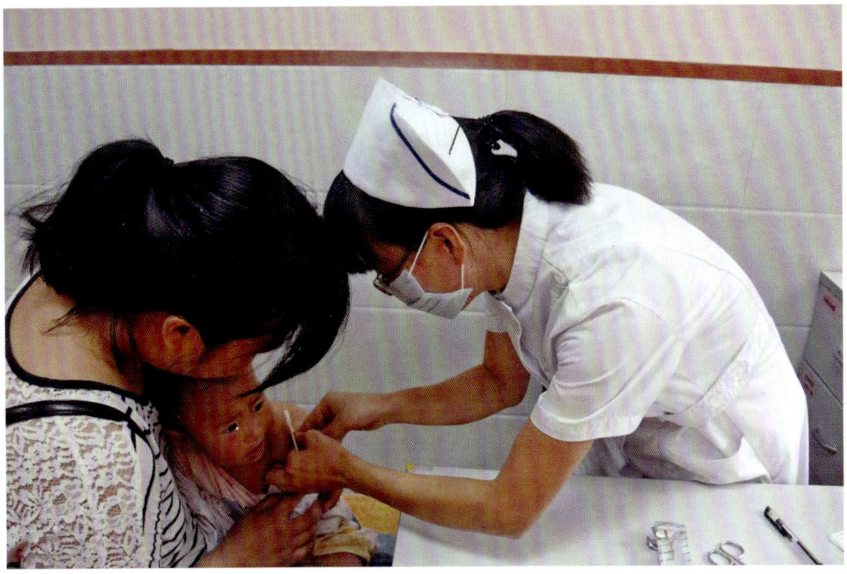

儿童预防接种（江头街道社区卫生服务中心供图）

【医疗卫生】 江头街道社区卫生服务中心的社区基本用药目录的药品一律零差价，免收挂号费（包括专家挂号费），诊查费、成药及相关检验检查均可享受政府 500 元免费优惠，医保统筹自付比例比大医院低 6—13 个百分点，拥有康复理疗科、针灸推拿科、骨伤科等特色科室。2016 年，医疗门诊量近 18.03 万人次，比上年增长 21.28%。是年，开展慢性病分级诊疗工作，双向转诊 760 人，其中转入 310 人，转出 450 人，糖友网入网 486 人，参加家庭医生签约服务 400 人，转网率为 90.29%；高友网入网 630 人，参加家庭医生签约服务 500 人，转网率 89.8%。病种扩增管理人数 87 人，其中肝友网 62 人，小儿反复呼吸道感染入网 35 人。

【中医药服务】 2016 年，江头街道社区卫生服务中心有中医医师 12 人，其中中医全科医师 6 人。中医师带徒专家有主任医师陈进春、万文蓉、黄腾蛟等 3 人，参加中医师带徒的人员有 6 人。为 2840 名 65 岁以上老年人提供中医药健康管理服务，为 3470 名 0—36 个月儿童提供中医药健康管理服务，开出中医药处方 83187 个，比上年增长 21.43%，占总处方的 50.24%。

万文蓉在江头街道社区卫生服务中心坐诊（江头街道社区卫生服务中心供图）

【计划免疫】 2016 年，江头街道社区卫生服务中心接种一类疫苗 11 种 59822 人次，二类疫苗 13 种 12483 人次。中心对 2011 年 1 月 1 日至 2015 年 12 月 31 日期间出生未完成基础免疫全程接种的儿童进行查漏补种摸底，查出适龄儿童 17178 人，目标儿童 6137 人，其中，目标儿童常住 1840 人，流动 4297 人，接种率均超过 95%。

【妇幼保健】 2016 年，江头街道社区卫生服务中心按照系统保健流程，做好孕妇建卡、产前检查及高危孕妇的追踪管理工作，加强儿童生长发育监测，按照 4—2—1 体检程序（1 岁内每年体检 4 次，1—2 岁每半年体检 1 次，3 岁每年检查 1 次）免费为 0—3 岁儿童提供健康体检。是年，江头辖区有产妇 921 人，出生婴儿 931 人，早孕建卡率 97.22%，住院分娩率 100%，产后访视率 98.18%。孕产妇保健覆盖率 100%，孕产妇系统管理率 96.57%，母乳喂养指导普及率 100%，母乳喂养率 94.97%。3 岁以下儿童系统管理 2738 人，系统管理率 96.1%。年内，共筛查出高危儿 149 人。

【慢性病管理】 2016 年，江头街道社区卫生服务中心落实 35 岁以上首诊病人测血压制度，首诊测血压执行率 100%。登记和管理高血压患者 6583 人，定期随访并进行饮食及日常行为保健指导，健康管理率 26.52%，规范管理率 63.37%，控制率 69.03%。登记和管理糖尿病患者 3309 人，定期随访并进行饮食及日常行为保健指导，健康管理率 39.48%，规范管理率 63.6%，控制率 56.73%。

【老年人健康管理】 年内，江头街道社区卫生服务中心为辖区 65 岁以上老年人进行建档工作。是年，开展 60 岁以上老年人健康体检工作，体检内容包括：生活方式和健康状况评估、体格检查、临床检验、心电图检查、结果评估和干预，累计建档 5144 份，已完成 65 岁以上老年人体检 3356 人，体检率 65.24%。

【严重精神病人管理】 2016 年，江头街道社区卫生服务中心登记和管理严重精神障碍患者 779 人，其中，同意接受规范化管理的病人 641 人，规范化管理率 82%。

【传染病管理】 年内，江头街道社区卫生服务中心未发现甲类传染病，报告乙类、丙类及其他传染病 9 例，分别是慢性乙型病毒性肝炎 5 例、结核疑似病例 1 例，麻疹疑似病例 3 例，报告率 100%，漏报率 0。定期进行传染病防治、疫情报告及个人防护等知识的培训，提高门诊医生传染病防治工作水平，掌握传染病的诊疗技术，提高疫情报告及疫情处置技能，增强个人防护意识，为防治工作奠定基础。落实结核病人归口管理工作，做好结核病控制项目有关优惠政策的宣传工作，做好接受免费治疗的结核病人的督导、随访工作，按时给病人发药，交代服药注意事项，及时给病人开单取药，对涂阳病人及时开出家属筛查单。是年，督导管理肺结核病人 135 人。新涂阳患者 34 人，发现率 100%。新增的 34 个涂阳病人 2 月末痰检转阴 28 人，转阴率 82.3%。是年，转归治愈患者 30 人，治愈率 79%，筛查家属 50 人，均无异常。转出治疗 0 人，中断服药 4 人，追踪疑似病例 144 人，到位 136 人，到位率 94.4%。配合区疾控中心对辖区内所管理的结核病人发放交通和营养补助，发放耐药病人补助 2 人。是年，已纳入本辖区的艾滋病人 116 人，转出 17 人，实际管理 99 人，转介到厦门市第一医院杏林分院服药 82 人。已接受 CD4 检测 95 人，未接受 CD4 检测 4 人。

10 月 28 日，江头街道社区卫生服务中心在江头中心小学举办小学生健康知识讲座（江头街道社区卫生服务中心供图）

【健康宣教】 2016 年，江头街道社区卫生服务中心在候诊区、诊室、咨询台等处放置健康教育折页、健康教育处方等宣传材料 15 种，发放宣传材料近 3.11 万份，播放儿童保健、母乳喂养、预防接种、慢性病预防等健康教育音像资料 17 种。发放问卷调查 1000 余份，更新宣传栏 16 期，举办健康知识讲座 18 场，内容主要有：高血压、糖尿病、心血管疾病、青少年青春期健康、母婴保健、艾滋病防治等相关知识。利用世界防治结核病日、全国儿童预防接种宣传日、世界无烟日、全国防治高血压日、世界精神卫生日、联合国糖尿病日、世界艾滋病日等，开展各种宣传活动 9 场。

【分站点的建设】 1 月，江头街道社区卫生服务中心园山卫生服务站开展前期工作，总投资近 100.76 万元，项目可辐射园山（人口 8760 人）、江村（人口 13469 人）及后埔部分区域（人口约 30000 人），服务人口 52229 人。园山卫生服务站设有诊室、药房、收费处、雾化室、理疗室、检验室、处置室、医疗垃圾暂存室、监控室、换药室、慢病管理室等，配备 1 名全科医生、1 名中医医师、1 名药剂师、1 名护士、1 名收费员。10 月 31 日起试营业，仅为该片区居民提供家庭医生签约全科门诊项目提供就近服务，其余诊疗项目未开展。

（周　凌）

禾山街道社区卫生服务中心

【概况】 禾山街道社区卫生服务中心（以下简称禾山卫生服务中心）是厦门市中医院向禾山街道辖区延伸举办的新型社区卫生服务网点，是厦门市医保定点医疗机构。中心建筑面积2000平方米，设有全科、内科、儿科、妇科、中医科、理疗科、口腔科、专家门诊室、预防接种室、儿童保健室、妇女保健室、老年保健室、慢病管理室、健康教育室、残疾人康复室、计划生育咨询室、心理咨询室、精神卫生室、结核病防治室等临床科室和放射科、检验科、B超室、心电图室等医技科室，中心拥有彩超、全自动生化分析仪、全自动血球计数仪、心电图机和X光机等医疗设备。2016年，中心通过公开招聘考试录用40名工作人员，截至12月31日，中心在编在岗工作人员119名，其中：医生56名，护士42名，药师7名，技师6名，其他技术人员8名。高级职称1人，副高职称2人，中级职称56人；硕士学历16名，本科及大专以上学历101名，中专2名。中心全年门诊约18.11万人次，比上年增长26%。

健康教育宣传（禾山街道社区卫生服务中心供图）

【中医专家下社区】 2016年，禾山卫生服务中心继续开展中医专家下社区工作，并进行师带徒学习，提高本中心医务人员的业务水平。年内，主任吴耀南下社区42次，门诊3323人次；主任邱英明下社区52次，门诊1456人次；主任黄腾蛟下社区39次，门诊1182人次；主任陈少玫下社区40次，门诊703人次；主任唐金模下社区49次，门诊455人次。

【健康教育宣传】 年内，禾山卫生服务中心平均每月至少开展1场健康教育讲座，截至12月底，共开展各类讲座42场，约3235人次受益。其中：妇儿保健讲座12场、慢性病防控讲座12场、中医养生知识5场及其他讲座13场。围绕各大卫生日宣传主题，开展形式多样的宣传活动17场，约3270人次受益。截至12月底，共出健康知识宣传栏16期，发放印刷资料4.76万份，常年在预防接种大厅、门诊大厅播放《结核病的防治》《高血压防治》《母乳喂养》《禽流感的防控》《中医五行与四季保健》《食物中毒及预防》《心脏急救》等宣传片。继续按照创建无烟医疗卫生机构的要求，通过自制控烟宣传栏、宣传折页、禁止吸烟标识、播放控烟光盘、LED控烟标语和控烟知识等形式开展日常烟草危害宣传。利用世界无烟日，通过形式多样的宣传手段向居民宣传烟草对于健康的危害性。

中医专家吴耀南下社区为居民看诊（禾山街道社区卫生服务中心供图）

【孕产妇管理】 全年辖区内应管理孕产妇3923人，纳入管理3923人，产后28天内接受过产后访视的产妇有2600人，访视2803次。是年，户籍人口产妇1080人，活产1090人；孕产妇系统管理率96.9%，早孕检查率96.99%，建卡率 98.61%，产前检查率 100%，产后访视率 97.08%，高危孕妇筛查率 100%，管理率 100%；低出生体重儿发生率 4.74%，出生缺陷发生率 11.82‰；孕产期中重度贫血发生率 0.19%，孕产妇死亡率为 0。

3 月 24 日，禾山街道社区卫生服务中心工作人员走上街头宣传结核病相关知识（禾山街道社区卫生服务中心供图）

【儿童系统保健管理】 2016 年，禾山社区卫生服务中心儿童保健继续加强对 0—3 岁儿童系统管理。加强儿童生长发育监测、疾病防治，提高儿童健康水平。每月电话提醒家长按时带儿童到中心儿保科健康体检。对体弱儿、新生儿疾病和听力筛查阳性患儿全部专案管理。开展中医儿童保健服务，对到科室体检的每位儿童家长进行中医保健知识宣教并发放相应的宣传材料。是年，辖区 7 岁以下儿童应保健人数 11988 人，实际保健 18521 人次，辖内户籍 7 岁以下儿童 5201 人，其中 3 岁以下儿童 2870 人，3 岁以下儿童系统管理率 96.24%，高危儿筛查率 5.0%，高危儿管理率 100%，5 岁以下儿童中重度营养不良发生率 0.92%，6 个月母乳喂养率 95.54%，6 个月纯母乳喂养率 66.49%，新生儿访视率 98.91%，5 岁以下儿童死亡率 5.47‰，婴儿死亡 3.65‰，新生儿死亡率 1.83‰，新生儿破伤风发生率 0。

【计划免疫】 2016 年，辖区内儿童新建卡 9959 人，其中 0—6 岁建卡 9453 人，建卡率 99.73%。全年接种约 10.13 余万次，其中国家一类疫苗应接种约 8.52 万针次，实际接种 8.18 余万针次；其中国家二类疫苗接种约 1.94 万人次。4 月，开展国家免疫规划疫苗查漏补种活动，此次活动摸底适龄儿童 30007 人，目标儿童 2137 人，乙肝疫苗应种 89 人，实种 89 人；脊髓灰质炎疫苗应种 545 人，实种 548 人；百白破疫苗应种 482 人，实种 587 人：麻疹类疫苗应种 144 人，实种 144 人；流脑疫苗应种 441 人，实种 441 人；乙脑疫苗应种 307 人，实种 307 人；甲肝疫苗应种 128 人，实种 128 人；接种率超过 95%，无发生异常反应事故和投诉。

2016 年，禾山社区卫生服务中心开展为辖区内 60 岁以上老年人免费体检（禾山街道社区卫生服务中心供图）

【老年人免费体检】 2016 年，禾山社区卫生服务中心开展为辖内 60 岁以上老年人免费体检活动，禾山街道、禾山卫生服务中心与社区协作，社区预约 3000 余人，实际体检 2336 人，体检报告发放 2336 份，门诊健康体检 9600 余人，发现高血压、糖尿病高危患者 800 余名。医护人员为 200 余名 80 岁以上老年人入户健康随访。

【结核病防治】 年内，禾山卫生服务中心共登记疑似肺结核病人 243 例，发现活动性肺结核病人 116 例，其中，初治涂阳 47 例、初治涂阴 68 例，未查痰检 1 例。全年发现并管理耐多药结核病 6 例。

【慢性病管理】 2016 年，禾山社区卫生服务中心的全科医师继续增加，为慢病管理工作注入大量新鲜活力。改变旧有的管理模式，结合家庭医生签约工作内容，按照共管的要求对慢性病患者进行健康指导和慢病管理。经过禾山街道社区卫生服务中心全科医师的不懈努力，糖尿病、高血压病管理工作取得了显著成效。是年，辖区内有高血压患者 8409 人，纳入规范管理 7996 人，规范管理率约 95.09%；糖尿病患者 4774 人，纳入规范管理 4069 人，规范管理率约 96.54%。年内，居民健康档案建档近 22.11 万份，全部为电子档案，居民建档率达 81.29%。

6 月 20 日，禾山街道围里社区卫生服务站建成并投入使用（禾山社区卫生服务中心供图）

【重症精神病人管理】 2016 年，禾山社区卫生服务中心录入 778 例重性精神疾病患者信息，比上年增长 180.86%；纳入管理 537 人，比上年增长 416.3%，其中有 537 例加入重性精神疾病网络管理，56 例加入个案管理计划，规范管理率 93.6%，病人稳定率 80% 以上。中心工作人员全年对建档患者每人至少进行 4 次随访，并做危险性评估，针对重性患者及时上报精卫中心，确保社会稳定。

【家庭医生签约服务】 年内，禾山社区卫生服务中心成立以中心主任为组长的家庭医生签约服务领导小组，分工协作，制定工作方案，做好工作保障，责任落实到人，确保家庭医生签约服务工作顺利实施。8 月 17 日，区卫计局在中心召开家庭医生签约工作推进会，市卫计委主任杨叔禹一行亲临指导；8 月 26 日，区卫计局在中心召开家庭医生签约工作协调会；9 月 13 日，本中心与湖里区政府、禾山街道办事处在禾盛居委会小广场共同举行了“家庭医生签约启动仪式”，启动仪式现场中心工作人员为居民就家庭医生签约答疑解惑。截至 12 月 31 日，家庭医生签约 13629 人，其中慢病 3827 人（高血压 2878 人，糖尿病 1349 人），65 岁以上老人 1415 人，0—6 岁儿童 1638 人，孕产妇 58 人。

【分站投入使用及新中心建设情况】 6 月 20 日，禾山街道围里社区卫生服务站建成并投入使用。同年启动禾山街道社区卫生服务中心五缘湾新址建设工程。新中心位于五缘湾佐世保路与环岛干道交界，建筑面积 5000 平方米。

（李家福）

9 月 13 日，禾山街道社区卫生服务中心与湖里区政府、禾山街道办事处在禾盛居委会小广场共同举行“家庭医生签约启动仪式”（禾山街道社区卫生服务中心供图）

金山街道社区卫生服务中心

2016年，金山街道社区卫生服务中心为辖区内65岁以上老年人体检（吴艺凌 摄）

【概况】 金山街道社区卫生服务中心座落于湖里区后坑后社389号，总建筑面积2602平方米。下设全科、妇科、中医理疗科、计免科、妇幼保健科、健康教育科、精神卫生科、放射科、检验科、口腔科、B超室、心电图等科室。2016年，有职工77人，其中，正高职称1人，副高职称2人，中级职称18人，初级职称54人；研究生学历7人，本科学历64人，大专学历5人、中专学历1人。中心固定资产总值735.96万元，仪器设备总值598.87万元，拥有数字化DR机、B超机、全自动血液分析仪、血流变测试仪、生化分析仪、全自动化学发光免疫分析仪、全自动血沉仪、连体式牙科治疗设备、光子治疗仪、红外线乳腺治疗仪、十二道自动分析心电图机、24小时动态血压记录仪、动态心电记录仪等现代检测设备。

【医疗业务】 2016年，金山街道社区卫生服务中心总门诊量17.81余万人次，比上年增长17.52%。门诊收入约2126.25万元，比上年增长52.94%。专家下社区门诊262人次，专家门诊量近1.01万人次，比上年增长58.11%，让社区居民在家门口就能享受到三甲医院知名中医专家的诊疗。社区中医药服务水平整体得到提升，社区中医药处方量达到5.59余万人次，比上年增长13.04%，中医药处方量占总处方量的33.23%。

【家庭医生签约】 9月，金山街道社区卫生服务中心家庭签约服务正式启动，10月下旬家庭签约的工作重点从签约转向管理，为家庭签约人群提供优质服务。共完成家庭签约5.09余万人，签约率25.85%。其中65岁以上老年人、高血压、糖尿病等重点人群的签约率分别为51.24%、42.15%、41.50%。

2016年9月，金山街道社区卫生服务中心家庭医生签约工作启动（吴艺凌 摄）

【三师共管】 2016年，中心随着“三师两网”工作的深入将病种扩增至儿科反复呼吸道感染、脂肪肝、慢乙肝等多个病种，更好的为辖区居民提供优质的医疗服务，得到了居民的认可。各个病种管理人数为高友网451人、糖友网304人、肝友网53人、小儿全程关照网47人。

【老年人体检】 年内，中心为辖区内65岁及以上老年人提供免费体检，辖区有9个居委会，65岁及以上老年人有4169人。参与体检1732人，体检率41.54%。

【居民健康档案建立及管理】 2016年，金山街道常住人口为14.65万人，12.91余万人建立电子健康档案，建档率为88.12%。其中，规范化建档近9.85万人，户籍人口规范化建档率100%。

【慢性病管理】 年内，金山街道社区卫生服务中心高血压慢病一体化管理4719人，规范管理4329人，健康管理率为29.28%，比上年增加1.64%。糖尿病慢病一体化管理2960人，规范管理1881人，糖尿病健康管理率52.42%，比上年增加4.97%。

【预防接种】 2016年，金山街道社区卫生服务中心应种一类疫苗52747人次，实种52220人次，接种率99%；二类疫苗本着“谁接种，谁受益”和“自主、自愿、自费”的原则，共接种二类疫苗14种13593人次。

【健康教育】 年内，金山街道社区卫生服务中心新增了2个室内宣传展板，定期更新宣传栏16期，根据辖区居民健康需求，编印健康教育宣传折页、处方、控烟倡议书、传单、小册子等健康资料16种7.3万份。开展各类健康知识讲座20场，受益2605人次，其中，入社区讲座6场，入学校4场。每季度开展孕妇课堂、宝宝课堂，本年度开课7场。开展1次本中心医务人员健康教育理论培训，举办社区居委会健康教育工作例会2次。

【妇幼保健】 2016年，金山街道社区卫生服务中心产妇建卡2869人，其中高危转诊524人，户籍人口有产妇742人，活产751人，孕产妇系统管理率96.80%，早孕检查率97.20%，建卡率99.87%，产前检查率98.80%，产后访视率98.00%。儿童建卡1069人，7岁以下儿童5008人，3岁以下儿童1910人，3岁以下儿童系统管理率96.28%，高危儿筛查5.51%，高危儿管理率100%，5岁以下儿童低体重的患病率为2.31%，6个月母乳喂养率94.99%，6个月纯母乳喂养率70.48%，新生儿访视率99.33%。

【重度精神疾病管理】 2016年，金山街道社区卫生服务中心在册严重精神病障碍患者549人，其中纳入管理437人，管理率约79.60%。对纳入管理的患者，全年至少随访4次，及时将病情评估信息报送公安部门，是年，共处理2例应急医疗处置。

（吴艺凌）

厦门市口腔医院

【概况】 厦门市口腔医院是福建省大型三级公立口腔专科医院之一，是厦门医学院附属口腔医院，已经成为福建省内大型口腔医学临床、科研、教学和预防保健基地。厦门市口腔医院辖蔡塘总院、斗西分院2个院区和1个口腔医学研究所。蔡塘总院邻湖边水库，建筑面积1.2万平方米；斗西分院位于思明区斗西路，毗邻中山公园西门，建筑面积7000平方米。2016年，口腔医院有职工400人，其中，硕士研究生以上学历100余人，中高级职称130人。口腔医疗设备先进，拥有进口口腔综合治疗机220台，口腔颌面“CT”3台，大型全自动口腔器械消毒清洗机4台。开设的重点诊疗科目有口腔修复科、口腔颌面外科、口腔正畸科、牙体牙髓病科、牙周病科、口腔粘膜病科、儿童口腔科、口腔种植科。是年，门诊量32.5万人次，门诊收入2亿元，比上年增长10%。

【学术研究】 2016年，市口腔医院共获得科研立项奖励8项。其中，种植科许铭炎博士申请的《组蛋白乙酰化和甲基化修饰调控整合素β6信号在口腔白斑恶性转化中的作用机制》获得国家自然科学基金立项。牙周病科潘盛波《罗格列酮治疗牙周炎的临床前研究》获得福建省科技厅立项。正畸科沈娇乡《骨性II类错合种植支抗内收上前牙牙槽骨改建的CBCT研究》、种植科刘雯君《不同种植体表面处理对糖尿病大鼠种植体骨结合的影响》2项获福建省卫生厅立项。是年，全院职工发表科研论文53篇，其中SCI（美国《科学引文索引》）7篇。全年举办大型学术讲座33场次（包含2场省级学术性会议、1场国家级学术会议），总参会人数约3000人次。外派参加学术讲座74场、196人。

【成立专家门诊部】 6月13日，市口腔医院总院的专家门诊部正式投入使用。门诊部集合院内顶尖专家人才队伍，拥有一支高学历、高职称、高素质的专家技术团队。该团

2016年，金山街道社区卫生服务中心开办健康教育讲座（吴艺凌　摄）

专家门诊部专家团队和护理团队全体成员（口腔医院供图）

队由首席专家姚江武院长及来自各专业的主任医师及博士学位副主任医师组成。

【与美国密歇根大学牙周病研究所所长王鸿烈所带领的团队签订合作协议】 2016年，口腔医院与美国密歇根大学牙周病研究所所长王鸿烈所带领的团队签订了柔性引进高层次卫生人才合作协议，邀请王鸿烈教授以及所带领的团队定期为国内的口腔医生授课。是年，举办了为期3天的垂直骨增高高级培训课程。王鸿烈携手全球垂直骨增高第一人 Dr. Urban 共同授课，吸引了海峡两岸口腔界200余人参加培训。

【教育培训】 2016年，口腔医院接收各类实习进修生57名，做好规培生、本专科实习生、研究生、进修生各项学习工作以及轮转学习安排。由业务院长挂帅，各学科带头人科主任参加，科教科协调监督相关工作开展情况，研究教学实施方案，制定教学计划，提出具体工作要求。各科室明确实习计划和教学要求，并具体组织实施。年内，口腔医院有8人获得厦门医学院“优秀教师”称号，2人获得“教学名师”称号，2人在厦门医学院举办的说课比赛中获奖。

【服务社会】 年内，口腔医院组织规陪学员参加思明区、湖里区慢病防控工作，对辖区内适龄儿童进行免费的窝沟封闭和口腔健康宣教。其中，为思明区37所小学一二年级学生，口腔筛查14367人，窝沟封闭5171人；为湖里区21所小学一二年级学生，口腔筛查8131人，窝沟封闭2662人。在辖区3所幼儿园开展健康教育讲座，为学生家长及教师义务普及口腔保健知识；参与厦门保健所开展的为中小学生体检。“9.20”爱牙日，组织10多名医生到文化宫五一劳动广场和厦门梧村街道开展爱牙日义诊，进行免费口腔健康讲座及咨询，为过往群众进行免费口腔检查，并进行防龋干预。定期与《厦门日报》《厦门晚报》《海峡导报》合作，刊登科普文章，全年刊登51篇。推进医院网站及微信公众号建设，开展口腔医学知识宣教及口腔健康知识问答与互动。

【党建工作】 2016年，口腔医院党总支学习贯彻总书记习近平系列重要讲话、中共党的十八大和十八届三中全会精神，扎实开展党的群众路线教育实践和“两学一做”学习教育活动，着力做好总支的思想、组织、作风、反腐倡廉和制度建设。学习“三严三实”讲话精神，引导党员干部自觉对照检查“四风”问题，做到边学、边查、边改。组织全体党员和中层领导重点学习“党章”，学习总书记习近平的讲话精神。发动和组织支部党员参加9期“两学一做”学习教育在线学习测试活动，参加“党员e家”网络竞答活动。建立健全机关党建工作领导机制，实行党总支书记“第一责任人”制度，认真履行“一岗双责”。组织完成支部的换届工作，参加党支部书记党务干部培训班，落实支部党员信息登记。第三支部组织党员干部到园南小学为师生开展讲座，并为其进行免费口腔体检，还组织党员专家积极参与湖里区百名专家下社区为居民义诊活动。第二支部组织部分党员参观龙岩古田会议和才溪毛主席调查报告旧址，组织部分党员参观梅县的抗战纪念馆。第一、二支部组织党员参观厦门廉政教育基地。第四支部认真开展群众路线教育实践活动，年内组织党员2次看厦门农村基层变化、切实改进工作作风的参观学习活动。

【参与台风“莫兰蒂”灾后重建】 台风“莫兰蒂”过境后，口腔医院党员干部和全体职工众志成城、团结一心，尽最大努力迅速恢复医院正常的诊疗秩序。发动全院4个支部、50多名医务人员，利用休息时间，自带工具、饮水前往受灾严重的厦门远东专修学院协助其抢险抗灾，为厦门的灾后重建奉献自己的微薄之力。

（口腔医院编写组）

社会事务管理

劳　动

劳动就业

【概况】 2016年，湖里区促进失业人员再就业12554人，促进城镇困难对象再就业2658人，分别完成年度目标任务的156.14%、217.87%；开展职业技能培训1891人，其中：本区户籍人员845人，外来务工人员1046人，开展技能鉴定1156人，均超额完成年度工作任务；开发公益性岗位304个，向市人社局创业资源库报送创业项目49个。

【就业服务】 年内，湖里区继续深化“112”就业服务模式，全年走访大中专毕业生和未就业人员近1.9万人次，为有就业意向人员送政策、建档案，提供就业岗位4792个，推荐失业人员实现正规就业累计313人，成效显著。“112”就业服务模式获人社部、省人社厅基层劳动保障宣传工作调研组的充分肯定和高度赞扬，并在全市复制推广。

【开发“智慧就业”平台】 2016年，湖里区开发“智慧就业”管理服务平台，初步形成涵盖“两库一平台三终端”的综合性就业管理服务系统，将培训、就业、创业和企业用工服务等业务融合一体，推动就业服务信息化、智能化。

【兑现促进就业优惠政策】 年内，湖里区继续实施积极的促进就业扶持政策，扩大优惠政策宣传力度，高效兑现各项补贴奖励。全年兑现各项促进就业优惠政策3467.66万元，其中审核办理社保补贴5526家次、2600.02万元；兑现职业技能培训补贴101.75万元；发放居民创业奖励106人次、52.2万元；兑现541人次就业困难对象就业工资性补贴188.94万元。是年，新增认定灵活就业人员2680人，发放灵活就业人员38863人次社保补贴7494.11万元（由市失业保险基金支付）。

【解决企业招工难问题】 2016年，湖里区采取措施，缓解企业招工难问题。继续落实区政府出台的企业用工服务政策，通过政策吸引院校与企业对接实习，鼓励“老带新”招工，发放生活补助和住宿补贴，缓解企业招工难问题。举办各类招聘活动16场，服务企业993家次，

11月12日，湖里区组织辖区企业前往漳州职业技术学院招聘（区人社局供图）

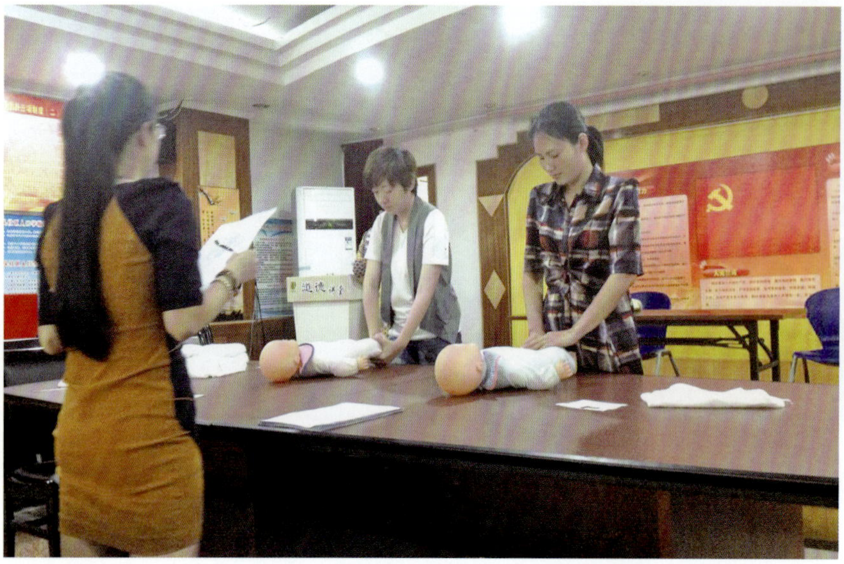

5月，湖里区人社局贴近人力资源市场需求，举办“育婴师”培训班（区人社局供图）

达成对接意向3900多人。为辖区重点企业——风信子直购商城、顺丰速递、宸鸿科技等举办专场用工对接招聘会。在高新园创新社区举办专场人才招聘会，100多家企业参加。组织辖区企业赴省内各大职业技术院校开展校企对接，寻求劳务协作，与省内10余家各类院校建立长期合作关系，引进技能人才500多人。全年共受理用人单位新增用工报备11.2万人，其中本市人员10518人；审核兑现用人单位社保补贴（差）5526家次，涉及25050人，补贴金额2600.02万元；兑现就业困难对象就业工资性补贴541人次，补贴金额188.94万元。

【劳动力技能培训】2016年，湖里区提升劳动力职业技能培训实效，严格把好培训质量关，重新制定培训操作流程，建立从培训报名、办班报批、跟班管理、考试管理直至材料归档的标准化操作规程，细化控制程序，做到每期培训班开班条件符合、手续齐全、台账完整。全年开设职业技能培训48期，培训工种包括育婴师、保健刮痧、摄影师、叉车司机等。

名词解释

“112”就业服务模式：对全区失业人员、高校毕业生每年上门走访1次以上，对有培训意愿的人员每年安排1种以上技能培训，对有就业创业意愿的人员进行2次以上岗位推荐及创业扶持。

两库一平台三终端：“两库”即辖区所有户籍人员基本信息数据库、岗位需求数据库，“一平台”即推荐就业智能匹配平台，“三终端”即微信、网站、短信电话3个服务终端。

和谐劳动关系建设

【概况】2016年，湖里区加强用工巡查，严格查处用工违法案件，全年主动监察用人单位2176家次，排查化解劳资纠纷隐患55起，受理用工违法举报投诉1290件，追回劳动报酬金额606.01万元，举报投诉量较上年略有下降，总数低于全省平均水平；处置群体性劳资纠纷突发事件66起，涉及金额6488.32万元。共立案受理劳动争议案件592件，其中，10人以上集体案件81件，结案567件，其中，调解及撤回仲裁申请结案271件，调撤率为47.88%。认定工伤918件。

【用工联合专项整治】年内，湖里区加强部门联动，联合开展整治拖欠工资专项执法，全年共出动检查人员86人次，车辆10驾次，抽查工地6个、涉及建筑企业16家，工业企业2家；联合督导12个政府投融资项目工地“无欠薪项目部”创建工作。联合开展清理整顿人力资源市场秩序专项行动和规范企业及职业中介机构招聘行为专项执法检查，共检查单位158家次，清退马路违法招工企业10家次；联合处理社保案件，受理154

6月，湖里区人社局联合相关部门开展整顿人力资源市场秩序专项行动（区人社局供图）

12月29日，湖里区设立巡回仲裁庭，到用人单位现场受理劳动争议案件（区人社局供图）

起，依法督促154家用人单位为199名员工补缴社保费近39.86万元。联合开展用人单位遵守劳动用工情况及夏季高温天气劳动保护专项检查，处罚使用童工案件1起，清退童工1人。集中开展规范劳务派遣、职业中介商事主体执法检查，实地检查企业100余家。立案查处4起涉嫌拒不支付劳动报酬犯罪案件，并全部移送公安机关立案侦查。

【基层宣传平台建设】 2016年，湖里区被列为部级人力资源和社会保障基层宣传平台建设试点单位，湖里区人社局制定了建设方案，依托示范创建、精准服务、一线阵地和网络平台4个载体，开展劳动保障法律法规宣传平台建设工作。

【开展劳动法律法规宣传】 年内，湖里区开展每季一主题的劳动保障法律、法规专场宣传活动。联合区直有关部门、工会及各街道、各社区举办劳动保障法律、法规专题宣传39场，发放劳动者维权提示、《致辖区用人单位一封信》及劳动法律法规等宣传材料9.72万份。优化仲裁微信公众号，坚持每2周发布典型案例，微信公众号平均每月阅读、咨询量达到912人次，累计关注1097人次。

【基层劳资纠纷调处机制建设】 2016年，湖里区继续建立多元劳资纠纷基层快速化解机制。一是建立集体案件"案前介入"对接机制。在争议高发的重点区域设立移动仲裁庭，探索试行巡回办案模式，快速反应、现场办案，第一时间处理集体案件，平息事态。二是规范基层调解组织运作。全区共有5个街道、16个社区、5个商圈、256家企业成立基层劳动争议调解委员会，制定统一的基层劳动争议调解组织制度，规范运作，将大多数劳动争议化解在基层。加强仲裁业务指导，开展调解员轮训317人。培育江头街道、赛格电子广场园区2个基层劳动争议调解委员参评省级专业性劳动争议调解示范点。三是探索首建行业性调解组织。组织人员深入走访调研，向物流行业公会、集装箱运输协会提出预防化解劳动争议的建议，探索试点建立行业性调解组织，引导行业自治组织牵头开展物流行业调解组织组建工作。

社会保障

【概况】 截至2016年末，湖里区参保"五险"的人数均突破34万人，其中，养老保险35.33万人、医疗保险36.39万人、失业保险35.46万人、工伤保险35.65万人、生育保险34.77万人，被征地人员基本养老保险累计参保11600人，比上年增长4%；城乡居民养老保险累计参保8004人，46周岁以上人员参保率达到100%；城乡居民医疗保险参保14.46余万人，比上年增长8.5%，实现100%参保。社保待遇审核支付办结率保持100%。全区社会化管理退休人员25304人，比上年增长14%，社会化管理率保持在99%以上。

【社保待遇支付】 2016年，湖里区简化社保待遇办事流程，提升待遇兑现效率，全年审核支付社会保险基金约20918.54万元，各项待遇的审核支付办结率100%。其中，办结各类养老退休、退养1737人，继承、退保529人次；办理社保关系转入转出8577人次；审核企业申报稳岗补贴8494家，补贴金额2265.51万元；办结医疗、生育、工伤、失业保险待遇19312件；发放自付医疗费困难补助金697笔233.08万元；支付城乡居民医疗保险补助59554人759.43余万元；受理社会保障卡制作近6.88万张。

【简化社保待遇办理手续】 年内，湖里区对14项社保经办业务认真梳理，细化为16项23个子项，并修订简化社会保险待遇申办手续。拓展社保待遇业务经办自助服务功能，逐步推进社保业务经办自助化、便捷化、电子化"三化"建设，本市人员失业保险待遇和本市人员生育保险待遇两类业务均可上网办理，外来员工社保关系转出、

7月13日，湖里区举办全区退休人员走街道、进社区文艺会演（区人社局供图）

一次性生活补助金、社保卡交易密码、社保缴费证明、社保卡制作缴费等7项业务可自助服务终端办理，减少排队等待，社会保障卡实现外包制卡，部分人员可当场申领卡片，提高办事效率。

【开展全民参保登记试点工作】 2016年，湖里区被列为福建省全民参保登记计划试点地区。年内，制定了《湖里区开展全民参保登记计划实施方案》，追加预算参保登记专项经费11.12万元，全面开展全民参保登记工作。区人社局多次集中培训70多名入户调查骨干，印制宣传手册，通过信息比对、入户调查、数据集中管理和动态更新等措施，对各类群众参加社会保险情况进行记录、核查和规范管理，从而推进职工和城乡居民全面、持续参保。截至年末，完成全民参保登记工作，登记8391人，开展城乡居民享受退休养老待遇生存认证5368人。

【服务企业离退休人员】 2016年，湖里区人社局坚持"两节有慰问、每月有讲座、每季有活动、住院有探望""每季送文化娱乐活动进街道，每月送养生保健讲座进社区"的退休人员管理服务举措，建立健康讲堂"可点播"制度，先后在10个社区举办"中医理疗"等讲座10场，让退休人员学保健养生知识，和专家面对面沟通交流。在春节、重阳节期间开展退休人员慰问47550人次，发放慰问费375.09余万元；慰问困难退休人员1371人次，发放慰问费41.13万元；为1054位退休人员集体庆生。7月，举办了以"做合格党员·创和谐退管·建幸福湖里"为主题的"两学一做"学习教育文艺会演，湖里区120多名企业退休党员参加了演出，被《厦视新闻》专题报导。各街道、社区举办为企业离退休人员举行健步行、健身舞等小型多样的活动281场，24484人次参与活动；举办讲座、座谈会等196场，8562人次参加。

（邵永吉）

民　　政

【综述】 2016年，湖里区民政局践行"以民为本、为民解困、为民服务"的民政宗旨，扎实推进各项工作，为建设美丽厦门添砖加瓦。

社会救助　湖里区贯彻落实国务院《社会救助暂行办法》，进一步完善区、街、社区三级社会救助机制，修订出台临时救助、困难群众精准帮扶等社会救助政策，积极推动低保、医疗救助、临时救助、关爱救助、慈善救助等制度的互补衔接，切实做到精准帮扶困难群众。城市低保实现应保尽保，与33家定点医院开展医疗救助"一站式"结算，困难家庭临时救助和关爱救助更加精准有效，慈善救助方式不断创新。全面加强防灾减灾救灾能力，做好台风"莫兰蒂"救助和灾后重建工作，指导江头社区、金山社区成功创建"全国综合减灾示范社区"。

社区建设　全区社区服务中心用房平均面积超1000平方米，有19个社区服务中心用房面积超1500平方米，53个社区全部建成社区"一站式"服务大厅。拓宽创新社区治理思路，试点开展社区治理下沉小区，推进基层民主协商，社区管理服务水平显著提升。建设社工人才队伍，进一步规范政府购买社工服务，全年投入近1500万元购买61个专业社工服务项目，是年有国家级社工师746名。两岸社区交流深入发展，承接第三届海峡两岸社区治理论坛接待任务，2个社区作为嘉宾参观点，接待40名台湾与会嘉宾。

老龄事业　湖里区养老基础设施建设加快推进，区社会福利服务中心建设以机构养老服务为主，已进行土方开挖和围护桩开挖破除；新的区老年活动中心大楼建筑面积9000余平方米，由禾山建发公司代建，正进行立面建设；江头街道蔡塘社区老年人日间照料中心拟建日间休息室200平方米。养老服务事业全面发展，全区建成53个社区居家养老服务站，全年购买居家养老社工服务587万元，全区有养老机构3家，核定床位724张。老年人福利待遇水平不断提高，落实各项老年人福利政策，及时发放高龄老人固定生活补贴；为全区60岁以上户籍老年人购买厦门市老年人幸福安康险。建立重大节日走访慰问制度，组织开展老年节系列活动，丰富老年人的精神文化生活。

双拥优抚安置　湖里区巩固双拥模范城“九连冠”成果，积极开展双拥共建，帮助解决驻军部队官兵实际困难，“莫兰蒂”台风期间，2015名部队官兵投入抢险救灾和灾后重建。全年发放优抚对象抚恤补助金等276.35万元；发放义务兵家属优待金、一次性奖励金293万元；为参战退役人员等减免门诊、体检、报销社保费用56.39万元；发放节日慰问金43万元。全年接收退役士兵65人，发放退役士兵自主就业一次性补助金、奖励金399.4万元。先后召开全区复退军人维稳工作会议、优抚对象座谈会等30余场次。

社会组织建设管理　湖里区推进行业协会、商会与行政机关脱钩，对政治法律类、宗教类、社科类以外的社会组织实行直接登记，全年新成立社会组织28家，新增备案社区社会组织64家。加强社会组织管理服务，完成277家社会组织年检，完成12家社会组织等级评估，评估率达100%。开展第二届社会组织创业大赛，扶植培育3家新的公益类社会组织。社会组织作用发挥明显，8家社工机构提供61个专业社工服务。至年底，全区共有社会组织410家。

社会公共服务　婚姻登记处进一步完善内部管理制度，全年办理婚姻登记4347对，登记合格率100%。全年解答收养政策30余例，劝导流浪人员60人次，护送10人到市救助站，给予救助金2470元，减免火化费用11人2.42万元。全年受理保障性住房变更、申请788户，发放保障性租赁房租金补助1307万元。全年办理楼、门牌、梯位牌等2311块。

救灾救济

【概况】2016年，湖里区充分发挥民生保障“兜底”功能，健全完善最低生活保障、医疗救助、临时救助、关爱救助和慈善救助等有效衔接的社会救助体系，完善社会救助统筹协调机制和“一门受理、协同办理”机制，全年开展低保救助、特困人员供养、病困群众救助、住房救助、临时救助、关爱救助等多项专门救助，发放各类社会救助金2572.47万元，帮扶困难群众85658人（户）次。

【完善“救急难”机制】年内，印发《湖里区人民政府办公室关于印发湖里区临时救助实施细则的通知》，完善“救急难”工作机制，调整区困难群众基本生活保障工作领导小组，形成区政府领导、区民政部门牵头、有关部门配合、社会力量参与的社会救助工作协调机制。扎实推进申请救助家庭经济状况信息比对工作，是年，区居民家庭经济状况核对中心共受理3634人次信息核对，清退低保对象57户89人，有效促进社会救助工作公平、公正。切实解决困难群众“求助有门”问题，全区5个街道社会救助“一门受理”窗口、53个社区“救急难”窗口全部设置到位。

【开展精准救助】2016年，湖里区修订出台医疗救助、困难救助等社会救助文件，提高救助比例和救助标准。低保实施动态管理，年内，为6970户10494人次发放低保金596.96余万元，实现应保尽保；简化临时救助审批程序，是年为260人次困难群众发放临时救助金137.05余万元；全面推行医疗救助“一站式”结算服务，与33家医疗定点机构进行救助资金结算，54575人次享受困难医疗救助659.85余万元；开展关爱专项救助，重大节日走访慰问帮扶困难群众，是年为289户困难群众发放关爱救助金147.2万元，发放孤儿生活补贴5.8万元。

1月21日，市长裴金佳慰问祥店社区困难群众（区民政局供图）

5月12日，湖里区开展“5.12”全国防灾减灾日宣传活动（卢昱　摄）

【防灾减灾】 2016年，湖里区提高防灾减灾和救灾能力，年预算救灾储备金80万元。是年，为全区户籍、取得暂住资格证或在辖区务工、就学，或居住满3个月的居民投保自然灾害公众责任险，有101万人投保，缴交保费24.24万元。建立防灾减灾宣传机制，组织开展“5.12”防灾减灾宣传日宣传活动，做好全区66个避灾点改造和日常维护、检测工作，确保救灾物资充足。江头社区、金山社区被评为“全国综合减灾示范社区”。在14号台风“莫兰蒂”登陆后，各避灾点共发放衣被1016件，其他生活类物资折价约22.13余万元。

【慈善救助】 2016年，湖里区积极开展《中华人民共和国慈善法》大型公益活动，建立慈善公众号，进一步拓宽募捐渠道，依托“金秋助学”“新景地奖教奖学基金”等慈善项目，开展济困、救病、助学、帮残、安老、扶孤等慈善救助活动，是年，发放慈善款物近1031.9万元，帮扶各类困难群体达8000人次。

社区治理与服务

【概况】 2016年，湖里区创新社区治理模式，试点开展社区治理下沉小区工作，推进社区民主协商制，完善以“双社协同”为特色的政府购买社工服务，积极开展对台交流，有效提升社区治理和服务水平。社区治理实现新的突破，政府购买社工服务更加精准有效，两岸基层社区交流更加密切，社工人才队伍建设取得突破性进展。

【创新社区治理模式】 2016年，湖里区制定出台《关于深化推动社区治理创新的若干意见》，明确规范网格管理制度、“三社互动”、社会组织培育、社区民主协商等重点问题。明确社区居委会职责，梳理各类社区服务事项。完善民主协商机制，印发《湖里区关于完善基层协商民主建设推进社区居民自治2016年工作方案》，规范社区协商内容、程序，搭建社区多元参与协商平台。完成全国社区治理和服务创新实验区验收任务，湖里区兴隆社区的社区治理和服务创新工作得到民政部专家的充分肯定，其“同胞融合”试点工作，成为厦门市唯一入选的社区治理和服务创新案例并上报民政部。

【加强海峡两岸社区基层交流】 年内，湖里区完成厦门市第三届海峡两岸社区治理论坛接待任务，以论坛为契机，开展与台湾地区在社区治理上的沟通交流，邀请33名台湾社区嘉宾参加论坛，马垅、兴隆社区作为现场参观社区共接待了40

6月12日，湖里区殿前街道兴隆社区同心合唱班成员欢迎海峡两岸社区治理论坛嘉宾参访团（区民政局供图）

名台湾与会嘉宾。在论坛上，金尚社区以“金尚社区和忠顺里的美丽情缘”为主题，就两岸基层社区结对交流工作进行了经验分享，禾山街道坂尚社区和台北市文山区明兴社区在论坛现场签约结对。是年，湖里区分2批组织社区主干及相关职能部门人员共30人赴台培训，分别在高雄师范大学和社区，与专家学者、里长、志工代表等围绕社区营造经验、志工队伍培育、社区文创产业发展等深入交流。组织康晖、濠头、徐厝、怡景、五通和吕厝6个社区分别与台湾的合作里、十甲里、富仁里、旱溪里、柳川里和中华里确立两岸社区合作共建关系。

【社工人才队伍建设】 2016年，湖里区修订完善《政府购买社工服务实施意见》，是年投入近1500万元购买空巢老人“风险管理”综合社工服务、“1+1”居家养老社区健康守护项目、流动儿童社区融入社工服务项目、长者和残疾人综合社工服务等61个专业社工服务项目，服务对象覆盖老年人、残疾人、儿童等人群，基本满足居民群众需求。

【柔性引进社工人才】 年内，湖里区柔性引进台湾、高校的社工专家学者，组建由台湾、高校专业社工人才组成的湖里区社会工作、社区建设专家团队，通过专家团队的项目督导和评估，有效提升社工服务水平，充分发挥社工机构在社区建设中的重要作用。

社会组织建设管理

【概况】 截至2016年底，湖里区有社会组织410家，其中：社会团体50家，民办非企业230家、备案社区社会组织130家；是年新增登记注册社会组织28家，新增备案社区社会组织64家，对227家社会组织进行年检，对符合条件的12家社会组织进行评估，其中AAAA级1家，AAA级4家，AAA以下等级7家。是年，湖里区不断优化社会组织服务管理，进一步推动社会组织登记管理体制改革，大力扶植培育社会组织发展，开展第二届社会创业大赛，支持引导社区社会组织参与社区治理，形成政府、基层自治组织与社会组织密切合作的现代社区治理机制，充分发挥社会组织服务效能。

【社会组织登记管理体制改革】 2016年，湖里区强化区行政服务中心民政窗口建设，规范办事程序、提高办事效率，为服务对象提供更优质便捷的服务。建立社会组织随机抽查机制，全面梳理民政监管事项，制定随机抽查事项清单，不断规范社会组织事中事后监管。是年，全面完成全区社会组织2015年度年检，完成对12家应参评社会组织的等级评估。

【举办第二届社会创业大赛】 4月26日，湖里区举办第二届社会创业大赛，该赛事由厦门市湖里区民政局主办，湖里区社会组织服务园与恩派（NPI）公益组织发展中心承办。有20支队伍正式参赛，最后决出8支优胜队伍。参赛的恩典公益社会服务中心、安安兔关爱儿童服务中心等8家新的公益社会组织注册登记。

【推动社会组织党建工作】 年内，湖里区加强社会组织党建工作，坚持党的领导与社会组织依法自治相统一，把党的工作融入社会组织运行和发展过程，督促各社会组织积极成立党支部，没有条件成立党支部的成立联合或兼合式党支部。截至年底，全区社会组织党支部覆盖率达93%。

双拥优抚

【概况】 2016年，湖里区双拥工作按照区委、区政府的总体部署，全面贯彻落实中共党的十八届五中、六中全会精神及总书记习近平系列重要讲话精神，以“美丽厦门·创新湖里”为载体，加快推进军民融合深度发展，持续深化“双拥在基层”活动，不断增强军政军民团结，巩固厦门市全国双拥模范城

8月1日，“八一”建军节区四套班子领导走访慰问部队（陈瑜瑾　摄）

“九连冠”创建成果。

【双拥共建】年内，湖里区积极开展“全国军民融合深度发展示范城市”创建活动，全面落实双拥共建政策，支持部队建设。一是积极协调落实随军家属就业、子女就学等问题，认定220名退役军人和随军家属工作年限，6名随军家属、5名退役士兵通过考试被聘为社区专职工作者。部队积极支援地方抢险救灾工作，在台风“莫兰蒂”期间，共有2015名部队官兵投入抢险救灾和灾后重建。

【落实优抚政策】2016年，湖里区为420名优抚对象发放抚恤补助金276.35万元，义务兵家属优待金、一次性奖励金192人293万元；为256名参战退役人员等优抚对象减免门诊、体检、报销社保费用56.39万元，为35名困难对象发放临时救助金6.2万元。节日走访慰问驻区部队官兵、烈属、遗属等优抚对象1403人次，发放慰问金43万元，保障优抚对象基本生活。

【安置工作】湖里区全年共接收退役士兵65人，发放自主就业地方一次性补助金、奖励金399.4万元；安置1名符合政府安排工作条件的士官。积极推动退役士兵培训工作，全区65名退役士兵报名参加政府组织的免费教育培训，有意愿参加教育培训的参训率达100%。为退役士兵提供就业帮扶，开展职业介绍服务，发送用工信息，2名退役士兵分别考入厦门市公安局特警、厦门市刑警支队。

社会公共服务

【婚姻登记】2016年，湖里区推进婚姻登记规范化建设，全年办理国内公民结婚登记3515对、离婚登记1196对、补领结婚证书579本、补领离婚证书67本，登记合格率100%。

【收养、殡葬及流浪救助】年内，湖里区依法开展收养登记工作，做好收养政策宣传解读；为11名困难群众办理火化费减免，累计减免费用2.42万元；劝导流浪人员60人次，护送10名流浪人员到市救助站，给予救助金2470元。

【地名管理】2016年，湖里区共编排完成楼牌70块，大门牌95块，梯位牌285块，室牌1861块，合计2311块。开展历史门牌清查和第二次地名普查补查工作，完成41条地名命名的论证和申报。

【保障性住房管理】年内，湖里区加强保障性住房政策宣传、咨询、申请、受理与审核等各项工作，全年共受理保障性住房变更申请788户，发放保障性住房租金补助1307万元。

（陈　琴）

计划生育

【概况】截至2016年9月30日，全区总人口1009284人，其中，常住298935人，流动710349人。2015年10月1日—2016年9月30日，全区出生人口24166人，其中，常住人口5155人，流动人口19011人，其中政策内出生人口22887人，其中，常住人口4878人，流动人口18009人；出生人口政策符合率94.71%，其中，常住94.63%，流动94.73%；出生性别比111.57，其中，常住人口111.70，流动人口111.54。是年，湖里区被国家卫计委授予“2014—2016年全国计划生育优质服务先进单位”称号，在全省计划生育创新技术服务试点工作大会上代表厦门市做经验交流介绍。

【提供婚检、婚姻登记、免费孕检“一站式”服务】此条内容详见“妇幼保健”相关条目。

【推出惠民新政策】5月，湖里区出台《关于进一步做好计划生育特殊家庭帮扶工作意见》（厦湖委办〔2016〕59号），在生活帮扶、精神帮扶、生产帮扶、健康关怀、再生育或收养帮扶等五方面进一步明确做好计划生育特殊困难家庭11项帮扶内容。是年，出台了《湖里区卫生和计划生育局关于做好2016年计划生育困难女孩帮扶工作的通知》（厦湖卫计〔2016〕29号）。全年兑现各项计生惠民政策奖励扶助金2692.52万元，其中，独生子女家庭奖励扶持金1897.37万元，计生特殊家庭扶助金328.93万元，计生低保户1822户增发低保金18.22万元，计划生育困难女孩家庭帮扶金12万元，生育关怀经费约436万元。同时不断拓展幸福工程帮扶范围，累计投入544万元，帮扶535户贫困家庭，其中流动人口90户，直接惠及人口1600多人。

【开通计生特殊家庭就医绿色通道】6月1日，湖里区在全市率先为计生特殊家庭成员开通就医绿色通道，与辖区内甄选出的16家“医疗水平高、服务态度好、软硬件设施全”的医疗机构，签订“医疗服务绿色通道协议书”，统一制作“T-VIP”标示牌，收集、核对计划生育特殊家庭对象的信息及电子相片，制作“T-VIP”就医卡。年内，共有288人申请了就医绿色通道服务，投入6.2万元，组织124名持卡群众到各街道卫生服务中心参加免费体检。

（连凌琳）

民族与宗教事务

民族工作

【落实民族帮扶政策】 2016年，湖里区在春节走访慰问钟宅少数民族贫困户，端午期间走访慰问高山族病困户，发放慰问金3万元。“六一”儿童节期间，慰问钟宅民族小学、民族幼儿园的师生，给小学和幼儿园分别送去5000元慰问金。主动对接挂钩帮扶单位——漳州龙海市隆教畲族乡。4月，实地走访查看2015年帮扶项目——隆教乡民族中学塑胶运动场的建设情况。11月，落实105万元帮扶款支持龙海市隆教畲族乡的敬老院和中心幼儿园建设。

【扶持民族教育体育】 2016年，湖里区投入4万元教育经费，扶持小学2万元用于创办安塞腰鼓，扶持幼儿园2万元用于完善基础设施建设，为创市级示范幼儿园提供更完备的条件。8月，投入2.5万元在钟宅社区举办首届“传承民族文化，写意中国梦”——钟宅畲族青少年学生夏令营。

【支持民族经济发展】 年内，湖里区主动参与钟宅畲族社区的旧村改造工作。6月，由区委常委、统战部部长陈岚带队，组织钟宅社区前往宁德福安和浙江景宁考察在旧村改造中做好畲族文化的保护、传承和开发的先进经验，推动钟宅畲族社区居民实现二次创业、改善居住环境、增加经济收入。

【全国人大调研组到湖里区调研】 6月6日，全国人大常委会副委员长向巴平措率领的全国人大调研组到湖里区调研。调研组实地走访了钟宅民族幼儿园和钟宅畲族社区。钟宅的畲族文化传承、民俗文化活动、民族幼儿园的特色办学，给全国人大常委会副委员长向巴平措留下了深刻的印象。

【严格执行民族政策】 2016年，湖里区共审核89名少数民族考生的民族身份，按时完成了辖区少数民族中考生的民族身份审定工作，落实中考加分政策；另外还审核2人变更民族成分。

【妥善处置厦门市斯蒂文进出口公司造假生产“清真”马来香辣肉条事件】 3月28日，厦门市斯蒂文进出口公司造假生产“清真”马来香辣肉条在网上售卖，被群众举报，引起了穆斯林群众的强烈抗议。区民族宗教局迅速会同市民宗局民族处、市伊协、清真寺阿訇、禾山街道、区市场监督管理局等相关部门进行处置，约见厦门市斯蒂文进出口公司法人和股东，要求斯蒂文公司马上删除网络营销广告，在网络上道歉，并下架召回所有产品。4月8日，回收的产品在钟宅垃圾回收站销毁，控制了事态进一步发展，妥善解决了一起涉及民族矛盾和团结稳定的“清真”食品事件。

2016年端午节，区民宗局慰问高山族贫困户哈金珍（区民宗局供图）

宗教工作

【严厉打击宗教领域非法活动】 2016年，区民族与宗教事务局与政法、统战、公安、街道、社区等部门密切配合，形成合力，按照“依法依规，标本兼治，积极稳妥”的原则，逐一走访调查基督教私设聚会点的活动情况，重新摸底统计了17家基督教私设点，引导“神爱之家”（湖里马垄思明工业园，悦华路155号3楼）接受合法教会组织的牧养，参与社会公益活动。11月，在市“9·5”专案领导小组的统一领导下，取缔了涉韩背景的非法基督教私设点——“厦门生命河庇哩亚教会”和宗教院校“厦门庇哩亚研究院支院”。

【宗教场所规范化建设】 年内，湖里区落实厦门清真寺的迁建选址和迁建用地的交地手续办理工作。召开协调会，推动佛教活动场所觉性院、万福寺的迁建、重（扩）建工作，报请市规划委、市民宗局，就觉性院异地迁建和万福寺的重（扩）建问题现场调研，申请宗教场所变更，办理重建手续。落实基督教东部堂的选址和奠基。区佛协会完成换届选举工作。开展134家民间信

11月，湖里区取缔非法基督教私设点——“厦门生命河庇哩亚教会”和宗教院校“厦门庇哩亚研究院支院”（区民宗局供图）

仰点的摸底调查和统计工作。

【举办宗教和民间信仰活动场所消防知识培训与演练】 5月26日，区民族与宗教事务局通过与禾山街道联合，在钟宅社区澜海宫举办宗教和民间信仰活动场所消防知识培训与演练活动，进一步提高了宗教和民间信仰活动场所检查消除火灾隐患、扑救初起火灾、组织疏散逃生和消防宣传教育的四种能力。

【宗教和信俗文化交流】 4月25日—5月1日，闽南朝天宫举办天上圣母——妈祖的1056周年圣诞祭祀典礼活动。天竺岩寺举办浴佛孝亲活动，慰问30位自闭症孩子家庭。禾山林后青龙宫开展两岸民间宫庙叙缘交流活动，共同弘扬两岸保生慈济文化。仙岳山土地公庙理事会组团20人参加5月13—15日在马来西亚举办的第九届福德文化节，推动了两岸宗教和信俗文化的交流交往。

（王伟林）

4月29日，闽南朝天宫举行隆重的祭祀典礼，庆祝妈祖1056周年诞辰（区民宗局供图）

社会公益事业

残疾人事业

【概况】 2016年，区残联深入基层、深入残疾人家庭，为残疾人排忧解难办实事，把解决残疾人最关心、最直接、最现实的问题作为各项工作的出发点，把解决残疾人基本生活保障、残疾康复、医疗救助、扶贫就业等突出问题作为残联工作的落脚点，努力完成上级下达的各项任务，有力推进湖里区残疾人事业的发展和提升。是年，全区共审核发放1035名重残瘫痪在床残疾人居家护理补助金378.14余万元，审核发放623名省级一级重度残疾人护理补助金38.8万元；实施困难残疾人生活救助662人，发放救助款230.13万元；为全区3832名残疾人购买最高赔付金额为10万元的意外伤害保险；在春节、全国助残日、“六一”儿童节等节日期间，各级发放给残疾人的慰问金有60多万元；全年有203人得到助学补助，发放助学补助金36.7万元；为全区28名残疾人轮椅代步车发放燃油补贴7280元，保障了困难残疾人的生活和就学。帮助555名精神残疾人申请精神病服药补助199.8万元，有95名残疾儿童少年享受市“四残儿童”抢救性康复补助70.67万元，有71名残疾儿童少年享受区“四残儿童”康复护理补助57.92余万元；投入9.9余万元为辖区34户行动不便的残疾人免费进行家庭无障碍改造；为符合条件的65名残疾人个体工商户发放“两险”补助金43.3万元；扶持 26 名残疾人自主创业，发放一次性创业补贴和经营性补贴 11 万元，促进了残疾人的康复、就业等工作。

【残疾人基本服务状况和需求信息数据动态更新】 6 月底，区残联针对残疾人基本服务状况和需求信息数据动态更新工作时间紧、任务重、要求高等特点，加强检查督导工作，及时跟踪入户调查、数据录入等各个阶段的工作情况，做好基层指导工作，用时 2 个月，完成湖里区动态更新。此次更新对全区 3847 名持证残疾人展开专项调查，入户调查率 98.67%，摸清了湖里区持证残疾人在生活救助、社会保障、康复服务、教育服务、就业扶持、托养服务、扶贫开发、住房保障、无障碍改造、法律服务等方面的基本服务现状与服务需求，为加快推进湖里区残疾人小康进程提供了重要决策依据。

【推进助残模式的多样化】 2016 年，湖里区广泛宣传，在全社会营造尊重、关心、帮助残疾人的良好氛围，变单一的政府唱戏、财政拨款扶残助残模式为社会力量共同参与，群策群力的多样化助残形式。禾山街道残疾人职业援助中心与厦门市晨鹭爱心车队（社会爱心人士自动参加的志愿组织）建立帮扶对子，中心需要组织学员外出活动时，爱心车队都会根据需要及时安排相应车辆并组织人员前来护送和保障。区福乐家园与康泰社区志愿组织结成帮扶对子，康泰社区每天派 5—10 名志愿者到福乐家园提供帮助管理、手工示范以及生活照料等志愿服务；小眼镜大排档和玮安外贸公司赞助福乐家园博饼、聚餐、鞋子等款物。民革厦门市总支、民革湖里区支部与禾山街道残联建立帮扶对子，除了捐款、捐物，还在市、区两会上帮助呼吁全社会关注、关心、关爱残疾人。区政协社会福利和社会保障界别组织本界别政协委员到所辖的几个残疾人职业援助中心视察，了解中心的运作情况及需求反映，联系爱心企业，分别向区福乐家园和 4 个残疾人职业援助中心赠送物资。

【开展文体等活动】 年内，湖里区举办以“让文明道德体现在每天的生活之中”为主题的讲座，教育残疾人与人相处要互相尊重、互相关心、互相包容，提倡做有爱心、有道德、讲文明的好公民；区残联与街道残联分别联合社工机构或爱心企业，组织出行较为方便的残疾人游览厦门园林植物园、忠仑公园，参观古龙酱文化园等，让残疾人接触大自然，融入社会，开阔他们的视野，丰富其精神文化生活。开展残疾人健身月活动。在辖区街道开展形式多样、内容丰富的体育健身活动，引导、动员辖区智力残疾人参加活动。同时组队参加市残联和市体育局举办的首届“残疾人游泳运动会”和第十个“全国特奥日”活动，获得较好成绩。以“社工 + 协会 + 志愿者”的新模式开展残疾人专门协会活动。区聋人协会、盲人协会、肢残协会、智残亲友协会、精神残疾亲友协会 5 个专门协会，先后与湖里区博爱社工服务中心合作开展了“以心会友，相约一厦 · 共赏美丽厦门”植物园出游活动和“我爱我本来的样子”第二十六个助残日同安参观学习活动。

2016 年，湖里区专门协会开展助残活动（区残联供图）

【政府购买残疾人服务】 截至 2016 年 12 月底，湖里区采用由政府向社会组织购买社工服务的方式，购买 5 个社工服务项目，通过开展个案、小组和社区工作等方式，秉持社会、社区、社团“三社一体”，社工、义工“两工联动”的服务方式，为辖区残疾人及其家庭提供心理辅导、康复服务、就业就学服务、社交训练、家属互助支持、康复员支持、志愿者发展等服务。继续以政府购买服务的方式，由 5 个街道分别与服务机构签订服务协议，有 159 名重度残疾人得到每人每月 200 元的居家安养服务。

【发展社区残协组织】 年内，湖里区在江头街道吕岭社区、金尚社区、园山社区、蔡塘社区开展“社区残协会员实名制”试点工作；通过社区残协会员实名注册等基本形式吸收残疾人家属、居委会成员、爱心人士等自愿注册为会员（持二代残疾人证的残疾人为当然会员），

9 月 19 日，市残联在吕岭社区召开全市社区残协组织试点工作现场会（区残联供图）

协助上级残联组织实施残疾人康复、教育、就业、扶贫、托养、社会保障、权益维护、文体等相关活动和项目，组织残疾人积极参与社区活动，并借助志愿助残工作平台，为残疾人会员提供个性化服务。9 月 19 日，市残联在吕岭社区召开全市社区残协组织试点工作现场会，会上，湖里区介绍社区残协会员实名制工作经验，江头街道介绍社区社会组织备案工作经验。

（李惠萍）

慈善事业

【概况】 2016 年，湖里区大力发展慈善事业，致力于扶贫济困开展慈善系列活动，共募集慈善款物 1079.7 万元，发放款物 1031.9 万元，帮扶各类困难群众逾 2 万人次。

【开展慈善公益活动】 年内，湖里区开展以“以法兴善，助力脱贫”为主题的“慈善法”大型公益宣传活动，积极宣传《中华人民共和国慈善法》。借助首个“中华慈善日”大力开展“慈善一日捐”，号召全区各党政机关、企事业单位、街道、社区、学校、个体工商户和爱心市民等踊跃捐款，共募集捐款 301 万元。

【创建慈善微信公众号】 2016 年，湖里区创建慈善会微信公众号，借助公众号平台大力宣传慈善文化、促进与捐款人及志愿者沟通互动、促进公众参与和监督。该平台以“需求透明、财务透明、过程透明、参与简便”为宗旨，开设“慈善动态”“我要捐款”“捐赠榜”等多个子栏目，使慈善变得更加便利、简捷，慈善款物去向更加及时、公开、透明，市民从善意识更加强烈。

【慈善帮扶】 年内，湖里区举办“金秋助学”“新景地奖教奖学基金”等活动，发放奖教奖学金 142.7 万元，帮扶湖里区大、中、小学生 510 人次；结对帮扶湖里区 127 名孤困儿童，发放救助金 33.2 万元；开展“大病救助”“方庆明医疗救助”等活动，支出救助金 100.8 万元，救助 62 名大病患者；依托春节、中秋、国庆等重大节日开展慈善救助，发放救助金 475.8 万元。

老龄事业

【概况】 2016 年，湖里区 60 岁以上老人 36301 人，占户籍人口的 11.07%，其中 80 岁以上老人 4192 人，占老年人口总数的 1.27%。全区老龄工作坚持“党政主导、社会参与、全民关怀”的工作方针，以“六个老有”为目标，在维护老年人合法权益、提高养老保障水平、加强养老基础建设、居家养老服务工作等方面取得了新突破。

【养老基础设施建设】 2016 年，湖里区开工建设湖里区社会福利服务中心，该项目位于湖里区濠头片区五矿大厦以南、东渡路以东、沧海苑以西，总用地面积 12384.16 平方

兴华社区居家养老服务站（区民政局供图）

米，总建筑面积 55372.15 平方米。项目建设以机构养老服务为主（约提供 500 个养老床位），同时设有社会福利、救灾物资储备等社会服务项目。是年，正进行土方开挖和围护桩开挖破除。配合老干局兴建新的区老年活动中心大楼，大楼位于后埔社区发展中心三期附楼，建筑面积 9000 余平方米，项目由禾山建发公司代建，计划全区各“涉老”单位入驻新老年活动中心大楼。江头街道蔡塘社区选址吕岭路蔡塘社 462 号原蔡塘小学旧址建设社区老年人日间照料中心，项目建筑面积 1000 平方米，拟建日间休息室 200 平方米，床位 30 张。

7 月 5 日，湖里区举行老年人乒乓球大赛颁奖仪式（徐雅玲　摄）

【深化居家社区养老服务】 2016 年，湖里区不断深化居家社区养老服务，将居家养老工作经费列入同级财政年度预算，按照区、街 1∶1 比例为每个社区配备不低于 10 万元的居家养老工作经费。是年，依托“12349”养老信息化平台，创新“互联网 +”养老服务形态，提出“六大平台、六大服务”养老工作模式，在全省、全市先行先试开展居家养老试点工作，打造高效优质便捷的居家养老服务，全年有 34 个社区，出资 587 万元购买居家养老社工服务。

【支持民办养老机构发展】 2016 年，湖里区支持社会力量兴办养老机构，全年为辖区民办养老机构发放床位补贴、运营补贴、特定对象补贴等各类补助款 89.21 万元。辖区有 3 所公民办养老机构，分别是厦门市第二福利院金山分院（公办）、厦门东渡养老院（民办）和厦门温馨家园养老院（民办），核定床位 724 张，提供养护、医疗康复、托管等养老服务，每千名老人拥有床位 23 张，进一步满足了辖区内居民养老需求。

【落实老年人福利待遇】 年内，湖里区为全区 4192 名 80 岁以上户籍高龄老人发放固定生活补贴 540 万元；投入 155.47 万元，为全区 3.58 万名 60 岁以上户籍老人购买厦门市老年人幸福安康险。开展节日走访慰问，全年走访慰问高龄、困难和失能老人 1500 多人次，发放各项慰问金 350 多万元。组织老年人参加厦门市银龄梦想秀和好声音活动，多个节目进入总决赛，开展“新春健步行”“俏夕阳、乐重阳”敬老月系列活动、“美丽夕阳 · 绚烂晚霞”老年文艺演出等，区老年活动中心、各街道、各社区也开展了丰富多彩的老年人文体活动，丰富老年人精神文化生活。

【加强基层老龄工作】 2016 年，湖里区强化基层老龄工作，建设社区老年协会，积极开展“敬老文明号”创建活动，扎实抓好基层老年教育工作，开展基层老年学校“五有”示范校评选，建设“老年云课堂”示范点。是年，康泰、祥店和马龙社区获评市优秀老年协会；东荣、禾欣、园山社区获评第二届厦门市“敬老文明号”单位；禾山、兴隆社区获评“五有”示范校。

（陈　琴）

街道

湖里街道

【概况】 2016年，湖里街道累计完成工业总产值72.1亿元，比上年增长5.8%，新增2家10亿元以上企业。实现财政总收入31.3亿元，完成预算总额的98%，比上年增长18.43%；实现本级收入1.89亿元，完成预算总额的104.67%，比上年增长23.69%。引进内资企业2454家，注册资本总额达237.5亿元，完成全年任务指标的528%；引进外资企业65家，注册资本8.77亿美元，完成全年任务指标的29倍，外资实际到资近1.91亿美元，完成全年任务指标的190%。社会治安群众满意率在全区排名第一，是年，镇（街）与派出所年度治安责任捆绑考核中在全区排名第一，全市综合排名第二，被授予全市镇（街）年度治安责任捆绑“先进集体”称号。

【龙头企业成长迅速】 2016年，湖里街道纳税额100万以上的企业有264家，亿元税收楼宇4座，纳税大户企业有57家，占全区总量近40%；总部企业24家，占全区36%。是年，完成鹭燕在主板上市，扬德股份、中健网农、神州聚海物流在新三板上市。年底，街道共有上市企业8家，超过全区总量的1/3，上市后备企业10家，占全区总量的35%；

【参展首届丝绸之路国际文化博览会】 9月，湖里街道“海丝”古船模文化交流中心组队参加了由中宣部牵头，甘肃省人民政府、国家新闻出版广电总局等主办，外交部、教育部、科技部、工信部等中央部委及陆上丝绸之路沿线人民政府协办的甘肃首届丝绸之路国际文化博览会，在主展馆展区中展出了由湖里街道选送的“福船”、西洋船“短衬衫”号等船模作品，国务院副总理刘延东莅临湖里街道展位参观并给予了充分的肯定。

【加快国家闽台（厦门）文化产业试验园核心区建设】 年内，湖里区加快国家闽台（厦门）文化产业试验园核心区建设，先后培育海峡两岸建筑设计文创园、联发华美空间文创园、海西工业设计中心、联发文创口岸等超过10万平方米的产业园区，形成文创产业规模聚集效应。

【湖里创意产业园发展共建理事会成立】 11月25日，湖里创意产业园发展共建理事会在华美空间成立。联发集团、天地开发建设有限公司、欣贺服饰有限公司等25家企业成为第一届理事会理事。

【重点项目建设】 2016年，湖里区国际邮轮母港、湖里影剧院、第二西通道（湖里段）、五矿大厦等项目的征拆工作顺利推进。湖里街道片区共拆除6.2万平方米，完成年度任务的430.5%；征地5.99余万平方米，完成年度任务的118%。

【平安创建】 2016年，湖里区加大平安创建和“七五”普法宣传，统一为辖区固定电话定置平安创建彩铃，每月向辖区14万余户移动电话发送1条平安短信。建立“天眼联动大联防”立体化防控体系专业指挥平台，加大监控系统升级改造。成立厦门首家社区公共法律服务站——“村里人”公共法律服务站。深入开展“无命案”街道和“无刑事案件”社区创建活动。注重开展听证评议，化解信访矛盾，召开1场由9名人大代表参加的“关于蒋亚味反映经济困难要求申请低保的信访事项”听证评议会议，澄清了信访人的疑虑。落实街道主要领导轮流接待群众制度，全年街道主要领导参与接访群众87人次，街道先后办理市长专线586件，国家信访局转办件7件、省长

8月11日“村里人”公共法律服务站成立（湖里街道供图）

信箱信访件5件、市信访件12件、区转办件15件、群众来信9件。社会治安群众满意率全区排名第一，是年，镇（街）与派出所年度治安责任捆绑考核中在全区排名第一，全市综合排名第二，被授予全市镇（街）年度治安责任捆绑“先进集体”称号。

【安全管理】 2016年，湖里街道坚持每月安全生产形势分析和工作例会制度，落实日常安全生产大检查。建立安全生产管理网络，完善技防设施，建立社区微型消防站。开展电动自行车普查和校园周边道路安全检查，深入开展企业安全生产标准化和全国安全社区创建活动。加强汛期巡查，完成村里龙苍宫、后浦社区等地质灾害点的整治。全力做好防御台风工作，在“莫兰蒂”特大台风中转移安置人员3034人，辖区无人员伤亡。加大森林防火宣传和巡查，在仙岳山建设3个森林防火巡查执勤简易班房，落实24小时值班备勤制度。

【卫计服务】 年内，湖里街道加大对计生新政策的宣传，继续利用“计生大讲堂”、仙岳山女儿文化园等平台，开展优生优育优教、婚前检查、优生检测、生殖健康等知识宣传，做好社区家庭医生签约服务。在悦华酒店建成企业计生协会卫计宣传文化园，成立文艺宣教服务队。启动第11批幸福工程求助项目，推动社区、企业计生工作的共管共融，举办第二届企业计生协会会员趣味运动会。建成康乐公共卫生延伸点，推进兴华社区公共卫生延伸点建设，街道计生政策符合率95.29%，其中，常住95.45%，流动95.16%。

【民生保障】 2016年，湖里街道完成12户家庭、1个小区、1个公共服务场所无障碍设施改造。全力做好低保救助和各类民政救助金发放工作。举办2场招聘会，提供劳动岗位1132个。在康乐、兴华社区开展和谐劳动关系一条街、和谐劳动关系一个社区创建工作。受理三批保障性住房预登记申请1019户，已摇上号的有342户。

【社区建设】 年内，完成康乐、康晖、兴华、怡景4个社区的办公用房装修。签约购买15个社工新项目，累计完成22个项目的中期评估及10个项目的结题评估，共拨付项目经费288万元。同时，街道和怡景社区与市民安养中心合作，试行老年餐桌工作。街道残联也通过购买项目的方式与社工机构合作，开展居家安养工作和残疾人援助中心的残疾人培训服务。举办“35年从头越，聚力扬帆再起航”社区工作者诵读比赛，为社区工作者搭建“成长驿站”。

【文化教育】 2016年，湖里街道把村里、东荣社区纳入社区基层综合文化服务中心建设试点。街道海丝古船模科技文化交流中心组织古船

湖里街道开展“幸福湖里，百姓乐”群众性文化活动（湖里街道供图）

模参加在甘肃敦煌举办的首届丝绸之路国际文化博览会、厦门市2016文化遗产日“振兴传统工艺技艺成果展”和第九届海峡两岸文博会。做好辖区康毅幼儿园接受省优质幼儿园评估的各项迎接准备工作。发放2015—2016学年度特困生年度助学金101人12.14万元。

【综合整治】 年内，湖里街道成立街道城市综合管理委员会，制定城市综合管理实施方案，扎实抓好街道主要干道的立面景观改造。先后拆除“两违”面积2.52余万平方米，完成全年任务指标的126%。成立联合执法队，提升东渡轮渡码头的旅游环境。扎实开展市容环境卫生网格化建设，在海天路、南山路打造“门前三包”示范街，成立海天路“门前三包”商家联盟自治协会。

【美化绿化环境】 2016年，湖里街道投入资金100万元整治特区纪念馆周边的店招广告。加大对自贸区、文创园周边华昌路、兴隆路、华盛路等道路绿化景观的改造提升，做好“莫兰蒂”台风过后道路景观、市政设施和绿化恢复提升。投入资金近800万元，分别对湖里社区、后浦社区、塘边社区、村里社区等城中村的道路进行改造提升。

【抗击“莫兰蒂”台风】 9月15日，在第14号台风“莫兰蒂”登陆后，湖里街道积极组织应急抢险队伍372支45338人次参与灾后重建，清障各类大小道路289条195.5公里，扶正树木2870棵，街道被评为湖里区抗击“莫兰蒂”台风及灾后重建工作突出贡献单位。街道表彰抗击“莫兰蒂”台风及灾后重建工作先进单位101个、先进个人229名。

【共同缔造】 2016年，湖里街道完成金鼎一期等6个老旧小区改造，完成东荣等7个小区的方案设计。抓好第一批10个“以奖代补”项目建设，总投资588.38万元，其中：居民筹资152.66万元，社区投入2.5万元，社会赞助5万元，申请财政补助428.22万元，居民支持率98%以上。投入190万在辖区内5个点建设公共自行车系统，已完工并投入使用。配合市政开发总公司在街道辖内再建80多个公共自行车站点，40多个已基本建成，并投入使用，着力解决居民出行最后1公里问题。

【开展“两学一做”学习教育活动】 年内，湖里街道308个（其中：党委16个、党总支7个、党支部285个）基层党组织全面铺开“两学一做”学习教育活动，99%以上的党员参与活动。街道做到规定动作不走样、自选动作有特色，在“六学六实”学习教育中结合厦门经济特区建设暨湖里街道成立35周年，把弘扬特区精神与“两学一做”结合起来。与《厦门晚报》开展“特区发祥地·扬帆再起航”的系列活动，举办摄影比赛，征集老照片和标志性建筑等活动。

【文明宣传】 2016年，湖里街道组建文明宣传轻骑队，以仙岳山艺术团为基础，用文艺活动作为载体，定期到各社区开展文明创建宣传。开展100场垃圾不落地宣传，把文明创建理念融入各种公益宣传活动中。以兴华社区为试点开展文明创建信息化建设，打造基于网络和微信平台的智能创建平台，召开全区现场经验交流会。

【区人大代表换届选举】 12月10日、12日分两批在街道辖区27个选区进行区第八届人大代表换届选举投票，选举产生区第八届人大代表57名。此次选举登记选民63019人，参加投票的选民57131人，投票率90.66%。

【召开湖里街道党代会】 7月14日，湖里街道召开中共厦门市湖里区湖里街道代表会议，出席会议的代表有116名。会议选举产生了33名出席中共湖里区第八次代表大会代表。在当选代表中，有各级领导干部17名，占51.5%；各类专业技术人员7名，占21.2%。各条战线先进人物代表9名，占27.3%，妇女代表20名，占60.6%，少数民族代表1名，占3.03%。

7月1日，湖里街道党工委在厦门六中大礼堂举行“党旗指引心向党，两学一做当先锋”文艺会演（湖里街道供图）

【党员管理】2016年，湖里街道确定党员发展对象41名，吸收预备党员40名，34名预备党员按期转正。组织90多名入党积极分子参加区培训和资格考试，有71名入党积极分子通过考试。

【党建办实事】年内，湖里街道收集党建为民办实事项目10个，已全部抓好落实。2015年街道“解决社区办公用房面积不达标问题”的党建办实事项目被区委组织部评为“五佳基层党建办实事项目”。

【非公党建】2016年，湖里街道按照“三化”要求推进党群活动中心实体化运作，为非公党组织和党员群众活动提供场所保障。按照“三有”标准抓好片区非公党组织建设，新建光亮医院和华悦学校两个视频党校播放点。结合建党95周年和街道非公有制企业委员会成立10周年，举办“十个一”活动。完成非公党委和下辖82个基层党组织换届。新特修配党支部开展自愿巡逻服务；光亮医院党支部到军营村开展义诊，给居住在高山上的村民带去专业的医疗服务。

【工会建设】年内，湖里街道办理工会会员卡18832张；参与医疗互助的职工11433人，报销企业职工返厦车票24.27余万元。有44家企业签订工资集体协商合同。举办湖里街道第四届职工趣味运动会。鹭燕药业企业获得福建省颁发的“五一劳动奖状”，街道职工服务站被表彰为市“先进职工服务站”，兴华社区陈旭玲、华信石油赖慧瑜获得市“五一劳动奖章”，金鼎社区被市总工会评为“美丽厦门·共同缔造工会共建典范社区”。

【妇工委工作】2016年，湖里街道开展“最美家庭——好家风好家训”评选活动，共评出36户“好家风好家训”家庭。支持下岗失业妇女自强自立，自主创业，举办育婴师、叉车员等培训班，在湖里、怡景举办“创客”培训，推荐281名妇女灵活就业。深入开展“巾帼建功”创建活动，街道妇工委被市妇联评为“三八红旗集体”。

【廉政建设】年内，街道党工委对新提拔的4名领导干部进行集体任前廉政谈话。开展提醒式、批评式廉政谈话36人（次）。对全街事业编51人进行了廉政风险点排查。街道纪工委联合财经办完成对街道18个社区财务进行检查。是年，受理区纪委转办的业务内举报信件4件，办结4件；业务外信访件8件，办结8件，进行廉政谈话提醒及批评教育8人（次）。对辖区内3名受到刑事处罚和行政处罚的党员给予开除党籍处分，对6名参与赌博违纪的党员进行谈话函询，对5名受到刑事处罚的党员立案处理。

【获得荣誉】年内，兴华社区被评为“全省先进基层党组织”，国宇门诊党支部被评为“全市先进基层党组织”，王小帅被评为“全市优秀共产党员”；获得区表彰优秀共产党员20名、优秀党务工作者10名、先进基层党组织9个、优秀党代表6名、党建之友3名。区表彰抗击“莫兰蒂”台风及灾后重建工作先进单位20个、先进个人90名；街道表彰抗击“莫兰蒂”台风及灾后重建工作先进单位101个、先进个人229名。

（刘爱军）

名词解释

六学六实：六学包括实地学、微信学、网上学、送上学、立标学、带头学；六实有书记党课上得实、组织关系排查实、软弱涣散整顿实、特区精神结合实、“三有感”活动开展实、“1+X+Y”党建抓得实。

十个一：一次困难党员慰问会、一次义务植树、一场书记培训会、一场书画展、一次清明祭扫、一场文艺晚会、一次敬老志愿服务、一本宣传画册、一场片区党组织运动会和一场党建成果展。

殿前街道

【概况】殿前街道下辖高殿、马垅、兴隆、兴园、长乐、北站、神山7个社区居委会，其中高殿、马垅为“村改居”社区。截至2016年12月31日，辖区总人口236022人，其中户籍人口35870人。规模以上工业总产值420.28亿元，商贸营业额864.82亿元，比上年增长13.4%；社会消费品零售额185.02亿元，比上年增长1.6%；固定资产投资161.45亿元，完成年度任务的155%；财政总收入37.39亿元，其中街道本级财政收入2.3亿元。

【自贸区建设】截至2016年12月底，殿前街道在自贸区范围内引进内资企业2592家，注册资本达171.66亿元；外资企业102家，注册资本2.61亿美元。云创智谷园区整体签约率约97%，已入驻企业234家，其中台湾企业及项目团队18家，入驻台籍人士53位，园区共有16家众创空间，其中12个获得市级众创空间，获国家级海峡两岸青年创业基地、国家级电商创业公共服务平台、省级现代服务业集聚示范区、厦门市小微企业创业示范基地。闽南古镇工程进入全面收尾阶段。象屿保税物流园区获全国首批“国家示范物流园区”称号。

【招商引资】 2016年，殿前街道招商引进内资97.74亿元，完成全年任务的244.35%，合同利用外资5816万美元，完成全年任务的147.9%，实际利用外资5000万美元，完成全年任务的100%。

【重点工程征地拆迁】 2016年，殿前街道已完成征地5.38余万平方米，征收房屋面积3.84万平方米，搬迁企业29家。轨道交通1号线项目基本完成，省安地块11户集体产权承租户全部签订搬迁协议，中埔村口涉及中埔小组疏解用地已签订协议。环岛路工程完成高崎地块、汉记地块、翔业地块、中绿雅华厂房地块等重要节点的交地工作。海沧隧道本岛端接线工程及第二西通道工程基本完成，其涉及高殿社区、马垅社区、施耐德、宇电、天能、麦德龙等地块已全部签订土地征收协议，并交地施工。福厦铁路暨杏林大桥返迁安置工作有序推进，已签订协议247户529套，完成总任务量的98%。轨道交通3号线项目前期准备工作基本完成，项目征收线路基本确定。

【发展文教事业】 2016年，辖区有中学2所，公办小学4所，民办学校4所，公办幼儿园2所，集体办幼儿园1所，民办幼儿园21所。辖区内小学适龄人口按时入学率和初中适龄入学率均为100%；小学和初中在校生年辍学率均为0；6—14周岁三类残疾儿童入学率为100%；15—50周岁人口文盲率为0。街道全年共投入教育经费118.02万元。开展“和美殿前·以文化人”第二届社区文艺节，并获得2015年厦门文化产业年度风云榜“年度创意区街活动”称号；举办书法摄影、篮球赛、公益培训班等各类活动，全方位满足辖区居民的文体活动需求；完善街道及社区文化活动场所功能设置和服务管理，进一步提升街道公共文化服务水平，街道文化活动中心和兴隆、兴园社区综合文化服务中心顺利通过市级检查组验收，兴隆社区书院获评“湖里区最美读书点”。

【社会保障与劳动就业】 2016年，殿前街道参加城乡居民养老保险的46—59周岁居民129人，参保率100%，已领取待遇524人。受理自付医疗困难补助78人。为38名被征地人员办理了养老保险参保手续，及时兑现参保补助款9.5万元。慰问生病住院人员和退休亡者家属375人次，发放慰问金4.15万元。分别于2月26日、3月5日、5月13日和7月22日召开4场企业用工专场招聘会，吸引了麦德龙、东方桃源酒店、小羽佳等多家知名企业参会，设置岗位2万多个，7500多名失业人员前来应聘，1600多人初步达成就业意向。报送创业项目12个，完成年度目标任务的171%，办理自主创业一次性奖励金7人，奖励金额2.1万元。

11月30日，殿前街道举办“民声华韵 音乐殿前”文艺晚会（陈理杰 摄）

【推进“118”和谐劳动关系创建】 2016年，殿前街道选定兴园社区为和谐劳动关系示范社区，兴隆路作为和谐劳动关系示范街以及8家和谐劳动关系示范企业。成立企业劳动争议调解委员会8家，排查劳资纠纷隐患33起，发展劳资纠纷隐患预警信息员60人。是年，街道劳动争议调解委员会处置311起劳动争议案件，调解成功195起，成功率62.7%，调解金额317.1万余元，街道劳资纠纷调解工作室被市总工会评为“工人先锋号”。

【帮困救助】 全年累计保障城乡困难居民429户662人次，发放低保保障金39.04余万元。推进“救急难”试点工作，做好本区户籍或暂住满1年的居民家庭的临时性困难救助工作，累计为36户95人次发放临时救助金近27.14万元。为63位困难残疾人发放生活补助金18.81万元，为94位重度残疾人发放瘫痪在床居家护理救助金32.43万元。

【医疗卫生】 2016年，辖区有二级医疗机构1家（殿前街道社区卫生服务中心），一级医疗机构2家（健民医院和马垅医院），综合门诊部8家，70家有证私人诊所。辖区内一类疫苗应种70878人次，实种70346人次，接种率为99.25%，接种二类疫苗9种8451人次。建立和管理居民健康档案，定期更新，已建立电子档案16.79余万份。登记和管理高血压患者6038人，定期随访并进行饮食及日常行为保健指导，管理高血压病人近6.08万人次。登记和管理糖尿病患者3455人，定期随访并进行饮食及日常行为保健指导约3.67万人次。全年开展除四害统一行动4次，累计投入灭鼠药3640公斤、凯素灵粉1733公斤、灭蟑饵剂5.62万小包、高效氯氰菊酯2240瓶，拨补各社区除四害人员消杀人工费3.36万元。

【妇儿保健】 2016年，辖区有产妇477人（本地户籍），出生480人，早孕建卡率98.53%，住院分娩率100%，产后访视率98.33%。孕产妇保健覆盖率达100%，孕产妇系统管理率97.29%。3岁以下儿童体检数9207人次，比上年增长54.71%，儿童系统管理3230人，系统管理率95.02%。

【人口与计划生育】 2016年，殿前街道人口计生工作全面实施二孩政策，推进“生育文明·幸福家庭”促进计划，综合治理“三高”。当年出生人口4330人，政策符合率94.96%，其中户籍出生803人，出生性别比113.57，政策符合率95.17%，非户籍出生3607人，出生性别比115.21，政策符合率94.93%。计划生育家庭奖励兑现率100%，统计准确率达到95%以上；群众满意率和计生知识知晓率均达到95%以上。

【平安殿前建设】 年内，街道联合殿前派出所，在高殿社区实施“天眼”工程，引入社会力量免费布设高清视频监控探头2000余个，治安防控成效显著，《人民公安报》对此进行大篇幅报道。推广“厦门百姓”APP的“互联网+”群防模式，已注册近6000人。全力打造协警和“红袖标”2支社区巡逻队伍，通过网格化划分，严密开展日常化治安巡逻。联合厦门日报社开展“平安大篷车进社区”主题宣传活动。殿前“警民联调”“检调对接”和熊麒（台胞）调解工作室成为厦门市多元化纠纷解决机制的工作亮点，厦门电视台对此专门进行报道。4月7日，全市综合减灾示范社区推进会在兴园社区召开，其“多元力量齐汇聚·全民防灾显实效”的经验做法得到市民政局的高度肯定。

【防抗台风“莫兰蒂”及灾后重建】 “莫兰蒂”台风登陆前，在辖区范围内开展全面的拉网式排查，及时转移疏散相关人员1160人，并做好人员安置工作；协助海洋渔业部门疏散海上回港避风船只579艘，转移船上人员3368人，其中高崎渔港避风坞避险中心安置200人。台风过后，街道、社区不等不靠，动员一切力量，先后投入790多万元，组织2万多人次进行灾后重建，仅用1周完成街道辖区范围内50多条主次干道、39个城市小区、18个“村改居”居民小组清障、垃圾清运工作，清运垃圾5820车次，完成树木扶正回植10370棵，重点做好市属园区、中埔三大专业批发市场、辖区中小学及幼儿园的清障清理工作，保障辖区居民、企业恢复正常的生活生产秩序。

【环境整治提升】 2016年，殿前街道先后投入689万余元经费用于自贸区及其周边各主要节点环境景观的改造提升，加大辖区范围尤其主要交通要道的市容保洁、车辆违停等清理整治，全方位扮靓“自贸风景线”。投入145.5万元用于古塘垅社及周边立面景观提升，强化马垅社“门前三包”管理，创新引入“门前三包”精确管理系统，组建“店主、巡查人员、群众、监管人员”互动平台，实现与区数字化城管系统接轨。联合公安、城管等部门，共同组织长岸路景观改造用地上的违建拆除行动，以高压治违态势开展“莫兰蒂”台风灾后“两违”整治工作，确保新增违建“零形成”，全年累计拆除违法建筑12.16万平方米，完成年度任务的243.26%。

【老旧小区改造提升】 2016年，殿前街道以神山三航小区为试点，推进老旧小区改造，按照改造前、改造中、改造后三个阶段，奏响“三步曲”、念好“九字诀”，发动居民共同参与小区改造，居民、三航公

9月20日，殿前街道工作人员参与灾后重建（殿前街道供图）

司、共建单位筹集资金51.2万元用于14个改造项目，小区面貌焕然一新，居民群众满意率达95%以上。1月6日上午，省委常委、市委书记王蒙徽到神山三航小区调研，勉励街道、社区继续发动群众做好小区改造提升和管理工作；2月1日，全区老旧小区现场推进会在街道召开，与会领导对小区改造成效给予充分肯定。

【安全生产管理】 2016年，殿前街道落实安全生产“一岗双责”，开展各类隐患排查整治工作，重点检查“三合一”场所、“黑气”经营点、液化气“双火源”场所、加油站等重点行业。推进企业安全生产标准化建设，累计完成创建大中型企业22家、小微企业28家、个体户744家。采取“以奖代补”方式，对辖区民办幼儿园、“城中村”厂房等50家生产经营场所进行消防设施技术提升改造工作，安装点式报警、简易喷淋及消防卷盘等消防设施，总改造面积7.6万平方米，工程总造价359.61万元。

【人大代表选举】 殿前街道从9月下旬开始至12月12日，历时近3个月，经过前期准备、宣传发动和选民登记、提名推荐和酝酿协商代表候选人、投票选举等阶段，完成区人大代表换届选举工作。此次换届选举殿前街道共划分为17个选区，登记选民38541人，35589名选民参加投票选举，参选率92.34%。选举产生区人大代表32名，在新当选代表中，中共党员22人，占68.75%；民主党派和无党派爱国人士4人，占12.5%；妇女代表6人，占18.75%；大专以上学历23人，占71.88%。

【文明创建】 年内，殿前街道落实创建标准化、精细化、品牌化、常态化、责任化，结合社区网格建设，制定“五化”建设年度常态化一览表，明确社区每天、每星期、每月、每半年及全年文明创建工作项目，明确每个项目的内容、完成时间、责任人和负责人，把文明创建工作时间网格图进行公示。开展文明交通督导和语音督导，并不定时巡查通报。通过文明服务超市“五下乡”便民服务活动走进街道兴隆社区、高殿社区，现场提供免费理发、维修电器、义诊等。殿前街道连续几年被评为省级文明单位，同时其下辖7个社区全部是区级以上文明社区，其中兴隆社区为省级文明社区，兴园、长乐、高殿、神山4个社区为市级文明社区。

9月29日，殿前街道举行终身教育活动日启动仪式（殿前街道供图）

【思想道德建设】 2016年，殿前街道充分利用网络、微信、微博、公益广告宣传栏等阵地，开展社会主义核心价值观普及宣传。辖区共设立党员远程教育终端站点16个，2个大型户外LED显示屏，常年滚动播出公益广告。街道及下辖各社区开通官方微博、微信公众号，积极推进参与道德模范、“最美人物”“身边好人”等评选推荐，宣传街道社区在传统节日、节庆日等主办的各类教育实践活动，广泛落实社会主义核心价值观的学习和实践活动。举行“殿前梦工场”第七期公益培训班，开办声乐、葫芦丝成人班，瑜伽、广场舞、肚皮舞、尊巴、葫芦丝少年班等7个培训项目；举办“送教下社区·公益培训”13个培训班，让居民尽情施展才艺，使街道职工和居民群众普遍受惠。

【志愿服务活动】 年内，殿前街道成立学雷锋志愿服务队伍，街道在职党员、团员中，超过80%的人员主动申请参加，围绕敬老、爱幼、帮困、助残等，开展“邻里守望·情暖八闽”等社区志愿服务。各个社区根据社区特色组建特色文明交通督导志愿服务队、台胞志愿者队伍、“六助”敬老志愿服务队、义务消防志愿服务队、“陪伴青少年成长”爱幼志愿服务队等专业志愿服务队伍。组织辖区未成年人参与社区“美丽福建、美丽心灵”“和美殿前以衣传情”志愿服务、“以书换物”爱心义卖、“阳光少年，志愿兴园”等公益活动，结合“我们的节日·清明”开展“缅怀革命先烈活动”“网上祭英烈活动”等志愿服务活动，着力提高未成年人思想道德素质；邀请华侨大学志愿服务队到街道开展“青春的力量——我们的价值观”大学生志愿服务分享会，现场100多名志愿者、居民参加，提高志愿者的服务意识、服务水平；邀请市红十字会救援队志愿者为辖区居民及上百位小朋友讲解水上自救与如何救人，提高了青少年的安全意识。在辖区6个交通路口常年开展文明交通语音宣传、交通秩序劝导活动。定期开展家园清洁行动，植树绿化行动。积极传播网络文明正能量，辖区内有2人被评为全省网络文明传播优秀志愿者。

【帮扶共建】 2016所，殿前街道与同安区洪塘镇新霞村结对共建，对村里3户困难户进行帮扶慰问，给予每户3500元的慰问金，组织40多名志愿者定期到新霞村开展洁净家园活动。

【街道党建】 年内，建立街道领导蹲点指导制度，每名班子成员挂点一个党支部（或党小组），监督指导“两学一做”学习教育开展情况。街道领导班子集中学习13次，街道班子成员以普通党员身份参加所在党支部学习和上党课，街道党工委书记李伟宏带头为街道全体党务干部上党课，其他班子成员到挂点党支部上党课9次。通过集中学习与自学相结合、利用“湖里星期六”、街道微信公众号等宣传平台、线上与线下相结合、送学与个别辅导相结合、组织关系隶属内与隶属外相结合等多种方式，指导基层党组织开展学习教育，确保参加学习教育的党组织和党员一个不漏全覆盖。认真落实党建责任制，制定清单式基层党组织工作制度，对党组织书记抓党建工作清单化、具体化，每季度召开1次党组织书记抓党建述职述廉工作汇报会暨“两学一做”学习教育推进会，及时总结，查找问题，制定整改措施，做到边学边查边改。全面开展党员党组织关系调查摸底，查找到失联党员5名、清理“空挂”党员18名，帮助基层理顺党员组织关系。

【党风廉政建设】 2016年，殿前街道建立党风廉政季度清单月纪实制度，明确街道班子成员季度工作计划，按月统计完成情况，通过压力传导，督促班子成员践行“一岗双责”，将季度清单制度延伸到社区及机关各党支部，街道纪工委定期进行监督检查。在全区率先设立谈心谈话室，制定使用管理暂行办法，年内，就社区党风廉政建设落实推进、效能建设落实不到位等问题约谈17人次。举办4次廉政纪律讲坛，邀请区纪委领导、市委党校教授对机关党员及社区工作人员开设党规知识讲座。严控“三公”经费支出，完成8部租赁车辆整改清退和机关办公用房超标整改工作，指导督促7个社区做好办公用房整改工作。制定出台关于规范财政性投融资小额建设工程、政府采购管理、社区财务管理等一系列制度，加强重点领域的监督检查。在高殿、马垅2个社区设立党风廉政受理工作站，全年受理5件信访件。是年，违纪案件立案7起，对高崎三组党支部书记杨顺龙利用职务便利损害群众集体利益行为，进行立案查处，并作出撤销党内职务处分的决定。开展违规收受“红包”问题专项治理活动和领导干部亲属经商办企业问题专项清理检查工作，进行集体廉政谈话。

（毛语漩）

11月25日，殿前街道举办湖里区“清风廉韵”文艺晚会（殿前街道供图）

名词解释

五个基本调查： 自贸区企业调查、新增基本单位调查、小微企业抽样调查、大城市劳动力月度调查、人口抽样调查。

三高： 人口出生率、自然增长率高，出生性别比高，出生缺陷发生率高。

三步曲、九字诀： “前奏曲”，听、评、定，“协奏曲”，筹、让、动，“交响曲”，联、认、塑。

江头街道

【概况】 2016年，江头街道面积10.41平方公里，下辖后埔、蔡塘、江村、江头、金尚、园山、吕厝、吕岭、祥店9个社区，有人口22.94万人，其中：常住人口6.47万人，流动人口16.47万人。是年，街道财政总收入23.14亿元，比上年增加23.49%，完成全年任务106.45%；本级财政收入1.74亿元，比上年增加16.07%，完成全年任务112.26%；引进内资173亿元人民币，合同利用外资11.65亿美元，实际利用外资2243万美元；规上工业产值7.28亿元，规上批发零售销售额72.4亿元。在防御“莫兰蒂”台风和灾后重建工作中，街道上下一心，众志成诚抢险救灾，取得了零伤亡及5天内完成道路清障的好成效，街道被评为“厦门市防抗‘莫兰蒂’台风及灾后恢复重建工作先进集体”“区抗台救灾突出贡献单位”。

【发展楼宇经济】 2016年，辖区有21栋商务楼宇（商场），容纳企业近3500家，合计税收15.78亿元，占财政总收入的72%，主要集中在嘉禾路及台湾街两侧的江头商圈范围内。税收收入超1000万元的企业25家，合计17.91亿元，有区级总部企业7家，合计税收3.47亿元，占财政总收入的15%。总部企业引领优质品牌企业汇聚明星楼宇，SM商业城公司、杭钢酒店吸引了迅销商贸（优衣库）、海恩斯莫里斯商业（H&M）、屈臣氏厦门分公司、喜来登酒店、王子饭店等众多能提供持续性税源的品牌企业，楼宇经济成效初显。

【新兴产业发展】 年内，江头街道新兴产业蓬勃发展，街道以IT、类金融、商贸业、电子商务、物业经营管理等为经营范围的新兴服务企业，注册数逐年上升，经济活力、企业创新力显著增强，年内，新增新兴服务企业665家，占当年街道新增企业数60%（2015年79家，占比51%），总体呈递增趋势。

【招商引资】 2016年，江头街道招商引资取得突破，引进内资173亿元人民币，完成年度任务的384%；合同利用外资11.65亿美元，完成年度任务的582%，实际利用外资2243万美元；其中引资额上亿元以上的内资项目19个，合计注册资本金50.21亿元；外资引资额在5000万美元以上的项目5个。

仙岳路湖里段夜景工程（国投公司供图）

【征地拆迁】 2016年，江头街道强化江头片区和后埔、薛岭片区“指挥部+街道+公司+社区”联动机制，加快推动蔡岭路湖里段、轨道交通1号线、乌石浦旧村改造、后埔薛岭片区旧村改造等重点项目征地拆迁的进度。全年累计征地近4.48万平方米，完成年度任务的129%；房屋征收18.03万平方米，完成年度任务的152.78%，拆除11.86万平方米。

【环境提升】 年内，江头街道迅速开展“备战金砖、十个先行”活动，围绕SM片区、铁路沿线和吕岭路等7条道路全力推进“两违”拆除、外立面整治等工作。建立街道、社区环卫管理两级网格，落实环境卫生保洁网格化管理责任，逐步实现市容管理的长效性。严打“两违”，全年共拆除违建5.89万平方米，完成年度进度147%。

【共同缔造】 2016年，江头街道完成5个“以奖代补”项目建设。推进江头、园山2个新培育社区，推进金鸿花园、江头小区、龙潭花园、安泰花园等老旧小区改造及后埔社区地下管网等25个民生工程项目建设，城区面貌和居住环境显著改善。

【平安创建】 年内，江头街道充分运用互联网思维，创新平安建设WiFi宣传方式，探索打造平安和谐蔡塘“互联网+群防群治”的湖里模式。招募“红袖标”平安志愿者2000余人、注册发展“互联网+”群防群治工作者1万余人，广泛发动“厦门百姓”APP注册用户和“红袖标”平安志愿者参加流动人口管理和社会面防控，营造了浓厚的治安管理氛围。全年受理群众来信、来访300件，办结率100%，辖区信访工作呈现“四个下降”的良好态势。刑事警情数较上年下降13.5%，“平安家庭”创建达标率为98.7%。深化安全生产专项整治，推进安全生产标准化建设，辖区安全生产形势保持持续稳定，全年未发生安全生产责任事故，各项指标均控制在区下达的指标范围内。

【民生保障】 2016年，江头街道投入经费完善社区办公场所和设施，推进江头社区服务中心、吕厝社区活动场所和江村社区办公场所改造，投入208万继续购买社工服务项目，开展社区工作人员团队建设和心理减压培训，继续做好接收忠仑社前期工作。壮大“村改居”社区集体经济，增加居民收入，后埔社区发展中心（一期）南楼酒店式公寓已交付使用，年收入近1000万元，三期工程顺利推进。坚持“应保尽保”原则，全面落实社会保障政策；深化劳动保障服务，发挥劳动仲裁庭作用，妥善化解调处劳资纠纷，超额完成就业培训、再就业任务。

【社会事业发展】 年内，江头街道投入经费145万元支持奖教助学活动，扎实开展校园周边安全活动；积极开展文体活动，举办太极拳、瑜伽、广场舞培训班，培养了一批文体骨干。不断完善卫计工作，围绕“生育文化、青春健康、健康生育、生育关怀、心灵家园”五项工程，提高街道计生服务管理工作水平，江头社区计生协会会员杨孟喜被评为“全国计生协会先进个人”。

【精神文明建设】 2016年，江头街道完成9个社区书院建设，6个读书项目被评为“全民读书点创新项目”，金尚书院被授予“全市第一个志愿服务培训基地”。全区文明创建现场推进会在金尚社区召开，并在蔡塘开展村改居社区文明创建五化建设点工作。久久爱心志愿服务队被评为“福建省优秀志愿服务项目”，独腿义务志愿者谢启明被评为“感动厦门十大平民英雄”，最美90后护理员张丽被评为“全国优秀共青团员”，金尚社区被授予“全省首个学雷锋志愿服务工作站”，游文晃家庭被评为“全国五好文明家庭”，并获主席习近平接见。

（廖建淳）

名词解释

四个下降： 信访总量下降，群众来访人数下降，5人以上集体访下降，群众来电数下降。

禾山街道

【概况】 禾山街道成立于2004年9月，北邻高崎国际机场，南靠薛岭山，西至福厦铁路，东达五缘湾内湖区域，辖区总面积16.04平方公里（含五缘湾水域）。2016年，辖钟宅畲族、枋湖、坂尚、岭下、围里5个村改居社区和禾欣、禾盛、禾山、禾缘、五缘湾北5个城市社区，总人口约30万，其中户籍人口5.7万。下属党组织159个，其中：党委6个、党总支7个、党支部146个，党员2198名。禾山街道完成财政总收入31亿元，比上年增长16%；实现商贸批零总额94亿元，比上年增长34%；引进内资320亿元，比上年增长50%；完成合同利用外资89863万美元，比上年增长905%。街道先后被评为全国计划生育协会乡级先进单位、省级安全社区。是年，街道“两违”综合治理专项行动成绩位列全市第三，区慈善会禾山分会获全市“慈善突出贡献组织奖”称号。

【“警民跑起来 携手奔平安”主题活动在五缘湾举行】 1月10日，禾山街道办事处、禾山派出所在五缘湾开展“‘健康促平安’五缘湾半程马拉松约跑会”，宣传“110”主题日系列活动，以“群众的110，你我的30年”为主题，通过组织派出所民警、辖区群众以跑最美跑道“五缘湾半程马拉松”形式，实现“警民跑起来，携手奔平安”，工作人员在现场向参加半程马拉松跑的的群众讲解使用“110”“119”“122”，防盗、防骗、防两抢、防火灾等基本知识，并解答群众的疑问，发放各类宣传资料1000余份，回收调查问卷320余份。

【湖里区慈善会禾山分会开展春节慰问】 2016年春节期间，湖里区慈善会禾山分会在爱心单位及爱心人士的支持下，开展“迎新春、送温暖”系列春节慰问活动，惠及困难户1002户次，发放款物72.91万元，把温暖送到困难户家中，让困难群众过一个祥和、温馨、愉快的春节。

【省公安厅消防总队领导观摩禾山街道吉家家世界微型消防站】 4月19日，省公安厅巡视员张洪德、省公安消防总队总队长王文生一行实地参观了禾山街道消防重点单位——吉家家世界微型消防站建设。吉家家世界联合穆厝微型消防站、太古可口可乐微型消防站、华茂光学微型消防站开展了一场紧贴实战的区域联防联动消防应急救援演练。

【2016“禾山欢乐季”启动】 4月28日晚，由禾山街道党工委、办事

4月28日晚，由禾山街道党工委、办事处主办的“2016禾山欢乐季”启动仪式暨幸福广场秀展演在禾山街道社区服务中心广场正式拉开序幕（禾山街道供图）

处主办的“2016禾山欢乐季”启动仪式暨幸福广场秀展演在禾山街道社区服务中心广场正式拉开序幕。禾山社区艺术团团长孙桂香首先代表全体文化志愿者上台发表感言，感谢禾山街道党工委、办事处重视基层文化建设，让广大居民朋友特别是文艺爱好者有个展示才艺、与“文”会友的平台，随后10位社区文化志愿者上台共同开启了“禾山欢乐季”大门。

【国家医养结合调研组到湖里区调研医养结合工作】 6月3日上午，国家医养结合调研组领导与福建省民政厅、省卫计委、省经信委及厦门市卫计委等相关领导调研禾山社区居家养老服务站相关医养结合工作，副区长丁红斌等领导陪同。调研组一行参观了禾山社区居家养老服务站，了解了运作流程。同时，调研组与省、市、区卫计部门以及街道、社区工作人员进行了交流，共同探讨如何开展医养结合试点工作。

【禾山街道多元化纠纷解决服务中心代表湖里区迎接省“平安区”考评验收】 6月21日，省综治办副巡视员杨坦、省综治办三室主任陈良华、省司法厅“148”指挥中心主任胡中才等人组成的考评组，在市政协副主席詹沧洲，市政法委副书记、综治办主任刘炳泉以及区、街等领导陪同下对禾山街道多元化纠纷解决服务中心进行考评验收。考评组听取了多元化调解纠纷工作情况汇报，对街道成立多元化纠纷解决服务中心，分流受理、整合各类资源，实现多元共调、创新调解模式予以高度肯定。

6月21日上午，市委常委、组织部部长陈秋雄一行到禾山社区调研“两学一做”学习教育工作（禾山街道供图）

【陈秋雄到禾山街道调研“两学一做”学习教育工作开展情况】 6月21日上午，市委常委、组织部长陈秋雄，市委督导一组组长刘平，市委非公企业工委副书记曾丽娟等一行到禾山社区调研“两学一做”学习教育工作。会上，街道党工委书记黄锦城对“两学一做”学习教育开展情况作了简要汇报。陈秋雄部长充分肯定街道“两学一做”学习教育开展情况，达到了启动期部署到位、行动起来的目的。

【举行庆祝中国共产党建党95周年“禾山欢乐季”综合文艺展演】 7月1日晚上，2016“禾山欢乐季”综合文艺展演禾欣专场暨庆祝建党95周年“党在我心中”“两学一做”专题文艺晚会在禾欣社区举行。辖区共建单位领导和党员居民200多人到场观看文艺演出。社区90多名文化爱好者参与表演的歌舞《欢天喜地庆党建》拉开了晚会的帷幕，整台晚会节目形式多样，有社区合唱团演唱的《我爱北京天安门》、反腐倡廉小品《特殊任务》、少儿舞蹈《荷塘乐》、朗诵《祖国请点名》等，最后由全场党员和所

6月21日，福建省综治办、省司法厅联合组成的考评组考评湖里区“平安区”建设（禾山街道供图）

有演员一起合唱《没有共产党就没有新中国》更是把晚会推向高潮。

【"新闻大篷车"开进禾欣社区书院】 7月6日下午，"新闻大篷车进社区书院"系列活动在禾欣社区书院举行。由市缔造办牵头组成的专家、各区文明办主任、社区书院代表和检阅小组一行40余人对禾欣社区书院进行了实地参观和检查指导。同时，市总工会、区总工会分别向禾欣社区书院赠送图书，禾欣社区书院接受市总工会副主席陈超英授牌"禾欣社区书院职工书屋"。参会领导、专家和书院代表对禾欣社区书院"4+2+1+X""课程＋活动"模式，开办政治学堂、红色讲堂、企业课堂及书院理念、"六个持续"、推进"三步走"等经验做法给予充分肯定和高度评价。

【厦门市老体协领导到禾山街道调研指导"老年人健身康乐家园"创建工作】 7月20日上午，市老体协主席黄杰成、常务副主席邵华、副秘书长洪荣灿一行到禾山街道调研"老年人健身康乐家园"创建工作。湖里区委书记林建、区长徐国庆等领导陪同调研。调研组实地考察了禾山街道辅楼老年活动中心、党群活动中心和街道老体协办公室，听取了街道有关创建"老年人健身康乐家园"工作进展情况汇报。林建对市老体协领导关心、指导湖里区老年人体育工作表示衷心感谢，表示将继续重视、支持老年人体育工作，想方设法为老年人创造更好的健身环境，提高老年人幸福指数。黄杰成和邵华对湖里区委、区政府重视、支持老年人体育工作表示赞赏，对街道能在场地有限的情况下腾出4000多平方米的空间，投入近400万元装修、配备活动器材，为老年人提供功能齐全的活动环境表示赞赏。

【禾山街道慈善会禾山分会开展金秋慈善助学活动】 8月24日，湖里区慈善会禾山分会联合开展2016年金秋助学活动，帮扶贫困大学生26名，发放助学金13.3万元。湖里区慈善会会长洪再生、湖里区关工委副主任刘方坤、湖里区民政局调研员张敏、禾山街道人大工委主任、湖里区慈善会禾山分会会长陈慈明等出席活动。湖里区慈善会会长洪再生在活动中指出，开展慈善助学活动，探索慈善助学新模式，需要发动全社会共同参与，营造全民慈善氛围。希望社会各界爱心人士积极行动起来，共同为寒门学子的成长和美好未来奉献一份爱心。

7月20日上午，市老体协主席黄杰成、常务副主席邵华、副秘书长洪荣灿一行到禾山街道调研"老年人健身康乐家园"创建工作（禾山街道供图）

【举办"以法兴善，助力脱贫"大型公益宣传活动】 8月26日，禾山街道办事处携手区委宣传部、区民政局、区慈善会在五缘湾乐都汇购物广场举办"以法兴善，助力脱贫"的大型公益宣传活动。厦门市民政局副局长李龙、厦门市慈善总会副会长巫秀美、湖里区委副书记林重阳、湖里区政府副区长刘云标等领导出席活动。慈善晚会募集到捐款208.2万元，全部用于禾山街道辖区帮困、助学、安老、扶孤、救病等项目。

【举办激情五缘湾2016环保骑迹运动会】 8月27日上午，激情五缘湾2016环保骑迹运动会在五缘湾红十字文化广场举行。出席本次活动的领导有禾山街道党工委书记黄锦城、禾山街道办事处副主任李建军、厦门路桥五缘湾运营有限公司总经理助理汪继承、公共自行车管理有限公司执行董事许幸福。活动吸引厦自协骑士团、厦门老体协、厦门速博自行车俱乐部、厦门骑程（喜德盛）车队、泉州骑缘、石狮骑族、晋江市内坑镇自行车运动协会等16支队伍及社区居民共526名车友参加。经过2个小时的骑行挑战，决出了里程王大奖、速度王大奖、所有骑完全程的骑手们均得到一枚刻有"环保骑士"的金色奖牌。

【禾山街道综合文化站开展丰富多彩的暑期活动】 2016年暑假期间，禾山街道综合文化站举办"2016年暑假青少年欢乐课堂"系列活动，开设了国画、书法、葫芦丝、手工创作、英语沙龙等课程，共吸引了

800多名青少年报名参加。欢乐课堂充分挖掘本辖区文化资源，邀请辖区内的文化志愿者、五老志愿者来给孩子上课，极大的丰富了辖区青少年暑期文化生活。

10月20日，国家信访局办信司副司长谢清华一行到禾山街道多元化纠纷解决服务中心调研（禾山街道供图）

【厦门市政协副主席詹沧州带队调研禾山街道“互联网+”群防群治工作】 9月1日，厦门市政协副主席詹沧州带队到禾山街道调研“互联网+”群防群治工作。调研组一行观看了“厦门百姓”APP推广使用和经典案例视频，并听取了工作情况汇报。调研组对街道和派出所运用“互联网+”群防群治工作机制调动更多社会力量共同参与社会治安防控工作表示充分的肯定。

【举办“禾你一起　力大如山”灾后纪时回顾晚会】 10月14日晚，禾山街道党工委、办事处举办“2016禾山欢乐季”特别专场“禾你一起　力大如山”抗击莫兰蒂灾后纪时回顾晚会。以禾山辖区受灾及抢险的纪时回顾篇开场，街道、社区、执法中队等21支队伍聚集在一起，回顾一个月以来的灾后重建。原创诗歌“和你一起　力大如山”，由禾山社区全体工作人员亲情演绎，再次还原救灾情景，感动了在场的所有人。

【国家信访局办信司副司长谢清华到禾山街道多元纠纷解决服务中心调研】 10月20日，国家信访局办信司副司长谢清华一行在湖里区领导陪同下莅临禾山街道多元化纠纷解决服务中心调研。实地察看了“劳动仲裁庭”“金牌调解室”“温馨调解室”和“网络调解室”，听取了多元化调解纠纷工作情况介绍。谢清华对街道整合资源推行多元调处机制拓展信访解决渠道，打造信访“三无”（无进京越级上访、无大规模集体上访、无因信访问题引发极端恶性事件和负面舆论炒作）目标的工作机制予以充分肯定。

10月14日，禾山街道党工委、办事处举办“2016禾山欢乐季”特别专场“禾你一起　力大如山”抗击莫兰蒂灾后纪时回顾晚会（禾山街道供图）

【禾山街道承办全省社会治安综合治理创新工作推进会】 10月26日，全省社会治安综合治理创新工作推进会在禾山街道举行。福建省委常委、政法委书记陈冬，副省长、公安厅厅长王慧敏，省法院院长马新岚，省检察院检察长何泽中，省军区副政委姚火照，武警福建总队司令员曹勇，市领导李伟华、林锐等出席会议。陈冬一行在禾山街道网格化综合管理服务中心听取了湖里区委常委、政法委书记钟伟东关于湖里区“互联网+群防群治”工作情况汇报和禾山派出所所长何福明关于禾山街道“互联网+群防群治”创新工作情况介绍，并观看了《厦门百姓e起来——厦门市打造“互联网+群防群治”新格局》专题宣传片，与会领导对湖里区、禾山街道“互联网+”创新社会治安综合治理工作予以高度评价。

【禾山街道通过“福建省安全社区”评审验收】 10月27日，禾山街道迎来“省平安社区”评审组一行，对街道自2014年12月启动的“福建省安全社区”创建工作评审验收。评审涉及交通安全、消防安全、工作场所安全、社会治安安全、学校儿童安全、家居安全、老年人安全、公共场所安全等8个促进项目。经过2天的资料详实查验、现场实际走访，最终禾山街道顺利通过评审验收，获评“福建省安全社区”。

【市领导考核调研街道意识形态工作】 12月13日下午，市委宣传部常务副部长张萍带领市宣办公室、研究室、文艺处、干部处相关负责人，考核调研街道意识形态工作。区委书记林建，区委常委、宣传部部长潘少銮，副部长杨运华，街道党工委书记朱绍峰陪同调研。调研小组主要参观街道综合文化站，查看意识形态工作落实情况资料。实地察看街道老年人活动中心、健身房、舞蹈室、棋牌室、图书馆、烘焙室、亲子乐园、影音视界、党群活动中心。调研组对街道通过多种形式文体活动推进核心价值观入脑入心给予肯定。

【禾山街道创建教育强街】 2016年，禾山街道依托丰富的教育资源，致力打造“教育强街”。通过家长素质提升工程、特色校园扶持工程、免费早教服务工程，从制度、政策、项目等各个方面推动家长素质、特色教育、早教服务全面发展。自家长素质提升工程开展以来，辖区2万余名家长参与，较好地促进了家长对教育的理解，有效推动了文明创建、征地拆迁等工作开展。辖区学校特色教育呈现出“一学校一品牌”的良好发展趋势，在全区乃至全市起到引领作用。钟宅民族小学获得教育部中国教育学会传统文化进校园试点学校资格，湖里实验小学成为全国名师研究基地、全国德育实验学校最美图书馆、省示范图书馆，湖里实验中学“龙狮队”获得全市首届中小学生“十佳社团”殊荣等。早教服务园设立后，每年为800名左右计生家庭提供0—3岁幼儿免费早教服务，形成了从早教至高中教育的完整系列。

【禾山街道打造“朝阳禾山　品牌书院”】 年内，禾山街道依托禾盛社区成立社区书院指导站，以典范社区书院为模版，引领社区书院建设的整体推进，为群众带来丰富多彩的精神文化生活。禾山街道坚持“把最优质的资源送给群众”，针对不同年龄段受众群体的需求开设各种特色课程，针对不同规模的班级划分不同教学管理模式，做好品位、品质双管齐下。依托社区自身优势，以学习 + 创业模式、课程 + 活动模式、线上 + 线下模式运作，打造富有朝阳禾山的特色品牌。切实抓好社区书院标准化、精细化、常态化、品牌化、责任化、信息化创新建设，以禾欣、禾盛社区作为市区试点，先试先行，加快禾山、禾缘、坂尚、岭下等社区的建设，实现街道10个社区书院建设全面覆盖、全面建设。

【禾山街道完成“三条路”返迁安置工作】 2016年，禾山街道会同区相关业务部门、国投公司、枋湖社区多次召开被拆迁户新增安置房地点安置实施方案的宣传解释会。就新增的4个安置房地点（金枋世家、马山安置房、集鑫佳园B、嘉福花园）、户型等问题进行解释说明，并分批组织3个项目被拆迁户到新增安置房地点看房选房。解决了成功大道二期、安墩路、县黄路等3个项目的历史遗留问题。

【推动产业转型升级】 年内，禾山街道加快推进龙头山“三旧”改造，火炬科技新天地一期前期招商工作。推进湖里创新园二次招商，成功引进蓓蕾初华网络科技、洪泰原链（厦门）孵化器、宜加电子商务等一批知名企业，园区企业总数达3986家。积极参与创新社区建设，将园区服务管辖调整到岭下社区，以推动产业升级、完善公共服务为突破点。协助园区举办2016年厦门大数据大赛、厦门第二届创新创业大赛，优化园区营商环境。主动服务企业，兑现各类扶持奖励1400多万元，确保一次性税源1.8亿元税收入库。推进鹭燕药业、合诚工程、合立道等5家企业在主板或新三板上市。促成建发湾悦城开业，五缘湾地下商业街开工建设。全年共新增规上工业企业6家，商贸企业10家。及时走访辖区重点企业，宣传优惠政策，帮助拥华、飞利浦等重点企业灾后恢复重建。主动融入自贸区建设，办理入驻企业1395家，其中内资项目1309个、引资186亿元；外资项目86个，引资8.93亿美元。

【征地拆迁】 2016年，禾山街道完成征地2.17余万平方米，拆迁19.14万平方米。完成纵三路中段拆迁工作，枋湖片区旧村改造完成总任务量的86%，开展虎头山公园拆迁，实施墩上旧村改造，启动钟宅旧村改造前期工作。解决了成功大道二期、安墩路、县黄路等3个项目涉及33户被拆迁户11年的历史遗留问题。

【智慧健康养老助力提升居民幸福感】 年内，禾山街道以“分级诊疗，签约家庭医生”为切入点，投入19万余元在禾欣社区设立居家养老服务站，打造“智慧健康养老”平台，为老人提供智能检测咨询、家庭医生签约、老年人心理抚慰等一系列“医养护一体”的服务。与厦门市安家医健科技有限公司合作，在居家养老服务站试行安装健康一体机，为老人的健康提供咨询、就医意见；与安兜医院开展共建，每周一、三、五安排家庭医生团队进入社区开展义诊、组织健康教育，为有需求人员和失能半失能老人提供送药上门、入户随访等服务；与霞辉老年社会服务中心合作，定期组织开展老人活动、走访寡居老人，解决老年人的心理问题和提供必要的家政帮助。

（张晓敏）

金山街道

【概况】 金山街道辖区总面积11.8平方公里，下辖金山、后坑、湖边、金湖、高林、金林、金安、五通、金海等9个社区，其中3个纯城市社区、3个混合型社区和3个“村改居”社区。截至2016年12月31日，辖区总人口有17.33万人，其中流动人口11.02万人。街道党工委下辖6个党委、6个党总支、110个党支部，党员1779名。是年，街道统筹做好稳增长、促改革、调结构、惠民生、防风险等各项工作，全街经济呈现“总体平稳、稳中有进”发展态势，完成财政收入23.17亿元，比上年增长23.4%，其中，本级收入1.56亿元，比上年增长16.5%，完成固定资产投资68.18亿元，完成规上工业总产值16.48亿元，比上年增长27.3%，完成限上批零销售额92.56亿元，比上年增长25.9%。街道先后获“厦门市先进基层党组织”“厦门市防抗'莫兰蒂'台风灾后恢复重建工作先进集体”等称号。

【招商引资】 2016年，金山街道引进内资216.51亿元，完成区下达指标400.9%；引进外资3.93亿美元，完成区下达指标786%，实际到资7088万美元，完成区下达指标109%。内资招商连续三年突破百亿元，外资招商增长1亿美元。是年新注册及增资500万元以上金融、类金融企业111家，注册资金19.5亿元，金融类金融产业持续集聚；参与和服务自贸区建设与发展，街道积极引导辖区企业和海内外客商进驻自贸区，全年累计注册企业1021家，注册资本166亿元，其中外资企业46家、注册资本5.46亿美元。

【促进产业转型】 年内，金山街道大力培育新兴产业，扎实做好鼎泰和、国贸、鼎丰、海西等金融园项目错位发展，成功引进厦门市鼎丰贷投资咨询有限公司、创泓资本管理（厦门）股份有限公司等18家高端金融类企业落户。引进旭霖生物科技、鼎丰财富投资管理等21家股权投资、基金公司入驻自贸区。利用鼎泰和国际金融中心等竣工项目，引进新设及增资企业500万元以上887家，初步形成了以金融、类金融、总部企业为主导的高端商务区。

【优化营商环境】 2016年，金山街道加快公共配套建设，协调督促路桥公司加快建设五通服务中心项目，推动银行服务网点等金融配套设施入驻五缘湾片区；抓好教育配套设施建设，与市音乐学校（五通校区）建立了合作共建关系。美化城区夜景环境，加大对辖区厦门音乐学校、金安小学、金安高林居住区等片区进行美化，完成五缘湾、湖边水库片区、仙岳路两侧的景观改造。在五缘湾商务区建立企业公馆，启动企业文化节，围绕“五缘逐梦，益企奔跑”主题，开展了益企创业、益企发展、益企维权等六大系列活动，为创业者、投资者提供了投洽交流平台。

【推动项目建设】 年内，金山街道落实领导干部挂钩联系责任制，制定《金山街道领导干部挂钩联系重点企业制度》，促进两岸金融中心A组团10个项目加快建设，国贸金融中心、海西金融中心、天地金融港、鼎泰和国际金融中心等项目主体均已封顶，两岸金融中心英蓝集团年初开工建设。推进两岸金融中心、五缘湾南片区、轨道交通2号线等片区的征地拆迁工作，特别是两岸金融中心核心区一、二期项目完成全年任务量的216%；环湾路项目全部完成拆迁任务，全线已交付施工；轨道交通2号线金融中心站、林边站、湿地公园站等用地也交付施工。年内累计完成征地2.25余万平方米，拆迁25.66万平方米，完成全年拆迁任务量的100.3%。

【提升城区品质】 2016年，金山街道深化共同缔造，落实“以奖代补”项目，投入1100多万元对辖区地下网管、小区公园等25个基础设施进行改造。推行“大物业”管理模式，“村改居”社区市容管理考评2次获全市第一名。加大“两违”治理力度，累计拆除7.15万平方米，完成年度任务的143%。高林—金林社区发展用地项目顺利对接万科公司；其他村改居社区发展用地项目已完成项目立项等前期手续。

【社会事业发展】 年内，金山街道扩大政府购买服务范围，投入210

万元购买社区事务、公共就业等领域12个服务项目。通过网站、微信平台等新媒体形式做好政策宣传工作。全年办理自付医疗困难补助225人，全民医保新增参保2695人，被征地人员养老保险新增参保238人，城乡养老保险46—59周岁参保917人。推动高林小学、幼儿园等征地拆迁工作；与厦门艺术学校签订合约，培训文化骨干67人次，开展文体活动100多场。

【抓好党建工作】 2016年，金山街道突出抓好“两学一做”学习教育，采取领导带头学、特色讲学、对标竞学、平台助学等形式开展学习教育，多次得到省委、市委和区委“两学一做”学习教育督导组的充分肯定，街道获“厦门市先进基层党组织”称号，中央新闻联播报道了金安社区吴秀丹等3名党员的先进事迹。突出抓好主体责任落实，研究制定了《金山街道关于落实党风廉政建设季度清单制度的意见》《金山街道党风廉政建设工作约谈暂行办法》，有力地促进了“一岗双责”的落实。

【开展安全生产整治行动】 年内，金山街道全力以赴开展安全生产整治行动。一是进行消防技术改造，推动后坑后社167号集体厂房作为全区消防技改试点安装，并在全街道推广；二是开展燃气专项整治，督促各餐饮场所开展燃气使用隐患自查自改，查处餐饮场所燃气使用违法违规行为，严厉打击无证照经营和“黑气”窝点，共检查各类生产经营场所701家，督促整改火灾隐患600余处；三是推进企业标准化建设，7家规上企业安全生产标准化创建已通过验收达标，小微企业安全生产标准化创建网上申报22家，个体工商户安全生产标准化创建申报37家；四是做好安全社区创建工作，制定和完善安全社区创建目标和计划，已完成创建材料准备、自评、申评工作；五是加大特种设备排查力度，对辖区24个单位378部电梯进行摸排建档；查封城中村厂房内设6台土制电梯。

【促进辖区无业人员就业】 2016年，金山街道“三创新”全力推动劳动保障工作。创新就业培训方式。组织4场企业用工专场大型招聘会和23场各社区组织的企业现场招聘会，提供3000多个岗位，应聘者达1万多人，达成就业意向1400多人。创新就业服务模式。对每名失业人员、未就业高校毕业生，至少安排1次调查走访、1次适合其特点的职业技能培训、2次就业岗位推荐，建立健全就业服务工作档案，打造“金山特色”的“112”就业服务品牌。

【推动平安建设】 年内，金山街道组建“守护者联盟”，为辖区群众安全保驾护航。由小区居民住户组成平安护园队，每晚8点义务开展小区巡逻、引导社区车辆和检查防盗门等工作，队员发展到40人；打造专职治安巡防队，运用“互联网+”模式，设立15个电子巡更点，每位巡防队员经过时用巡更棒“打卡”，同时通过监控视频紧盯巡逻状况，了解队员工作状况，确保巡逻精准到位；由楼宇物业保安中素质较好的队员组成警企联防队，配置统一着装、反光背心、对讲机、警绳等装备，配合警方开展治安防范工作，实施全天候巡逻，实现由“自保平安”向“共保平安”转变。街道刑事类报警数比上年下降22%。建立起街道、社区专业调委会、个人调解室等四级调解网络，排查调处矛盾纠纷317起，调解成功率99.3%。

【推进环保工作落实】 2016年，金山街道健全“党政同责、一岗双责”工作推进机制，将生态环境保护投入纳入公共财政支出的重点，落实辖区环保监管网格化，将环保监管内容纳入网格单元，巡查网格内环境质量状况。突出宣传教育，开展“淘汰消耗臭氧层物质”“改善环境质量，推动绿色发展”为主题的环保宣传活动，制作宣传横幅20余条，宣传栏展出18版，电子屏滚动播放宣传信息27条，举行大型现场宣传活动2场。开展餐饮油烟、露天烧烤、垃圾焚烧和“三无锅炉”污染治理，开展施工工地扬尘、道路扬尘、工业企业违规排放、违规倾倒工业垃圾等涉及面大的环境污染整治，提升辖区生态环境质量。

【开展平安海域专项整治】 2016年，金山街道开展联合执法、海上巡查、联合演练等活动，强化辖区干部群众的海防意识。实行民警分片包干负责制，强化海上治安防范能力。落实船舶管理，掌握海防动态。在船管站周边设置2个高清探头，切实掌握沿海船舶动态。对登记在案的曾被金门方面抓扣的船只纳入重点管理对象，社区落实属地管理责任，采取“人盯人”办法，确保渔民在春节、全国“两会”等重点时段绝不越线作业。召开渔民海防普法宣传教育大会，制作宣传栏、宣传横幅和发送宣传短信、发放海防普法宣传材料，广泛宣传教育相关的法律法规，提高渔民的法制意识，促进遵规守法。

【防控禽流感】 年内，金山街道强化责任领导，组织召开工作部署会，传达区防控H7N9工作部署会会议精神，布置应急工作，明确卫计办、社区工作内容及时限要求，确保工作落实。通过微信、短信群发防控知识及健康知识，组织人员入户及利用宣传活动分发《防控人感染H7N9从个人卫生做起》宣传折页1万多份，在社区公开栏张贴预防及卫生知识海报，提高知晓率，增强辖区群众防范意识。配合金山市场监督管理所深入高林、金林、后坑、五通等社区农贸市场开展暂时停止活禽交易专项检查并签订责任书，督促交易场所实行全面彻底的清洗、消毒，并做好下步跟踪处置工作。

【全力保障厦门“金砖”会晤】 2016年，金山街道在核心区域、重点区域首批确定的195个节点、14个整改督办项目和拆改示范带动项目整治提升工程从12月1日起全面开工，实行责任包干制，建立“重点难点”项目工作台账，按照“四定制度”工作方法，将整治提升清单分解到每个两委成员；建立“五个一”工作推进机制，实施逐个销号解决问题。摸清底数。以高压态势、重拳出击，遏制和打击“金砖”会晤期间顶风抢建、影响恶劣的“两违”行为。深入6个“村改居”社区开展集中排查，梳理建立违章搭建管理台账；投入1.3万余元购买48台红外线测量仪配备到“村改居”社区居民小组，确保居民群众自行丈量违建数据的准确。

【金安社区获厦门市唯一的全国最美志愿服务社区】 2月，金安社区成为厦门市唯一一个获全国“最美志愿服务社区”称号的社区。金安社区突出抓好志愿服务工作，注重制度建设，建立了志愿服务对接、注册、记录、奖励、保险以及社工带志愿者、党团员带头示范等八项制度，总结归纳八步工作流程，实现“党员联动、社工联合、志愿联盟”运行机制，通过开展邻里守望相助志愿服务、打造“快乐365”“金哥安妹斗阵行”等志愿服务品牌，探索出一条常规化、规范化、专业化的金安模式。截至年底，金安社区共建立14支志愿服务队，组织1200余次志愿服务活动，服务涵盖慰问帮扶、文明引导、辅导培训、教育宣传、法律维权等。

【金安社区在全省首推“五五融合”党建品牌】 2016年，金安社区作为全省首个“五五融合”试点社区，深入推动全面从严治党向基层延伸。金安社区围绕群众“要知道、要参与、要做主、要监督、要满意”，深入推进“五共”与“五要”相融合、相促进，发挥党组织核心引领作用，以共同缔造、多元共治为平台，运用现代化科技手段，全面发动群众参与，畅通各种监督渠道，探索打造“五五融合”金安模式，推动党风廉政建设落到基层社区。

【万达商圈党群互动服务中心启用】 2月，万达商圈党群互动服务中心启用。该中心位于湖边社区办公场所，建设面积近1000平方米。金山街道党工委以万达广场为核心，全面梳理片区小微企业党支部与党员，为万达商圈党总支下辖的10个非公企业支部80余名党员搭建学习交流新平台。

【打造五缘湾“企业公馆”新模式】 2016年，金山街道在金海社区探索打造五缘湾“企业公馆”新模式，构建政府服务企业新平台。该平台由党建工作站、企业服务站、工会工作站、社会工作站、妇女工作站、团建工作站、逐梦之家等“六站一家”构成，开展以“五缘逐梦、益企奔跑”为主题的六大系列活动，为企业及员工“量身定制”丰富多彩的活动和服务，从而帮助企业职工排忧解难，推进企业加快转型发展，进一步打造国际一流营商环境。

【金安社区书院率先探索“六化”建设】 年内，金安社区书院率先探索书院“六化”建设，即标准化、精细化、常态化、品牌化、信息化、责任化，鼓励更多居民参与社区书院学习活动。

【召开庆祝中国共产党建党95周年暨“七一”表彰大会】 7月1日，金山街道召开庆祝建党95周年暨“七一”表彰大会。会议通报了街道接受省、市、区各级组织表彰的“一先两优”对象，并宣读街道表彰决定。会议表彰了15个先进基层党组织、39名优秀共产党员、16名优秀党务工作者和3名非公“党建之友”。

【“新闻大篷车进社区书院”活动开进金安社区】 8月23日，由市委文明办、市缔造办、市总工会、市文广新局、厦门日报社联合举办的“新闻大篷车进社区书院”活动走进金安社区书院。来自厦门市、各区委文明办，缔造办和全市25家社区书院相关负责人参观金安书院，对金安社区书院管理给予很高的评价。

【市委常委、组织部长陈沈阳到金安社区调研基层党建工作】 8月31日，厦门市委常委、组织部长陈沈阳深入金安社区调研基层党建工作情况。湖里区委书记林建，区委副书记、区长徐国庆，区委副书记林重阳，区委组织部部长庄海英等区有关领导陪同调研。陈沈阳先后参观了“金哥安妹”法律驿站、小精灵俱乐部、好事墙、邻里互助中心等阵地，现场听取了社区党委书记吴丽敏关于党建工作落实情况的汇报，重点了解社区“一核多元、共治共建”、大党委“两学一做”认领项目、身边党员为您服务等创新机制。

【举行湖里区第八届社区文化艺术节综合文艺展演】 9月13日，湖里区第八届社区文化艺术节综合文艺展演金山街道专场在金安社区幸福广场开启，来自各社区的草根达人们表演了歌曲、舞蹈、小品等节目。金山街道注重挖掘草根达人，组建居民“文化圈”，辖区拥有五通芗剧队、后坑老年乐器队、金林青年舞蹈队、金安太极拳队、湖边乐器队等特色文艺队伍。

【全力以赴做好抗台抢险】 9月中旬，在防御超强台风“莫兰蒂”期间，金山街道党工委班子带头做好隐患排查、应急抢险救援、交管疏堵保畅等各项防抗自救工作，带动全街1700余名党员干部、105支16182人的志愿者队伍持续数日通宵奋战在200多个救灾点，累计清障各类大小道路366条162公里，扶正树木10230棵，清理垃圾8197车次，确保辖区28条主干道、52所学校、29个自然社和33个住宅小区在3天内恢复正常秩序。

【中央文明办调研组到金山街道金安社区考察推行社会主义核心价值观落实情况】 11月30日，中央文明办秘书局局长张朝生带队，在福建省委宣传部副部长、省文明办主任刘志坚，厦门市委宣传部副部长、市文明办主任黄鹤麟，湖里区委书记林建，湖里区委常委、宣传部部长潘少銮等领导陪同下，调研了金山街道金安社区推行社会主义价值观的落实情况。考察团一行领导首先听取了金安社区党委副书记、居委会主任陈丽铭的工作汇报，然后参观了社区的金哥安妹法律驿站、志愿服务宣传栏、弘扬社会主义核心价值观的怡心园、小精灵俱乐部、宣传社区好人好事的好人路和五心好事墙。张朝生对社区在推行社会主义核心价值观工作中能够结合社区实际因地制宜开展志愿服务活动表示肯定。

【金山司法所成立“中和调解工作室”】 12月，金山司法所“中和调解工作室”在高林社区调解委员会正式挂牌成立，是湖里区首个乡贤调解工作室。“中和调解工作室”由高林社区具有丰富基层调解工作经验、群众信任，并热心人民调解工作的孙中和等3名乡贤组成，面向广大居民群众，主要就和谐邻里关系、化解劳资纠纷、征地拆迁等方面进行调解。该调解工作室是金山司法所主动激活乡贤资源，积极发挥乡贤维护稳定作用的一项有益探索。

【中宣部副部长鲁炜一行到金安社区调研社会主义核心价值观建设情况】 12月21日，中宣部副部长鲁炜一行领导调研金山街道金安社区社会主义核心价值观的建设情况，听取金安社区党委副书记、居委会主任陈丽铭工作介绍，参观社区的金哥安妹法律驿站、志愿服务宣传栏、弘扬社会主义核心价值观的怡心园、小精灵俱乐部、德善长廊，宣传社区好人好事的好人路、五心好事墙活动阵地。鲁炜对社区在推行社会主义核心价值观工作中能够结合社区实际因地制宜开展宣传氛围营造、志愿服务和群众性文体活动表示肯定，认为金安社区志愿者作用发挥的特别好、社区服务特别好、核心价值观践行的特别好，金安社区的志愿服务模式可以在全国推广。

【举办第四届金山金嗓子歌唱比赛】 12月，由金山街道办事处主办、厦门市音乐学校承办的2016年第四届金山金嗓子歌手比赛在厦门市音乐学校拉开帷幕。本次活动经过3个多月的初赛选拔、半决赛选拔，激烈的角逐后产生12强优秀选手。

【拍摄全区唯一优秀电教片微电影】 2016年，湖里区委组织部邀请专业导演和剧组，以金安社区志愿者为原型开拍微电影《血·缘》，该片作为湖里区唯一优秀电教化片参加十三届全省党员教育电视片，讲述了志愿者老李如何由一名普通居民成为志愿者的心路历程和经历，从一个侧面反映了金安社区志愿者“金哥安妹”的感人故事。

（吕巧俐）

名词解释

五个基本调查： 自贸区企业调查、新增基本单位调查、小微企业抽样调查、大城市劳动力月度调查、人口抽样调查。

四定制度： 定人员、定时限、定措施、定标准。

五个一： 每日一排查、每日一碰头、每日一督导、每日一通报、每周一例会。

人物　荣誉

区各套班子领导履历

中共湖里区委员会

【张毅恭】 男，汉族，1968 年 10 月出生，福建厦门人，1990 年 8 月参加工作，1995 年 1 月加入中国共产党，大学学历，农学学士，助理农艺师。1986 年 9 月至 1990 年 7 月，在福建农学院农学系农学专业学习。1990 年 8 月至 1992 年 6 月，任厦门蔬菜公司技术员。1992 年 6 月至 1992 年 9 月，在福建省同安县汀溪农业技术推广站工作。1992 年 9 月至 1994 年 12 月，任福建省同安县汀溪农业技术推广站助理农艺师。1994 年 12 月至 1996 年 12 月，任福建省同安县莲花镇副镇长。1996 年 12 月至 1997 年 9 月，任福建省同安县莲花镇党委副书记、镇长。1997 年 9 月至 1999 年 5 月，任厦门市同安区莲花镇党委副书记、镇长。1999 年 5 月至 1999 年 8 月，任厦门市同安区莲花镇党委书记、镇长。1999 年 8 月至 2002 年 7 月，任厦门市同安区莲花镇党委书记。2002 年 7 月至 2002 年 8 月，任厦门市同安区马巷镇党委书记。2002 年 8 月至 2003 年 7 月，任厦门市同安区委常委、马巷镇党委书记。2003 年 7 月至 2003 年 10 月，任厦门市翔安区委副书记。2003 年 10 月至 2006 年 2 月，任厦门市翔安区委副书记、副区长。2006 年 2 月至 2007 年 7 月，任厦门市翔安区委副书记、区政协主席、党组书记。2007 年 7 月至 2011 年 2 月，任厦门市翔安区政协主席、党组书记。2011 年 2 月至 2011 年 3 月，任厦门市湖里区委副书记、翔安区政协主席、党组书记。2011 年 3 月至 2015 年 7 月，任厦门市湖里区委副书记、区长、党组书记。2015 年 7 月至 2016 年 7 月，任厦门市湖里区委书记。

【林建】 男，汉族，福建福州人，1970 年 11 月出生，1992 年 7 月参加工作，1990 年 12 月加入中国共产党，在职研究生学历，管理学硕士学位。1988 年 9 月至 1992 年 7 月，在厦门大学政治学系政治学专业学习。1992 年 7 月至 1993 年 4 月，担任厦门市开元区委党校、组织部干事。1993 年 4 月至 1995 年 8 月，任厦门市开元区委办公室秘书、科员。1995 年 8 月至 1996 年 4 月，任厦门市开元区委办公室主任助理。1996 年 4 月至 1997 年 11 月，任厦门市开元区委办公室副主任。1997 年 11 月至 1998 年 4 月，任厦门市开元区委办公室副主任兼区委机要局局长、保密局局长。1998 年 4 月至 2000 年 12 月，任厦门市开元区莲前街道党委副书记、办事处副主任。2000 年 12 月至 2003 年 10 月，任厦门市开元区嘉莲街道党工委副书记、办事处主任。2003 年 10 月至 2004 年 6 月，任厦门市思明区嘉莲街道党工委书记。2004 年 6 月至 2007 年 1 月，任厦门市思明区委助理巡视员，其间，2002 年 9 月至 2005 年 7 月，参加厦门大学公共事务学院行政管理专业在职研究生学习，获管理学硕士学位；2004 年 7 月至 2006 年 7 月挂职宁夏泾源县委常委、副县长。2007 年 1 月至 2011 年 6 月，任厦门市湖里区政府副区长。2011 年 6 月至 2014 年 7 月，任厦门市集美区委常委、区政府副区长。2014 年 7 月至 2016 年 7 月，任厦门市安全生产监督管理局局长、党组书记，市安全生产委员会办公室主任。2016 年 7 月起，任厦门市湖里区委书记。

【徐国庆】 男，汉族，1965 年 10 月出生，1985 年 9 月参加工作，1989 年 1 月加入中国共产党，研究生学历，哲学硕士。1982 年 9 月至 1985 年 8 月，在安徽省六安地区中等师范学校普师班学习。1985 年 8 月至 1991 年 8 月，担任安徽省六安市苏埠中学教师，其间，1987年9月至1989年8月，在安徽省教育学院中文系汉语言文学专业学习。1991年8月至1992年9月，担任安徽省六安市高皇中学教师。1992年9月至1995年7月，参加厦门大学哲学系马克思主义哲学专业硕士研究生学习，获哲学硕士学位。1995年9月至1997年7月，任厦门市委办公厅科员。1997年7月至2000年12月，任厦门市委办公厅主任科员。2000年12月至2002年12月，任厦门市委办公厅助理调研员。2002年12月至2006年4月，任厦门市委办公厅综合二处处长。2006年4月至2007年2月，任厦门市委办公厅副主任。2007年2月至2008年4月，任厦门市同安区政府副区长。2008年4月至2011年7月，任厦门市委副秘书长。2011年7月至2012年9月，任厦门市委宣传部副部长、部务会成员。2012年9月至2015年7月，任厦门广播电视集团党委书记、董事长，市委宣传部副部长、部务会成员。2015年7月至2015年9月，任厦门市湖里区委副书记、区政府区长。2015年9月起，任厦门市湖里区委副书记、区政府区长，中国（福建）自贸区厦门片区管委会（海沧保税港区管委会）副主任（兼）、党工委委员。

【黄炜】 男，汉族，1962年10月出生，福建泉州人。1979年11月参加工作，1990年12月加入中国共产党，中央党校大学学历。1979年11月至1983年9月，在厦门市杏林区人民法院工作。1983年9月至1987年7月，担任厦门市杏林区人民法院书记员，其间，1985年9月至1987年7月，在中央政法管理干部学院第二学员部学习。1987年7月至1990年5月，担任厦门市杏林区人民法院书记员、助理审判员。1990年5月至1993年11月，任厦门市杏林区人民法院副科级审判员、审判委员会委员。1993年11月至1994年3月，任厦门市杏林区人民法院刑事审判庭庭长。1994年3月至1999年1月，任厦门市杏林区委政法委副书记、区综治办主任。1999年1月至2002年4月，任厦门市社会治安综合治理委员会办公室副主任。2002年4月至2006年7月，任厦门市委610办公室副主任，其间，2002年8月至2004年12月，参加中央党校函授学院本科班法律专业学习。2006年7月至2008年1月，任厦门市社会治安综合治理委员会办公室副主任。2008年1月至2012年12月，任厦门市湖里区委常委、政法委书记。2012年12月至2013年2月，任厦门市湖里区委副书记兼区委教育工委书记。2013年2月至2016年7月，任厦门市湖里区委副书记兼区委教育工委书记、区海外联谊会荣誉会长、区计生协会会长。

【胡亚才】 男，汉族，1963年10月出生，福建厦门人。1982年8月参加工作，1986年11月加入中国共产党，中央党校大学学历，小学高级教师。1980年9月至1982年7月，在厦门师范学校学习。1982年8月至1988年8月，担任厦门市第一农场小学教师。1988年8月至1990年8月，担任厦门市东孚莲花中心小学副校长。1990年8月至1993年1月，任厦门市集美区教育局初教股副股长。1993年1月至1996年4月，任厦门市集美小学校长。1996年4月至1998年11月，任厦门市集美区教育局党委副书记、纪委书记，其间，1995年6月至1996年12月，参加厦门大学成人教育学院社会工作与管理专业证书班学习。1998年11月至1999年3月，任厦门市集美区委办公室副主任。1999年3月至2003年9月，任厦门市集美区委办公室主任。其间，1997年8月至2000年6月，参加中央党校函授学院大专班党政管理专业学习；1997年12月至1999年12月，参加厦门大学哲学系马克思主义哲学专业研究生课程班学习；2000年8月至2002年12月，参加中央党校函授学院本科班经济管理专业学习。2003年9月至2010年11月，任厦门市集美区委常委、办公室主任。2010年11月至2011年7月，任厦门市集美区委常委、纪委书记。2011年7月至2016年7月，任厦门市湖里区委常委、纪委书记。

【林重阳】 男，汉族，1967年3月出生，福建厦门人。1987年8月参加工作，1985年4月加入中国共产党。中央党校研究生学历，历史学学士、讲师。1983年9月至1987年8月，参加福建师范大学历史系历史学专业学习。1987年8月至1990年1月，担任厦门市集美师范专科学校政治辅导员、助教。1990年1月至1992年12月，担任厦门市集美师范专科学校团委副书记、助教。1992年12月至1995年7月，任厦门市集美师范专科学校团委书记、讲师。1995年7月至1997年3月，任厦门市委统战部科员。1997年3月至2002年12月，任厦门市委统战部办公室副主任。其间，1999年9月至2002年7月，在中央党校研究生院在职研究生班科学社会主义专业学习。2002年12月至2007年9月，任厦门市委统战部办公室主任。其间，2006年3月至2007年3月，在重庆市武隆县挂职任县长助理。2007年9月至2011年7月，任厦门市工商联（总商会）副主席、党组成员。2011年7月至2012年12月，任厦门市湖里区委常委、组织部部长。2012年12月至2013年2月，任厦门市湖里区委常委、组织部部长兼区委党校校长、区行政学校校长。2013年2月到2016年3月，任厦门市湖里区委常委、组织部部长兼区委党校校长、区行政学校校长、区老年大学校委会主任、校长。2016年3月至2016年7月，任厦门市湖里区委常委、组织部部长兼区委党校校长、区行政学校校长、区老年大学校长、校委会主任、区总工会主席。2016年7月至2016年8月，任厦门市湖里区委副书记、组织部部长兼区委党校校长、区行政学校校长、区老年大学校长、校委会主任、区总工会主席。2016年8月至2016年9月，任厦门市湖里区委副书记兼区委党校校长、区行政学校校长、区总工会主席、区老年大学校长、校委会主任。2016年9月起，任厦门市湖里区委副书记兼区总工会主席、区计划生育协会会长、区海外联谊会荣誉会长。

【林充贺】 男，汉族，福建厦门人，1965年1月出生，1985年8月参加工作，1990年10月加入中国共产党，中央党校研究生学历。1982年9月至1985年7月，在福建建筑工程学校工民建专业学习。1985年8月至1987年8月，在厦门市郊区城建局工作。1987年8月至1991年5月，在厦门市集美区土地局工作。1991年5月至1993年7月，任厦门市集美区土地局副局长。1993年7月至1993年10月，任厦门市集美区灌口镇党委副书记。1993年10月至1999年1月，任厦门市集美区灌口镇党委书记（1994年2月确定为正处级），其间，1994年8月至1997年6月，参加中央党校函授学院经济管理专业大专班学习。1999年1月至2008年5月，任厦门市集美区政府副区长，其间，2005年6月至2007年10月，挂职任厦门市园博园建设指挥部常务副总指挥；1997年8月至1999年12月，参加中央党校领导干部函授本科班经济管理专业学习。2008年5月至2011年3月，任厦门市市政园林局副局长、党组副书记，其间，2009年3月至2010年7月，挂职任厦门（新）站片区开发建设指挥部常务副总指挥；2008年3月至2010年1月，参加中央党校经济学（经济管理）专业研究生学习。2011年3月至2012年11月，任厦门市市政园林局副局长、党组副书记，兼市轨道办副主任。2012年11月至2016年1月，任厦门市市政园林局副局长、党组副书记，其间，2012年11月至2015年1月，挂职任翔安新城开发建设指挥部常务副总指挥兼办公室主任。2016年1月起，任厦门市湖里区委常委、区政府副区长。

【潘少銮】 女，汉族，1966年11月出生，福建永春人。1990年8月参加工作，1990年6月加入中国共产党，省委党校研究生学历，工商管理学士。1986年9月至1990年7月，在华侨大学管理系工商管理专业学习。1990年8月至1994年7月，担任厦门市杏林区委组织部干事。1994年7月至1995年8月，担任厦门市杏林区经济局党总支副书记。1995年8月至1996年7月，任厦门市杏林区经济局党总支副书记、副局长。1996年7月至1997年5月，任厦门市杏林区东孚镇党委副书记。1997年5月至1997年9月，任厦门市杏林区经贸局局长。1997年9月至1999年3月，任厦门市杏林区经贸局党总支书记、局长，其间，1995年9月至1998年1月，参加中共福建省委党校在职研究生班政治经济学专业学习。1999年3月至2000年12月，任厦门市杏林区杏林镇党委副书记、代理镇长。2000年12月至2002年10月，任厦门市杏林区杏林镇党委副书记、镇长。2002年10月至2003年10月，任厦门市杏林区杏林镇党委书记。2003年10月至2007年1月，任厦门市集美区副区长。2007年1月至2011年7月，任厦门市思明区副区长。2011年7月起，任厦门市湖里区委常委、宣传部部长。

【陈甦帆】 男，汉族，福建永春人，1971年6月出生，1992年7月参加工作，1996年5月加入中国共产党，大学学历，法学学士学位。1988年9月至1992年7月，在浙江大学哲学·社会学系马克思主义基础专业学习。1992年7月至1993年9月，为厦门市监察局一处干部。1993年9月至1997年8月，任厦门市纪委党风廉政建设室科员。1997年8月至2000年6月，任厦门市纪委办公厅综合处处长（正科级），其间，1996年5月至1998年5月，参加厦门大学经济系世界经济专业研究生课程进修班学习。2000年6月至2002年5月，任厦门市纪委办公厅综合处处长、副处级纪检监察员。2002年5月至2002年12月，任厦门市纪委副处级纪检监察员。2002年12月至2006年4月，任厦门市纪委监察综合室副主任。2006年4月至2007年8月，任厦门市纪委办公厅副主任。2007年8月至2010年11月，任厦门市纪委办公厅主任。2010年11月至2015年1月，任厦门市集美区委常委、区委办主任兼区直机关党工委书记（2011年1月）。2015年1月至2015年9月，任厦门市集美区委常委、区纪委书记、区委办主任兼区直机关党工委书记。2015年9月至2016年7月，任厦门市集美区委常委、区纪委书记。2016年7月起，任厦门市湖里区委常委、区纪委书记。

【庄海英】 女，汉族，1973年2月出生，福建厦门人。1992年8月参加工作，1994年3月加入中国共产党，中央党校大学学历。1988年9月至1992年7月，在福建电子学校计算机应用专业学习。1992年8月至1996年8月，担任福建省同安县委组织部干部。其间，1993年8月至1996年6月，参加中央党校函授学院大专班经济管理专业学习。1996年8月至2002年8月，任福建省同安县团委副书记，其间，1996年9月至1998年12月，参加中央党校函授学院本科班党政管理专业学习。2002年8月至2003年12月，任共青团厦门市同安区委书记。2003年12月至2011年7月，任厦门市同安区大同街道党工委书记。2011年7月至2012年5月，任厦门市湖里区委常委、区委办主任。2012年5月至2016年8月，任厦门市湖里区委常委、区委办主任兼区直机关党工委书记。2016年8月至2016年9月，任厦门市湖里区委常委、组织部部长兼区直机关党工委书记。2016年9月起，任厦门市湖里区委常委、组织部部长兼湖里区委党校（区行政学校）校长、区老年大学校长、校委会主任、区关工委主任。

【钟伟东】 男，汉族，1966年11月出生，福建长汀人。1988年7月参加工作，1990年12月加入中国共产党，大学学历，法学学士。1984年9月至1988年7月，在厦门大学法律系法学专业学习。1988年7月至1989年10月，担任厦门市湖里区检察院干部。1989年10月至1990年12月，担任厦门市湖里区检察院书记员。1990年12月至1993年5月，任厦门市湖里区检察院助理检察员。1993年5月至1994年12月，任厦门市湖里区检察院检察员。1994年12月至1997年4月，任厦门市湖里区检察院副科级检察员、经检科副科长。1997年4月至1999年8月，任厦门市湖里区检察院副处检察员、法纪科科长。1999年8月至2001年9月，任厦门市湖里区禾山镇党委委员、纪委书记。2001年9月至2003年1月，任厦门市湖里区禾山镇党委副书记、纪委书记。2003年1月至2003年12月，任厦门市湖里区禾山镇党委副书记、镇长。2003年12月至2004年9月，任厦门市湖里区禾山镇党委副书记。2004年9月至2005年6月，任厦门市湖里区委党建办主任。2005年6月至2006年1月，任厦门市湖里区湖里街道党工委副书记、办事处副主任（主持工作）、区委党建办主任。2006年1月至2006年8月，任厦门市湖里区湖里街道党工委副书记、办事处主任。2006年8月至2008年11月，任厦门市湖里区人民政府区长助理，其间，2006年7月至2008年8月，挂职宁夏海原县，任县委副书记。2008年11月至2011年7月，任厦门市湖里区人民政府副巡视员、区长助理、区政府党组成员。2011年7月至2012年11月，任厦门市湖里区政府党组成员、副区长。2012年11月至2013年2月，任厦门市湖里区委常委、政法委书记、区政府党组成员、副区长。2013年2月起，任厦门市湖里区委常委、政法委书记。

【陈岚】 女，汉族，1974年10月出生，福建惠安人，1997年8月参加工作，1996年4月加入中国共产党，省委党校研究生学历，经济学学士。1993年9月至1997年7月，在厦门大学国际贸易系国际贸易专业学习。1997年8月至1998年4月，担任厦门市湖里区禾山镇党政办干部。1998年4月至2000年4月，担任厦门市湖里区禾山镇团委副书记。2000年4月至2002年11月，任厦门市湖里区禾山镇团委书记。2002年11月至2004年9月，任厦门市湖里区禾山镇党委委员，其间，2001年7月至2004年1月参加福建省委党校在职党政干部研究生班党建专业学习。2004年9月至2007年10月，任厦门市湖里区文体局副局长，其间，2005年12月至2006年12月挂职任厦门市文化局社文处副处长。2007年10月至2008年12月，任厦门市湖里区文体局副局长、兼团区委副书记。2008年12月至2011年8月，任共青团厦门市湖里区委书记，其间，2010年7月至2011年8月，挂职任厦门湖边水库综合整治与开发建设指挥部湖里分指挥部办公室主任。2011年8月至2015年11月，任厦门市同安区政府副区长（公选）。2015年11月起，任厦门市湖里区委常委、区委统战部部长。

【张家伟】 男，汉族，1975年9月出生，福建厦门人，1997年7月参加工作，1995年1月加入中国共产党，大学学历，公共管理硕士学位。1993年9月至1997年7月，在华侨大学土木工程系工业与民用建筑专业学习。1997年7月至1999年9月，担任厦门市杏林区海沧镇党政办干部、科员。1999年9月至2000年10月，担任厦门市杏林区海沧镇团委副书记。2000年10月至2003年1月，担任厦门市海沧投资区海沧镇团委书记。2003年1月至2003年10月，担任共青团厦门市委宣传部主任科员。2003年10月至2006年6月，担任共青团厦门市委办公室副主任，其间，2001年9月至2004年9月，在厦门大学公共管理专业学习，获公共管理硕士学位。2006年6月至2007年11月，任共青团厦门市委办公室主任。2007年11月至2011年7月，任共青团厦门市委常委、组织部部长。2011年7月至2011年8月，任厦门市湖里区人民政府党组成员。2011年8月至2016年7月，任厦门市湖里区人民政府副区长、党组成员。2016年7月至2016年8月，任厦门市湖里区委常委，区政府党组成员、副区长。2016年8月至2016年9月，任厦门市湖里区委常委、办公室主任，区政府党组成员、副区长。2016年9月至2016年12月，任厦门市湖里区委常委、办公室主任，区政府党组成员、副区长兼区直机关党工委书记。2016年12月起，任厦门市湖里区委常委、办公室主任兼区直机关党工委书记。

【张国平】 男，汉族，1970年8月出生，江西丰城人，1989年3月参加工作，1993年4月加入中国共产党，中央党校大学学历。1989年3月至1994年7月，为南京军区坦克乘员训练基地新兵二连战士。1994年7月至1997年2月，任陆军第31集团军水陆坦克旅坦克四营11连排长。1997年2月至1998年2月，任陆军第31集团军水陆坦克旅坦克四营11连副连长。1998年2月至1998年10月，任陆军第31集团军水陆坦克旅坦克四营11连代连长。1998年10月至1998年12月，任陆军第31集团军水陆坦克旅坦克四营11连连长。1998年12月至2001年1月，任陆军第31集团军装甲旅坦克四营11连连长。2001年1月至2001年4月，任陆军第31集团军装甲旅坦克三营八连连长。2001年4月至2001年12月，任陆军第31集团军装甲旅司令部作训科正连职参谋。2001年12月至2004年3月，任陆军第31集团军装甲旅司令部作训科副营职参谋。2004年3月至2005年3月，任陆军第31集团军装甲旅教导队队长。2005年3月至2007年3月，任陆军第31集团军装甲旅后勤部战勤科科长。2007年3月至2008年3月，任陆军第31集团军装甲旅副参谋长。2008年3月至2010年5月，任陆军第31集团军装甲旅后勤部部长。2010年5月至2011年12月，任陆军第31集团军装甲旅副旅长。2011年12月至2013年3月，任装甲第十四旅副旅长。2013年3月至2015年7月，任厦门市湖里区人武部部长。2015年7月至2016年7月，任厦门市湖里区委常委、区人武部部长。

【刘仁宇】 男，汉族，安徽肥西人，1972年11月出生，1991年12月参加工作，1993年12月加入中国共产党，在职大学学历。1991年12月至1995年9月，为陆军第31集团军电子对抗营战士。1995年9月至1998年7月，在南昌陆军学院步兵指挥专业学习。1998年7月至2001年3月，任陆军第31集团军工兵团特务连排长。2001年3月至2003年9月，任陆军第31集团军工兵团政治处干部股副连职干事。2003年9月至2004年12月，任陆军第31集团军工兵团汽车连政治指导员。2004年12月至2006年1月，任陆军第31集团军航空兵第十直升机团政治处干部股股长。2006年1月至2006年6月，任陆军第31集团军航空兵第十直升机团飞行一大队代理政治教导员。2006年6月至2009年3月，任陆军第31集团军航空兵第十直升机团飞行一大队政治教导员。2009年3月至2012年3月，任陆军第31集团军航空兵第十直升机团副政委。2012年3月至2015年3月，任福建省寿宁县人民武装部政委。2015年3月至2016年7月，任厦门市湖里区人民武装部政委。2016年7月起，任厦门市湖里区委常委、区人民武装部政委。

湖里区人民代表大会

【黄炜】 男，汉族，1962年10月出生，福建泉州人。1979年11月参加工作，1990年12月加入中国共产党，中央党校大学学历。1979年11月至1983年9月，在厦门市杏林区人民法院工作。1983年9月至1985年9月，担任厦门市杏林区人民法院书记员。1985年9月至1987年7月，在中央政法管理干部学院第二学员部学习。1987年7月至1990年5月，担任厦门市杏林区人民法院书记员、助理审判员。1990年5月至1993年11月，担任厦门市杏林区人民法院副科级审判员、审判委员会委员。1993年11月至1994年3月，任厦门市杏林区人民法院刑事审判庭庭长。1994年3月至1999年1月，任厦门市杏林区委政法委副书记、区综治办主任。1999年1月至2002年4月，任厦门市社会治安综合治理委员会办公室副主任。2002年4月至2006年8月，任厦门市委610办公室副主任，其间，2002年8月至2004年12月，参加中央党校函授学院本科班法律专业学习。2006年8月至2008年1月，任厦门市社会治安综合治理委员会办公室副主任。2008年1月至2012年11月，任湖里区委常委、政法委书记。2012年11月至2012年12月，任厦门市湖里区委副书记、政法委书记。2012年12月至2013年2月，任厦门市湖里区委副书记兼区委教育工委书记。2013年2月至2016年7月，任厦门市湖里区委副书记兼区委教育工委书记、区海外联谊会荣誉会长、区计划生育协会会长。2016年7月至2016年8月，任厦门市湖里区委教育工委书记、区海外联谊会荣誉会长、区计划生育协会会长。2016年8月至2016年9月，任厦门市湖里区人大常委会党组书记兼区委教育工委书记、区海外联谊会荣誉会长、区计划生育协会会长。2016年9月至2016年12月，任厦门市湖里区人大常委会党组书记。2016年12月起，任厦门市湖里区人大常委会党组书记、主任。

【梁美丽】 女，汉族，1957年9月出生，福建安溪人。1981年5月参加工作，1981年6月加入中国共产党，中央党校大学学历。1974年7月至1979年5月，担任福建省天马种猪场文书。1979年5月至1981年5月，在厦门市郊区农业大专班学习。1981年5月至1984年2月，担任厦门市郊区政府机要员。1984年2月至1984年4月，担任郊区纪委干部。1984年4月至1987年11月，任厦门市集美区纪委办公室主任，其间，1984年12月至1985年9月，担任福建省委驻晋江地区整党联络员。1987年11月至1990年10月，任厦门市集美区纪委常委、办公室主任。1990年10月至1996年11月，任厦门市集美区纪委副书记。1996年11月至1997年4月，任厦门市集美区委常委、区纪委副书记。1997年4月至1998年11月，任厦门市集美区委常委、区委办主任。1998年11月至2001年6月，任厦门市集美区委常委、区纪委书记、市纪委委员，其间，1998年9月至2000年12月，参加中央党校函授学院领导干部本科班经济管理专业学习。2001年6月至2003年9月，任厦门市开元区委副书记、区纪委书记、市纪委委员。2003年9月至2007年2月，任厦门市湖里区委副书记、区纪委书记、市纪委委员。2007年2月至2007年3月，任厦门市湖里区委副书记、区人大常委会主任、区纪委书记、市纪委委员。2007年3月至2007年7月，任厦门市湖里区委副书记、区人大常委会党组书记、主任、区纪委书记、市纪委委员。2007年7月至2011年12月，任厦门市湖里区人大常委会党组书记、主任、市纪委委员。2011年12月至2012年1月，任厦门市湖里区人大常委会党组书记、主任。2012年1月至2016年9月，任厦门市人大常委会委员、湖里区人大常委会主任、党组书记。2016年9月至2016年12月，任厦门市人大常委会委员、湖里区人大常委会主任。

【陈远志】 男，汉族，1958年7月出生，江西丰城人。1977年3月参加工作，1990年6月加入中国共产党，大学学历。1977年3月至1978年9月，为江西省地质局探矿机械厂工人。1978年9月至1983年8月，在江西医学院医疗系医疗专业学习。1983年8月至1987年2月，担任江西省第二人民医院住院部医师。1987年2月至1990年11月，担任江西省卫生厅医政处干部。1990年11月至1992年9月，担任江西省卫生厅办公室主任科员。1992年9月至1993年7月，任厦门市第一医院主治医师。1993年7月至1996年4月，任厦门第一医院医务科科长。1996年4月至1998年8月，任厦门市卫生局医改处副处长。1998年9月至2002年11月，任厦门市卫生局副局长、党委委员。2002年11月至2011年12月，任厦门市湖里区人民政府党组成员、副区长、区红十字会会长。2011年12月至2016年12月，任湖里区人大常委会副主任、党组副书记。

【曾国建】 男，汉族，1963年1月出生，福建平潭人，1985年7月参加工作，1989年9月加入中国共产党。大学学历，历史学学士。1981年9月至1985年7月，在厦门大学历史系历史学专业学习。1985年7月至1993年8月，任厦门大学人事处、学生工作处干部、副科长、科长。1993年8月至1995年4月，任厦门市委办公厅科员。1995年4月至1997年7月，任厦门市委办公厅督查处副处长。1997年7月至1998年2月，任厦门市委办公厅政文处副处长。1998年2月至2001年4月，任厦门市委办公厅政文处处长。2001年4月至2003年10月，任厦门市委办公厅机关党委专职副书记。2003年10月至2008年11月，任厦门市集美区人大常委会副主任、工会主席。2008年11月至2015年2月，任厦门市安全生产监督管理局副局长、党组成员。2015年2月起，任厦门市湖里区人大常委会副主任、党组成员。

【梁国富】 男，汉族，1962年2月出生，福建厦门人。1979年11月参加工作，1982年6月加入中国共产党，大专学历。1979年11月至1980年9月，为陆军八十七师二六〇团六连战士。1980年9月至1983年7月，在南昌陆军学校军事指挥专业学习。1983年8月至1985年11月，任陆军九十一师二七三团三营七连排长。1985年11月至1988年12月，任步兵第九十一师司令部作训科副连职参谋。1988年12月至1989年9月，任步兵第九十一师司令部作训科正连职参谋。1989年9月至1992年11月，任厦门市湖里区委组织部干部。1992年11月至2000年8月，任厦门市湖里区湖里街道党委（党工委）副书记，其间，1999年5月至1999年7月，参加厦门市委党校县处级干部任职班学习。2000年8月至2002年9月，任厦门市湖里区殿前街道党工委副书记、纪工委书记。2002年9月至2010年3月，任厦门市湖里区殿前街道党工委书记，其间，2007年9月至2007年12月，参加厦门市委党校第二期中青班学习。2010年3月至2010年7月，任厦门市湖里区人大常委会副主任、党组成员、殿前街道党工委书记。2010年7月起，任厦门市湖里区人大常委会副主任、党组成员。

【杨书松】男，汉族，1963年5月出生，江西九江人。1983年8月参加工作，1992年9月加入中国民主同盟，大学学历，文学学士，中学高级教师，福建省特级教师。1979年9月至1983年7月，在江西师范学院中文系学习。1983年8月至1991年8月，担任江西省永修师范学校教师。1991年8月至1997年8月，担任江西省永修县一中教师。1997年8月至2006年12月，担任福建省厦门第六中学高级教师。2006年12月至2011年12月，担任福建省厦门第六中学高级教师、民盟厦门市委常委，其间，2009年8月至2010年6月，到宁夏回族自治区海原县第一中学支教。2011年12月至2016年12月，任福建省厦门第六中学高级教师、民盟厦门市委常委、厦门市湖里区人大常委会副主任（兼）。

【方文群】男，汉族，福建厦门人，1968年7月出生，1989年8月参加工作，1995年7月加入中国共产党，中央党校大学学历。1987年9月至1989年7月，在福建龙岩师专历史专业学习。1989年8月至1992年9月，担任厦门市同安第四中学教师。1992年9月至1993年11月，在厦门市同安县人事局工作。1993年11月至1996年6月，任厦门市同安县人事局专业技术人员管理科副科长、县职改办副主任。1996年6月至1998年2月，任厦门市同安县委组织部干部科科员。1998年2月至1999年4月，任厦门市同安区委组织部干部科副科长。1999年4月至2000年7月，任厦门市同安区委组织部干训知工科科长，其间，1997年8月至1999年12月，参加中央党校函授学院本科班学习；1999年9月至2000年1月，被厦门市委组织部抽调参加市直机关“三讲”教育指导组工作。2000年7月至2002年10月，任厦门市同安区委组织部干部科科长。2002年10月至2003年11月，任厦门市同安区人事劳动和社会保障局副局长。2003年11月至2004年8月，任厦门市翔安区人大常委，区委组织部副部长、老干局局长、区编办副主任。2004年8月至2004年12月，任厦门市翔安区人大常委，区委组织部副部长、老干局局长、区编办副主任、事业单位登记管理局副局长。2004年12月至2007年11月，任厦门市翔安区人大常委，区委组织部副部长、老干局局长、区编办主任、事业单位登记管理局局长。2007年11月至2009年7月，任厦门市翔安区委组织部副部长、区编办主任、事业单位登记管理局局长，其间，2008年2月至2009年1月，挂职任厦门市湖里区金山街道党工委副书记、办事处副主任。2009年7月至2011年11月，任厦门市湖里区禾山街道党工委副书记（保留正处级）、纪工委书记。2011年11月至2012年2月，任厦门市湖里区人事劳动和社会保障局局长。2012年2月至2013年2月，任厦门市湖里区人力资源和社会保障局局长、区公务员局局长。2013年2月至2013年4月，任厦门市湖里区人力资源和社会保障局局长，湖里区金山街道党工委副书记（正处级，主持街道党工委工作）。2013年4月至2013年5月，任厦门市湖里区金山街道党工委副书记（正处级，主持街道党工委工作）。2013年5月至2016年11月，任厦门市湖里区金山街道党工委书记。2016年11月至2016年12月，任厦门市湖里区人大常委会党组成员。2016年12月起，任厦门市湖里区人大常委会党组成员、副主任。

湖里区人民政府

【徐国庆】此条目详见“中共湖里区委员会”相关条目。

【林充贺】此条目详见“中共湖里区委员会”相关条目。

【戴宗垒】男，汉族，1961年12月出生，福建莆田人，1981年8月参加工作，1989年9月加入中国农工民主党，中央党校大学学历。1979年4月至1981年7月，在福建林学院林业专业学习。1981年8月至1988年10月，担任福建林学院林学系教师。1988年10月至1991年12月，任厦门市湖里区农林水办干部、工程师。1991年12月至1997年4月，任厦门市湖里区农林水办副主任，其间，1996年5月至1997年4月，在厦门市农业局挂职，任生产处副处长。1997年4月至1999年1月，任厦门市湖里区科技局局长。1999年1月至2011年9月，任厦门市湖里区政协副主席，其间，2001年8月至2003年12月，在中央党校函授学院本科班行政管理专业学习。2011年9月至2011年11月，任厦门市湖里区人民政府副区长、区政协副主席。2011 年 11 月至 2016 年 12 月，任厦门市湖里区人民政府副区长。

【刘琦龙】 男，汉族，1971 年 10 月出生，福建仙游县人，1994 年 8 月参加工作，1993 年 6 月加入中国共产党，大学学历，公共管理硕士学位，助理农艺师。1990 年 9 月至 1994 年 8 月，在福建农林大学土地与植物营养专业学习。1994 年 8 月至 1998 年 4 月，担任厦门市湖里区农林水办农技中心干部，其间，1995 年 11 月至 1998 年 4 月借调湖里区委组织部工作。1998 年 4 月至 1999 年 8 月，任厦门市湖里区委组织部综合科科长。1999 年 8 月至 2002 年 10 月，任厦门市湖里区禾山镇党委委员。2002 年 10 月至 2003 年 12 月，任厦门市湖里区禾山镇党委副书记。2003 年 12 月至 2011 年 7 月，任厦门市湖里区人事劳动和社会保障局局长，其间，2001 年 9 月至 2004 年 12 月，参加华中科技大学公共管理专业学习，获公共管理硕士学位。2011 年 7 月至 2011 年 11 月，任厦门市湖里区人民政府副区长、党组成员、区人事劳动和社会保障局局长。2011 年 11 月至 2016 年 7 月，任厦门市湖里区人民政府副区长、党组成员。

【丁红斌】 女，回族，1966 年 3 月出生，台湾台南人，1995 年 6 月加入中国共产党，1988 年 7 月参加工作，大学学历，法学学士学位。1984 年 9 月至 1988 年 7 月，在中南民族学院政治系政治理论专业学习。1988 年 7 月至 1990 年 12 月，担任厦门市湖里区人民检察院书记员。1990 年 12 月至 1995 年 6 月，任厦门市湖里区人民检察院助检员。1995 年 6 月至 1998 年 8 月，任厦门市湖里区人民检察院检察员。1998 年 8 月至 1999 年 7 月，任厦门市湖里区人民检察院正科级检察员。1999 年 7 月至 1999 年 12 月，任厦门市湖里区检察院民行科科长。1999 年 12 月至 2002 年 10 月，任厦门市湖里区纪委办公室副主任。2002 年 10 月至 2004 年 2 月，任厦门市湖里区纪委常委、监察局副局长、案件审理室主任。2004 年 2 月至 2005 年 10 月，任厦门市湖里区纪委常委、监察局副局长、执法监察室主任。2005 年 10 月至 2006 年 7 月，任厦门市湖里区纪委常委、监察局副局长、正处级纪检监察员、执法监察室主任。2006 年 7 月至 2006 年 9 月，任厦门市湖里区纪委副书记、监察局副局长、正处级纪检监察员、执法监察室主任。2006 年 9 月至 2006 年 11 月，任厦门市湖里区纪委副书记、监察局副局长。2006 年 11 月至 2007 年 4 月，厦门市湖里区纪委副书记、监察局局长。2007 年 4 月至 2007 年 12 月，任厦门市湖里区人民政府党组成员、办公室主任、国动委交通战备办主任。2007 年 12 月至 2008 年 10 月，任厦门市湖里区人民政府党组成员、办公室主任、国动委交通战备办主任、法制办公室主任。2008 年 10 月至 2011 年 9 月，任厦门市湖里区人民政府党组成员、办公室主任、国动委交通战备办主任。2011 年 9 月至 2011 年 11 月，任厦门市湖里区人民政府党组成员、副区长、办公室主任、国动委交通战备办主任。2011 年 11 月至 2012 年 1 月，任厦门市湖里区人民政府副区长、党组成员。2012 年 1 月起，任厦门市湖里区政府副区长、党组成员，区红十字会会长。其间，2014 年 9 月至 2015 年 1 月，参加中央党校台湾省籍干部培训班学习。

【张家伟】 此条目详见“中共湖里区委员会”相关内容。

【刘云标】 男，汉族，1968 年 1 月出生，福建安溪人，1989 年 7 月参加工作，1991 年 6 月加入中国共产党，大学学历，公共管理硕士学位，会计师。1985 年 9 月至 1989 年 7 月，在福建农学院农业经济系经济管理专业学习。1989 年 7 月至 1994 年 3 月，在厦门市湖里区人大工作。1994 年 3 月至 1996 年 8 月，任厦门市湖里区人事劳动局干部，兼区劳务服务公司经理。1996 年 8 月至 1997 年 4 月，任厦门市湖里区人事劳动局局长助理。1997 年 4 月至 2002 年 9 月，任厦门市湖里区人事劳动局副局长，其间，1998 年 4 月至 1999 年 7 月兼劳动科科长。2002 年 9 月至 2010 年 7 月，任厦门市湖里区殿前街道党工委副书记、办事处主任，其间，2001 年 9 月至 2004 年 9 月参加厦门大学硕士班公共管理专业学习，获公共管理硕士学位。2010 年 7 月至 2013 年 2 月，任厦门市湖里区殿前街道党工委书记。2013 年 2 月至 2013 年 3 月，任厦门市湖里区人民政府副区长、党组成员。2013 年 3 月起，任厦门市湖里区人民政府副区长、党组成员，区残联第五届主席团主席（兼）。

【洪耀同】 男，汉族，1968 年 3 月出生，福建厦门人，1991 年 8 月参加工作，1996 年 4 月加入中国共产党，在职研究生学历，管理学硕士学位。1987 年 9 月至 1991 年 7 月，在西安冶金建筑学院建筑系城市规划专业学习。1991 年 8 月至 1995 年 5 月，任福建省同安县城乡建设委员会规划科办事员、科员。1995 年 5 月至 1995 年 12 月，任福建省同安县大嶝镇镇长助理。1995 年 12 月至 1997 年 11 月，任福建省同安县大嶝镇副镇长，（1996 年 12

确定为副处级)。1997年11月至1999年5月，任厦门市同安区大嶝镇副镇长。1999年5月至1999年12月，任厦门市同安区大嶝镇党委副书记、代理镇长。1999年12月至2001年8月，任厦门市同安区大嶝镇党委副书记、镇长。2001年8月至2002年8月，任厦门市同安区建设局党委书记。2002年8月至2003年12月，任厦门市同安区建设局党委书记兼区规划局局长。2003年12月至2008年12月，任厦门市同安区建设局局长、党委书记。其间，2002年9月至2006年12月，参加厦门大学公共事务学院公共管理系行政管理专业学习。2008年12月至2010年2月，任厦门市杏林湾开发建设联合总指挥部办公室副主任(保留正处级)。2010年2月至2011年8月，任厦门市集美新城建设指挥部办公室副主任(保留正处级)。2011年8月至2014年9月，任厦门市建设与管理局村镇建设处处长。2014年9月至2015年4月，任厦门市建设局村镇建设处处长。2015年4月起，任厦门市湖里区政府党组成员、副区长。

【肖平】 男，汉族，1976年7月出生，浙江温州人，1998年12月参加工作，2001年1月加入中国共产党，大学学历，法律硕士学位，副教授职称。1994年9月至1998年7月，在厦门大学法律系国际经济法专业学习。1998年7月至1998年12月待业。1998年12月至2001年7月，担任福建省政法管理干部学院学生处辅导员、学生科负责人。2001年7月至2001年10月，任福建省政法管理干部学院鼓山分部副主任(主持工作)。2001年10月至2002年7月，任福建省政法管理干部学院学生处学生科副科长(副科级)、鼓山分部副主任(主持工作)。2002年7月至2002年12月，担任福建省政法管理干部学院政治处负责人。2002年12月至2003年10月，担任福建省政法管理干部学院政治处副主任(副科级，主持工作)。2003年10月至2006年4月，任福建省政法管理干部学院政治处副主任(正科级，主持工作)。2006年4月至2007年9月，任福建省政法管理干部学院政治处主任(副处级)，其间，2004年3月至2007年6月，参加厦门大学法律硕士专业学习，获法律硕士学位。2007年9月至2008年10月，任福建江夏学院(筹)组织人事办公室副处级干部，福建省政法管理干部学院政治处主任。2008年10月至2010年12月，任福建江夏学院(筹)人事工作办公室副处级干部，福建省政法管理干部学院政治处主任、副教授(2010年09)。2010年12月至2011年11月，任福建江夏学院人事工作办公室副处级干部。2011年11月至2012年10月，任福建江夏学院人事处副处长。2012年10月至2013年7月，任福建江夏学院党政办公室主任、校党委委员(2013年03)。2013年7月至2014年8月，任福建江夏学院工商管理学院党委书记、校党委委员。2014年8月至2016年7月，挂职任厦门市湖里区政府副区长、党组成员。

【李伟宏】 男，汉族，福建厦门人，1972年8月出生，1993年7月参加工作，1995年12月加入中国共产党，在职大学学历，技术员。1990年10月至1993年7月，在福建省鹭江大学工业民用建筑专业学习。1993年7月至1996年6月，担任福建省厦门天地开发建设公司干部，其间，1995年9月至1996年6月，借调湖里区人民政府办公室工作。1996年6月至1998年4月，任厦门市湖里区机关事务服务中心干部(同时借调湖里区政府办工作)。1998年4月至1999年12月，任厦门市湖里区政府办公室秘书科科长。1999年12月至2002年10月，任厦门市湖里区政府办主任助理、秘书科科长。2002年10月至2004年8月，任厦门市湖里区政府办副主任兼区国防动员委支前办、战备办副主任，其间，2004年2月至2004年4月，参加厦门市委党校县处级干部任职班学习。2004年8月至2008年7月，任厦门市湖里区禾山街道党工委委员、办事处副主任，其间，2003年10月至2006年1月，参加厦门大学网络学院本科班工商管理专业学习。2008年7月至2012年7月，任厦门市湖里区禾山街道党工委副书记、办事处主任。2012年7月至2015年5月，任厦门市湖里区禾山街道党工委书记。2015年5月至2016年7月，任厦门市湖里区殿前街道党工委书记。2016年7月至2016年11月，任厦门市湖里区政府党组成员、殿前街道党工委书记。2016年11月至2016年12月，任厦门市湖里区政府党组成员。2016年12月起，任厦门市湖里区政府党组成员、副区长。

【陈颢颖】 男，汉族，福建南安人，1973年2月出生，1994年7月参加工作，2003年6月加入中国民主建国会，大学学历，工学学士学位，助理工程师职称。1990年9月至1994年7月，在福州大学机械制造工艺及设备专业学习。1994年7月至1995年7月，任厦门经贸发展总公司进出口部试用期干部。1995年7月至1999年2月，任厦门经贸发展总公司进出口部副经理。1999年2月至2000年11月，任厦门厦锋机械发展有限公司工程部副经理。2000年11月至

2001年7月，任厦门骏泰通用机械有限公司进出口部副经理。2001年7月至2004年4月，任厦门市招商中心项目部主任，其间，2004年3月至2004年4月，任厦门市同安区经济贸易发展局挂职任局长助理。2004年4月至2006年2月，任厦门市招商中心项目部主任、同安区招商服务中心主任。2006年2月至2010年12月，任厦门市同安区旅游局副局长。2010年12月至2012年12月，任厦门市湖里区重点项目建设前期办公室副主任（保留副处级），其间，2011年10月至2012年12月，任厦门市湖里区投资促进局挂职任副局长。2012年12月至2013年4月，任厦门市湖里区投资促进局副局长。2013年4月至2014年12月，任厦门市湖里区投资促进局局长。2014年12月至2016年12月，任厦门市湖里区商务局局长。2016年12月起，任厦门市湖里区政府副区长、商务局局长。

政协湖里区委员会

【林凡】 男，汉族，1962年6月出生，福建永泰人。1984年8月参加工作，1989年4月加入中国共产党，大学学历，农学学士学位，助理工程师。1980年9月至1984年7月，在福建省林学院林学系林业专业学习。1984年8月至1984年12月，担任三明市三元区中村办事处干部。1984年12月至1987年8月，任三元区团委副书记。1987年8月至1987年10月，任三元区政府莘口镇筹备领导小组副组长。1987年10月至1989年3月，任三元区莘口镇副镇长。1989年3月至1990年10月，任三元区绿化办公室主任。1990年10月至1991年8月，任厦门市杏林区劳动人事局干部。1991年8月至1993年10月，任杏林区劳动人事局副局长，其间，1992年3月至1993年9月，在厦门市委组织部办公室挂职，任副主任。1993年10月至1996年2月，任厦门市委组织部办公室副主任。1996年2月至1997年6月，任厦门市委组织部参照管理处副处长。1997年6月至1998年10月，任厦门市委组织部知识分子工作处处长。1998年10月至2003年9月，任厦门市集美区委常委、区委组织部部长。2003年9月至2006年1月，任厦门市湖里区委常委、组织部部长。2006年1月至2006年4月，任厦门市湖里区委副书记、组织部部长。2006年4月至2009年4月，任厦门市湖里区委副书记、区直机关党工委书记。2009年4月至2010年3月，任厦门市湖里区委副书记、区直机关党工委书记、区委教育工委书记。2010年3月至2010年12月，任厦门市湖里区委副书记、区政协主席、党组书记、区直机关党工委书记、区委教育工委书记。2010年12月起，任厦门市湖里区政协主席、党组书记。

【谭苏建】 男，汉族，1958年3月出生，江苏涟水县人。1975年10月参加工作，1981年6月加入中国共产党，大学学历，教育学学士学位，讲师。1975年10月至1978年2月，在福建省潘洛铁矿知青农场插队。1978年2月至1982年2月，在福建师范大学政教系学习。1982年2月至1984年7月，在龙岩师范专科学校工作。1984年7月至1994年6月，在厦门市委党校工作，其间，1992年3月至1993年10月，在厦门市湖里区委宣传部挂职，任副部长。1994年6月至1999年6月，任湖里区委办公室主任。1999年6月至2002年11月，任湖里区委助理巡视员、区委办公室主任。2002年11月至2016年12月，任湖里区政协副主席、党组成员。

【黄向阳】 男，汉族，湖南湘潭人，1966年11月出生，1988年7月参加工作，民革会员，研究生学历，经济学博士学位，经济师。1985年9月至1988年7月，在湘潭师范学院历史系通史专业学习。1988年7月至1992年9月，担任湖南省醴陵市二中教师。1992年9月至1995年7月，在厦门大学历史系经济史专业读硕士，获历史学硕士学位。1995年9月至1998年6月，在厦门大学经济系经济思想史专业攻读博士，获经济学博士学位。1998年6月至1999年2月，任福建省厦门城建国投公司干部。1999年2月至2001年6月，任厦门市湖里区禾山镇政府聘用制干部。2001年6月至2002年6月，任厦门市政府经济研究中心干部。2002年6月至2002年12月，任厦门市政府办公厅综合处干部。2002年12月至2006年9月，任厦门市政府办公厅综合研究处副处长、综合处副处长。2006年9月至2007年1月，任厦门市政府办公厅综合处处长。2007年1月至2011年8月，任厦门市政府办公厅综合调研处处长。2011年8月至2016年12月，任厦门市同安区政府副区长。2016年12月起，任厦门市湖里区政协副主席，民革厦门市委副主委（兼）。

【林世裕】 男，汉族，1960年6月出生，福建厦门人。大专学历，工商管理硕士，经济师。1979年10月至1983年8月，担任中国银行厦门分行行员。1983年9月至1985年7月，在武汉大学经济管理学系国际金融专业学习。1985年7月至1988年6月，在中国银行厦门分行会计处、稽核处工作。1988

年6月至1994年6月，任厦门兴厦有限公司进口部副经理。1994年6月至1999年12月，任香港兴厦有限公司机械电子部经理，其间，1997年12月至1999年3月，参加澳大利亚莫道克大学商学院工商管理硕士学位学习。1999年12月至2000年5月，奉调回厦门市委组织部报到、安排工作。2000年6月至2004年8月，任厦门市湖里区经发局投资科科长、经贸科科长。2004年8月至2006年11月，任厦门市湖里区禾山街道办事处副主任。2006年11月至2008年8月，任厦门市湖里区招商局副局长，主持工作。2008年8月至2011年12月，任厦门市湖里区投资事务局局长。2011年12月至2013年4月，任厦门市湖里区政协副主席、湖里区投资事务局（投资促进局）局长。2013年4月起，任厦门市湖里区政协副主席。

【施立华】 女，汉族，1966年9月出生，江苏南通人。1991年4月参加工作，九三学社社员，研究生学历，硕士学位，高级工程师。1983年9月至1988年7月，在清华大学化学工程系化学工程专业学习。1988年9月至1991年4月，参加清华大学化学工程系生物化工专业研究生学习。1991年4月至1992年1月，任福建省厦门信息—信达有限公司职员。1992年1月至1998年2月，任中国汽车工业进出口厦门公司职员。1998年2月至2000年5月，任福建省厦门高新技术创业中心项目经理、项目部经理。2000年5月至2001年6月，任厦大三达膜科技有限公司副总经理。2001年6月至2002年9月，借调到厦门火炬高新区管委会工作。2002年9月至2003年6月，任厦门高新技术创业中心主任助理、副主任。2003年6月至2004年8月，任厦门软件产业投资发展有限公司总经理。2004年8月至2011年12月，任厦门高新技术创业中心主任。2011年12月至2016年12月，任厦门市湖里区政协副主席（兼）、厦门高新技术创业中心主任。

【陈雄辉】 男，汉族，1965年10月出生，福建厦门人，1986年8月参加工作，1996年7月参加中国共产党，在职大学学历，工程师职称。1983年9月至1986年7月，在福建林业学校森林资源调查专业学习。1986年8月至1988年9月，任厦门市集美区林业局干部。1988年9月至1996年8月，任厦门市湖里区农林水建设服务中心干部。1996年8月至1997年4月，任厦门市湖里区农林水办公室主任助理，湖里区农林水建设服务中心干部，其间，1987年9月至1994年9月，参加南京林业大学成人教育学院本科班林学专业学习。1997年4月至2002年9月，任厦门市湖里区农林水局副局长，其间，1997年5月至1999年3月，参加厦门大学经济学院研究生课程班应用经济学专业学习。2002年9月至2003年3月，任厦门市湖里区农业水利局局长，兼区乡镇企业局局长，其间，2002年4月至2003年1月，参加厦门市委党校中青年干部培训班学习。2003年3月至2003年11月，任厦门市湖里区农业水利局局长，兼区乡镇企业局局长、禾山镇党委副书记。2003年11月至2007年5月，任厦门市湖里区市政园林局局长、农业水利局局长、区防汛抗旱指挥部办公室主任。2007年5月至2011年11月，任厦门市湖里区湖里街道党工委副书记、办事处主任。2011年11月至2015年2月，任厦门市湖里区湖里街道党工委书记。2015年2月至2015年5月，任厦门市湖里区政协副主席、党组成员、湖里街道党工委书记。2015年5月起，任厦门市湖里区政协副主席、党组成员。

【谢国勇】 男，汉族，福建金门人，1968年1月出生，1989年8月参加工作，1995年6月加入中国共产党，中央党校大学学历，中学二级教师。1987年9至1989年7月，在集美师范专科学校地理系学习。1989年8月至1993年10月，在福建省同安第二中学任教。1993年10月至1996年7月，在福建省同安县委台湾工作部工作。1996年7月至1999年3月，任厦门市同安区内厝镇团委书记。其间，1998年2月至1998年5月，兼同安区内厝镇党政办副主任；1998年3月至1999年3月，在厦门市委组织部挂职。1999年3月至2002年11月，任厦门市委组织部组织处干部、主任科员。其间，1999年8月至2001年12月，在中共中央党校函授学院本科班法律专业学习。2002年11月至2007年1月，任厦门市委组织部（组织处、干部二处）助理调研员。其间，2004年3月至2005年3月，在厦门市海沧区东孚镇挂职，任党委副书记。2007年1月至2008年7月，任厦门市委组织部（干部二处）调研员。2008年7月至2012年12月，任厦门市湖里区江头街道党工委副书记、办事处主任。2012年12月至2016年11月，任厦门市湖里区江头街道党工委书记。2016年11月至2016年12月，任厦门市湖里区政协党组成员。2016年12月起，任厦门市湖里区政协党组成员、副主席。

湖里区纪律检查委员会

【胡亚才】 此条目内容详见“中共湖里区委员会”相关条目。

【陈甦帆】 此条目内容详见“中共湖里区委员会”相关条目。

【郑陆全】 男，汉族，1971 年 10 月出生，福建厦门人。1992 年 7 月参加工作，1997 年 12 月加入中国共产党，在职大学。1990 年 9 月至 1992 年 7 月，在福建司法学校法律专业学习。1992 年 7 月至 1994 年 2 月，在厦门市湖里区人民检察院工作。1994 年 2 月至 1995 年 4 月，任厦门市湖里区人民检察院书记员。1995 年 4 月至 1998 年 9 月，任厦门市湖里区人民检察院助理检察员，其间，1993 年 9 月至 1996 年 7 月，参加厦门广播电视大学大专班法律专业学习。1998 年 9 月至 1999 年 7 月，任厦门市湖里区人民检察院科员。1999 年 7 月至 2000 年 9 月，任厦门市湖里区人民检察院检察员、禾山检察室副主任，其间，1997 年 9 月至 2000 年 7 月，参加厦门大学（函授）本科班法律专业学习。2000 年 9 月至 2005 年 10 月，任厦门市湖里区人民检察院正科级检察员，其间，2002 年 12 月至 2004 年 7 月，在厦门市湖里区禾山镇挂职，任副镇长；2004 年 9 月至 2005 年 10 月，在厦门市湖里区金山街道办事处挂职，任副主任。2005 年 10 月至 2010 年 11 月，任厦门市湖里区金山街道办事处副主任，其间，2008 年 7 月至 2010 年 7 月，在宁夏海原县挂职，任县委副书记。2010 年 11 月至 2012 年 2 月，任厦门市湖里区经济贸易发展局党委委员、区安全生产监督管理局局长。2012 年 2 月至 2013 年 3 月，任厦门市湖里区安全生产监督管理局局长。2013 年 3 月至 2013 年 4 月，任厦门市湖里区纪律检查委员会委员副书记、湖里区安全生产监督管理局局长。2013 年 4 月起，任厦门市湖里区纪律检查委员会副书记。

【纪华国】 男，汉族，1970 年 12 月出生，福建龙海人。1991 年 7 月参加工作，1998 年 8 月加入中国共产党，在职大学，工商管理硕士，高级审计师。1988 年 9 月至 1991 年 7 月，在集美财政专科学校外经财会专业学习。1991 年 7 月至 2000 年 12 月，任厦门市审计局科员，其间，1996 年 12 月至 1999 年 12 月，参加厦门大学自学考试本科班会计专业学习。2000 年 12 月至 2004 年 2 月，任厦门市审计局外经贸审计处副主任科员。2004 年 2 月至 2006 年 8 月，任厦门市审计局金融与外贸审计处主任科员。其间，2003 年 3 月至 2005 年 12 月，参加厦门大学硕士班工商管理专业学习，获工商管理硕士学位。2006 年 8 月至 2007 年 8 月，任厦门市纪委主任科员。2007 年 8 月至 2008 年 3 月，任厦门市机关效能建设领导小组办公室、机关效能投诉中心综合处处长（副处级）。2008 年 3 月至 2008 年 8 月，任厦门市湖里区纪委常委、执法监察室主任。2008 年 8 月至 2008 年 11 月，任厦门市湖里区纪委常委、执法监察室主任、区监察局副局长。2008 年 11 月至 2012 年 2 月，任厦门市湖里区纪委常委、执法监察室主任、区监察局副局长、区国资办副主任。2012 年 2 月至 2012 年 6 月，任厦门市湖里区纪委常委、执法监察室主任、区监察局副局长、区国资办副主任、区财政国资党委委员、纪委书记。2012 年 6 月至 2012 年 7 月，任厦门市湖里区纪委副书记、区监察局局长，执法监察室主任、区国资办副主任，区财政国资党委委员、纪委书记。2012 年 7 月至 2014 年 12 月，任厦门市湖里区纪委副书记、区监察局局长、区国资办副主任、区财政国资党委委员、纪委书记。2014 年 12 月起，任厦门市湖里区纪委副书记、区监察局局长。

区法院 区检察院

【高碧青】 男，汉族，1962 年 1 月出生，福建厦门人。1979 年 11 月参加工作，1986 年 3 月加入中国共产党，在职大学学历。1979 年 11 月至 1988 年 4 月，厦门市集美检察院干部，其间，1982 年 9 月至 1985 年 7 月参加福建广播电视大学大专班中文专业学习。1988 年 4 月至 1991 年 4 月，任厦门市湖里区人民检察院股级检察员。1991 年 4 月至 1996 年 10 月，任厦门市湖里区人民检察院副科级检察员，其间，1994 年 6 月至 1996 年 10 月，在厦门市湖里区湖里街道办事处挂职，任副主任。1996 年 10 月至 1998 年 4 月，任厦门市湖里区湖里街道办事处副主任。1998 年 4 月至 2002 年 9 月，任厦门市湖里区湖里街道办事处副主任兼经济办主任。2002 年 9 月至 2004 年 9 月，任厦门市湖里区委政法委副书记兼区 610 办公室主任。2004 年 9 月至 2008 年 7 月，任厦门市湖里区禾山街道党工委书记，其间，2003 年 10 月至 2006 年 1 月，在厦门大学网络学院本科班社会管理专业学习。2008 年 7 月至 2011 年 7 月，任厦门市湖里区湖里街道党工委书记。2011 年 7 月至 2011 年 8 月，任厦门市湖里区湖里街道党工委书记、湖里区人民法院党组副书记。2011 年 8 月至 2011 年 11 月，任厦门市湖里区湖里街道党工委书记、湖里区人民法院党组副书记、副院长。2011 年 11 月至 2011 年 12 月，任厦门市湖里区人民法院党组书记、副院长、代院长。2011 年 12 月起，任厦门市湖里区人民法院党组书记、院长。

【林育清】 男，汉族，1962 年 4 月出生，福建仙游人。1988年7月参加工作，1988年6月加入中国共产党，大学学历，法学学士。1984年9月至1988年7月，任华东政法学院法律系法学专业学习。1988年7月至1989年7月，任厦门市人民检察院控申处干部。1989年7月至1991年8月，任厦门市人民检察院控申处、电大工作站书记员。1991年8月至1994年11月，任厦门市人民检察院经检处助理检察员。1994年11月至1995年5月，任厦门市人民检察院反贪局办公室副主任、助理检察员。1995年5月至1997年5月，任厦门市人民检察院反贪局办公室副主任、检察员。1997年5月至2001年4月，任厦门市人民检察院反贪局办公室主任、检察员，其间，1997年6月至1999年3月，任厦门市湖里区人民检察院挂职副检察长。2001年4月至2007年2月，任厦门市人民检察院反贪局副局长、检察员。2007年2月至2007年7月，任厦门市湖里区人民检察院党组书记、检察长、厦门市检察院反贪局副局长。2007年7月至2016年12月，任厦门市湖里区人民检察院党组书记、检察长。

【吴华峰】男，汉族，1962年10月出生，福建厦门人，1979年11月参加工作，1989年10月加入中国共产党，在职大专，三级高级检察官。1979年11月至1987年7月，担任厦门市人民检察院经检科干部、书记员，其间，1984年9月至1987年6月参加福建广播电视大学法律专业大专班学习。1987年7月至1989年10月，担任厦门市人民检察院经检处助检员。1989年10月至1993年9月，担任厦门市人民检察院经检处副科级助检员。1993年9月至1994年11月，任厦门市人民检察院税检室副主任、副处级检察员。1994年11月至2001年4月，任厦门市人民检察院预防犯罪处副处长、检察员。2001年4月至2004年10月，任厦门市人民检察院反贪局副局长（正处级）、检察员。2004年10月至2008年6月，任厦门市人民检察院侦监处处长、检察员。2008年6月至2009年2月，任厦门市集美区人民检察院副检察长、代理检察长。2009年2月至2016年7月，任厦门市集美区人民检察院检察长。2016年7月至2016年8月，任厦门市湖里区人民检察院党组书记。2016年8月至2016年12月，任厦门市湖里区人民检察院党组书记、副检察长、代理检察长。2016年12月起，任厦门市湖里区人民检察院党组书记、检察长。

湖里区领导干部名录

中共湖里区委员会

书　记　张毅恭（至7月）
　　　　林　建（7月任）
副书记　徐国庆
　　　　黄　炜（至7月）
　　　　林重阳（7月任）
常　委　胡亚才（至7月）
　　　　林重阳（至7月）
　　　　林充贺　潘少銮
　　　　陈甦帆（7月任）
　　　　庄海英　钟伟东　陈　岚
　　　　张家伟（7月任）
　　　　张国平（至7月）
　　　　刘仁宇（7月任）

中共厦门市湖里区纪律检查委员会

书　记　胡亚才（至7月）
　　　　陈甦帆（7月任）
副书记　郑陆全　纪华国
常　委　许付志
　　　　黄木清（至7月）
　　　　李文龙　洪建利
　　　　林剑锋（7月任）

区委办公室

主　任　庄海英（至8月）
　　　　张家伟（8月任）
副主任　叶毓青（至11月）
　　　　曾军勇　吴丽英（兼任）
　　　　李建军（11月任）
　　　　杨　晖（11月任）

档案局（馆）

局（馆）长　曾军勇

机要局

局　长　叶毓青

组织部

部　长　林重阳（至8月）
　　　　庄海英（8月任）
副部长　刘秋生（至11月）
　　　　曹荣宝（11月任）
　　　　彭芳兰（1月任）

区委非公工委

副书记　曹荣宝（至11月）
　　　　杜晓明（11月任）

宣传部

部　长　潘少銮
副部长　杨运华　文国清

统战部

部　长　陈　岚
副部长　林秀瑜（至11月）
　　　　蔡碧月（11月任）

政法委

书　记　钟伟东
副书记　洪奕文（至11月）
　　　　肖德良（11月任）
　　　　刘与庆（兼）
　　　　朱绍峰（3月任至11月）

陈健成（11月任）

综治办

副主任　陈健成（至11月）
傅芳槐（11月任）

台湾工作办公室

主　任　黄双凤（至11月）
卢景锋（11月任）

机构编制委员会办公室

主　任　许艺艺

区直机关工作委员会

书　记　庄海英（至9月）
张家伟（9月任）
常务副书记　雷爱和

精神文明建设办公室

主　任　文国清

信访局

局　长　吴丽英

老干局

局　长　刘芳坤

党　校

校　长　林重阳（至9月）
庄海英（9月任）
副校长　曹荣宝

湖里区人大常委会

主　任　梁美丽（至12月）
黄　炜（12月任）
副主任　陈远志（至12月）
曾国建　梁国富
杨书松（兼，至12月）
戴宗垒（12月任）
方文群（12月任）

办公室

主　任　向延琼（4月任）

法制内司工作委员会

主　任　周福民（至11月）
林　颖（11月任）

财经工作委员会

主　任　郭素芬（至11月）
吴智明（11月任）

城建环资工作委员会

主　任　曾秋皓

科教文卫侨工作委员会

主　任　戴团源（至7月）
李　东（11月任）

湖里区人民政府

区　长　徐国庆
副区长　林充贺
戴宗垒（至12月）
刘琦龙（至7月）
丁红斌
张家伟（至12月）
刘云标　黄平南（7月任）
洪耀同
肖　平（挂职，至7月）
李伟宏（12月任）
陈颢颖（12月任）

办公室

主　任　黄　伟（至11月）
洪志伟（11月任）
副主任　欧阳平（至11月）
左勇涛　章兆民（5月任）
魏　炜（11月任）
张慧勤（11月任）

发展和改革局

局　长　柯友升
副局长　黄　涛（11月任）
许铭松（11月任）

经济和信息化局

局　长　洪志彬（至11月）
林筱丽（11月任）
副局长　蔡卫国

卫生和计划生育局

局　长　李　东（至11月）
王　萍（11月任）
副局长　王　萍（至11月）
余孙升（11月任）
向常海（11月任）

教育局

局长、教育工委书记
吴雪慧（11月任）
教育工委副书记、纪工委书记
向延琼（至4月）
教育工委委员、副局长
朱　觉　吴雪慧（至11月）

科技局

局　长　吴淑真（至11月）

民宗局

局　长　陈文约（至12月）

民政局

局　长　章再耕
副局长　李天真（至11月）
林德才（11月任）

司法局

局　长　林荣福
副局长　庄　伟（至11月）
曾省才（11月任）
郑高良（11月任）

财政局

局　长　辜琦皇（至11月）
张金坪（11月任）
副局长　马竞生（至11月）
魏　峰（11月任）

人力资源和社会保障局

局　长　刘秋生
副局长　李殿忠　蔡筱双

建设局

局　长　王华安（至3月）
郭晓平（11月任）

党委书记　朱绍峰（至3月）
王华安（3月任，至11月）
郭晓平（11月任）
副局长　孙　琦（至11月）
洪奕文（11月任）
党委委员　郑朝东（至11月）
洪奕文（11月任）

商务局

局　长　陈颢颖
副局长　林　文

文体出版旅游局

局　长　郭漳楚（至11月）
林秀瑜（11月任）
副局长　洪珠琴（至11月）
陈志勇（11月任）

审计局

局　长　肖德良（至11月）
辜琦皇（11月任）
副局长　陈永定

安全生产监督管理局

局　长　傅伯伟（至11月）

统计局

局　长　张金坪（至11月）

市政园林局

局　长　裴再生（至5月）
副局长　孙　琦（11月任）
叶跃民
麻德玮（至11月）

城市管理行政执法局

局　长　范金炉
副局长　傅芳槐（至11月）
周泽勇　姜海军

机关事务管理局

副局长　翁国华（至11月）

政协湖里区委员会

主　席　林　凡
副主席　谭苏建（至12月）
黄向阳（12月任）
林世裕
施立华（兼，至12月）
陈雄辉
谢国勇（12月任）
秘书长　黄伟清

办公室

主　任　黄伟清

提案委员会办公室

主　任　吴周新

专门委员会办公室

主　任　吴智明（至11月）
王萍萍（11月任）

研究室

主　任　阙占彪

法检机关

区人民法院

院长、党组书记　高碧青
副院长　王　毅
林　颖（至11月）
蔡守业
纪检组组长　蔡志红
政治处主任　叶　青（至12月）
执行局局长　何如男

区人民检察院

检察长、党组书记
林育清（至12月）
吴华峰（12月任）
副检察长　侯春盛　叶　斌
林雪峰（1月任）
纪检组组长　林雪峰（至4月）
郑　沁（4月任）
政治处主任　苏水明
反贪局局长　张天勇

群众团体

工会委员会

主　席　陈国荣（至3月）
林重阳（3月任）
常务副主席　林志荣（至11月）
黄双凤（11月任）

团区委

副书记　杨　盛

妇女联合会

主　席　张聪敏（至11月）
洪珠琴（11月任）
副主席　胡金藤（至11月）

归国华侨联合会

主　席　严志和

工商联（商会）

常务副会长　林秀瑜（至11月）
王华安（11月任）

海外联谊会

会　长　陈　岚

科学技术协会

主　席　吴淑真

残疾人联合会

理事长　陈文其（11月任）

计划生育协会

会　长　黄　炜（至9月）
林重阳（9月任）
常务副会长　王　斌

红十字会

会　长　丁红斌
常务副会长　王萍萍（至11月）
傅伯伟（11月任）

文学艺术界联合会

主　席　潘少銮
常务副主席　郭漳楚（11月任）

社会科学界联合会

主　席　杨运华（至11月）
　　　　周福民（11月任）

街　　道

湖里街道

党工委书记　郭晓平（至11月）
　　　　　　陈　枫（11月任）
党工委副书记　陈　枫（至11月）
　　　　　　　朱碧蓉（11月任）
　　　　　　　崔家和（至2月）
　　　　　　　卢　勇（11月任）
党工委委员　林乐庆　黄年生
人大工委主任　林乐庆（至11月）
　　　　　　　黄年生（11月任）
办事处主任　陈　枫（至11月）
　　　　　　朱碧蓉（11月任）
办事处副主任　黄年生（至11月）
　　　　　　　曾朝军
　　　　　　　李玉昆（至11月）
　　　　　　　王小帅（11月任）

殿前街道

党工委书记　李伟宏（至11月）
　　　　　　黄锦城（11月任）
党工委副书记　王水可
　　　　　　　苏春生（至11月）
　　　　　　　徐山泉（11月任）
党工委委员　胡建荣
　　　　　　林筱丽（至11月）
　　　　　　陈志勇（至11月）
人大工委主任　林筱丽（至11月）
　　　　　　　苏春生（11月任）
办事处主任　王水可
办事处副主任　苏春生（至11月）
　　　　　　　商建坤
　　　　　　　陈志勇（至11月）
　　　　　　　陈开发（11月任）

江头街道

党工委书记　谢国勇（至11月）
　　　　　　蒋晓民（11月任）
党工委副书记　蒋晓民（至11月）
　　　　　　　林跃算（至11月）
　　　　　　　郑朝东（11月任）
　　　　　　　颜莉莉（11月任）
党工委委员　陈必山　陈天友
人大工委主任　陈必山（至11月）
　　　　　　　陈天友（11月任）
办事处主任　蒋晓民（至11月）
　　　　　　郑朝东（11月任）
办事处副主任　汪益华
　　　　　　　陈天友（至11月）
　　　　　　　周天明（11月任）

禾山街道

党工委书记　黄锦城（至11月）
　　　　　　朱绍峰（11月任）
党工委副书记　洪志伟（至11月）
　　　　　　　涂进杉（至11月）
　　　　　　　洪志彬（11月任）
　　　　　　　林　佳（11月任）
党工委委员　陈慈明
　　　　　　林志荣（11月任）
　　　　　　涂进杉（至11月）
人大工委主任　陈慈明（至11月）
　　　　　　　林志荣（11月任）
办事处主任　洪志伟（至11月）
　　　　　　洪志彬（11月任）
办事处副主任　李建军（至11月）
　　　　　　　林长发（至11月）
　　　　　　　吴首钢（11月任）
　　　　　　　刘梓良（11月任）

金山街道

党工委书记　方文群（至11月）
　　　　　　陈　滨（11月任）
党工委副书记　陈　滨（至11月）
　　　　　　　聂保太（至11月）
　　　　　　　林长发（11月任）
　　　　　　　庄　伟（11月任）
党工委委员　俞加洪
　　　　　　郑高良（至11月）
　　　　　　聂保太（11月任）
人大工委主任　俞加洪（至11月）
　　　　　　　聂保太（11月任）
办事处主任　陈　滨（至11月）
　　　　　　林长发（11月任）
办事处副主任　郑高良（至11月）
　　　　　　　朱碧蓉（至11月）
　　　　　　　蔡耀明（11月任）

工业园区管委会

主　任　黄　伟（11月任）
副主任　阳良彬
　　　　卢景锋（至11月）
　　　　杨东捷
　　　　欧阳平（11月任）
　　　　辛向东（11月任）

区属国有企业

厦门天地开发建设有限公司

董事长　蔡寿飞
监事会副主席　杨队赴
副总经理　许毅军　叶根德
　　　　　柯　丰

湖里区国有资产投资有限公司

董事长　刘成就（至1月）
副董事长　孙传真（至10月）
监事会副主席　张福全
总经理　张卫兵
副总经理　陈安东　何兆开
　　　　　王韶锋

先进人物表

表 8

姓名	性别	荣誉称号	工作单位	授予单位	授予时间
游方棋	男	防抗“莫兰蒂”台风个人三等功	厦门市消防支队湖里区大队华荣中队	厦门市公安消防支队	2016.12
陈庆全	男	防抗“莫兰蒂”台风个人三等功	厦门公安消防支队湖里区大队马垅中队	福建省公安消防总队	2016.12
胡　建	男	防抗“莫兰蒂”台风个人三等功	厦门公安消防支队湖里区大队马垅中队	厦门市公安消防支队	2016.12
黄家金	男	2011—2015 年厦门市法治宣传教育先进个人	厦门市湖里区劳动保障监察大队	中共厦门市委宣传部、厦门市司法局、厦门市依法治市领导小组办公室	2016.9
张　丽	女	2015 年度“全国优秀共青团员”	湖里区齐安泰乐养老院护理部	共青团中央委员会	2016.4.27
祁覃思	男	“厦门青年五四奖章”	厦门市公安局湖里分局刑事侦查大队	共青团厦门市委员会	2016.4.27
何双全	男	“厦门青年五四奖章”	湖里区人民法院	共青团厦门市委员会	2016.4.27
刘婉敏	女	2015 年度“厦门市优秀共青团员”	厦门市湖里中学 2013 级 5 班	共青团厦门市委员会	2016.4.27
周　颖	女	2015 年度“厦门市优秀共青团员”	鑫磐泰（福建）集团有限公司	共青团厦门市委员会	2016.4.27
陈文华	男	2015 年度“厦门市优秀共青团干部”	厦门市湖里区禾缘社区	共青团厦门市委员会	2016.4.27
叶　放	男	厦门市十佳城市美容师	湖里区环卫处	厦门市市政园林局	2016.1
彭丹宁	男	厦门市优秀环卫职工	湖里区环卫处	厦门市市政园林局	2016.1
张玉山	男	厦门市优秀环卫职工	湖里区环卫处	厦门市市政园林局	2016.1
杨嘉文	男	厦门市优秀环卫职工	湖里区环卫处	厦门市市政园林局	2016.1
曾雅君	女	厦门市优秀环卫职工	湖里区环卫处	厦门市市政园林局	2016.1
周荣华	男	厦门市防抗“莫兰蒂”台风及灾后恢复重建工作先进个人	湖里区防汛办	中共厦门市委、厦门市人民政府	2016.11.12
吕东梅	女	厦门市防抗“莫兰蒂”台风及灾后恢复重建工作先进个人	湖里区市政园林管理中心	中共厦门市委、厦门市人民政府	2016.11.12
吴丽敏	女	全国三八红旗手	金安社区	全国妇女联合会	2016.3
张华娟	女	福建省优秀共产党员	退休	福建省委	2016.6
		厦门市优秀共产党员	退休	厦门市委	2016.6
傅建成	男	厦门市防抗“莫兰蒂”台风及灾后恢复重建工作先进个人	金山街道	中共厦门市委、厦门市人民政府	2016.11.12
邱黎珠	女	厦门市三八红旗手	金海社区	厦门市妇女联合会	2016.3
陈伟鸿	男	2013—2015 年度福建省人民调解先进个人	湖里区司法局	福建省司法厅	2016.1
洪金霞	女	厦门市优秀环卫职工	金山街道	厦门市市政园林局	2016.10
黄锦城	男	福建省“两违”综合治理表现突出先进个人	殿前街道	福建省“两违”办	2016.11

续表 8

姓名	性别	荣誉称号	工作单位	授予单位	授予时间
徐山泉	男	厦门市防抗“莫兰蒂”台风及灾后重建工作先进个人	殿前街道	中共厦门市委、厦门市人民政府	2016.11.12
吴圣彬	男	厦门市防抗“莫兰蒂”台风及灾后重建工作先进个人	殿前街道	中共厦门市委、厦门市人民政府	2016.11.12
吴文河	男	厦门市防抗“莫兰蒂”台风及灾后重建工作先进个人	兴园社区	中共厦门市委、厦门市人民政府	2016.11.12
吴育娟	女	厦门市防抗“莫兰蒂”台风及灾后重建工作先进个人	兴隆社区	中共厦门市委、厦门市人民政府	2016.11.12
胡秀勤	女	厦门市防抗“莫兰蒂”台风及灾后重建工作先进个人	马垅社区	中共厦门市委、厦门市人民政府	2016.11.12
范金炉	男	厦门市防抗“莫兰蒂”台风及灾后重建工作先进个人	区城市管理行政执法局	中共厦门市委、厦门市人民政府	2016.11.12
赖伟金	男	厦门市防抗“莫兰蒂”台风及灾后重建工作先进个人	区城市管理行政执法局	中共厦门市委、厦门市人民政府	2016.11.12
张　丽	女	全国优秀共青团员	金尚社区住总物业	共青团中央委员会	2016.5
曾庆日	男	厦门市优秀教师	厦门六中	厦门市教育局	2016.9
曾　斌	女	厦门市优秀教师	厦门六中	厦门市教育局	2016.9
王　楠	女	厦门市优秀教师	厦门六中	厦门市教育局	2016.9
倪秋霞	女	厦门市优秀教师	厦门六中	厦门市教育局	2016.9
钱　新	女	厦门市优秀教师	厦门六中	厦门市教育局	2016.9
林　敏	女	厦门市优秀教师	厦门六中	厦门市教育局	2016.9
卢雅明	男	厦门市优秀教师	厦门六中	厦门市教育局	2016.9
陈宙锋	男	厦门市优秀教师	厦门六中	厦门市教育局	2016.9
钟子东	男	厦门市优秀教育工作者	厦门六中	厦门市教育局	2016.9
王　璇	女	厦门市优秀班主任	厦门六中	厦门市教育局	2016.9
简韡琦	女	厦门市先进德育工作者	厦门六中	厦门市教育局	2016.9
杨书松	男	民盟福建省组织建设工作先进个人	厦门六中	民盟福建省委会	2016.1
胡淑琼	女	民盟福建省参政议政工作先进个人	厦门六中	民盟福建省委会	2016.1
刘顺林	男	援疆工作先进个人	厦门六中	中共昌吉回族自治州委员会、昌吉自治州人民政府	2016.12
刘　斯	女	厦门市第四届中小学杰出教师	厦门信息学校	中共厦门市委、厦门市人民政府	2016.9
刘斌茂	男	2013—2016 年度厦门市优秀教师	厦门信息学校	厦门市教育局	2016.9
陈　晶	女	2013—2016 年度厦门市优秀教师	厦门信息学校	厦门市教育局	2016.9
陈欣敏	女	厦门市五一劳动奖章	厦门信息学校	厦门市总工会	2016.4
庄纪凤	女	2015 年度社会服务工作先进个人	中英人寿保险有限公司	九三学社厦门市委员会	2016.7
吴建绍	男	2015 年度社会服务工作先进个人	福建省水产研究所	九三学社厦门市委员会	2016.7

续表8

姓名	性别	荣誉称号	工作单位	授予单位	授予时间
曾仁森	男	2015年度社会服务工作先进个人	福建物质结构研究所	九三学社厦门市委员会	2016.7
章似愚	男	2015年度宣传思想工作先进个人	东北勘测设计院	九三学社厦门市委员会	2016.7
郑国防	男	2015年度宣传思想工作先进个人	厦门信息学校	九三学社厦门市委员会	2016.7
郭清墩	男	2015年度宣传思想工作先进个人	厦门信息学校	九三学社厦门市委员会	2016.7
王耀立	男	2015年度宣传思想工作先进个人	厦门市公路局养护绿化处	九三学社厦门市委员会	2016.7
杨章武	男	2015年度宣传思想工作先进个人	福建省水产研究所	九三学社厦门市委员会	2016.7
张跃平	男	2015年度信息工作先进个人	福建海洋研究所	九三学社厦门市委员会	2016.7
林志楷	男	2015年度信息工作先进个人	亚热带植物研究所	九三学社厦门市委员会	2016.7
李雄晖	男	2015年度信息工作先进个人	厦门外代航空货运有限公司	九三学社厦门市委员会	2016.7
郭　敏	女	2015年度信息工作先进个人	厦门轨道集团有限公司	九三学社厦门市委员会	2016.7
刘榕和	男	2015年度参政议政工作先进个人 《关于提升我市制造业发展水平和创新能力的建议》获2015年度优秀调研文章四等奖	厦门市信息技术服务中心	九三学社厦门市委员会	2016.7
庄　洁	女	2015年度参政议政工作先进个人	福建省环安检测评价有限公司	九三学社厦门市委员会	2016.7
赵蔚东	男	2015年度参政议政工作先进个人	合诚工程咨询有限公司	九三学社厦门市委员会	2016.7
张跃平	男	《规范我省海水养殖业抗生素使用的建议》获2015年度优秀调研文章三等奖	福建海洋研究所	九三学社厦门市委员会	2016.7
蔡月圆	女	厦门市“六五”普法先进个人	厦门市湖里区司法局禾山所	厦门市依法治市办	2016.3
		福建省优秀人民调解员		福建省司法厅	
		普法三十年征文活动三等奖		司法部	2016.6
陈　敏	男	福建省精神文明建设信息工作先进个人	湖里区文明办	福建省文明办	2016.2
赵亚娟	女	最美志愿者	厦门市湖里区久久爱心志愿服务协会	福建省委宣传部、省委组织部等九家省直单位	2016.3.5
王丽岩	女	有人情味青年医生	厦门市湖里区金山街道社区卫生服务中心	厦门市卫生和计划生育委员会	2016.5
陈惠清	女	厦门市“三八”红旗手	厦门市湖里区人民法院	厦门市妇女联合会	2016.3
王　蕊	女	全省法院诉讼服务中心建设工作先进个人	厦门市湖里区人民法院	福建省高级人民法院	2016.5
何双全	男	2016年“厦门青年五四奖章”	厦门市湖里区人民法院	厦门团市委、厦门青年联合会	2016.5
宋晋勇	男	全省法院党建工作先进个人	厦门市湖里区人民法院	福建省高级人民法院	2016.7
张海强	男	全省法院党建工作先进个人	厦门市湖里区人民法院	福建省高级人民法院	2016.7
郭顺强	男	全省法院党建工作先进个人	厦门市湖里区人民法院	福建省高级人民法院	2016.7
吴丽敏	女	全国“三八”红旗手	金山街道金安社区	全国妇女联合会	2016.3
陈喜观	女	厦门市“三八”红旗手	北站社区	厦门市妇女联合会	2016.3

续表 8

姓名	性别	荣誉称号	工作单位	授予单位	授予时间
林银玲	女	厦门市“三八”红旗手	禾山社区	厦门市妇女联合会	2016.3
邱黎珠	女	厦门市“三八”红旗手	金海社区	厦门市妇女联合会	2016.3
吴丽英	女	厦门市“三八”红旗手	区信访局	厦门市妇女联合会	2016.3
黄梅兰	女	厦门市“三八”红旗手	区招商中心	厦门市妇女联合会	2016.3
林慧民	女	厦门市“三八”红旗手	公安局湖里分局政治处	厦门市妇女联合会	2016.3
林佩红	女	厦门市“三八”红旗手	区司法局湖里司法所	厦门市妇女联合会	2016.3
许昱钒	女	厦门市“三八”红旗手	湖里中心小学	厦门市妇女联合会	2016.3
陈春霞	女	厦门市“三八”红旗手	福建五华集团有限公司	厦门市妇女联合会	2016.3
邓　奕	女	厦门市五一劳动奖章	厦门市湖里区地方税务局	厦门市总工会	2016.4.18
甘　倩	女	福建省地税系统先进工作者	厦门市湖里区地方税务局	福建省人力资源和社会保障厅、福建省地方税务局	2016.11.8
王小帅	女	厦门市优秀共产党员	湖里街道财经办	中共厦门市委	2016.7
赖慧瑜	女	厦门市五一劳动奖章	厦门华信石油控股有限公司	厦门市总工会	2016.4
陈旭玲	女	厦门市五一劳动奖章	湖里街道兴华社区	厦门市总工会	2016.4
		2011—2015 年全省法治宣传教育模范个人		中共福建省省委宣传部、福建省司法厅、福建省依法治省领导小组办公室	2016.7
林惠芳	女	优秀工会工作者	区国投公司	厦门市总工会	2016.12
何明俊	男	厦门市优秀党务工作者	厦门市安兜小学	厦门市委组织部	2016.7.1
陈雅煌	女	厦门市优秀党员	厦门市蔡塘学校	厦门市委组织部	2016.7.1
孙　伟	女	厦门市优秀党员	退休教师协会	厦门市委组织部	2016.7.1
林洲辉	男	厦门市防抗“莫兰蒂”台风及灾后恢复重建工作先进个人	厦门市湖里中学	中共厦门市委、厦门市人民政府	2016.11
李丽真	女	厦门市防抗“莫兰蒂”台风及灾后恢复重建工作先进个人	厦门市吕岭幼儿园	中共厦门市委、厦门市人民政府	2016.11
林文权	男	第四届厦门市优秀校长	厦门市禾山中学	中共厦门市委、教育工委、厦门市教育局、厦门市教育基金会	2016.9
曾淑娥	女	第四届厦门市优秀校长	厦门市湖里实验幼儿园	中共厦门市委、教育工委、厦门市教育局、厦门市教育基金会	2016.9
李俊红	女	第四届厦门市中小学杰出教师	厦门市湖里中学	中共厦门市委、教育工委、厦门市教育局、厦门市教育基金会	2016.9
蔡晓曲	女	第四届厦门市中小学杰出教师	厦门市天安小学	中共厦门市委、教育工委、厦门市教育局、厦门市教育基金会	2016.9
邱国华	男	第四届厦门市中小学杰出教师	厦门市禾山中学	中共厦门市委、教育工委、厦门市教育局、厦门市教育基金会	2016.9

续表 8

姓名	性别	荣誉称号	工作单位	授予单位	授予时间
林雪玲	女	2013—2016 年度厦门市优秀教师	厦门市湖里区教师进修学校	中共厦门市委、教育工委、厦门市教育局、厦门市教育基金会	2016.9
林传忠	男	2013—2016 年度厦门市优秀教师	厦门市湖里区教师进修学校	中共厦门市委、教育工委、厦门市教育局、厦门市教育基金会	2016.9
伍巧玲	女	2013—2016 年度厦门市优秀教师	厦门市第三中学	中共厦门市委、教育工委、厦门市教育局、厦门市教育基金会	2016.9
杨耀东	男	2013—2016 年度厦门市优秀教师	厦门市第三中学	中共厦门市委、教育工委、厦门市教育局、厦门市教育基金会	2016.9
李秀梅	女	2013—2016 年度厦门市优秀教师	厦门市禾山中学	中共厦门市委、教育工委、厦门市教育局、厦门市教育基金会	2016.9
黄迪伟	男	2013—2016 年度厦门市优秀教师	厦门市禾山中学	中共厦门市委、教育工委、厦门市教育局、厦门市教育基金会	2016.9
谢志生	男	2013—2016 年度厦门市优秀教师	厦门市湖里中学	中共厦门市委、教育工委、厦门市教育局、厦门市教育基金会	2016.9
丁珏璟	女	2013—2016 年度厦门市优秀教师	厦门市湖里中学	中共厦门市委、教育工委、厦门市教育局、厦门市教育基金会	2016.9
林昆明	男	2013—2016 年度厦门市优秀教师	厦门市金尚中学	中共厦门市委、教育工委、厦门市教育局、厦门市教育基金会	2016.9
曾妙雅	女	2013—2016 年度厦门市优秀教师	厦门市湖里实验中学	中共厦门市委、教育工委、厦门市教育局、厦门市教育基金会	2016.9
廖惠萍	女	2013—2016 年度厦门市优秀教师	厦门外国语学校湖里分校	中共厦门市委、教育工委、厦门市教育局、厦门市教育基金会	2016.9
黄志娟	女	2013—2016 年度厦门市优秀教师	厦门市蔡塘学校	中共厦门市委、教育工委、厦门市教育局、厦门市教育基金会	2016.9
陈雅煌	女	2013—2016 年度厦门市优秀教师	厦门市蔡塘学校	中共厦门市委、教育工委、厦门市教育局、厦门市教育基金会	2016.9
韩芳芳	女	2013—2016 年度厦门市优秀教师	厦门市东渡小学	中共厦门市委、教育工委、厦门市教育局、厦门市教育基金会	2016.9
李秀贞	女	2013—2016 年度厦门市优秀教师	厦门市东渡第二小学	中共厦门市委、教育工委、厦门市教育局、厦门市教育基金会	2016.9
陈雅妹	女	2013—2016 年度厦门市优秀教师	厦门市康乐小学	中共厦门市委、教育工委、厦门市教育局、厦门市教育基金会	2016.9
朱从贵	男	2013—2016 年度厦门市优秀教师	厦门市康乐第二小学	中共厦门市委、教育工委、厦门市教育局、厦门市教育基金会	2016.9
许晓玲	女	2013—2016 年度厦门市优秀教师	厦门市吕岭小学	中共厦门市委、教育工委、厦门市教育局、厦门市教育基金会	2016.9
邱大兰	女	2013—2016 年度厦门市优秀教师	厦门市湖里实验小学	中共厦门市委、教育工委、厦门市教育局、厦门市教育基金会	2016.9
施慧敏	女	2013—2016 年度厦门市优秀教师	厦门市江头第三小学	中共厦门市委、教育工委、厦门市教育局、厦门市教育基金会	2016.9

续表 8

姓名	性别	荣誉称号	工作单位	授予单位	授予时间
陈燕惠	女	2013—2016 年度厦门市优秀教师	厦门市江头中心小学	中共厦门市委、教育工委、厦门市教育局、厦门市教育基金会	2016.9
杨良治	女	2013—2016 年度厦门市优秀教师	厦门市天安小学	中共厦门市委、教育工委、厦门市教育局、厦门市教育基金会	2016.9
刘　军	女	2013—2016 年度厦门市优秀教师	厦门市金尚小学	中共厦门市委、教育工委、厦门市教育局、厦门市教育基金会	2016.9
刘丽敏	女	2013—2016 年度厦门市优秀教师	厦门市钟宅民族小学	中共厦门市委、教育工委、厦门市教育局、厦门市教育基金会	2016.9
陈衍财	男	2013—2016 年度厦门市优秀教师	厦门市翔鹭小学	中共厦门市委、教育工委、厦门市教育局、厦门市教育基金会	2016.9
谢艳逾	女	2013—2016 年度厦门市优秀教师	厦门市高崎小学	中共厦门市委、教育工委、厦门市教育局、厦门市教育基金会	2016.9
黄秋红	女	2013—2016 年度厦门市优秀教师	厦门市安兜小学	中共厦门市委、教育工委、厦门市教育局、厦门市教育基金会	2016.9
庄晓莉	女	2013—2016 年度厦门市优秀教师	厦门市高殿中心小学	中共厦门市委、教育工委、厦门市教育局、厦门市教育基金会	2016.9
陈正玉	男	2013—2016 年度厦门市优秀教师	厦门市乌石浦小学	中共厦门市委、教育工委、厦门市教育局、厦门市教育基金会	2016.9
罗友平	男	2013—2016 年度厦门市优秀教师	厦门市湖里区博林民办学校	中共厦门市委、教育工委、厦门市教育局、厦门市教育基金会	2016.9
周明锋	男	2013—2016 年度厦门市优秀教师	厦门市湖里区星光民办小学	中共厦门市委、教育工委、厦门市教育局、厦门市教育基金会	2016.9
林　燕	女	2013—2016 年度厦门市优秀教师	厦门市湖边花园幼儿园	中共厦门市委、教育工委、厦门市教育局、厦门市教育基金会	2016.9
张　玲	女	2013—2016 年度厦门市优秀教师	厦门市嘉福花园幼儿园	中共厦门市委、教育工委、厦门市教育局、厦门市教育基金会	2016.9
王玮纯	女	2013—2016 年度厦门市优秀教师	厦门市康毅幼儿园	中共厦门市委、教育工委、厦门市教育局、厦门市教育基金会	2016.9
徐惠娜	女	2013—2016 年度厦门市优秀教师	厦门市湖里幼儿园	中共厦门市委、教育工委、厦门市教育局、厦门市教育基金会	2016.9
王明杰	男	2013—2016 年度厦门市优秀教育工作者	厦门市湖里实验中学	中共厦门市委、教育工委、厦门市教育局、厦门市教育基金会	2016.9
冯　宜	男	2013—2016 年度厦门市优秀教育工作者	厦门市金尚中学	中共厦门市委、教育工委、厦门市教育局、厦门市教育基金会	2016.9
洪月玲	女	2013—2016 年度厦门市优秀教育工作者	厦门市吕岭小学	中共厦门市委、教育工委、厦门市教育局、厦门市教育基金会	2016.9
林华强	男	2013—2016 年度厦门市优秀教育工作者	厦门市金安小学	中共厦门市委、教育工委、厦门市教育局、厦门市教育基金会	2016.9
张清高	男	2013—2016 年度厦门市优秀教育工作者	厦门市湖里区教师进修学校	中共厦门市委、教育工委、厦门市教育局、厦门市教育基金会	2016.9

续表 8

姓名	性别	荣誉称号	工作单位	授予单位	授予时间
桂德智	男	2013—2016 年度厦门市优秀教育工作者	厦门市湖里区教育局	中共厦门市委、教育工委、厦门市教育局、厦门市教育基金会	2016.9
卓仁华	男	2013—2016 年度厦门市优秀教育工作者	厦门市湖里区教育局	中共厦门市委、教育工委、厦门市教育局、厦门市教育基金会	2016.9
许剑南	男	全国模范人民调解员	湖里区司法局	司法部	2016.7
林佩红	女	福建省人民调解先进个人	湖里区司法局	福建省司法厅	2016.1.13
许剑南	男	福建省人民调解先进个人	湖里区司法局	福建省司法厅	2016.1.13
陈伟鸿	男	福建省人民调解先进个人	湖里区司法局	福建省司法厅	2016.1.13
蔡月圆	女	福建省人民调解先进个人	湖里区司法局	福建省司法厅	2016.1.13
陈文慧	女	全省法治宣传教育先进个人	湖里区司法局	福建省司法厅	2016.1.13

先进集体表

表 9

单位名称	荣誉称号	授予单位	授予时间
湖里区委区直机关党工委	先进基层党组织	中共厦门市委	2016.6
湖里区劳动人事争议仲裁院	2014—2015 年度福建省“青少年维权岗”	共青团福建省委、福建省人力资源和社会保障厅	2016.4
	“五一劳动奖状”	厦门市总工会	
湖里区劳动保障监察大队	2014—2015 年度福建省“青少年维权岗”	共青团福建省委、福建省人力资源和社会保障局	2016.4
湖里区劳动保障监察大队	厦门市“工人先锋号”	厦门市总工会	2016.9
湖里区劳动保障监察大队	厦门市先进职工小家	厦门市总工会	2016.9
厦门市消防支队湖里区大队华荣中队党支部	先进基层党组织	公安部消防局	2016.6
湖里区禾盛社区团支部	2015 年度“福建省五四红旗团（总）支部”	共青团福建省委员会	2016.5.9
厦门市捷安应急抢险青年突击队	2015 年度福建省青年突击队	共青团福建省委员会	2016.2.4
湖里区高殿社区义务消防队	2016 年“厦门五四奖章”集体标兵	共青团厦门市委员会	2016.5.4
湖里区直机关团工委	2015 年度“厦门市五四红旗团委标兵”	共青团厦门市委员会	2016.5.4
湖里区人民法院团总支	2015 年度“厦门市五四红旗团（总）支部标兵”	共青团厦门市委员会	2016.5.4
湖里区金山街道后坑社区西潘团支部	2015 年度“厦门市五四红旗团（总）支部”	共青团厦门市委员会	2016.5.4
湖里区司法局团支部	2015 年度“厦门市五四红旗团（总）支部”	共青团厦门市委员会	2016.5.4
湖里区兴隆社区团支部（童携社）	第六届“一团一品一特色”优秀项目	共青团厦门市委员会	2016.12.13
湖里区市政园局（湖里区防汛办）	厦门市防抗“莫兰蒂”台风及灾后恢复重建工作先进集体	中共厦门市委、厦门市人民政府	2016.11.12
湖里环卫设施服务所维修班	福建省五一先锋号	福建省总工会	2016.4.27
金山街道党工委	厦门市先进基层党组织	厦门市委	2016.6

续表 9

单位名称	荣誉称号	授予单位	授予时间
金山街道党工委、办事处	厦门市防抗“莫兰蒂”台风及灾后恢复重建工作先进集体	厦门市委、厦门市人民政府	2016.11.12
金山街道	2011—2015 年全市法治宣传教育先进街（镇）	厦门市委宣传部、厦门市司法局、依法治市领导小组	2016.9
金山社区	2016 年度全国综合减灾示范社区	国家减灾委员会、民政部	2016.12
	侨胞之家	福建省归国华侨联合会	2016.1
	厦门市示范家长学校	厦门市妇联、厦门市教育局、厦门市委文明办	2016.3
	福建省青少年科学工作室优秀单位	福建省科学技术协会	2016.12
后坑社区	厦门市平安和谐创建示范社区	厦门市社会管理综合治理委员会	2016.12
金安社区	充分就业星级社区	福建省人力资源和社会保障厅	2016.4
	全国最美志愿服务社区	中央宣传部、中央组织部、中央文明办等	2016.2
	福建省妇联系统先进集体	福建省人力资源和社会保障厅、福建省妇女联合会	2016.12
	厦门市示范家长学校	厦门市妇联、厦门市教育局、厦门市委文明办	2016.3
	全国社会工作服务示范社区	民政部	2016.11
	福建省青少年科学工作室鼓励单位	福建省科学技术协会	2016.12
	厦门市“三八”红旗集体	厦门市妇女联合会	2016.3
金海社区	福建省青少年科学工作室鼓励单位	福建省科学技术协会	2016.12
殿前街道办事处	2015 年厦门文化产业年度风云榜“年度创意区街活动”	厦门市文化改革发展工作领导小组办公室、厦门日报社	2016.3
	厦门市防抗“莫兰蒂”台风及灾后重建工作先进集体	中共厦门市委、厦门市人民政府	2016.11
殿前街道工会委员会	2015 年度厦门市“先进职工服务站”	厦门市总工会	2016.3
	五星职工之家	厦门市总工会	2016.2
高殿社区	2016 年厦门市青年五四奖章集体标兵	共青团厦门市委员会、厦门市青年联合会	2016.5
	湖里区高殿社区慈善驿站慈善突出贡献组织奖	厦门市慈善总会	2016.8
	工人先锋号	厦门市总工会	2016.6
马垅社区老年协会	2016 年度优秀基层老年协会	厦门市老龄工作委员会办公室	2016.8
兴隆社区	平安和谐创建示范社区	厦门市社会管理综合治理委员会	2016.3
	厦门市示范家长学校	厦门市妇联、厦门市教育局、厦门市委文明办	2016.3
	全市先进基层党组织	中共厦门市委	2016.7

续表 9

单位名称	荣誉称号	授予单位	授予时间
兴隆社区老年学校	“五有”示范校	厦门市老龄工作委员会办公室	2016.12
兴园社区	平安和谐创建示范社区	厦门市社会管理综合治理委员会	2016.3
	厦门市先进基层党组织	中共厦门市委	2016.7
	福建省“社区科普益民优秀项目单位”	福建省科学技术协会、福建省财政厅	2016.8
	工人先锋号	厦门市总工会	2016.9
长乐社区	工会共建典范社区	厦门市总工会	2016.5
	全国科普示范社区	中国科协、财政部	2016.6
	厦门市第三批平安和谐创建示范社区	厦门市社会管理综合治理委员会	2016.12
神山社区	工会共建典范社区	厦门市总工会	2016.5
	厦门市第三批平安和谐创建示范社区	厦门市社会管理综合治理委员会	2016.12
游文晃家庭	全国五好文明家庭	中央精神文明建设指导委员会	2016.12
江头街道	厦门市防抗“莫兰蒂”台风及灾后恢复重建工作先进集体	中共厦门市委、厦门市人民政府	2016.11.12
金尚社区	社区学雷锋志愿服务联络工作示范站	志愿服务全国联络总站	2016.7
	全国社会工作服务示范社区	民政部	2016.12
	“美丽厦门·共同缔造”工会共建典范社区	厦门市总工会	2016.5
	厦门市志愿服务孵化基地	厦门市文明办、厦门市缔造办	2016.8
祥店社区	平安和谐创建示范社区	厦门市社会管理综合治理委员会	2016.3
	厦门市“门前三包”文明示范街	厦门市文明办、厦门市城市管理行政执法局	2016.6
	厦门市先进基层党组织	中共厦门市委	2016.6
后埔社区	厦门市示范家长学校	厦门市妇联、厦门市教育局、厦门市委文明办	2016.3
	厦门市先进基层党组织	中共厦门市委	2016.7
	厦门市第三批平安和谐创建示范社区	厦门市社会管理综合治理委员会	2016.12
吕厝社区	福建省社区科普益民优秀项目单位	福建省科学技术协会、福建省财政厅	2016.8
	厦门市示范家长学校	厦门市妇女联合会、厦门市教育局、厦门市委文明办	2016.3
厦门六中	2014—2015 年度全国校园足球突出贡献单位	中国中学生体育协会、中国中学生体育协会足球分会	2016.1
	AAAAA 级平安校园	厦门市社会管理综合治理委员会办公室、市教育局、市公安局	2016.3
	厦门市 2015 年学校综治安全目标管理先进单位	厦门市教育局	2016.3

续表 9

单位名称	荣誉称号	授予单位	授予时间
厦门六中	厦门市示范家长学校	厦门市妇女联合会、厦门市教育局、厦门市委文明办	2016.3
	中小学舞蹈教育传统校	中国舞蹈家协会、中小学舞蹈教育专业委员会	2016.4
	2011—2015 法治宣传教育先进单位	厦门市委宣传部、厦门市司法局、厦门市依法治市领导小组办公室	2016.9
九三学社湖里区第二支社	2015 年度宣传思想工作先进集体	九三学社厦门市委员会	2016.7
九三学社厦门信息学校支社	2015 年度宣传思想工作先进集体	九三学社厦门市委员会	2016.7
九三学社福建省水产研究所支社	2015 年度宣传思想工作先进集体	九三学社厦门市委员会	2016.7
	2015 年度参政议政工作先进集体	九三学社厦门市委员会	2016.7
厦门市湖里区精神文明建设办公室	福建省精神文明建设系统信息工作先进单位	福建省文明办	2016.2
厦门市湖里区金尚社区久久爱心专业志愿服务队	最佳志愿服务组织	福建省委宣传部、福建省委组织部等	2016.3.5
百名专家进社区义诊	最佳志愿服务项目	福建省委宣传部、福建省委组织部等	2016.3.5
厦门市湖里区金安社区	最美志愿服务社区	中央宣传部、中央组织部等	2016.2
厦门市湖里公园志愿服务驿站	“志愿服务驿站”示范点	福建省委文明办	2016.7.18
厦门市湖里区禾山街道厝边志愿服务驿站	“志愿服务驿站”示范点	福建省委文明办	2016.7.18
厦门市湖里区江头街道金尚社区	社区学雷锋联络工作示范站	社区志愿服务全国联络总站	2016.7.7
厦门市湖里区人民法院民一庭	福建省法院民事商事审判工作先进集体	福建省高级人民法院	2016.4
厦门市湖里区人民法院团总支	2015 年度厦门市五四红旗团（总）支部标兵	厦门市团市委	2016.5
厦门市湖里区人民法院	福建省法院党建工作先进集体	福建省高级人民法院	2016.7
	2011—2015 年厦门市法治宣传教育先进单位	厦门市委宣传部、厦门市司法局、厦门市依法治市领导小组办公室	2016.9
	2016 年度司法宣传工作做出突出成绩获通报表扬	最高人民法院政治部	2016.9
	在防抗台风“莫兰蒂”和“鲶鱼”工作中表现突出获通报表扬	最高人民法院	2016.9
游文晃、陈新洪家庭	全国级“五好文明家庭”	全国妇女联合会	2016.6
	福建省“五好文明家庭”标兵户	福建省妇女联合会	2016.6
万建国、赵树霞家庭	福建省“五好文明家庭”标兵户	福建省妇女联合会	2016.6
吴庆仁、薛锦恋家庭	福建省“五好文明家庭”	福建省妇女联合会	2016.6
游文晃、陈新洪家庭	福建省“最美家庭”	福建省妇女联合会	2016.6
江志勇、吴秀丹家庭	福建省“最美家庭”提名奖	福建省妇女联合会	2016.6
孙福祥、孙淑芬家庭	福建省“最美家庭”提名奖	福建省妇女联合会	2016.6

续表9

单位名称	荣誉称号	授予单位	授予时间
张三海、陈洋家庭	福建省“最美家庭”提名奖	福建省妇女联合会	2016.6
金山街道金安社区	厦门市“三八”红旗集体	厦门市妇女联合会	2016.3
湖里街道妇工委	厦门市“三八”红旗集体	厦门市妇女联合会	2016.3
禾山街道妇工委	厦门市“三八”红旗集体	厦门市妇女联合会	2016.3
湖里区人民法院立案庭	厦门市“三八”红旗集体	厦门市妇女联合会	2016.3
湖里区靓妈成长中心	厦门市“三八”红旗集体	厦门市妇女联合会	2016.3
湖里区实验幼儿园	厦门市“巾帼文明岗”	厦门市妇女联合会	2016.3
厦门盛元汽车有限公司销售部	厦门市“巾帼文明岗”	厦门市妇女联合会	2016.3
厦门鑫磐泰集团有限公司	厦门市“巾帼文明岗”	厦门市妇女联合会	2016.3
湖里区靓妈成长中心	厦门市“巾帼文明岗”	厦门市妇女联合会	2016.3
湖里区人民检察院控申科	厦门市“巾帼文明岗”	厦门市妇女联合会	2016.3
黄春林、郭玉羡家庭	“十佳最美家庭”暨“五好文明家庭”标兵户	厦门市妇女联合会	2016.3
谢玲玲家庭	“最美家庭”暨“五好文明家庭”	厦门市妇女联合会	2016.3
陈蕉梅家庭	“最美家庭”暨“五好文明家庭”	厦门市妇女联合会	2016.3
黎玉根家庭	“最美家庭”暨“五好文明家庭”	厦门市妇女联合会	2016.3
吴长征家庭	“最美家庭”暨“五好文明家庭”	厦门市妇女联合会	2016.3
陈银岾家庭	“最美家庭”暨“五好文明家庭”	厦门市妇女联合会	2016.3
王阿丽家庭	“最美家庭”暨“五好文明家庭”	厦门市妇女联合会	2016.3
张子豹家庭	“最美家庭”暨“五好文明家庭”	厦门市妇女联合会	2016.3
何芝骅家庭	“最美家庭”暨“五好文明家庭”	厦门市妇女联合会	2016.3
谢铮阳家庭	“最美家庭”暨“五好文明家庭”	厦门市妇女联合会	2016.3
陈汉生家庭	“最美家庭”暨“五好文明家庭”	厦门市妇女联合会	2016.3
戴瑞仁家庭	“最美家庭”暨“五好文明家庭”	厦门市妇女联合会	2016.3
白春杨家庭	“最美家庭”暨“五好文明家庭”	厦门市妇女联合会	2016.3
陈春满家庭	“最美家庭”暨“五好文明家庭”	厦门市妇女联合会	2016.3
李志海家庭	“最美家庭”暨“五好文明家庭”	厦门市妇女联合会	2016.3
厦北铁路幼儿园	厦门市“妇女之家”	厦门市妇女联合会	2016.7
高殿中心幼儿园	厦门市“妇女之家”	厦门市妇女联合会	2016.7
后埔幼儿园	厦门市“妇女之家”	厦门市妇女联合会	2016.7
红色影像（厦门）文化传播有限公司	厦门市“妇女之家”	厦门市妇女联合会	2016.7
厦门光彩创世纪商业管理有限公司	厦门市“妇女之家”	厦门市妇女联合会	2016.7
厦门新特汽车销售服务有限公司	厦门市“妇女之家”	厦门市妇女联合会	2016.7
厦门弈星文化传媒有限公司	厦门市“妇女之家”	厦门市妇女联合会	2016.7

续表 9

单位名称	荣誉称号	授予单位	授予时间
厦门好人生泰文化传播有限公司	厦门市“妇女之家”	厦门市妇女联合会	2016.7
湖里区仙岳山艺术团	厦门市“妇女之家”	厦门市妇女联合会	2016.7
金安社区广场舞基地	厦门市“妇女之家”	厦门市妇女联合会	2016.7
厦门希尔顿逸林酒店	厦门市“妇女之家”	厦门市妇女联合会	2016.7
华悦学校	厦门市“妇女之家”	厦门市妇女联合会	2016.7
华悦嘉裕英语幼儿园	厦门市“妇女之家”	厦门市妇女联合会	2016.7
新景幼儿园	厦门市“妇女之家”	厦门市妇女联合会	2016.7
爱绿幼儿园	厦门市“妇女之家”	厦门市妇女联合会	2016.7
鑫晨光幼儿园	厦门市“妇女之家”	厦门市妇女联合会	2016.7
长乐社区	厦门市“示范家长学校”	厦门市妇女联合会	2016.3
金湖社区	厦门市“示范家长学校”	厦门市妇女联合会	2016.3
金山社区	厦门市“示范家长学校”	厦门市妇女联合会	2016.3
后埔社区	厦门市“示范家长学校”	厦门市妇女联合会	2016.3
江村社区	厦门市“示范家长学校”	厦门市妇女联合会	2016.3
怡景社区	厦门市“示范家长学校”	厦门市妇女联合会	2016.3
东荣社区	厦门市“示范家长学校”	厦门市妇女联合会	2016.3
新港社区	厦门市“示范家长学校”	厦门市妇女联合会	2016.3
禾欣社区	厦门市“示范家长学校”	厦门市妇女联合会	2016.3
禾盛社区	厦门市“示范家长学校”	厦门市妇女联合会	2016.3
坂尚社区	厦门市“示范家长学校”	厦门市妇女联合会	2016.3
兴园社区	厦门市“示范家长学校”	厦门市妇女联合会	2016.3
湖边花园幼儿园	厦门市“示范家长学校”	厦门市妇女联合会	2016.7
金尚中学	厦门市“示范家长学校”	厦门市妇女联合会	2016.7
湖里中学	厦门市“示范家长学校”	厦门市妇女联合会	2016.7
康乐小学	厦门市“示范家长学校”	厦门市妇女联合会	2016.7
康毅幼儿园	厦门市“示范家长学校”	厦门市妇女联合会	2016.7
康乐新村幼儿园	厦门市“示范家长学校”	厦门市妇女联合会	2016.7
湖里区教师进修学校附属小学	厦门市“示范家长学校”	厦门市妇女联合会	2016.7
湖里实验小学	厦门市“示范家长学校”	厦门市妇女联合会	2016.7
东渡第二小学	厦门市“示范家长学校”	厦门市妇女联合会	2016.7
金安小学	厦门市“示范家长学校”	厦门市妇女联合会	2016.7
乌石浦小学	厦门市“示范家长学校”	厦门市妇女联合会	2016.7
厦门市五缘第一幼儿园	厦门市“示范家长学校”	厦门市妇女联合会	2016.7

续表 9

单位名称	荣誉称号	授予单位	授予时间
湖里幼儿园	厦门市“示范家长学校”	厦门市妇女联合会	2016.7
湖里区归国华侨联合会	2015 年度全省侨联系统信息工作三等奖	福建省归国华侨联合会	2016.2
	2015 年度厦门市侨联系统信息工作二等奖	厦门市归国华侨联合会	2016.3
	2015 年度“侨情信息平台”数据录入工作一等奖	厦门市归国华侨联合会	2016.3
湖里区地方税务局江头分局	福建省地税系统先进集体	福建省人力资源和社会保障厅、福建省地方税务局	2016.11.8
湖里区地方税务局纳税服务科	“工人先锋号”	厦门市总工会	2016.9.19
湖里区	2014—2016 年全国计划生育优质服务先进单位	国家卫生和计划生育委员会	2016.12.29
	2016 年度国家级妇幼健康优质服务示范区		2016.12
湖里区卫生和计划生育局	抗击“莫兰蒂”先进单位	厦门市卫生和计划生育委员会办公室	2016.12.7
湖里区妇幼保健院	爱婴医院	国家卫生和计划生育委员会、联合国儿童基金会、世界卫生组织	2016.12
	二级甲等妇幼保健院	福建省卫生和计划生育委员会	2016.12

统计公报

湖里区 2016年国民经济和社会发展统计公报

厦门市湖里区统计局
2017年4月6日

2016年，在区委、区政府的正确领导下，积极应对经济下行压力，全力抓好稳增长、调结构、促改革、惠民生各项工作，实现经济社会平稳健康发展。在市对区综合考评中获得全市各区第二，被授予第三届全国节约集约土地模范县（区），获评全国社区教育示范区、首批新一轮全国计划生育优质服务先进单位。

一、综合

初步核算，2016年全年地区生产总值（GDP）820.61亿元，同比增长7.5%。三次产业的比重为0∶42.6∶57.4，其中第二、第三产业增加值为349.74亿元、470.87亿元，分别增长5.9%和8.9%，拉动GDP增长2.7个和4.9个百分点，对经济增长的贡献率依次为35.4%和65.3%。其中增长较快的行业分别是其他行业（营利性服务业和非营利性服务业）、金融保险业和运输、仓储及邮政业，分别增长15.7%、12.8%、11.1%。按常住人口计算，人均GDP达8.01万元，增长4.4%，折合1.15万美元/人。

二、工业和建筑业

2016年末，全区规模以上工业企业249家，完成现价工业总产值1470.72亿元，按可比价格计算，同比增长8.1%，实现现价增加值311.44亿元，同比增长6.3%。亿元以上企业88家，实现现价工业总产值1408.52亿元，按现行价格计算（下同），同比增长6.5%。其中十亿元以上企业20家，实现产值1211.79亿元，同比增长6.3%，占全区规模以上工业比重达82.4%，支撑作用明显。前三大行业：计算机、通信和其他电子设备制造业首次突破千亿元大关，实现产值1006.74亿元，同比增长4.5%；电气机械和器材制造业实现产值135.32亿元，同比下降3.2%；航空航天器修理业首次进入百亿元行业梯队，实现产值119.71亿元，同比增长22.6%。

全区规模以上工业企业实现销售产值1375.53亿元，产销率为93.5%。出口交货值724.09亿元，同比增长4.4%，出口交货值率52.6%。

建筑业增加值42.19亿元，同比增长2.5%。2016

年全区具有资质等级的218家建筑业企业完成建筑业总产值344.82亿元，增长45.8%。其中，建筑工程产值330.69亿元，增长49.5%；安装工程产值10.94亿元，增长46.3%。全年房屋建筑施工面积1839.04万平方米，增长26.7%。建筑企业当年新签合同价款485.20亿元，增长104.2%。

三、固定资产投资

全社会固定资产投资（不含农户）366.97亿元，同比增长16.4%。其中，第二产业投资同比下降38.0%，第三产业投资同比增长47.8%。

基础设施投资178.93亿元，增长43.4%，其中交通运输业投资158.05亿元，增长60.4%；公共设施管理业投资14.30亿元，增长15.2%。工业投资18.00亿元，下降38.1%，其中制造业投资13.42亿元，下降27.2%。教育投资0.20亿元，下降85.0%；卫生和社会工作投资13.47亿元，下降39.3%；文化、体育和娱乐业投资0.80亿元，下降75.7%。

房地产开发投资86.05亿元，下降20.4%，其中土地购置费51.86亿元，增长155.1%，占房地产投资的比重为60.3%，占全社会固定资产投资的比重为14.1%。全区房屋施工面积690.36万平方米，增长6.9%；房屋新开工面积98.31万平方米，增长73.7%。商品房销售面积59.90万平方米，增长6.5%，其中住宅销售31.21万平方米，下降21.8%。至年底，全区商品房待售面积60.68万平方米，增长14.4%，其中住宅待售面积18.53万平方米，下降6.6%。

四、国内贸易

社会消费品零售总额364.49亿元，同比增长5.0%。限额以上企业零售额269.30亿元，增长3.5%，占全区社会消费品零售总额的73.9%；限额以下单位实现零售额95.19亿元，增长9.6%。全年零售额超亿元的批发零售贸易企业55家，合计零售额235.22亿元，净增15.79亿元，增长7.2%；零售额超千万元的住宿餐饮企业18家，合计零售额7.57亿元，减少0.28亿元，同比下降3.5%。

在限额以上企业商品零售额中，汽车类零售额122.42亿元，增长8.2%；粮油食品类零售额14.48亿元，增长8.0%；服装鞋帽针纺织品类零售额16.50亿元，增长20.6%；通讯器材类零售额15.27亿元，下降19.3%；家用电器和音像制品类零售额12.09亿元，下降8.0%；石油及制品类零售额5.69亿元，下降9.9%。

五、服务业

2016年末，全区重点服务业企业245家，实现营业收入622.15亿元，较上年同期增长24.8%。其中，亿元以上企业51家，较上年减少2家，实现营业收入549.91亿元。辖内企业分布在8个行业，其中，交通运输、仓储和邮政业企业共有153家，2016年实现营业收入564.05亿元，占服务业总营业收入90.7%。营利性服务业分布在3个行业，分别是信息传输、软件和信息技术服务业（14家）、租赁和商务服务业（33家）和居民服务、修理和其他服务业（5家），分别实现营业收入10.20亿元、22.07亿元和2.13亿元。

六、对外经济

全年外贸进出口总值2129.69亿美元，同比增长1.0%，其中，出口1142.06亿美元，下降9.5%；进口987.63亿美元，增长16.5%。

全年新批外资项目318个，合同利用外资29.11亿美元，同比增长335.2%；实际利用外资3.29亿美元，增长1.4%。

七、财税和金融

全区实现财政总收入171.51亿元，同比增长10.3%；地方级财政收入96.07亿元，增长3.7%；区级收入39.23亿元，下降3.4%。在区级收入中，税收收入完成37.94亿元，增长9.2%，其中，耕地占用税、营业税、企业所得税和个人所得税增幅较高，分别增长78.6%、44.9%、41.5%和22.8%。

全年财政总支出47.30亿元，增长27.3%。其中教育支出11.58亿元，增长7.3%；城乡社区事务支出9.35亿元，增长20.6%；社会保障和就业支出5.63亿元，增长7.9%。

金融保险业实现增加值53.88亿元，同比增长12.8%。

八、教育和科学技术

教育

全区拥有各级学校（含成人教育、社会办学）164所，学年初招生数27741人，在校学生数103507人。其中：普通高等学校2所，学年初招生数955人，在校学生数2610人；普通中等学校13所，学年初招生数5843人，在校学生数16419人；小学45所，学年初招生数 9919 人，在校学生数 57449 人；幼儿园 105 所，学年初在园人数 26994 人；特殊教育辅读班 1 间，学年初在校学生 35 人。在各级各类学校中任职的专任教师 7929 人。

科学技术

2016 年全区累计专利授权量 4109 件，其中发明专利 919 件。2016 年区高新技术企业数达 250 家，其中，规上工业高新技术企业 64 家（含湖里火炬园 39 家），实现总产值 1226.02 亿元。

九、文化、体育和卫生

文化

辖区共有文化馆 1 个，图书馆 1 个，街道文化站 5 个，社区综合文化服务中心 53 个，网吧经营单位 57 家，“24 小时街区自助图书机” 53 台。图书馆每周开放 75.5 小时，全年 365 天无休开放，为群众免费提供图书借阅、资料查询等服务，2016 年共借阅图书 60.17 万册次，其中馆内借阅量为 35.84 万册次，24 小时自助图书馆借阅量为 24.33 万册次，全年共接待读者 48.20 万人次，馆藏文献资源总量达 45 万册。图书馆流动图书车每周定期送书下基层，全年共开展送书下基层活动 77 场次，服务 18037 人次。

2016 年共举办全区性文化活动 288 场，全区基层文体活动 1289 场；第九届海峡文博会上，辖区共有 71 个文创产业展位申报参展；另外，我区共有 11 家企业获评 2016—2017 年度市重点文化企业。

体育

成功举办了第十二届中国俱乐部杯帆船挑战赛，吸引了来自北京、上海、深圳、香港及美国、新加坡等海内外 31 支赛队报名，共 173 名帆船选手参赛。

卫生

全区各类医疗卫生机构 352 个，其中医院（含市属）13 个、社区卫生服务中心 5 个、分中心 1 个、服务站 4 个、门诊部 68 个、二级妇幼保健机构 1 个、疾控预防控制中心 1 个、诊所 194 个、村卫生所 27 个、企事业单位内设医疗机构 40 个。专业卫生技术人员 6868 人，其中执业医师（含执业助理医师）3607 人、注册护士 3261 人。医疗机构核定床位 2280 张。

十、人口、民生、就业和社会保障

人口

全区户籍人口 30.06 万人，常住人口 102.4 万人。人口出生率 12.0‰，人口死亡率 2.7‰，人口自然增长率 9.3‰，与上年基本持平。户籍人口中，男性人口和女性人口分别为 150916 人和 149634 人。

民生

城镇居民人均可支配收入 45850 元，同比增长 8.4%。城镇居民人均消费性支出 29607 元，增长 6.5%。

就业

全年促进失业人员再就业 12554 人，完成市下达年度目标任务的 156.14%；促进就业困难对象再就业 2658 人，完成市下达年度目标任务的 217.87%；开展劳动力职业技能培训 1891 人，其中开展本区户籍人员培训 845 人，外来务工人员培训 1046 人；开展技能鉴定 1156 人。我区经办的基本养老、基本医疗、失业、工伤和生育保险参保人数分别为 35.27 万人、36.32 万人、35.4 万人、35.59 万人和 34.7 万人。

社会保障

全区累计共有城镇低保家庭 6970 户、10494 人次，领取最低生活保障 596.9632 万元。全年双救、双拥、老龄、残联等民政救济口共累计发放救助 74847 人（户）次，发放各类补助慰问款 1563.19 万元（含低保金）。2016 年度湖里区慈善、老年福利协会共接收捐赠款 1039.7 万元，为辖区累计约 20000 人次计各类困难群众发放救助款、物 939 万元。

十一、环境保护和安全生产

环境保护

2016 年湖里区区域环境噪声为 55.9 分贝，道路交通噪声为 67.3 分贝，均优于功能区划标准。湖边水库水质现状为二类流域水体。五缘湾水质现状为劣四类，污染程度有所改善，其中磷酸盐和无机氮平均浓度较 2015 年有不同程度下降。

安全生产

按国家安监总局新统计口径，2016 年全区共发生生产安全事故 64 起，死亡 22 人，除 1 起 3 人为较大生产安全事故外，其余 63 起 19 人均为一般生产安全事故。

十二、各街道经济

工业

2016 年各街道规模以上工业总产值分别为：湖里街道 72.08 亿元，现价同比增长 5.8%；殿前街道 420.28 亿元，增长 9.5%；江头街道 15.27 亿元，下降 2.1%；禾山街道 927.79 亿元，增长 1.5%；金山街道 25.86 亿元，增长 3.9%。

固定资产投资

2016年各街道固定资产投资额分别为：湖里街道38.17亿元，增长185.1%；殿前街道161.45亿元，增长45.9%；江头街道13.83亿元，下降56.9%；禾山街道43.01亿元，下降50.1%；金山街道68.72亿元，下降5.9%。

社会消费品零售总额

2016年各街道社会消费品零售总额分别为：湖里街道68.79亿元，同比增长11.0%；殿前街道185.02亿元，增长1.6%；江头街道42.42亿元，增长6.0%；禾山街道49.79亿元，增长12.0%；金山街道18.47亿元，与上年基本持平。

财政总收入

2016年各街道实现财政总收入分别为：湖里街道30.88亿元，殿前街道37.39亿元，江头街道23.13亿元，禾山街道31.01亿元，金山街道23.17亿元。

区政府文件目录选辑

文号	文件标题
厦湖府〔2016〕	
4 号	湖里区人民政府关于阳良彬等正式任职的通知
5 号	湖里区人民政府 2015 年政府信息公开工作年度报告
10 号	湖里区人民政府关于调整领导班子工作分工的通知
12 号	湖里区人民政府关于成立 2016 年春运工作领导小组的通知
13 号	湖里区人民政府关于调整湖里区城市综合管理委员会及办公室成员的通知
18 号	湖里区人民政府关于厦门第二西通道（湖里段）项目国有土地上房屋拟征收范围的公告
19 号	湖里区人民政府关于海沧隧道本岛端接线工程项目国有土地上房屋征收补偿方案征求意见的公告
20 号	湖里区人民政府关于厦门第二西通道（湖里段）项目国有土地上房屋征收补偿方案征求意见的公告
21 号	湖里区人民政府关于环岛路（鳌山路—高殿二号路段）工程项目国有土地上房屋征收补偿方案征求意见的公告
23 号	湖里区人民政府关于刘成就免职的通知
25 号	湖里区人民政府关于公布 2016 年重点项目名单的通知
28 号	湖里区人民政府关于钟宅社区发展中心项目（加油站地块）房屋征收公告
29 号	湖里区人民政府关于调整人大代表建议和政协提案办理工作领导小组的通知
31 号	湖里区人民政府关于 2015 年度安全生产目标管理责任制考核结果的通报
32 号	湖里区人民政府关于吴茹茹任职的通知
45 号	湖里区人民政府关于厦门第二西通道（湖里段）项目国有土地上房屋征收补偿方案征求意见情况的公告
46 号	湖里区人民政府关于环岛路（鳌山路—高殿二号路段）项目国有土地上房屋征收补偿方案征求意见情况的公告
47 号	湖里区人民政府关于海沧隧道本岛端接线工程项目国有土地上房屋征收补偿方案征求意见情况的公告
48 号	湖里区人民政府关于厦门第二西通道（湖里段）项目国有土地上房屋征收决定
49 号	湖里区人民政府关于环岛路（鳌山路—高殿二号路段）项目国有土地上房屋征收决定
50 号	湖里区人民政府关于海沧隧道本岛端接线工程项目国有土地上房屋征收决定
51 号	湖里区人民政府关于厦门第二西通道（湖里段）项目国有土地上房屋征收公告
52 号	湖里区人民政府关于环岛路（鳌山路—高殿二号路段）项目国有土地上房屋征收公告
53 号	湖里区人民政府关于海沧隧道本岛端接线工程项目国有土地上房屋征收公告
57 号	湖里区人民政府关于部分建设项目用地性质的通告
58 号	湖里区人民政府关于对厦门市卧龙托老院重大火灾隐患单位销案摘牌的批复
60 号	湖里区人民政府关于办理区七届人大六次会议代表建议和区政协七届五次会议提案的通知
61 号	湖里区人民政府关于聘任湖里区机关效能建设和督查工作监督员的通知
63 号	湖里区人民政府关于成立湖里区旅游产业发展领导小组的通知
64 号	湖里区人民政府关于湖里高新技术园二期横一路东段市政道路项目国有土地上房屋拟征收范围的公告
67 号	湖里区人民政府关于林长发任免职的通知
68 号	湖里区人民政府关于余孙升等任免职的通知
71 号	湖里区人民政府关于开办厦门市五缘第二实验幼儿园的批复
72 号	湖里区人民政府关于王华安等免职的通知
75 号	湖里区人民政府关于印发湖里区生态文明建设规划的通知
77 号	湖里区人民政府关于建设虎头山公园的通告
78 号	湖里区人民政府关于许铭松任职的通知

文号	文件标题
81 号	湖里区人民政府关于环岛路（鳌山路—高殿二号路段）项目集体土地上房屋征收公告
83 号	湖里区人民政府关于办理区七届人大六次会议涉及市级职权代表建议的通知
85 号	湖里区人民政府关于印发湖里区建设项目生成管理办法的通知
86 号	湖里区人民政府关于黄伟等任免职的通知
88 号	湖里区人民政府关于裴再生免职的通知
90 号	湖里区人民政府关于开展湖里区土地批后利用情况检查和清理整治工作的通知
92 号	湖里区人民政府关于下达 2016 年消防工作主要责任目标的通知
98 号	湖里区人民政府关于厦门两岸金融中心核心启动区三期项目集体土地上房屋征收公告
99 号	湖里区人民政府关于县后片区高新技术园开发用地项目墩上社旧村改造集体土地上房屋征收公告
103 号	湖里区人民政府关于厦门市轨道交通 2 号线一期工程（湿地公园站）集体土地上房屋征收公告
104 号	湖里区人民政府关于蔡岭路（县黄路—环岛干道段）湖里段项目集体土地上房屋征收公告
105 号	湖里区人民政府关于厦门市筼筜湖第二排涝泵站及西堤闸工程项目国有土地上房屋拟征收范围的公告
112 号	湖里区人民政府关于公布区级前置审批事项的通知
113 号	湖里区人民政府关于公布区级行政审批中介服务事项的通知

文号	文件标题
116 号	湖里区人民政府关于房屋征收公告期限延期的通知
118 号	湖里区人民政府关于印发湖里区会展业发展扶持奖励若干意见的通知
119 号	湖里区人民政府房屋征收期限延期公告
130 号	湖里区人民政府关于严禁灾后违法抢建的通告
131 号	湖里区人民政府关于成立促进工业企业灾后恢复生产工作领导小组的通知
137 号	湖里区人民政府关于确认行政执法主体资格的公告
143 号	湖里区人民政府关于黄伟等任免职的通知
144 号	湖里区人民政府关于洪志伟等任免职的通知
145 号	湖里区人民政府关于魏炜等任免职的通知
146 号	湖里区人民政府关于王小帅等任免职的通知
147 号	湖里区人民政府关于表彰 2015 年度总部企业的决定
149 号	湖里区人民政府关于李殿忠任免职的通知
153 号	湖里区人民政府关于厦门市轨道交通 2 号线一期工程（湖里段）项目建设用地集体土地上房屋征收公告
154 号	湖里区人民政府关于中埔水产批发市场原鹭露区域搬迁的通告
157 号	湖里区人民政府关于进一步做好 H7N9 流感防控工作暂停活禽交易的通告
160 号	湖里区人民政府关于印发领导班子工作分工的通知
163 号	湖里区人民政府房屋征收期限延期公告

区政府办文件目录选辑

文号	文件标题
厦湖府办〔2016〕	
1 号	湖里区人民政府办公室关于 2015 年实行最严格水资源管理制度工作考核任务分解的通知
2 号	湖里区人民政府办公室关于转发鼓励和支持台湾青年来厦创业就业优惠政策等意见的通知
3 号	湖里区人民政府办公室转发区假日办 2016 年春节黄金周旅游市场综合检查工作方案的通知

文号	文件标题
5 号	湖里区人民政府办公室关于印发湖里区 2016 年春运工作方案的通知
6 号	湖里区人民政府办公室关于转发严肃纪律加强津补贴管理的通知
7 号	湖里区人民政府办公室关于分解下达 2016 年区政府主要工作任务的通知
8 号	湖里区人民政府办公室关于印发湖里区精神卫生综合管理工作实施意见的通知

文号	文件标题
9号	湖里区人民政府办公室关于印发湖里区进一步加强新时期爱国卫生工作实施方案的通知
10号	湖里区人民政府办公室转发区假日办做好2016年春节黄金周旅游保障工作的通知
11号	湖里区人民政府办公室关于推进湖里区微型消防站建设工作的通知
12号	湖里区人民政府办公室关于印发湖里区老旧小区改造提升工作方案的通知
15号	湖里区人民政府办公室关于进一步强化近期消防安全工作的通知
16号	湖里区人民政府办公室关于“2·22”围里社209号火灾情况的通报
18号	湖里区人民政府办公室关于转发厦门市无缴纳首期专项维修资金住宅区老旧电梯更新改造工作方案的通知
19号	湖里区人民政府办公室关于调整领导工作分工的通知
20号	湖里区人民政府办公室关于调整湖里区打击侵犯知识产权和制售假冒伪劣商品工作领导小组成员的通知
21号	湖里区人民政府办公室关于调整湖里区节约能源工作领导小组成员的通知
23号	湖里区人民政府办公室关于印发湖里区2016年推进依法行政建设法治政府工作要点的通知
24号	湖里区人民政府办公室关于成立湖里区人民政府教育督导委员会的通知
26号	湖里区人民政府办公室关于分解下达市委市政府2016年为民办实事项目任务的通知
28号	湖里区人民政府办公室关于2015年消防工作目标责任考评情况的通报
29号	湖里区人民政府办公室关于印发湖里区2016年消防宣传工作意见的通知
30号	湖里区人民政府办公室关于印发湖里区道路交通安全综合整治“三年提升工程”实施方案的通知
31号	湖里区人民政府办公室关于加强春季重大动物疫病防控工作的通知
33号	湖里区人民政府办公室关于印发湖里区2016年地质灾害防治方案的通知
34号	湖里区人民政府办公室关于调整区公共机构节能工作领导小组成员的通知
35号	湖里区人民政府办公室关于印发《湖里区“5·10”防空警报试鸣暨人防演练工作方案》的通知

文号	文件标题
40号	湖里区人民政府办公室关于下达2016年食品安全工作目标管理责任的通知
41号	湖里区人民政府办公室关于调整区招生委员会成员的通知
42号	湖里区人民政府办公室关于陈晓意等任职的通知
44号	湖里区人民政府办公室关于印发加强打击牲畜私屠滥宰工作实施意见的通知
45号	湖里区人民政府办公室关于抓紧做好军用土地确权登记工作的通知
46号	湖里区人民政府办公室关于印发厦门市湖里区大气重污染应急预案的通知
47号	湖里区人民政府办公室关于印发厦门市湖里区突发环境事件应急预案的通知
48号	湖里区人民政府办公室关于印发湖里区2016年夏季消防检查工作方案的通知
49号	湖里区人民政府办公室关于印发湖里区无证餐饮经营单位专项整治工作方案的通知
51号	湖里区人民政府办公室转发区城市综合管理委员会办公室关于《湖里区夜间露天烧烤等问题专项整治工作方案》的通知
52号	湖里区人民政府办公室关于印发《湖里区开展全民参保登记计划实施方案》的通知
54号	湖里区人民政府办公室关于印发2016年政务公开工作主要任务责任分工的通知
55号	湖里区人民政府办公室关于成立湖里区公共停车设施建设和管理领导小组的通知
56号	湖里区人民政府办公室关于市旅游会展产业对区考核指标任务分解的通知
57号	湖里区人民政府办公室关于印发2016年湖里区治理“餐桌污染”建设“食品放心工程”工作方案的通知
58号	湖里区人民政府办公室关于印发2016年湖里区餐饮场所燃气安全专项整治实施方案的通知
59号	湖里区人民政府办公室关于印发湖里区打击“两非”有奖举报办法的通知
60号	湖里区人民政府办公室关于调整区妇幼健康优质服务示范工程创建工作领导小组成员的通知
62号	湖里区人民政府办公室关于印发湖里区关于促进商贸业稳定增长的意见的通知
63号	湖里区人民政府办公室关于转发厦门市医疗救助办法的通知
64号	湖里区人民政府办公室关于印发湖里区临时救助实施细则的通知

文号	文件标题
67号	湖里区人民政府办公室关于印发湖里区食品安全举报奖励办法的通知
68号	湖里区人民政府办公室关于印发厦门市湖里区科学技术资金管理办法的通知
70号	湖里区人民政府办公室关于成立湖里区深化国税地税征管体制改革工作领导小组的通知
72号	湖里区人民政府办公室关于进一步规范政府信息公开工作的通知
73号	湖里区人民政府办公室关于进一步规范主动公开政府信息送交工作的通知
74号	湖里区人民政府办公室关于开展湖里区行政执法主体资格确认和行政执法人员清理工作的通知
75号	湖里区人民政府办公室转发厦门市人民政府关于深入推进依法行政加强和改进行政应诉工作的意见的通知
76号	湖里区人民政府办公室关于公布区政府继续有效、修订、废止和失效的规范性文件目录的通知
77号	湖里区人民政府办公室关于调整湖里区发展现代物流产业协调领导小组的通知
78号	湖里区人民政府办公室关于印发湖里区“三合一”场所、出租房屋和电动车消防安全专项整治工作实施方案的通知
79号	湖里区人民政府办公室关于成立“莫兰蒂”台风灾后防疫领导小组的通知
80号	湖里区人民政府办公室关于加强灾后城市建设管理的通知
81号	湖里区人民政府办公室关于做好2017年财政预算编制和2017—2019年财政规划的通知

文号	文件标题
82号	湖里区人民政府办公室关于印发《湖里区进一步加强和推进网上行政审批服务实施方案》的通知
83号	湖里区人民政府办公室关于印发湖里区“十三五”大气、水主要污染物削减工作方案的通知
84号	湖里区人民政府办公室关于成立行业协会商会与行政机关脱钩联合工作组的通知
85号	湖里区人民政府办公室关于印发湖里区开展联合排查治理企业工资拖欠问题专项检查行动方案的通知
88号	湖里区人民政府办公室关于加强冬春火灾防控工作的通知
90号	湖里区人民政府办公室关于印发进一步促进工业企业灾后恢复生产的实施办法的通知
91号	湖里区人民政府办公室关于成立湖里区服务贸易与服务外包发展领导小组的通知
93号	湖里区人民政府办公室关于分解下达2017年区政府主要工作任务的通知
94号	湖里区人民政府办公室关于印发湖里区生活垃圾分类和减量工作实施方案的通知
95号	湖里区人民政府办公室关于开展2016年度政府系统政务公开及政府信息公开、电子政务绩效考核的通知
97号	湖里区人民政府办公室关于印发湖里区促进现代物流业发展实施办法的通知

文件选录

湖里区会展业发展扶持奖励若干意见

厦门市湖里区人民政府办公室

2016年8月6日印发

为促进湖里区会展业升级发展，支持社会机构和企业办展办会，根据厦门市会展产业升级行动总体工作部署及厦门市人民政府办公厅文件《关于印发大力推动会展业改革创新发展实施意见的通知》《关于促进会议展览业加快发展的若干意见》，并结合湖里区实际，制定如下意见：

一、支持自办展览

（一）常规奖励

对于符合下列条件和实际标准展位数量的展览进行奖励。

1. 奖励条件

（1）展览项目由社会机构或企业作为主办、承办或执行单位，采取市场化运作，并且在湖里区举办；

（2）每个展览会规模2000平方米以上10000平方米以下且达到100个以上（含，下同）500个以下（不含，下同）国际标准展位（标准展位为9平方米，其他展区的展位折算从有关规定）；

（3）展览会举办天数在3天及以上。

2. 奖励标准

每个展览会的奖励按照展位数进行奖励，展位数为100—199个的，每个展位奖励400元；200—299个的，每个展位奖励500元；300—399个的，每个展位奖励600元；400—499个的，每个展位奖励700元。每届奖励总额最高不超过35万元。

（二）增量奖励

对常规奖励的展览会，其后续展览规模取得增长的给予增量奖励，每增加1000平方米且不少于50个展位给予2万元奖励。

二、支持展会引进

对引进在湖里区成功举办3天及以上，且展览规模达10000平方米，展位数达500个的各类专业展览会，奖励5万元。在此基础上，展览规模每增加5000平方米且不少于250个标准展位的，附加奖励2.5万元。

三、场租补贴

（一）对于展览规模在4000—10000平方米范围内自办展增量面积，在展位奖励基础上，参照市场价给予实际展览场地租金50%的补助；

（二）对于自办展存量展览面积，给予实际展览场地租金20%的补助；

（三）对于招揽引进展10000平方米以上30000平方米以下，展位规模达到500个以上1500个以下的，给予实际展览场地租金50%的补助；

（四）对于企业在湖里区举办大型订货会及布展规模达到3000平方以上，给予实际展览场地租金50%的补助。

每届展览场地租金补贴金额最高不超过80万元。

四、支持会议举办

（一）常规奖励

对在厦门市举办并入住湖里区酒店的各类商业会议、学术会议，参会人数达100—5000人的，根据住宿客房费总额，按照以下标准给予奖励：

住宿客房费总额6万—15万的，给予2万元奖励；

住宿客房费总额15万—45万的，给予5万元奖励；

住宿客房费总额45万—60万的，给予10万元奖励；

住宿客房费总额60万—90万的，给予15万元奖励；

住宿客房费总额90万—120万的，给予20万元奖励；

住宿客房费总额120万—150万的，给予25万元奖励；

住宿客房费总额150万以上的，给予30万元奖励。

（二）特别奖励

对于在湖里区举办的国际性会议，境外参会人数达到50—100人（不含）的，给予10万元特别奖励；境外参会人数100人以上的，按市级奖励标准50%给予奖励。

五、其他

（一）对于会展企业新入驻湖里区的，给予缴纳营业税、增值税、企业所得税等三种税收区级分成部分等额的奖励；

（二）鼓励大型会展机构或企业落户湖里区，凡注册资金达到500万以上的境内外大型会展企业，在湖里区设立机构从事会展业务，且注册资金达到150万元的独立法人企业，当年会展营业额达到200万元以上的，按市级奖励标准给予奖励（最高不超过200万元）；租赁办公用房的，按市级奖励标准给予奖励；

（三）对于会展机构或会展项目取得国际展览业协会（UFI）、国际会议协会（ICCA）等国际性会展组织认证或加入其会员的，按市级奖励标准给予奖励。

六、奖励兑现

（一）申报

凡在湖里区举办的经贸类展览与会议项目以及新入驻湖里区的会展企业，按照“奖补结合”原则，纳入本意见扶持奖励范围。

申报企业（主办、承办或执行单位只能由一方提出申请）填写申报材料报所在地街道办事处，对符合条件的，由街道办事处转报区政府研究同意后予以兑现，原则上每季度兑现一批。

（二）企业申报时间：会议开始前的5—10个工作日预申报（注：既符合申报市级奖励又符合区级奖励扶持的可同时报送相关材料），申报截止期限为2016年12月31日。

（三）企业提供的材料内容

1. 展览会奖励申报所需提交的材料

（1）展览开幕五个工作日前举办方或授权委托方（主办、承办或执行单位只能由一方提出申请）需报送的材料（各二份）

①申请报告（内容包括：展览名称、举办时间、地点、展览基本内容、申请政府奖励档次）

②会展专项资金申请表（展览）

③项目批准相关文件（复印件）

④展馆租赁合同（复印件）

⑤展位平面图

⑥展商列表

（2）展后十五个工作日内，必须报送的材料（各二份）

①总结报告

②展馆场租发票复印件

③展馆提供的明细清单（面积×单价×天数）

④展览会基本数据统计表

2. 会议奖励申报所需提交的材料

（1）会议开始五个工作日前举办方或授权委托方（主办、承办或执行单位只能由一方提出申请）需报送的材料（各二份）

①申请报告（内容包括：会议名称、举办时间、地点、会议的基本内容、申请政府奖励的档次）

②会展专项资金申请表

③主、承办单位协议或委托函件（复印件）

④会议日程安排

⑤会议场租、酒店住宿合同复印件

（2）会后十五个工作日内，必须报送的材料（各二份）

①总结报告

②会议场租发票复印件

③酒店出具的住宿证明材料及人员名单

④会议现场照片三张（主席台和会场前后全景各1张）

七、有关说明

（一）因举办单位原因引发安全事故或群体性事件，并产生较大不良影响或严重后果（包括罢展、闹展、其他重大事故），或者以虚假、冒领等手段套取、骗取奖励或展览场地租金补助的，将追回已拨付奖励或补助，列入会展奖励不良记录或不诚信名单，不再予享受湖里区会展奖励或补助资金。

（二）有关自办展、招揽展或引进展、国际会议，展览场地租金、存量展览面积、增量展览面积、以上及以下的包括数等解释从《厦门市人民政府办公厅关于促进会议展览业加快发展的若干意见》（厦府办〔2014〕89号）、《厦门市经贸专业展览场地租金补助办法》（厦府办〔2015〕25号）等相关文件的相应说明。

（三）本意见由湖里区文体出版旅游局负责解释。

八、本意见自2016年1月1日起实行，有效期至2016年12月31日。

湖里区关于促进商贸业稳定增长的意见

为了促进我区商贸企业销售额稳定增长，降低商贸企业经营成本，提升企业竞争力，促进商贸企业转型升级，推动商贸流通企业发展壮大，现提出如下意见：

第一条 关于培育龙头批发零售企业

一、对 2015 年度商品销售额不低于 50 亿元的批发、零售企业，根据企业 2016 年度商品销售额增量部分给予分类分档奖励。

1.2016 年度商品销售额比 2015 年度增长 0%—5% 的（0% ＜增长率≤ 5%），按增量部分的 0.8‰给予奖励，每家企业最高不超过 30 万元；

2.2016 年度商品销售额比 2015 年度增长 5%—10% 的（5% ＜增长率≤ 10%），按增量部分的 1‰给予奖励，每家企业最高不超过 50 万元；

3.2016 年度商品销售额比 2015 年度增长 10%—15% 的（10% ＜增长率≤ 15%），按增量部分的 1.2‰给予奖励，每家企业最高不超过 60 万元；

4.2016 年度商品销售额比 2015 年度增长 15% 以上的（增长率＞ 15%），按增量部分的 1.5‰给予奖励，每家企业最高不超过 70 万元。

二、对 2015 年度商品销售额不低于 5 亿元但不超过 50 亿元的批发、零售企业，根据企业 2016 年度商品销售额增量部分给予分类分档奖励。

1.2016 年度商品销售额比 2015 年度增长 10%—20% 的（10% ＜增长率≤ 20%），按增量部分的 1‰给予奖励，每家企业最高不超过 30 万元；

2.2016 年度商品销售额比 2015 年度增长 20% 以上的（增长率＞ 20%），按增量部分的 1.2‰给予奖励，每家企业最高不超过 50 万元；

三、对 2015 年度商品销售额低于 5 亿元的限额以上批发、零售企业，2016 年度商品销售额比 2015 年度增长 50% 以上的（增长率＞ 50%）的，按增量部分的 1‰给予奖励，每家企业最高不超过 20 万元。

执行期限：2016 年 1 月—12 月

第二条 关于培育社会消费品零售龙头企业

一、对 2015 年度零售额不低于 4 亿元的批发、零售企业，年零售额不低于 5000 万元的住宿、餐饮企业，根据企业 2016 年度零售额增量部分给予分类分档奖励。

1.2016 年度零售额比 2015 年度增长 0%—5% 的（0% ＜增长率≤ 5%），按增量部分的 4‰给予奖励，每家企业最高不超过 30 万元；

2.2016 年度零售额比 2015 年度增长 5%—10% 的（5% ＜增长率≤ 10%），按增量部分的 5‰给予奖励，每家企业最高不超过 50 万元；

3.2016 年度零售额比 2015 年度增长 10%—15% 的（10% ＜增长率≤ 15%），按增量部分的 7‰给予奖励，每家企业最高不超过 60 万元；

4.2016 年度零售额比 2015 年度增长 15% 以上的（增长率＞ 15%），按增量部分的 8‰给予奖励，每家企业最高不超过 70 万元。

二、对 2015 年度零售额不低于 5000 万元但不超过 4 亿元的批发、零售企业，年零售额不低于 2000 万元但不超过 5000 万元的住宿、餐饮企业，根据企业 2016 年度零售额增量部分给予分类分档奖励。

1.2016 年度零售额比 2015 年度增长 10%—20% 的（10% ＜增长率≤ 20%），按增量部分的 5‰给予奖励，每家企业最高不超过 30 万元；

2.2016 年度零售额比 2015 年度增长 20% 以上的（增长率＞ 20%），按增量部分的 7‰给予奖励，每家企业最高不超过 50 万元。

三、对 2015 年度零售额低于 5000 万元的限额以上批发、零售企业，年零售额低于 2000 万元的限额以上住宿、餐饮企业，2016 年度零售额比 2015 年度增长 50% 以上的（增长率＞ 50%）的，按增量部分的 1‰给予奖励，每家企业最高不超过 20 万元。

执行期限：2016 年 1 月—12 月

第三条 关于鼓励新增限额以上商贸企业

对2016年注册成立，且当年商品销售额或零售额达限额以上的湖里区批发、零售、住宿、餐饮企业，每家企业给予5万元奖励。

执行期限：2016年1月—12月

第四条 关于扶持有突出贡献的商贸企业

对我区商贸业销售额增长有突出贡献需要特殊扶持的，可另行个案研究确定。

执行期限：2016年1月—12月

第五条 解释说明

一、关于本政策的奖励对象

申请享受本意见奖励的对象必须为纳入2016年区、街考核的湖里区企业。

二、关于对同一政策不同奖项的申请

本《意见》的第一、二、三条不可重复享受，若企业同时符合应按“就高不就低”的原则择优选择申请。

三、关于对不同政策的申请

1.同一企业因同一事项适用本《意见》政策，同时又适用我区其他政策时，企业应按“就高不就低”的原则择优选择申请。若同一年度内，企业在本《意见》政策兑现前已因同一事项取得区级扶持，区商务局不再针对该事项给予扶持。

2.若同一企业因同一事项同时受市、区两级政府奖励时，其通过本次兑现获得的奖励应扣除市级奖励中区级应承担的部分。

四、关于本《意见》的审核兑现程序

1.符合本《意见》扶持条件的企业，应由企业在向注册

所在地街道办事处提出申请，经街道办初审报区商务局审核。区商务局收件后应组织开展内部审核，具体流程为：承办人提出初审意见、科室负责人、分管局领导、局长依次进行审核。区商务局在进行审核时应在承办人提出初审意见后将拟奖励企业名单及奖励事项提交区发改、财政、经信、科技、建设、工业管委会等区直部门以及各街道办征询意见，在取得征询意见后方可得出最终审核结论。

2.本意见的奖励资金由区、街按财政体制共担；区商务局完成申请审核后，根据部门预算管理的有关规定，向区财政申请奖励金。区商务局在奖励金到位后5个工作日内通知企业兑付奖励金，由企业自行缴交应付税款。

五、享受本意见第一条第一类、第二条第一类及第四条奖励的企业，其主要投资者、高管、技术骨干子女可在湖里区属学校入学时给予适当照顾。

六、本意见由区商务局负责解释。

关于加快推进福建（厦门）自贸区两岸贸易中心核心区建设的实施办法

第一条 为推进福建（厦门）自贸区两岸贸易中心核心区建设发展，大力培育国际贸易、金融服务等现代服务业和航空维修服务等高端制造业，促进片区经济快速发展，根据《福建自贸试验区厦门片区实施方案》《厦门自由贸易试验区产业发展规划》，结合辖区实际，特制定本实施办法。

第二条 本办法适用于具有独立法人资格、入驻两岸贸易中心核心区（自贸区湖里片区）且承诺五年内不迁离、由我区或市自贸区管委会引进的新注册企业及迁入的区外企业（湖里、象屿互迁的除外）。

第三条 上述企业从事以下经营活动的，可享受本办法规定的扶持政策：

（一）国际贸易业（含大宗商品交易中心、跨境电子商务、国际文化保税交易以及其他新兴贸易业态）；

（二）金融、类金融业（含融资租赁、商业保理、资产管理等）；

（三）现代服务业（含教育、医疗、法律、信息、文化、物流、科技等）；

（四）临空产业（含航空总部、航空金融、国际分拨配送、飞机维修等）；

（五）集成电路产业：从事IC产品研发设计、高端制造、封装测试、交易结算、人才培训及其他关联业务的企业；

（六）经湖里区政府确定的在自贸区内优先发展的其他产业。

第四条 扶持标准

（一）场所租金补助：在本政策有效期内，实际入驻片区内企业办公用房予以每月每平方米20元的租金补助（机场北片区办公用房予以每月每平方米25元的租金补助），每年单个法人企业租金补助最高不超过60万元。企业享受租金补助期间，办公场所不得转租、转借或改变使用功能。

（二）企业奖励：在本政策有效期内，企业在一个完整预算年度内纳税总额区级所得达20万元以上的，第一年、第二年、第三年分别按其对区级收入的贡献数的100%、80%、60%给予奖励。

（三）高管人员奖励：对本办法扶持奖励企业的高管人员和技术骨干，年度薪酬缴纳个人所得税总额达到5万元以上（含）的，按个人区级贡献分成部分的100%给予奖励，每个企业每年提出申请的名额数量原则上不超过8名。

（四）本办法第四条（二）、（三）款奖励总额不得超过企业当年实际缴纳税收区级留成总额。

第五条 对于属重大项目，或是产业具有高成长性、技术具有较强前瞻性，引领自贸试验区产业创新趋势的项目、有发展潜力的企业，或是属于行业产业龙头的企业需要特殊扶持的，可由区政府另行研究解决。

第六条 为加快推进厦门自贸试验区闽台中心渔港发展区的发展，积极完善该区域商业配套服务，对新入驻闽台中心渔港发展区符合该片区产业定位并具有一定品味的独立法人资格企业（包括餐饮业、酒吧咖啡等服务业）进行扶持，对营业面积在200平方米以上的，给予一次性每平方米200元的装修补助，装修补助面积不超过600平方米。面积在2000平方米以上的大型餐饮酒楼根据实际情况核定补助面积，装修补助最高不超过100万元。新引进的项目须在签约后四个月内取得相关证照并开业经营满6个月，方可申请享受装修补助（大型餐饮酒楼须在签约后六个月内取得相关证照并开业经营满6个月，方可申请享受装修补助）。机场北片区扶持标准参照本条执行。

第七条 企业申请享受上述扶持政策时，应提供以下材料：

（一）扶持申请报告及申请表各1份；

（二）营业执照副本复印件1份；

（三）企业经营状况年度报表1份；

（四）有效的场所租赁合同和租金发票或企业、个人纳税凭证；

（五）审核部门认为需要的其他材料。

第八条 符合扶持条件的企业，先向引进该企业的街道办事处提出申请，经街道办事处初审，由自贸区专项政策资金扶持领导小组审定批准实施。

第九条 原则上，对企业的扶持与奖励每年兑现一次，资金按照区街财政体制分成比例共同承担，企业有关享受上述扶持政策的申请经自贸区专项政策资金扶持领导小组研究批准后，由引进该企业的街道办事处先行拨付，区级承担部分待年终财政体制结算时落实。

第十条 已经享受上述扶持政策的企业被发现采取弄虚作假等手段骗取奖励、补助或其他扶持资金的，除责令限期纠正外，取消享受优惠政策资格，停止兑现优惠政策，由湖里区商务局按有关规定收回已兑现的奖励金。同时，依法追究相关法律责任。

第十一条 本办法涉及的扶持政策，与本市、区出台的其他优惠政策同类的，企业可择优但不重复享受。

第十二条 本办法由湖里区商务局负责解释。

第十三条 本办法自发布之日起实施，有效期至2018年12月31日。2015年4月21日起至本办法发布之日前入驻自贸区且符合条件的企业参照本办法执行。

湖里区食品安全举报奖励办法

第一条 为鼓励人民群众积极举报食品安全违法犯罪行为，及时发现、控制和消除食品安全隐患，严厉打击食品安全犯罪行为，根据《中华人民共和国食品安全法》《国务院食品安全委员会办公室关于建立食品安全有奖举报制度的指导意见》《厦门市食品安全举报奖励办法（试行）》等规定，结合湖里区实际，制定本办法。

第二条 本办法适用于湖里区食品安全委员会办公室及各成员单位（包括各街道办事处、各食品安全监管部门）受理督办或者直接参与调查处理的发生于湖里区行政区域的食品安全违法举报案件。

第三条 各街道办事处、各食品安全监管部门应当公布举报电话，按照“首问负责制”原则，负责受理食品安全案件的举报并及时依法处置。

各食品安全监管部门对食品安全违法行为的举报不得推诿拒绝，对属于本部门监管职责范围内的，应当详细记录举报相关情况，依法调查处理，并对举报人的所有信息予以保密。对不属于本部门监管职责范围内的举报，应当按照法律法规及相关规定，及时移送有关部门，并告知举报人。

各街道办事处接到举报后，应当按照法律法规及相关规定，及时移送有关部门，并告知举报人。

第四条 区食品安全委员会办公室及各成员单位受理举报人的食品安全举报或接转的食品安全案件线索应形成受理记录。受理记录应含举报受理编号、时间、举报人姓名及有效身份证件号、联系电话、举报事由、处理意见等内容，由初次受理单位保留存档。举报受理编号规则：1—2位由本部门二字简称各取中文拼音第一个字母组成，3—4位为当年年份后两位组成，5—8位为当年本部门受理流水号。

第五条 区食品安全委员会办公室负责举报奖励的审核、奖金管理与发放、信息披露等日常工作事宜。区食品安全委员会办公室依托市食安办、网上信访等受理食品安全案件举报，受理后按照职责分工转监管部门调查处理，监管部门应及时查处，并做好处理情况反馈。

第六条 食品安全违法案件举报途径包括：

（一）来人举报；

（二）电话、传真、电子邮件举报；

（三）信函举报；

（四）行政执法部门或司法部门移交的由个人举报立案查处的案件；

（五）其他途径。

第七条 下列食品安全违法犯罪行为或违法犯罪线索的举报，属于奖励范围：

（一）在食用农产品种植、养殖、收获、捕捞、加工、收购、运输过程中，使用违禁药物或者其他可能危害人体健康物质的；

（二）未经获准定点屠宰而进行生猪私屠滥宰的；

（三）未取得食品生产经营许可从事食品生产经营活动，或者未取得食品添加剂生产许可从事食品添加剂生产活动的；

（四）用非食品原料生产食品、在食品中添加食品添加剂以外的化学物质和其他可能危害人体健康的物质，或者用回收食品作为原料生产食品，或者经营上述食品的；

（五）生产经营营养成分不符合食品安全标准的专供婴幼儿和其他特定人群的主辅食品的；

（六）经营病死、毒死或者死因不明的禽、畜、兽、水产动物肉类，或者生产经营其制品的；

（七）经营未按规定进行检疫或者检疫不合格的肉类，或者生产经营未经检验或者检验不合格的肉类制品的；

（八）生产经营国家为防病等特殊需要明令禁止生产经营的食品的；

（九）生产经营添加药品的食品的；

（十）生产经营致病性微生物，农药残留、兽药残留、生物毒素、重金属等污染物质以及其他危害人体健康的物质含量超过食品安全标准限量的食品、食品添加剂的；

（十一）用超过保质期的食品原料、食品添加剂生产食品、食品添加剂，或者经营上述食品、食品添加剂的；

（十二）生产经营超范围、超限量使用食品添加剂的食品的；

（十三）生产经营腐败变质、油脂酸败、霉变生虫、污秽不洁、混有异物、掺假掺杂或者感官性状异常的食品、食品添加剂的；

（十四）生产经营标注虚假生产日期、保质期或者超过保质期的食品、食品添加剂的；

（十五）生产经营未按规定注册的保健食品、特殊医学用途配方食品、婴幼儿配方乳粉，或者未按注册的产品配方、生产工艺等技术要求组织生产的；

（十六）以分装方式生产婴幼儿配方乳粉，或者同一企业以同一配方生产不同品牌的婴幼儿配方乳粉的；

（十七）利用新的食品原料生产食品，或者生产食品添加剂新品种，未通过安全性评估的；

（十八）生产经营被包装材料、容器、运输工具等污染的食品、食品添加剂的；

（十九）生产经营无标签的预包装食品、食品添加剂的；

（二十）生产经营未按照规定标示的转基因食品的；

（二十一）食品生产经营者采购或者使用不符合食品安全标准的食品原料、食品添加剂、食品相关产品的；

（二十二）食品、食品添加剂生产者未按规定对采购的食品原料和生产的食品、食品添加剂进行检验的；

（二十三）学校、托幼机构、养老机构、建筑工地等集中用餐单位未按照规定履行食品安全管理责任的；

（二十四）提供虚假材料，进口不符合我国食品安全国家标准的食品、食品添加剂、食品相关产品的；

（二十五）集中交易市场的开办者、柜台出租者、展销会的举办者允许未依法取得许可的食品经营者进入市场销售食品，或者食用农产品批发市场未履行检验义务或发现不符合食品安全标准后未履行相关义务的；

（二十六）仿冒他人注册商标生产经营食品、伪造食品产地或者冒用他人厂名、厂址，伪造或者冒用食品生产许可标志或者其他产品标志生产经营食品的；

（二十七）生产食品相关产品新品种，未通过安全性评估，或者生产不符合食品安全标准的食品相关产品的；

（二十八）食品相关产品生产者未按照规定对生产的食品相关产品进行检验的；

（二十九）餐具、饮具集中消毒服务单位违反《中华人民共和国食品安全法》相关规定用水，使用洗涤剂、消毒剂，或者出厂的餐具、饮具未按规定检验合格并随附消毒合格证明，或者未按规定在独立包装上标注相关内容的；

（三十）其他具有严重社会危害性或造成重大影响的食品安全违法犯罪行为。

第八条　举报人获得食品安全奖励应当同时符合下列条件：

（一）违法案件发生于本区行政区域内；

（二）有明确、具体的被举报方；

（三）举报提供的线索事先未被行政主管部门或公安机关掌握；

（四）举报的情况经查证属实；

（五）举报的案件有处理结果。

第九条　公民、法人和社会组织均有权对涉及食品安全的违法行为进行举报、获得奖励，并应当符合下列原则：

（一）举报奖励对象原则上限于实名举报，由举报人直接领取奖金；

（二）重大案件的匿名举报人也可以作为举报奖励对象。匿名举报人可选择使用6位密码，在违法案件或举报线索调查处理完毕后凭密码和有效身份证明领取奖金；

（三）同一违法犯罪案件被不同举报人举报且内容相同的，对第一举报人进行举报奖励，举报顺序以相关食品安全监管部门受理举报时间为准；其他举报人提供的证据对案件查处起直接、重大作用的，可以给予适当奖励；

（四）两个或两个以上举报人联名举报同一线索的，按一案进行奖励，并由第一署名人办理领取奖励手续，奖金分配比例由举报人自行协商；

（五）一个举报中所涉及的违法犯罪行为，相关食品安全监管部门予以分案查处的，可分别计算奖励金额，奖金可合并发放；

（六）最终认定的违法犯罪事实与举报事项不一致的，但仍属于食品安全领域的，可以给予适当奖励；

（七）最终认定的违法犯罪事实与举报事项部分一致的，相一致的部分为有效举报，不一致的部分为无效举报，无效部分不计算奖励金额；

（八）除举报事项外，办案机构还认定了其他违法犯罪事实的，对其他违法犯罪事实做出的处罚决定或刑事判决部分不计算奖励金额；

（九）对同一案件的举报奖励不得重复发放，上级部门已经奖励的我区不再给予奖励。

第十条　根据举报人提供的线索与调查处理的事实结论相符合的程度，举报分为下列三个等级。

一级：详细提供被举报方的违法事实、食品安全事故线索和主要证据，协助现场查处工作，举报情况与违法事实结论完全相符。

二级：提供被举报方的违法事实、食品安全事故及隐患线索和部分证据，协助查处工作，举报情况与违法事实结论相符。

三级：提供违法案件和食品安全事故及隐患线索，不直接协助查办工作，举报情况与违法事实结论基本相符。

第十一条 依据举报人举报的具体情况和本办法第十条规定的举报奖励级别，并参照涉案货值数额的大小，给予举报人相应的货币奖励。

（一）货值金额在100万元以上的，给予举报人一次性5万元的货币奖励；

（二）货值金额在100万元以下，5万元以上的，依据举报人举报的具体情况和本办法第十条规定的举报奖励级别案值金额的一次性货币奖励；具体奖励标准如下：

1. 属于一级举报的，按案件货值的4%给予奖励；

2. 属于二级举报的，按案件货值的2%给予奖励；

3. 属于三级举报的，按案件货值的1%给予奖励。

（三）货值金额不足5万元或者案值金额无法计算的，一次性给予500元的奖励。违法行为存在严重危害或者对社会造成严重后果的，一次性给予1000元的奖励；

（四）对突发食品安全事件或者其他涉及人体健康、生命安全，对社会影响较大的食品安全问题及时进行举报，对事件处理提供有效帮助的，可视情况参照上述规定给予1000元的奖励；

（五）对执法机关查处后无涉案货物，但证实被举报者存在违法事实的，给予举报人员300元奖励；

（六）属于以下特殊情况的，应由湖里区食品安全委员会研究通过后给予相应的奖励。

1. 特殊情况下，举报的违法事实确实存在，违法行为证据确凿，因当事人逃逸或其他原因无法作出行政处罚决定，但违法行为确已得到有效制止的，经区食安委研究批准后，可以按照本办法对举报人予以奖励。

2. 违法食品生产经营单位内部人员举报本企业违法添加非食用物质及滥用食品添加剂的，一经查实，按照举报等级结合货值数额经区食安委研究批准可给予举报人不超过10万元的一次性奖励。

3. 举报人有特别重大贡献的，奖励额度可以不受上述限制，经食品安全委员会研究批准可适当增加奖励金额，但最高奖励金额不超过人民币30万元。

第十二条 对举报人的奖励应按照以下程序办理：

（一）案件调查处理部门应当自做出案件处罚决定书之日起5个工作日内，对举报事实、奖励条件和标准予以认定，填写《湖里区食品安全案件举报奖励审批表》提出奖励意见，向区食品安全委员会办公室申报，并附案件处罚决定书或相应法律文书；

（二）区食品安全委员会办公室收到举报奖励申请后，应在7个工作日内予以审定。

（三）举报奖励申报经审定批准的，由区食品安全委员会办公室通知申报单位指定专人到区食品安全委员会办公室领取奖金（非指定人员领取需持本单位证明）；

（四）案件调查处理部门应在领取奖金之日起的5个工作日内通知举报人领取奖金。因故无法通知到举报人的，应将通知情况记录在案。奖励报批完毕半年内仍无法通知举报人的，奖励取消，奖金需上交区食品安全委员会办公室。

第十三条 受奖励的举报人应当自接到领奖通知之日起30日内，凭本人身份证或者其他有效身份证明（举报时选择密码的，还应提供密码）到案件调查处理部门领取奖金并办理签收手续。举报人无法现场领奖且无委托人的，应及时向案件调查处理部门说明情况并提供本人银行账户，由案件调查处理部门将奖金汇至指定账户，汇款产生的手续费用由举报人承担，或者从奖金中扣除支付。逾期不领的，视为放弃权利。委托他人代领的，受托人需持有举报人授权委托书及有效身份证明。

第十四条 区政府设立食品安全举报奖励专项资金，由区食品安全委员会办公室负责管理。举报奖励专项资金列入区食安办（区市场监督管理局）年度预算，单独核算，专款专用，并接受财政、审计、监察等部门的监督检查。

区食品安全委员会办公室应当定期检查举报奖励制度的执行情况，并通报区财政部门。

第十五条 举报受理单位和案件调查处理部门应当建立并严格执行举报保密制度，按照国家保密规定管理举报材料和记录。未经举报人同意，任何人不得以任何方式公开或泄露举报人姓名、住所、工作单位或其他身份资料。

举报受理单位和案件调查处理部门应建立健全举报奖励档案。包括举报记录、立案和查处情况、奖励申请、奖励通知、奖励领取记录、资金发放凭证等。已办结的举报奖励案件应当在10个工作日内报送区食品安全委员会办公室备案。

第十六条 各行政执法机关和工作人员有下列情况的，视情节轻重，由有关机关依法依规追究责任；构成犯罪的，依法追究相应的法律责任。

（一）伪造举报材料或案件事实，冒领举报奖金的；

（二）对举报人或举报情况敷衍了事，未认真核实查处，不作为的；

（三）向被举报人报信，或向不该知情的人泄露情况的；

（四）因工作失职造成泄密的；

（五）帮助被查处对象逃避查处的。

第十七条 新闻媒体在公开披露食品安全违法案件前主动与区食品安全委员会办公室或其他有关部门协作，提供案件线索或者协助调查处理，经查证属实的，可按照本办法予以奖励。

第十八条 举报人应对所举报内容的真实性负责。

对借举报之名故意捏造事实诬告他人以及伪造举报材料骗取或者冒领奖金的，依法由有关机关追究相应法律责任。

第十九条 下列举报案件不适用本办法：

（一）与食品安全工作有关的部门及其工作人员（包括在编的公务员、参照公务员管理的人员、编外补充性人员等）对本部门负责监管的食品安全案件的举报；

（二）负有食品安全管理职责的部门工作人员的配偶、直系亲属或者其授意他人对本部门负责监管的食品安全案件的举报；

（三）假冒伪劣产品的被假冒方或其代表、委托人的举报；

（四）属重复购买相同食品，以索赔为目的的举报。

（五）采取利诱、欺骗、胁迫、暴力等不正当方式，使有关生产经营者与其达成书面或者口头协议，致使生产经营者违法并对其进行举报的；

（六）不涉及食品安全问题的举报；

（七）法律法规和相关文件规定的其他不适用的情形。

第二十条 本办法由区食品安全委员会办公室负责解释，自印发之日起施行，有效期 2 年。

索　引

说　明

1. 本索引为条目索引，按主题词首字音序排列；
2. 凡类目、分目的主题词用蓝色字体标示；
3. 凡类目、分目下概况不做索引；
4. 主题词后的阿拉伯数字为页码；
5. 涉及本区名称的主题词，在不会引起歧义的情况下，一般去掉“湖里”和“湖里区”；
6. 特载、大事记、附录不做索引。

D

J

K

R

S

Z

图书在版编目(CIP)数据

湖里年鉴. 2017/湖里区地方志编纂委员会办公室编.
—北京:方志出版社,2018.1
ISBN 978-7-5144-2949-7

Ⅰ.①湖… Ⅱ.①湖… Ⅲ.①区(城市)—厦门—
2017—年鉴 Ⅳ.①Z525.74

中国版本图书馆 CIP 数据核字(2018)第 027334 号

湖里年鉴(2017)

编　　者:湖里区地方志编纂委员会办公室
责任编辑:刘方圆

出 版 人:冀祥德
出 版 者:方志出版社
　　　　　地址　北京市朝阳区潘家园东里 9 号(国家方志馆 4 层)
　　　　　邮编　100021
　　　　　网址　http://www.fzph.org
发　　行:方志出版社发行中心
　　　　　电话(010)67110500
经　　销:各地新华书店
印　　刷:福州力人彩印有限公司

开　　本:889×1194　1/16
印　　张:20.25　插页:4
字　　数:680 千字
版　　次:2018 年 1 月第 1 版　2018 年 1 月第 1 次印刷
印　　数:0001～1000 册

ISBN 978-7-5144-2949-7　定价:280.00 元

友情提示

以真心周到服务
以实力精心制作
以精美完现创意

精装书籍前后均夹有衬纸，一年内不要扔掉，以防止封面中的水分渗透到内页，引起内页皱褶。新出厂的精装书籍，不要竖放，请平放，并在上方叠加其它书籍，以防止精装本外壳的变形。

弟子規聖人訓首孝弟次謹信汎愛衆而親仁有餘力則學文父母呼應勿緩父母命行勿懶父母教須敬聽父母責
須順承冬則溫夏則凊晨則省昏則定出必告反必面居有常業無變事雖小勿擅爲苟擅爲子道虧物雖小勿私藏
苟私藏親心傷親所好力爲具親所惡謹爲去身有……德有傷貽親羞親愛我孝何難親憎我孝方賢親有過
諫使更怡吾色柔吾聲諫不入悅復諫號泣……侍不離床喪三年常悲咽居處變酒肉絕
喪盡禮祭盡誠事死者如事生兄道友弟道恭兄……忿自泯或飲食或坐走長者先
幼者後長呼人即代叫人不在己即到稱尊長勿呼……長無言退恭立騎下馬乘下車
過猶待百步餘長者立幼勿坐長者坐命乃坐尊長……卻非宜近必趨退必遲問起對視勿移事諸父
如事父事諸兄如事兄朝起早夜眠遲老易至惜此……使溺回輒淨手冠必正紐必結襪與履俱緊切

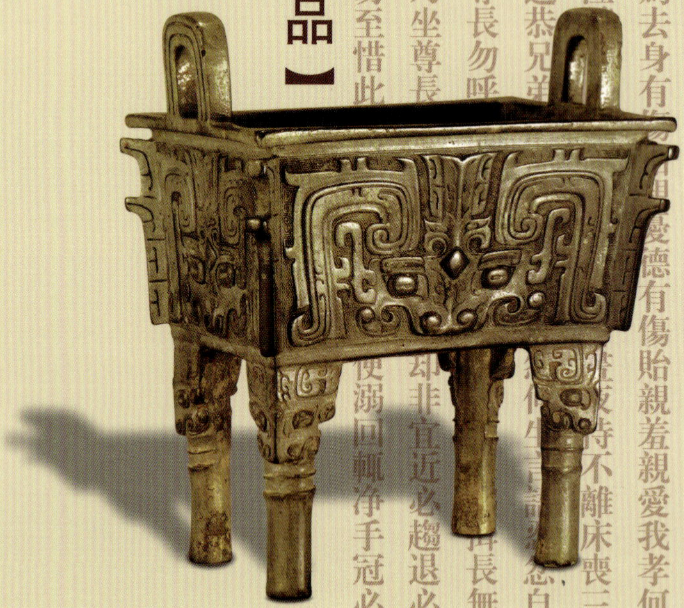

【尽心·竞作·精品】